科学家学术成长资料采集工程
国工程院院士传记丛书

大地情怀
刘更另传

秦道珠　黄晶　刘淑军◎著

1929年	1948年	1956年	1961年	1978年	1983年	1994年	2000年	2010年
出生于湖南桃源	考入武汉大学	留学苏联季米里亚捷夫农学院	担任中国农科院土肥所肥料室副主任、祁阳站站长	担任中科院农业现代化所副所长	担任中国农科院土肥所所长	当选中国工程院院士	担任河北省政府科教兴冀顾问	逝世于北京

老科学家学术成长资料采集工程
中国工程院院士传记丛书

大地情怀
刘更另传

秦道珠 黄晶 刘淑军 ◎ 著

中国科学技术出版社
上海交通大学出版社

图书在版编目（CIP）数据

大地情怀：刘更另传 / 秦道珠，黄晶，刘淑军著. ——北京：中国科学技术出版社，2021.5

（老科学家学术成长资料采集工程丛书. 中国工程院院士传记丛书）

ISBN 978-7-5046-8461-5

Ⅰ.①大… Ⅱ.①秦… ②黄… ③刘… Ⅲ.①刘更另-传记 Ⅳ.① K826.3

中国版本图书馆 CIP 数据核字（2019）第 249160 号

责任编辑	余　君　彭慧元
责任校对	吕传新
责任印制	李晓霖
版式设计	中文天地

出　　版	中国科学技术出版社　上海交通大学出版社
发　　行	中国科学技术出版社有限公司发行部
地　　址	北京市海淀区中关村南大街 16 号
邮　　编	100081
发行电话	010-62173865
传　　真	010-62173081
网　　址	http://www.cspbooks.com.cn

开　　本	787mm×1092mm　1/16
字　　数	336 千字
印　　张	22
彩　　插	2
版　　次	2021 年 5 月第 1 版
印　　次	2021 年 5 月第 1 次印刷
印　　刷	北京华联印刷有限公司
书　　号	ISBN 978-7-5046-8461-5 / K・286
定　　价	108.00 元

（凡购买本社图书，如有缺页、倒页、脱页者，本社发行部负责调换）

老科学家学术成长资料采集工程
领导小组专家委员会

主　任：韩启德
委　员：（以姓氏拼音为序）
　　　　陈佳洱　方　新　傅志寰　李静海　刘　旭
　　　　齐　让　王礼恒　徐延豪　赵沁平

老科学家学术成长资料采集工程
丛书组织机构

特邀顾问（以姓氏拼音为序）
　　　　樊洪业　方　新　谢克昌

编委会
主　编：老科学家学术成长资料采集工程领导小组办公室
编　委：（以姓氏拼音为序）
　　　　定宜庄　董庆九　郭　哲　胡宗刚　胡化凯
　　　　刘晓堪　吕瑞花　秦德继　任福君　王扬宗
　　　　熊卫民　姚　力　张大庆　张　藜　张　剑
　　　　周大亚　周德进

编委会办公室
主　任：孟令耘　杨志宏
副主任：许　慧　刘佩英
成　员：（以姓氏拼音为序）
　　　　冯　勤　高文静　韩　颖　李　梅　刘如溪
　　　　罗兴波　王传超　余　君　张佳静

老科学家学术成长资料采集工程简介

老科学家学术成长资料采集工程（以下简称"采集工程"）是根据国务院领导同志的指示精神，由国家科教领导小组于2010年正式启动，中国科协牵头，联合中组部、教育部、科技部、工信部、财政部、文化部、国资委、解放军总政治部、中国科学院、中国工程院、国家自然科学基金委员会等11部委共同实施的一项抢救性工程，旨在通过实物采集、口述访谈、录音录像等方法，把反映老科学家学术成长历程的关键事件、重要节点、师承关系等各方面的资料保存下来，为深入研究科技人才成长规律，宣传优秀科技人物提供第一手资料和原始素材。

采集工程是一项开创性工作。为确保采集工作规范科学，启动之初即成立了由中国科协主要领导任组长、12个部委分管领导任成员的领导小组，负责采集工程的宏观指导和重要政策措施制定，同时成立领导小组专家委员会负责采集原则确定、采集名单审定和学术咨询，委托科学史学者承担学术指导与组织工作，建立专门的馆藏基地确保采集资料的永久性收藏和提供使用，并研究制定了《采集工作流程》《采集工作规范》等一系列基础文件，作为采集人员的工作指南。截至2016年6月，已启动400多位老科学家的学术成长资料采集工作，获得手稿、书信等实物原件资料73968件，数字化资料178326件，视频资料4037小时，音频资料4963小时，具有重要的史料价值。

采集工程的成果目前主要有三种体现形式，一是建设"中国科学家博物馆网络版"，提供学术研究和弘扬科学精神、宣传科学家之用；二是编辑制作科学家专题资料片系列，以视频形式播出；三是研究撰写客观反映老科学家学术成长经历的研究报告，以学术传记的形式，与中国科学院、中国工程院联合出版。随着采集工程的不断拓展和深入，将有更多形式的采集成果问世，为社会公众了解老科学家的感人事迹，探索科技人才成长规律，研究中国科技事业的发展历程提供客观翔实的史料支撑。

总序一

中国科学技术协会主席 韩启德

老科学家是共和国建设的重要参与者，也是新中国科技发展历史的亲历者和见证者，他们的学术成长历程生动反映了近现代中国科技事业与科技教育的进展，本身就是新中国科技发展历史的重要组成部分。针对近年来老科学家相继辞世、学术成长资料大量散失的突出问题，中国科协于2009年向国务院提出抢救老科学家学术成长资料的建议，受到国务院领导同志的高度重视和充分肯定，并明确责成中国科协牵头，联合相关部门共同组织实施。根据国务院批复的《老科学家学术成长资料采集工程实施方案》，中国科协联合中组部、教育部、科技部、工业和信息化部、财政部、文化部、国资委、解放军总政治部、中国科学院、中国工程院、国家自然科学基金委员会等11部委共同组成领导小组，从2010年开始组织实施老科学家学术成长资料采集工程。

老科学家学术成长资料采集是一项系统工程，通过文献与口述资料的搜集和整理、录音录像、实物采集等形式，把反映老科学家求学历程、师承关系、科研活动、学术成就等学术成长中关键节点和重要事件的口述资料、实物资料和音像资料完整系统地保存下来，对于充实新中国科技发展的历史文献，理清我国科技界学术传承脉络，探索我国科技发展规律和科技人才成长规律，弘扬我国科技工作者求真务实、无私奉献的精神，在全社会营造爱科学、学科学、用科学的良好氛围，是一件很有意义的事情。采集工程把重点放在年龄在80岁以上、学术成长经历丰富的两院院士，以及虽然不是两院院士、但在我国科技事业发展中作出突出贡献的老科技工作者，充分体现了党和国家对老科学家的关心和爱护。

自2010年启动实施以来，采集工程以对历史负责、对国家负责、对科技事业负责的精神，开展了一系列工作，获得大量反映老科学家学术成长历程的文字资料、实物资料和音视频资料，其中有一些资料具有很高的史料价值和学术价值，弥足珍贵。

以传记丛书的形式把采集工程的成果展现给社会公众，是采集工程的目标之一，也是社会各界的共同期待。在我看来，这些传记丛书大都是在充分挖掘档案和书信等各种文献资料、与口述访谈相互印证校核、严密考证的基础之上形成的，内中还有许多很有价值的照片、手稿影印件等珍贵图片，基本做到了图文并茂，语言生动，既体现了历史的鲜活，又立体化地刻画了人物，较好地实现了真实性、专业性、可读性的有机统一。通过这套传记丛书，学者能够获得更加丰富扎实的文献依据，公众能够更加系统深入地了解老一辈科学家的成就、贡献、经历和品格，青少年可以更真实地了解科学家、了解科技活动，进而充分激发对科学家职业的浓厚兴趣。

借此机会，向所有接受采集的老科学家及其亲属朋友，向参与采集工程的工作人员和单位，表示衷心感谢。真诚希望这套丛书能够得到学术界的认可和读者的喜爱，希望采集工程能够得到更广泛的关注和支持。我期待并相信，随着时间的流逝，采集工程的成果将以更加丰富多样的形式呈现给社会公众，采集工程的意义也将越来越彰显于天下。

是为序。

总序二

中国科学院院长　白春礼

由国家科教领导小组直接启动，中国科学技术协会和中国科学院等12个部门和单位共同组织实施的老科学家学术成长资料采集工程，是国务院交办的一项重要任务，也是中国科技界的一件大事。值此采集工程传记丛书出版之际，我向采集工程的顺利实施表示热烈祝贺，向参与采集工程的老科学家和工作人员表示衷心感谢！

按照国务院批准实施的《老科学家学术成长资料采集工程实施方案》，开展这一工作的主要目的就是要通过录音录像、实物采集等多种方式，把反映老科学家学术成长历史的重要资料保存下来，丰富新中国科技发展的历史资料，推动形成新中国的学术传统，激发科技工作者的创新热情和创造活力，在全社会营造爱科学、学科学、用科学的良好氛围。通过实施采集工程，系统搜集、整理反映这些老科学家学术成长历程的关键事件、重要节点、学术传承关系等的各类文献、实物和音视频资料，并结合不同时期的社会发展和国际相关学科领域的发展背景加以梳理和研究，不仅有利于深入了解新中国科学发展的进程特别是老科学家所在学科的发展脉络，而且有利于发现老科学家成长成才中的关键人物、关键事件、关键因素，探索和把握高层次人才培养规律和创新人才成长规律，更有利于理清我国科技界学术传承脉络，深入了解我国科学传统的形成过程，在全社会范围内宣传弘扬老科学家的科学思想、卓越贡献和高尚品质，推动社会主义科学文化和创新文化建设。从这个意义上说，采集工程不仅是一项文化工程，更是一项严肃认真的学术建设工作。

中国科学院是科技事业的国家队，也是凝聚和团结广大院士的大家庭。早在1955年，中国科学院选举产生了第一批学部委员，1993年国务院决定中国科学院学部委员改称中国科学院院士。半个多世纪以来，从学部委员到院士，经历了一个艰难的制度化进程，在我国科学事业发展史上书写了浓墨重彩的一笔。在目前已接受采集的老科学家中，有很大一部分即是上个世纪80、90年代当选的中国科学院学部委员、院士，其中既有学科领域的奠基人和开拓者，也有作出过重大科学成就的著名科学家，更有毕生在专门学科领域默默耕耘的一流学者。作为声誉卓著的学术带头人，他们以发展科技、服务国家、造福人民为己任，求真务实、开拓创新，为我国经济建设、社会发展、科技进步和国家安全作出了重要贡献；作为杰出的科学教育家，他们着力培养、大力提携青年人才，在弘扬科学精神、倡树科学理念方面书写了可歌可泣的光辉篇章。他们的学术成就和成长经历既是新中国科技发展的一个缩影，也是国家和社会的宝贵财富。通过采集工程为老科学家树碑立传，不仅对老科学家们的成就和贡献是一份肯定和安慰，也使我们多年的夙愿得偿！

鲁迅说过，"跨过那站着的前人"。过去的辉煌历史是老一辈科学家铸就的，新的历史篇章需要我们来谱写。衷心希望广大科技工作者能够通过"采集工程"的这套老科学家传记丛书和院士丛书等类似著作，深入具体地了解和学习老一辈科学家学术成长历程中的感人事迹和优秀品质；继承和弘扬老一辈科学家求真务实、勇于创新的科学精神，不畏艰险、勇攀高峰的探索精神，团结协作、淡泊名利的团队精神，报效祖国、服务社会的奉献精神，在推动科技发展和创新型国家建设的广阔道路上取得更辉煌的成绩。

总序三

中国工程院院长　周　济

　　由中国科协联合相关部门共同组织实施的老科学家学术成长资料采集工程，是一项经国务院批准开展的弘扬老一辈科技专家崇高精神、加强科学道德建设的重要工作，也是我国科技界的共同责任。中国工程院作为采集工程领导小组的成员单位，能够直接参与此项工作，深感责任重大、意义非凡。

　　在新的历史时期，科学技术作为第一生产力，已经日益成为经济社会发展的主要驱动力。科技工作者作为先进生产力的开拓者和先进文化的传播者，在推动科学技术进步和科技事业发展方面发挥着关键的决定的作用。

　　新中国成立以来，特别是改革开放30多年来，我们国家的工程科技取得了伟大的历史性成就，为祖国的现代化事业作出了巨大的历史性贡献。两弹一星、三峡工程、高速铁路、载人航天、杂交水稻、载人深潜、超级计算机……一项项重大工程为社会主义事业的蓬勃发展和祖国富强书写了浓墨重彩的篇章。

　　这些伟大的重大工程成就，凝聚和倾注了以钱学森、朱光亚、周光召、侯祥麟、袁隆平等为代表的一代又一代科技专家们的心血和智慧。他们克服重重困难，攻克无数技术难关，潜心开展科技研究，致力推动创新发展，为实现我国工程科技水平大幅提升和国家综合实力显著增强作出了杰出贡献。他们热爱祖国，忠于人民，自觉把个人事业融入到国家建设大局之中，为实现国家富强而不断奋斗；他们求真务实，勇于创新，用科技为中华民族的伟大复兴铸就了辉煌；他们治学严谨，鞠躬尽瘁，具有崇高的科学精神和科学道德，是我们后代学习的楷模。科学家们的一生是一本珍贵的教科书，他们坚定的理想信念和淡泊名利的崇高品格是中华民族自强不息精神的宝贵财富，永远值得后人铭记和敬仰。

通过实施采集工程，把反映老科学家学术成长经历的重要文字资料、实物资料和音像资料保存下来，把他们卓越的技术成就和可贵的精神品质记录下来，并编辑出版他们的学术传记，对于进一步宣传他们为我国科技发展和民族进步作出的不朽功勋，引导青年科技工作者学习继承他们的可贵精神和优秀品质，不断攀登世界科技高峰，推动在全社会弘扬科学精神，营造爱科学、讲科学、学科学、用科学的良好氛围，无疑有着十分重要的意义。

中国工程院是我国工程科技界的最高荣誉性、咨询性学术机构，集中了一大批成就卓著、德高望重的老科技专家。以各种形式把他们的学术成长经历留存下来，为后人提供启迪，为社会提供借鉴，为共和国的科技发展留下一份珍贵资料。这是我们的愿望和责任，也是科技界和全社会的共同期待。

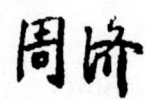

周济

刘更另
（2005 年摄，祁阳红壤实验站提供）

采集小组负责人与刘更另家人陈文新（中）、刘尽晖（右）合影
（2015年刘立生摄）

采集小组采访陈文新院士（右二）
（2014年，刘立生摄）

采集小组采访刘科沙（左二）、Godfrey Ference Keith（左一）夫妻
（2016年刘立生摄）

序

刘更另院士是从湖南祁阳鸭屎泥田里走出来的一位中国工程院院士，他的一生传奇跌宕。2014年7月，中国科协"老科学家学术成长资料采集工程"（简称"采集工程"）将刘更另院士遴选其中。在中国科协"采集工程"专家委员会的指导下，"刘更另学术成长资料采集小组"成员系统采集其家庭背景、求学经历、师承关系、学术交往、科研活动等资料，撰写了《大地情怀：刘更另传》。

刘更另院士1929年出生于湖南桃源，童年生活在一个农民家庭。桃源因陶渊明的《桃花源记》而声名远扬，文人骚客在桃源留下众多的诗文与墨宝。《桃花源记》就像一粒种子，使桃源这个原本蛮荒之地绽开了文明之花。桃花源和历代书院一脉相承的文化基因仍在桃源大地顽强生长着，催生出无数的时代精英，刘更另院士就是其中之一。1936年至1943年，刘更另在这里完成了从小学启蒙到初中阶段的学习。1944年，他离开时局动乱的桃源，考入国立第八中学永绥高中分校。国立八中于1938年从安徽迁至湘西、川东，抗战胜利后的第二年7月，国立八中迁回安徽，永绥高中分校随即解散，刘更另又辗转来到湖南省立第十四中学，继续完成高中学业。其间因时局动乱、父亲英年早逝、抗战胜利后国立八中迁回安徽后分校解散等困扰，几经磨砺"三次辍学"，但同时也练就了他艰难求学的毅力和决心。1948年考入武汉大学，之后选择农学院土壤农化系学习。1952年毕业，服从国家分配前往河南开封禹王台"农事实验场"工作。1954年，被推荐选拔并于1955年赴苏联留学。1959年在苏联莫斯科大学季米里亚捷夫农学院获苏联土壤耕作学副博士学位（后转为博士学位）。学成回国后，来到中国农业科学院土壤肥料研究所工作。他从1962年开始坚持在祁阳官山坪基地驻点，建立祁阳实验站，一干就是28年。其中，1974年全年驻点324天。这期间，他深入农业生产第一线，在生产中发现问题、解决问题，从鸭屎泥田施用磷肥、防止水稻"坐秋"开始，到种植绿肥、发展双季稻、施用钾肥，提高水稻抗性和结实率、籽粒千粒重，大幅度提升水稻产量，再到施用锌肥，防治水稻"僵苗"、潜育性深泥脚稻田水稻起垄栽培、发现常宁"砷毒田"和探索红壤荒山植被恢复的"草（本）-灌（木）-乔（木）"演变规律，共获"五次重大发现"。刘更另在研究我国土壤肥料基础理论的基础上，首次建设一批南方水田和旱地长期定位试验及全国（包括东北黑土在内）9个土壤肥力长期定位监测基地；应用南方雨量充沛和无霜期长的气候特点，引种和发展南方人工牧草，饲养草食动物肉牛羊；基于北方光照好、温差大的气候特点，建议发展新疆棉花等纤维作物、籽粒作物，成为重大"三项创新"理论，并在实践中成功应用推广。在满头银发的晚年，刘更另仍满怀韬略，站在农业科学前沿阵地，提出"发展有机肥，沃土藏粮于地"、走出一条中国人自己的"矿质微量元素—食物链—人类健康"新路子；考察南北山区资源，提出综合开发利用和农业可持续发展等多项建言。他的一生为我国农业生产和农业可持续发展作出了卓越贡献。

  本书本着对历史负责、对老科学家本人负责的态度，历时四载，重温刘更另的专著、自传、论文、笔记，系统整理其大量手稿，查阅其学籍档案、科学研究报告和工作档案，行程数万里，走访刘更另的故乡、原工作单位，采访其亲人、有科研合作经历的专家和学者及地方领导、交往过的农民朋友等，从而编制完成了刘更另资料长编、年表。在此基础上，吸取前人撰写研究报告之经验，按照中国科协"采集工程"专家委员会关于传记撰写要求，以刘更另院士出生年代为起点，沿着其学术成长的求学经历、科学生涯历程，整理资料，条分缕析，摘取最能反映刘更另院士学术成就和创新的部分，删繁就简，取其精华，以最为客观的态度实录其事，反复修改，得而成书。

《大地情怀：刘更另传》全书共十一章，把刘更另院士的学术成长历程用传记载体记录出来，也是编纂者的第一次尝试。相比于刘更另院士一生追求科学、热爱科学和创新科学的丰富人生，本书难免有挂一漏万、沧海遗珠之嫌。但小中见大，"一滴水反映太阳"。能把刘更另院士学术成长资料整理编著成书，也算"有分量"之作。正如中国科协"采集工程"专家委员会评定组专家所说：采集小组成员认真、严谨，工作规范、系统；各类资料采集完整，数字化资料与原件资料数量均很大。书中所涉史料翔实具体，具有很高的史料价值。

我作为中国农业科学院祁阳红壤实验站的一员，将不断学习、继承和发扬刘更另院士的优良学术传统，弘扬老一辈科学家无私奉献的精神，以刘更另院士学术成长的艰辛历程为榜样，在科学创新的发展中扎扎实实、勤奋钻研，创造出更加辉煌的业绩。

中国农业科学院祁阳红壤实验站第三任站长
中国农业科学院农业资源与农业区划研究所副所长
中国热带农业科学院南亚热带作物研究所所长

目 录

老科学家学术成长资料采集工程简介

总序一 ······················韩启德

总序二 ······················白春礼

总序三 ······················周　济

序 ························徐明岗

导　言 ····················· 1

| 第一章 | 烽火年代　三次辍学 ············· 11

　　祖籍湖南桃源，出生农耕之家 ············· 11
　　抗战时局动荡，被迫休学回家 ············· 15
　　躲避兵荒马乱，再入天禄学堂 ············· 15
　　各科成绩优秀，考取国立八中 ············· 19
　　父死母病之难，第二次痛苦休学 ············ 21

转学省十四中，完成高中学业 …………………………………… 22
大学停止招生，第三次无奈休学 ………………………………… 23

第二章 | 走出大山　武汉大学求学 …………………………………… 24

跨入武汉大学，勤俭刻苦读书 …………………………………… 24
迎接武汉解放，开始新的生活 …………………………………… 27
重新选择专业，改学土壤农化 …………………………………… 31
立志科学报国，结缘土壤科学 …………………………………… 36

第三章 | 祖国挑选　留学苏联 ………………………………………… 40

服从国家分配，河南开封工作 …………………………………… 40
伉俪情深，携手共进 ……………………………………………… 46
河南农业厅推荐，选为留苏预备生 ……………………………… 49
北京俄文专修学校，一年俄语学习培训 ………………………… 51
莫斯科大学农学院，攻读土壤耕作学博士 ……………………… 55

第四章 | 苏联学成回国　步入农业科研领域 ………………………… 61

深入西北，调研基层土壤状况 …………………………………… 62
综合分析，首提"农业土壤" …………………………………… 63
精心筹措，建立农业土壤研究室 ………………………………… 66
下放蹲点，五常县"三结合" …………………………………… 69
总结经验，研究猪厩肥腐解 ……………………………………… 72
广辟肥源，增积有机肥料 ………………………………………… 73

第五章 | 鸭屎泥田　低产改良 ………………………………………… 75

组建工作组，选点官山坪 ………………………………………… 75
"四同"住农家，调查鸭屎泥 …………………………………… 77
试验多要素，磷肥显奇能 ………………………………………… 79

绿肥紫云英，泥融田又肥 ⋯⋯⋯⋯⋯⋯⋯⋯⋯⋯⋯ 80
官山坪经验，增产又省肥 ⋯⋯⋯⋯⋯⋯⋯⋯⋯⋯⋯ 85
各地来参观，报刊大宣传 ⋯⋯⋯⋯⋯⋯⋯⋯⋯⋯⋯ 87
祁阳工作站，选址官山坪 ⋯⋯⋯⋯⋯⋯⋯⋯⋯⋯⋯ 91
官山坪经验，要全面推广 ⋯⋯⋯⋯⋯⋯⋯⋯⋯⋯⋯ 93
单季改双季，产量翻一番 ⋯⋯⋯⋯⋯⋯⋯⋯⋯⋯⋯ 98
祁阳二十年，晚稻超早稻 ⋯⋯⋯⋯⋯⋯⋯⋯⋯⋯⋯ 100
衡阳十六年，晚稻超早稻 ⋯⋯⋯⋯⋯⋯⋯⋯⋯⋯⋯ 103
水稻不壮籽，发现缺钾症 ⋯⋯⋯⋯⋯⋯⋯⋯⋯⋯⋯ 105
祁阳工作站，搬迁杨家冲 ⋯⋯⋯⋯⋯⋯⋯⋯⋯⋯⋯ 108
创办农技校，培训农技员 ⋯⋯⋯⋯⋯⋯⋯⋯⋯⋯⋯ 111

第六章 "文化大革命"期间　科研中断 ⋯⋯⋯⋯ 116

"四清"未完，电令回京 ⋯⋯⋯⋯⋯⋯⋯⋯⋯⋯⋯ 116
下放安阳"五七"干校劳动锻炼 ⋯⋯⋯⋯⋯⋯⋯⋯ 119
通知回京，办理调动 ⋯⋯⋯⋯⋯⋯⋯⋯⋯⋯⋯⋯ 121
北京农业大学下放，陕北清泉沟建校 ⋯⋯⋯⋯⋯⋯ 122
染得"克山病"，急盼回北京治疗 ⋯⋯⋯⋯⋯⋯⋯ 125
北京青龙桥诊所，中医治疗"克山病" ⋯⋯⋯⋯⋯ 127
带病翻译李比希专著 ⋯⋯⋯⋯⋯⋯⋯⋯⋯⋯⋯⋯ 128
急于回到祁阳站 ⋯⋯⋯⋯⋯⋯⋯⋯⋯⋯⋯⋯⋯⋯ 133
正式平反，轻装上阵 ⋯⋯⋯⋯⋯⋯⋯⋯⋯⋯⋯⋯ 137

第七章 梦寐以求　再回祁阳 ⋯⋯⋯⋯⋯⋯⋯⋯ 138

身心康复，回到祁阳 ⋯⋯⋯⋯⋯⋯⋯⋯⋯⋯⋯⋯ 138
稻田"三熟"，再夺高产 ⋯⋯⋯⋯⋯⋯⋯⋯⋯⋯⋯ 142
经济合理使用化肥 ⋯⋯⋯⋯⋯⋯⋯⋯⋯⋯⋯⋯⋯ 146
施用锌肥，防止"僵苗" ⋯⋯⋯⋯⋯⋯⋯⋯⋯⋯⋯ 147
深泥脚田，水稻垄栽 ⋯⋯⋯⋯⋯⋯⋯⋯⋯⋯⋯⋯ 152

砷毒稻田，综合改良 …………………………………… 160
长期坚持，必有成效 …………………………………… 169

第八章 | 建桃源现代农业基地　研究我国农业现代化 …… 171

选址湖南桃源，建立农业现代化研究所 ……………… 171
深入调查布点，研究水稻生态 ………………………… 173
学习借鉴日本农业现代化经验 ………………………… 179
对桃源农业现代化发展的建议 ………………………… 183
对我国发展农业现代化的几个问题思考 ……………… 186

第九章 | 南方红壤　综合治理 ………………………………… 189

祁阳工作站命名为红壤改良实验站 …………………… 189
开设英语培训班，提高科研人员外语水平 …………… 192
传道授业，为土壤科学培养人才 ……………………… 194
研究红壤特性，思考挖掘潜力 ………………………… 199
南方红壤荒山，植被恢复研究 ………………………… 200
发现植被恢复演替规律 ………………………………… 202
发明"水平浅沟，沟坑相连，分散蓄水"的简易措施保水 …… 205
红壤丘陵荒山生态恢复取得成效 ……………………… 208
首次布置长期定位监测试验 …………………………… 210
迁址衡阳，改名衡阳红壤实验站 ……………………… 217
建立全国土壤肥力监测网 ……………………………… 219
开展国际农业合作研究，让年轻农学家走出国门 …… 223
建立孟公山实验区，研究南方种草养畜 ……………… 224

第十章 | 综合考察山区资源 …………………………………… 229

谋划山区科学发展 ……………………………………… 229
武陵山区国土考察与发展建议 ………………………… 230
湘南丘陵山区农村考察与发展建议 …………………… 232

湖南桑植考察与发展建议 ·········· 234
　　燕山山区考察与发展建议 ·········· 238
　　组建山区研究室 ·················· 241
　　当选首批工程院院士 ·············· 244
　　建设燕山科学实验站 ·············· 245
　　迁西县发展小尾寒羊 ·············· 248
　　迁西县发展栗蘑、优质板栗 ········ 250
　　一枚沉甸甸的"河北省院士特殊贡献奖"奖章 ········ 251

第十一章 | 跟踪科学前沿　关注农业发展 ·········· 253

　　关注我国农业的可持续发展 ········ 254
　　关注世界农业的迅速发展 ·········· 257
　　如何保障我国农业的可持续发展 ···· 258
　　从社会发展看我国的农业问题 ······ 261
　　肥沃的土壤是人类永久的财富 ······ 263
　　用邓小平理论武装中国农业 ········ 266
　　对新疆建设"高产、优质农产品"基地的建议 ········ 270
　　克拉玛依油田——大型工业企业兴办农业的建议 ········ 272
　　我国发展有机肥料的建议 ·········· 274
　　儿女追忆父亲往事 ················ 277

结　语 ·········· 283

附录一　刘更另年表 ·········· 288

附录二　刘更另主要论著目录 ·········· 307

参考文献 ·········· 313

后　记 ·········· 317

图片目录

图导-1　刘更另 1948 年在武汉大学的学生履历表 …………………… 5
图导-2　刘更另为中央人民广播电台撰写的广播稿 …………………… 6
图导-3　1957 年以来，刘更另在湖南祁阳官山坪蹲点常用的游标卡尺 …… 7
图 1-1　与刘更另故居隔山相望的湖南桃源桃花源景区大门 ………… 12
图 1-2　刘更另故居旧房遗址 …………………………………………… 13
图 1-3　桃源二中刻写于石碑的"办学理念" ………………………… 16
图 1-4　桃源二中新校门 ………………………………………………… 18
图 1-5　2004 年刘更另回访母校桃源二中并题词 …………………… 18
图 1-6　1947 年刘更另在湖南省立第十四中学高中毕业照 ………… 22
图 2-1　1936 年建设的武汉大学原农学院大楼旧址 ………………… 25
图 2-2　1948 年刘更另在武汉大学的学籍档案 ……………………… 25
图 2-3　武汉大学原农学院 1936 年教室旧址 ………………………… 26
图 2-4　1950 年 3 月 24 日刘更另在武汉大学入党宣誓的档案材料
　　　　之一 …………………………………………………………… 30
图 2-5　1952 年刘更另在武汉大学党员整党教育思想检查总结
　　　　的档案材料之一 ……………………………………………… 31
图 2-6　2015 年 5 月 18 日李学垣教授在华中农业大学资环学院
　　　　办公室与采集小组成员合影 ………………………………… 35
图 2-7　梭颇著，李庆逵等译《中国之土壤》 ……………………… 37
图 2-8　1952 年 7 月刘更另在武汉大学的学籍档案：大学生履历表
　　　　一页 …………………………………………………………… 38
图 2-9　1952 年刘更另在武汉大学的毕业照 ………………………… 39
图 3-1　原河南开封禹王台农事实验场纪念碑 ……………………… 42
图 3-2　1953 年刘更另与陈文新的结婚照 …………………………… 46

图 3-3	1956年"五一"国际劳动节，刘更另、陈文新与留苏同学在莫斯科红场合影	48
图 3-4	北京留苏预备部：刘赓麟武汉大学学历证明及各科成绩单	52
图 3-5	1949年北京俄文专修学校旧址门牌号	53
图 3-6	原留苏预备部改建后的新址	54
图 3-7	1957年留苏期间，刘更另跟随导师契日夫斯基等野外考察照	57
图 3-8	1959年7月苏联最高教育部、最高资历委员会颁发的副博士学位证书	59
图 4-1	中国农业科学院原土壤肥料研究所大楼	61
图 4-2	作物在不同母质土壤和不同施肥措施下长势各异	64
图 4-3	1982年中国农科院土壤肥料研究所主编的《中国农业土壤概论》	69
图 4-4	1960年刘更另下放黑龙江省五常县蹲点时获年度红旗手的鉴定档案材料	71
图 5-1	湖南祁阳县官山坪大队现在保留的上、下老街土砖瓦房旧址	76
图 5-2	祁阳县官山坪大队土壤分布图	78
图 5-3	2014年11月29日采集小组与祁阳县农业专家座谈会合影	84
图 5-4	1964年刘更另陪同地方领导考察官山坪基地绿肥翻压现场	86
图 5-5	20世纪60年代初，刘更另带领中国农业科学院土壤肥料研究所的青年科技人员陈永安、吴大伦在祁阳官山坪基地蹲点合影	87
图 5-6	1963年4月27日《新湖南报》刊登《他们的路子走对了》、《一个农村科学研究试验基点的好榜样》两篇文章	89
图 5-7	1963年7月23日《人民日报》刊登社论《一条农业科学实验的正确道路》	91
图 5-8	1964年建设的中国农业科学院祁阳科学工作站旧址	92
图 5-9	衡阳地区革命委员会转发刘更另《发展钾肥生产，搞好氮磷钾的平衡》文件	107
图 5-10	1965年在祁阳官山坪基地建设的"中国农科院祁阳科学工作站"小四合院	110
图 5-11	1965年在祁阳官山坪基地建设的"中国农科院祁阳科学工作站"实验楼	110
图 5-12	1965年在祁阳官山坪基地建设的衡阳专区农业技术学校旧址	112

图片目录 | VII

图 6-1	1964年冬季社教工作队帮助祁阳书林寺大队在胡家排修建的50千瓦电排旧址	118
图 6-2	河南安阳，中国农业科学院棉花研究所	120
图 6-3	陕北清泉沟——北京农业大学陕北办学时的旧址	122
图 6-4	1972年陈文新带着儿子刘尽晖在陕西清泉沟劳动时合影	124
图 6-5	尤·李比希	129
图 6-6	张马祥与黄鸿翔讲述与刘更另多次讨论翻译《化学在农业和生理学上的应用》的经过	132
图 6-7	1970年前湖南祁阳官山坪大队早稻"划行器划行"插秧法	135
图 6-8	1970年后湖南祁阳官山坪大队早稻"拉绳开厢"插秧法	136
图 7-1	刘更另20世纪60—80年代使用的万分之一电光分析天平	140
图 7-2	1974年祁阳工作站举办农民技术员培训班，为农民讲解"三熟制"栽培技术	145
图 7-3	1978年科技人员采集衡阳稻田紫色泥，布置施用锌肥防治水稻盆栽模拟实验	148
图 7-4	2009年湖南冷水滩区伊塘镇水稻施用锌肥万亩丰产片	152
图 7-5	1982年湖南省零陵县集义大洞深泥脚稻田插秧前"三犁三耙"作业	154
图 7-6	模拟刘更另用浇开水的办法提高深泥脚田的泥温	155
图 7-7	1981年冬祁阳红壤实验站在祁阳县农业局举办湘南地区低产田改良培训班	156
图 7-8	1983年12月中国农业科学院祁阳实验站在湖南省东安县召开"湘南土壤肥料实验网1983年度中低产田改良总结会"	158
图 7-9	1983年湖南省零陵县集义大洞深泥脚稻田水稻起垄栽培千亩丰产片	159
图 7-10	1985年由刘更另主持的"红壤稻田持续高产的研究"成果荣获国家科技进步奖三等奖	160
图 7-11	湖南常宁"砷毒田"与正常田水稻比较	161
图 7-12	水稻、苋菜耐不同砷浓度盆栽模拟试验	163
图 7-13	刘更另1974年2—12月工作日记	167
图 8-1	2010年中国科学院桃源生态实验站全景	172

图 8-2	桃源水稻生态观测点分布图	175
图 8-3	1979 年刘更另等中国农业专家考察团成员考察日本农业现代化合影	180
图 9-1	祁阳官山坪——中国农业科学院祁阳红壤实验站全景	192
图 9-2	1983 年刘更另在湖南祁阳官山坪基地与研究生姚政、高素端合影	194
图 9-3	1978 年湖南祁阳官山坪——中国农业科学院祁阳实验站全景照	197
图 9-4	1980 年刘更另等陪同德国汉诺威科技大学土壤所赖兴巴赫等 4 位教授考察祁阳实验站红壤剖面	198
图 9-5	湘南红壤丘陵区植被遭严重破坏后的裸露荒山水土流失、沟壑冲刷的现状	201
图 9-6	湘南红壤丘陵裸露荒山植被恢复前实验区全景	201
图 9-7	湘南红壤丘陵荒山植被恢复实验区的"水平浅沟,沟坑相连,分散蓄水"水土保持试验的简易工程现场	205
图 9-8	湘南红壤荒山植被自然恢复区"草-灌-乔"植被群落与人工种植薪炭林湿地松群落一角	209
图 9-9	水稻阴离子长期定位试验施用含阴离子 SO_4^{2-} 与 Cl^- 化肥 40 年后的灌浆期晚稻和晚稻分蘖期黑根现象	210
图 9-10	三种不同母质生土熟化长期定位试验第 34 年冬小麦与春黄豆轮作的作物田间长势长相	213
图 9-11	稻田丰产综合因子长期定位试验第 33 年晚稻田间试验水稻长势长相	214
图 9-12	稻田种植制度长期定位试验第 33 年冬季绿肥长势长相	215
图 9-13	2002 年刘更另陪同德国土壤学家等考察祁阳实验站稻田长期定位试验	216
图 9-14	中国农业科学院祁阳实验站建站 55 周年座谈会	219
图 9-15	农业部全国肥力网——湖南祁阳红壤旱地肥力与肥料效益长期监测定位试验春玉米现场	222
图 9-16	1987 年中国农业科学院祁阳红壤改良实验站孟公山实验区	226
图 9-17	1991 年刘更另在"南方红壤区种草养畜国际学术研讨会"作学术报告	227

图 10-1	1986年冬季刘更另在湘南农村调查粮食生产情况并与农民交谈	233
图 10-2	1992年刘更另等考察湘西山区与农民代表合影	235
图 10-3	1998年刘更另在河北燕山山区考察	239
图 10-4	1990年中国农业科学院"关于建立'中国农业科学院山区研究室'的请示"文件	243
图 10-5	1995年刘更另院士回到祁阳官山坪基地	245
图 10-6	2004年河北迁西建设竣工的燕山科学实验站	246
图 10-7	2010年刘更另陪同中国科学院院士陈文新、任继周等在河北燕山科学实验站考察	247
图 10-8	2009年80岁寿诞刘更另登上迁西景忠山山顶	252
图 11-1	刘更另主编的《中国有机肥料》	275
图 11-2	刘科沙与丈夫 Godfrey Terence Keith 瞻仰父亲铜像并留影	278
图 11-3	1995年刘更另与儿子刘尽晖在中国农业大学的家中合影	279
图 11-4	1994年4月，刘更另与夫人陈文新、女儿刘科沙、儿子刘尽晖在北京合影	281
图后-1	刘更另采集小组将采集资料整理、分类、归档	317
图后-2	刘更另采集小组向采集工程馆藏基地移交文件1200余份	318
图后-3	《大地情怀：刘更另传》初稿及部分参考文献	319

导 言

刘更另院士是我国著名的土壤肥料与植物营养学家，国家土壤肥力与肥料效应长期定位监测的奠基人。1952年他从武汉大学毕业，分配在河南省农业科学院开封禹王台农事实验场做技术工作，任农场技术员和农业化学组组长、技术室副主任。1954年被推荐选拔并于1955年留学苏联，在莫斯科大学季米里亚捷夫农学院研究生院攻读土壤与作物耕作学。1959年获苏联农学副博士学位（后转为博士），同年5月回国，分配在中国农业科学院土壤肥料研究所从事土壤肥料与植物营养研究工作。在职务方面，曾任中国农业科学院土壤肥料研究所肥料室副主任、主任，祁阳红壤实验站站长，中国农业科学院土壤肥料研究所副所长、所长，中国科学院长沙农业现代化研究所副所长，中国农业科学院党组成员、副院长。在技术职称方面，曾任中国农业科学院助理研究员，北京农业大学副教授，中国农业科学院研究员。在学术方面，曾任中国农业科学院院学术委员会副主任，农业部科学技术委员会委员、常委，国家科委发明奖评选委员会审查员，国务院学术委员会学科评审组成员，国家自然科学基金会第一届评审组成员，国家自然科学奖地学学科部评审组成员，1994年当选中国工程院院士，中国工程院农业、轻纺与环境工程学部常委、副主任。在学术领域，曾任中国土壤学会第五届常务理事，中国农学会常务理事，中国土壤肥料研究会理事长，中国植物营养与肥料学会理事长，《中国农业科学》主编，《中国农业科学》编辑委员会主任委员，《中国土壤》编辑委员等职。

刘更另院士的研究工作分可为四个阶段。第一阶段（1960—1975年），低产田改良研究。第二阶段（1982—1992年），建立南方红（黄）壤地区裸露荒山植被恢复实验研究基地和系列土壤肥力长期定位实验、全国土壤肥力监测网建设。第三阶段（1985—2002年），广泛开展国际合作研究。第四阶段（1992—2010年），开展山区资源调查研究和科技扶贫。刘更另院士共获国家、省部级科学技术成果奖11项。其中，作为第一完成人，1978年获湖南省中低产田改良成果奖；1983年，"紫色泥田施用锌肥防治水稻僵苗"获农牧渔业部技术进步奖一等奖；1985年，"深泥脚田水稻垄栽增产技术体系"获农业部科技进步奖二等奖，"红壤稻田持续高产研究"获国家科学技术进步奖三等奖，"盐湖钾肥合理使用和农业评价"获农业部科技进步奖二等奖；1991年，"南方红壤综合改良及粮食持续增产配套技术"获农业部科技进步奖三等奖；1992年，"中国中长期食物发展战略研究"获农业部科技进步奖一等奖；1993年，"中国中长期食物发展战略"获国家科技进步奖二等奖；2002年，获河北省人民政府颁发的河北省院士特殊贡献奖。发表学术论文188篇，出版专著5部。

围绕刘更另院士学术成长线索，追踪刘更另院士的求学、工作足迹，采集小组的调研工作遍布全国。采用"访、问、查、阅、编、撰、改"的工作方法，循序渐进，分阶段推进。

访。刘更另1929年出生于湖南桃源，童年生活在一个农民家庭。他是从湖南祁阳鸭屎泥田里走出来的一位中国工程院院士，一生最大的特点之一就是长期扎根农村基地，深入调查研究，在生产中发现问题、解决问题。用他自己的话说"没有28年的农村基地工作经历，就没有今天的成就"。采集组全体成员，抱着对历史负责、对国家负责、对老科学家本人负责的态度，决定从"访"开始，寻找、挖掘资料。

2014年9月，采集组首先来到北京，采访了中国农业科学院与刘更另共同做研究工作长达40余年的同事陈福兴、陈永安、张马祥、江朝余等。接着，赴湖南衡阳、零陵两地市，采访与刘更另长期一起工作的地方离退休领导，原祁东县委书记、衡阳地委副书记、零陵地委书记唐盛世，原祁阳县委书记、零陵地区副专员、永州市人大副主任郑纯发。之后又驱车赶往长沙、衡阳、祁阳，采访20世纪60年代在祁阳官山坪"中央省地县中低产田改良联合工作组"副组长、湖南省农业厅84岁高龄的农业高级专家余太万、83岁的衡阳地区农业科学研究所刘运武研究员和祁阳县农业局的老专家刘继善、易耀环、吴巾栋等。在他们的回忆中，受益最大的是当地老百姓，因此，回到祁阳官山坪，采访官山坪大队83岁老支部书记王凤元、84岁原团支部书记邹石生等。

经过连续奔赴、行程万余公里的"追踪"采访，发现刘更另的"足迹"遍布了除台湾地区外的全国各地。其目的就是调查全国不同的土壤类型（东北黑土、西北黄土、新疆荒漠土、华北褐土、中原潮土、四川紫色土、南方红壤、华南赤红壤、高肥力水稻土）、山区（武陵山、五岭山、雪峰山、罗霄山、乌蒙山、峨眉山、太行山、燕山、沂蒙山、长白山、天山、阿尔泰山、昆仑山等）资源利用中存在的问题，以及全国各地的农民收入与生活水平、贫困人口与生产水平、粮食产量与资源匮乏关系等，全面掌握了第一手资料，组织科技攻关，逐一解决问题。

问。刘更另院士2010年6月30日在北京逝世，因为其本人为独子，且祖父、父亲也为独子，没有直系亲属，这使资料采集工程的难度增大。虽然通过"跟踪"采访，获得了刘更另科学研究工作的大量信息资料，但对其家庭背景、留苏经历、家庭生活等情况一无所知。

项目组负责人带领采集小组四人，四次奔赴北京中国农业大学与其家属多次交流，获得刘更另的夫人陈文新（中国农业大学教授、中国科学院院士）、女儿刘科沙、儿子刘尽晖的大力支持和全力配合。通过多次采访陈文新、刘科沙、刘尽晖，对其在武汉大学、留苏期间的求学背景和家庭生活等获得许多新的信息资料。

我们与刘更另院士夫人陈文新及其子女有了深入的情感交流，了解到许多刘更另的家庭生活、子女生活情况。其家属被我们的真诚所感动，将刘更另院士生前留下的证书、照片、手稿资料共100余件，全部捐赠给采集小组。

查。刘更另从一个农民家庭的孩子成长为我国著名的土壤肥料与植物营养科学家。最初,对于他的求学经历、师承关系,以及对刘更另的科研成就产生深刻影响的工作环境、国内外学术交流中的关键、重大事件和重要节点我们一无所知。为此,采集小组分四次奔赴湖南桃源县第二中学、武汉大学档案馆、武汉大学图书馆、华中农业大学、中国农业科学院人事局、中国工程院,采访刘更另的亲友、武汉大学的同学,查阅刘更另学籍、人事档案,共获得档案资料54件。

阅。刘更另院士一生留下大量的文字手稿、信件、笔记、论文原稿和著作,这是我们采访中获得的最大文献资料财富。大量的原始文稿为我们提供了刘更另半个世纪科学研究中的科研项目时段、研究方法、国内外学术交流历程,以及取得重大成果的团队成员和时间、地点、方法等系统资料。这些"文库"中蕴藏着他一生的科学研究经历和系列科学成果的精华。经过一年多的资料分类、整理,共获手稿、信件、笔记、报道、论文专著等原件1126件、非原件152件,总数共1278件。资料真实、系统、完整地再现了刘更另院士成长为我国著名土壤与植物营养学家和土壤肥料长期定位监测奠基人的学术成长历程。

编。掌握了刘更另院士大量的第一手资料信息,采集组开始着手编制《刘更另资料长编》《刘更另年表》和编写《刘更另传》目录。经精选编制,编写完成《刘更另资料长编》《刘更另年表》。在此基础上,以时间节点为序,以刘更另院士家庭背景、求学经历、科学研究时段及重大科研成果为依据,编制出传记提纲。

撰。经过反复阅读"采集工程"原有范本,2015年6月开始动笔,撰写传记。这期间共查阅与研究报告相关文献、历史书籍、手稿、传记、书信、档案、著作、论文、口述整理稿等160余册、300余万字。2016年8月底完成传记《大地情怀:刘更另传》初稿,共11章,精选照片资料100余幅。

改。在完成初稿后,2016年9月25日,邀请国内外土壤学、农学、历史学专家和刘更另家属共20余人,对《刘更另传》《刘更另资料长编》《刘更另年表》进行座谈、讨论修改。共收到修改建议18条,改正错误10

余处，补充、新增内容3处。2017年1—3月，按照"采集小组结题验收会议"专家组评议的意见要求，对传记进行认真、反复修改、补充完善。从2017年12月至2018年3月，根据中国科协专家组专家对传记的审读意见，再次对研究报告中的图片、注释、传记、附件等相关内容和存在的问题，进行修改、补充完善。

完成上述系列工作，采集小组在档案、手稿、书信、实物和音视频等方面获得了大量重要成果：

（1）档案方面。通过多次与院士当年求学的武汉大学档案馆、工作单位中国农业科学院人事局档案馆等联系沟通，获得了院士1948年在武汉大学的学籍档案和1955年留苏学籍档案、1960年以后从事农业科学研究相关档案，包括武汉大学学习成绩表及武汉大学入党及整党文件、干部履历表、任命文件、业务往来报告等。

（2）手稿方面。经过与中国农业科学院农业资源与农业区划所的院士办公室、中国工程院等多次接触协调，将北京院士办公室有关刘更另院士

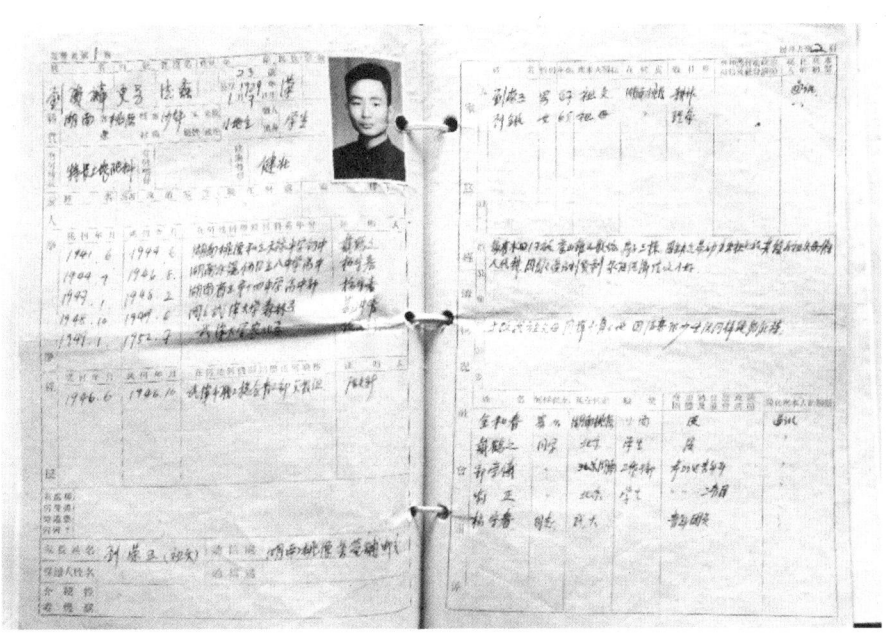

图导-1　刘更另1948年在武汉大学的学生履历表（原件存中国农业科学院人事局档案馆，并由其提供复印件）

的40余箱资料，全部寄回湖南祁阳中国农业科学院祁阳红壤实验站，由刘更另院士学术成长资料采集小组办公室进行分类整理。采集小组同时将祁阳站资料室有关刘更另手稿、图纸、科技文献、笔记本等资料也全部分类整理。经一年多时间的资料分类、整理，获得一批具有重要史料价值的原件。其中，1959年、1960年，刘更另为中央人民广播电台撰写的广播稿两篇3000余字，由钢板刻写、油墨印刷的资料稿件，关于"土壤供给植物水分和灰分等营养元素，在大气因子和有机体共同作用下，相互制约而发展成一个基本特性——肥力"；1964年，刘更另等绘制"湖南省祁阳县官山坪大队耕地、养分分布图""冬作物分布图"等12幅；从1964年至2009年（其中，"文化大革命"期间停写2年）共43年，刘更另坚持每天写工作日记，共30万余字；工作笔记本22本，记录了科研、日常工作与会议等的详细时间、地点、内容；刘更另《"文化大革命"自传》20余万字手稿等。这些资料为寻找刘更另院士学术成长的科学研究历程提供了非常重要的史料依据。

图导-2　刘更另为中央人民广播电台撰写的广播稿（中国农业科学院祁阳红壤实验站资料室提供）

（3）照片方面。通过采集小组拍照、家属捐赠，以及与中国农业科学院祁阳红壤实验站、河北燕山科学实验站、中国农业科学院农业资源与农业区划研究所等单位联系，获得大量的照片资料。采集小组对照片的拍摄时间、拍摄背景，主要人物等进行辨识，获得刘更另院士从小学毕业、初中毕业、高中毕业、大学毕业以及留苏毕业的免冠照8张，1960—2008年的科学研究、学术交流、国内外考察和访问等一批历史照片120余张，具有重要回顾与展示价值。

（4）证书方面。通过采集小组与刘更另院士家属数次交流、沟通，共获得刘更另院士家属提供的国务院、科技部、农业部、中国农业科学院等颁发的聘书、证书原件30余份。采集小组得到刘更另院士获得的重要奖项、证书的扫描件共25件，包括院士证书、国家科学技术进步奖、省部级科技成果奖证书和留苏副博士学位证书等。

（5）音视频方面。通过间接采访30余人，共获得1300分钟音视频资料，整理口述稿21篇、12万余字。

（6）实物方面。通过采集小组在刘更另院士创办并在此工作28年的农村科研基地湖南祁阳中国农业科学院红壤实验站，收集实物原件19件。包括1957—1998年，野外科学研究使用的游标卡尺、挂式温湿度计、乔灌木植株高度测量仪（视距测高仪）、照度计、农用显微镜、野外土壤养分速测箱等和农村基地实验室使用的最精密仪器万分之一电光分析天平、土壤样品筛、土壤和植物样品碾钵、室内分析使用的试管移动架等，以及在农村基地讲学、作学术报告用的投影仪。

图导–3　1957年以来，刘更另在湖南祁阳官山坪蹲点常用的游标卡尺（2014年，秦道珠摄）

本传记根据"老科学家学术成长资料采集工程项目"相关规定，依据采集到的刘更另档案、照片、手稿、信件、科研成果、新闻报道以及访谈口述等资料而完成。

本传记的思路是按照年代顺序，根据刘更另院士学习、工作和科学研究学术成长经历，围绕幼年奔波—国内求学—留学苏联—归国潜心科研—湖南祁阳低产田改良—"文化大革命"科研中断—下放安阳劳动锻炼—随北京农业大学迁陕西劳动建校—再回祁阳红壤实验站，继续稻田持续高产研究—湖南桃源农业现代化研究所选址、生态农业研究—南方红壤综合治理—山区资源综合利用研究—情牵"三农"，建言献策这一主线开展撰写工作，具体结构如下。

第一章：烽火年代　三次辍学（1929—1947年）。梳理刘更另院士家庭背景、从小学到高中的求学历程。叙述了刘更另在抗战烽火年代降生，4岁随父母读《三字经》，7岁入私塾读书，后入天禄学堂、国立八中、湖南省第十四中学，直到18岁高中毕业。在这期间，由于战乱、父亲去世，家庭经济困难，被迫转学、三次辍学，凭着坚韧不拔的毅力和刻苦求学的决心，在亲朋好友的资助下完成从小学到高中毕业的求学经历。

第二章：走出大山　武汉大学求学（1948—1952年）。本章叙述刘更另考入武汉大学后，勤俭苦读，完成大学学业；接受进步思想、参加革命活动，加入新民主主义青年团、共产主义青年团；在党组织的关心、培养下，树立共产主义世界观，加入中国共产党组织；知识改变人生、立志科学报国的赤子之心；将原名"刘更麟"改名为"刘更另"，决心跟党走，一切从头开始，做中华人民共和国科技工作者的决心和立场、世界观转变历程。

第三章：祖国挑选　留学苏联（1953—1959年）。叙述刘更另被推荐选拔为留苏预备生，参加俄语培训以及留学经历。根据传记、家属和同事口述、手稿、人事档案、河南省农业科学院《院志》等资料，本章对刘更另从武汉大学毕业后，分配河南省农业科学院，在北方农村调查研究，制作有机肥；被推荐获选为留苏预备生；进入北京外国语学校，参加留苏俄文培训班；留学苏联深造，在莫斯科季米里亚捷夫农学院研究生院攻读土壤耕作学；获苏联农业科学副博士学位；在留苏期间，考察苏联大专院校、科研院所、集体农庄，受到毛主席、周总理等党和国家领导人接见等进行梳理。

第四章：苏联学成回国　步入农业科研领域（1960—1962年）。本章叙述刘更另从苏联回国后，到中国农业科学院土壤肥料研究所报到；积极参加全国土壤普查；根据我国国情，筹建"农业土壤学"学科；申请入驻黑龙江五常一年，调查农业土壤，开展技术革新；任中国农业科学院土壤肥料研究所肥料研究室副主任，主持"有机肥腐解研究"。

第五章：鸭屎泥田　低产改良（1963—1966年）。本章叙述刘更另在祁阳官山坪建立了"祁阳科学工作站"；施用磷肥改良冬干鸭屎泥田"坐秋"；建立"磷素活化，泥团融化，生土熟化"的科学理论；在衡阳、零陵等湖南中南地区推广官山坪低产田改良经验；发展双季稻，实现"晚稻超早稻"产量的重大突破，为当地大幅度提升水稻产量作出重大贡献。

第六章："文化大革命"期间　科研中断（1967—1972年）。本章叙述刘更另在"文化大革命"期间，下放河南安阳"五七"干校劳动锻炼的历程，以及调离中国农业科学院，去北京农业大学任教的经历。随北京农业大学迁居到陕北清泉沟，参加劳动建校、住窑洞；染得严重"克山病"和"心肌损伤"，病情严重，被迫回京治疗的历程。治疗"克山病"期间，一边中医治病，一边翻译德国尤·李比希名著《化学在农业和生理学上的应用》；自学英文和日文；身体逐渐恢复的历程。

第七章：梦寐以求　再回祁阳（1973—1977年）。本章叙述刘更另返回湖南祁阳官山坪科研基地，重整科研队伍，恢复科研工作；持续"三熟制"高产研究，推广双季晚稻新品种；对南方潜育性低产田、紫色泥田的低产原因进行科学研究和改良、发现常宁"砷毒田"并进行科学研究的历程。

第八章：建桃源现代农业基地　研究我国农业现代化（1978—1979年）。本章叙述刘更另借调中国科学院期间，在湖南桃源县选址，筹建中国科学院桃源农业现代化研究所；兼任中国科学院桃源农业现代化研究所副所长；主持水稻生态研究项目，建立全方位生态观测点，探索水稻生长发育与环境条件关系；完成《关于日本农业现代化的几点汇报》考察报告；提出"湖南桃源如何加速实现农业现代化问题"和"中国农业现代化面临几个问题的建议"的历程。

第九章：南方红壤　综合治理（1980—1988年）。本章叙述刘更另院士建立中国农业科学院祁阳红壤实验站；建立南方红壤生态植被恢复实验基地；建立水田旱地土壤肥料长期定位实验；建设全国土壤肥力监测网；建立孟公山实验基地，开展红壤全方位研究与国际合作研究领域的历程。

第十章：综合考察山区资源（1980—1993年）。本章叙述刘更另综合考察山区资源，科学谋划，建立山区研究室；建设河北燕山科学实验站，开展山区科学研究；晚年开展科技扶贫的历程。

第十一章：跟踪科学前沿　关注农业发展（1994—2010年）。本章叙述刘更另院士，从中外农业发展存在的问题出发，提出我国农业可持续发展问题的建议；从我国农村人口脱贫现状，立足国情，提出用邓小平理论武装中国农业的建议；考察新疆、内蒙古土地资源，提出关于新疆农业发展的建议、新疆克拉玛依油田——大型工业企业兴办农业的建议；针对全国土壤污染、肥力衰退状况，提出我国"关于发展有机肥料的建议"。

第一章
烽火年代　三次辍学

祖籍湖南桃源，出生农耕之家

刘更另祖籍在湖南省桃源县。桃源位于湖南省西北部，距省城长沙186公里，地处洞庭湖区向武陵山脉的过渡地带，北有武陵山，南有雪峰山，中有沅水，地势南北西部高，中东部低。在以水运交通为主的年代，这里是通向云、贵、川的咽喉要道。

桃源虽地处偏远，崇山峻岭，不甚发达，却因陶渊明的《桃花源记》而声名远扬，文人骚客如李白、王维、刘禹锡、孟浩然、韩愈、苏轼、陆游、王安石、朱熹等都在桃源留下众多的诗文与墨宝。这里是书香四溢的地方，早在唐代就先后建起了天宁书院和桃溪书院。明代创办的漳江书院，更是把桃源文化推举到一个新的高度。

刘更另故居在离桃源县城10公里远的茶庵铺乡竹老铺村，与桃花源隔山相望，是一个典型的世代农耕之家。虽地理位置偏僻，但山川秀美，

图1-1 与刘更另故居隔山相望的湖南桃源桃花源景区大门（2014年，刘立生摄）

环境优雅，恰与一副古联①吻合："东望洞庭水，西顾辰龙关，南眺乌云界，北指五霄山，登高望远，乘化奚疑，叹比苍山无极……"这是一个湘西山寨典型的古老农耕之家。

1929年2月15日清晨，风和日丽，晨光曦微，正当人们迎着清晨阳光，开始一天农田忙碌，刘家院里传来婴儿的哇哇叫声，一个男婴降生了。由于刘家两代单传，男婴出生后，喜得父母刘爱谦、龙凤芝的偏爱。祖父刘荣五、祖母全玉梅更是喜笑颜开，热情迎接前来道喜的族里长辈和亲戚。

一位德高望重的刘姓长辈，根据男婴出生年月日时辰，为孩子取个吉利的名字。经与孩子的祖父、祖母协商后，老先生取意"麒麟起有神人出"之传说，又祈人丁兴旺之意，取名刘赓麟。

对于自己的故乡刘更另记忆尤深："1929年2月，我出生在武陵山区一个小山冲——湖南桃源茶庵铺竹老铺村。这里苍松翠柏，森林茂盛，不远就是有名的桃花源，而'秦人古洞'更是芳草鲜美，落英缤纷，到处有良田美池，桑竹之属。"竹老铺村四周为丛山围绕，郁郁葱葱，古木参天，实为一个与世无争的偏僻小山冲。②

1933年，刘赓麟刚满四岁，母亲就开始教他读《三字经》。母亲因家庭贫寒，仅读了两三年私塾就停学了！苦于自己没有文化，她望子成龙心切，

---

① 顾平旦，常江，曾保泉：《中国名胜楹联丛书·湖南名胜楹联》。北京：中国民间文艺出版社，1989年，第484页。

② 《刘更另自述》，1952年，第2页。原件存于中国农业科学院人事局档案馆，复印件存于采集工程数据库。

刘赓麟并没有令父母失望，他自幼天资聪颖，勤奋好学。每天跟随母亲念：人之初，性本善。性相近，习相远。苟不教，性乃迁……虽然，年幼的刘赓麟并不知道母亲教他读的《三字经》是什么意思，但还是饶有兴趣，跟着母亲一字一句地念，很快就背熟了，还能够熟练地写出一两百个生字了！

刘家为独家小院，依山傍水，坐北向南，冬暖夏凉，三面青山围绕，山川秀丽，属湘西山寨典型的农家小院。房前平坦，出行方便。一栋房屋分为三间，中间为正房，宽敞明亮，足足三四十平方米。正房两边为侧房，左边为大，一般为父母卧室。右边为小，大多为晚辈卧室。每间房子二十平方米左右。

到了刘赓麟的祖父时，又增添一栋横屋：还是三间土坯瓦房。另盖了厨房、猪舍、杂物房，大小房屋共有十来间。祖父母和父母亲住在一起，在外人看来，这个五口之家的小院，可谓人丁兴旺。

刘赓麟祖父母继承祖业，苦心经营，省吃俭用，又在周边买了些土地，加上祖业，刘家共有田土山20余亩，房屋2栋。还在房前屋后山上种上茶叶、楠竹、杉树，年复一年，春耕夏播秋收，日子越过越好。

桃源当地有着种植茶叶的习惯，当地最好的茶叶品种叫大叶茶，通过

图1-2　刘更另故居旧房遗址（1983年摄，中国农业科学院祁阳红壤实验站资料室提供）

传统的加工工艺生产的茶叶，品质极佳，也是远近闻名的桃源名茶。刘更另祖父种的茶叶自己采摘，鲜叶送往茶叶作坊加工，茶叶出售给茶叶商，换取微薄收入，这成为家庭经济的唯一补贴。

也许农家子弟从小与农田相伴，熟悉各种农活，伴随自己成长，对农田一年四季收成特别珍惜，从小养成勤俭节约的良好习惯，也许是祖父祖母的勤劳、智慧教育了刘更另，这一切他记忆尤深。在刘更另的一生中始终保持着生活简朴、不浪费一粒粮食、省吃俭用的良好家风习俗。就连种茶叶也成为他50年科学研究生涯中，改良南方红壤荒地的主要措施之一，并惠及千家万户。

1954年，刘更另在《自传》中谈到自己家庭时深有感触地说："祖父刘荣五、祖母全玉梅[①]都是文盲，出身贫农，经过几十年的打拼才有了20余亩土地，一年到头养猪种田干活养家。现在年龄大了，不能干重农活了，他们一生的希望就是要我多读点书，以后多赚钱买地。与我家田比邻的土地他都买在手里。我时常回忆起他们过去的艰辛劳动。"祖父曾教育他说："没有几丘田生活真苦呀！现在有了田，你们（指我和我父亲）就不觉得了。"殊不知他自己一生多么艰辛！

刘更另的父亲刘爱谦[②]，读过中等学堂，曾为当地的一位公教人员。他不会犁耙耕作农活，但为人善良，善于交际，且爱好音乐戏剧。因此，刘爱谦所接触的人有两种，一种是他们同一辈的同学和年轻朋友，都是受过中等教育的一般知识青年，这些青年要么在当地中小学教书，要么考大学落榜在家无事可做，他们在一起聊天、谈论古今国家大事；另一种人就是本乡的贫苦农民，因为这些农民时常请他帮忙，如写信、看信、讲时事、选日子……"我父亲性格温柔，善解人意，愿意帮人，因此大家有事都找他帮忙。母亲龙凤芝[③]仅有小学文化，在家做煮饭喂猪管家之事。祖父母则一字不识，从不关心外事，整天只为家庭吃穿发愁。"

[①]《刘更另自述》1952年，第2页。原件存于中国农业科学院人事局档案馆，复印件存于采集工程数据库。

[②] 同[①]，第3页。

[③] 同[①]，第5页。

抗战时局动荡，被迫休学回家

刘赓麟的父母亲，在当地算是文化人了，送子读书、望子成龙是他们的希望。经多方打听，1936年初，他们将自己七岁的独生子刘赓麟送到本村的刘家祠堂读私塾。这个私塾学堂，学生总共不到十人，老师只有何有志先生一人，上午教《三字经》识字，下午教写字，用毛笔填写红朱字帖。何先生教书很认真，对学生要求非常严格，陪同学生一起识字、写字，一丝不苟。

由于抗战时局混乱，社会动荡不安，且从刘家祠堂的私塾学堂来回十多里山路，刘赓麟年纪幼小，来回很不安全。学生人数越来越少，总数不到十人，并且何先生年逾七十，体弱多病。因此，1937年过年后，为了躲避战乱，这所竹老铺村唯一的私塾学堂停办。八岁的刘赓麟被迫休学回家，在父母教育下，补习国文。母亲教他选读"四书五经"。从此刘赓麟开始学习、接触儒家文化，记住了许多格言警句。

1938年，刘赓麟已经九岁。他勤奋好学，刻苦磨砺。一边在家随父母读"四书五经"、习书法、学国语，一边跟随本村70岁高龄的老先生陈凡英学习古文。

躲避兵荒马乱，再入天禄学堂

在家休学一年多后，刘赓麟入读天禄学堂。天禄小学的前身是国民革命军北伐名将陆军少将刘戡于1935年在刘家老祠堂创办的天禄学堂。天禄学堂的办学理念为"以德治校、质量立校、科研兴校、特色强校"，并刻写在学校操场旁高处的一块巨大石头上，以此勉励学生奋发向上，立志成才。

图1-3 桃源二中（原天禄学堂）刻写于石碑的"办学理念"（2014年，黄晶摄）

学堂创办初期，学生人数不多，开始只设初级小学部。由于学校管理严格，教学质量高，学生猛增到一百多人。为了满足当地农家子弟读书的要求，1940年，天禄小学从刘家老祠堂迁校于刘家新祠堂，并扩设高级小学部，这样一来，刘家新祠堂的天禄小学分成初级小学部（1—4年级）和高级小学部（5—6年级）两部分。

刘赓麟入读天禄学堂不满一年，于1939年8月以优异的成绩在天禄初级小学毕业，同时，他以各科优异的成绩考入天禄高级小学。

在天禄学堂高级小学部读书期间，由于受刘戡将军爱国主义思想的教育和启发，刘赓麟学习进步很快，各科学习成绩优秀，获得全校学习优秀奖。他善于思考，课堂回答问题大胆，语言清晰，逻辑性强，给老师和同学留下深刻印象。学校每年举行演讲比赛，他都积极报名参加，并且总能取得名次。1940年下半年，由学校挑选，派他出席在桃源县城的全县学生演讲比赛，由于他语言幽默、口齿伶俐、声音洪亮，演讲比赛获得优胜奖，为学校争了光，老师同学对他刮目相看。

天禄学堂对学生功课抓得很紧，很多基础差的学生考不及格就得留级。学校很重视古文和作文写作，刘赓麟的作文很好，得到国文老师夸奖，数学、音乐、体育成绩也不错，又是刻苦学习、守纪律的好学生，在先生们印象中，成了天禄学堂的佼佼者。由于学习成绩优秀，每次考试都获得学习成绩优秀奖励。

天禄学堂越办越好，远近闻名。又因初级小学、高级小学联办，学生数量增加到一二百人，受到地方政府的特别关注，也引起湖南省教育厅的高度重视。在刘戡将军的多方协调、支持和关心下，省教育厅于1941年正式备案批准，升格该校为湖南省私立天禄初级中学[①]。1942年7月，13岁的刘赓麟又以优异的学业成绩毕业，考入湖南省桃源县私立天禄初级中学读书。

在读初中期间，刘赓麟虽然年纪小，但他懂得"爱国、恨日本帝国主义、恨汉奸、绝不当亡国奴"的道理。学校平常看不出有党派活动，可是每年三青团都要在学校里开一两次会，吸收三青团员。刘赓麟与同学不知道三青团的作用，将它看作奇事。国民党到处宣传"一党治国，国家只有一个党"。因此，当时天禄学堂的学生并不知道共产党和解放军的情况。刘更另回忆说：自己没有参加任何反动党团组织和会道门，但是在初中毕业的那一学期与三青团发生一点偶然的关系。临近毕业时有人来学校发展三青团团员，他们班上年纪大的同学都参加了，没有参加的都你邀我、我邀你准备参加。他们几个小同学都有人邀，刘更另也答应参加，当时他把这件事告诉国文老师陈宗南（好像是在他房子里交作文），当时老师不赞成他参加，并且说"这么小的年纪，参加什么团！"刘更另还是拿不定主意，他又向训导主任方攻石老师请教，方老师也不同意他参加。因此，他没有参加。

但接下来的常德会战打破了天禄学堂安宁的教学环境。

常德会战打响后，消息传到桃源，到处一片恐慌。天禄学堂离常德仅20多公里，常德前线抗战不利的消息接踵而至，天禄学校内外处于恐惧之中，白天每隔一两个小时就传来敌机的轰炸声。为了确保学生的安全，学校临时决定：白天停课，晚上补课。发现敌机，立即发警报，组织学生进入临时防空洞，躲避敌机轰炸。抗战相持阶段，依靠这样坚守，使得学校校舍没有受到大的破坏。全体师生在校长的带领下，高度警惕日军轰炸，特别关心学生的安危，并强化军事训练，严密组织纪律，狠抓教学质量。坚守天禄学堂办学初期"民不可无学识，国家孱弱，民族振兴的希望在你们（学生）身上，快点长大，报效国家"的办学思想，教师教学和学生学习都在躲避战争的恐惧中紧张进行。这也为天禄学堂的办学赢得一时安宁

[①] 《湖南省私立天禄初级中学——桃源县第二中学的前身》。内部资料，第2页。

图 1-4 桃源二中（原天禄学堂）新校门（2014年，刘立生摄）

图 1-5 2004年刘更另回访母校桃源二中（原天禄学堂）并题词（桃源二中提供）

的机会，使学生得以继续读书，学业没有中断。

1943年年底，刘赓麟终于在天禄学堂完成初中学业毕业。

2004年4月，时隔65年后，刘更另第一次回母校湖南桃源二中（原天禄学堂）考察，获得全校师生的热情欢迎。他思绪万千，激动不已，对母校的发展和未来寄予了厚望。并挥毫为母校桃源二中题词：好学深思，一心一意别无他念；求真务实，三人行必有我师。

2008年11月12日，年近80岁高龄的刘更另第二次回到母校，怀着寻找少年求学遗址和回忆当年学习往事的激情，他与学校师生亲切交谈，回忆抗战期间在母校白天躲避敌机轰炸，晚上补课的学习生活往事，讲述刘戡将军的办学理念，学堂纪律严谨，校风优良，学生数百人，师生十分融洽。还回忆当年学校演讲比赛、体育比赛等往事，寻找当年演讲比赛的讲台和体育活动的赛场。时任桃源二中（原天禄学堂）校长李宁热情接待这位天禄学堂的老校友、著名的农业科学家——刘更另院士，并详细介绍学校的发展规模、教学改革取得的成绩。

各科成绩优秀，考取国立八中

1944年8月从桃源天禄初中毕业后，刘赓麟以各科成绩优秀并列第二名考入国立第八中学。国立第八中学（简称"国立八中"）[①]是经当时教育部同意，在当时湖南省主席张治中的支持下，在湘西及川东一带以安徽西迁各校为基础成立的，收容沦陷区子弟和招收当地子弟入学。

1938年7—8月，国立八中建校初期，校本部选在湘川公路边的小诊所里（今吉首市），翌年初易名为国立第八中学。由于学生太多，集中在一起办学无法解决给养供给，只好分散在湘西各富裕乡镇或湘川公路边交通便利的村镇，利用寺庙、书院、"大屋"（大型民居）等公私建筑作为校舍。教学点分布在湘西、川东6县（花垣、保靖、麻阳、洪江及川东秀山等）的11个地方，每处为一个分部。11个分部中，4个高中分部，6个初中分部，另设1个师范部。高中和初中各有1个女子分部。当时国立八中师生习惯叫各分部的简称，如高中第一部简称"高一部"，初中女子部简称"初女部"，依此类推。

国立八中学生从流亡开始，就实行军事化管理，穿军装，扎绑腿，平时进行军训，练习出操、打枪等。初到湘西时，学校还办织布厂，给每个学生做了两套灰布军服，一件军大衣。学生就穿着这些衣服行走在当地，吃住、学习在寺庙里。起初当地人以为是"童子兵"，并不知道他们是学生。

湘西历史上匪患严重。来湘之初，湖南省政府主席张治中就指示"湘西王"陈渠珍和湘西各县长官对国立八中办学、师生安全给予照顾，并派军队沿途护送。此后各县对国立八中给予特别优待，师生很少遭土匪侵扰。

[①] 蚌埠市政协文史资料委员会编：《国立八中回忆录：烽火炫歌（1938-1946）》（内部资料）。2000年，第69-77页。

刘赓麟被分在国立八中永绥分校[①]。国立八中永绥分校设在花垣县城。花垣县同时拥有初二部和高二部（永绥分校）两个分部，这是国立八中在湘西办学8年最主要的教学基地。国立八中的初二部设在花垣县城东门外昂干宫、张飞庙和大兴寺3座庙里，高二部（永绥分校）校址设在花垣县城西门外的文庙，也就是现在的花垣小学内。

据统计，当年从国立八中走出的学子就有1200多人，而且大都成了国家的栋梁之材。其中，有23人成为在国际国内颇有影响的政治家、专家和学者。国家总理朱镕基就是他们当中杰出的代表之一。

1946年抗日战争胜利后，国立八中奉命复员回安徽。

刘赓麟为何来到偏僻的湘西求学？这与当时的战争形势紧密相关。

国立八中创办初期，主要招收苏皖一带的流亡青年，中后期则主要招收后方来的学生，其中湖南各地的学生占了很大的比重。刘赓麟正是在这一背景下，于1944年8月从桃源天禄初中毕业后，考入国立八中学。当时国立学校不收学费，能考取国立学校他自己感到很自豪。一是为家里节省了学费，二是自己的学业没有中断，因此，家人和朋友都给了他极大的鼓励。

从桃源县茶庵铺镇至永绥国立八中相距290多公里，这是刘赓麟第一次出远门，父亲送他到县界后，刘赓麟独自一人挑着行李，步行六七天，才到达永绥国立八中。学校路途遥远，崇山峻岭，跋山涉水，一路风餐露宿，饥寒交迫，艰辛异常。

经过一段时间的学习和接触，刘赓麟了解到学校教师大部分来自安徽，他们中有很多是安徽的著名教师，部分来自大学，后来很多也进入大学成为著名学者。如公共课老师谭佛心曾是同盟会会员、孙中山的战友，"不带三角板和圆规，随手一画，圈圆线直"的数学老师沈沅湘，讲解古文如从胸中出的国文老师张汝舟，用英文和到访的美国大兵流利对话的英语老师王道平。

从1944年8月开始，刘赓麟入读国立八中永绥高中分校，在湘西永绥

[①] 蚌埠市政协文史资料委员会编：《国立八中回忆录：烽火炫歌（1938—1946）》（内部资料）。2000年，第42-47页。

度过了 23 个月的时光，直到 1946 年 7 月才离开。当时从常德、长沙一起去的学生共有十多人。杨守春是刘更另常德的老乡，后来同时考入武汉大学，毕业后又同在中国农业科学院土壤肥料研究所工作，1960 年同刘更另一起在湖南祁阳官山坪做鸭屎泥田低产田改良工作，并成为刘更另一生的知己和同事。朱镕基是刘更另国立八中永绥高中分校的同班同学，当年，朱镕基个子比他高，学习成绩总是全班前三名，每科成绩都在 98 分以上，数理化成绩很优秀，尤其是英语，居然连《英汉词典》的部分内容都能朗朗成诵。刘赓麟的国文、化学、植物学成绩很好，数学成绩不及朱镕基，为此，经常向朱镕基请教。他们两个课堂回答问题都很积极，参加课外活动也很活跃，朱镕基喜欢唱歌、拉二胡，对京剧兴趣也很高，刘赓麟喜欢棋类，对象棋特别喜欢。

父死母病之难，第二次痛苦休学

正当刘赓麟在国立第八中学永绥高中分校艰难求学期间，父亲的病越来越重，家庭经济负担越来越重。1944 年 11 月初，刘赓麟父亲病了，很严重的水肿病！这位慈善的父亲一边为刘赓麟求得生活费用以使其继续求学，一边借钱为自己治病，希望自己的病能早日康复，以便能支撑这个摇摇欲坠的苦难家庭——上有老人（父母），下有妻儿。刘赓麟的父亲苦苦地挣扎，维持家庭的生活，但战争的残酷给这个家庭带来灾难。

刘赓麟后来回忆，他读高中二年级时，1945 年 5 月 1 日回家，发现爸爸病了（水肿病），看到刘赓麟回来爸爸很高兴，爸爸看起来精神还好，后来一天一天不行了。他伺候爸爸整整两个月，直到去世前 10 分钟，爸爸还歪着头望着他，对他讲些什么他也听不清楚了。刘赓麟哭着说："爸爸！我的书是要读的！"忽然，他爸爸叹了一口气，就这样停止了呼吸。妈妈说："你看，你爸爸就是等你这句话！"当时父亲年仅 37 岁，刘赓麟才 17 岁。伤心之下母亲也病倒了，病情越来越重，刘赓麟忧心忡忡，在心里默默祈祷，希望母亲的病能很快地好起来！

1946年7月，国立八中迁回安徽。刘赓麟在父死母病的双重压力下，痛苦地离开学校，再次休学回到老家茶庵铺。

转学省十四中，完成高中学业

刘赓麟回到家里，因为没有兄弟姊妹，他只能独自一人挑起家庭的重担。但由于常年读书在外对于农耕农事并不熟练，接触的人也就是本乡的几个初高中同学。同学亲如兄弟，他们经常来看刘赓麟，并帮助他做些力所能及的事情，还与他一起商量继续求学的事情，而父亲过去的一帮朋友，见刘家落难，也不再来往了。这时母亲病情越来越重，卧床不起。她整天在眼泪和痛苦之中煎熬，忧心丈夫去世后留下的一大堆债务，发愁儿子求学的学费，发愁社会黑暗、物价飞涨给这个不幸的家庭带来的灾难。刘赓麟的祖父刘荣五、祖母全玉梅年事已高，只能勉强撑起这个家，靠着种田养猪过活，生活极为困苦。

1946年年底，在亲朋好友的帮助下，经母亲多方筹措学费，又托天禄学堂国文老师陈宗南推荐，刘赓麟有幸转入湖南醴陵省立第十四中学（现醴陵一中）继续读书，直到毕业。

在湖南醴陵省立第十四中学读书期间，刘赓麟与同班同学、湖南常德老乡杨守春等成为好朋友。在学校，刘赓麟成绩优异，兴趣广泛，而且特别喜欢古文、化学和植物学。刘赓麟性格内向，不善于交际，但是言谈又幽默、诙谐，滔滔不绝。在课堂上他敢于提问，敢于发言和辩论。古文教

图1-6 1947年刘更另在湖南省立第十四中学高中毕业照（刘更另家属提供）

员陈宗阑老先生称赞他"好问则裕"。湖南有名的教育家、英文教员沈克家先生称赞他"多思善辩"。但有一位年轻的化学老师对他则很恼火,有一次在课堂上被他问住了,支支吾吾下不了台,这个老师到校长那里告状,说刘更麟不懂礼貌,要他致歉。但校长觉得没有道理,遂不了了之。1947年8月,刘更麟在湖南省立第十四中学高中部毕业。

大学停止招生,第三次无奈休学

1948年国共内战如火如荼,时局动荡,大学停止招生,19岁的刘更麟无奈回到桃源茶庵铺家中,自己补习功课,以备来年再考大学。这是刘更麟第三次休学。

刘更麟约几个同学在家温习功课,地方恶霸(县参议)陈斌发现后恐吓他,说他思想有问题。因此,他逃离家乡,提早来到武汉,躲在一个不为人知的地方,坚持自学补习功课,决心不考取大学誓不罢休!

回忆当年的求学之路,刘更麟感受深刻[①]。"我的小学、中学是在兵荒马乱、父死母病、山高路远的困境中走过来的,学制12年只读了10年,休学3次计2年。"

---

① 刘更另:《参加革命前后主要经历》,1954年8月。原件存于中国农业科学院人事局档案馆,复印件存于采集工程数据库。

第二章
走出大山　武汉大学求学

跨入武汉大学，勤俭刻苦读书

"功夫不负有心人。"经过刻苦努力，1948年8月，刘赓麟获得了国立武汉大学和国立中山大学两所大学的奖学金。经反复比较，这位从湘西武陵深山走出的学子，最终选择了国立武汉大学。

刘赓麟走出湘西大山，第一次进入学校，映入眼帘的是壮观的景象。武汉大学校舍依山而建，都是中西合璧的宫殿式建筑。校园古树广场，幽静典雅，是当时全国最美最漂亮的学校之一。刘赓麟上武汉大学时，学校刚从四川乐山搬回不久，设有文、法、理、工、农、医6个学院。而他选择了农学院森林系，其原因可能有两点：其一，他是农民的儿子，对农民、农业有特殊的感情，懂得农业的重要性，深知中国农业的落后、农民的辛苦，所以愿意学农；其二，他上中学的时候就喜欢化学、植物学，农学与化学、植物学关系密切，所以他报了农学院森林系。学校1946年迁回珞珈山，农学院1947年开始招生。农学院有农化系、农学系、森林系、园艺系，各个系学生人数不一，森林系只有两个人，他们是森林系的第一届。

武汉大学农学院森林系是新办的，学生又少，一、二年级的基础课均在文、理学院上课，在大教室有100多个学生听课。

图 2-1 1936年建设的武汉大学原农学院大楼旧址（2016年，黄晶摄）

专业课按系别上课。刘赓麟很喜欢植物生理课，他清楚地记得，第一堂课是植物生理学，老师是著名的石声汉教授，石声汉在黑板上画了一株有根、茎、叶、花的向日葵，画得很漂亮，给学生们具体且仔细地讲植物的生理过程。

石声汉教授是我国农史学家、农业教育家和植物生理学专家。晚年致力于整理、研究中国古代农业科学遗产工作，先后完成《齐民要术今释》《农政全书校注》等14部巨著，是中国农史学科重要奠基人之一。

刘赓麟第一次上大学的专业课，因此特别兴奋，也特别认真，坐在漂

图 2-2 1948年刘更另在武汉大学的学籍档案（2015年，黄晶摄。原件存于武汉大学档案馆）

第二章 走出大山 武汉大学求学 | 25

亮的教室里面，觉得上大学真是非常幸福的事情！教授分析化学的是张资拱教授，教授有机化学的是叶乔教授。

在以后的许多武汉大学学子聚会中，学生们经常谈论当年的学习情况，特别对教授专业课的名教授记忆犹新。刘更麟清楚地记得，大学三年级开始学耕作学、土壤学、植物病理学等，理学院的高尚英教授，是一位著名的植物病毒学家，教授普通植物病害学；教土壤学的是系主任陈华癸。这些老师都是从国外留学回来的，不管是教学方法还是内容的讲授，都能让学生们轻松地理解吸收。武汉大学有很好的业务学习条件，每门课程都有理论讲授和实验操作，老师要求严格。理学院内设备齐全，图书馆藏书丰富，环境幽静，是个修业进德的好地方。刘更麟感到很新鲜，每天学习很有兴趣，教材全是英文的，学习也很紧张。

刘更麟是10月入读国立武汉大学农学院森林系的。当年凡是国立大学的学费都全免。武汉大学虽然免收学费，但伙食费、医药费、书籍费还是很贵，经济负担很重。那时刘更麟的母亲病重，祖父母年事已高，家里困难重重，他只能靠勤工俭学，筹集资费。

在这里，刘更麟认识了同班同学陈文新，陈文新是湖南浏阳人。因为同是湖南老乡，又同在农学院学习，在多次相处中，了解到陈文新的父亲陈昌①

图 2-3　武汉大学原农学院 1936 年教室旧址（2016 年，黄晶摄）

---

① 陈文新：《凤凰涅槃：从烈士遗孤成长为中科院院士》。未刊稿，2014年，第1-3页。

是革命烈士。陈昌牺牲时陈文新年仅三岁，经历日寇四次对家乡的进犯和践踏，跟随母亲和姐姐艰难求生。在学校生活艰苦的情况下，他们在同一个院系，同在图书馆勤工俭学，惺惺相惜，很合得来。

迎接武汉解放，开始新的生活

刘赓麟刚进武汉大学时，国共两党的斗争正处在非常尖锐的时刻，在这种情况下，不允许学生只坐在象牙塔里潜心学习。1946年6月，国民党撕毁了《停战协定》，围攻中原解放区，内战全面爆发。

局势的动荡给刘赓麟带来种种精神压力。对一个没有接触革命思想的农村青年来说，社会环境导致他灰心、失望、悲观而懊丧的心态。他曾在1948年9月在笔记本上写下了这样一首诗[①]：

时事沧桑百惧灰，阴雨暗云令人悲。
粉蝶不知吾心苦，莫在窗前款款飞。

进入武汉大学不到一年，革命形势发展很快。刘赓麟对革命形势非常关心。他参加了武汉大学校内党领导的外围组织"大地社"等革命团体，接受党组织的教育，非常乐意完成党交给的许多有益工作和任务，在工作和思想上逐步靠拢党组织，并进一步认识到革命的重要性。不久，刘赓麟参加了武汉大学地下党组织领导的"大地读书会"，慢慢接触了进步思想，逐步懂得了一些革命道理。后来他又参加武汉大学的"反饥饿""争温饱"等学生运动。革命战争胜利的消息不断传来，汉口解放了！武汉三镇解放了！解放军渡江了！珞珈山上一片欢腾，人们庆祝人民革命的胜利！1949

[①] 杨敬东：《三湘院士人生自述集》。长沙：湖南科学技术出版社，2009年，第84-85页。

年 5 月 14 日,刘赓麟怀着十分激动的心情写下一首这样的诗句[①]:

欢声不知何处来？凭窗瞭望红旗展。
乌云终于归乌有，百日举杯解胸怀。

武汉解放后的新生活给刘赓麟增添了无穷的力量，也给他带来新的希望。在武汉大学农学院的同学、中共党员葛冲宵的引导下，他勇敢地接受党组织任务，并在武汉大学农学院工友中发展党的外围组织"勤耕社"，发动工友，进行反破坏、反迁校、护校保校的斗争。同院系的陈文新同学，更是革命热情高涨，毫无畏惧地与他出生入死，并肩战斗，一起参加学生运动，协助校方工作。他们在革命斗争中结下了深厚的同学友谊和革命情谊。

1949 年 6 月，刘赓麟参加了武汉大学职工工会，并接受党组织分派的任务，担任工人的文化教员，组织工人学习文化，讲解革命形势。6 月 6 日上午 10 点，也是武汉解放后的第二十天，刘赓麟与同学们一道，参加了武汉市职工会的工作，后又分配到粤汉铁路车辆厂做青年工人文化教员工作。刘赓麟与同学们说："我经过反复的思考，决定将自己的名字'赓麟'改名为'更另'，表示我们迎来了新社会，我也变成另外一个人了，我要从一个普通的大学生变成一个革命者，一切从头开始，跟着共产党，开始新的生活！"同学们都拍手称好，一致赞成。

7 月，受党组织委派，他前往粤汉铁路工会俱乐部，负责写通讯稿工作，组织工人写稿子，表扬工人模范事迹。

8 月，在武汉市职工总工会，刘更另由农学院的同学杨思复介绍，从新民主主义青年团转为中国共产主义青年团。

1949 年寒假，武汉市在武汉大学农学院办了一个入党积极分子培训班，刘更另与一批学生积极分子如陈文新等一道，参加了培训班，听党课，学党章，领会党的宗旨、任务、路线，这使他（她）们更加明确了共

---

① 杨敬东：《三湘院士人生自述集》。长沙：湖南科学技术出版社，2009 年，第 86 页。

产党人的革命理想——人类最崇高的理想共产主义。

谈到自己的思想转化过程,刘更另承认"自己在入大学以前和入党以后完全是两码事"。入武汉大学以前,他只知道对国民党不满,恨贪官污吏,恨社会腐败、黑暗。入武汉大学以后,开始接受进步思想,接着参加"进步社团",加入"保校保产"运动,参加党的地下组织活动,到职工工会工作。由一个普通大学生转为新民主主义正式团员、转入共产主义青年团,回校后又担任团小组长,接着进入入党积极分子培训班学习,思想认识在逐步转化中提高。

"这期间有一个非常复杂的思想转变过程。"他幽默地说,"刚入校时,思想表现非常幼稚。反对蒋介石,恨国民党,拥护共产党。反对蒋介石的原因:就是看到社会贪污腐败,物价飞涨,灾荒四起,民不聊生;自家经济遭受打击,自己年轻的生命受到威胁,因此,产生对蒋介石、旧社会的强烈不满。拥护共产党的原因:就是知道解放了分田分地,对老百姓有好处,武汉大学学生生活也变好了。共产党军事力量强大,坚不可摧。当时武汉大学的党团组织群众工作做得很好。自认为革命很神气,跟着共产党走有前途。"

谈到自己入党的动机,他说自己当初确实不很明确,是入党积极分子培训班教育了他,逐步走上了革命道路。下面这段话就是他思想转换与入党动机的真实表述:

> 1949年在武汉市党训班学习期间,我明白了党的群众路线,看到了工作的成绩和社会的进步,并认识到成绩的来源是党的具体领导,对党的伟大正确认识较具体了,对革命工作有了进一步的要求。并且我母亲去世了,对家庭没有了留恋,可以干一辈子革命了。同时,觉得团的教育不能满足我了,要求进一步提高。这就是我当时入党的动机。至于对共产主义与实现共产主义的一切概念,当时毫无了解,直到整党时才初步认识[①]。

---

① 刘更另:《1952年整党教育的党员思想检查总结》。原件存于中国农业科学院人事局档案,复印件存于采集工程数据库。

2月，刘更另被选为武汉大学农学院学生会福利部部长。3月，他与陈文新、金忠恒、贺鹰搏等五名同学，在武汉大学农学院，由罗鸿运、葛冲霄等同志介绍，加入了中国共产党，成为 名预备党员。他们五位同学站在党旗下举起右手庄严宣誓，光荣加入了中国共产党。

8月，刘更另任武汉大学农学院共青团总支部书记。1951年3月，由中共预备党员转为正式党员。9月，武汉大学农学院成立学生党支部，陈文新当选为中共农学院支部书记，刘更另被选为党支部宣传委员，负责宣传工作。

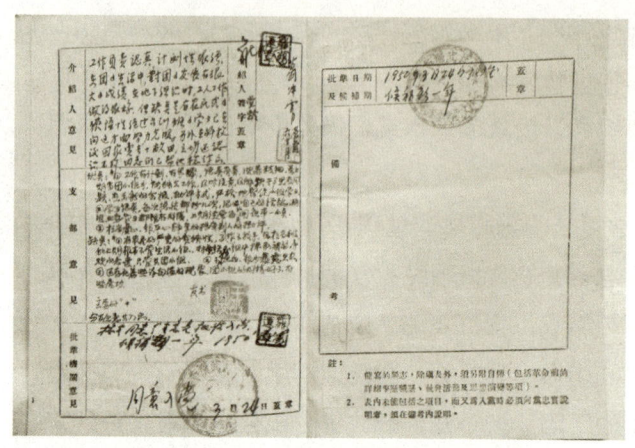

图2-4 1950年3月24日刘更另在武汉大学入党宣誓的档案材料之一（原件存中国农业科学院人事局档案馆，并由其提供复印件）

入党后他忠诚党的事业，积极主动为党工作。在1952年整党教育的党员思想检查总结中，刘更另这样记述：

> 入党以后经过党组织的直接教育，并且接受了党交给我的许多工作。武汉大学四年中，在工作中一贯认真负责，对党忠诚，个人打算少，工作细微谨慎，冷静沉着。与工人、师生都建立了良好的关系，认真学习，要求进步，愿意进行批评与自我批评，对党的认识基本是正确的。从许多集体行动证明，已初步树立了共产主义的人生观与世界观。入党前，在工作中由于思想改造不够，非无产阶级思想未彻底肃清，并产生了许多缺点，组织观念、群众观念淡薄。自参加革命起，对组织从未强烈抗拒，从起初的盲目服从，到后来主动的依靠组织……工作一段时间后，逐步认识到组织意见比个人意见正确，组织是代表集体

的力量，不依靠组织就搞不成工作[①]。

从党的组织原则要求，按照党员的标准，经过党员整风教育，刘更另开始从一个不自觉的革命者转变成为有纪律、有原则、讲党性的自觉革命者。

作为年轻的共产党员，刘更另决心用一生的实践，实现自己人生的诺言，这就是高举共产主义理想的伟大旗帜，奋勇前进，一往无前，鞠躬尽瘁，死而后已。

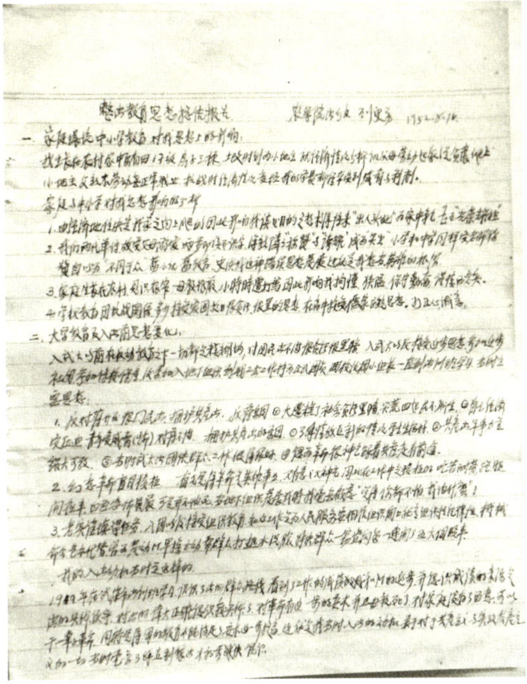

图2-5　1952年刘更另在武汉大学党员整党教育思想检查总结的档案材料之一（原件存于中国农业科学院人事局档案馆，并由其提供复印件）

重新选择专业，改学土壤农化

当初，进入武汉大学时，刘更另在自己填写的志愿中选择农学院森林系学习，后来为什么又从森林系转到土壤农化系？

刘更另在2008年10月20日华中农业大学成立110周年校庆的讲话中说[②]：

1948年我考入武汉大学农学院森林系，一个班只有两个人。半年

---

① 刘更另：《1952年整党教育的党员思想检查总结》。原件存于中国农业科学院人事局档案，复印件存于采集工程数据库。

② 刘更另：在华中农业大学成立110周年校庆的讲话。2008年10月20日，第3-4页。

后那个同学也因为家庭困难退学了,班里就我一个人,孤单、寂寞,在教学上也有许多困难。经得两系(森林系和农业化学系)同意,我决定转到农业化学系去了。

为什么我要转到农业化学系去呢?第一,我在中学时化学课学得比较好,对化学感兴趣;第二,系主任陈华癸先生视野广阔,思想活跃,我非常敬佩。后来,我们这6个学土壤肥料的同学中,4个学微生物去了,只有我和何电源两人学土壤肥料。

分析当时的情况,农学院各个班人数都发生了变化,原来农业化学系5人的班,分别从数学系、农学系和化学系转过来3个学生,他们都很喜欢农业化学,因此,农业化学系班级的人数由5人变为8人。

当时毛泽东主席号召"向苏联学习",学生们了解到当年苏联的土壤学比较先进,因此,农业化学系就有6人愿意改学土壤学专业,刘更另就是其中最积极的成员之一。这样一来,农业化学系还剩2人。因此,农学院将"农业化学系"与"土壤学专业"合并,改为"土壤农业化学系",简称"土化系",系主任仍为原"农化系"的教授陈华癸担任。

对于当年的学习,刘更另记忆犹新[①]:

1948年农业化学系成立时,第一班只有5个人,基础课上完以后,增加到8个人。虽然专业上有区别,但是,课程都是一样的。第一年学'普通化学',第二年学'高级土壤学',都是陈华癸先生讲授的。在我的印象中,武汉大学农学院的分析化学、胶体化学,包括定性分析、定量分析,讲得非常认真,要做许多实验。我记得上化学实验课时,连洗烧杯、洗滴定管,都非常仔细,实验仪器的摆设、使用天平的姿势都非常讲究。之后我在苏联留学时候,得到苏联老师的称赞,并要我把有关细节传授给苏联和欧洲的同学。

在武汉大学养成的这种勤奋好学的习惯,成为刘更另以后数十年工作

---

① 刘更另:在华中农业大学成立110周年校庆的讲话。2008年10月20日,第5页。

中一直坚持的习惯。不管在繁重的科研岗位，还是在科研管理岗位上，他都非常珍惜时间，从不轻易放过分分秒秒，从不放松科学研究工作。在做好各种社会工作的同时，刘更另积极投身于探索大自然的秘密，发现并解决了许多重大科研问题，取得数项科研成果。他善于利用零星的时间阅读、收集资料，就连在轮船上、火车上、飞机上，他都在修改论文和学术报告、阅读文章、书写信件，甚至翻译俄文、英文等著作文献。他总觉得时间不够用，要与时间赛跑。直到2008年12月22日刘更另在79岁高龄时完成了自传《"文化大革命"回忆录》[①]修改稿20余万字。"真诚话沧桑""坎坷岁月不如烟"，这是他对自己人生的总结；"挤时间""抢时间"成了他一生工作学习的"常理"。他不仅身体力行，而且还这样要求他的学生，勉励他的同事，"抓住时间，珍惜时间，科学利用时间就是胜利！"——这成为他的座右铭！

1949年8月，从家乡传来喜讯：湖南和平解放了！在这激动人心的时刻，更激起他对母亲的思念。由于惦记着病重的母亲和年迈的祖父、祖母，他归心似箭，想着回家探亲。

1949年9月，他从粤汉铁路工人俱乐部回武汉大学，突然收到家中来信，告知母亲病危。10月，党组织批准他回家探亲的申请，回到离别多年的家乡桃源茶庵铺乡。在旧政权垮台、新人民政权尚未建立之时，整个桃源县、乡、村的局面混乱，地主、恶霸、土匪、特务横行乡里。土匪到处抓捕"共产党"。刘更另的母亲担心儿子的安全，催他快走，他含着眼泪，匆匆离别了。

刘更另在日记本上记述了当年的详细情况，这样一首诗[②]就是这个时候在回武汉大学的路途中写的。

群匪用心毒，螳螂敢挡车。
此去归何处？乾坤任纵横！

---

① 刘更另：《"文化大革命"回忆录》，2008年12月22日。资料存于采集工程数据库。
② 杨敬东：《三湘院士人生自述集》。长沙：湖南科学技术出版社，2009年，第86页。

1949年11月的一天上午，刘更另在图书馆看书，邮差送来一封家信，多年卧病在床的母亲龙凤芝病故！母亲带着对旧社会的忧伤和悲痛，怀着对儿子的殷切期望，在桃源刚解放、迎接新社会的日子里，走完了人生的最后一刻，享年43岁。由于各种原因，刘更另不能回家为母亲送葬，心如刀绞，悲痛欲绝。同学们知道这不幸的消息后，都来安慰他。在学校党团组织的安排下，同学们为刘更另的母亲举行哀悼会！陈文新如今还清楚地记得："他母亲去世的时候很年轻，大家都很悲痛。我们为他母亲写了祭文，祭文是我抄写的。同学们举行追悼会，一起悼念刘更另母亲。"

　　与刘更另入校的情形相比，1949年9月，武汉大学招生人数大大增加，每个班都招30人。

　　当时，武汉大学土壤农化系往届班里有8位学生，政治上都要求进步。其中，刘更另、陈文新等3位为共产党员。在农学院学生党支部的组织下，为了帮助新同学政治上进步，让新同学尽快融入进步的氛围中来，农学院学生党支部将土壤农化系里新、老两个班混合编成几个生活小组，把30个新同学分成4个小组，每2位老班同学去参加新生的1个小组，课后一起小组活动，有意识地跟新同学结合起来，在思想和学业上进行交流，生活上有困难就帮助他们，同学们很快就融入一个大集体中，各"生活小组"的同学很多也成了好朋友，直到毕业以后，两个年级的同学长期保持着学术方面的紧密联系。

　　1952年，武汉大学农学院从武汉大学分出，与湖北农学院合并成立华中农学院（即现在华中农业大学）。现在华中农业大学84岁高龄的著名教授李学垣先生，就是1949年9月考入武汉大学农学院农业化学系的新生。2015年5月，李学垣回忆当年刚入大学的生活时，记忆犹新，滔滔不绝。

　　以下是李学垣教授为采集小组讲述当年的情况：

　　这年（1949年）入学时，我年仅17岁，在班上年龄最小，个子也矮小，不到1.6米。入学后很多情况不熟悉，思想比较糊涂，生活也需要其他同学帮助照顾。就在这关键时期，土壤农化系高年级的同学陈文新、刘更另等给予我各方面关心照顾。在他们的引导下，我不但学习进步，思想也有进步，很快就融入学生大集体的生活之中，并在第二个学期加入了共青团组织，陈文新、刘更另还是我的入团介绍人。也就是当年学生时代结下的深厚情谊，我们在毕业以后几十年的学术交流和教学、科学研究的交往中，成了终身的忘年之交[①]。

陈文新院士记得很清楚：从1951年年底到1952年10月，在党政机关工作人员中开展了"反贪污、反浪费、反官僚主义"和在私营工商业者中开展了"反行贿、反偷税漏税、反盗骗国家财产、反偷工

图2-6　2015年5月18日李学垣教授（中）在华中农业大学资环学院办公室与采集小组成员合影（2015年，采集小组摄）

减料、反盗窃国家经济情报"的"三反""五反"运动[②]，学校也不例外。刘更另作为党支部的宣传委员，全力协助党支部书记陈文新的工作，全面组织、领导、宣传开展这项运动的意义，因此，也占用了许多学习时间。

学习任务确实很繁重，在四年级选课的时候，系主任陈华癸教授见到自己的学生刘更另早起晚归，深夜还在图书馆查阅资料，担心他会拖垮自己的身体。但刘更另认为，知识就是力量，他必须抓住一切可以利用的时间学习，多掌握几门专业课知识，这样才能为中华人民共和国的建设多做点事情，也是自己的理想和父母的遗愿。

[①] 李学垣访谈。武汉，2015年5月。资料存于采集工程数据库。
[②] 《中国共产党祁阳历史》编纂委员会：《中国共产党祁阳历史》(1919—1978)。长沙：湖南人民出版社，2011年6月，第109-111页。

第二章　走出大山　武汉大学求学

陈华癸教授对刘更另的倔脾气和刻苦学习的毅力与决心，打心眼里感到高兴。特别对他钻研问题、分析问题、敢于提问、打破砂锅问到底的个性更为欣赏。

1952年8月，23岁的刘更另从武汉大学农学院农业化学系毕业。9月，他服从组织分配，来到开封禹王台——河南省农业科学研究所（现为河南省农业科学院）报到，被安排在"农事实验场"做技术工作。

立志科学报国，结缘土壤科学

在武汉大学这4年里，刘更另将自己从一个普通大学生走上革命道路，寻找"科学报国"的思想转化和进步归纳为两点[①]：

其一，学到了专业知识——土壤农化，这些专业课程都是在知名教授陈华癸、石声汉等教育下完成，学得扎实，心里踏实，这为今后工作打下了基础。

其二，加入了党组织，成为一名共产党员，政治上开始成熟。找到了人生的理想和信念，决定了自己一生跟党走，决心为建设新中国服务。

刘更另感到：自己作为一个有知识、有理想的新中国青年，肩上的担子有千斤重。如何才能将所学的专业与新中国的建设结合起来，发挥自己的专业特长，做一番对祖国有益的事业？大学期间，自己学的就是土壤农化专业，这不正好与土壤科学结缘吗？

在刘更另晚年的回忆中有这样一段记述：

---

① 刘更另：《1952年整党教育思想总结报告》。原件存于中国农业科学院人事局档案馆档案，复印件存于采集工程数据库。

土壤学、植物生理学是我特别喜欢的课程。教授土壤学课的是陈华癸教授、植物生理课的是石声汉教授，他们传授的知识至今记忆犹新，终身受益。

回想在武汉大学求学四年的往事，刘更另认为这是自己人生的一次重大选择，也决定了自己一生研究的方向和定位。在以后半个多世纪的实践中，他兑现了自己的承诺，对我国土壤肥料科学进行探索和开拓，成长为我国的著名植物营养与土壤肥料科学家[①]。

刘更另选择了土壤农化专业学习，也就是选择了终生从事土壤科学报国的理想，也就是与土壤科学结缘的开端。他在心底里默默地对自己说，"武汉大学在土壤学专业和政治方面都培养了我，我无怨无悔，要努力做好我应该做的事"。

为了这个理想，他决心首先从学好苏联著名土壤学家 B. P. 威廉斯（1863—1939）的土壤学开始，并以此为基础，再对中国的土壤进行系统研究，将古老的中国大地，作为自己的研究内容，将来建立新中国的土壤学基础，搞好农业土壤的综合利用，填补我国农业土壤学的空白。这就是刘更另对自己人生的最初选择和做一

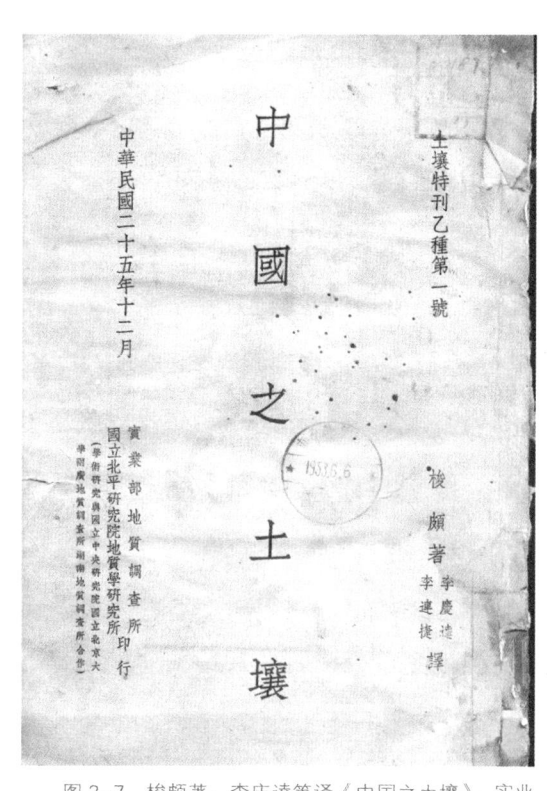

图 2-7 梭颇著，李庆逵等译《中国之土壤》。实业部地质调查所、国立北平研究院地质学研究所印行，1936 年 12 月出版（2015 年，秦道珠摄）

---

① 刘更另：在华中农业大学成立 110 周年校庆的讲话。2008 年 10 月 20 日，第 3-4 页。

第二章　走出大山　武汉大学求学

个新中国土壤科学工作者的理由。

早在大学期间,他就曾经对美国土壤学家梭颇(James Thorp, 1896—1984)①关于"中国南方土壤将变成红色沙漠"的论述表示怀疑。1933—1936年,美国土壤学家梭颇作为中央地质调查所土壤研究室主任技师,对中国土壤进行了系统考察。在分析中国土壤变化中,梭颇说人力活动只能引起土壤量的变化,不能引起根本的变化,他在《中国之土壤》②一书中写道:"此种人力活动(指耕锄与灌溉等)并不变异土壤之基本性质,唯其发育方向则起有影响,且或竟能促进土壤之发育者。"

当初,梭颇关于中国南方红壤将变为"红色沙漠"的论述就引起他的高度关注。梭颇认为,中国除了黑龙江一带的黑土比较肥沃以外,其余全部贫瘠,最糟糕的当然是西北的沙漠。南方红壤经过风化雨淋,将会分崩离析,泛滥成灾。梭颇预言:在有红壤的地方,将是一片"红色沙漠"。③

刘更另决心反其道而行之,要用事实证明"南方裸露红壤通过改良,可以变成绿洲"!

B. P. 威廉斯是苏联著名土壤学家、农学家。他发展了B. B. 多库恰耶夫的学说,对生物在土壤形成中的主导作用进行

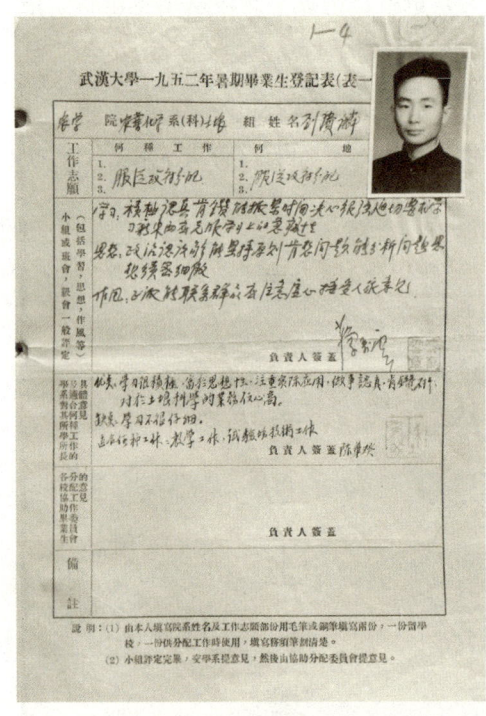

图2-8 1952年7月刘更另在武汉大学的学籍档案:大学生履历表一页(原件存于中国农业科学院人事局档案馆,并由其提供复印件)

---

① (美)梭颇著:《中国之土壤》。李庆逵、李连杰译。国立北平研究院地质学研究所,1936年12月,第131-170页。

② 同①,第45-46页。

③ 欧阳有微:《战斗在红色沙漠上》,《衡阳文艺》,1979年第2期,第1-10页。

了深刻的阐述和论证，提出土壤形成过程是（植物）矿质养分地质大循环和生物小循环统一过程的学说，为农业土壤学奠定了基础。B. P. 威廉斯关于土壤概念的论述，将刘更另引入了关于土壤科学的殿堂。

但刘更另认为"一些观点也不是完全正确的[①]"，在土壤学上只钻研威廉斯的土壤学，虽然学习取得进步，也提高自己的业务水平，但局限了自己的思路，对科学研究是大忌。

图 2-9　1952 年刘更另在武汉大学的毕业照（刘更另家属提供）

在武汉大学农学院的四年，他系统地学习了 36 门专业课，并完成 16 门选修课的学习。1952 年的一份武汉大学农学院毕业成绩单上记录，刘更另各科成绩优良。在刘更另的毕业鉴定意见上，系主任陈华癸评价[②]：

> 优点：学习很积极，富于思想性，注重实际应用。做事认真，肯钻研。对于土壤科学的业务信心高。
> 缺点：学习不很仔细。
> 适合何种工作：教学工作、试验场技术工作。

1952 年 8 月，23 岁的刘更另在武汉大学农学院土壤农化系毕业。

1952 年 9 月，刘更另愉快地服从组织分配，来到开封禹王台——河南省农业科学研究所（现为河南省农业科学院）报到，被安排在"农事实验场"做技术工作。

---

① 刘更另：《论土壤学的发展》，2005 年 10 月。资料存于采集工程数据库。
② 刘更另在武汉大学学籍档案，1952 年 7 月。原件存于中国农业科学院人事局档案馆，复印件存地同①。

第二章　走出大山　武汉大学求学

第三章
祖国挑选　留学苏联

服从国家分配，河南开封工作

武汉大学毕业后，刘更另愉快地到河南开封工作。

2015年5月，原武汉大学农学院毕业的李学垣先生（现华中农业大学教授）为采集小组讲述了当年武汉大学毕业的分配情况，摘要如下：

> 那个时候全国闹粮荒，国家急需农业专业技术人才，刘更另被分派到河南，是因为他们班必须有人去河南，他就积极报名了。因为全国到处缺粮食，大学毕业生分配到当地，主要负责技术工作，帮助当地政府搞好粮食生产。
>
> 大学生的分配在当年特殊的历史背景下，以服从国家需要为最大的前提下所决定。我虽然比刘更另晚毕业两年，但在武汉大学毕业后，也被分配在湖北偏远农村做技术工作，并在当地建立了农业技术实验站，直到"文化大革命"结束，这个农业技术实验站被解散，我

才回到华中农学院（现在华中农业大学）[①]。

1952年7月24日中午，在武汉大学大饭厅举行欢送毕业生宴会。当天晚上，刘更另离开武汉，赶回湖南桃源老家，看望年迈的祖父母。"第三天，我就揣着武汉大学的毕业证书，坐火车北上，赶赴河南开封禹王台农事实验场（现河南省农业科学院）报到了[②]。"被安排在农事实验场做技术工作。

开封地处豫东平原，地势平坦，土层深厚，土质良好，结构稳定，有利于各种农作物和经济作物的种植，林木覆盖率高于当年全国平均水平。当年种植的主要作物是小麦（冬季）、玉米（夏季）。而小麦、玉米亩产仅100—200千克，最低的不到100千克。

为了尽快熟悉情况，掌握河南农业发展的第一手资料，来到开封不到两个月，刘更另迫切要求到各地考察，在河南省农业科学研究所农事实验场的安排下，他被分派到黄泛区做农业调查。

刘更另从小在南方长大，从没去过北方的农村，对北方农业的情况了解得太少。因此，他决定自带行李，骑着自行车从开封出发，沿途调查，并对黄泛区农场、农村实地调研。进入平原地区，茫茫原野，一望无际的农田，这与南方丘陵区农田完全不同。他不时停下来抓起一把泥土看看、闻闻，还向在农田劳动的老农详细询问，了解当地的土壤性质、气候变化、作物产量和生产技术等问题。

口干了取下自带水壶，喝几口白开水，跑累了找一家小面馆，吃碗河南面条，又接着赶路。一连几天，吃惯了米饭的他也开始适应北方的面条和包子了。

从开封到黄泛区各地农场，白天下乡，他自己一个人骑着自行车跑，晚上就住在农场，与职工座谈，调查记录，了解生产情况。

农场用水很节约给他留下很深的记忆。一次他跑了一天回到农场，食堂做饭的老头接待了他，天气很热，他给刘更另打来一盆洗脸水，刘更另

---

① 李学垣访谈。2015年，武汉，资料存于采集工程数据库。
② 刘更另：在华中农业大学成立110周年校庆的讲话。2008年10月20日，第1页。

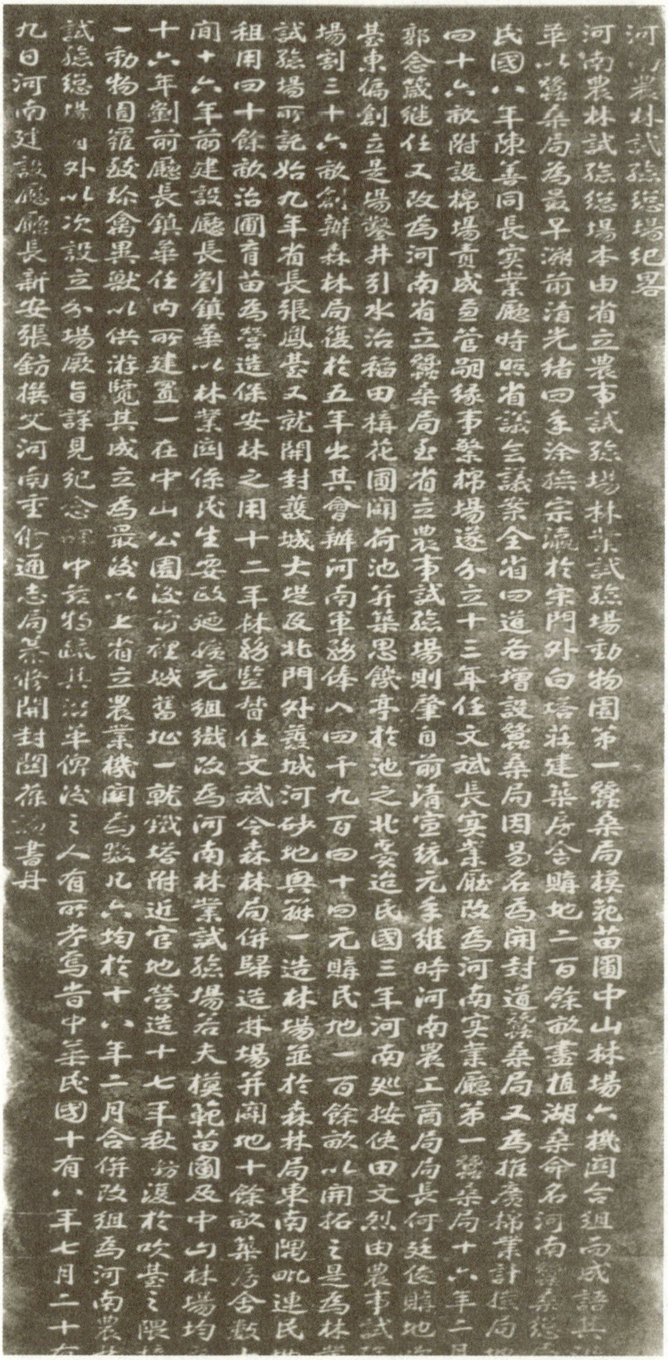
河南農林試驗總場紀畧
河南農林試驗總場本由省立農事試驗場林業試驗場動物園第一蠶桑局模範苗圃中山林場六機關合組而成語其沿
革以蠶桑局為最早溯前清光緒四年涂撫宗瀛於宋門外白塔莊建築房舍購地二百餘畝盡植湖桑命名河南蠶桑總局
民國八年陳善同長實業廳時照省議會議案全省四道各增設蠶桑局因易名為開封道蠶桑局又為推廣棉業計設局
四十六畝附設棉場責成主管嗣緣事繫棉場遂分立十三年任文斌長實業廳改為河南實業廳第一蠶桑局十六年二月
郭念慈繼任又改為河南省立蠶桑局至省立農事試驗場則肇自前清宣統元年維時河南農工商局局長何廷俊購地
基東偏創立是場鑿井引水治稻田構花圃闢荷池并築思敬亭於池之北造民國三年河南巡按使田文烈由農事試
場劃三十六畝創辦森林局復於五年出其會辦河南軍務俸入四千九百四十四元購民地一百餘畝以開拓之是為林業
試驗場所託始九年省長張鳳臺又就開封護城大堤及北門外護城河砂地與辦一造林場並於森林局東南闢毗連民
租用四十餘畝治圃育苗為營造保安林之用十二年林務監督任文斌合森林局併歸造林場并闢地十餘畝築房舍數
間十六年前建設廳長劉鎮華以林業關係民生要政遂擴充組織改為河南林業試驗場若夫模範苗圃及中山林場均
十六年劉前廳長鎮華任內所建置一在中山公園後前裡城舊地一就鐵塔附近官地營造十七年秋坊復於吹臺之隈
一動物園羅致珍禽異獸以供游覽其成立為最後以上省立農業機關為數凡六均於十八年二月合併改組為河南農
試驗總場自外以次設立分場廠旨詳見紀念碑中茲特疏其沿革俾後之人有所考焉時中華民國十有八年七月二十
九日河南建設廳廳長新安張鈁撰文河南重修通志局纂修開封關葆謙書丹

图 3-1　原河南开封禹王台农事实验场纪念碑（资料来源：《河南省农业科学院志（1909—2008）》）

凑近一看，盆子里估计只有两杯水，洗洗手便倒掉了，自己再去打了半盆水洗脸。第二天早晨，为了早点赶路，刘更另很早起床帮食堂做饭的老头挑水。可走到井边一看，一个井没有轱辘，他看旁边的人这样提水：扁担上有个铁钩子，用钩子钩住铁桶伸到井下摆动两下，水就提上来了。这对南方来的刘更另来说太难了！后来只好央求别人帮他提了两桶水上来，挑了回去。这时他才恍然大悟，北方水资源如此宝贵！这一次"用水"引起他的深思，他骑着自行车一边赶路，一边观察路边的水沟、水井，发现北方耕地两旁水沟很少，就算有水沟里面的水也很少还特别黄，路边根本没有水井，只有农家小院才有一口井，都是打的地下水。想想自家湖南桃源江河常年流水，看到北方农村如此干旱，"水贵如油！"再向远看去，这一大片平原都没有一棵树，全是庄稼，南北差别巨大。

在农场里，刘更另还参加了各种会议，也看了一些大型机械设备，还在农场耕地里仔细观察作物的生长状况、施肥管理情况，了解农场生产和实收产量，算是对北方农业有了初步了解，对他来说也是大开眼界。

1951年9月，中共中央召开了第一次互助合作会议，讨论通过了《关于农业生产互助合作的决议》[①]。20世纪50年代初期，在农村开始组织农业生产合作社，在自然村范围内，由农民自愿联合，将各自所有的生产资料（土地、较大型农具、耕畜）投入集体所有，由集体组织农业生产经营，农民进行集体劳动，各尽所能，按劳分配。刘更另听说河南安阳十八户农民组织起来，成立了第一个农业合作社，很想去调查。农业合作社离他住的农场还有很远一段距离，刘更另骑着自行车，带着一个指南针，在北方辽阔的大平原的一条条骡车路上颠簸穿行，花了两天多的时间才赶到。

人们指引给他的合作社是一栋两层小楼，一间房里住着十几个妇女。一位年岁较长的女同志是这个合作社的领头人，她告诉刘更另：年轻妇女响应党的号召，率先办合作社，她们十几个人，一起吃住、一起劳动，其他没有什么好说的。刘更另只好在合作社周边的旅馆住了一个晚上，第二

[①] 《中国共产党祁阳历史》编纂委员会：《中国共产党祁阳历史》（1919-1978）。长沙：湖南人民出版社，2011年6月，第154页。

天便继续沿路调查。

结束第一次长达半个多月的农业调查回到开封实验场后,他把黄泛区农场和下乡了解的情况写了个详细书面报告交给了农科所主管领导。在报告里他对北方的农作物管理和施肥提出了具体的建议,得到农科所主管领导的高度重视。"我这次的最大收获是初识北方干旱缺水,也了解到北方农田有机肥非常缺乏,施用有机肥的方法也不恰当。许多作物秸秆、牲口粪(骡、马粪),都作为老百姓的生活用燃料烧掉,同时,对北方平原农村的面貌和生活情况也有所了解,逐步适应了北方农村吃面食的生活习惯[①]。"接着,开始了有机肥的研究。

河南省农科院志记述[②]:"1952年秋,河南省农业实验场开始了肥料研究工作,最初由刘更另从有机肥研究开始。"

当年的有机肥料又称农家肥。其特点:原料来源广,数量大;养分全,含量低;肥效迟而长,须经微生物分解转化后才能为植物吸收;改土培肥效果好。常用的有机肥肥料有绿肥、人粪尿、厩肥、堆肥、沤肥和草木灰等。

从小在南方农村长大的刘更另,知道自家农村一年四季都有沤制有机肥的习惯,到处都堆制有机肥。到北方农村一看,作物秸秆随处可见,但都被当作燃料烧掉了,而作物需要大量的农家有机肥却不能满足。因此,他萌生了如何在北方研究有机肥的制作技术。

北方有机肥源丰富,且种类多、数量大,可以说,哪里有农业、畜牧业,哪里就有有机肥源。特别是农作物秸秆数量大,且养分丰富、来源广、数量多,是堆、沤有机肥的重要原料。如果采用合理的堆制技术,经过微生物发酵处理就能生产优质的农家有机肥。

北方雨水少,若将作物秸秆、杂草等植物枝叶与少量人畜粪尿、垃圾等混合堆置,经好气微生物分解而成的农家肥,既可满足农作物基肥,也

---

① 刘更另:《"文化大革命"回忆》。2008年12月22日,第96页。资料存于采集工程数据库。
② 《河南省农业科学院志》编委会:《河南省农业科学院志(1909-2008)》。郑州:中州古籍出版社,2009年,第474页。

可提供作物营养元素和改良土壤性状，尤其对改良北方潮土、砂土和盐渍土有很好的效果。他根据在大学所学的"土壤微生物学及微生物发酵技术"理论，制订了有机肥堆制技术试验方案，首先在农业实验场进行"有机肥堆制"试验。

"有机肥堆制"试验结果非常理想，经发酵腐熟的有机肥用于农场大田作物基肥试验，对作物生长和改良土壤效果良好，获得农场员工的一致好评。接着，刘更另组织技术人员和农场工人一起，开始大量堆制有机肥，并在农场和周边的农户推广应用。这种有机肥的制作技术方法简单、效果好，很快在当地推广应用。

河南省农科院志记载[1]：1952年11月，刘更另就开始了河南有机肥料的研究工作，有机肥"堆肥制造"第一批试验到次年3月28日结束。第一批试验得出了两个结果：堆肥腐熟好坏与堆制温度升降变化关系极大，控制堆肥的温度与堆肥本身水分含量和堆肥堆积方法关系十分密切。堆肥试验一直延续到1955年，共做了七批试验，并在农事实验场和周边农村推广应用。

1953年"五四"青年节，刘更另荣获河南省农业厅"深入钻研，努力学习科学技术"优秀青年称号。7月，被评为河南省农业实验场先进工作者。12月，第二次被评为河南省农业实验场先进工作者[2]。

这一年，他担任河南省农业科学研究所农场技术员，并担任农业化学组组长、技术室副主任，还当选为河南省农业科学研究所农事实验场党支部委员，兼任行政组长。他研制的这种简单、易行，取材方便、肥效好的"有机肥堆肥制作技术"开始在农场和当地农村推广应用，并保持至今，已成为河南农民有机肥制作的习惯技术。

---

[1] 《河南省农业科学院志》编委会：《河南省农业科学院志（1909–2008）》。郑州：中州古籍出版社，2009年，第495页。

[2] 刘更另：《刘更另自传》，1954年4月22日，第4页。原件存于中国农业科学院人事局档案馆，复印件存于采集工程数据库。

伉俪情深，携手共进

1953年8月，经组织批准，刘更另与武汉大学农学院同班同学陈文新结婚。

陈文新系中共党员，革命烈士后代。他的父亲陈昌，早年同毛主席一道从事革命活动，参加过"南昌起义"。1930年，党中央派陈昌去湘西，协助贺龙同志工作，途经沣县被捕，于1930年在长沙被害。母亲毛秉琴①，早年参加革命，给党做地下工作。毛泽东和杨开慧在长沙结婚，就是毛秉琴帮助操办的。

陈文新说②："我的丈夫刘更另，中国工程院的院士。他和我是武汉大学的同班同学，我们一起参加地下活动，并且同一天入党，彼此非常了解。他从大学二年级时即对我表示好感，但在工作中却有不少矛盾，在武汉大学上四年级时，我是农学院党支部书记，他是党支部宣传委员。在思想改造等运动中，全院工作是在党支部领导下进行的，我们党支部责任重大，经常要研究运动进展及解决发生的问题，但他和我的意见总是不一致，让组织委员高志宏很为难。我觉得都不是原则问题上的差异，而是他不乐意我做领导……我们正式确定恋爱关系是大学快毕业的时候。"

图3-2 1953年刘更另与陈文新的结婚照（资料来源：《凤凰涅槃：从烈士遗孤成长为中科院院士》）

1953年国家开始执行第一个五年计划，陈文新感到自己的知识、技术都很缺乏。1952年高一级同学中已经有被选拔留苏的，"我特别羡慕

---

① 陈文新：《凤凰涅槃：从烈士遗孤成长为中科院院士》。未刊稿，2014年，第1-3页。
② 同①，第191-192页。

他们，想去苏联学习有两个原因：一是在大学里学得不够好，想好好补充知识；另外，苏联的技术先进，我急于去学习新知识、新技术为国家服务①。"

1953年上半年，学校有一个名额，选派留苏研究生，陈文新报名了。她说："全校有9个人报名。政治审查后只有两个人入选。通过政治审查后，我征求陈华癸老师的意见，可他说，我建议你晚点儿去，你刚毕业，最好在国内多实践，能多了解国内农业生产各方面的情况，把准备工作做得更充分。"陈文新觉得他讲得有道理，所以跟有关负责同志讲："陈先生建议我晚点儿去，我同意他的看法，那就让另一位同志去吧。可是经过体检，查出这位同志有肺病，身体不合格，最后这个名额还是落在我身上了。"

就在这一年，与刘更另结婚后，陈文新获得选派留苏研究生的名额和机会，进入北京留苏俄语预备班学习一年，并在1954年9月底留学苏联，被分配到莫斯科大学季米里亚捷夫农学院，在费德罗夫导师指导下，攻读土壤微生物专业博士学位。

1956年11月19日，刘更另的女儿刘科沙出生。即陈文新在苏联怀孕后，休学回到长沙，在长沙湘雅医院剖宫产一女，因为怀于"莫斯科"生于"长沙"，故而取名"科沙"。

陈文新院士回忆了当年女儿出生的一些情况②：

> 1953年我考取留苏资格后，刘更另要求一定要结婚，遂于我进留苏预备班前结婚了。他1955年到达苏联，比我晚一年，攻读土壤与耕作学，我攻读土壤微生物学，我们俩专业很接近。在留苏期间，校方照顾我们，给安排单独宿舍房间。在学习和生活上他给予我很多照顾。因为国家规定，女生留苏期间不准怀孕生孩子，我怀了我们的第一个孩子，这给了我非常大的压力。幸好驻苏使馆照顾我们的具体情况，同意我回国生产后，继续学习。我回到长沙的大姐和母亲家，在

---

① 陈文新：《凤凰涅槃：从烈士遗孤成长为中科院院士》。未刊稿，2014年，第194-195页。
② 同①，第191-192页。

图 3-3　1956 年"五一"国际劳动节，刘更另（左二）、陈文新（左三）与留苏同学在莫斯科红场合影（资料来源：《凤凰涅槃：从烈士遗孤成长为中科院院士》）

湘雅医院剖宫产，将女儿生下，体重 8 斤。为纪念莫斯科、长沙两地，孩子的二姨给她取名科沙。生产后我在家待了两个月，身体恢复后又回到苏联继续学习。请奶妈喂养小孩，母亲和大姐帮我把女儿抚养到 3 岁，我回国后才接回身边。

女儿刘科沙的出生，给他们带来了欢乐，同时，也给他们留学期间带来许多生活磨砺。

1956 年 9 月，刘更另的祖父刘荣五也因多年劳累，因病去世，享年 68 岁。他盼望自己能早点抱上重孙，但却在重孙女刘科沙出生前两个月，含悲离开了人世！这也成为刘更另的终生遗憾，在他回国后不久，就与妻子陈文新带着女儿科沙，第一次一起回桃源老家看望年迈的祖母，并撰写祖父祭文，在祖父墓前久久不愿离开。

河南农业厅推荐，选为留苏预备生

在河南开封农业实验场工作一年后，刘更另同样明显感到自己的知识、技术都很缺乏，压力很大。因此，他想到了出国留学，首选到苏联深造学习[①]。这主要有两个原因：一是在大学里学得不够多，也不很深入，想好好补充知识；二是苏联的技术先进，自己在大学就学习米丘林遗传育种、威廉斯《土壤学》。还有一个更重要的原因，就是自己的爱人陈文新都决心出国深造，并已经被选拔为留苏的预备生，他特别羡慕。恰巧这时，国家在中南区河南省也在选拔留苏预备生，刘更另毅然报了名。

1954年4月，由中南区河南省农业厅报送，刘更另被选为留学苏联预备生。他将这个喜讯告诉了爱人陈文新，他们相互祝贺。在武汉大学刘更另学的专业是土壤农化，这次，他还是选择了土壤肥料专业，决心继续学习，做一个老老实实的土壤肥料工作者，将来更好地为新中国农业发展服务。

在当年写给河南省人民政府农林厅直属省农业实验场的申请《报告》[②]中，刘更另描述：

> 我原名刘赓麟，参加革命组织时改名刘更另，在家族谱上叫刘德麟，解放时笔名"追骥"，湖南桃源人。1948年考入武汉大学，年底即参加进步社团，1949年元月参加党领导的地下组织——新民主主义联盟，1949年8月转入新民主主义青年团。1950年加入中国共产党，1951年3月按时转正。爱人陈文新系同系同班同学，我们同时加入地下组织一道转团，同时被接收入党，毕业后她分配于华中农学院土壤系任助教，1953年9月她被选拔至苏联留学，先在北京俄语专科学校

---

① 刘更另：《留苏申请报告》，1954年，第5页。原件存于中国农业科学院人事局档案馆档案，复印件存于采集工程数据库。

② 同①，第1页。

学习，若无特殊原因，1954年8月出国。我俩经组织批准于1953年8月结婚。毕业后我服从统一分配，走上工作岗位——河南省农业实验场。我在工作中坚持学习，主动联系群众，1953年"五四"青年节受到河南省农林所团总支的表扬，为"刻苦钻研，深入学习"的好团员。1953年在本场两次被评选为先进工作者。

他对自己出国留学志愿非常明确[①]：

我是一个学土壤农化专业的大学毕业生，土壤肥料工作是发展农业生产、提高单位面积产量的基本要素。毕业后近两年，具体担任了土壤肥料的试验研究工作。在这两年的工作中情绪一直是高涨的，我热爱我的工作，我希望在工作中有些贡献。目前，因为知识肤浅，感到工作压力大，因此，希望出国留学深造，以便今后更好地为国家建设出力。

刘更另坚信："没有不良的土壤，只有不良的耕作方法。"作物产量可以由作物生长因子正确、全面配合而无限地提高。现在限制农业生产的是小农经济制度，是农业科学知识的缺乏。

刘更另决心，要把苏联先进农业科学与中国农民的耕作经验结合起来，相信这是全中国农业和土壤肥料工作者的任务，也是他们年青一代科学工作者的愿望。两年的工作体会深刻，由于自己科学理论知识不够，在农村调查工作中，他看不出农业的关键问题，也总结不了群众的经验。

"学习是为了工作，为着国家计划生产而不是为着个人，出国学习是一个重大而艰巨的任务，它是全国人民交予我的一个重大的学习任务[②]。"

去苏联学习，不仅要学习苏联老大哥先进的具体的科学技术，而且要

[①] 刘更另：《刘更另自传》，1954年，第14页。原件存于中国农业科学院人事局档案馆，复印件存于采集工程数据库。

[②] 同[①]，第8页。

学习苏联科学的立场观点方法，学习苏联科学家对科学、对国家和人民利益的正确态度。为此，刘更另做了两种思想准备："假如推荐我，有机会接受这艰苦而光荣的任务。我一定坚决地、踏实地完成这个任务。对我来说完成这个任务的过程就是正确认识留学意义和克服自己不正确思想的过程。假如某些条件不合格，没有资格担任这个任务，我一定努力创造条件，继续争取并且积极工作学习，搞好岗位工作，安心岗位工作，争取一点一滴地为祖国的建设事业不断地贡献着自己的力量。我对祖国的建设事业是有信心的，对人类幸福美好的共产主义是有信心的。这就是自己的保证[1]。"

经过严格的身体检查和专业课考试，他取得了去北京"留苏预备部"学习俄语的机会，并准备出国留学。

北京俄文专修学校，一年俄语学习培训

1954年9月，刘更另进入北京留苏预备部，开始了一年时间的俄语学习培训。北京留苏预备部又称北京俄文专修学校（简称"北京俄专"），位于鲍家街43号，是1952年6月至1955年2月培养留苏学生的摇篮。

刘更另刚入学时很不习惯。由于教室有限，上课不得不实行"二部制"——部分学生早8点至下午2点上课，而另一部分学生则从下午2点到晚8点上课。

"所谓男生宿舍，就是一个偌大的房间，摆满了上下两层的硬木板床，百十号人挤在一起睡觉。连桌椅板凳都没有。"刘更另描述说[2]。吃饭也没有固定地点。体育锻炼的场地也是大问题。

为了迎接派遣留苏的高潮，位于海淀区魏公村的留苏预备部新校址破

---

[1] 刘更另：《刘更另自传》，1954年，第14页。原件存于中国农业科学院人事局档案馆，复印件存于采集工程数据库。

[2] 刘更另：在华中农业大学成立110周年校庆的讲话。2008年10月20日，第4页。

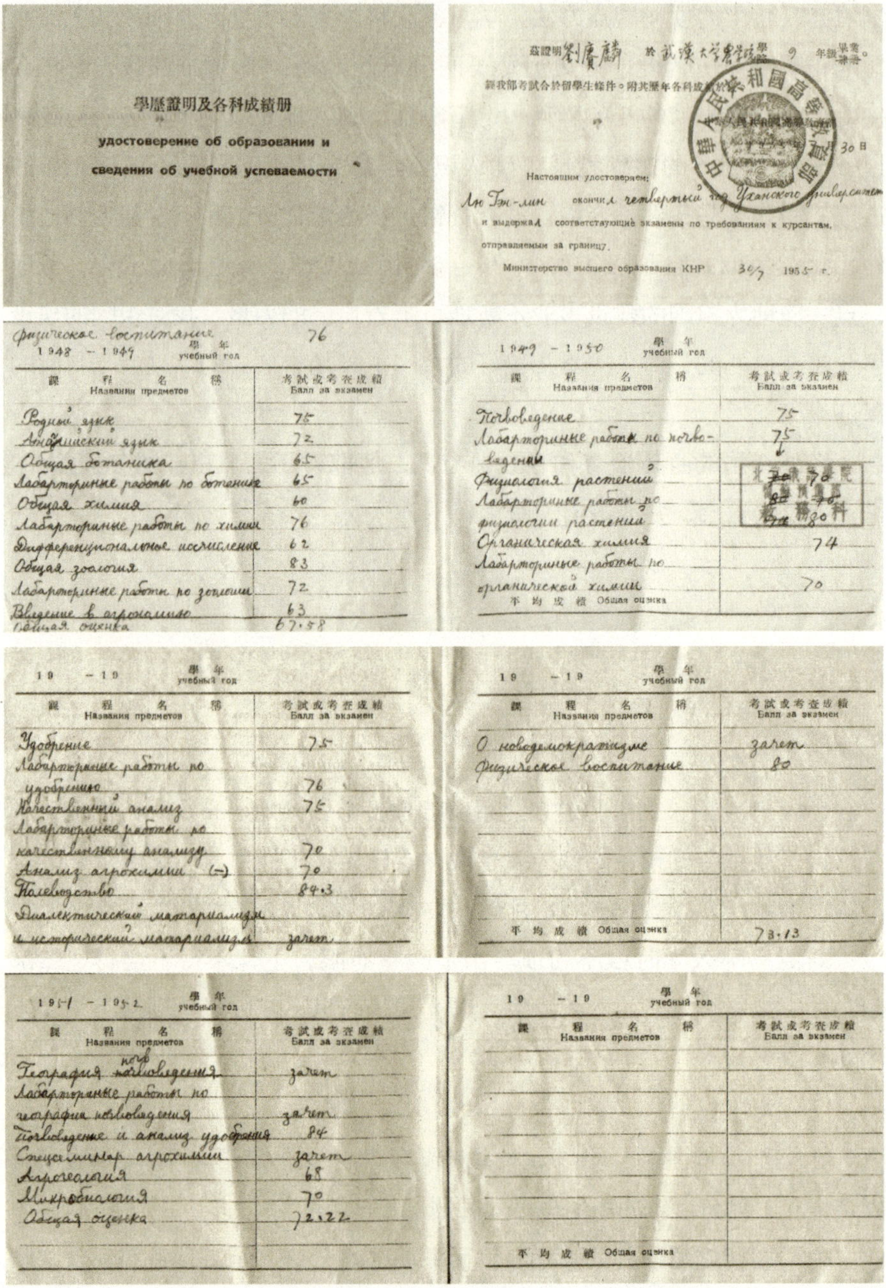
學歷證明及各科成績册

удостоверение об образовании и сведения об учебной успеваемости

兹證明劉賡麟 於武漢大學農學院 9 年級畢業/肄業。經我部考試合於留學生條件。附其歷年各科成績

[illegible] 30日

Настоящим удостоверяем: Лю Гэн-лин окончил четвертый год Уханского университета и выдержал соответствующие экзамены по требованиям к курсантам, отправляемым за границу.

Министерство высшего образования КНР 30/7 1955 г.

1948 – 1949 學年 учебный год

課程名稱 Названия предметов	考試或考查成績 Балл за экзамен
Физическое воспитание	76
Родной язык	75
Английский язык	72
Общая ботаника	65
Лабораторные работы по ботанике	65
Общая химия	60
Лабораторные работы по химии	76
Дифференциальное исчисление	62
Общая зоология	83
Лабораторные работы по зоологии	72
Введение в агрохимию	63
Общая оценка	67.58

1949 – 1950 學年 учебный год

課程名稱 Названия предметов	考試或考查成績 Балл за экзамен
Почвоведение	75
Лабораторные работы по почвоведению	75
Физиология растений	[illegible]
Лабораторные работы по физиологии растений	[illegible]
Органическая химия	74
Лабораторные работы по органической химии	70
平均成績 Общая оценка	

19 – 19 學年 учебный год

課程名稱 Названия предметов	考試或考查成績 Балл за экзамен
Удобрение	75
Лабораторные работы по удобрению	76
Качественный анализ	75
Лабораторные работы по качественному анализу	70
Анализ агрохимии	70
Полеводство	84.3
Диалектический материализм и исторический материализм	зачет

19 – 19 學年 учебный год

課程名稱 Названия предметов	考試或考查成績 Балл за экзамен
О новодемократизме	зачет
Физическое воспитание	80
平均成績 Общая оценка	73.13

1951 – 1952 學年 учебный год

課程名稱 Названия предметов	考試或考查成績 Балл за экзамен
География почв	зачет
Лабораторные работы по географии почвоведения	зачет
Почвоведение и анализ удобрения	84
Спецсеминар агрохимии	зачет
Агрогеология	68
Микробиология	70
Общая оценка	72.22

19 – 19 學年 учебный год

課程名稱 Названия предметов	考試或考查成績 Балл за экзамен
平均成績 Общая оценка	

图 3-4 北京留苏预备部：刘赓麟武汉大学学历证明及各科成绩单（1948—1952 年）（中国农业科学院祁阳红壤实验站资料室提供）

土动工了。1955年春节后，回到北京的刘更另与留苏预备部的同学们一起，被通知到新校区报到。师生的住宿条件大大改善。楼群中央，是一个宽敞平坦的大操场，可以做操、跑步、踢球。学生们日常体育锻炼再不用出校了。

刘更另对当年的情景描述说[①]：

图3-5 1949年北京俄文专修学校（北京俄专）旧址门牌号（资料来源：单刚、王英辉，《岁月无痕：中国留苏群体纪实》）

> 当时的留苏预备部不论在硬件设施，还是在教学水平方面，在北京乃至全国的所有高校中都是一流的。学校还从苏联聘请了一部分教学经验丰富的语言专家，后来由于人员不足，又从当时在北京工作的苏联技术专家的家属中聘请了一部分人来讲课。但是，中方俄语教员则来自各校俄文系刚毕业的学生。昨天，他们还是课堂上的学生，今天就要承担起教书育人的重任。如何在最短的时间内使学员们掌握尽可能多的俄语知识，对于教师们来说是一个全新的考验。教师们的辛苦和紧张，丝毫不亚于学生。教师们白天讲课，下班后还要备课、准备教案、与学生谈话，总要忙到深夜。当时在留苏预备部工作的王敏慧就住在教师宿舍楼对面。王敏慧至今清楚地记得，对面楼里家家户户的灯光在夜里12点以前就没有熄灭过。

留学生派遣人数逐年增长。1955年，在留苏预备部同时就读的学生超过2000人，所有的宿舍全部满员。1955年，刘更另学习期满一年，从留苏预备部结业，与到苏联留学的同学们一起乘坐专列从北京出发到莫斯

---

① 刘更另：《我是怎样培养博士生研究生的》，1994年9月30日，第2页。资料存于采集工程数据库。

第三章 祖国挑选 留学苏联

图 3-6　原留苏预备部改建后的新址（资料来源：单刚、王英辉，《岁月无痕：中国留苏群体纪实》）

科，专列整整发了 3 趟。

刘更另对当年的情况记忆犹新[①]：

> 我们那一年有 34 个班，一个班大概 30 人。前 30 个班是从各个大专院校里挑选的大学生，后 4 个班是研究生班。我当时在 31 班，同学们同吃、同住、同劳动、同学习。我们主要学习两门课：政治课学习《联共党史》和主修课俄语。教俄语的老师都是从苏联请来的，每个班还配有一个助教，辅导我们学习。
>
> 之前在大学，我已自学过俄语，语法还是掌握得不错的，可我口语和听写能力太差。湖南口音"l、m、n"分不清楚，学习口语又加深了难度。所以我不得不利用全部可用的时间学俄语。留苏预备部特别注意我们的身体健康，伙食办得很好，还设了体育课。

按政府规定：已经参加工作的留苏同学只发 60% 的工资，并由其所在单位寄回家用，当时刘更另的月工资是 40 元，每月 24 元邮寄给他祖父母，

---

① 刘更另:《"文化大革命"回忆》，2008 年 12 月 22 日，第 69 页。资料存于采集工程数据库。

这样一来，他就不用担心祖父母的生活，能放心地去苏联留学了。

1955年8月底，刘更另坐上从北京开往莫斯科的列车，终于实现了到苏联学习的梦想，7天的旅程，一步步接近着他向往的地方——莫斯科。

莫斯科大学农学院，攻读土壤耕作学博士

刘更另留苏的愿望是希望在苏联著名土壤学家威廉斯的指导下，专攻土壤学。他说："苏联土壤学家威廉斯的《土壤学》是很有名的，我也是慕名去做威廉斯的研究生的。可我到土壤学教研室去了几次，一直未见到威廉斯教授。后来才知道，威廉斯教授岁数已很大，很少去实验室。有同学告诉我，契日夫斯基教授是威廉斯的学生，年轻博士，他是苏联土壤与耕作学的知名教授，在国际土壤和耕作学领域很有名望，因此，我选择了在契日夫斯基指导下，攻读土壤与耕作学博士学位。"

他描述了当年的情况[1]：

> 我第一次到契日夫斯基办公室，他非常热情地接待了我，说我是他的第一个中国研究生。他带我参观他的实验室，给我安排实验台等，还介绍实验室里的人，有两个博士后、两个实验室女实验员、实验室管理员等，还有一些苏联和东欧来的研究生。在季米里亚捷夫农学院里契日夫斯基教授曾是较年轻的博士。我起初对苏联人的印象是又高又大，但第一次见到契日夫斯基，觉得他不算很高，1.7米多的个子，也不算胖，走路很轻快，说话语言清晰，讲课很有条理性，深入浅出。这是导师给我的第一个印象。

---

[1] 刘更另：《"文化大革命"回忆》，2008年12月22日，第99页。资料存于采集工程数据库。

导师契日夫斯基了解了刘更另在国内学习土壤学的情况，认为苏联同学们学的内容比较丰富，于是安排刘更另旁听他给本科生讲课以及参加实验。刘更另听课的时候，把黑板上的板书和提纲记下来，课下再读他的书、查阅资料。"在实验过程中，导师经常查看我实验的进展情况，每当学习略有所获，导师总要鼓励我一番，因此，我越干越有劲[1]。"

苏联季米里亚捷夫农学院研究生院的教研条件好，导师契日夫斯基对学生要求特别严格，课堂教学和实验室做实验指导都很认真。刘更另充分抓住一切有利条件，白天听课、晚上在实验室工作到深夜十一二点钟，就连节假日也很少休息。刘更另这种锲而不舍的学习精神，获得导师的高度赞赏，更加重视这位中国学生，也为他虚心学习的精神所感动，传授他更多的专业科学知识。在导师的精心指导下，刘更另很快掌握了关于土壤耕作学方面的最新前沿理论，学会了国际上通用的土壤耕作试验方法，提高了科学分析问题的能力。

导师契日夫斯基常常用季米里亚捷夫的一句名言教导他，要"学会同植物说话"，使刘更另懂得、了解到科学观察的重要性。这句话成为刘更另一生科学生涯的座右铭。

刘更另感恩导师的教诲，并描述说：

> 导师契日夫斯基在学习上严格要求我们中国学生，把他在土壤耕作学上的研究成果和心得倾囊相授，他对中国学生的关心爱护，出于中苏的友好情谊。他让我在土壤耕作学领域系统地学到了先进的知识，较扎实地奠定了土壤耕作学基础，让我在这个向往的国度里实现了我内心的追求，深深地感激他[2]。

但在当年，刘更另仍然不满足，觉得在季米里亚捷夫农学院研究生院学习的范围较窄，掌握方向不熟练，学术思想存在理论脱离实际的危险。

---

[1] 刘更另：《我是怎样培养博士研究生的》，1994年9月30日，第4页。资料存于采集工程数据库。

[2] 同[1]。

因此，刘更另决心深入苏联各地农场、农村进行调查，到苏联各农业大专院校、研究院所做交流，了解苏联和世界上更多的农业科学先进技术，掌握土壤耕作学的更新成果和苏联的农业生产情况。

从1957年开始，在苏联季米里亚捷夫农学院研究生院导师契日夫斯基的指导安排下，刘更另一步步实现了自己的计划。他一边在耕作教研组认真做土壤耕作学实验，一边参加该课讲授辅导，跟随导师，深入农村、集体农场调查，并在导师的指导下参加苏联各农业院校与研究院所的学术交流等活动。

图3-7　1957年留苏期间，刘更另（中）跟随导师契日夫斯基（前）等野外考察照（中国农业科学院祁阳红壤实验站资料室提供）

在苏联学习的4年时间里，刘更另如饥似渴地学习以土壤学为基础的耕作学，并广泛汲取各种与农业有关的知识。他的导师不仅教他国际上公认的试验方法，还使他懂得了观察的重要性，也开始"学会与植物对话"。在苏联学习期间，除了西伯利亚，刘更另走访了许多集体农庄、国有农场和农业科研院所、实验站[1]，获得了大量关于苏联土壤、耕作等方面的学术发展动态和世界土壤耕作学的科学前沿知识，这为他在以后长达半个世纪

---

[1]　刘更另:《红壤地区农业发展》（内部资料），2008年，第2页。

的土壤肥料科学研究中提供了大量的第一手科学资料。

1957年11月，刘更另荣获苏联莫斯科大学季米里亚捷夫农学院奖状，以表彰他在学习、科研工作中所取得的成绩。

在55年后的回忆录[①]中，刘更另讲述了当年的故事：

> 留苏这一阶段对我来讲是非常重要的，主要有下面几点感受：第一，亲身感受了苏联人民对中国人民的友好情谊，包括苏联的教授、同学和普通百姓，他们对我们是真的友好，什么事都把中国学生摆在前面，给我提供真诚的帮助。第二，我学习的是土壤耕作学专业，当时他们这方面在国际上是比较先进的，让我掌握了土壤耕作学理论和技术。回国后，我自己开展科学研究就比较有底了，能够胜任当时的科学研究工作了。第三，我们走出国门，更加了解国际上这个学科领域的发展情况，我有机会参观了莫斯科、列宁格勒等的大学和研究所并作学术交流，和苏联一些有名的土壤学家、耕作学家讨论、交流并详细了解了他们实验室的研究方法，为我回国后做土壤肥料的研究工作打下了基础。同时，在这个过程中结交了许多苏联和东欧的朋友。
>
> 只可惜我1959年年初回国后，中苏关系恶化，切断了我们之间的联系。不论后来政治风云如何变幻，苏联政府在那个时期给予中国建设的巨大帮助，苏联人民所展现出的深厚纯真的同志情谊，是应当永远铭记的。

由于中国留学生聪颖勤奋、成绩优秀，在中苏两国关系处于"蜜月期"的时候，中国学生在各方面都得到学校的优待。当时在苏联中国留学生几乎成为优秀的代名词。

1959年4月初，刘更另在苏联季米里亚捷夫农学院研究生院完成土壤耕作博士论文答辩，获苏联农业科学副博士学位。中共留苏党支部鉴定

---

① 刘更另：《"文化大革命"回忆》，2008年12月22日，第123页。资料存于采集工程数据库。

意见[1]：该同志有一定的工作能力，对问题能开动脑筋，工作积极，学习努力，能钻研。在留苏期间，较好地完成了学习任务。

7月，苏联最高教育部、最高资历委员会（由莫斯科委员会、列宁勋章获得者、农业科学院院士1959年3月30日签署）颁发副博士学位文凭[2]，授予刘更另农业科学副博士学位，后转为博士学位。

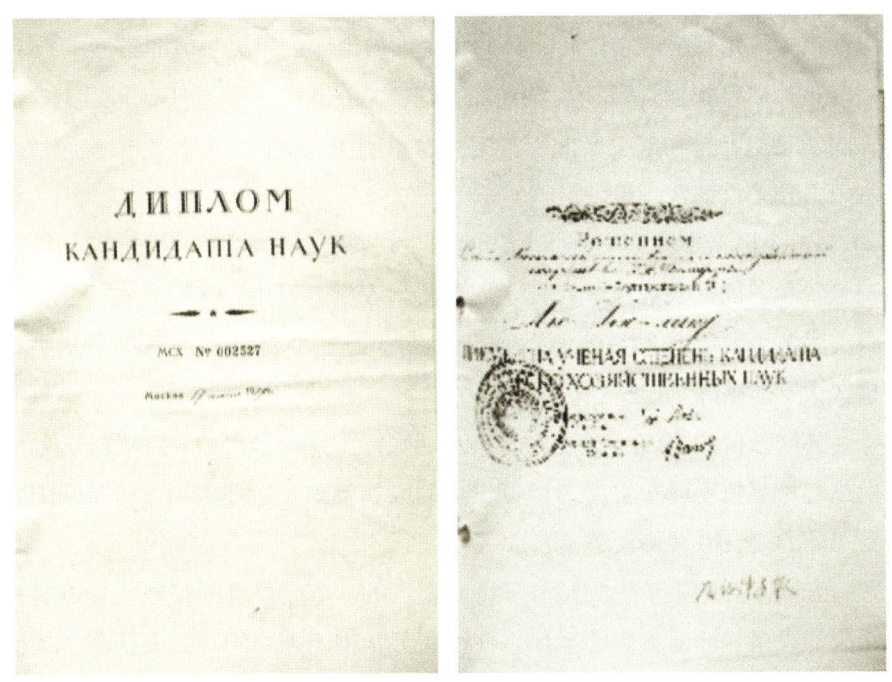

图3-8　1959年7月苏联最高教育部、最高资历委员会颁发的副博士学位证书（原件存于中国农业科学院人事局档案馆，并由其提供复印件）

1956年，周恩来总理和贺龙副总理访问苏联[3]，刘更另作为中国留苏学生的代表到机场欢迎他们。这是他第一次近距离见到党和国家领导人，心情特别激动。

---

[1] 《中共留苏党支部鉴定意见》，1959年3月24日。原件存于中国农业科学院人事局档案馆档案，复印件存于采集工程数据库。
[2] 刘更另副博士学位证书，1959年7月17日。存地同[1]。
[3] 刘更另：《"文化大革命"回忆》，2009年12月。存地同[1]。

1957年11月17日下午6点30分，正在莫斯科访问的毛泽东主席在莫斯科大学礼堂接见了中国留学生[1]。当时刘更另是莫斯科大学农学院留学生党支部书记，他站在第一排，亲耳听见毛主席用很重的湖南口音说："世界是你们的，也是我们的，但归根结底是你们的。你们青年人朝气蓬勃，正在兴旺时期，好像早晨八九点钟的太阳。希望寄托在你们身上。"这是一个令每个在场人终生难忘的时刻。同志们热烈鼓掌欢呼。

第一次见到毛泽东主席，并聆听主席教诲。刘更另心情非常激动："我当时是莫斯科农学院留学生党支部书记，站在头排，维持秩序，因为有许多同学希望上台和毛主席握手。毛主席希望我们做什么呢？希望我们学好本领，和工农结合，建设祖国。"

"毛主席希望我们学好本领。我出生在农村，对农民有感情、有认识，况且我学习的是农业科学和技术。我要到农村去，用我学到的农业知识为农民服务，发展农业生产，建设社会主义，这是非常重要的[2]。"刘更另心情久久不能平静。

苏联教授们不仅具有扎实的学术功底，更具有丰富的实践经验。刘更另决心不辜负毛泽东主席对留苏学生的殷切期望，学好本领，将来回国服务祖国的社会主义伟大建设。

无疑，五六十年代的留苏学子是幸运的。苏联雄厚的师资、先进的教学仪器设备、淳厚务实的学风，使得留苏学生比国内的同龄人获得了更优越的教育资源。

刘更另深刻体会到，苏联老师不仅自身具有丰富的实践经验，在日常教学的过程中，也极力要求学生们重视实践，关注细节。苏联教授在这方面的严格要求，对于学习应用科学的中国留学生都有很深刻的体会。

与学知识和学技能相比，苏联师长们所表现出的尊重科学、追求真理、不肯随波逐流的高贵人格，是留苏学生们继承的最大财富。

---

[1] 刘更另：《"文化大革命"回忆》，2009年12月，第120页。资料存于采集工程数据库。
[2] 同[1]，第126页。

第四章
苏联学成回国　步入农业科研领域

　　1959年从苏联回国后，刘更另到中国农业科学院土壤肥料研究所（简称"中国农科院土肥所"）报到。他很快投入我国农业土壤肥料的研究工作中。当年作为留苏学子回国后，每个学生都有科研、生产、教学三个方向的选择。刘更另同许多同学一样，在所有的选项后面填写了相同的六个字"服从祖国分配"。在他看来，现在正是到了回报祖国的时候，祖国的需要就是自己最好的选择。

　　1958—1960年，我国开展了全国第一次土壤普查，其目的就是以土壤农业性状为基础，提出全国第一个农业土壤分类系统。这是中华人民共和国成立后，首次对我国土壤分布的自然条件、成因类型、理化性状、肥

图4-1　中国农业科学院原土壤肥料研究所大楼（2016年，秦道珠摄）

力、分布、改良利用途径所进行的全国性调查工作。因此,全国第一次土壤普查成为中国农业科学院土壤肥料研究所的重点工作之一。

为了全面完成全国第一次土壤普查各项任务,中国农业科学院土壤肥料研究所的研究人员均在进行紧张有序的工作。刘更另正巧赶上,并积极参与了这项工作。

深入西北,调研基层土壤状况

1959年5月刘更另回国时,全国第一次土壤普查工作已进入第三阶段:样品理化性状测定,绘制土壤类型图及土壤养分图,量算土壤类型面积,撰写土壤调查报告。中国农业科学院土壤肥料研究所的主要工作任务就是在全国土壤普查资料汇总的基础上,总结土壤普查及土壤肥料科学研究成果,建立我国的"农业土壤学"和"肥料学",尽快制订全国土壤肥料工作5年研究规划。

"我是5月15日上午到中国农科院土肥所报到的。正巧,中国农科院副院长朱泽民在土肥所开会,会议集中了北京地区所有的土壤肥料方面的专家、教授,讨论在社会主义条件下土壤肥料如何发展、如何演变。"刘更另后来回忆[1]。在这个会议上副院长当场指定,要他这个刚从苏联回来的"洋博士"负责这项工作。刘更另愉快地接受了任务。为了掌握第一手资料,6月初,他组织土肥所科技人员,随中国农业科学院领导专家来到西北,实地考察土壤普查情况。

在甘肃,刘更另第一次看到了砂田。当时砂田上生长的作物非常健壮。他就想到"我国几千年的生产实践中,农民创造了许多宝贵经验",应当认真总结研究这些经验,这是我们认识客观世界的钥匙。因此,他觉得应该从土壤的水热条件对砂田进行研究。

---

[1] 刘更另:《红壤地区农业发展》(内部资料),2008年,第3页。

通过对甘肃砂田的调查研究，他体会到"农民的经验是农民在实践中积累的对客观世界的认识，是宝贵的。在农村中进行科学实验，归根到底是为了认识客观世界，必须坚持从客观实际出发，外国的、书本的、头脑里想象的许多问题，都必须服从客观实际[①]。"

根据西北各地土壤普查提供的数据资料，结合西北地区农业生产实地考察和了解的情况综合分析，刘更另感到责任重大。他发现目前这些地区最迫切要解决的问题就是培肥耕地，要像甘肃农民建设砂田一样，改良土壤，培肥地力，提高粮食产量，增加粮食总量，解决老百姓缺粮的困境。

综合分析，首提"农业土壤"

结束为期一个多月的西北土壤普查回到北京，刘更另根据当地农民耕作的经验，针对西北土壤干旱少雨、地势复杂、土壤贫瘠的特性，结合全国土壤普查提供的大量数据，反复琢磨着一个新概念——农业土壤。

第一次土壤普查将我国的土壤大致分为砂质土、黏质土、壤土三种类型。再根据全国气候、雨量分布差异和土壤颜色，南起南沙群岛，北到黑龙江，西到帕米尔高原，东至东海之滨，将全国的主要土壤类型大致分为16种。但是，针对耕作的"农业土壤"却从未单独研究，这是一个值得深思的问题，也是一个非常重要的研究问题。

8月上旬，在哈尔滨召开的全国土壤普查汇报和深耕改土学术会[②]上，刘更另向大会作了"关于农业土壤的几个问题"的报告，他对第一次全国土壤普查成果进行综合分析，首次提出"农业土壤学[③]"这个名词，受到与

---

① 刘更另：《尤·李比希〈化学在农业和生理学上的应用〉导读》，第13页。
② 中国农业科学院土壤肥料研究所：《中国农业科学院土壤肥料研究所所志（1957–1996）》。内部资料，1996年，第83页。
③ 中国农业科学院红壤实验站：《刘更另与红壤地区农业发展》。长沙：湖北人民出版社，2010年，第5页。

第四章　苏联学成回国　步入农业科研领域

图 4-2　作物在不同母质土壤和不同施肥措施下长势各异（2014 年，黄晶摄）

会者的普遍重视。

刘更另突破原来土壤学独立于农业之外的框框，果断提出"土壤科学首先要为农业发展生产服务，为粮食增产服务[①]"。"农业土壤"应该首先值得深入的研究和高度的重视，它关系着我国农业生产和粮食产量的重大战略问题，也是老百姓的"命根子"。"农业土壤"这一概念首次引起我国土壤学界的普遍关注和重视。

中国农业科学院院长丁颖教授对刘更另关于"农业土壤"的概念高度重视，他邀请全国土壤学家来北京座谈，与刘更另等专门研讨关于中国"农业土壤"的学科建设。中国农业科学院土壤肥料研究所的著名土壤肥料学家张乃凤研究员，在全面考证、科学论证的基础上，建议在中国农业科学院土壤肥料研究所设立"农业土壤研究室"，获得专家一致同意。

---

① 中国农业科学院红壤实验站：《刘更另与红壤地区农业发展》。长沙：湖北人民出版社，2010 年，第 6 页。

在首次提出"农业土壤"概念之前，刘更另就已经对农业土壤研究方法进行了探讨。在我国"农业土壤"发展初期，人们对什么是"农业土壤"的概念还比较模糊。他以自然土壤为背景，将农业土壤与自然土壤进行比较，做出了明确的科学概念定论：农业土壤学就是研究农业土壤肥力、耕性和生产性能发展变化规律的科学[1]。

农业土壤是自然土壤在农业生产条件下发展而来的，它与自然土壤有统一的一面，但是它是一种新的更高级、更复杂的土壤，与一般的自然土壤有着本质的差别，具有它自己特殊的矛盾性。这是刘更另对"农业土壤"概念的第一次诠释。

"自从人类使用简单的工具，开始在小块土地上开展栽培植物的活动，那么这块栽培植物的土壤就起了质的变化，发展到一个新的阶段，它与人的活动联系起来了，它直接为农业生产服务了。人们的劳动，把它改造成了农业土壤，因此我们说农业土壤是历史的自然体，同时也是劳动的产物[2]。"刘更另的讲述既清楚又明白。

他还从古代农业发展历史说明农业土壤发展的过程。"中国栽培植物的历史已经有5000多年了，那么我国农业土壤客观存在的历史，也就有5000多年了。我们的祖先在这块土壤上，使用了石器、铜器、铁器，一直到现在机器耕作。他们制止了许多自然因子，对它的破坏作用（如治洪水、反冲刷和盐渍土改良），创造了丰富的利用土壤、改良土壤的经验。我们的祖先，在这块土壤上栽培了一百多种农作物，使用了几十种肥料，五千多年的时间，人口繁育到六亿多了。"这就是"农业土壤"的发展过程[3]。

刘更另站在宏观农业的发展高度，对"农业土壤"的范围作了深入浅出的诠释，"农业土壤已经扩展到十六亿八千余万亩，它南起南沙群岛，北到黑龙江，西到帕米尔高原，东至东海之滨，到处有它的分布[4]"。

---

[1] 刘更另：关于农业土壤的几个问题。《土壤通报》，1959年第5期，第53页。
[2] 同[1]，第54页。
[3] 同[1]，第55页。
[4] 同[1]，第56页。

在劳动人民辛勤劳动、精耕细作之下，农业土壤的肥力不断提高，它的耕性和生产性能也大大改善了。1958年农业生产"大跃进"和大面积丰产田的出现，证明我国农业土壤不是什么"地力业已衰退"，也不是什么"报酬逐渐减低"，而是有高度的肥力和无穷的潜力，能够满足社会主义农业发展的需要。

可是随着我国社会主义建设的发展，农业土壤将要负担起更重要的生产任务，它不仅已达到亩产200千克、250千克、400千克的粮食，而且正在向更高的单位面积产量跃进。随着农业机械化、电气化、化学化的逐步实现，农业土壤的生产潜力将被进一步挖掘。

这一切都说明农业土壤的客观存在是不可辩驳的事实。然而，我国的土壤科学界，很少有人把"农业土壤"当作一个独立的研究对象来研究。因此，刘更另指出，以发展农业生产为目的，以群众经验为基础，将先进土壤科学成就与中国具体情况相结合，这就是中国的农业土壤学，这就是我国当务之急为什么要建立"农业土壤学"的根本原因。

精心筹措，建立农业土壤研究室

在中国农业科学院院长丁颖的高度重视和支持下，经过中国农业科学院土壤肥料研究所的精心筹措，在刘更另等一大批科技人员努力下，1960年11月完成了建设"农业土壤研究室"的筹备工作，农业土壤研究室[①]应运而生，并设立农业土壤调查组和定位观测组。农业土壤研究室成立之初，共由6人组成。研究室主任由著名土壤肥料专家张乃凤研究员兼任，刘更另被任命为研究室副主任，负责具体工作。

刘更另用近代土壤学发展的原理，对自然土壤与农业土壤的本质差异进行区划。

[①] 中国农业科学院土壤肥料研究所：《中国农业科学院土壤肥料研究所所志（1957–1996）》。内部资料，1996年，第83页。

刘更另还以"自然因子"和"人为活动"为例,对自然土壤和农业土壤的发展和变化做出解释:"在自然土壤里,侵蚀冲刷、水土流失等破坏作用左右它的发展和变化,完全受自然因子变化支配;然而在农业土壤里受水土保持,施肥灌溉等人为活动的影响,受人为活动的控制。条件不同,当然就影响发展的内容和方向了[1]。"

他还借用"鸡蛋孵化变成小鸡"通俗易懂的比喻,说明"自然土壤变成农业土壤"的过程。"自然土壤和农业土壤发展变化的内容和实质是不同的[2]。"自然土壤的发生发展,实际上是自然肥力的发生发展。农业土壤发展变化的内容除了有效肥力的变化,还有耕作性能和生产性能的改善,因此农业土壤比自然土壤更加复杂。

自然土壤的变化是非常缓慢的,从灰壤到生草灰化土,这个过程往往需要几千年甚至几万年。农业土壤受经济规律的支配,它朝着对人类有利的方向发展,这个过程只需要10—20年或更短。

甘肃土壤普查的数据说明,当地的大黑土(自然土壤)在不施肥或者少施肥的条件下,经过3—5年耕作就可以变为麻土(农业土壤);如果继续粗放经营,则麻土经过20年即褪色变为白土,而白土在精耕细作、大量施用有机肥料的条件下又可以转变为麻土。这个周期很短,变化非常明显。

陕西土壤普查中调查农民的经验证明:红板上土(自然土壤)经过三五年的深耕、施肥和冬灌,就可以变为红渣上土(农业土壤),再经过精耕细作就可以变成红墟土、黑油土(肥土)。在深耕改土运动中,群众利用翻砂压淤、翻砂压砂、分层施肥、借客土等办法,能够在更短的时期内,将原来的自然土壤改变成全新的农业土壤。

在掌握了大量土壤普查资料数据和实地调查研究的基础上,刘更另对美国土壤学家梭颇关于中国土壤变化的错误观点提出了批驳。

刘更另在独立思考中国农业土壤学的形成发展基础上,首次发表《关于农业土壤的几个问题》的研究报告,报告指出:"按照苏联土壤学家威廉

---

[1] 刘更另:关于农业土壤的几个问题。《土壤通报》,1959年第5期,第57页。
[2] 同[1]。

斯的说法，自然土壤的发生发展，是有机质的合成与分解。农业土壤的发生发展变化，是农业土壤中水肥物理条件与农作物生长发育之间的运作结果。农业土壤的肥力、耕性、生产性能，如能合乎作物生长发育规律，就能获得高额的产量。因此，为了取得高额而稳定的产量，就要求土壤科学工作者更深刻地了解农业土壤与作物之间的关系，掌握这一基本矛盾，培育土壤为作物生长发育创造良好条件[①]。"

耕作施肥、栽培、灌溉等农业技术措施之间，又构成一个矛盾统一体，人为耕作、灌溉、栽培、施肥等措施，直接引起土壤的变化。这一切在自然土壤中是不存在的，这些就是农业土壤的特殊本质，也是农业土壤学的研究对象。

根据土壤学原理，刘更另从农业土壤特殊的本质，从我国农业土壤存在的历史，分布的范围，在生产中的贡献，以及它在今后发展生产中的重要性为依据，提出"农业土壤完全有必要作为一个独立的研究对象，完全有必要建立一个专门的学科——中国农业土壤学[②]。"

谈到中国农业土壤学的发展变化史，刘更另还引用了中国古代农学家的经典事例，对此做了说明。"农业土壤学的变化发展，在我国历史上就曾有诸多古代农学家为它作出了贡献。两千多年前，管子就对中国农业土壤进行了考察，并根据其肥力及对农林生产的好坏，将土壤分成上土、中土、下土三等。他从作物与土壤之间的关系，总结出每种土壤所适宜的作物种类，并根据土壤特性综合考察，将全国土壤分为18大种、90小种，其中墟土、沙土等土名，以及阴、阳、凉、热等观念一直保留到现在[③]。"农学家贾思勰，总结了土壤好坏与播种期的关系，所谓"良田宜种晚，薄土宜种早"。

刘更另认为，农民是农业土壤的创造者，农民每天的活动都与农业土壤有千丝万缕的联系。因此总结农民群众几千年来改良利用土壤的经验，是研究农业土壤的基本方法。

---

① 刘更另：关于农业土壤的几个问题。《土壤通报》，1959年第5期，第56—57页。
② 同①，第57页。
③ 同①，第54页。

在全面总结土壤普查资料和汇集全国土壤肥料科学研究成果的基础上，我国建立了独立自主的"中国农业土壤学科"。根据当年全国土壤普查的资料汇总，中国农业科学院土壤肥料研究所编辑了《中国农业土壤概论》[①]一书，由侯光炯（1905—1996）、高惠明[②]、张乃凤等土壤学家组成编辑委员会，刘更另是编辑委员会的成员之一，参与该书编辑中一些具体事项和内容的讨论、交流。[③]

张马祥研究员对《中国农业土壤概论》一书高度评价：

图 4-3　1982 年中国农科院土壤肥料研究所主编的《中国农业土壤概论》（2015 年，秦道珠摄）

这是我国农业土壤学的第一部专著。它总结了我国农民群众认土、用土、改土的经验，提出了许多值得重视的新观点。这部专著首次创立了中国农业土壤学的理论[④]。

下放蹲点，五常县"三结合"

1960 年 1 月，刘更另作为农业部下放干部、黑龙江省的工作组领队，带领农业部工作组 20 余人，在当地政府部门的安排下，到牛家公社二里

---

① 中国农业科学院土壤肥料研究所：《中国农业土壤概论》。北京：农业出版社，1982 年。
② 张马祥访谈，2015 年 11 月，北京。资料存于采集工程数据库。
③ 同②。
④ 同②。

第四章　苏联学成回国　步入农业科研领域

屯管理区农业生产队蹲点，在农村基层参加劳动锻炼，并担任中共牛家公社二里屯区工作组党支部副书记。

中国农业科学院土壤肥料研究所自成立以来，始终重视在生产第一线从事科学研究，科学研究为农业生产服务，在研究生产技术的基础上探求科学理论的研究方向，重视领导干部、科技人员和农民群众相结合，试验、示范和推广相结合，实验室、试验场和农村基点相结合的"三个三结合"的科研路线。在建所初期即设立了一批农村试验基点，派遣了大批科研人员在农村基点从事科学研究。刘更另非常重视"三个三结合"的科研路线。土壤肥料研究所所长高惠民研究员很看重刘更另的蛮劲和倔强的脾气，决定放手让他去东北黑龙江省五常县（今五常市）蹲点一年，并在基地参加劳动锻炼，了解东北的土壤性质和土壤改良情况，帮助当地农村解决粮食生产的一些实际问题。

1959年冬、1960年春，五常县的粮食极度缺乏。调查发现"五常县食品严重短缺，不少人腿脚浮肿，走路不稳，还在坚持工作"。解决粮食问题成为当务之急！

刘更另带领农业部工作组来到牛家公社二里屯区，带着劳动锻炼与生产调查的"双重"责任，除参加生产队的劳动外，也参加公社、管理区和生产队的"大跃进"运动。在劳动中与群众交谈，了解生产问题，晚上坐在炕上，组织群众座谈会，详细询问生产情况，了解、学习当地群众的好经验，并结合当地粮食作物低产的原因，对浅层黑土、草甸黑土、北方水稻土进行实地考察。

工作组在考察后发现：土地肥沃、水源充足、光照好、温差大是"五常大米质量好"的独特优势条件，也是其他农作物耕作的良好基础；浅层黑土、草甸黑土、北方水稻土的耕作层浅，土壤肥力不匀是制约作物产量（亩产三四百斤）的根本原因；管理粗放、缺少化肥和有机肥是作物产量提高的最大障碍。根据调查掌握的情况，结合群众耕作习惯和培肥地力与改土经验，针对作物低产的原因分析，按照"土壤与耕作制"的科学原理，刘更另提出了土壤改良和提高作物产量的技术方案措施。

刘更另按照制定的"土壤改良和提高作物产量的技术方案措施"，专门组织科技人员协助管理区抓生产管理，组织劳力，利用北方早春"农闲"季节，狠抓浅层黑土、草甸黑土、北方水稻土的"深耕与土壤熟化"改良，组织科研室，培训农民技术员，筹建化工厂，生产生物发酵有机肥等，改进耕作制度布局和深耕改土等措施，当年旱地作物大豆、玉米取得丰产，优质粳稻新品种亩产量提高到400斤以上，高产地块达到500多斤。

当年的11月统计，刘更另全年累计（1月9日至11月15日）下放时间274天，参加牛家公社二里屯区体力劳动174.5天，外出参

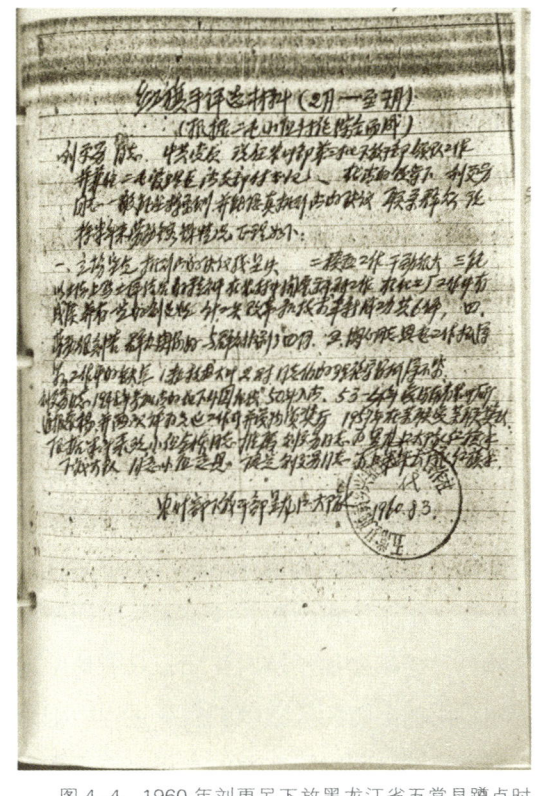

图4-4　1960年刘更另下放黑龙江省五常县蹲点时获年度红旗手的鉴定档案材料（原件存于中国农业科学院人事局档案馆，并由其提供复印件）

加会议、学习98天，休息及病假仅1.5天。刘更另被评为管理区劳动模范，同时受到管理区党支部表扬，被评为下放干部大队红旗手，全年评为"月月红"[①]。

同年8月，刘更另应邀出席了德国国际土壤耕作技术讨论会，在会上发表了"中国北方深耕与土壤熟化"的论文，详细阐述了中国北方浅层黑土、草甸黑土、北方水稻土的理化性状和"深耕与土壤熟化"关键技术措施和取得显著的增产成效，受到与会各国专家学者的极大关注，会上当即译成俄文和德文，发放至全体会议代表。

---

① 刘更另：《1960年在黑龙江五常县蹲点：红旗手评选材料》。原件存于中国农业科学院人事局档案馆。复印件存于采集工程数据库。

1960年的11月，农业部工作组结束了在黑龙江五常县的劳动锻炼回到北京。12月，刘更另又踏上甘肃的大地，调查、研究甘肃砂田和土壤耕作等问题。

总结经验，研究猪厩肥腐解

1961年底，刘更另从农业土壤研究室调任肥料研究室副主任。农谚说："有收无收在于水，多收少收在于肥。"在国家化肥工业刚起步的60年代初期，除了硫酸亚铁等少量化肥按计划供应外，农村化肥供应几乎为"零"，肥料成为粮食增产的最大障碍。刘更另在总结农民经验的基础上，把解决农业生产肥源的重点放在挖掘有机肥资源上。有机肥不仅能提供作物所需的养分，还能增加土壤有机质，具有培肥地力，改良土壤的双重功能。这一年，由他主持的《猪厩肥腐解过程中肥分变化规律及保肥方法》科研项目开始启动。肥料研究室的青年科技工作者陈福兴、尹梅华成为他的得力助手。

他教陈福兴怎样做好室内分析化验与数据统计方法，并将猪厩肥腐解的试验交给陈福兴管理，很快就取得进展。在后来40多年的科学研究中，陈福兴成了刘更另的左膀右臂。在刘更另的培养带领下，陈福兴成为我国著名土壤肥料学家，国家级突出贡献专家，享受国务院津贴。

刘更另告诉陈福兴、尹梅华"猪厩肥在有机肥料中占有极重要的地位，我国农民积攒猪厩肥的传统方式主要有两种，一种是华北、东北、西北各地的农民的制作办法，主要是加土加草垫圈；另一种是南方农民将猪粪尿与青草、垃圾等混合起来，淹水沤制[①]。"

为了让青年科技工作者了解猪厩肥沤制技术的全过程，刘更另还带领陈福兴、尹梅华等青年科研人员，深入河南洛阳、许昌等地农村，开展加

[①] 刘更另，陈福兴，张启昭：加土垫圈沤制厩肥的研究。《土壤通报》，1966年第2期，第11–14页。

土加草垫圈试验；深入湖南农村，将猪粪尿与青草、垃圾等混合起来，进行淹水沤制有机肥的试验。要求陈福兴等青年科技人员，细心观察记载，在总结群众经验基础上，系统研究比较这两种方法，总结整个腐解过程中肥分变化的规律。

为了达到广积有机肥的目的，刘更另组织科技人员一边总结群众经验，一边做猪厩肥腐解试验，从中摸清整个腐解过程中肥分变化的规律，从而找出提高肥料质量，充分发挥肥效的办法。

通过猪厩肥腐解试验，他们终于摸清了猪厩肥腐解过程中氮磷养分变化规律和微生物对分解猪厩肥的作用。猪厩肥是我国南北农村养猪积肥的主要有机肥料，摸清了猪厩肥腐解过程肥分变化规律，对于正确积攒保存猪厩肥有着重要意义。

这项研究成果从理论和应用两个方面解决了猪厩肥中养分转化的规律，为我国南北农村猪厩肥沤制提供了技术方法。农民可根据自家养猪的具体情况，选择猪厩肥拌土或淹水腐解的方法，达到了"多积有机肥"和"使用有机肥培肥地力、改良土壤"，从而实现作物高产的双重目的。

广辟肥源，增积有机肥料

经过对西北地区（陕西、甘肃、宁夏、青海和新疆五省市自治区）的土壤调查和第一次全国土壤普查的资料汇总，刘更另对全国农业土壤分布与分类有了比较全面的了解。在对黑龙江省五常县的浅层黑土进行深耕与土壤熟化的改良中，又对农业土壤的认识更加深入。在农村急需肥料，提高粮食产量成为当务之急的60年代初期，刘更另想到的就是如何充分挖掘肥源，多积攒有机肥料，改良土壤，提高粮食产量，为国家分忧，为农民解难！

1961年5月，刘更另在《红旗》杂志第9—10期，以"土丰"的笔名，发表《充分利用肥源，增积有机肥料》①论文，系统阐述了绿肥、有机肥的巨大作用，提出了以磷肥增氮肥，以"小肥养大肥，以无机肥换有机肥"的原则。实践证明，这些原则对推动当年农业生产起了巨大作用。

1951—1962年，刘更另连续为中央人民广播电台〔科学常识〕栏目撰写《养猪圈肥的学问》②等新闻广播稿，宣传"养猪垫栏""加土垫圈"等积攒有机肥料的科普知识，在《红旗》杂志上发表《充分利用肥源，增积有机肥料》科学论文，引起党和国家领导人的高度重视，为了多收粮食，全国掀起了有机肥积肥高潮。为解决当年缺少化肥、有机肥的现状提供了技术保证。

---

① 刘更另：充分利用肥源，增积有机肥料。《红旗》，1961年第9期，第53-57页。
② 刘更另：《圈肥的学问》。中央人民广播电台广播稿，1962年。资料存于采集工程数据库。

第五章
鸭屎泥田　低产改良

组建工作组，选点官山坪

1959年5月18日，国家主席刘少奇到中国农业科学院和土壤肥料研究所视察[①]，传达党中央指示："组织科技人员下基点，向低产田要粮！"

时任国务院副总理、主管农林工作的谭震林，1960年元旦期间，找到农业部门的有关领导，要求"科学家要到第一线去，尽快解决粮食问题[②]"。中国农业科学院副院长朱泽民听了谭震林的指示，紧急研究部署：立即组织三个工作组，按中国的土壤分类情况，直接到第一线做调查研究，力争尽快拿出办法，把粮食产量搞上去。

中国农业科学院土壤肥料研究所所长高惠民、副所长张乃凤和冯兆林等所领导紧急行动，按照党中央、国务院的部署，决定北方主攻盐碱地、

[①] 中国农业科学院：《中国农业科学院志（1957-1997）》。北京：中国农业科学技术出版社，2001年，第12页。

[②] 曾松亭：《当代土神》。北京：中国农业科学技术出版社，2007年，第4页。

南方主攻低产田，动员大批科技人员下基层，研究盐碱地和低产田改良，力争尽快提高粮食产量。

　　1960年3月组建的湖南祁阳官山坪低产田改良工作组（简称"工作组"）共22人。分别由中国农业科学院土壤肥料研究所7人、湖南省科技厅和农业厅5人、湖南省农业科学院1人、衡阳专署农业局和衡阳专署农业科学研究所和衡阳农业学校3人、祁阳县农业局6人组成。因为人员来自北京和湖南长沙、衡阳地区、祁阳县，当这支22人的队伍到达祁阳县文富市公社官山坪大队时，省里给他们起了个名，叫作"中央、省、地、县低产田改造联合工作组"。

　　李纯忠研究员在35年后描述：

祁阳那地方好。一是土壤母质丰富，如紫色砂页岩、板页岩、石灰岩、花岗岩、第四纪红壤，各类型土壤母质齐全，非常适合试验的需要。二是有大面积的低产田"鸭屎泥"，是南方红壤中一种非常典型的低产田。三是地方领导重视农业，县农业局、农科所都有搞试验田的基础，可以配合我们工作；四是交通方便，坐火车到黎家坪下车，到官山坪点上不过二十多里[①]。

图5-1　湖南祁阳县官山坪大队现在保留的上、下老街土砖瓦房旧址（2014年，秦道珠摄）

---

① 李纯忠：中国农业科学院祁阳红壤实验站建站35周年座谈会发言。北京，1995年9月。

工作组到达祁阳后，受到中共祁阳县委、县人民政府的欢迎。时任县委副书记唐盛世亲自到黎家坪火车站迎接，官山坪大队党支部书记王伦相、大队长刘笃公和社员群众对于江朝余他们的到来，非常高兴。他们管江朝余这一拨人叫"中央工作组"。直到现在，官山坪村七十岁以上老人还习惯把祁阳实验站叫"中央工作组"。

"四同"住农家，调查鸭屎泥

工作组组建伊始，一无所有，条件很差，22人分别住在农民家里，实行"四同"，即与群众同吃、同住、同劳动、同商量。陈永安研究员对采集小组讲述了当年的情况：

> 当年，官山坪农民确实很穷，我们2—3人住一间不到20平方米的土坯房，房间摆一两张木板床，床上印花被子发黑，硬邦邦的，冰凉冰凉。木门窗裂了长长的缝隙，北风穿肠贯肚，冷得我们发颤。晚上一刮风，只听见屋上瓦片响。下雨时，屋里屋外雨水滴滴作响。房顶到处是"天窗"，晚上睡觉还可以看到月亮星星。在北京过冬的老棉被，到这里包在身上，一夜到天亮还是冰冷冰冷的。这里的农民从来不烧开水，口渴了，拿一个带柄的小竹筒（当地人叫"端"），到水缸里舀一筒冷水，咕嘟咕嘟就解决问题了。城里人哪见过这个呀！一开始好几个人都拉稀了。好在他们都带有一些常用药，过几天也就习惯了[①]。

这就是当年官山坪农村的真实写照。

江朝余是工作组组长，余太万是副组长，他们分别带队，先后走访了

[①] 陈永安访谈。北京，2016年11月。资料存于采集工程数据库。

50多个生产队，召开了140多次调查会，调查了解当地"鸭屎泥①"低产田低产原因，然后把调查范围逐步扩大到祁阳全县，以及祁东、衡阳、邵东等县。

鸭屎泥田是一种低产水稻田，在湘南石灰岩地区分布很广。据祁阳官山坪大队调查，鸭屎泥田占该大队稻田总面积的55.2%②。

这种田的地形部位较低，土质黏重，特别怕冬干，一旦冬干就会田面开坼龟裂成块，犁不碎、耙不烂，来年水稻必然发生"坐秋"。所谓"坐秋"，就是插秧后迟迟不能返青，稻根变黑腐烂，秧苗萎缩不分蘖，叶片出现褐色斑点，叶尖变黄，这种状况延续长达20—40天，5月份插秧，要到7月底、8月初立秋前，水稻才能返青、分蘖、孕穗、抽穗。"坐秋"造成的危害十分严重，一般减产30%—50%，有的亩产甚至只有几十斤。"坐秋"不但影响当年产量，而且还影响第二年、第三年，因此群众说"一年干冬，三年落空。"群众对防治"坐秋"的办法是大量蓄水，维持冬泡，但是，由于条件限制，如官山坪大队真正有水源保证冬泡的田不过10%，所以大面积鸭屎泥田还是经常干旱，"坐秋"的惨景严重存在。因此，防治鸭屎泥田"坐秋"是当地农业生产中需要解决的首要问题。

经过大量的调查和参加生产劳动的直接感受，工作组了解到水稻"坐秋"与环境条件、农业技术措施有密切关系③。

工作组根据农民的经验进行科学实验，证实了农民总结的办法都有减

图5-2　祁阳县官山坪大队土壤分布图
（中国农业科学院祁阳红壤实验站资料室提供）

---

① 刘更另：《什么是鸭屎泥》，1964年。资料存于采集工程数据库。
② 刘更另：《祁阳文富市官山坪大队耕作制度调查报告》，1964年。存地同①。
③ 同①。

轻水稻"坐秋"的作用，其中牛骨粉防治"坐秋"的效果特别突出。他们分析出，这是磷素的作用[①]。

试验多要素，磷肥显奇能

1961 年 5 月中旬，工作组这些从学校走向科研工作单位不久、从北京下到祁阳基点的年轻农学家们，根据群众经验，在鸭屎泥田进行点火土灰、追施硫酸铵、过磷酸钙、鸡鸭粪、石灰、石膏、硫黄、硼、锰、铜等 20 多种不同施肥处理的水稻试验。发现施用过磷酸钙的禾苗返青较快，不"坐秋"，获得了突出的增产效果。

刘更另在后来总结官山坪经验时称，"从施用磷肥防治水稻'坐秋'的经验中，我们才认识到水稻'坐秋'是由土壤缺磷引起的[②]。"当年的试验总结，每亩施用 40—50 斤过磷酸钙，可以增产稻谷 100—150 斤。

从 5 月开始，他们选择在官山坪大队板木塘生产队群众公认势必"坐秋"的 1 亩多冬干田，做了多个对比试验。施用过磷酸钙后，禾苗三四天就转青，长势好。于是，社员群众在 50 多亩稻田追施过磷酸钙。工作组与祁阳县农业局、农业技术推广站合作，开始在全县进行磷肥沾秧根和追肥的示范、推广。年轻的农学家们在生产第一线，调查、取样、分析、试验、示范、推广，尝到了科学研究的甜头。工作组走出科研院所，跨入农村基点，在近两年的实践中，开始懂得了如何进行鸭屎泥田"坐秋"与改良[③]。

[①] 江朝余，陈永安，李纯忠等：《湖南冬干鸭屎泥水稻"坐秋"的原因及其防治措施》，1965 年 1 月，第 5—6 页。资料存于采集工程数据库。

[②] 刘更另，江朝余：到生产中进行农业科学实验。《红旗》，1965 年第 13 期，第 30 页。

[③] 刘更另，江朝余：农业科学研究必须与生产实践相结合——官山坪蹲点的几点体会。《哲学研究》，1965 年第 2 期，第 5 页。

1962年5月初，在中国农业科学院土壤肥料研究所全所科研工作会议上，高惠民所长明确提出：要把湖南祁阳、河南新乡两个基点办成全国农村科研基点"样板"，并宣布所务会决定：河南新乡点归土壤室分管，具体由王守纯负责；湖南祁阳点由肥料室分管，具体由刘更另负责[①]。

在所务会宣布决定后的第7天，刘更另整理行李、告别家人向湖南祁阳出发了，开始了南方鸭屎泥田改良的深入研究工作。也从这一刻开始，刘更另把自己的事业起点放在了祁阳官山坪，他长期在官山坪农村基点做科研工作，一待就是28年。刘更另的女儿刘科沙2016年10月来的祁阳官山坪，亲眼看了父亲当年的卧室兼办公室、祁阳县人民政府在祁阳实验站建站35周年竖立的纪念碑、祁阳实验站科研成果展览室后，双眼充满泪水，怀着十分激动的心情告诉采访组：

> 我和弟弟的童年是在有父亲，却又没有父亲的岁月中度过的。今天，我才知道父亲为国家科研所作出的重大贡献和成就[②]。

"没有28年的坚持，就没有我今天的成就[③]！"2005年8月24日，在北京接受《中国青年报》记者李健采访时，这位年过77岁，满头白发的老人，用自己一生的实践和经验，非常自信地告诉年轻一代的科技工作者。

绿肥紫云英，泥融田又肥

"找到施用磷肥防治水稻'坐秋'的办法后，工作组在群众中树立了威信。有了磷肥，这里再也不怕鸭屎泥冬干水稻'坐秋'了；有了磷肥，

---

① 中国农业科学院土壤肥料研究所：《中国农业科学院土壤肥料研究所所志（1957—1996）》。内部资料，1996年，第83页。

② 刘科沙访谈，2016年10月，湖南祁阳。资料存于采集工程数据库。

③ 刘更另：基层实验站让我终身受益。见中国农业科学院红壤实验站，《大地赞歌》。长沙：湖南人民出版社，2010年，第118页。

再也不怕早春水冷、泥温低而早稻发育不良了；有了磷肥，在低垄冷浸田里也可以扩种双季稻了。磷肥是这里发展生产的关键，只要磷肥有保证，这里亩产就可以稳产 400—450 斤[①]。"刘更另当初是这样想的。

但是，如何探索出这些低产田磷素供应不足的原因，弄清楚土壤缺磷原因，才是解决"缺磷"的根本。因此，生产上出现的新问题要完全解决，难度还很大，给工作组的压力也很大。

刘更另认为改造这种低产土壤，要提高作物产量，就必须"摸清楚土壤中磷素活动变化规律[②]"，仍急需进行深入研究，否则土壤改良无从谈起。

刘更另反复思考：只有深入了解土壤中各种因素之间的关系，才能揭开土壤中磷素活动变化规律这个谜底，要搞清楚"磷素活化、泥团融化、生土熟化"三者之间的关系，才能认识"磷"的本质，解开鸭屎泥冬干"坐秋"之谜！

首先从土壤本身找问题，他将基点大量的土壤分析数据进行对比，终于查明，冬干鸭屎泥田有效磷奇缺是造成水稻"坐秋"的主要原因。那么，冬干鸭屎泥田为什么出现有效磷奇缺呢[③]？

经过反复试验发现：鸭屎泥在脱水过程中，土壤中大部分有效磷也随之被固结为无效磷。冬干鸭屎泥经耕耙后，形成很多粒径大小不同的泥团。这些泥团，外湿内干，很难泡烂。泥团粒径大小与有效磷被固结呈正相关关系，即泥团越大，土中有效磷越少。据测定，直径为 1—2 毫米的细土，有效磷为 27.7 毫克/千克，直径为 5 毫米的小泥团有效磷为 5.3 毫克/千克；直径为 10 毫米的中等泥团有效磷为 5 毫克/千克；直径为 10 毫米以上的大泥团，有效磷只有 3.5 毫克/千克。这种泥团对秧苗的坏处有两个方面，一是直接减少了土壤可溶性的养分，二是限制了植物根系伸展，相对减少了营养吸收面积[④]。

---

① 刘更另，江朝余：农业科学研究必须与生产实践相结合——官山坪蹲点的几点体会。《哲学研究》，1965 年第 2 期，第 10 页。

② 同①，第 5 页。

③ 同①，第 9 页。

④ 刘更另：在样板田上学习"矛盾论"。《耕作与肥料》，1965 年第 5 期，第 5-7 页。

施用磷肥固然对防治水稻"坐秋"有显著的效果，但要从根本上解决鸭屎泥田冬干水稻"坐秋"，还必须改良土壤，使"泥团溶化""磷素活化""生土熟化"。也就是说，要把"大粒泥团变小，使土壤速效磷提高"，这才是最终解决"坐秋"的办法。

通过调查、走访、模拟实验、总结分析，刘更另发现了土壤中磷素的变化与土壤温度、土壤水分和泡水时间有密切关系。即土壤中存在磷素有效化和无效化过程，即固结和反固结过程。泡水，提高泥温，施猪粪、压山青，多犁多耙，可以促进无效磷向有效磷转化，这就是反固结过程；土壤干燥，降低泥温，减少有机物，可以使有效磷向无效态转化，这就是固结过程。

根据土壤养分化学分析，鸭屎泥中磷素并不少，植物缺磷是因为土壤干燥过程中磷素被固结了，如果把土壤中的磷素活化出来，在生产上、科学上有重要意义。

据实验分析，农民蓄水冬泡就可以增加有效磷30%—50%；农民用多犁多耙的办法就可以缩短浸泡时间，加速磷肥活化；农民施猪粪、压山青的经验都能活化土壤磷素，防止磷素固结；用绿肥茎叶与难溶的磷肥共同沤制，可以提高有效磷含量1倍左右。由于这些经验的启发和实验结果，他们进一步认识了土壤中磷素运动变化的规律。为了找出适合当地自然条件和生产条件能改良鸭屎泥的措施，刘更另组织科技人员，研究了各种有机肥料和改土物质的作用，累计在祁阳、祁东两县的14个大队做了157次试验。结果证明，绿肥不仅能增加土壤有机质和养分，而且对降低泥团直径和活化土壤中的磷素有特别良好的效果[1]。根据田间测定，在4000立方厘米冬干鸭屎泥的土体中使用绿肥后，直径为1—4厘米的泥团只有870克，而对照则有2075克，冬干田比绿肥田中泥团多1205克。盆栽试验结果表明，绿肥加水泡沤以后，对磷酸三钙有明显的溶解作用。绿肥除本身含磷外，还提高了土壤溶解性磷。在绿肥腐解中与微生物共同作用，对磷

---

[1] 刘更另：绿肥应当提倡混播.《湖南科技报》，1975年9月18日。资料存于采集工程数据库。

素活化作用特别显著[①]。

对土壤内部磷素的变化有了规律性的认识后,再来研究农业技术措施就主动得多了。刘更另想到种植豆科绿肥紫云英[②],以促使土壤"磷素活化,泥团融化"。

官山坪过去没有种绿肥的习惯。当地也没有绿肥种子,刘更另向中国农业科学院土壤肥料研究所求援,从浙江调回了一批紫云英种子。

根据他们以往的研究,要种好绿肥紫云英,首先需要搞好开沟、排水、晒田,再要施磷肥和接种根瘤菌,这些措施使用得当,才能成功。祁阳官山坪要一切从头开始。

祁阳县原主管农业副县长、现已退休的调研员刘继善,是1960年第一批去官山坪基地的成员之一。2014年11月,他给采集小组讲述了当年的情况:

> 当年,我的工作第一件事是挖土壤剖面,第二件事是种绿肥(紫云英)。因为1960年前后连续几年大干旱,田都开裂了。我们边整地,边种草籽。那时挖坂田,没得(有)水,(锄头)挖不进,我们就挑水去淋湿泥土,湿透翻动再挖坑。当年种草籽是挖坑打洞点播,后来才改为撒播。先将紫云英种籽与根瘤菌拌种,然后播种,盖上火土灰再淋水,这样草籽(紫云英)才能发芽。第一年就这样种绿肥草籽,面积不大。我们几个人,9月底开始挖地,大概到10月份才播种完。那时整个官山坪村都没得(没有)水,连喝的水都没得[③]。

现已82岁、原官山坪大队老支部书记王凤元告诉采集小组:

> 第一年刚开始,(草子)种得比较少,板木塘生产队种了一些,荷

---

① 刘更另,江朝余,陈子英等:《微生物对鸭屎泥土壤磷素活化过程的影响》。1965年1月5日。资料存于采集工程数据库。

② 中国农业科学院土壤肥料研究所:《中国肥料》。上海:上海科学技术出版社,1994年,第19页。

③ 刘继善访谈,湖南祁阳,2014年11月。存地同①。

图 5-3　2014 年 11 月 29 日采集小组与祁阳县农业专家座谈会合影 [刘继善（左四）、吴巾栋（右四）、桂来球（左二）、黄承先（左三）、郭荣根（右三）、易耀环（右二）、秦道珠（左一）、高菊生（右一）。2014 年，刘立生摄]

叶塘生产队种了一些，上街生产队、蒋家院生产队，还有我这里（花屋院生产队）种了一些。我估计刚开始那年，官山坪大队总共不到 100 亩，但在刘更另的严格要求下，按照技术要求操作管理，第一年种草子就成功了，亩产 1000 多斤（鲜草）[①]。

第二年，鸭屎泥田种紫云英面积达到 200 亩，亩产最高鲜草产量达 2850 斤，比前一年提高近一倍。并且证明，黄夹泥田种苔子施用硫酸铵好；鸭屎泥田种紫云英，施过磷酸钙最合适。

在总结当年官山坪大队低产田改良经验时，刘更另深有体会，单靠磷肥不能解决这里养地的全部问题，特别对增加土壤有机质和氮素，改良土壤结构，提高土壤肥力很困难。研究证明，利用鸭屎泥冬闲田种植冬季绿肥，是生土熟化、磷素活化、全面提高土壤肥力的重要措施。根据 1960 年至 1962 年连续三年在官山坪大队种植绿肥的结果，证明绿肥在这里有多方面的作用。首先，绿肥中含有农作物所必需的氮、磷、钾等各种营养成

[①]　王凤元访谈，湖南祁阳，2014 年 11 月。资料存于采集工程数据库。

分，种植豆科绿肥一年，好的可以收到 5000 斤鲜草，一般收 1500—2000 斤。根据绿肥产量推算，一亩绿肥田可以固定的氮素，相当于 60—80 斤硫酸铵的肥效。群众反映种过两年的绿肥田，土壤由瘦变肥，泥色由黄变黑，土质由紧变松。这就是"生土熟化"的过程[①]。此外绿肥紫云英的茎叶（按干物重量计算）含粗蛋白 25.0%、脂肪 5%，是牲畜的好饲料，可以用来饲养牲畜。尤其在 3 月底 4 月初的绿肥刈割翻压时，正是农村青饲料青黄不接的时候，也是田间农活最紧张的时候，这样用绿肥（紫云英）喂牛、喂猪有特别重要的作用。

采用绿肥、磷肥相结合的办法，官山坪大队水稻总产量提高到 261700 斤，比 1957 年增加 68000 多斤，水稻单位面积产量从 1957 年的 417 斤提高到 564 斤，每亩增产 147 斤。粮食的增产，也促进畜牧业的发展，1962 年比 1960 年牲猪头数增加 3 倍[②]。

官山坪经验，增产又省肥

从 1960 年开始，官山坪大队引种了绿肥，1963 年冬，绿肥种植面积发展到 200 多亩，占稻田总面积的 43.5%，过去认为不能种绿肥的深脚鸭屎泥通过改良，种植绿肥也成功了，取得施用磷肥、种植绿肥双重效果。刘更另将这些经验总结为四条：

一是扩大了肥源。据 1963 年官山坪大队 169 丘绿肥田抽样测产统计，全大队绿肥的鲜草总产量共 45 万斤。按绿肥干草含氮量 0.45% 计算，由绿肥提供的总氮素为 2025 斤，相当于硫酸铵 10250 斤。这些氮素约可生产稻谷 84400 斤。

二是培肥了土壤，促进了耕作制度的改革，双季稻绿肥制，逐步代替

[①] 刘更另：绿肥对改良低产田防治水稻"坐秋"的作用及其增产措施.《土壤肥料》专刊，1965（5）：第 8-15 页。

[②] 刘更另：《官山坪大队生产情况统计》，1964 年。资料存于采集工程数据库。

了单季稻冬闲制。双季稻面积已占稻田的 60% 以上，绿肥占 43.5%。连种两年绿肥的田，土壤有机质增加 0.26%，土壤有效养分增加。

三是减少了冬泡田囟肥的面积，节省了劳动量。多出来的劳力，用在积肥和其他农活上，没有种绿肥的田，农家肥的用量也大大增加，单位面积产量明显提高。

四是改善了低垄田排灌系统。种植绿肥需要开沟排水，官山坪大队 190 多亩鸭屎泥田，因为几年扩种绿肥，排灌系统改善了，泥色也变好了。

图 5-4　1964 年刘更另（前）陪同地方领导考察官山坪基地绿肥翻压现场（中国农业科学院祁阳红壤实验站资料室提供）

1963 年，官山坪大队的绿肥从开始只在排灌条件好的田上种植，开始向低垄田发展。官山坪大队第 5 生产队有一丘典型的低垅鸭屎泥田，面积 4 亩多，历来只种一季迟稻，1962 年冬改种了绿肥，亩产（鲜草）达 2500 斤以上，1963 年改种了双季稻，全年稻谷亩产在 800 斤以上，比过去增产 1 倍左右[①]。

官山坪的经验，在祁阳、祁东两县示范推广。1964 年年底，仅祁阳全县推广使用磷肥、种植绿肥面积达 22 万余亩，8 万亩低产田得到改良，一般增产二三成以上，一些社队产量成倍增加。

---

① 刘更另：《官山坪大队生产情况统计》，1964 年。资料存于采集工程数据库。

各地来参观，报刊大宣传

从 1960 年到 1963 年，湖南祁阳官山坪基点冬干鸭屎泥田"坐秋"施用磷肥、种植绿肥取得成功后，当地老百姓习惯把它称为"官山坪经验"。刘更另将"官山坪经验"编制成顺口溜：冬干坐秋，坐秋施磷，磷肥治标，绿肥治本，以磷增氮，加速土壤熟化[①]。群众易懂、易记、易做。这首顺口溜至今仍然是官山坪农民的口头语，一讲到这首顺口溜就想起当年刘更另等科学家们带领群众改良鸭屎泥田的故事。同时，鸭屎泥改良也成为中国南方祁阳官山坪基点低产田改良的一张名片。

图 5-5 20 世纪 60 年代初，刘更另（中）带领中国农业科学院土壤肥料研究所的青年科技人员陈永安（左）、吴大伦（右）在祁阳官山坪基地蹲点合影
（刘更另家属提供）

施用磷肥和种好绿肥，不仅是防治改良冬干"坐秋"鸭屎泥的有效措施，同时也是改良黄夹泥、白夹泥等低产田的有效措施。官山坪大队运用这些措施，在生产上发挥了显著的作用，水稻产量不断上升，"平均亩产 1960 年 350 斤，1961 年 470 斤，1962 年 564 斤，1963 年在特大自然灾害的情况下，仍然获得了亩产 508 斤的好收成[②]。"

1963 年 4 月 27 日，新湖南报刊登了两篇报道、一篇社论。第一篇报道为官山坪大队"施过磷酸钙防止冬干田翻秋减产"[③]。文章指出：

---

① 刘更另：《湘南丘陵区稳产高产途径的典型分析》，1964 年。资料存于采集工程数据库。
② 刘更另：《湖南卫视采访录音整理稿》，2006 年 9 月。存地同①。
③ 《新湖南报》，1963 年 4 月 27 日。存地同①。

第五章　鸭屎泥田　低产改良

三年来，官山坪大队防治冬干翻秋田和改良低产田取得了显著的效果。这个大队424亩稻田中，27%的田地是黄夹泥，65%的田地是鸭屎泥，还有一些是冷浸田。常年翻秋、低产，粮食生产很不稳定。近三年来，由于逐步采取措施，治理冬干翻秋田和改造低产田，年年增产，去年亩产已达到564斤，比历史产量最高的1957年还增加36%。这个大队防治冬干翻秋田的主要经验：第一是在冬干翻秋田里施用磷肥，第二是发展绿肥。

在改良低产田方面，官山坪大队的经验证明：大力发展绿肥是从根本上改良低产田地土壤的一个好办法，同时又能增加氮肥，促进无效磷转化为有效磷，被植物吸收，并且可以使深脚鸭屎泥田泥层变浅，减少稻田杂草生长。播种绿肥，还可以节省积制凼肥的劳力。此外，改良低产田、冬浸田，还要注意做好排水工作；精耕细作，加强培育管理等。

第二篇报道题为"他们的路子走对了——访祁阳官山坪改良低产田联合工作组"[1]。文章总结称：

祁阳官山坪低产田联合工作组是以中国农业科学院土壤肥料研究所派到这里搞农村研究基点的同志为核心，省、专、县三级农业部门和农科所，以及文富市公社的农业技术干部组成的，现共有22人。这个联合工作组从1960年3月成立以来，对鸭屎泥、黄夹泥、冷浸田、冬干田等低产田的改良，进行了反复的试验研究，取得了显著的成果。

文章对工作组"施用磷肥，种植绿肥"取得的成绩给予高度肯定：

施用磷肥防止禾苗翻秋虽好，但工作组想到，这只是治标的办法，治本的方法还得提高土壤肥力，从根本上改造低产田。这时工作

---

[1] 《新湖南报》，1963年4月27日。资料存于采集工程数据库。

组又与社员商量，制定了全面提高土壤肥力以田养田的规划，他们参考了外地经验：凡是水稻高产的地方，重要的一种肥源是绿肥，可是这个鸭屎泥多的地方能不能种绿肥呢？当时工作组也没有绝对把握。但他们想到：绿肥可以生产大量氮肥，有利于促进土壤中的无效磷转化为有效磷被植物吸收，增加植物的营养，可以试试看，部分社员也主张试试看。而不少社员则不赞成，有的说："我们这里从来没有种过绿肥"。有的说："1956 年我们早已试种了，没得手，不在这里试了。"还有的说："草子在沙泥田里长得好，在鸭屎泥田、夹泥田种草子，好比瞎子打灯笼，白费蜡"。这时，工作组取得了大队党支部的支持，一面向群众解释原先种绿肥失败的原因，另一面组织队干部到祁阳白水参观学习试种绿肥的经验。这样，1960 年冬，就在全部夹泥田和部分鸭屎泥田里种上了紫云英和苕子，终于种好了绿肥，一般亩产鲜草在 2000 斤以上，夹泥田比鸭屎田的草子长得好。1961 年冬，工作组又重点试验在鸭屎泥田如何使绿肥高产。他们继续运用成功的技术措施，在绿肥田里施用过磷酸钙或硫酸铵。试验证明：鸭屎泥田种绿肥也可以高产。如秧田丘鸭屎泥田，1962 年收紫云英鲜草每亩达 5700 斤，比前一年提高将近一倍。而且还证明了：黄夹泥田种苕子施用硫酸铵，鸭屎田种紫云英施过磷酸钙最合适。

三年来，这个联合工作组在农村落户生根，与社员打成一片，帮助他

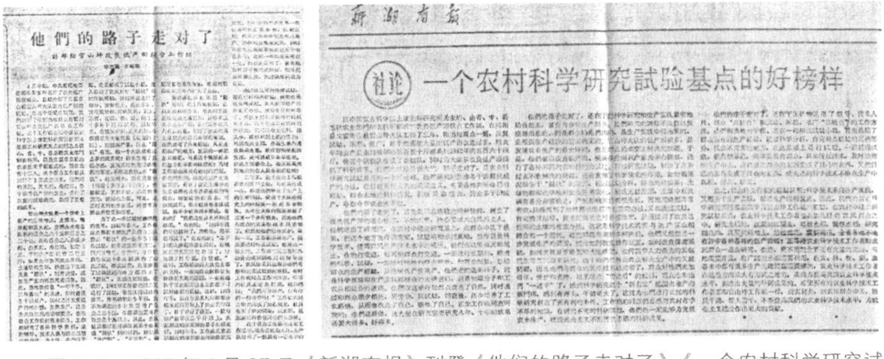
他們的路子走对了

新湖南報

社论 一个农村科学研究試验基点的好榜样

图 5-6　1963 年 4 月 27 日《新湖南报》刊登《他们的路子走对了》、《一个农村科学研究试验基点的好榜样》两篇文章（中国农业科学院祁阳红壤实验站资料室提供）

们解决了生产上的关键问题，使这个大队由历史上的缺粮队一跃成为余粮队，去年全大队向国家贡献了31000多斤粮食。

同时，工作组在科研方面也取得了非常可贵的成绩。他们写出了关于冷浸田、鸭屎泥田、黄夹泥田土壤的改良、磷肥的使用和绿肥的种植、耕作制度等24篇科学报告，其中18篇已在有关农业科学技术刊物上发表。

社论题为《一个农村科学研究试验基点的好榜样》[①]。文章首先肯定："他们的成绩是很大的，路子走对了，是农业科学试验基地的一个好榜样。"他们研究的防治冬干田翻秋减产的办法，在目前更有重大现实意义。并向全省发出号召："希望各地参照他们的经验，结合本地的具体情况，积极采取措施，防治冬干田减产，夺取今年农业大丰收。"

7月23日，《人民日报》在头版头条，发表题为"一条农业科学试验的正确道路"的社论[②]。社论指出：

> 在发展农业生产和建设现代化农业的伟大斗争中，我国的农业科技工作者肩负着一个伟大的任务，这就是从我国农业的具体情况出发，切切实实地加强科学试验工作，用越来越多的科学实验成果来加速农业技术改革，发展农业生产。中国农业科学院土壤肥料研究所的同志们，在这方面做出了良好的成绩。

1963年11月17日，中共中央中南局第一书记陶铸、国家科委第一副主任韩光、中共湖南省委第一书记张平化、书记王延春、中南局第二书记王任重，在衡阳地委书记荣成和、副书记杨文正、秘书长徐杰、祁东县委书记唐盛世、祁阳县委书记李建春等一行20余人的陪同下，到官山坪基地视察，看望工作在生产第一线的科技工作者。在官山坪基地，他首先代表祁阳县人民，感谢官山坪工作组的科技人员，为解决水稻低产田的问题立了大功。接着，陶铸主持召开座谈会，当他了解到官山坪基地科技人员

[①] 《新湖南报》社论，1963年4月27日。资料存于采集工程数据库。
[②] 《人民日报》社论，1963年7月23日。存地同[①]。

图 5-7　1963 年 7 月 23 日《人民日报》刊登社论《一条农业科学实验的正确道路》（中国农业科学院祁阳红壤实验站资料室提供）

在工作、生活上的困难时，便勉励科技人员克服困难，继续努力，并表示对官山坪科技人员要给予最大可能的关心。

祁阳工作站，选址官山坪

1964 年 4 月，"联合工作组"被撤销了。官山坪基点变成常设机构，正式命名为中国农业科学院祁阳科学工作站（简称"祁阳工作站"）。

12 月，农业部代部长江一真在中国农业科学院接见祁阳站基点同志并召开座谈会。江朝余、李纯忠、陈永安、杜芳林 4 人被评为中国农业科学院先进工作者。

从 1960 年 3 月，中国农业科学院土壤肥料所的 7 人工作组来湖南祁阳官山坪蹲点，与省地县组成 22 人低产田联合工作组开始，一批又一批年

第五章　鸭屎泥田　低产改良

轻科技工作者，满腔热血从北京来到官山坪基地，继续深入开展研究低产田改良的新问题。

1964年4月，中国农业科学院土壤肥料研究所在祁阳官山坪建立了"祁阳科学工作站"，又因该站科技工作者来自"北京"，因而又名"中央工作站"。刘更另任站长，江朝余任副站长。

中国农业科学院祁阳科学工作站正式命名后，祁阳县委高度重视，要求文富市公社与官山坪大队尽快协商选址，经各方协调后，选定官山坪下街的一处空坪，即邻近湘桂铁路线约80米的地方，征用空闲地1.2亩。1964年年底，两排泥土砖瓦房，共8间约120余平方米，在官山坪老百姓的支持下完工。他们挑选其中2间作为简易化验室，其余6间作为宿舍或接待室用。这就是刘更另、江朝余带领这批北京来官山坪基地的年轻科技工作者，第一次建起属于他们自己的"窝"——祁阳科学工作站，结束了科技人员长年累月分散住在农民家里的"四同"生活历史。

图 5-8　1964年建设的中国农业科学院祁阳科学工作站旧址（2016年，刘立生摄）

35年后的1995年6月，中国农业科学院与中共祁阳县委、祁阳县人民政府决定，在官山坪基地举行建站35周年庆典，纪念建站35周年。江朝余、余太万、孟昭鹏等中国农业科学院领导专家和湖南省、衡阳市、零陵地区、祁阳县等地方党政领导专家40余人，应邀回祁阳官山坪参加庆祝会，一对在官山坪大队结婚的老科学家魏由庆、严慧俊夫妇特别引人关注。他们回到阔别35年的故地感慨万千，一家一户地看望当年一起生活的老朋友，重温当年与官山坪百姓一起工作生活的日日夜夜。江朝余、余太万等领导专家还与前来参加会议的代表一起，来到官山坪大队上街——祁阳科学工作站旧址参观，回忆当年的往事，江朝余感慨地说："1965年5月，中共湖南省委在祁阳官山坪召开低产田改良现场会，省委书记李瑞山主持会议，衡阳、零陵、邵阳、湘潭专区和祁阳县领导等120多人参加。会议地点在黎家坪区公所会堂，李瑞山书记和其他的省委领导同志就住在这两排土坯房内[①]。"

官山坪经验，要全面推广

零陵（今永州），地处湘南，全市总土地面积3364.25万亩，占湖南省总面积的10.5%，位居全省第二。其中耕地面积503万亩，水稻（包括早、晚稻双季）种植面积640万亩，中低产田占38.6%，增产潜力巨大，俗有"南洞庭"之称。因此，改良中低产田成为重中之重。

1964年5月，刘更另应邀在零陵专区改良低产田技术会议上作专题报告，为当地干部群众传授"官山坪经验[②]"。在会议的前一天，刘更另组织会议代表，首先参观了祁阳县官山坪、零陵县接履桥两个试验基点。

[①] 江朝余：中国农业科学院祁阳红壤实验站建站35周年座谈会发言。湖南祁阳，1996年。
[②] 刘更另：《我对低产田改良和研究方法的认识》，1964年3月。资料存于采集工程数据库。

官山坪老农邹石生给采集小组讲述了刘更另的故事。

"能做、会写、善讲"是刘更另最大的特点。他善于做农村调查研究，善于总结农民群众的经验，善于用简单的比喻讲解深奥的科学技术道理，让老百姓一听就懂。他语言幽默，深入浅出，善用农民群众的语言来说明低产田低产原因和改良的科学道理。平时在与老百姓的交流中，他经常用农民熟悉的农谚，比喻低产田改良的经验，吸引广大听众的注意力。因此，老百姓对他印象深刻，听了他讲课，懂得了许多科学种田技术，脑子里留下深刻的记忆[①]！

以下是刘更另在这次会议上传授"官山坪经验"的发言摘要：

零陵地区低产田面积大，但并不可怕。低产田问题不仅仅是零陵地区的问题，而是全国农业生产中的一个大问题。因此，低产田改良问题，实际上关系到亿万人民的生活问题，也是有关我国社会主义农业建设中的根本问题。这是因为当年低产田面积大、产量低，农民群众吃饭的问题一直没有得到解决。因此，把低产田改良与亿万人民的生活问题联系起来，大家就会明白"低产田不仅仅是零陵专区的问题，它是国家粮食生产中的根本问题。"

根据不完全统计，全国各式各样的低产田，包括盐碱土、风沙土、冷浸田，以及其他低产水稻田，大约占30%。在湖南，低产水稻田大概占1/3，有些地方这种低产水稻田甚至占到40%到50%。比如零陵县接履桥公社唐家生产队，亩产300斤以下的低产田占水田总面积58.2%，低产田这么大的面积、这么大的比重，很自然地会在国民经济生活中产生重大影响。因此，党和政府对低产田的改良非常重视，这次会议的召开也充分说明了这一点[②]。

[①] 邹石生访谈，湖南祁阳，2014年11月。资料存于采集工程数据库。
[②] 刘更另：《我对低产田改良和研究方法的认识》。1964年3月，第4页。存地同①。

低产田问题很复杂。一方面，低产田与自然条件，社会经济条件，生产条件有密切关系，因此低产田的改良问题，要根据经济条件、生产条件全面考虑安排。另一方面，低产田问题可以说是一个产量限制因子问题，只要设法把限制因子打破，那么产量就会大幅度增加。我们研究改良低产田的时候，不能满足于一般的措施。如增施有机肥料、实行精耕细作等，而要细心观察，精心研究，抓住主要矛盾，设法打破低产的限制因子。否则收不到"事半功倍"的结果。

"在改良低产田方面，科学技术的支援是解决问题的关键[①]"。具体地讲就是根据生产上的要求，在党的领导下，经过科学实验，把群众改良低产田的老经验和现代科学的新技术结合起来，找到改良低产田的办法。

群众对改良低产田有丰富的经验！在任何一个地区、任何一个低产区都有许多经过人为措施培育起来的高产土壤。这些高产田、这些高产土壤，在自然条件上与当地的低产田、低产土壤常常都是一致的，有些甚至原来就是低产田、低产土壤，现在已经改好了。群众在生产实践中，在认识、改造这些低产田中，积累了许多经验。

官山坪低产田改良工作组，同群众一道经过科学实验，成功地改良了低产田。通过施用磷肥来防止水稻"坐秋"，种好绿肥以培肥土壤增加水稻有机肥源，"这两项措施是成功的，官山坪大队以及其他地方依靠它增了产[②]"。以官山坪为例，水稻亩产1957年417斤，1960年381斤，1961年472斤，1962年增加到了564斤。

"磷肥在防止水稻'坐秋'起了巨大作用，而且对改变这个地区的耕作制度方面提供了先决条件。在肯定了磷肥巨大作用的同时，还应当对施

---

① 刘更另：《我对低产田改良和研究方法的认识》，1964年3月，第8页，第10页。资料存于采集工程数据库。

② 同①，第13页。

用磷肥进行多方面的研究，使它发挥最大的效果[①]。"

官山坪经验之一：合理分配磷肥、经济使用磷肥是一个重要问题。官山坪经验"在减少磷肥使用量方面，除了宣传合理用量以外，提倡秧田施磷，磷肥与卤肥混合沤制，磷肥与火土灰混合点蔸，磷肥与有机肥混合使用，扩大磷肥品种，采用沾秧根的办法或提倡早期追肥，都是经济使用磷肥的好办法[②]"。

官山坪经验之二：通过施用磷肥、种好绿肥，或者结合使用一些有机肥。官山坪大队这几年虽然使用了许多磷肥，但是他们从未放松积攒有机肥和发展绿肥，因此官山坪的土壤肥力是逐步上升的。磷肥为绿肥的发展提供了条件，因此1961年至1963年，官山坪大队的绿肥面积扩大了。双季稻的面积也扩大了。耕作制度也起了变化，过去是一年一熟的中稻区，现在是双季稻绿肥区了。

官山坪经验之三：增施晚稻基肥，提高晚稻产量。"我们研究了增施晚稻基肥，提高晚稻产量的办法，事实证明，只要做好人畜粪尿的积攒、保存和合理分配，结合山青、石灰等杂肥，就能保证晚稻的基肥，从而获得较高的产量。官山坪大队第五生产队这样做了，今年每亩晚稻产量在300斤以上，比去年提高一二成"。

总结官山坪经验，"成功使用磷肥和引种绿肥，建立以卤肥、磷肥、绿肥相结合的施肥养地制度，合理提高水稻复种指数，低产田改良了，土壤慢慢培肥了，水稻产量大大提高了[③]。"

官山坪经验告诉大家：脱离生产实际，单纯按照自然土壤分布规律，忽视生产条件对土壤的影响，不能说明土壤与肥料之间的关系；单纯在实验室里做实验得到的结果，需要在生产条件下验证，才能多快好省地发挥作用。

事实证明：只有从生产实际情况出发，才可以使我们更好地了解生

---

① 刘更另：《我对低产田改良和研究方法的认识》，1964年3月，第13页。资料存于采集工程数据库。

② 同①，第15页。

③ 同①，第21页。

产、推动生产,避免片面性的缺点。《新湖南报》为此发表社论,肯定了官山坪经验:"这样的研究方法是对的""他们的路子走对了"。《人民日报》把这样的研究方法肯定为"是农业科学研究的一条正确道路"。

刘更另用先参观现场、后介绍经验的方式,让参加会议的代表吃了定心丸,很快"官山坪经验"在零陵地区全面推广使用,实现了产量翻番。从此,这项研究成果成为零陵地区低产田改良的主要措施,一直延续至今。

当时,湖南全省掀起种绿肥的热潮,在全省推广官山坪经验,全省的绿肥面积由原来的800万亩,发展到2700万亩,绿肥产量由原来亩产1000多斤(鲜草),提高到亩产4000—5000斤(鲜草),种一亩绿肥可以管两亩地用肥。解决了肥料不足的问题,全省双季稻面积迅速扩大,粮食产量大幅度提高。

1964年,仅祁阳县推广绿肥17万亩,增产30%—50%,湖南省推广绿肥400多万亩,据湘南、湘中6个专区不完全统计,约增产稻谷3.6亿斤[1]。这一年祁阳官山坪《冬干鸭屎泥水稻"坐秋"及低产田改良的研究》的"官山坪经验",获得了国家科委授予的重大科技成果奖[2]。

后来,余太万把"官山坪经验"带到了越南,同样效果很好。"那时,正是抗美援越的时候,湖南对口支持越南的和平省,当时湖南的粮食很紧,越南的粮食也很紧,部队吃两餐饭,背起枪走路都没有劲。我们国家一方面支持越南很多粮食,另一方面派专家到越南帮他们发展粮食生产。我从祁阳官山坪被抽调到越南。主要任务:用两年时间,把粮食产量突破到越南'跨纲要'指标。就是每公顷产量5吨粮食,折算为一亩田667斤,必须要完成这个任务[3]。"

到越南后按中国"官山坪经验":冬天施用磷肥,种植绿肥,第二年绿肥产量平均每亩都是两三千斤。越南是种冬稻,春节之前就把秧苗插下

---

[1] 中国农业科学院祁阳红壤改良实验站:《湘南红壤稻田高产稳产的综合研究》,1982年11月。

[2] 中国农业科学院土壤肥料研究所:《中国农业科学院土壤肥料研究所所志(1964-1996)》。内部资料,1996年,第107页。

[3] 余太万访谈,湖南长沙,2015年1月。资料存于采集工程数据库。

去了。我们把它换成早稻，用广东的品种珍珠矮，第一年使农业生产产量超过 5 吨，两年的任务一年完成了，即 1965 年 4 月去，1966 年完成了任务。1967 年根据越南方面要求，建立农业合作社，平均每公顷 5.6 吨产量，最高达到每公顷 7.5 吨。荣获"胡志明劳动三级勋章"、周恩来总理颁发的"友谊勋章"。

单季改双季，产量翻一番

"单季改双季，产量翻一番"，这是刘更另的科研团队在官山坪基地继研究成功防治鸭屎泥冬干水稻"坐秋"后获得的第二项主要研究成果。

1960 年以后，采用施用磷肥和种好绿肥的措施为发展双季稻创造了良好的土壤条件。特别是种植绿肥，改良土壤物理性质和促使泥团分散和磷素活化取得了明显效果。1964 年，全大队双季稻面积发展到占稻田总面积的 60.1%，粮食总产量不断上升。第 5 生产队双季稻田的面积占总面积的 82.7%，1964 年比 1961 年总产量增产一倍，成为官山坪大队第一个过 800 斤产量关的生产队。

官山坪大队第五生产队双季稻发展情况

年份	双季稻面积（亩）	双季稻面积占稻田面积的百分数（%）	双季稻单产（斤/亩）	稻谷总产（斤）	双季稻产量占稻谷总产量的百分数（%）
1961	24.90	31.5	613.7	31477	48.5
1962	40.90	51.8	688.0	43439	64.7
1963	54.50	69.0	674.4	49011	74.6
1964	66.14	82.7	856.1	62737	90.2

通过磷肥、绿肥和发展双季稻，官山坪的生产面貌有了明显的变化，低产田变成了高产田，缺粮队变成了余粮队，但是生产上又出现了新问题：一高一低，即早稻产量高，晚稻产量低，由于晚稻产量低，影响粮食总产量的提高，显示不出双季稻的巨大优越性。

从 1962 年起，刘更另就开始研究提高晚稻产量的措施。调查的结果表明，晚稻产量不高的主要原因是不施肥、品种差、插得迟、管得少。

为了解决晚稻的基肥问题，他开展了有机肥料的研究。经过调查，这里晚稻的肥料是完全可以解决的。从 4 月 20 日栽插早稻开始到 7 月 20 日，三个月所能积攒的人粪尿、沟泥和草皮，就是一笔大肥源。如何把它管好用好，对当地生产有重要作用。

1963 年，他们在官山坪大队，进行了夏季积肥、保肥和晚稻基肥试验，收到了良好效果。根据官山坪大队第五生产队 16 亩晚稻试验结果：由于增施基肥，晚稻产量由 200 多斤提高到 350 斤。

根据 1963 年夏季积肥、晚稻增产的经验，1964 年在文富市公社党委的领导下，从 5 月 1 日开始准备，在夏季掀起了积肥运动。刘更另等通过对文富市公社南河岭、书林寺、和平、清太、上升、官山坪等大队的调查，了解到 70% 以上的晚稻田每亩增施了沟泥、草皮、猪粪、牛粪共 25—35 担，为 1964 年晚稻获得大面积丰收提供了物质保证。

7 月初，通过对许多晚稻丰产典型经验的调查，总结了六项晚稻增产措施，并提出了"晚稻赶早稻、超早稻"的口号。

这一年，文富市公社全体社员在公社党委领导下，经过一个阶段紧张的努力，全公社晚稻平均单产达到 600 斤，官山坪大队的产量达到 680 斤，南河岭、和平等大队及其他许多生产队晚稻单产 500—550 斤，超过历史最高单产水平 100 多斤[①]。

通过大面积的晚稻试验，在科学上总结了晚稻丰产的技术，明确了晚稻增产的巨大潜力，为当地找出一条大幅度增产的途径，同时还找到了正确利用改良低垄鸭屎泥、冷浸鸭屎泥的途径，即在使用磷肥、播种绿肥

---

① 刘更另：《湘南丘陵区稳产高产途径的典型分析》，1964 年 11 月。资料存于采集工程数据库。

的基础上，大力扩展双季稻，并力争晚稻超早稻。据统计，官山坪 190 多亩鸭屎泥，其中有 142 亩水稻单产 600 斤以上，30 亩 800 斤以上，22 亩 1000 斤以上。第五生产队有一丘深脚鸭屎泥田名叫"凹亩大丘"，1962 年种迟稻，亩产 400 斤；1963 年施用磷肥搞丰产，亩产 640 斤；后来种绿肥，1964 年种双季稻，两季亩产共收 895.6 斤。第四生产队一丘冷浸鸭屎泥，名叫"水井丘"，过去每年平均亩产 350 斤，1964 年施用磷肥改种双季稻，平均亩产 750 斤。因此，官山坪的社员说："这里的鸭屎泥田，已经不是低产田了，而是发展双季稻的好田了[①]。"

不仅如此，甚至有冷浸水的鸭屎泥田，只要采取有效措施，也能扩种双季稻，获得良好的收成。如官山坪大队第四生产队面积 1.05 亩的"水井丘"，是官山坪最差的田，往年种迟稻亩产只有 350—400 斤，改种双季稻后，在比其他田晚播 10 多天的情况下，早稻亩产 354 斤，晚稻亩产 400 斤，总产量比过去高出 1 倍。

"在官山坪由于使用磷肥，引种绿肥，鸭屎泥已经变了，它不是低产土壤，而且晚稻也能高产，这也发挥了湘南地区发展双季稻的增产潜力，它在湘南地区农业建设中将作出巨大的贡献[②]。"

祁阳二十年，晚稻超早稻

官山坪的实践证明，发展双季稻绿肥制，提高晚稻产量成为全年粮食增产的关键。

"官山坪大队的双季稻绿肥制逐步代替了单季稻冬浸制，水稻成倍增产，这是不争的事实。但晚稻超早稻成为全年增产的关键，这项技术措施能否在当地全面推广呢？"刘更另再次遇到了难题。

[①] 刘更另：《农村基点的研究工作必须为大面积生产服务》，1964 年 12 月 31 日。资料存于采集工程数据库。

[②] 刘更另，陈福兴：《湘南丘陵区稳产高产途径的典型分析》，1964 年 11 月。存地同①。

经过反复的科学论证，查阅历年的气象资料，总结官山坪成功的经验，分析祁阳县历年早晚稻产量存在差异的各种原因等，刘更另终于从祁阳县气候周年变化的规律中找到了答案。

1964年7月18日，刘更另代表湖南祁阳低产田改良联合工作组起草，给中共祁阳县委《关于开展晚稻赶早稻，晚稻超早稻的报告》[①]。

在《报告》中，刘更另以当地的光、气、热等自然资源为科学依据，为"晚稻超早稻的种植模式能否全面推广"作出了肯定的回答。"晚稻超早稻是合乎自然规律的。"为了说清楚晚稻超早稻的科学根据，刘更另从农作物生产的基本原理谈起，做了深入浅出的阐述，并从植物的光合作用与能量的转化原理，提出了自己独特的理念。

祁阳乃至湖南全省晚稻整个生育期间，光照条件好，光合作用旺盛，空气湿度低，吸收养分的能力大，肥料利用率高。前期气温高，有利于营养生长，发蔸长苗快。到了8月底，气温稳定在23—29℃，有利于幼穗分化。9月中，晚稻抽穗扬花后，天气凉爽，昼夜温差大，呼吸消耗少，生物量积累多，最宜于晚稻灌浆壮籽，提高籽粒的重量和品质。

这些都说明，全省晚稻生产具有比早稻更优越的自然条件，有比早稻更大的增产潜力。晚稻超早稻是完全可能的，合乎自然法则的。目前许多地方晚稻产量不高的根本原因，不是自然条件不好，而是人为措施没有跟上，没有充分发挥自然条件的作用。

在报告中，刘更另提出争取晚稻丰收的三项关键措施：

第一，下足基肥，每亩有机肥40担以上，并要求沤好，及时运往田间。

第二，抓紧季节早插，做到边收边犁边插秧，大面积要在8月1日前插完。

第三，适当大蔸、密植，依靠主穗增产。

与此同时，工作组以官山坪大队、文富市公社为试点，开展了一个以夏季积肥为中心的晚稻赶早稻、超早稻的增产运动，由于当时物质条

---

① 秦道珠：《红壤丰碑之半个世纪的春秋：中国农业科学院祁阳红壤实验站站志（1960—2010）》. 长沙：湖南人民出版社，2010年，第205页。

件和技术不成熟，在大面积上没有取得明显效果。但是，官山坪大队第五队的晚稻获得高产，例如平均亩产1961年只有227斤，1962年264斤。1963年在特大干旱的情况下，官山坪大队第五生产队和南河岭大队的晚稻平均亩产在330斤以上，个别田丘超过了500斤。由此可见，晚稻生产有很大潜力。

刘更另《关于开展晚稻赶早稻、晚稻超早稻的报告》，恰似一场"及时雨"，引起县委、县政府的高度重视。

1964年7月20日，中共祁阳县委祁发〔64〕091号文件①，批转官山坪低产田改良联合工作组"关于开展晚稻赶早稻、晚稻超早稻的报告"。并在全县掀起了"晚稻赶早稻、晚稻超早稻"群众增产运动。文富市公社接受了官山坪工作组的建议，在6400亩晚稻上搞丰产样板，并在不同土壤上广泛布置了丰产试验。

中共祁阳县委文件

祁发〔64〕091号

中共祁阳县委批转官山坪低产田改良联合工作组
"关于开展晚稻赶早稻、晚稻超早稻的报告"

各区、社党委，农、林场党支部：

　　县委认为这个报告很好，特批转你们，结合各地具体情况，研究贯彻，积极扩大晚稻面积，同时也要提高单位面积产量。从过去几年的经验证明，如果抓晚稻生产像抓头季稻一样，搞好精耕细作，下足底肥，达到满足晚稻禾苗生长需要，抓季节一步不让，立秋前基本插完，立秋后四至五天彻底扫尾。认真贯彻八字宪法，适当大蔸、密植，依靠主穗增产，充分利用土地潜力，才能达到高产的要求。各级党委和每一个农村干部，要亲自与生产队民兵、青年、妇女以及各个部门搞晚稻高产试验丘，作出样板，树立标兵。并将插秧以后的田间

---

① 秦道珠：《红壤丰碑之半个世纪的春秋：中国农业科学院祁阳红壤实验站站志（1960—2010）》．长沙：湖南人民出版社，2010年，第204页。

管理工作跟上来，力争晚稻赶早稻，晚稻超早稻，在全县范围内实现大面积增产是完全可能的。

中共祁阳县委
一九六四年七月二十日

从1964年开始，祁阳县委、县政府在全县首先推广优良矮秆良种"矮脚南特""珍珠矮""农垦58"等。1965年，全县在学习官山坪基地"冬干'坐秋'施磷，磷肥治标，绿肥治本，开沟排水"经验的基础上，改良冷浸田、白夹泥等低产田10万亩，晚稻采取"下足基肥，实时早插，合理密植"等严格措施管理，全县晚稻平均每亩增产一两成。1965年秋，肖家村区百里公社粮食亩产达865斤，但晚稻生产发展不平衡，晚稻产量低仍然是影响全年粮食增产的主要障碍。"我们这一群青年，深入湖南祁阳农村，从1960年施用化学磷肥、防治水稻'坐秋'算起，到'双季稻绿肥'农作制形成，到1998年晚稻产量超过早稻，前后经过了20年的时间[1]。" 48年后，刘更另在《红壤农业发展报告》中对此进行了总结，以此为南方红壤地区农业发展提供经验。

衡阳十六年，晚稻超早稻

衡阳市位于湖南省中南部，从1964年起，衡阳地区大力推广官山坪基点施磷肥、种植绿肥、单季改双季的研究成果，双季稻面积迅速扩大，单产明显提高。到1974年，衡阳地区普及了双季稻占稻田面积78%，普及了草籽绿肥，普及了氮磷化肥，普及了矮秆良种及密植栽培，发展巩固了双季稻绿肥制度，粮食总产比1963年增加21亿斤，相当于1963年的1.5倍。从1964年到1974年的10年间，衡阳地区早稻单产提高了230斤，达

---

[1] 刘更另：《红壤地区农业发展报告》，2008年9月，第6页，资料存于采集工程数据库。

到 568 斤；而晚稻单产只提高了 84 斤，仅达 287 斤，还是早稻高产，晚稻低产，两者相差近 1 倍。

1976 年，刘更另根据当时生产条件，再次提出晚稻超早稻，向衡阳地委写了《力争晚稻超早稻》[①]的建议。在建议中提出争取做到"三早"，即早插、早管、早追肥，是夺取晚稻高产的关键。插秧要求早、管理要求早、追肥要求早，以充分利用七、八月的光热条件，促使禾苗发蔸分蘖，壮苗壮秆。在施肥问题上提倡早施深施，以充分发挥肥料效果，延长肥劲。在管理上特别强调中耕质量，第一次中耕要早、细，做到田平泥活，土肥相融。同时还要精心防治病虫害，以减少损失。衡阳地委当即转发了建议，并采取有力措施，在全区掀起了"晚稻超早稻"的群众运动。

中共衡阳地委文件

衡发〔1976〕36 号

转发官山坪科学工作站关于《力争晚稻超早稻》的建议

各县、市委：

官山坪工作站对今年晚稻超早稻形势分析得很好，使人看了受启发，所提晚稻超早稻的措施也是可行的。现转发你们，请结合你们那里的经验，参照执行。

当前，要继续大讲晚稻超早稻的有利条件，大造晚稻超早稻的舆论，提高赶超的信心和决心，解决好晚稻超早稻的认识，要抓紧各项增产措施的落实，特别要注意三早：早播、早管、早追肥。

中共衡阳地委（盖章）
一九七六年七月二十日

从 1975 年到 1980 年，衡阳全区 351 万亩晚稻单产由 287 斤提高到 584 斤，平均每年增产 18.8%；总产由 9.8 亿斤上升到 21.6 亿斤，增产 1 倍

[①] 秦道珠：《红壤丰碑之半个世纪的春秋：中国农业科学院祁阳红壤实验站站志（1960—2010）》。长沙：湖南人民出版社，2010 年，第 210 页。

以上。尤其是 1980 年，全区晚稻面积减少 35 万亩的情况下，而晚稻总产仍比上年增加了 5000 多万斤。

"衡阳地区普及双季稻整整花了 10 年时间（从 1963 年到 1973 年），从晚稻超早稻的设想提出，到大面积实现这个目标，整整花了 16 年时间（从 1964 年到 1980 年）。农业生产发展潜力很大，如何发挥这个潜力，需要农业科学工作者和有关人士从技术上、从种植制度上长期不懈地努力[1]。"

水稻不壮籽，发现缺钾症

双季稻发展后，水稻出现了新问题：空壳率高，病虫害严重，特别是真菌性的胡麻斑病、赤枯病很严重。试验田碰到许多都是"喜死人的禾，气死人的谷"现象。群众也说"前期见苗干着急，中期见苗笑嘻嘻，收起谷来一肚子气"，刘更另意识到"这在一定程度上反映了双季稻－绿肥制养分供应不协调的缺陷[2]。"

从植物营养角度来看，单靠紫云英还是不能满足大幅度增产的需要。首先，紫云英养分不平衡，氮多而磷钾少，每亩 6000 斤（鲜草）的紫云英含有 1200 斤稻谷所需的氮素，可是由于养分不平衡，往往每亩只能收 600 斤稻谷。其次，紫云英供应养分不协调。5 月上旬水稻分蘖需要大量养分，可是当时泥温低，紫云英分解慢，满足不了水稻分蘖猛长的要求，所以当时紫云英田的禾苗还不如冬水田来得快。可是到了 5 月底 6 月初正是水稻幼穗形成和颖花分化时期，即由"长苗"向"结谷"的转化时期，这时气温高，紫云英分解快，供氮多，禾苗猛长，无效分蘖大量发生，植株荫蔽，病虫害严重，瘪谷空壳多。

长期以来，人们形成了"我国土壤只缺氮，不缺钾"概念，但双季稻

---

[1] 刘更另：论科学的耕作制度——湖南衡阳地区双季稻发展过程的分析.《土壤肥料》，1981（1）：第 1–4 页。

[2] 刘更另：《钾肥试验总结》，1979 年 11 月。资料存于采集工程数据库。

空壳率高和生理性病害表现却与缺钾现象一致。双季稻绿肥制度发展以后,在绿肥田里种水稻,养分不协调和氮磷钾养分不平衡的问题突出,"施用钾肥是非常必要的①。"在双季稻绿肥肥分平衡和协调方面,应该特别重视钾的问题。刘更另决心对此进行试验。

1973—1974 年他们在官山坪做了 78 个钾肥试验,有 64% 的试验增产在 5% 以上(其中增产 5%—10% 的占试验数的 27%,增产 10%—20% 的占试验数 32%,增产 20% 以上的占试验数 5%)。试验还证明,在多年绿肥田里每亩施用氯化钾 12 斤,可提高水稻每穗实粒数 4—9 个,减少空壳率 6%—10%,增加千粒重 0.6—0.8 克,每亩增产稻谷 80 斤左右。试验还表明,钾肥还有增强水稻抵抗某些真菌病害(胡麻叶斑病、赤枯病等)的作用。

根据试验结果,刘更另从双季稻的绿肥制度、钾肥问题、结谷问题、病虫害问题,总结出肥料平衡和协调的关系,指出"双季稻绿肥田钾肥肥效显著的主要原因有三点②"。第一,随着复种指数和产量的提高,氮磷化肥用量不断增加,从 1969 年到 1973 年,衡阳地区每亩平均氮磷化肥用量由 37 斤增加至 85.5 斤,而钾肥则几乎没有施用,因而引起土壤钾素不足,导致氮、磷、钾严重失调;第二,稻草还田减少,据分析水稻籽粒含氧化钾 0.3%,稻草含氧化钾 2.5%,亩产 1200 斤双季稻,需从土壤中吸收氧化钾 20.5 斤,双季稻绿肥田的水稻主要以绿肥作基肥,稻草中的钾绝大部分随沤肥转移到冬泡田或油菜田去了;第三,绿肥腐解过程中产生许多有机酸,将土壤矿物元素溶解,经淋洗、下移,钾素也随之流失,他们分析了不同田块的土壤剖面,多年绿肥田钾素含量反而表层高,而冬泡田则全剖面钾素含量变化不大。

根据以上研究结果,刘更另于 1975 年分别向湖南省、衡阳地区有关领导部门写了《发展钾肥生产,搞好氮磷钾平衡》的建议,提出适当增加稻-稻-油种植比例,加深耕作层提高土壤肥力,积极发展和推广钾肥,

---

① 刘更另:《建设大队氮磷钾有机肥试验》,1965 年 5 月 7 日。资料存于采集工程数据库。
② 刘更另:《肥料的平衡和协调问题》,1974 年 10 月。存地同①。

多施土杂肥，增积草木灰、火土灰，结合晒田，以提高水稻结实率，增加谷粒重，降低空壳率。湖南省农办和衡阳地区革命委员会及时转发了他们的建议，对促进生产起了积极作用。

在钾肥缺乏的情况下，刘更另又引进推广了一个利用土壤钾素能力强的晚稻品种“余晚六号[①]”。这个品种根系细密而多，适应性强，在同样缺钾的条件下，籽粒饱满落色好，能稳产500多斤，如果钾肥供应充足更能高产。“余晚六号”先后在湖南省推广约1000万亩。1979年在桃源县推广“余晚六号”90万亩，增产稻谷5000多万斤。同年在桃源县推广钾肥3000吨，增产效果显著。

与此同时，钾肥对防治棉花黄叶枯病也取得了显著效果[②]。1974年，祁阳县大面积棉花发生黄叶枯病，叶片枯黄脱落，严重影响产量。刘更另组

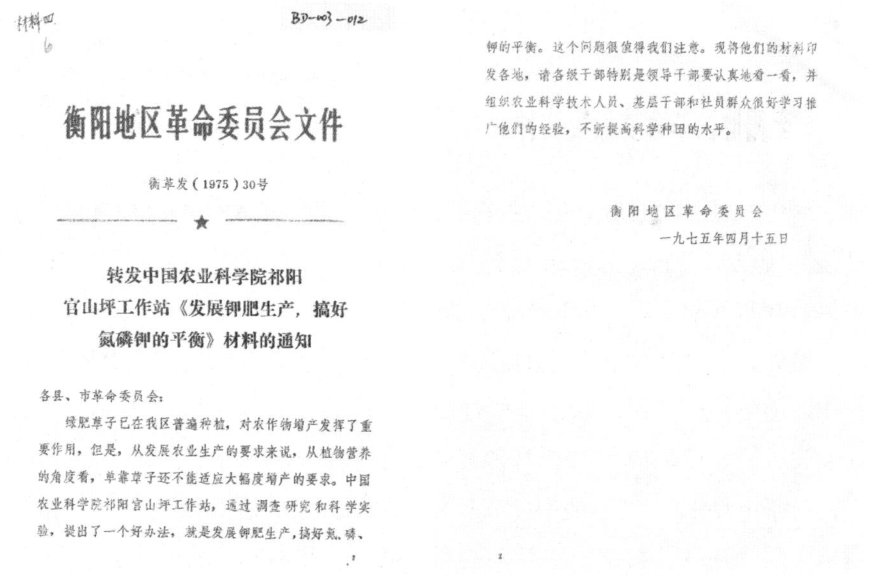
材料四
6

BD-003-012

衡阳地区革命委员会文件

衡革发（1975）30号

★

转发中国农业科学院祁阳官山坪工作站《发展钾肥生产，搞好氮磷钾的平衡》材料的通知

各县、市革命委员会：

绿肥草子已在我区普遍种植，对农作物增产发挥了重要作用，但是，从发展农业生产的要求来说，从植物营养的角度看，单靠草子还不能适应大幅度增产的要求。中国农业科学院祁阳官山坪工作站，通过调查研究和科学实验，提出了一个好办法，就是发展钾肥生产，搞好氮、磷、钾的平衡。这个问题很值得我们注意。现将他们的材料印发各地，请各级干部特别是领导干部要认真地看一看，并组织农业科学技术人员、基层干部和社员群众很好学习推广他们的经验，不断提高科学种田的水平。

衡阳地区革命委员会

一九七五年四月十五日

图5-9　衡阳地区革命委员会转发刘更另《发展钾肥生产，搞好氮磷钾的平衡》文件（中国农业科学院祁阳红壤实验站提供）

① 刘更另:《余晚六号的特性》，1976年4月8日。资料存于采集工程数据库。

② 刘更另:《湖南祁阳丘陵地区钾肥施用效果报告》，1975年。存地同①。

织科技人员，在文富市公社调查了 6 个生产大队的 123 块棉田，发现棉花黄叶枯病与土壤肥料及作物茬口有很大关系。根据土壤分析，正常棉田有效钾为 89 毫克/千克，而发病棉田有效钾只有 51 毫克/千克。1975 年他们在官山坪及书林寺大队，于棉花发病前布置的钾肥防病试验，以及其他许多试验，都肯定了钾肥防治棉花黄叶枯病的效果。1975 年衡阳、祁阳、常宁等县运用了这项研究成果，棉花产量大大提高。

很明显，由于长期实行双季稻绿肥制度，打破了土壤中钾素平衡状态，加以轮作棉花、红薯等需钾量大的作物，就更加明显地暴露了土壤缺钾的问题，从另一个侧面证明了钾肥是保证双季稻绿肥制度下氮磷养分平衡，持续不断增产的关键。

祁阳工作站，搬迁杨家冲

"原来在官山坪街上的那 8 间狭窄的土坯瓦房，只能用 2 小间屋、不到 30 平方米用来做简单的化验分析，仅放一些简单的瓶瓶罐罐就挤满了，且连照明电都没有，怎能开展科学实验呢[①]？"面对当年的实际困难，刘更另躺在床上翻来覆去地思考着"搬家"的问题。

首先，必须从科学理论的高度，巩固和扩大解决鸭屎泥"坐秋"及低产田改造的科研成果。官山坪的经验出来以后，刘更另隐约听到过学界的一些议论。好像是说，"官山坪的经验，生产上是高水平，技术上是中等水平，科学上没水平[②]"。他很生气！可科学研究上的事，生气有什么用？你得尊重科学规律，得拿出一系列的科学数据，得有高质量的学术报告。只有具备了这一切，这么多同志花了 4 年时间搞出来的这项成果，才能真正

---

① 刘更另：《中国农业科学院作报告："祁阳站精神"录音整理稿》，2006 年，第 2 页。资料存于采集工程数据库。

② 刘更另，江朝余：《农村基点的试验研究方法》，1964 年 10 月 6 日，第 3 页。存地同①。

站得住,"祁阳科学工作站"才能站得稳。以此,刘更另想到迁址,建设一个功能较为齐全的新的科学工作站。

刘更另与陈福兴讨论,一致认为迁址"搬家"十分重要。更要命的是,现在的这两排土坯房离铁路线的水平距离不过七八十米。火车经过时,化验台上的瓶瓶罐罐就叮叮当当响,摇摇晃晃"跳起来了"。怎能长期在这里做实验分析呢?

经过反复思考、实地查看,刘更另看中了与下街生产队相距不到1000米远的一座小山包——杨家冲。这座独立的小山包,东、西和北面都是农田,只有西南方向延伸着一个平缓的山坡。山包上也没有人居住,从大队部往丁源冲去,有一条山冲小路,在山包下擦边而过,稍加改造就可以成一条简易的乡村公路,直接通到站里。刘更另认定了这是一个理想的建站位置。

1965年11月18日,经国家科委批准,报衡阳行政专员公署同意,祁阳县人民委员会批复《关于中国农业科学院土壤肥料研究所祁阳科学工作站征用土地的报告》[1],选址在官山坪大队和上升大队的杨家冲生产队建站,征用荒山和旱地15.22亩;另开办衡阳地区农业学校征用荒山和旱地4.99亩,共20.02亩,作为科研、生产实习建设用地和修建实验室、农业学校、宿舍用。

基建的钱很吃紧[2]。刘更另自己设计了一栋办公用房,靠在山坡上,依山而建,分上下两层。上层作为仪器室和化验分析室,下层用作小会议室和资料室。周围为U字形的三栋建筑,为科技人员宿舍兼工作室。刘更另带头,全站的劳动力一起上阵,挑砖、挑瓦、抬片石、拌泥浆、背木头,自己动手建试验站。

中国农业科学院的"祁阳科学工作站"就这样在艰苦的条件下正式挂牌了。

---

[1] 秦道珠:《红壤丰碑之半个世纪的春秋:中国农业科学院祁阳红壤实验站站志(1960—2010)》。长沙:湖南人民出版社,2010年,第179页。

[2] 刘更另:《祁阳站精神先进事迹报告会录音整理稿》。北京,2009年第3页。资料存于采集工程数据库。

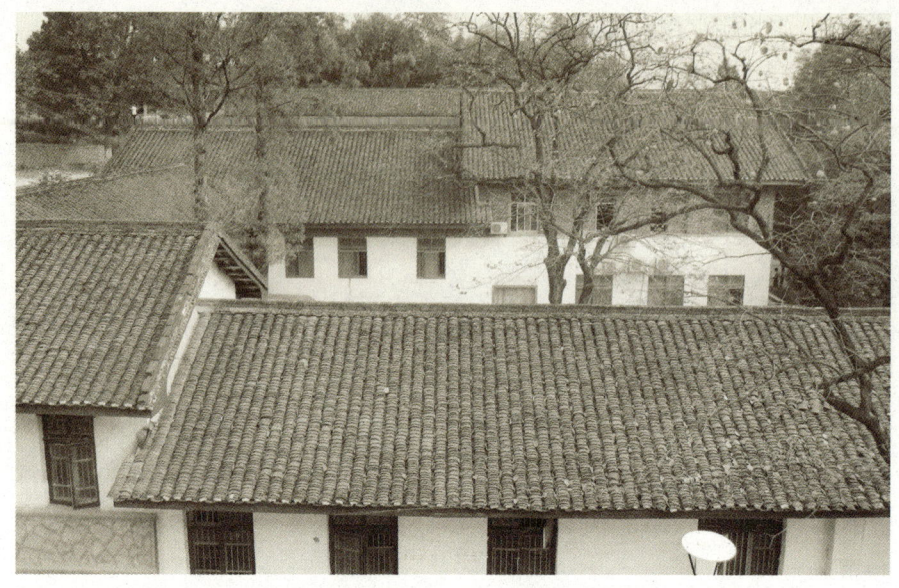

图 5-10　1965 年在祁阳官山坪基地建设的"中国农科院祁阳科学工作站"小四合院（2013 年，秦道珠摄）

图 5-11　1965 年在祁阳官山坪基地建设的"中国农科院祁阳科学工作站"实验楼（中国农业科学院祁阳红壤实验站资料室提供）

这一年，祁阳科学工作站获得国家科委集体奖[①]。这是国家给予的荣誉，是人民给予的奖赏。4 年来风里来雨里去的劳动，多少个夜以继日的研究，汗水、焦急、思虑、探索……汇成一道金色的辉煌，浓墨重彩地写在中国的农业科学发展史上。

---

① 中国农业科学院土壤肥料研究所：《中国农业科学院土壤肥料研究所所志（1957—1996）》。内部资料，1996 年，第 88 页。

在巨大的荣誉面前，刘更另始终保持冷静。他觉得，自己那复杂而又庞大的计划还没有完全展开，前面的路还很长、很艰巨！

创办农技校，培训农技员

为了推广官山坪科学工作站低产田改良的研究成果，衡阳地委、行署决定：在祁阳官山坪创办一所"衡阳专区农业技术学校"（简称"衡专农校"），培养农业技术员，促进全区粮食生产发展。

"祁阳科学工作站"在选址时，就已经将"衡阳专区农业技术学校"规划在内，校舍设计在"工作站"小四合院的右前方。在衡阳地委行署的大力支持下，共修建土坯瓦房两栋，其中4间为学生教室，每间面积约40平方米，还修建了实验室、宿舍、食堂等用房约200平方米。

1966年3月24日，衡专农校在官山坪实验站院内成立，开办农学专业2个班，每班招生30人，学员来自衡阳地区各县区基层初高中毕业的知识青年，学习时间为2年，毕业后回原籍，分配在当地农业部门的社区基层农业技术推广站就业，主要任务为作物栽培、中低产田改良与培肥、服务基层、推广农业技术。由祁阳科学工作站的专家兼任专业课教师。

衡专农校的校长由衡阳行署专员荣成和兼任，主管教务的为衡阳行署秘书长徐杰，刘更另为衡专农校的常务副校长，主管教学，大部分专业课由祁阳科学工作站的专家兼任。并在实验站专家、教授的指导下进行农业科学实验实习，完成毕业论文。毕业文凭由衡阳专员公署颁发。

1966年"文化大革命"开始，学生返回原籍，学校停办。

祁阳科学工作站的老专家魏由庆[①]研究员（1963—1966年在祁阳官山坪基地蹲点）在祁阳站建站55周年回顾与展望座谈会上回忆："当年的衡阳农校开始招生两个班，共60个学生，刘更另点名要我负责学校教学计

[①] 魏由庆：中国农业科学院祁阳红壤实验站建站55周年座谈会发言。北京，2015年11月30日。

图 5-12　1965 年在祁阳官山坪基地建设的衡阳专区农业技术学校旧址（2016 年，秦道珠摄）

划安排，包括学生日常作息时间、学生实习安排、学生生活等。"刘更另亲自教土壤学，讲述土壤营养元素含量和农业生产规律性，植物生长的主要条件，从官山坪生产情况看衡阳地区农业生产问题[①]。

魏由庆还担任化学课教学任务，其他专家陈福兴教肥料学，陈永安教作物学，王月恒教植保学等，他经常带学生到野外实习，挖土壤剖面，取土样，调查作物产量，调查农业生产情况等。

此外，除了正常的教学任务外，祁阳科学工作站组织衡专农校的学生，参加农业实践和组织培训衡阳地区、零陵专区的农民技术员。

1965 年 3 月开始，在官山坪科学工作站和衡阳农业学校的指导下，祁阳县组织大批干部和社员群众到官山坪参观取经，集中 500 多名社队干部分批轮流培训，培训时间为 2—3 天。主要技术培训内容为：磷肥使用方法，绿肥紫云英播种、田间管理技术，施用磷肥与绿肥紫云英翻压注意事项。当年，把这种技术培训、现场操作与参观现场结合起来，技术员培训回到生产队后，采取领导、技术员与群众三结合的办法办样板田，进行大

[①] 刘更另：《衡阳地区农校讲课提纲》，1965 年。资料存于采集工程数据库。

面积示范，当年就取得成效。

这一年春季，还在文明铺、大村甸公社等地办了 92 个施用磷肥、改造低产田的样板队，因地制宜地推广官山坪的经验，并及时总结示范点的经验，推广到大面积示范。

经过两年多的农民技术员培训，祁阳全县普遍推广使用磷肥，绿肥发展到 22 万亩，有 8 万亩低产田得到改良。这些低产田经过改良后，都取得显著增产效果，一般增产两三成，有的产量成倍增加。

1965 年 4 月，衡阳农业学校为零陵县接力桥公社画眉大队培训农民技术员近 100 名。培训方法：以生产大队为单位，组织大队、生产队干部和农民技术员，分批来官山坪衡阳农业技术学校，培训时间为 2—3 天，采取专家讲课，传授农业生产技术。培训内容为：磷肥使用方法，绿肥紫云英播种技术，施用磷肥与绿肥紫云英翻压注意事项。画眉大队推广施用磷肥获得高产，冬季种植绿肥获得成功。

1964 年 12 月，由江朝余、陈永安、陈福兴等编著的《冬干鸭屎泥水稻"坐秋"及低产田改良的研究》一书，在南方各省推广发行，总数达 5000 多册。1965 年 8 月，祁阳科学工作站刘更另、陈福兴等编著的《紫云英栽培技术、低产田改良、磷肥施用问答》科普丛书由湖南人民出版社出版，在南方各省推广发行，总数达 2 万多册。

从 1964 年开始，祁阳科学工作站建立农业技术宣传广播站，官山坪大队青年蒋健全被选为广播员。每天分三次广播，广播时间为 6:30、12:00 和 17:00，每次广播 90 分钟，内容为农业科普宣传，不同农忙生产季节的农事安排（如早晚稻播种、育秧、施肥、插秧、田间管理，绿肥播种、田间管理、绿肥翻压等），病虫预测预报和防治技术，农作物防灾与减灾气象预报服务等。

1965 年 4 月至 6 月，中央新闻纪录制片厂、北京中国农业电影制片厂、湖南省新闻制片厂等媒体联合来官山坪大队，将祁阳科学工作站改良鸭屎泥低产田施用磷肥、种植紫云英绿肥、种植双季稻等科学技术录制成新闻纪录片，在南方的湖南、云南、四川、贵州等省的农村放映，对推广磷肥、种植绿肥、发展双季稻起到了很大的推动作用。

1965年4月，在全国科学技术大会上，刘更另介绍了湖南祁阳科学工作站在农村进行科学实验增产粮食的经验。总结了在农村基点进行科学研究的几点体会以及科学研究上取得的十项重要成果[①]。

当年的中国农业科学院院长、我国著名小麦育种专家金善宝研究员，从科学上肯定了刘更另等在祁阳基地的研究成果。会议总结中，周恩来总理、李先念副总理在讲话中，肯定了祁阳科学工作站的成绩，鼓励农业科技工作者深入生产、深入实际、深入农民群众。最后毛主席和周总理、李先念副总理等接见了大会代表。刘更另受到了极大的鼓舞，满怀信心地回到了官山坪。

这一年，衡阳地委成立了官山坪经验推广领导小组，刘更另被任命为副组长。

5月，中共湖南省委在官山坪召开低产改良现场会，省委书记李瑞山主持会议，衡阳、零陵、邵阳、湘潭专区和祁阳县领导等120多人参加。

6月12日，《湖南日报》第一版以《中共湖南省委在官山坪召开座谈会，要求各级党委认真推广官山坪经验》为题进行报道。

谁能想象得到，取得这一点点成绩是多么来之不易，为此他们付出了多少艰辛的劳动呢？他们住的是土坯房，房间潮湿，光线不足，蚊子臭虫叮咬，生活是那么艰苦，自己还要买米买菜，既是科研人员，又要兼农技员、炊事员、保管员，可以说是多面手。一心只想解决农业生产问题的刘更另，几乎把"家"给忘了，遥距在1850公里以外的妻子和两个孩子，只能是各顾各的。

1965年直到除夕晚上，刘更另才回到北京的家中与妻子孩子团聚。回家的火车上空空落落，偌大一节车厢，只有他和另外两位乘客。此时，他才感到孤独，的确应该回"家"了。

刘更另的科研团队从原来的7—8个人，增加到20多人。中国农业科学院唯一一个农村农业科学基地就在南方湖南祁阳官山坪这个贫困、落后的小山沟里扎根啦！

[①] 刘更另:《农业科学研究的方向与道路问题》，1964年2月20日。资料存于采集工程数据库。

在这个阶段，刘更另先后在《红旗》杂志、《人民日报》《光明日报》《文汇报》《中国农业科学》《中国农民报》《土壤通报》《哲学研究》《耕作与肥料》《湖南日报》等发表论文 8 篇，撰写内部交流材料 15 篇。为了推动生产，使科学技术迅速转化为生产力，根据所得的科学研究资料，他多次向省、地、县领导部门提出建议，先后写了报告、书信 20 多份，多被批转各地，对推动湖南各地农业生产的发展起了积极的作用。

第六章
"文化大革命"期间 科研中断

"四清"未完,电令回京

农村社会主义教育运动,简称"社教运动"[①],是指1963年至1966年,中共中央在全国城乡开展的社会主义教育运动。开始在农村中是"清工分、清账目、清仓库和清财物",后期在城乡中为"清思想、清政治、清组织和清经济",大家通常又把它称为"四清"运动。

1964年11月,刘更另被中共衡阳地委任命为中共祁阳县委委员,参加祁阳县委重大决策和全县社教工作队的工作,并担任中共中国农业科学院祁阳科学工作站党支部书记、祁阳县社会主义教育工作组党委副书记。他带领社教工作队在祁阳县文富市公社官山坪大队开展社会主义教育运动,对农村进行"四清"。

同年12月,全站科技人员参加了由中共衡阳地委组织的衡阳地委直

[①]《中国共产党祁阳历史》编纂委员会:《中国共产党祁阳历史》(1919-1978)。长沙:湖南人民出版社,2011年6月,第223页。

属社教队,衡阳地委派来了一名搞过社教的王先桃同志当队长,刘更另当副队长。按照社教队的安排,全站科技人员派驻官山坪大队、联江大队和英雄大队及各生产队,工作组的任务:一抓运动,二管生产。

刘更另、孟昭鹏驻官山坪大队蒋家院生产队,陈永安驻铁塘冲生产队,杜芳林驻花屋院生产队,杨守春驻百丈塘生产队,陈福兴驻上街生产队,魏由庆驻下街生产队,王文山、郑俊竺、杜添兴驻漏窝塘生产队,李纯忠驻板木塘生产队,文英驻联江大队,吴大伦驻英雄大队。

官山坪大队84岁的老农邹石生给采集小组讲述当年刘更另在农户家的生活情况:

> 那个年代的生活太苦啦!刘更另住在官山坪大队蒋家院生产队邹新典家里。这一家有六口人,邹新典双目失明,算官山坪大队的贫雇农"根子"啦,经常"无米下锅"。刘更另住在这户农家里,不单是参加劳动,还要帮他家"解决吃饭"等生活问题。刘更另把自己结余的全国粮票送给农户,每餐还交生活费。他在农户家吃"红薯渣",吃不下去就喝几口水吞下去,现在大家都还记得当年的事情。刘更另是一个能吃大苦的高级知识分子呀,他处处为老百姓着想。
>
> 农村所说的"红薯渣"就是把红薯磨成粉制作淀粉过滤后留下的渣。红薯淀粉农民舍不得吃,拿到集市上去卖掉,换些油盐回来,自己吃红薯渣[①]!

在刘更另的带领下,社教工作队为当地生产服务,当地农业生产条件有了很大的改善。社教工作队驻队一年,帮官山坪大队修建"芋子塘"50千瓦电排1座,帮书林寺大队修建胡家排50千瓦电排1座,将湘江一级支流祁水河的水引上官山坪上下街生产队和书林寺胡家排生产队,灌溉200多亩水田,将"十年九旱"高坡梯田,变成了"双季稻"旱涝保收的良田。目前,这些电排还在发挥作用,继续为当地抽水抗旱,保证双季稻灌溉用水。

---

① 邹石生访谈,湖南祁阳,2014年11月。资料存于采集工程数据库。

75 岁的老农王立勋经常讲述当年社教工作组的故事，他描述说[①]：

当年，在社教工作组的带领下，漏窝塘修建了二级电排，将筱脑冲流向神虎桥脚下的山间溪水通过二级电排引进漏窝塘生产队，解决漏窝塘生产队 100 多亩稻田长期以来的灌溉用水大难题。目前，这两座二级电排还在发挥作用，几十年来确保了漏窝塘灌溉用水。

1964 年冬季，社教工作组又狠抓冬季水利建设，官山坪大队支部书记王伦相积极配合社教工作队的工作，带领和组织各生产队，自力更生，先后修建了板木塘生产队的荷叶塘水库、加深扩大了清水塘脚下的上升塘、花屋院生产队的荒塘等水塘 7 口，年蓄水量增加了 3 万余方。

图 6-1 1964 年冬季社教工作队帮助祁阳书林寺大队在胡家排修建的 50 千瓦电排旧址（2017 年 11 月，秦道珠摄）

"当年，要实现亩产 800—1000 斤的指标，不仅要增加经济收入，增加生产投资，还要彻底解决水的问题，保证 80% 以上稻田能扩种双季稻。根据测定，官山坪每年降水量约为 134 万方，官山坪水塘、水田蓄水能力

---

① 王立勋访谈。湖南，2012 年 12 月。资料存于采集工程数据库。

仅为 17.9 万方，而亩产 800 斤，作物共需水量为 43.9 万方，如果雨量分布不均，两个月不下雨，就不能保证官山坪双季稻稳产高产，因此，必须解决水利灌溉问题[①]。"刘更另分析说。

1966 年 8 月 28 日，刘更另突然收到中国农业科学院土壤肥料研究所政治处的加急电报，要求他速回所，参加"文化大革命"运动。一封加急电报把刘更另的全部工作计划打乱了。

刘更另收到加急电报后，立即安排好祁阳科学工作站的工作，30 日早晨赶回北京，到中国农业科学院土壤肥料研究所，向政治处报到和汇报工作。回到北京后，刘更另被卷入了中国农业科学院土壤肥料研究所的"文化大革命"运动，直到 1969 年 7 月宣布"解放"这段时间里，祁阳工作站的研究工作就此中断多年。

下放安阳"五七"干校劳动锻炼

"文化大革命"期间，中国农业科学院的科研工作受到严重影响。1969 年 7 月，刘更另被下放到河南安阳"五七"干校劳动锻炼。

1969 年 4 月，农业部、中国农业科学院在河南安阳棉花所成立安阳"五七"干校[②]。6 月 21 日，"五七"干校第一批学员由河南确山县来到中国农业科学院安阳棉花研究所。

"五七"干校是"文化大革命"的产物。20 世纪 60 年代末至 70 年代末，全国各地举办了 1600 余所"五七"干校，用来安置下放劳动的几百万干部与知识分子。中国农业科学院安阳棉花研究所"五七"干校就是这个时代的产物之一。

1970 年初，刘更另从北京下放到河南安阳棉花研究所"五七"干校劳

---

① 刘更另：《官山坪大队生产情况统计》，1964 年。资料存于采集工程数据库。
② 安阳市北关区地方史志编纂委员会：《安阳市北关区志（1991—2002）》。郑州：中州古籍出版社，2008 年。

图6-2 河南安阳,中国农业科学院棉花研究所(资料来源:中国农业科学院网站)

动锻炼。刘更另虽然到"五七"干校劳动锻炼,但他自己始终认为没有成为一个真正的自由人。主要是那些"造反派"、极左派,没有给他平等的权利和应有的尊严。

刘更另冷眼沉默,在某种意义上来说,是忍让,是自己压抑自己。实际上,他在"默不作声"地想一个问题:"'无产阶级文化大革命',对我们这一代人的思想灵魂、为人处世,对中华民族的传统文化,究竟有什么影响和破坏?今后的社会道德和风气将会如何变化?"

刘更另知道,自己是一个自然科学工作者,对中国文化哲理理解不深,学习不透。就他个人的理解,对每一个人来说,提倡"正心诚意":所谓"正心",心要正,不搞"歪门邪道",没有"不可告人"的目的,要光明正大;所谓"诚意",处世接物要"诚恳",实事求是,要求真务实,不弄虚作假。

离开家人、离开北京,独自一人来到安阳棉花所"五七"干校劳动锻炼,刘更另无时无刻不在想念自己的妻儿。这一年多时间里,他不能回家,也不能跟家人见面,感到生活无依无靠,孤独、寂寞、忧伤……

事到如今,他的夫人陈文新回想起当年发生的往事泣不成声,她说:

"'文化大革命'中,刘更另吃了许多苦,现在回想起来都很痛心!事态的发展出乎意料,由于他的原因,后来我也成了'牛鬼蛇神',这样一来全家人都遭殃啦[①]"。当年,陈文新带着两个孩子,与北京农业大学(今中国农业大学)植保系的同事一起劳动改造了近两年。

通知回京,办理调动

1971年5月,正在田间劳动的刘更另突然接到组织通知,要他回北京,办理调去北京农业大学工作的手续。

尽管心里有许多不解的疑惑,但他还是按照通知要求,从河南安阳"五七"干校回到了北京。

刘更另当年为什么要从中国农业科学院到北京农业大学教学,是否与此有关?组织上是否为了照顾他们的家庭和夫妻关系?这些都不得而知!在刘更另的心里,这就是"文化大革命"对自己的一种"惩罚",是对他科学研究事业的一种摧残!

张马祥研究员说:

> 当时,刘更另也不清楚为什么要把他调到北京农业大学教学。后来我才知道,因为当时"文化大革命"还没有结束,1970年中国农业科学院土壤肥料研究所搬到山东德州去了,大家都去了山东德州,由于各种原因,他没有去德州。又因为他爱人陈文新在北京农业大学植保系任系革委会副主任,这样就把他也调到北京农业大学植保系啦!但是,刘更另一直想不通,要求回中国农业科学院土壤肥料研究所,再到祁阳实验站去工作。[②]

---

① 陈文新:《凤凰涅槃:从烈士遗孤成长为中科院院士》。未刊稿,2014年,第123页。
② 张马祥访谈,北京,2015年11月。资料存于采集工程数据库。

北京农业大学下放,陕北清泉沟建校

刘更另由中国农科院调到北京农业大学教学时期,已经是"文化大革命"的大整改阶段。调入北京农业大学后不久,就遇上了"北京农业大学下放,陕北清泉沟建校"的新情况。北京农业大学决定搬到陕西延安革命圣地办校。具体地方是甘泉县的清泉沟。

清泉沟位于陕北延安市中部甘泉县的一个山沟,因山沟有小溪沟长年流水,清澈见底,因而又名清泉沟。

在历史上陕西省甘泉县是延安地区(今延安市)"克山病[①]"重病区,长期以来缺乏有效的预防药物,严重威胁人们的健康和生命。"克山病"又名"地方病""大骨节病"。

图6-3 陕北清泉沟——北京农业大学(今中国农业大学)陕北办学时的旧址(2014年拍摄,中国农业大学档案馆供图)

[①] 刘更另:《"文化大革命"回忆》,2009年12月,第199-203页。资料存于采集工程数据库。

将全国著名的北京农业大学慌慌张张地搬到陕西甘泉县清泉沟这个严重的地方病区"办学"、劳动建校，决策是错误的。后来证明，北京农业大学在清泉沟遭受了惨重的损失。

以下内容是陈文新回忆当时的情况。

> 1970年夏天北京农业大学下放到陕西甘泉县，植保系分配到离延安90里外的清泉沟。因我时任革委会的副主任，有很多行政事务，要管理全系的教师大搬迁，照顾不了孩子，只得让人把两个孩子带给长沙的大姐帮助照应，我一个人带着全家行李去了陕西延安地区甘泉县清泉沟。我丈夫刘更另与北京农业大学的大队人马数千人后一步到达，我们住在临时安置房内[①]。

回想起儿子的童年，陈文新百感交集。她1972年春节回到长沙，与儿女团聚，见到瘦小的儿子刘尽晖，眼泪止不住往下流。尽管当年北京农业大学搬到陕西清泉沟的条件非常艰苦，为了照顾小儿子的生活，陈文新和刘更另还是决定，把儿子带到陕西清泉沟一起生活。那时农大有个幼儿园，早晨八点陈文新把儿子送到幼儿园，晚上六点以后才接回家。但总算每天都能见到儿子，晚上还能陪儿子玩玩、讲讲故事，心里也算踏实了。

1971年7月，刘更另同北京农业大学的几百名教授、讲师、科研人员一道，下放到陕西清泉沟，开荒种地、拾粪、养驴、烧砖。许多教授、科学家们都要接受这样的再教育。

刘更另还记得很清楚，从北京到西安、到铜川、到甘泉、到清泉沟，北京农业大学沿路都设有"接待站"。清泉沟是北京农业大学校本部所在地。

刘更另被分到北京农业大学植保系参加劳动。北京农业大学校本部设在清泉沟中部比较开阔的地方，农学系、园艺系、植保系、土化系、农经系等分片，住在当年八路军挖的窑洞里或临时搭建的草棚内。学校

---

① 陈文新：《凤凰涅槃：从烈士遗孤成长为中科院院士》。未刊稿，2004年，第136页。

图 6-4　1972 年陈文新带着儿子刘尽晖在陕西清泉沟劳动时合影（资料来源：《凤凰涅槃：从烈士遗孤成长为中科院院士》）

领导给他们的任务总的来说是"劳动建校"，主要工作是开荒种地，砍树烧柴。

刘更另记得很清楚，周围黄土坡上的一排排窑洞是当年八路军挖的。师生员工多数住在窑洞里，有的住在临时修建的大房子里，在食堂吃饭，在大坪上听报告。政治学习，作报告的人大多是部队来的，也请了陕北当年大生产时的"劳动模范"讲课，除此以外就是开荒种地，劳动生产。山沟的条件非常恶劣，据说这里曾住过部队，但因为传染病流行，死了不少人。他们开荒种地的时候，从地里挖出了很多死人骨头。当地的房子久无人居住，都是颓垣断壁，他们简单收拾后就住进去了。

清泉沟位于甘泉县中部山沟里，沟长 20 多公里，宽的地方有 3 条小溪沟汇合，宽度大概有 160 多米，窄的地方不到 100 米。黄土高原景观，分南沟、北沟、蛇沟，许多地方是茂密的森林。从沟口到校本部有一条拖拉机道，沿途人烟稀少，有一些稀稀拉拉的田土。出了沟口，有一条从西安到延安的公路，两旁的房屋和窑洞比较整齐，这里是安排北京农业大学的家属区，刘更另一家就住在这里。沿途十多公里都有农大的家属居住，有的住房子，有的住空窑洞，每户住一家，也有住两家的。有的房子，只有一个火炕供人睡觉，没有其他任何家具，写字的桌子和坐的椅子都没有。

甘泉是一个小县，当年全县只有一万多人口，县城没有书店、没有招待所、没有旅店。只有一家百货商店，有一点布和糖是凭票供应的；食品店、肉店没有食品和肉卖；有一个铁匠铺，刘更另同它打了几次交道。

从地理学的观点，陕北黄土高原区属干旱区，年降雨量300—400毫米，可是在清泉沟，几条小溪沟长年流水。沟口溪面较宽，水量变化较大。暮春三月，常有雪水奔流而下。这些水是哪里来的，如何利用它发展农业生产，是刘更另心里经常琢磨的问题。

刘更另是南方人，读书在南方，湖南祁阳土壤改良工作也在南方，所见的山山水水都在南方。站在这黄土高原上，一切都好像是新鲜的。对一个学农业科学的人来说，倒是很好的学习机会。在南方，雨量多，空气湿润，阴坡阳坡的植被，区别不大明显。清泉沟树木高大、林木多，在成片森林中，阴坡、阳坡的区别也不太明显。一出沟口，山林就有明显的阴坡、阳坡的区别了。阴坡的树木高大，地表枯枝落叶多，气候湿润，地面湿乎乎的；阳坡的树木矮小而稀疏，地面比较干燥，植被破坏了，恢复起来相当困难。清泉沟无论春、夏、秋、冬，季季都有潺潺的流水，刘更另猜想流水不断与这里有大片的森林有关。

除了植保系组织的劳动以外，刘更另几乎每天都在山上，享受大自然的风光，采摘山上的野果，在这些活动中，他学到许多书本上没有的知识。

染得"克山病"，急盼回北京治疗

学校搬到了山沟，教职员工的主要任务是劳动。但是，1971年全国招收"工农兵学员"，北京农业大学也不例外。学校让植保系陈文新负责这件事情。他们办了3个"植保培训班"，一个班是部队来的年轻战士，另外两个班是陕西榆林、延安地区当地的农民。

刘更另感受很深，他说："植保系在陈文新的领导下，教学安排得很认真，她早上6点起来带着学生出操，让部队那个班的班长领着大家操练。每天7堂课，有讲课有讨论，学员们很有兴趣。"

老师们怀着对延安人民深厚的感情，与同学相处，完成教学任务。可惜的是，一学年尚未到头，因为地方病暴发，只好将学员遣散回家，此番办学善始而未有善终。

担任教学的教师只是很少一部分人，大部分教师的任务是劳动，主要是种地、烧砖盖房子和挖窑洞，刘更另就是这其中的一员。新来的校领导制订规划，一年要产10万斤粮食。可延安黄土高原丘陵沟壑，清泉沟全是梢林满山，没有可耕的土地，于是开荒就成了他们的先行劳动内容。当时山上堆满了砍掉晒干的树木枝条，一次开荒时放火烧山，结果整片山都烧了起来，有两位老师不幸被烧死。为盖房子烧砖，他们队的一位女教师不幸从三四米高的窑顶掉了下去，万幸的是她只是脑震荡。

刘更另还清楚地记得：他们不仅劳动繁重，而且生活特别艰苦，从河北带去的地方粮票，只能买粮食不能买油，营养跟不上，所以大家身体非常虚弱。

刘更另与妻子陈文新带着他们的儿子住了一间10平方米的平房，做饭、睡觉、学习、办公都在那里，比较起来，他们是幸运的，因为他们有"家"了。

前后安定两个多月，刘更另消瘦了很多，经常觉得很累，胸前区老是觉得不舒服，有的地方"压痛"，上坡时更觉得难受。到学校医务室检查，果然出了问题，心电图U、St段都有问题，V5低一小格，医生诊断：心肌损伤，V5供血不足，建议"异地治疗"。

北京农业大学教职工前前后后检查出来的，心电图明显改变，如U波、St段有问题，V5、V3低平，有的诊断为左输导阻滞，或右输导阻滞，其中有许多人感到有明显症状，如胸前区痛、憋气、走路喘息，有的人虽然心电图有问题，但症状不明显。农大得了这种病的教职员工有200多人。一般是40岁以下的，劳动强度大的，饭量大的，接触水多的。60—70岁的老人，平常体质比较差，活动量小，反而得这种病的比较少。

陈文新对当年发生的病情印象深刻。她说："在第二年的春天，我们居住的清泉沟暴发了地方病，叫'克山病'。人病得厉害时吐黄水，很快就死去。我们有个邻居，她住在山上，晚上她的丈夫到我们下边来看电影，回去就发现妻子已经死了，可见这个病发展速度之快。我们教师当中也有不少人患上了'克山病'，有的小孩得了大骨节病。因为病情迅速蔓延，大家都很着急，动员我赶快回北京向毛主席报告这个危险的情况。当时我身体也检查出患有高血压，大夫给我开了两个星期的休假。我把教学工作交给副连长后，准备回北京。很多后勤的家属扒上汽车要走，我不好意思和他们抢车，因此我就走不了了。"后来有管理车队的人外出办事，根据需要排队上车。许多工人都催着要陈文新快回北京，以便及时反映情况。

有一个工人喊话："陈文新的丈夫刘更另是重度'地方病'，小孩儿都快吐黄水了！赶快让他们走吧。"

就这样，刘更另和陈文新才带着8岁的儿子，1972年4月26日回了北京。

北京青龙桥诊所，中医治疗"克山病"

从陕北清泉沟回到北京后，刘更另进入北京第三人民医院接受治疗，西医说不出病的原委，只说他心电图改变，是心脏和心血管方面的疾病。

2015年11月1日，全国政协原第十一届政协委员、中国农业科学院土壤肥料研究所原副所长黄鸿翔研究员告诉采集小组，摘要如下[①]：

> 从陕西延安回到北京时，刘更另的病情确实很严重。当时，原农业部部长江一真，已经从农业部调到卫生部任部长，他与刘更另是好

---

① 黄鸿翔：中国农科祁阳红壤实验站建站55周年座谈会发言。2015年11月，北京。

朋友。江部长知道刘更另的病情后，就建议他直接到北京第三人民医院接受治疗，当时，这所医院是北京最好的医院之一。

西医不行，刘更另就改请中医治疗。

刘更另的病情也使他的夫人陈文新很着急，她四处打听能否有更好的中医治疗，并鼓励他一定要有战胜病魔的决心，做好中医治疗"克山病"的心理准备。

有个朋友告诉刘更另，北京青龙桥中医诊所有两个老医生医术高明。刘更另决定到青龙桥去，请老中医医治。

在青龙桥中医诊所就医大约有半年时间，每两星期去一次，刘更另自己感觉的确有效，胸口不憋气了，走路上坡时也不喘气了。

半年多的时间，刘更另不仅恢复了健康，而且在这动乱无序的时代背景下逐渐恢复了理智。他看到人民，特别是基层人民善良的、和谐的、相互友好的状态。每次看病他自愿推移到最后一名，以便留些时间向医生请教。

医生和病人之间产生了"师生"的情谊。他注意到纪大夫每一次"切脉"的神态，医生向他解释每味药的性质特点以及在搭配中的奥妙。刘更另每次服药后仔细体验他自己的感受，并把它详细记录下来，作成图表，证明"言之有据"，纪大夫对这点很感兴趣。后来刘更另自己买了一本《辨证施治》。

从1972年10月30日到1973年8月20日，在北京青龙桥中医诊所就医290天，刘更另身体逐步恢复健康，体重从126斤恢复到140斤。

带病翻译李比希专著

1972年9月13日，刘更另被正式宣布平反，推倒一切不实之词，还他本来面目。共产党员的宗旨是为人民服务，农业科学工作者要为农民做些好事。他在非常艰苦的条件下，决心把经典学术专著尤·李比希《化学在农业和生理学上的应用》俄文版一书译成中文。

该书在1977年春译完，得到我国农学界、土壤学界、农业化学界、经济学界许多专家、教授的支持。金善宝、李庆逵两位院士为该书中译本作序。侯光炯、陈华癸、张乃凤、高惠民、叶和才、孙渠、陈道等老一辈的院士、教授对该书中译本出版给予鼓励和支持。该书[①]于1983年12月由中国农业出版社出版，作为尤·李比希逝世110周年的纪念。

对于尤·李比希一生的巨大科学贡献，刘更另在尤·李比希《化学在农业和生理学上的应用》"导读"中，给予了高度的评价：

> 他是一个非常努力、非常勤奋、精力非常充沛、非常重视实践的伟大的科学家。他在化学方面贡献非常广泛。他对有机化学、无机化学、农业化学、工业化学、生物化学、分析化学、食品化学、药剂化学及化学教育各个方面都有巨大贡献[②]。

图6-5 尤·李比希（Justus Von Liegig, 1803—1873）（刘更另家属提供）

作为一个农业科技工作者，刘更另早在1948—1952年武汉大学求学期间，就阅读过李比希有关农业化学方面的书籍，因此，他崇敬李比希这位著名的世

---

① （德）李比希著，刘更另译：《化学在农业和生理学上的应用》。北京：中国农业出版社，1983年，第1—3页。资料存于采集工程数据库。

② 刘更另：《李比希〈化学在农业和生理学上的应用〉导读》，2009年，第1页。存地同①。

界科学巨匠——"化学之父"。

1955—1959年在苏联季米里亚捷夫农学院研究生院留学期间,他又精读了尤·李比希《化学在农业和生理学上的应用》的俄文版,由此产生了将俄文版翻译成中文版的想法。45年后他还记忆犹新:

> 1955年,我有机会留学苏联,在莫斯科大学季米里亚捷夫农学院学习。学校规定,凡是学土壤肥料、植物营养、耕作栽培等专业的研究生都要认真学习尤·李比希《化学在农业和生理学上的应用》。因此,在苏联,我认真地学习过这个书,并同苏联的老师、同学讨论过书中的某些问题。我很惊奇的是革命导师马克思、恩格斯非常重视这个书。根据我初步查阅的结果,在马克思、恩格斯全集中,引用、提到李比希这本书的内容的,就有33处[①]。

刘更另翻译李比希著作的想法得到了同在苏联季米里亚捷夫农学院留学的伴侣陈文新的热情支持。2015年5月,陈文新院士告诉采集小组当年的情况,摘要如下[②]:

> 在苏联学习期间,刘更另就开始翻译《化学在农业和生理学上的应用》的俄文版。当时学习任务很重,他主要利用假日和晚上休息时间翻译。我看他那股"十头牛都拉不回"的劲头,就挤出时间帮他整理、抄写中文稿。

由于刘更另早有打算和计划,因此,他利用在北京养病这段"休息"时间,继续翻译李比希《化学在农业和生理学上的应用》这部俄文版的科学专著。

1982年7月,刘更另在《化学在农业和生理学上的应用》中译本的

---

① 刘更另:《李比希〈化学在农业和生理学上的应用〉导读》,2009年,第14-15页。资料存于采集工程数据库。

② 陈文新访谈,2015年,北京,中国农业大学。存地同①。

"序言"[1]中写道:"1966年前,农业出版社约我翻译尤·李比希名著《化学在农业和生理学上的应用》一书,准备在他逝世100周年——1973年出版。"

从1965年5月末开始,当时刘更另在中国农业科学院土壤肥料研究所肥料室和湖南祁阳工作站工作,他挤出工作之余一切可以利用的时间,在所里、在家里、在站上,特别是在官山坪的煤油灯下,不知疲倦地开展这本书的翻译工作,进展是顺利的。

1966年5月爆发了"无产阶级文化大革命"。翻译工作无奈中断。

非常遗憾,"后因众所周知的原因耽误了10多年。现在我们用这本书的中译本来纪念这位伟大科学家、农业化学创始人尤·李比希逝世110周年[2]。"

这本书所阐述的"矿质营养学说""归还定律""最低因子律"以及"无机营养元素循环"等理论,深刻地揭示了大田生产的自然规律,直到现在还闪耀着灿烂的光辉。李比希的许多名言和在农业上卓越的见解,对于我国的农业建设,对于我们总结农业生产的历史经验,规划农业生产的发展,都有许多中肯的帮助和启发。

在翻译过程中,刘更另夫人陈文新同他密切合作。当年,陈文新除了帮助刘更另审校、核对部分章节外,还抽空翻译"肥料"一章以及全部"注释"。中国科学院微生物研究所副研究员范云六、中国农业科学院土壤肥料研究所副研究员张马祥,就本书俄文内容和译文中的问题与刘更另多次讨论、反复研究,其目的都是为了把中译本弄得好一点。

2015年11月,83岁高龄的老科学家张马祥研究员访谈摘要如下[3]:

> 刘更另多次与我讨论、反复研究该书的中文稿。我们是1962年认识的,当时,我从东北沈阳农业大学调到中国农业科学院土壤肥料

---

[1] (德)李比希著,刘更另译:《化学在农业和生理学上的应用》。北京:中国农业出版社,1983年,第1-2页。资料存于采集工程数据库。

[2] 刘更另:《"文化大革命"回忆》,2009年12月,第202页。存地同[1]。

[3] 张马祥访谈,北京,2015年11月。存地同[1]。

图6-6 张马祥(左)与黄鸿翔(右)讲述与刘更另多次讨论翻译《化学在农业和生理学上的应用》的经过(北京,2014年,刘立生摄)

研究所工作。在一次全所的科研工作总结会上,听了刘更另的科研工作总结发言,觉得这个人对农业科学研究有很多新的想法,一些研究方法与自己的观点相同,因此就与他交了朋友。从相识到相知,再到成为科学研究的挚友和同事。当年,我主要从事北方盐碱地的改良研究,刘更另在南方湖南祁阳从事鸭屎泥低产田改良研究,我们经常在一起讨论许多农业科学研究的问题。因此对他翻译的李比希名著《化学在农业和生理学上的应用》一书比较熟悉,在出版前进行过多次讨论。

该书1983年12月由中国农业出版社出版发行,它是中文版第一次出版发行,因此,我国著名小麦育种科学家、中国科学院学部委员、农业部科学技术委员会主任、中国农业科学院院长金善宝教授给予高度评价:

《化学在农业和生理学上的应用》一书,是德国杰出学者、农业化学创始人李比希的主要著作。一百多年以来,这本书被译成十几种文字，在世界广为流传。1940年美国科学促进协会，为这本书发行100周年，出版了纪念专集，全面总结了李比希学说及其发展，称这本书是划时代的名著。从来没有任何一本化学文献，在农业科学的革命方面，比这本划时代的著作起更大的作用。李比希是一个伟大的化学家，他把化学上的研究成果，进行高度地理论概括，成功地运用到农业、工业、政治、经济、哲学各个领域，并特别重视解决农业生产实践问题。

刘更另同志是中国农业科学院土壤肥料研究所的研究人员，又兼任中国科学院长沙农业现代化研究所业务领导工作，他在土壤学、农业化学、作物栽培学、耕作学方面有较深的造诣，而且他长期在生产实践中进行调查研究和科学实验，实践经验丰富。在非常艰苦的条件下，他坚持把李比希这本巨著译成中文，这种精神是值得称赞的。我年逾八旬，能为李比希这本名著的中文本出版写几句话，并把它介绍给读者，至感欣慰。我相信它将在我国农业建设和农业科学发展中发挥作用[①]。

正如老一辈科学家预言的那样，目前，该书在国内被中国农业出版社再版多次，在我国农业建设和农业科学发展中继续发挥作用。

急于回到祁阳站

1973年12月7日，经周恩来总理批示"同意"；18日李先念、纪登奎批准，将北京农业大学搬迁到河北涿县（今涿州市），改名为"华北农业大学"。

北京农业大学搬家到河北涿县后，刘更另同中国农业科学院土壤肥

[①] （德）李比希著，刘更另译：《化学在农业和生理学上的应用》。北京：中国农业出版社，1983年，第3页。资料存于采集工程数据库。

料研究所许多同志恢复了联系，他去山东德州看望了他的老领导高惠民所长。

刘更另向高惠民所长提出要求："希望回祁阳站看看"，这一要求得到老所长全力支持，在他心里也非常惦记祁阳站的近况。1973年3月8日，刘更另回到了湖南祁阳官山坪。

刘更另到祁阳官山坪看到他的被子、衣服、书籍、杂物等都装在一个大木箱里，放在实验室的楼下墙角，木箱上灰尘大概有一寸厚，虫子在其中打了好多洞，老鼠在里面做了一个窝，木箱外面结满了蜘蛛网。

官山坪大队的干部和群众迫切希望刘更另带领北京的农业专家们回来，带领他们进行科学种田。1973年的春天，农林部在北京召开低产田改良经验交流会，祁阳官山坪大队支部书记王伦相[①]被邀请参加，王伦相在大会上介绍祁阳官山坪大队施磷肥、种绿肥改良低产土壤，提高稻谷产量的经验。

会后，王伦相急于与刘更另相聚，他代表官山坪大队老百姓，强烈要求、再三恳请刘更另带领北京的农业科学家，回到祁阳官山坪大队，继续带领群众改良低产田，发展多种经营。

王伦相的儿子王四元为采集小组讲述了当年的情况，摘要如下[②]：

> 官山坪是一个典型的低产大队。1960年以来，官山坪的群众和联合工作组一起，大搞科学实验，通过施用磷肥防止水稻"坐秋"，栽种绿肥培肥改良土壤，发展双季稻，提高复种指数，引用良种，改善积肥制度等一系列措施后，仅三四年时间，生产上出现了明显的变化。一转眼55年过去了，老百姓至今都清楚记得这些事情，他们永远记住刘更另带领科技人员在官山坪改良鸭屎泥低产田的许多故事。
>
> 刘更另过去编的许多顺口溜我小时候就记熟了。如"远看一片青，近看伤脑筋。走近田间看，禾苗喊救命"，就是告诉老百姓水稻

[①] 王伦相，1950年参加抗美援朝的志愿军，1959年复员回家。1960—1968年任官山坪大队党支部书记。

[②] 王四元访谈。湖南祁阳，2014年11月。资料存于采集工程数据库。

苗期严重缺氮肥。还有"黑胡子（指黑根）、笔杆子、黄尖子"就是告诉老百姓水稻严重缺磷的症状等。

王四元等还给采集小组讲述了一个更有趣的故事，摘要如下[①]：

> 刘更另用"鸡肋与鸡汤"做比喻，将当地群众水稻"划行插秧"改进为"拉绳开箱"插秧的习惯。我父亲说，当年正是四五月份早稻插秧季节，刘更另到田间检查群众的插秧质量，发现老百姓把田间"肥水"放干后，用"划行器"划行插秧，这样可以保证插秧密度，这是群众发明的"合理密植"最佳方法，且在当地大面积推广。刘更另走近田间一看，立即制止说："不能把水放干！"他给老百姓解释说：这样把稻田水放干，不是白白把"肥水"流走了吗？他马上找到我父亲，用"鸡肋与鸡汤"的比喻解释："田间的'肥水'就是鸡汤，如果把鸡汤倒掉，留下来的就只剩下'鸡肋'啦。"我父亲反问他："您有更好的方法保证'合理密植'吗？"刘更另说："有！把'划行

图6-7　1970年前湖南祁阳官山坪大队早稻"划行器划行"插秧法（中国农业科学院祁阳红壤实验站资料室提供）

---

① 王四元访谈。湖南祁阳，2014年11月。资料存于采集工程数据库。

图 6-8　1970 年后湖南祁阳官山坪大队早稻"拉绳开厢"插秧法（中国农业科学院祁阳红壤实验站资料室提供）

器划行'改为'拉绳开厢'，同样保证了插秧密度，这样肥水就不会流失啦。"这个方法立即得到我父亲王伦相的采纳，并及时改进。接着，刘更另向祁阳县委、黎家坪区委的领导及时汇报，他把"鸡肋与鸡汤"的比喻做出科学解释，得到当时的祁阳县委副书记王重柏、黎家坪区委书记郭荣根的大力支持，县委立即召开县、区、公社三级干部扩大会议，刘更另应邀在大会讲述"鸡肋与鸡汤"比喻和"拉绳开厢"插秧方法技术，解释了防止肥水外流的道理，从此，祁阳县水稻插秧由"划行"改成"拉绳开厢"，这个方法一直沿用到现在。

虽然学校面临着许多困难，刘更另还是一心想着他的"祁阳工作站"，想着官山坪。他先后多次请求校级领导沈其益、王明远、刘仪等，希望去祁阳官山坪继续蹲点。有些领导支持他，特别是沈其益先生帮刘更另出主意，对刘更另帮助很大。

1974 年 2 月 7 日，国务院业务组成员王震同志在一次谈话中，提到了湖南祁阳官山坪科学工作站，认为继续在那搞科学实验很重要。这个消息传到北京农业大学领导层，时隔两天，学校领导王明远正式通知刘更另，批准他去湖南祁阳官山坪继续进行科学实验。

正式平反，轻装上阵

1972年9月13日，撤销对刘更另的所谓"留党察看两三年"的处分，并认为刘更另同志在"文化大革命"中，工作积极，立场坚定，是真正的共产党员。他是一个农业科学工作者，抓住一分一秒的时间为发展农业而奋斗。在正式平反的时刻，刘更另精神抖擞，又焕发出了昔日的青春！"正式平反"——不仅医治好了他的疑难杂症"克山病"，更大的收获是医治了"文化大革命"对他精神的极大创伤，解除了他沉重的精神枷锁，在科学的春天里，他又开始了新的奋斗历程。

1974年2月23日，经北京农业大学领导批准，同意刘更另去湖南祁阳农村蹲点，为增产粮食服务。同年6月，衡阳地委任命刘更另为地区农业生产领导小组副组长，参加全地区八个县市的农业生产的指导工作。

第七章
梦寐以求　再回祁阳

身心康复，回到祁阳

1974年春天，刘更另和他的同事一起回到祁阳官山坪。官山坪大队的老百姓从四面赶来，看望刘更另和他的同事们——北京的老朋友！他们互致问候，还帮助收拾院落，打扫宿舍、实验室的卫生，昔日冷静的祁阳官山坪工作站又恢复了春天的生机。

2015年6月，75岁高龄的祁阳实验站原行政科长贺正瑚告诉采集小组自己来祁阳站的经过，摘要如下：

> 我是湖南省衡南县人，1964年从部队复员回衡阳地区林业局工作。当年，刘更另向衡阳地委提出要求，从地方派一名干部到祁阳站协助管理行政后勤工作。通过衡阳地委组织部推荐，中国农业科学院考察同意，我来到官山坪科学工作站负责行政后勤工作。1966年"文化大革命"开始后，从北京来的同志都回北京，地方同志也回地方工

作。我当时也回到北京，但我的家属在地方，因此，刘更另安排陈福兴和陈永安俩人，与衡阳地区有关部门联系，我从北京回到地方，留在湖南省黎家坪水泥厂工作[①]。

2015年11月，80岁高龄的陈福兴研究员告诉采集小组当年的情况，摘要如下：

> 1966年年底，在祁阳官山坪基地蹲点的科技人员除了五人留下来"看家"，其余人员全部回到北京。1970年8月，根据纪登奎副总理的指示，土肥所全体职工下放搬迁至山东德州地区齐河县的晏城农场，交由德州地区领导，人员均按连队编制，任务是种好晏城农场3600亩地，我和陈永安等祁阳站回京的科技人员全部下放到山东德州。刘更另后来去了河南安阳"五七"干校劳动锻炼[②]。

1973年3月，刘更另向土肥所高惠民所长建议，要尽快派人去祁阳站管好"家"。高惠民所长请示中国农林科学院领导（"文化大革命"期间，中国农业科学院与中国林业科学院合并为中国农林科学院）同意后，派陈永安、熊锦香两人暂回到祁阳站工作。按照刘更另的安排，他们与守站的王月恒等共同协定，一方面围绕提高双季稻产量，协助官山坪大队兴修排灌水渠，防治水稻病虫害等工作，并与省、地、县恢复联系和汇报工作。湖南省农业办公室史平主任，湖南省农业科学院何光文院长接见陈永安、熊锦香等同志。另一方面与官山坪大队、花屋院生产队、上街生产队和衡阳地区农业局派驻祁阳站"红专农校"曾湘祁同志共同协商，保护和管理好国家公共财产和设施，并将站上茶园和桃树及蔬菜地交由官山坪大队林场使用管理。

这次，刘更另亲自回祁阳站，面对科研工作全部停滞的状况，他并没有半点退缩，他组织陈福兴、陈永安、王月恒、熊锦香等科技骨干，商讨

---

① 贺正瑚访谈，湖南衡阳，2015年。资料存于采集工程数据库。
② 陈福兴：中国农科院祁阳实验站建站55周年座谈会发言。北京，2015年9月5日。

当前的科学研究计划，尽快安排科学实验。

1973年3月8日，刘更另经得北京农业大学领导的同意后，特地回到了祁阳官山坪一段时间。但学校不愿意他到湖南农村搞科研工作，虽然管业务的领导答应了他的要求，但是管财务的负责人不同意他报销路费、出差费、生活补助费和医药费。因此，他每天自己做饭，自己种菜，自己打柴，自己采购等，一切费用自己负担。

这次回到祁阳官山坪实验站后，他首先来到湖南省农业科学院，看望何光文院长并详细汇报工作，他把目前的困难、计划和今后中长远规划向何院长一一汇报，得到何院长的高度赞赏。针对祁阳科学工作站目前科研实验"全部停滞"的困难，何院长主动给刘更另拨了1000元科研费，衡阳地区行署胡专员又资助100元，刘更另特别感谢他们的帮助，他召集祁阳站陈福兴、陈永安、王月恒、汪新野等科技骨干开工作会议，决定分工合作，将停滞多年的作物田间实验、实验室化验分析等科研工作尽快恢复起来。

走进实验室，刘更另看到仪器设备——万分之一分析天平（当时是最好的精密仪器）、化学分析试剂、玻璃仪器等瓶瓶罐罐还在。虽然落满灰尘，但还是可用。刘更另非常感动，他感谢官山坪大队党支部，感谢官山坪大队的老百姓！是他们在"文化大革命"中保护了官山坪科学工作站！

在刘更另离开祁阳工作站近7年的时间里，官山坪的老百姓还能完好无损地保护他精心设计、建筑的实验站小四合院和实验仪器设备，使他感激不尽，并更加坚定了扎根祁阳官山坪

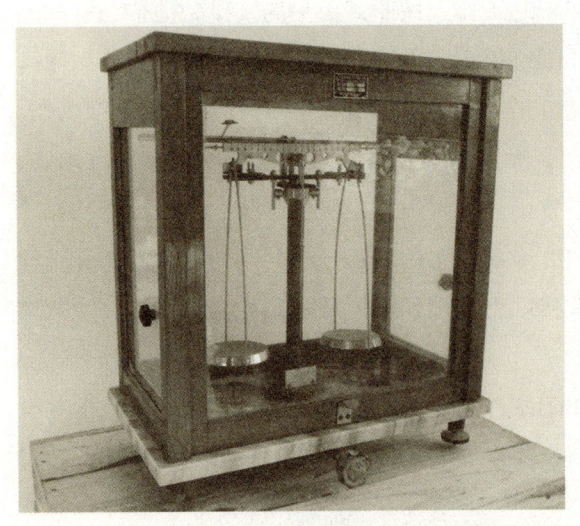

图7-1 刘更另20世纪60—80年代使用的万分之一电光分析天平（2014年，秦道珠摄）

的决心和信心，他要继续带领当地群众改良低产田，发展多种经营，实现农民发家致富的梦。

"文化大革命"对官山坪工作站农业科学研究的损失是无法估量的，刘更另决心：一切从头开始。他扳着指头盘算：现在只有从北京来的不到10人，人员少了，得马上组建科技队伍。只有有了"人"，才能开展科学研究工作。他马不停蹄地来到衡阳地委汇报工作，要求增派科技人员，加强祁阳实验站的科技力量。地委领导廖仁柯马上与地区农业局商量，决定将有丰富农村工作经验、善于做农业技术推广的技术骨干蒋华斗等2人调来祁阳实验站；刘更另到祁阳、祁东县委汇报祁阳官山坪实验站的科研工作恢复发展计划和目前困难，祁阳县委书记刘明高、祁东县委书记唐盛世高度重视，决定将祁阳县农业局李安平等2人、祁东县农业局李孟秋等2人调来祁阳官山坪实验站工作。陈永安、陈福兴跟随刘更另同时回到祁阳工作站，成为刘更另的左右膀，在刘更另的安排下，他们立即与湖南省黎家坪水泥厂联系，将祁阳站"文化大革命"期间下放到该厂的贺正瑚接回祁阳站，继续主管行政后勤工作。

2015年5月，贺正瑚给采集小组讲述祁阳实验站恢复的情况，摘要如下：

> 我得知祁阳官山坪实验站的科研工作恢复的消息后，心情很激动，想回去看看自己的老领导刘更另和过去在祁阳站一起工作的老朋友。没过多久，刘更另就派陈永安、陈福兴来水泥厂找我，要求我继续回官山坪实验站工作。水泥厂领导同意，我完成移交工作后，就又回祁阳站了。当时，祁阳站实验设备很简单，许多行政后勤保障工作要紧跟上，事情很多。在刘更另的带领下，我协助新征地130多亩，修建围墙4000多米，建设水田永久性试验田、实验网室400多平方米。后来我一直工作到退休[①]。

[①] 贺正瑚访谈，湖南衡阳，2015年5月。资料存于采集工程数据库。

稻田"三熟",再夺高产

南方红壤地区,丘岗山区耕地大多分布在山坡上,呈梯田分布,田块小,人口密度大。因此,大部分丘岗地区农民的人均耕地面积不到一亩。虽然鸭屎泥田施用磷肥、种植绿肥,单季改双季、晚稻超早稻等系列技术问题都已解决,但20世纪60年代初期至80年代中期,许多丘岗地区农民的温饱问题始终没有得到解决,党和国家始终把发展粮食生产,提高粮食产量作为头等大事来抓。特别在耕地面积不足半亩地的地区,老百姓吃不饱饭的问题更加严重。如邵东县人均耕地面积仅为0.3亩、祁东县人均耕地仅为0.6亩,为了解决吃饭的难题,许多劳动力被迫出外打工,"妇女种田,男人赚钱"成为当年邵东等地农民的口头禅。如何使当地有限的耕地再夺高产,成为当地政府和农业科技工作者研究解决的首要问题。

在"以粮为纲",全面发展的年代,面对党和国家发展粮食生产的重任,刘更另就红壤稻田再夺高产和生产中出现的新问题深度研究,取得系列研究成果,为解决当地老百姓吃饭的问题立下不朽功勋。

2014年11月,采集小组查阅了一篇刘更另当年在稻田发展"三熟制"时撰写的一篇手稿,摘要如下:

> 当年发展"三熟"小麦,提高粮食产量是头等大事。这是因为当地每到五六月"青黄不接"的季节,许多老百姓都饿着肚子,往往一天三餐是"一干两稀"过日子,也就是"中餐米饭加杂粮,早晚餐多为稀饭"的生活情形,因此,盼望"一日三餐吃饱饭"成为老百姓最大的愿望。
>
> 1974年湖南省"农业学大寨[①]"运动一浪高过一浪。粮食、棉花和油料作物的单位面积产量逐年提高,双季稻绿肥普遍种植,这对改良

[①] 《中国共产党祁阳历史》编纂委员会:《中国共产党祁阳历史》(1919-1978)。长沙:湖南人民出版社,2011年6月,第411-416页。

土壤，提高粮食产量起了巨大作用。但是，全省的农业生产发展不平衡，许多丘陵山区仍然产量低的局面并没有改变，老百姓吃饭的问题没有解决，"青黄不接"的情况更严重。湘南丘岗地区的衡阳、郴州、零陵、邵阳地区更为突出。

祁阳官山坪科学工作站已经成为当地政府和农民群众科学种田的"试验田"。希望农业科学家们能为他们出谋划策，排忧解难。

刘更另分析湖南是个农业大省，在大面积发展绿肥、种植双季稻，提高水稻产量的同时，还应该尽快发展"三熟制"，如果增加一季作物，提高粮食产量就有希望，老百姓"青黄不接"的吃饭矛盾就有所缓和。过去，当地农民也有种植冬小麦、油菜的习惯，但仅仅在旱地小面积种植，如果在稻田发展冬季种小麦、油菜等，即可解决部分粮食短缺问题，农民食用油的问题同样得到解决。他决心：将"稻－稻－麦、稻－稻－油、稻－稻－肥"三种轮作制度同时进行研究，因地制宜，各有侧重，提高复种指数，增加粮食产量。这对进一步提高湘南丘陵区乃至全省粮食、油料产量，意义重大。农民冬种小麦、油菜普遍存在的问题是品种老化、产量低，面积仅局限在山坡旱梯地，因此，引进小麦油菜新品种，将冬闲稻田改种"三熟制"小麦、油菜，扩大种植面积，必能增加粮食产量。刘更另就发展"三熟制"的建议向湖南省委、衡阳地委领导作了专题汇报，提出了自己的看法，获得湖南省委书记张平化、衡阳地委书记廖仁柯等地方领导的高度重视和支持[1]。

官山坪大队稻田"三熟制"冬种小麦的经验首先在祁阳县全面推广，从1972年11月开始，祁阳县委就决定，全县要大搞冬种，制止冬泡田。所有的稻田要种绿肥草籽、油菜、小麦等，面积逐渐增大。1974年全县开展稻－稻－麦、稻－稻－油、稻－稻－肥等"三熟制"示范，县、区、社党委大搞万亩、千亩、百亩示范片。祁阳县小麦高产成功后，粮食产量

---

[1] 刘更另：《发展三熟小麦，大有可为》，1975年9月26日。资料存于采集工程数据库。

提高了，解决了老百姓 6 月"青黄不接"的缺粮问题。

小麦丰收了，又为夺取双季稻丰产创造了有利条件，起到"以麦促稻""以夏促秋"的作用，可谓一举两得。

衡阳地委对发展"三熟制"小麦高度重视。从 1974 年冬季开始，衡阳地区将"稻－稻－麦"三熟制作为冬季农业发展的重要措施，在全地区进行示范，推广官山坪实验站"开箱种植、施足基肥、开排水沟"等种植管理措施，获得了亩产 400 多斤的好收成。

但是，新的问题来了。当地农民长期以来，把禾本科作物小麦说成是"瘦田"作物，把豆科作物说成是"肥田"作物。"地怕种麦，种麦瘦田"的说法严重影响了"三熟制"小麦种植的推广应用。

在衡阳地委的组织下，举办衡阳地区地、县、区、社四级干部"三熟制"小麦种植管理培训班，在培训班上，刘更另从耕作制度、禾本科作物的生长发育特性入手，向广大基层干部和农民群众进行科普知识讲座。在稻田里种小麦，土壤经过挖翻，耕层疏松、通气良好、氧化作用旺盛、好氧微生物活跃，有利于肥料分解、养分活化，还有助于还原物质的消除。在麦茬田里种水稻，叶青籽黄落色好，谷粒壮实空壳低。

他还用官山坪大队的经验介绍："水稻田里种小麦，许多病害和杂草都减少了。如纹枯病、胡麻斑病和丝草、牛毛毡、四叶萍等，经过种植小麦以后将发病率大大降低[①]"。官山坪农民总结经验"水稻田里种小麦，病虫杂草全消灭；小麦田里种水稻，叶青籽黄落色好[②]。"

为了扩大"三熟制"的种植面积，刘更另反复讲述"三熟制"的好处，摘要如下：

> 我们都知道小麦锈病、赤霉病、白粉病等真菌病害喜欢茎叶浓密、潮湿和酸性环境。官山坪农民在栽培上就特别注意排水，降低土壤和空气湿度；合理施肥，特别注意施用磷钾肥，施用石灰、草木灰、石硫合剂，使麦田土壤保持中性和微碱性，抑制植物病菌孢子发芽，这样就可

[①] 刘更另：《红壤低产水稻田改良总结》，1976 年。资料存于采集工程数据库。
[②] 刘更另：《在生产实践中发展农业科学》，1976 年。存地同①。

以限制许多真菌病害的发生和蔓延。从而减轻其危害。祁阳官山坪大队的小麦就是这样做的。在多雨的 1973 年也取得了好收成①。

图 7-2　1974 年祁阳工作站举办农民技术员培训班，为农民讲解"三熟制"栽培技术（中国农业科学院祁阳红壤实验站资料室提供）

这一年，祁东县的小麦高产了，平均亩产 356 斤，最高单产超过 450 斤。祁东县的原县委书记唐盛世讲述了当年的情况：

> 我们当时对这些科学技术一窍不通。每次县委书记会议，地委领导都要邀请刘更另参加，他都要讲这些科学种田技术，但是我们还是将信将疑。我老家是祁阳文富市公社，与官山坪相邻，开会我们经常住在一起讨论，向他请教，一有空就到官山坪实验站看看他们的试验田，就这样我也逐步懂得了许多科学技术，并用来指导当地生产，确实成功了，并取得大面积丰产。"三熟制"小麦丰产对祁东县粮食增产作出了贡献，老百姓很快大面积推广②。

当年，为了发展"三熟制"小麦，刘更另在农村一边调查研究，一边亲自下田指导小麦种植管理技术，老百姓也熟悉了他"戴着斗笠，穿着胶鞋，挎着背包，边走边看"的背影，每当他走进田间地头，老百姓就围过来问这问那，他总是细心地与农民群众讲解小麦从播种到出苗、中耕施

---

① 刘更另：《一九七五年决算分配统计表》，1975 年 9 月。资料存于采集工程数据库。
② 唐盛世访谈，湖南永州市，2015 年。存地同①。

肥，到抽穗杨花、病虫害防治等技术，并扳着指头算一盘细账给他们听，"从理论产量计算：每亩穗数，每穗粒数和千粒重是构成产量的三要素。穗数太少不可能高产，穗子太多植株荫蔽，个体发育不良，穗小穗轻产量也不会高。根据衡阳、湖南的气候特点，每亩有 40 万—50 万穗子，就有高产的基础了[①]。"

刘更另特别强调，在提高小麦粒重的管理中，施用磷钾肥有明显的作用。特别是钾肥能促进植物体内营养物质转化，抵抗真菌病害。防止植物早衰，减轻植株倒伏。据我们实验，施用钾肥的小麦，落色好，病害轻，籽粒重，社员很喜欢。

"发展三熟小麦，特别要广积肥料"。农谚说："多收少收在于肥"，要千方百计广辟肥源。农家肥优点多，潜力大，要下决心抓好。主要是养猪积肥、沤制土杂肥。有了肥料，植物有了粮食，无论对小麦和水稻丰产就有了把握了。

湖南省科委对官山坪科学工作站取得"三熟制"小麦高产典型高度重视，并在 1977 年春，拨给科研经费 5000 元，由刘更另组织湖南省稻－稻－麦、稻－稻－油三熟制高产示范，并对全省推广三熟高产技术进行总结。从 20 世纪 80 年代中期开始，发展"三熟制"稻－稻－麦、稻－稻－油成为湖南省冬季农业的主要任务和措施，面积逐年扩大，产量逐年提高，为提高全省农作物复种指数，提高粮食总产量作出了重大贡献，也为各级地方政府解决"青黄不接"季节的老百姓吃饭的问题立下大功劳。

经济合理使用化肥

从 1974 年起，刘更另组织祁阳站科技工作人员围绕双季稻绿肥轮作制，开展水稻施肥制度和经济使用化肥的综合研究。这项研究工作，采取

---

① 刘更另：《三熟制高产栽培》，1977 年 10 月。资料存于采集工程数据库。

大面积调查、多点实验和定点定位观察相结合的方法进行的,并配合小区多重复试验。

通过几年的试验研究,刘更另将湘南地区双季稻绿肥制度下水稻的合理施肥制度概括为"秧田靠精肥,多施磷钾肥;早稻绿肥加面肥,根据叶色追化肥;晚稻杂肥加化肥,穗期少量补氮肥,注意施钾肥"的技术要点。

官山坪大队农科队,从1975年起,在双季稻绿肥条件下,积极采用上述施肥制度,水稻产量逐年提高,肥料成本逐年降低。全队按实测面积计算,稻谷亩产1975年是1106斤、1976年为1379斤、1977年为1425斤、1978年为1523斤[①]。这一施肥制度在湘南各地推广,普遍反映良好,到处都出现像官山坪农科队那样的典型。

施用锌肥,防止"僵苗"

1978—1979年,湘南紫色泥地区许多水稻出现了一个新问题——水稻"僵苗"。水稻"僵苗",即禾苗返青后突然生长停滞,不分蘖、不发蔸,受害严重的是第七叶至第九叶,叶色深绿,叶片错位变小,叶片上有皱纹,有的有不规则的褐色斑点,叶尖枯死,叶鞘上有白斑,黑根,以至死苗。1980年衡阳地区水稻"僵苗"面积约20万亩。水稻"僵苗"轻微的每亩减产50—60斤,严重的要重插,否则全部失收。根据调查,湘中、湘南大面积分布的紫泥田和灰泥田比较普遍。

衡阳、衡南、祁东、祁阳等农业局的技术干部带着土壤、"僵苗"禾苗样品,到祁阳官山坪实验站,一是请官山坪实验站的专家会诊,二是送来样品分析化验,希望官山坪的科学家能帮助他们解决这一突发性的水稻"僵苗"难题。

刘更另的科学思维就是要"抓生产问题,作科学研究,解决生产问

---

① 刘更另:《南方丘陵区水稻施肥制度和经济使用化肥》,1981年3月12日。资料存于采集工程数据库。

图 7-3　1978 年科技人员采集衡阳稻田紫色泥，布置施用锌肥防治水稻盆栽模拟实验（中国农业科学院祁阳红壤实验站资料室提供）

题"。他安排陈福兴，带领李孟秋和佘定乙两个年轻科技人员沿着衡（衡阳）邵（邵阳）走廊紫色页岩发育的水稻田，深入祁阳白茅滩、祁东白鹤铺、衡南谭子山、三塘、衡阳六塘等紫色泥稻田的系统调查发现：水稻"僵苗"，在祁阳和衡阳地区，早稻一般在 5 月 13—23 日发生，晚稻一般在插秧后 10 天左右发生。

陈福兴将调查结果告诉刘更另，"我们进行了广泛调查，开了不少座谈会，一般是紫泥田上比较严重，别的泥色比较轻微。同是紫泥田，绿肥茬比较严重，别的茬口比较轻微；同是绿肥茬，绿肥厚的田比较严重，绿肥薄的田比较轻微；施氮、磷化肥多的严重，施氮、磷化肥少的轻微[1]。"

根据水稻"僵苗"的现状，刘更另查阅资料。有的说是病毒引起的矮缩病，有的说是土壤潜育化还原物质的毒害，还有的说是土壤缺钾引起的赤枯病等。

刘更另将调查结果综合分析："从现象上看，水稻'僵苗'确实与这些说法有某些相似之处。但是，按照这些说法去诊治，却都没有取得令人满意的效果[2]。"

为了探讨水稻"僵苗"的防治办法，刘更另决定：官山坪实验站与衡阳地区农业局合作，组织衡阳县农业局等有关单位协作，祁阳站的科研骨干陈福兴、陈永安、张马祥分别带队，在衡阳县、衡南县、祁东县、祁阳

---

[1] 刘更另：《紫泥田上的新问题——水稻僵苗》，1982 年 10 月。资料存于采集工程数据库。
[2] 刘更另：《紫泥田与灰泥田僵苗原因及防治措施》，1982 年 10 月。存地同[1]。

县进行多点实验,组成水稻"僵苗"联合协作组。

衡阳地区科委和衡阳地区农业局高度重视,原衡阳地区科委主任江山、衡阳地区农业局土肥站站长张作士领头,组织"联合协作组",协助攻关。

根据陈福兴等实地调查和一系列分析化验与盆栽模拟实验,初步得出水稻"僵苗"是由于土壤有效锌供应不足引起,并且在碱性条件下,"磷锌矛盾"突出,即土壤中磷酸根越多,绿肥生长越好,腐解还原势越强,有效锌沉淀越多,致使水稻严重缺锌而"僵苗"。

为什么土壤会缺锌呢?

刘更另从大量紫色土的土壤样品分析得到结果:一是有的土壤母质中含锌量本来就少;二是有的土壤虽然含锌量不缺乏,但是植物不能利用,因为锌的溶解度与土壤酸碱度有密切的关系。前面说的紫泥田、灰泥田等,它们的酸碱度都在7.5以上,土壤锌溶解很少,导致缺乏[1]。

2015年11月,祁阳实验站土壤肥料专家陈福兴研究员给采集小组讲述了当年防治水稻"僵苗"的经过,摘要如下:

> 根据我们当年调查,有三种情况最容易缺锌僵苗。一是碱性紫色田。这种土壤在衡阳地区将近100万亩。据衡阳县、衡南县、祁东县取土分析结果,土壤有效锌只有0.4—0.5毫克/千克,尤其在常年有效锌很低的低垄田上,一般都发生僵苗,施用锌肥的效果非常明显。二是质地黏重的灰泥田。由于长期种植双季稻绿肥,大量施用氮、磷化肥,土壤中营养元素不平衡,有效锌的含量,一般在0.6—0.8毫克/千克,不施锌肥,虽然不会死苗,但影响水稻早生快发,妨碍水稻高产。三是土壤质地粗、保肥差、有机质少、淋溶性强的砂质土壤。这种砂质土壤有效锌含量也很低。群众说这种土壤"上面一层粗砂子,下面一层硬底子,漏水漏肥像筛子"。尤其在大量翻压新鲜绿肥和新

---

[1] 刘更另:《湘南红壤稻田高产稳产综合研究》,1983年1月17日。资料存于采集工程数据库。

鲜稻草，大量单施氮肥的条件下，也会因肥料养分元素不平衡、锌肥供应不足而引起水稻僵苗[1]。

找到了紫色泥田缺锌的依据，开展田间试验，证明、检验施用锌肥的效果[2]。

祁阳实验站副站长陈福兴带队，组织年轻科技人员李孟秋、佘定乙驻扎在紫色土母质发育典型的衡邵走廊沿线的衡南县谭子山镇、五塘镇、三塘镇，布置大量的早晚稻施用锌肥田间试验。张马祥副研究员负责室内化验分析和网室盆栽模拟实验，陈永安助理研究员则在祁阳白茅滩、祁东白鹤铺等紫色泥稻田进行锌肥施用示范。试验、示范区覆盖了衡阳、零陵两个地区 90% 以上的紫色页岩发育稻田。

"施用锌肥，可以防治水稻僵苗效果很好。根据田间试验结果，缺锌的僵苗田，早晚稻每亩施用硫酸锌 2—3 斤做基肥或面肥，就可以防治水稻僵苗。在缺锌严重的稻田，每亩施硫酸锌 2—3 斤做基肥或面肥，也不再发生僵苗；在已经发生僵苗的田里每亩追施硫酸锌 2—3 斤，也有好的治疗效果。据我们多数试验结果统计，每亩施硫酸锌 3 斤，可增产稻谷 36.8—68.3 斤，平均每亩增产稻谷 46.5 斤。此外，通过轮作等措施，改善土壤的通气性，对于提高土壤有效锌含量，防治水稻僵苗也有一定的效果。如果锌肥做追肥则应早施，在插秧后三五天内追施，否则效果差[3]。"

陈福兴还告诉刘更另，在易发生僵苗的紫色泥田，要避免翻压过多的新鲜绿肥和稻草，培育壮秧，增加抗性，这些都是防治水稻僵苗的有效措施。调查证明，播种密、肥料少、黄瘦细弱的秧苗容易僵苗；播种迟、秧龄不足的倒种春更容易僵苗；有机肥少、氮肥多、秧苗弱也容易僵苗。

刘更另对紫色泥田施用锌肥能防治水稻僵苗的试验结果非常重视，他多次与衡阳、零陵、邵阳地区农业部门商讨意见，扩大试验示范。

---

[1] 陈福兴访谈。北京，2015 年 11 月 5 日。资料存于采集工程数据库。
[2] 刘更另：《紫色泥田水稻僵苗防治实施计划》，1981 年 3 月 5 日，存同[1]。
[3] 徐明岗，秦道珠等：《陈福兴学术思想——红壤地区农业可继续发展》。北京：科学出版社，2015 年，第 47-52 页。

陈福兴给采集小组讲述了当年的实验研究情况，摘要如下：

当年农业上常用的锌肥主要有硫酸锌、氧化锌和氯化锌。试验证明：这几种锌肥都用作基肥、面肥或追肥。但硫酸锌和氧化锌还适合水稻浸种和根外追肥，氧化锌也宜于水稻沾秧根。

浸种用1‰的硫酸锌溶液，稻种浸泡12—24小时即可，但浓度不宜过大，否则引起毒害；根外追肥也可用1‰的硫酸锌溶液，但效果不如面肥，同时还费劳力；沾秧根最好浓度是1%的氧化锌，随沾随插，效果较好。

施硫酸锌作面肥，比较简单，含一个结晶水的硫酸锌每亩施2斤即可，但是含七个结晶水的硫酸锌，每亩要施3斤，如果用氧化锌则不应超过1斤。过多施用锌肥对水稻增产没有好处，因为微量元素肥料的特点就好像我们人吃盐一样，不可缺少，但是不可太多。如果使用得当，它的经济效益是非常大的。

此外，发现锌肥有后续作用，连续施用锌肥2年后，可以间隔2—3年不施。这样就更加节省了锌肥用量，同样达到了防治水稻僵苗的目的[1]。

1980年，祁阳实验站在祁阳、祁东、衡南、衡阳等地农业局的积极配合下开展技术培训，培训县、公社、大队三级农民技术员数百人，并进行大面积试验、示范和推广，取得良好的效果。据衡阳地区农业局统计，1981年全地区调进硫酸锌294吨，防治面积20万亩，早稻增产670多万斤。1982年又在衡阳、零陵、邵阳等三个地区扩大示范推广，仅衡阳一个地区统计推广55万亩，增产稻谷1900多万斤[2]。

目前，稻田施用锌肥技术已经普及，农民3—5年施用一次锌肥，彻底解决了稻田水稻缺锌僵苗难题。

---

[1] 陈福兴访谈。北京，2015年11月5日。资料存于采集工程数据库。
[2] 刘更另：《湘南红壤稻田高产稳产综合研究》，1983年1月。存地同[1]。

图7-4　2009年湖南冷水滩区伊塘镇水稻施用锌肥万亩丰产片（国家现代农业水稻产业技术体系祁阳综合实验站课题组提供）

深泥脚田，水稻垄栽

解决了鸭屎泥田"坐秋"紫色泥田水稻"僵苗"问题以后，新的问题又出现了——深泥脚田水稻低温不发、低产的问题。

其实，这个问题刘更另很早以前就发现了苗头，在大量实验研究后，终于找到了"水稻垄栽技术[①]"，可以解决深泥脚田低产这一难题。

"深泥脚田"是当地农民的习惯叫法，他们习惯把这种"泥脚深、泥巴烂、水冷脚"的南方典型冬泡田、烂泥田、滂泥田、冷浸田、浸水田等统称为"深泥脚田"。在土壤学分类中这种水稻田归类为"潜育性水稻土[②]。"

深泥脚田是湘南地区乃至湖南省主要的低产田之一，约占稻田面积的

---

① 《深泥脚田水稻垄栽增产技术体系》。见中国农业科学院祁阳红壤实验站：《红壤地区农业发展》。北京：中国农业出版社，1995年，第164-169页。

② 徐明岗，秦道珠等：《陈福兴学术思想研究——红壤地区农业可持续发展》。北京：科学出版社，2015年，第68-79页。

40%左右，一般每亩减产100—200斤，严重的每亩产量在200—300斤，严重阻碍农业生产的发展。因此，改良深泥脚稻田，提高水稻产量是当年的一个重要难题。

特别是零陵地区双牌水库灌溉区的渠道，从双牌水库主渠道流出，经过零陵、冷水滩、祁阳的大忠桥，全程60余公里，灌溉面积200余万亩，但凡渠道两侧长年积水的稻田，因淹水形成大面积深泥脚"烂泥田"，无犁底层，一般泥脚深度达到60—70厘米，泥温低、还原性强，通气差。

刘更另发现在官山坪大队清水塘水库脚下和灌溉渠道两旁的"深泥脚田"，田埂边的水稻长势相当好，而田中间的水稻矮小、叶黄、苗少，差异非常明显。好友王凤元说："牛角冲那种深泥脚冷浸田的水稻长势差异更明显！"

牛角冲三面环山，山冲脚下仅有10余亩稻田，且是典型的潜育性冷浸田。

刘更另沿田的四周转了好几圈，发现田埂边上的禾苗长势良好，与陡坡边和田中间的禾苗相比差异非常明显，估计产量相差1—2倍。

刘更另分析原因：田埂边光照条件好，从植物学原理讲，这是"边际效应"的生长优势典型表现。田中间的禾苗差异很大，部分禾苗已经枯黄，将禾苗拔出一看，全是黑根，还有一股难闻的"臭气"。这就是"深泥脚田"排水不好，还原性强，是"冷浸水"、低温和还原物质对水稻根系为害的典型表现，也可能是水稻生长不好、产量低的主要原因。

他与王凤元商量："如果在田中间开一条排水沟，将冷浸水排出田外，是否可以解决这类冷浸田的冷水'低温'为害水稻的问题？"

2014年12月，82岁高龄的原官山坪大队支部书记王凤元给采集小组讲述了这件事情的经过[1]，摘要如下：

> 那时候，我是官山坪大队会计。我们两个到牛角冲的田边，刘主

---

[1] 王凤元访谈，湖南祁阳，2014年。资料存于采集工程数据库。

图 7-5　1982 年湖南省零陵县集义大洞深泥脚稻田插秧前"三犁三耙"作业（中国农业科学院祁阳红壤实验站资料室提供）

任（刘更另原任土肥所肥料室主任，因此，官山坪群众都叫他刘主任）要我下田试试，我就穿一条很长的连体雨裤，一下去就陷在里面出不来啦！水冷得要命啊！

刘主任说："这种田一定要想办法改变现状。"我就反问他："刘主任，这怎么改变呢？"

他说："有办法，修排水沟。"

那时我是官山坪大队会计，找来了 5 个精壮劳力，刘更另也找来了 5 个，一共 10 个人，做了 10 来天，一条排水主沟足足有 3 米宽，1 米多深，30 多米长，整个牛角冲 10 余亩深泥脚冷浸田形成一个"十"字排水沟。然后，把石头全填进去，再铺填一层马尾松树干，表面填土层覆盖。这样冷浸水从底部流出，田泥脚就没有那么深了。

排水沟修好后，刘更另开始进行田间试验：每天定时观察记录水分动态变化、泥温变化、禾苗生长动态变化，还观测水稻叶色的变化规律，最后总结出"早稻"一生叶色变化 4 次，"晚稻"的生育期比早稻长，叶色变化 7 次以上[①]。

试验结果：早稻产量达到 450 斤，晚稻产量也有 420 斤，两季产量超过《跨纲要》指标！

刘更另想，采用工程措施，改良官山坪牛角冲深泥脚田的办法，开沟排水当然效果很好，但费用很高，农民难以接受，目前也不现实。他反复

---

① 刘更另:《水稻叶片和环境条件》，1980 年 12 月。资料存于采集工程数据库。

琢磨：如果采用开沟起垄，排除耕层表面渍水，能否达到提高泥温的作用呢？

他在官山坪大队上街生产队有泉眼的深泥脚田"刀巴丘"做对比试验，一半采用"起垄栽培"，就是在田块犁耙以后起垄，垄宽1—2米，垄沟深30—40厘米，整块稻田分成若干"小垄"，周围开深40厘米"围沟"，将冷浸水通过垄沟和围沟排出田外，垄面插秧。另外一半照老习惯插秧，但他在田间围了一个2平方米的正方形"小框"，每天用热水瓶提着一壶开水到田里，将开水倒进"小框"，测试泥温变化。

试验结果证明：倒开水对提高泥温的效果不大，对水稻生长的效果不明显。"起垄栽培"的方法很有效，起垄后，耕作层的冷浸水排除了，每一垄两边的水稻都有一个"边际效应"，生长很好，试验比对照增产一成以上，且节省成本，易操作，老百姓也能接受。

第二年，他把"起垄"的方法做了改进，面积也扩大了，效果更加明显。

第三年，他选择官山坪大队水库脚下"深泥脚田"、丁源冲大队的山

图7-6 模拟刘更另用浇开水的办法提高深泥脚田的泥温（中国农业科学院祁阳红壤实验站资料室提供）

冲"冷浸田"、联江大队沿河两边的"次生潜育性"深泥稻田，分别进行"起垄"栽培试验、示范，效果非常明显。一般增产1—2成，每亩增产50—60斤，丁源冲的冷浸田通过起垄栽培增产30%—50%，每亩产量从原来的200—300斤提高到了400—550斤。

1980年12月，刘更另将"起垄"栽培，改良"潜育性"低产稻田的研究结果，在中国农业科学院土壤肥料研究所的年终科学技术总结会议上汇报，其研究结果获得高惠民所长、张乃凤研究员等的高度肯定。土肥所决定：向农业部申报"南方红壤丘陵区中低产稻田改良"项目并获得批准，且得到农业部的大力支持。农业部决定：从1981年开始，连续五年，每年解决祁阳实验站4000吨化肥指标，以保证祁阳官山坪实验站在南方红壤丘陵区中低产田改良项目顺利实施。

1981年10月底至11月中旬，祁阳实验站在祁阳县农业局会议大厅，举办湘南地区（衡阳、零陵、邵阳）"土壤肥料实验网"农技干部第一期"南方红壤丘陵区中低产田改良"培训班[①]。

图7-7 1981年冬祁阳红壤实验站在祁阳县农业局举办湘南地区低产田改良培训班（中国农业科学院祁阳红壤实验站资料室提供）

培训班聘请湖南省零陵地区农业学校土壤肥料室主任曹绍霞讲授土壤肥料的田间试验设计、统计、土壤取样及分析方法；衡阳地区农业局土肥站长张作仕讲授衡阳地区中低产田改良技术；中国农科院专家刘更另、陈福兴、张马祥等讲授南方红壤丘陵区

---

① 秦道珠：《红壤丰碑之半个世纪的春秋：中国农业科学院祁阳红壤实验站志（1960—2010）》。长沙：湖南人民出版社，2010年，第182页。

中低产田改良技术、土壤调查技术、土壤普查等基础理论，重点讲授"潜育性"深泥脚田水稻起垄栽培技术要点。衡阳、零陵、邵阳等地区农业局土肥站技术干部30多人参加培训班。

从1982年开始，连续三年在衡阳、零陵、邵阳等地区的祁阳、祁东、常宁、江华、东安、零陵、冷水滩、邵东县示范推广"潜育性"深泥脚田"起垄"栽培的技术体系。每年年初开展技术培训、布置试验任务、拟定示范推广计划；每年11月底进行总结汇报，各个县区试验单位汇报试验结果，交流示范、推广经验和耕作进展情况。

2015年11月，祁阳实验站老一辈土壤肥料科学家张马祥给采集小组讲述了当年示范推广"起垄"栽培的经过，摘要如下[①]：

> 当年我们在研究湘南地区的中低产田改良工作中，不仅得到农业部的大力支持，也得到地方政府和有关业务部门的大力支持与积极配合，工作得心顺手，增产效果非常明显，还交了许多朋友。
>
> 1982年12月，祁阳站"湘南肥料试验网——中低产田改良总结会"在零陵地区行署招待所召开。衡阳、零陵、邵阳3个地区8个县区，共29个试验示范网点的30多名科技人员参加会议。零陵地区科委陈振国主任与我一起主持会议。零陵行署专员黄春荣亲自参加，他对我们在零陵地区和湘南地区用"起垄栽培改良潜育性中低产深泥脚田"取得的成绩给予高度评价，并从科研、示范推广等许多方面给予支持。1983年12月，湘南肥料试验网——中低产田改良总结会在东安县招待所召开。这一年，在衡阳、零陵、邵阳等3个地区的8个县区，推广以起垄栽培技术体系为主要措施的中低产田改良示范、推广面积超过10万亩，平均每亩增产36.8公斤，累计增产360多万公斤。

2015年11月，中国农业科学院祁阳实验站副研究员秦道珠，也为采

---

① 张马祥访谈，北京，2015年11月。资料存于采集工程数据库。

图 7-8　1983 年 12 月中国农业科学院祁阳实验站在湖南省东安县召开"湘南土壤肥料实验网 1983 年度中低产田改良总结会"[来自祁阳、祁东、常宁、零陵、冷水滩、邵东、衡阳等 8 个县的 40 余名科技干部参加。张马祥研究员（右五）主持会议，并邀请零陵地区行署专员黄春荣（右六）、东安县人民政府主管农业副县长陈常德（右四）等相关领导参加。中国农业科学院祁阳红壤实验站资料室提供]

集小组成员讲述了当年自己在湖南零陵县集义公社推广"水稻起垄栽培"的故事①，摘要如下：

  1982 年春天，刘更另就将我和魏长欢派到零陵地区中低产田面积最大、产量最低的零陵县集义公社蹲点。当时的交通条件很差，除了一条简易公路从零陵县城进入集义公社外，其他全是泥巴路，坑坑洼洼，雨天寸步难移。试验示范点分布在集义公社、白塘公社、接履桥公社、长岭公社和菱角塘五个公社，每到一个公社试验点，都要来回跑二三十公里。零陵县科委袁明月主任向零陵县政府主管农业的王太

---

① 秦道珠访谈。湖南衡阳，2015 年 11 月。资料存于采集工程数据库。

平副县长请示，给我们两人配两辆自行车。王太平副县长高度重视，立即批示"从供销合作社指标解决"。因此，魏长欢配一辆上海产凤凰牌自行车，我配一辆天津产永久牌自行车，都是"名牌"自行车呀！就这样，我们俩每天骑着自行车在5个公社的试验示范基地来回穿梭——调查、取样、观测深泥稻田起垄栽培后的泥温变化、测定潜育性稻田起垄后的耕层氧化还原电位变化等，工作很辛苦！

图7-9　1983年湖南省零陵县集义大洞深泥脚稻田水稻起垄栽培千亩丰产片（中国农业科学院祁阳红壤实验站资料室提供）

1983—1984年，衡阳、零陵、邵阳3个地区的衡阳、祁东、常宁、祁阳、东安、零陵、冷水滩、邵东8个县，示范推广采用开沟垄栽，增施钾锌肥，提高秧苗素质，选用早稻优良迟熟品种，少耕免耕等一整套改土栽培措施，效果显著，示范面积累计共39.33万亩，1983年10.5万亩，1984年28.83万亩，累计增产稻谷3166万千克，纯收益达729万元。1985年深泥脚田水稻垄栽增产技术体系获农业部科技进步奖二等奖。

该项成果很快在湘西、湘北和洞庭湖区深泥脚田推广应用。1986年，湖南省农业厅在岳阳召开全省中低产改良工作会议，秦道珠应邀在大会作"水稻起垄栽培技术"报告。会议中与会代表讨论热烈，纷纷要求与祁阳站建立联系，希望祁阳站传授"起垄栽培技术"。会后各地因地制宜，将"起垄栽培"发展为"稻田垄沟养鱼""稻田垄沟养萍"相结合的综合改良技术，有力地推动了湖南低产田改良技术的发展。同时，贵州、云南等省的农业部门前来祁阳站取经，学习祁阳站"起垄栽培技术"，该项技术在全国同类地区迅速推广。

1985年，"红壤稻田持续高产的研究"（含"稻田二熟制"高产、紫色泥田施用锌肥防治水稻"僵苗"、深泥脚田"起垄"栽培等多项成果），获得国家科技进步奖三等奖。

图7-10　1985年由刘更另主持的"红壤稻田持续高产的研究"成果荣获国家科技进步奖三等奖（中国农业科学院祁阳红壤实验站资料室提供）

砷毒稻田，综合改良

从1974年开始，刘更另就被衡阳地委聘请为衡阳地委主管农业的副主任。因此，每年的农忙季节他都要配合衡阳地委农业部门的主管领导，到衡阳地区的各个县、区、社进行巡回检查和生产技术田间指导。

1974年6月6日，刘更另和衡阳地委农办主任陈典斗，到常宁县检查各公社抗旱情况。在常宁县白沙公社看到好几丘田，其禾苗旱成枯黄，田面已经开裂，而旁边溪沟里水流潺潺。为什么群众让这些水稻旱得这么厉害，浇灌这几丘田，就是举手之劳的事。

刘更另认为这其中必有原因。后来一打听，这种土壤就是要旱，旱成这个样子，每亩还可收一两百斤稻谷。如果浇水，马上死苗，颗粒无收。

这种土壤的性质，引起刘更另的极大兴趣，他向这里的老农打听，这种土壤适宜种什么？不适合种什么？

老农告诉他，"这种土壤适合种柑橘、生姜、花生、小枣等带香味的旱生作物"。原来这里有一种"名产"，叫"白沙柑子"，香甜可口，行销海外。这里生产的生姜，又嫩又香，又细又白，其价格超过一般生姜的两三倍。这里生产的花生，有奇香，花生壳还可以作饲料喂鸡养鸭。可现在公社要抓粮食，"以粮为纲"，所以这些年就都改种水稻啦！"这种土就是不能种水稻，还特别怕施人粪尿"。人粪尿施到哪里，禾苗就死到哪里。

带着许多疑问，刘更另做了进一步调查。发现常宁县除了白沙公社外，在其他地方的许多田垄稻田水稻都生长极差，老百姓习惯叫"冒（没）禾垌"。在这些田里种水稻，淹水就死苗，一般早稻亩产300—400斤，晚稻也只能收200来斤，严重的则全部失收。这是当地老百姓的普遍反映的情况。

图 7-11　湖南常宁"砷毒田"（左）与正常田（右）水稻比较（1975年）（中国农业科学院祁阳红壤实验站资料室提供）

进一步的调查发现，这种田在常宁县沿着水口山、大义山一带有4万多亩，向西向南的新田县和桂阳县沿线也有大面积分布。水口山、大义山矿藏资源丰富，特别盛产铅锌矿。刘更另怀疑，"冒禾垌"水稻死苗可能与其周围的某些矿产元素毒害有关。

最初他以为是锌的毒害，因为土壤分析，含锌量达500—600毫克/千克，后来他又认为是镁的毒害，因为土壤含镁2000毫克/千克以上。但是经过很多试验，都不能重复，得不到确切的结果。

为了弄清楚这个"谜",他将当地各种地形部位的土壤,分层采样进行分析化验,结果发现这种土壤含有大量的砷化物,土壤含量一般高达500毫克/千克以上的砷化物,最高达到1959毫克/千克[①]。这引起刘更另的高度重视。经过详细研究,他决定由副站长陈福兴负责,安排祁阳实验站李孟秋、佘定乙两位年轻科技人员到常宁县白沙公社蹲点,布置田间试验;他的研究生高素端将这种"带毒"的土壤带回,在祁阳实验站内做盆栽试验,并负责土壤、植株样品分析。

通过一系列田间试验和盆栽试验,进一步确定了在还原的条件下,砷对禾苗的强烈毒害作用,造成水稻死苗。如果在田间试验中施有机肥多,则死苗更严重。

在这种稻田,群众是通过晒田防止死苗。刘更另肯定了群众经验的效果。

查阅大量国内外关于"砷化物"的科学文献资料,刘更另并没有发现前人有价值的研究结论,更没有任何有关"砷"在自然界危害作物生长的研究报道。

刘更另安排由李孟秋负责,深入农户做调查,在常宁县农业局土肥站站长雷富成的配合下,他与高素端一起,来到白沙公社和秧田区等地,一边采集土壤、植株样品,一边到农户家调查。

李孟秋给采集小组描述[②]:

> 我们当年的调查发现,周围80%—90%的老百姓头上的头发都脱光了,他们叫"癞子脑壳"。还有老百姓告诉我,自从新中国成立以来,这一带的年轻人当兵参军都不要,原因都是"秃顶"。但是,70—80岁以上的长寿老年人蛮多的。

这种现象更加引起了刘更另的极大关注!

---

① 刘更另:《红壤中砷对农作物的影响》,1985年。资料存于采集工程数据库。
② 李孟秋访谈,湖南衡阳,2015年5月13日。存地同①。

原来在常宁县高砷区居住的人们，脱发严重，常患眼疾，人瘦，面色黄。但是，肥胖病、心血管病却比较少，长寿的老人比较多。

对于当地这种影响人体健康却又能延长寿命的现象刘更另把它称为"砷害症"，对于这种阻碍作物生长，且含砷量高的田块，刘更另把它称作"砷毒田"。

为了证实这种"砷毒田"的毒性，他们选择了 14 种作物进行试验。根据 14 种作物实验的结果，三价的砷化物比五价的砷化物毒性要高一百倍，这两种价态的砷化物，常常互相转化。转化的条件是什么？当时还不完全清楚。

为了弄清楚这些疑问，他们对砷化物的研究一直在不断进行。分析了砷化物的植株，发现许多作物吸砷量都很少，只有"空心菜"吸砷量比较多，达到 45 毫克/千克。

图 7–12　水稻、苋菜耐不同砷浓度盆栽模拟试验（1986 年，中国农业科学院祁阳红壤实验站资料室提供）

正在刘更另对这个研究结果感到困惑的时候，传来了山东民间一条消息。说"凡是有心血管疾病的人，应该多吃'空心菜'，这对防治心血管病有好处"。这个消息使刘更另联想到试验中"空心菜"吸收"砷"比较多的现象，并思考到与"砷"相关的两方面问题。

第一，氮、磷、砷、锑、铋在化学元素周期表中，都是同一族的，同族的元素其性质大体是相同的。为什么氮和磷是所有的植物所必需的营养元素，而砷，有的植物吸收多，有的植物吸收少，是不是由于原子量不同的原因？从原子量来说，氮为 14、磷为 31、砷为 75、锑为 122、铋为

208。因此，他认为从原子量的角度研究元素和植物的关系时，不应该把注意力完全集中在植物所需要的16种元素上。

第二，在试验中"空心菜"是吸收"砷"量最多的一种蔬菜。对于心血管病的疗效作用是不是砷化物在起作用？

带着这些问题，他系统地分析了北京同仁堂所生产的几十种治疗心血管病的中成药。结果证明，几乎所有的中成药样品都含有砷化物。例如，丹参片、大活络丹、华佗再造丸、速效救心丸、愈风宁心丸等，这些含"砷"的中成药对心血管病都有奇效，且这些中成药已经有上千年的历史，也是上千万人们用药后证明的疗效。其中砷元素含量最高的达到90毫克/千克和105毫克/千克。超过某些国家食物含砷允许值的450倍和525倍。这又是为什么？

虽然在中医的活血通络理论中，关于"砷"从生理生化的角度，很难理解，但确有其深奥的医学哲理值得研究。

随着商品化、工业化的发展，提高农产品质量，防止农业污染，显得更加迫切。某些化学元素，在土壤中微量存在，它能刺激植物生长，提高某些农产品的质量。但是，当它超过某一个数量又会危害庄稼，造成农业污染，砷就是具有这种特点的元素之一。

查阅国内外的资料，许多实验证明，少量砷化物，对某些植物生长有刺激作用。早在1939年，Hurd-Karrer就观察到1毫克/千克的砷酸盐和亚砷酸盐能刺激植物根系生长[1]。1959年，加利福尼亚大学柑橘实验站也观察到1毫克/千克的砷化物对柑橘根系有刺激作用，然而5毫克/千克则表现出明显的毒害[2]。洛杉矶大学1979年的研究证明[3]：砷酸钾、砷酸钠能降低中国柑橘、葡萄柚和柠檬的酸度，明显地改变果实的品质。L·W·Jacobs等，1970年把亚砷酸盐作为马铃薯的脱叶剂，每公顷喷施45—90千克，马铃薯明显增产，喷施量再提高，产量降低，而且还危害

---

[1] Hurd-Karrer. 1939.

[2] Liebig.G.F, Bradford, G.R, Vanselow, A.P Effects of Arsenic Compounds on Citrus Plants in Solution Culture.Soil Sci, 1959, 88：342-348.

[3] Procoprou, J., Wallace, A. Effects of Arsenic Sprays on Different Citrus Fruice Acidity Alexandria Research, 1979, 27（1）：93-98.

后作①。D·Chapman在1996年的研究证明，施入少量的砷，对石刁柏、马铃薯、西红柿、胡萝卜、葡萄都有良好影响②。常宁县白沙公社盛产"白沙柑子"，西岭公社出产的生姜，品质好、售价高，据分析都与土壤中砷的含量较多有关。1984年，他的学生高素端在祁阳实验站，用200毫克／千克的砷酸盐喷施柑橘，发现能明显降低果品酸度，提高其糖分。

然而，砷酸盐又是自然界剧毒物质之一，超过一定数量，对不同植物产生不同程度的危害，甚至严重影响人畜健康。1970年，L·W·Jacobs研究了砷对蚕豆、马铃薯、豌豆、甜玉米等作物的危害。水稻被认为是对砷最敏感的作物之一。Michil Tsutsumi（1980）在盆栽试验中，用50毫克／千克的砷酸钠处理，水稻减产65.2%；施用125毫克／千克，水稻减产90.2%③。R·Thomas（1980）系统阐述了砷化物对植物、动物和人畜健康的影响④。

常宁县有5个公社的大片水稻田年年低产，有的地方严重死苗、颗粒无收，各种改良措施均未奏效。不仅如此，当地居民面色灰黄，体质较差，脱发者较多，据西岭双安两地调查，脱发秃顶者占32%。刘更另根据常宁25个点取样分析的结果，证实了"砷毒"的结论，并进一步确定了该地区土壤中含砷量高达2000毫克／千克，超过世界土壤平均含砷量的400倍。

从地质构造分析，常宁土壤中的砷，来源于土壤母质。该县大义山脉岩体形成过程中，曾发生砷化物成矿作用。分析岩石风化物中含砷量也很高，一般为1100毫克／千克，最高达3500毫克／千克。

对这些含砷量高，妨碍作物生长的"砷毒田"，采用掺入红土，施用

---

① L.W.Jacobs, D.R Keeney and L.M.Walsh, Arsenic Rcsidue Toxicity to Vegetable Crops Grown on Plainfield Sand.Agronomy Journal, 1970, 62: 588-591.

② Chapman. 1966.

③ Srephen Duah-Yentumi, Michio Tsutsumi, and Kinkichi kurinara.Invensification of Arsenic Toxicity to Paddy Rice by Hydrogdn Sulrate and Rerrous Iron.

④ Ⅰ. Induction of Bronzing and Irom Accumulation in Rice by Arsenic, 561-569.

　Ⅱ. Effects of Ferric Sulfate and ferric Hydroxide Application on Arsenic Toxicity to Rice Plants. Soil Science and Plant Nutrition, 1980, 26（4）: 571-580.

磷肥以及使用硫酸铁、硫酸铝、硫酸钙、硫酸锌等办法进行改良，对其毒害略有减轻，但无法消除砷的危害。

刘更另分析，如果要研究砷酸盐刺激植物生长，提高农产品品质的功能，首先要防止它对农作物的危害。因此，深入研究砷酸盐和植物的关系至关重要。

常宁县曲潭、双安、西岭、秧田、白沙一带4万多亩水稻田，长期处于"砷"中毒，历来低产死苗现状严重。将水稻田改种黄豆、棉花、油菜、柑橘、生姜能获得良好的效果。这些群众经验为他们研究如何改良利用这类"砷毒田"提供了帮助。

大量的调查研究和系列田间试验，取得了良好的效益。归纳为六个方面[①]。

其一，砷酸盐、亚砷酸盐以及许多砷化物是自然界剧毒物质之一，土壤中的砷化物含量不多，不妨碍植物生长，有时对植物还有刺激作用，如含量过多，则严重为害作物。

其二，湖南常宁俗称"有色金属之乡"，有些土壤中砷酸盐过高，严重为害植物生长，长期以来，砷酸盐是当地农业生产发展的严重障碍。

其三，土壤中的砷酸盐和亚砷酸盐对水稻、宽叶雀稗、甘薯、苋菜、空心菜、辣椒、生姜、花生、烟草、水花生等都有毒害作用。然而，植物的种类不同，对砷毒的忍耐力不同，植物受害的程度有较大差别。

其四，植物体内的含砷量与土壤中砷的含量成正相关，植物体内各部分砷的分布是根系内最多，茎叶中次之，而可食部分含砷量少，水稻根系内含砷量可高达3851毫克/千克。植物体内含砷量相差很大，试验的14种植物，根系含砷量相差200—621倍，茎叶含砷量相差11—200倍。

其五，植物的可食部分一般含砷量很少，在亚砷酸盐超过500毫克/千克时，所有植物的可食部分的含砷量都超过了国家规定的0.65毫克/千克的标准，空心菜茎叶中含砷量高，超过国家标准68倍。

其六，大量田间试验证明，在"砷毒田"里栽培水稻，首先要有充足

---

① 刘更另：《土壤中砷和植物生长》，1985年。资料存于采集工程数据库。

的植物养分，特别是钾肥的供应。大量施用火土灰和起垄栽培能提高"砷毒田"的水稻产量。

从 1974 年 6 月，在常宁县白沙公社发现"冒（没）禾垌"起，到刘更另带领祁阳实验站科研人员做调查、采样分析，确定为"砷毒"所致的原因，再到系统田间试验、改良"砷毒田"的全过程，直到 1985 年取得阶段性研究成果，共花了 11 年时间。

"砷毒"研究的成果引起国内外学者的高度关注。1986 年刘更另把这些关于土壤砷的研究结果在世界第 13 届土壤学会会员大会土壤化学分会

图 7-13 刘更另 1974 年 2—12 月工作日记（刘更另家属提供）

第七章 梦寐以求 再回祁阳

上作了报告，引起大家的极大兴趣，挪威科学院院长洛格教授主动向他祝贺，认为这是地质医学方面的重要贡献。1987年，浙江农业大学何念祖教授主编的大学教科书《植物营养原埋》中，大量引用了他们关于"砷"的研究材料和试验结果。1986年以后，世界上关于砷的研究慢慢多起来了，许多学者来信索取他们关于砷的研究材料。他感慨地说，现在看来，面对我们的客观世界，还有许多问题没有被人类认识。从实际出发，从总结群众的实践经验出发，经过严格的科学实验，就可以为人类认识利用客观世界作出贡献[①]。

刘更另院士2010年6月去世。他的妻子陈文新院士，回想起家庭生活往事时，意味深长地告诉采集小组[②]：

> 我的丈夫刘更另有"大男子主义"的思想。他的事业心很强，是个"工作狂"，一年到头在家的时间很少，有时一年在家待的时间不到一个月。我对他的学习和工作的艰苦努力劲头还是很看重的。虽然我们俩在思想与为人处世方面有分歧，但聚少离多也没有什么矛盾。我们在苏联时有了第一个孩子，回国后有了第二个孩子，均是由我及我家人负责抚养的，或许是因为孩子让我们彼此变得宽容些。

全国政协原第十一届政协委员、中国农业科学院土壤肥料研究所原副所长黄鸿翔研究员告诉采集小组[③]：

> 那些年，中国农业科学院土壤肥料研究所的科研经费很少，每年总共就3000多元。但每年会拨给祁阳实验站1000元科研经费，土壤肥料研究所里对祁阳实验站的科学工作非常重视。但是，中国农业科学院土壤肥料研究所每年拨给祁阳实验站的科研经费不够用，刘更另

---

① 刘更另，高素端：红壤中砷对农作物的影响.《土壤通报》，1987年第5期，第231-233页。资料存于采集工程数据库。
② 陈文新访谈。北京，中国农业大学，2015年5月。存地同①。
③ 黄鸿翔：中国农业科学院祁阳实验站建站55周年座谈会发言。北京，2015年9月5日。

又通过湖南省农业科学院土壤肥料研究所、湖南省科委支持，获取部分科研经费开展科学研究工作。在这期间，他们加强了与湖南省科委和衡阳地委的联系，并在全国四级农科网（包括省、地、县、社）的推动下组建了官山坪大队农科队，把官山坪大队的稻田交由农科队开展繁殖良种、合理密度、施肥等试验。

长期坚持，必有成效

二十多年来他们到底做了些什么？

刘更另在回顾祁阳实验站二十多年的发展历程时说，"我们得到一条经验：长期坚持，必有成效[1]"。

60 年代，他们研究成功了施用磷肥防治水稻"坐秋"，发展豆科绿肥，以磷增氮，以无机肥换有机肥，培肥改良土壤；在磷肥绿肥的基础上，发展双季稻，提高复种指数。这几项措施，大幅度提高了水稻产量，推动了湘南广大地区农业生产的发展。

70 年代初，双季稻绿肥制度出现了新问题，即苗好谷差，病虫害严重。经过反复实验，他们研究出来了施用钾肥提高作物抗性，增加结实率和千粒重，总结出来了与双季稻绿肥制度相适应的施肥制度，这就是"秧田靠精肥，多施磷钾肥，早稻绿肥加面肥，晚稻化肥加杂肥。根据叶色施追肥，穗期适当补氮肥"，从而保证了双季稻绿肥制度的持续增产。

70 年代中期，重点研究了晚稻生态条件、栽培技术和管理措施，总结出了早插、早管、早追肥的"三早"管理经验。结合杂交水稻的推广，他们向衡阳地委提出了"提高晚稻单产，实行晚稻超早稻"的建议。衡阳地委根据他们的建议，狠抓晚稻，开展晚稻超早稻的活动。1975—1980 年的 6 年时间，衡阳地区晚稻总产增加 1 倍，平均每年增产 18.6%。

---

[1] 刘更另：《长期坚持，必有成效》，1982 年。资料存于采集工程数据库。

80年代中期，他们研究了深泥脚水稻"起垄栽培技术"、使用锌肥防治水稻"僵苗"技术。在湘南衡阳、零陵、邵阳等3个地区示范推广，获得大面积丰产，解决老百姓吃饭的大问题。

80年代中后期，发现常宁县的"砷毒田"，研究综合措施改良"砷毒田"取得阶段性成果。还帮助官山坪大队发展茶叶300多亩，营造杉木林2000余亩，引进桃、核桃、板栗等经济苗木10多种，推动了当地林、副业生产的发展。

科学源于生产，生产需要科学。在农业生产前线进行科学实验，有利于发现问题，提出切合实际的课题；有利于解决生产问题，让人民群众获得实实在在的好处；有利于推动农业生产，迅速把科学技术转变成生产力。

20多年在农村基地进行科学实验，刘更另总结出了"抓生产问题，做基础工作；用先进手段，攻薄弱环节；得综合成果，出专门人才"的30字名言。

第八章
建桃源现代农业基地
研究我国农业现代化

选址湖南桃源，建立农业现代化研究所

1978年3月18日，中共中央在北京人民大会堂召开全国科学大会，中共中央副主席、国务院副总理邓小平发表重要讲话，邓小平指出四个现代化①的关键是科学技术的现代化，着重阐述了科学技术是生产力这个马克思主义观点。这次大会是中国科技发展史上一次具有里程碑意义的盛会。

根据党中央、国务院部署，1978年6月，中国科学院拟选址湖南桃源，建立农业现代化研究所。桃源是刘更另的家乡，作为农业科技专家，刘更另对家乡的情况较为熟悉，被借调到中国科学院，由他带领一批中国科学院的专家在湖南桃源考察选址，筹建中国科学院桃源农业现代化研

---

① "四个现代化"指工业现代化、农业现代化、国防现代化、科学技术现代化。1954年第一届全国人民代表大会，第一次明确提出四个现代化的任务，1956年又一次把这一任务列入党的八大所通过的党章中。

究所①。

12月，中国科学院桃源农业现代化研究所成立，刘更另被任命为副所长（兼任）、党委委员和学术委员。同年，由他选址的中国科学院桃源农业生态实验站也在桃源关山落成②。这是中国科学院在我国南方红壤地区设立的一个集农业现代化、区域生态观测研究与可持续农业发展优化模式示范功能为一体的研究机构。

现年76岁的李达模研究员，是1978年6月来湖南桃源筹建中国科学院桃源现代化研究所的第一批科研人员之一。他跟随刘更另研究员，在桃源县境内选点、建立桃源生态观测实验站，从事"潜育性土壤"改良研究，并担任中国科学院桃源实验站首任站长。

2015年1月，李达模研究员告诉采集小组③：

> 当年刘更另研究员在桃源积极推崇创办农村基点，我来到桃源后，他就说毕竟我们是中国科学院的单位，不能像地方农科院那样蹲点，必须选址建立基地，长期扎根。当年，他选址红壤丘陵坡地"关山"建站，取名"关山实验站"，后来"关山实验站"改叫"桃源生态实验站"。这是中国科学院桃源农业现代化研究所最原始的基点。

李达模是学遗传学的，原在中国科学院遗传所做育种基础研究工作。

图8-1 2010年中国科学院桃源生态实验站全景（中国科学院桃源生态实验站提供）

---

① 刘更另：《探索中国式农业现代化的途径》，1980年。资料存于采集工程数据库。
② 中国科学院桃源实验站简介，2015年，第2页。
③ 李达模访谈，湖南长沙，2015年1月。存地同①。

来到桃源后，刘更另跟他说："中国科学院遗传所有个好传统，你们到中国科学院桃源农业现代化研究所后要继续发扬，千万不能只搞基础研究，既要做基础研究，也要有其他研究项目，要自选研究课题[1]"。

根据刘更另的建议，从那时开始，李达模就自选课题，独立开展潜育性土壤改良研究。中国科学院南京土壤研究所何电源研究员任中国科学院桃源农业现代化研究所所长，他与刘更另带着年轻人在桃源建立农业现代化研究所、关山实验站，开始农业生态研究。

刘更另还教李达模学土壤学。在刘更另的带领下，李达模跟随刘更另把桃源全县跑了一遍，着重调查桃源的土壤类型、生态分布特点。

李达模就这样起步，跟着刘更另一边调查，一边学习、辨认土壤类型，由此开始，他了解了许多桃源当地的农业生产情况，也为他担任桃源生态实验站站长后20余年的研究工作打下良好基础。

深入调查布点，研究水稻生态

1979—1981年，刘更另主持水稻生态的研究工作，他亲自选点，建立了11个生态观测点[2]，培训了38名观测员，系统综合观测分析水稻生长发育与生态环境之间的关系。在这期间，共获得数百万个原始数据，经分析整理，归纳出许多规律性的结论，撰写6篇论文报告。

李达模将当年选点布置生态观测点的情况告诉采集小组[3]：

> 1978年刘更另以桃源生态实验站为基地，经过三个多月的调查选点，在桃源一个县境内的不同类型生态区，布置农业生态观测点11

---

[1] 李达模访谈，湖南长沙，2015年1月20日。资料存于采集工程数据库。
[2] 刘更另：《中国科学院长沙农业现代化研究所生态组，生态点实验方案》，1981年3月。存地同[1]。
[3] 同[1]。

个。目前，中国科学院桃源生态实验站经过30余年的发展，已遴选为国家野外生态观测站（台）。

由刘更另主编的《桃源生态条件与水稻生产研究报告[①]》，其"前言"摘要如下：

> 1978年，中国科学院桃源农业现代化研究所成立。我兼任该所副所长并主持水稻生态方面的研究课题。参加这项综合研究的有王子璋、贺志康、文子云、李达模、鲁君山等同志。在研究所党委和桃源县委支持下，在桃源建立了11个生态观测点，培训了余运生、陈新吾、钟福初、冯林书、胡桂初等38位观测员。这些同志工作认真、细致、艰苦努力。从1979—1981年取得了大量关于气象、土壤、肥料、水稻生育方面的资料。我整理出来的几篇报告，只是其中很小的一部分。从1982年起桃源的这些生态观测，由有关同志继续进行，我相信它将取得更加有意义的结果。

为什么要建立"生态条件与水稻生产"的生态观测点呢？农业生产受生态条件的影响，农、林、牧、渔都有显著的地域性。在大范围内人们较重视自然条件的差别，气候、土壤不同，农业生产和作物布局不同。但是，在一个县、一个社的范围内，人们往往忽视这种客观存在的差别性，有的采取"一刀齐"的办法来指挥生产，给农业生产带来危害。因此，刘更另以桃源县为例，在一个县的范围内，各种环境条件的复杂性，以及反映在水稻生产上的种种变化，使人们了解水稻作为一种植物其与生态条件的某些规律性联系，同时，也为当地因地制宜安排水稻生产提供科学根据。

[①] 刘更另等：《桃源生态条件与水稻生产研究报告》，1979-1981年，第1页。资料存于采集工程数据库。

桃源县建立生态观测点的定点原则①：既考虑自然环境的代表性，又考虑水、肥、光、热的特殊性，特别重视作物与环境的关系。全县 11 个点分布是：南部山区有沙坪、杨溪桥、茶庵铺（茶安卜）三个点；西部山区有龙潭、瓦尔岗两个点；北部山丘区有黄石、郝坪两个点；中部丘陵区有三阳、泥窝潭、和平三个点；东部平原区有陬郊一个点。

各生态点上试验田的土壤、地形、母质、历史情况等方面，虽然种类不同，但都是人工培育起来的水稻土，具有水稻土的相同特点。

图 8-2 桃源水稻生态观测点分布图（1978 年）
（资料来源：《桃源生态条件与水稻生产研究报告》）

刘更另选用我国著名水稻科学家丁颖教授提倡的"生态学"方法，作为研究水稻生长与环境条件的依据。这种方法的原则是：统一设计处理，统一操作规程，统一观测项目和记载标准，统一实验材料与规格，统一观测时间与方法。一句话，作物品种相同，人为措施相同，在不同的生态系统中进行实验比较，观测其不同的反应。

刘更另对各个试验基地负责观察记录的技术员进行多次培训，统一各个生态点的观测记录时间、调查记录标准、方法和资料统计方法，并告诉他们："从各个试验观察点来看，好像是两个简单的对比实验。但从全县看，它又是一个大实验，每一个点就是一个处理，每一季作物就相当于一个观测样品，在这里，作物既是我们的研究对象，又是借以认识环境因素

---

① 刘更另等：《桃源生态条件与水稻生产研究报告》，1979-1981 年，第 5 页。资料存于采集工程数据库。

第八章 建桃源现代农业基地 研究我国农业现代化　**175**

的一面镜子。因此，这是一个全新的试验设计，其结果将对全县乃至整个南方区域水稻生产提供理论依据和技术支持。"

三年实践证明：这种研究方法填补了长期以来我国水稻生态研究的空白。它不单是观察某一品种、某一措施的优劣，更重要的是它能从千差万别的综合现象中，从运动变化的过程中归纳出许多规律性的认识，了解水稻生长发育的规律性，明确生物因素和环境因素的相互关系，了解水稻生育过程中起主导作用的因素，帮助人们找到这个地区水稻生产上的关键因素，启发人们思考许多问题，使他们在安排农业生产、制定技术措施时更加切合实际。

为了把农业生产建立在稳产高产的基础上，刘更另认为，必须认真研究冷空气活动的规律性。冷空气活动，不同时期对农作物有不同影响。如严冬的冰冻，能摧毁许多作物；早春的寒潮，能引起水稻烂秧，妨碍禾苗分蘖；深秋的冷空气活动"寒露风"，常常影响水稻正常开花结实，使水稻空壳增多，对生产不利。然而七月、八月的冷空气，常常伴有降水，一方面能减轻高温对农作物的为害，另一方面能增加水分供应，对农业生产很有好处。因此，掌握了全县热量分布的季节性变化规律，就由被动变为主动，科学布局作物的播种季节，避开不利因素对作物的为害。

那么，生态条件和水稻早期生长势有何关系？

刘更另分析，水稻早期生长势是水稻生长发育过程中非常重要的问题。它包括出苗、发根、返青、分蘖等方面，它是水稻发苗、成穗、丰产的关键之一。提高水稻早期生长势，核心的问题是促进早分蘖，分壮蘖和控制无效分蘖。水稻分蘖与生态条件有密切关系，特别是温度对水稻分蘖有很大的影响。对粳稻来说，在 15—33℃的范围内，分蘖随温度升高而加快；籼稻分蘖的起点温度比粳稻高。

那么，桃源种植水稻会出现怎样的情况呢？

桃源 11 个生态观测点的 3 年观察实验，终于有了结果[①]，且具有如下特点：

---

① 刘更另等：《桃源生态条件与水稻生产研究报告》，1979-1981 年，第 10 页。资料存于采集工程数据库。

一是，早期生长势是水稻生育极重要的阶段。包括早分蘖、分壮蘖，是水稻发苗、成穗、丰产的关键之一。夺取水稻高产，必须重视早期生长势的研究。

二是，水稻分蘖与品种、播期、栽培技术密切相关。但影响水稻分蘖作用最大的是具体的生态条件，包括水、肥、光、热等条件。地点不同，各种生态条件不一样，水稻的分蘖始期，最高分蘖期的迟早不一样，整个分蘖期的长短也不一样。

三是，桃源11个生态点，可按水稻分蘖始期和最高分蘖期的迟早进行归类。发现瓦尔岗、杨溪桥分蘖最迟；沙坪、泥窝潭、黄石分蘖最早。在5月14—18日全县大部分地区都开始分蘖。

四是，桃源每年春季气候变化剧烈。从全局说，在1979年、1981年宜于早播，而1980年宜于迟播。从3月26日算起，推迟10天播种，在桃源大部分地区最高分蘖期并不推迟。在桃源西南和西北山区推迟播种反而有利。

五是，早稻分蘖可归纳为四种类型：①前期不发，中期猛发，以后茎数不断下降，成穗不高；②前期发苗慢，中期增蘖快，茎数慢慢减少，成穗率较高；③前期老不分蘖，以后逐渐增苗，苗数减少不多，成穗率很高；④前期长势好，中期发苗缓，增苗慢，减苗慢，形成一条抛物线。

根据生态观察结果，刘更另弄清了水稻群体分蘖成穗与生态条件的关系，这对了解水稻生育特性，促进水稻生产有重要作用。对水稻叶片的出叶速度、叶面积指数与产量的关系有了更多的了解，因为水稻叶片是进行同化作用的主要器官，作物生长好坏、成熟迟早、产量高低无一不有密切关系。

为了获得高产稳产，他还系统地了解水稻叶片生长发育的规律性。

那么热量状况[①]对水稻开花结实有什么影响呢？

刘更另根据衡阳地区双季稻生产所需热量经验认为：湘北发展双季稻，开花结实与气温的关系比湘南显得更为重要。对于籼稻，日平均气温

---

① 刘更另：《桃源热量状况与水稻开花结实》，1979年。资料存于采集工程数据库。

连续 3 天低于 20℃，或对于杂交水稻连续 3 天低于 23℃，都称为"寒露风"。因此，在湘北提倡晚稻在 9 月 15—20 日齐穗，对杂交稻要求更严格。为了保证晚稻按时齐穗，就要提前早播种，但是客观上又不可能提早插秧，这样的结果是秧龄太长，秧苗老化，有的甚至"带胎上轿"，结果秧质很差，不利于高产。

因此，如何对待"寒露风"问题，首先要了解热状况和水稻开花结实的关系。刘更另以"余晚六号"为对象，组织各生态点对其开花受精和结实进行系统的观测。观测结果发现：水稻开花结实，与温度关系密切。日平均温度在 17℃以上，籼稻"余晚六号"就能开花结实。低于 17℃也发现有 41 朵花开放，其中有 31 朵花结实。在和平、泥窝潭还观测到，在早晨 7 点 25 分、15.8—16.2℃气温条件下，也有水稻开花，但未见结实。晚稻结实率的高低，与夜间温度呈正相关，10 月 1 日以后结实率剧降，与最低温度有关。

弄清楚热状况对水稻开花结实的规律后，刘更另认为，还必须搞清楚不同生态条件下水稻产量和产量因素之间的变异关系。即单位面积的水稻穗数、实粒数和粒重构成关系。

实验证明：作物生长好坏，生育迟早，产量高低，既是作物本身的表现，又是环境因素的反映。依靠环境培育作物，通过作物认识环境。

刘更另还从多点生态实验观察证明：桃源大部分地区都能种双季稻，但是某些山区确实不宜种双季稻。在山区栽培早稻的时候，不宜强调早播。早春低温，晚秋"寒露风"，对双季稻生产不利。但是在农民中已积累了许多对付这些不利因素的经验，例如耐冷的品种、抗寒的栽培措施。

这一成果首先在桃源得到应用。"我们当年在桃源推广的'余晚六号'，就是采取又抗、又躲的办法，搞了 11 个生态点的观测实验，终于实验成功，并在全县推广几百万亩，最高亩产 500 多公斤，平均亩产 450 公斤以上。由此说明，一种科学的耕作制度是建立在一定的生态环境基础之上的[1]。"

---

[1] 刘更另：《水稻生态研究》，1979 年。资料存于采集工程数据库。

水稻生态观测研究成果，为湖南全省大面积发展双季稻和早、晚稻适时播种插秧、晚稻抽穗避开"寒露风"提供理论依据。在老百姓的心目中，形成插完早稻过"五一"、插完晚稻过"八一"的农事季节概念，避免了历年"寒露风"对晚稻抽穗杨花的为害，为湖南全省发展双季稻和早晚稻丰收起到了保驾护航的作用。

学习借鉴日本农业现代化经验

桃源农业现代化研究所从 1978 年成立之日开始，就与日本农业部门、科研院所建立了友好关系，学习、借鉴日本先进的农业现代化科学技术，是当年桃源农业现代化研究所的重要工作之一。

1979 年 3 月 22 日至 4 月 12 日，刘更另随中国科学院农业科学考察团考察了日本的农业生产部门和农业科研院所。5 月，他完成了《关于日本农业现代化的几点汇报》[1]的考察报告，摘要如下：

20 世纪 80 年代，日本的农业，无论从劳动生产率、土地生产率、科学管理水平、机械化程度以及农民收入水平各方面来衡量，都可以说，现代化程度是相当高的。

如果说，传统农业是以手工工具、人畜力和自然肥料为基础的，那么日本的农业已经完全不同了。它已经实现了以机器代替手工工具，以矿质能源代替了劳畜力，以化学肥料代替了自然肥料。

如果说，农业生产的基本任务就是要充分利用太阳能，把太阳的光能通过绿色植物转变为人类需要的化学能，那么日本在这方面已经做得很不错了。从空间方面来说，除了房屋、道路、停车房及工业设施以外，任何可以栽培花草林木的地方都充分利用了，整个土地都铺

---

[1] 中国农业科学院祁阳红壤实验站：《刘更另与红壤地区农业发展》。长沙：湖南人民出版社，2010 年，第 148 页。

满了绿色植物,其中森林覆盖面积达到68%,在世界上是少有的。从时间上来说,由于设施农业的发展,一年四季都在利用太阳能。此外,改良品种,提高栽培技术,扩大高产作物栽培面积,从各方面提高对光能的利用率,做得很有成绩。因此,日本农业创造了很高的劳动生产率和土地生产率。

图8-3 1979年刘更另(前排左三)等中国农业专家考察团成员考察日本农业现代化合影(刘更另家属提供)

通过考察,刘更另发现日本农业具有如下明显特点:

第一,由于农业生产完全变成了商品生产,所以它丧失了本来的自然的、综合的、自给自足的传统特性。它的发展进一步受价值规律的支配,什么有利就生产什么。农民和农业生产领导者,不仅关心田里禾苗生长的好坏和收成的高低,而且更多地关心农产品的销路和价格,关心国内市场甚至世界市场的行情。

第二,由于农业生产完全变成了商品生产,因此要求农产品有很高的竞争能力。规模越大,机械化程度越高,相对来说生产成本就越低,竞争能力也就越强。为了提高农产品的竞争能力,日本政府和学者把日本农户联合起来，采取了一系列的措施鼓励联合。

第三，从大田生产到设施农业的过渡。设施农业完全在人工控制之下，产量高且稳定，冬天可以生产夏季水果和蔬菜，一般说，经济收益要比大田高3—4倍。这样的农业在全国占10%，东京以南占15%，在熊本县占20%。农业生产完全变成了商品生产，而所有制是私有的，又有强大工业的支持。设施农业的发展，使大家更加不重视大田生产了。

设施农业矿质能源消耗很大。暖房、冷房、通风、换气、浇水都要靠石油和电力，设施农业的产品价格不可避免地要受石油价格的影响。设施农业劳动强度大，在温室里手工劳动，温度高、空气污浊、时间过长对健康不利。且设施农业产品的质量不高，味道不如自然条件下栽培的鲜美。因此，设施农业的发展给农业科学提出了新问题。

一是温差小，不利于作物生长。二是光照强度相对减弱，需要土、肥、水、气、热诸方面的合理控制与调节，可以提高作物对光能的利用。三是在设施农业中，作物产量提高但抗性降低，病害严重。四是在设施农业里，空气流动很慢，土壤蒸发、植物蒸腾与自然条件下明显不同，植物产量虽高，但最易早衰。

从日本农业现代化的考察刘更另认识到：农业现代化很重要的一条是机械化省力，可是现在日本的农业还有许多手工劳动，例如栽培席草，除了收割和烘干是使用机器外，其他育苗、移栽、施肥、中耕、除草，都是手工劳动。

还有，设施农业一天到晚，一年到头很累，很辛苦，日本童北地区一个农民说："设施农业很费工，累死人。"可是设施农业发展很快，为什么日本农民愿意这样干？

参观日本农业现代化现场，看了日本设施农业规模，经过与日本农民、专家学者的反复交流、座谈，刘更另终于明白了一个道理：农业生产最根本的一条就是利润。价值法则支配着他们的行动。很多现象看起来很矛盾，其实并不矛盾，一切都受经济规律支配。

对日本农业现代化的一些实地考察，也澄清了刘更另的许多糊涂观念，从而思考中国农业现代化发展之路。以下是他考察日本农业现代化后

的几点新思考①,摘要如下:

一是农业现代化与农业经营规模没有必然的联系。比如美国的农业现代化表现为"土地多,规模大,劳动生产率高,但是单位面积产量低"的特点。日本是在"人多地少"的条件下搞现代化的,虽然规模不大,每个生产单位小的15亩,大的也只有30亩,但表现出"单位面积产量高、效益高"的特点。我国自然条件复杂,既有地广人稀的地区,也有人多田少的地区,因此,9他想"中国的农业现代化,要因地制宜,参照国外经验,不能照搬"。

二是农业现代化与农田基本建设的关系。农业现代化必须要改变农业生产条件,农业机械化也要有合理的农田布局。农业现代化与那些路成行、田成方、渠道成网,没有必然联系。在南方水稻区雨量这么大,太强调等高梯田,强调平整土地、消灭落差,对排水和土壤通气不利,有的田块太大,运肥很不方便,机耕道太宽太费地,对实现农业现代化没有好处。

三是实现农业现代化必须实现社会化和专业化。日本的农业,正在从一个自然综合体向更高的社会化专业化过渡,在这个过程中,商品的作用不小。正确发挥商品的作用,正确运用价值规律,这对提高产品质量,降低原料消耗,改善服务态度都有好处。

四是实现农业现代化和机械化要有一个过程。与其准备得短一点,不如准备得长一点。我们的任务是研究如何加速这个过程,而不是超越这个过程。农业机械化,地区不同、经济条件和自然条件不同,机械化的步骤会不一样。根据日本的经验,因地制宜,从易到难,从简单到复杂,比较合乎规律。

刘更另分析,当前我们国家要集中力量解决运输问题,包括田间运输、短途运输、长途运输,现在我们的拖拉机无论大小,主要在跑运输。

---

① 刘更另:《关于农业现代化的几个问题》,1979年,第1-2页。资料存于采集工程数据库。

并指出:"我们国家要先搞农民迫切需要但是自己无法解决的机械,可事半功倍。例如南方春收和秋收季节都是雨季,春收小麦、油菜、蚕豆、豌豆;秋收晚稻、红薯,每年损失很大。例如:油菜杆是很好的猪饲料,如果有烘干粉碎设备,不仅可以多收 10%—30% 的油菜籽,而且可以获得大量的猪饲料,可以优先发展[1]。"

"还有一个特别的前提,就是要创造良好农业环境和保护森林、水土资源,这是实现农业现代化的基础[2]"。

农业高产稳产,需要比较稳定的自然条件,现代化的农业,要有良好的生态环境。土壤、肥料、空气、水分、光照、热量等植物生长因子,要合理调节。在土壤中,要处理好水分和空气的关系,否则就不可能高产。

如温度与湿度有密切关系,日本利用空气湿度来调节气温,防止冻害。日本森林覆盖率达到 68%,人工造林占 40%,依然还在造林,争取达到 50%,所以日本的水旱灾害很少。

"取人之长,补己之短。"刘更另认为:"日本的经验很值得我们学习与借鉴。林业的建设既是现代化农业的条件,也是现代化农业的重要组成部分[3]"。

对桃源农业现代化发展的建议

面对 20 世纪 80 年代我国农业现代化的现状和亿万人民群众对实现农业现代化的迫切期盼,刘更另经过深思熟虑,首先对桃源农业现代化发展提出建议,摘要如下[4]:

---

[1] 刘更另:《关于农业现代化的几个问题》,1979 年第 3 页。资料存于采集工程数据库。
[2] 同[1],第 4 页。
[3] 刘更另:《农业现代化的问题》,1983 年 7 月。存地同[1]。
[4] 中国农业科学院祁阳红壤实验站:《刘更另与红壤地区农业发展》。长沙:湖南人民出版社,2010 年,第 150 页。

结合日本农业现代化某些经验，充分利用桃源现有的资源和经验，必须积极做好如下诸多方面事情。

第一，调动全县人民的积极性，继续大搞水电建设、林业建设、公路建设，每年农村基本建设用工要多于1978年。

第二，坚持按劳分配原则，参考日本高工效、高报酬、高消费的政策。

第三，在最近几年内，不要再扩大耕地，把重点放在低产田改良、增加土壤有机质，提高土壤肥力上。山区、半山区要减少或免除三超粮任务。坚决制止毁林开荒、滥砍滥伐，提高大家对保护水力资源、森林资源和土壤资源的认识。

第四，要停止垒石坝、修梯田和搞"吨粮田双纲田"的做法。埋头苦干解决农村"三料"（燃料、饲料、肥料）的来源问题，利用一切条件种树、种草，使大家明白"三料"的问题解决了，秸秆可以还田，土壤有机质可以增加，土壤肥力就会提高，这是建设"双纲田""吨粮田"的有效办法。

第五，大力发展畜牧业、渔业，搞好白洋河拦鱼设备，充分利用白洋河及其他哑河、堰塘发展淡水养鱼，设法修建一个冷藏库，添置几台冷藏车，在长沙、株洲或湘西钨矿，开设几个桃源临时供应点，直接供应工矿城市的农副畜牧产品。

第六，精简机构，停建各种房屋，社队不得占用农田修建任何房屋。水库、道路、林场、电站公用房屋要因陋就简，不要把有限的流动资金变成固定资产。

第七，采用有效措施，控制人口。

第八，发展社队企业和旅游业，允许社队在水库林场等风景优美的地方利用现有建筑，开设旅店、招待所和小型医院，吸引远客来县就医、养病、休息或从事创作。

第九，集中精力，搞好几个骨干工厂，生产高档产品，打开外贸局面。积极争取在茶叶上同日本搞好补偿贸易。积极恢复沙坪的茶叶基地，改造旧茶园发展新茶园，建设一些相当于日本静冈县的高产茶园。

第十，在现有的柑橘基地上搞一两块样板橘园，建立喷灌设备和防冻设备，另外在沅江内几个大河洲上，靠近水源利用树木茂密的优越条件，逐步建立几个新柑橘园，达到日本爱媛县的水平。在建立果茶基地时要结合办畜牧场，但不要在果茶行间搞"果粮间作""以短养长"等实际上得不偿失的措施。

第十一，要研究出一套良种繁育体系，集中力量先建设好一个种子研究中心。在种子研究工作中，除了研究水稻、小麦等主要粮食作物种子外，特别要加强各种经济作物、油料作物、饲料作物、杂粮作物、绿肥作物、牧草作物、水生作物的选育工作。

第十二，建立桐油、楠竹基地，复垦油茶林，禁止在油茶林内烧火土灰，刨肥土，在每个油茶林山脚要留2米宽的灌木林，防止水土流失。

第十三，积极研究混合饲料，建立巩固的饲料基地，筹办混合饲料加工厂。

第十四，积极发展沼气，利用石煤生产水泥，并研究利用石煤搞烘干设备。

第十五，积极筹办县社联合开矿事业，开采金矿、钨矿及金刚石。筹建建筑材料厂，开采漆河的荷花石。

第十六，在大力发展社队企业时，要特别注意环境保护，县革委要制定若干条例，以晓全县。

刘更另还就桃源实现农业现代化中，民主、科学与现代化农业的关系[1]进行分析，摘要如下：

为了实现农业现代化，我们必须认真按客观规律办事。
首先，稳定农业方针政策和建立良好的农业生态环境。如果农业

---

[1] 中国农业科学院祁阳红壤实验站：《刘更另与红壤地区农业发展》。长沙：湖南人民出版社，2010年，第165页。

生态环境不稳定，同样不可能高产稳产，更谈不到现代化农业了。改善农业生态环境，最有效的办法是植树造林和栽培各种植物。目前，人们对植物改良坏境、有机质改良土壤认识不足，随意毁坏植物，大量浪费有机物。有的把作物秸秆堆在田里一把火烧掉；有的把有机粪肥到处乱扔；更有甚者，还在放火烧山，搞"刀耕火种"等，这些都是毁损国家自然资源，破坏农业生态环境的做法，应当立刻制止。

其次，要建立科学的耕作制度和栽培体系。科学的耕作制度，要有效地利用自然界光、热、空气条件，要符合自然界农业生态平衡，在经济上要合算。还要与良种、良法、良田结合，建立科学的栽培体系。

对我国发展农业现代化的几个问题思考

1978年8月17日，在湖南常德地区机关全体干部会上，刘更另就我国实现农业现代化发展中存在的几个问题作了专题报告，科学阐述了我国发展农业现代化的几个问题，摘要如下[①]：

一是搞农业现代化要改变旧观念。
要实事求是地分析、搞清楚我国的基本国情。
我国近十多年来，确实有一种不计成本、不讲效率、不顾劳动生产率的不良风气。比如，技术措施非常复杂，田间管理过于烦琐，尤其在搞农田基本建设的时候，更显得突出。不讲效率，甚至还不强调调查研究，不作规划，"说干就干，大兵团作战"不是好办法。

对于我国农业现代化有一个明确的概念。
根据世界各国很多材料分析，传统的农业有三个特点：一是手工

---

① 中国农业科学院祁阳红壤实验站：《刘更另与红壤地区农业发展》。长沙：湖南人民出版社，2010年，第22—31页。

劳动，手工工具；二是人畜力；三是自然肥料，叫作半封闭式的循环，这就是传统的农业。

我国现代化的农业究竟是什么呢？首先需要现代化的工业来武装农业。把手工工具换成机器耕作，把人畜力变成矿物能源，把肥料换成化学肥料。因此，农业现代化的实现就一定要有一个现代化的工业来帮助它，没有现代化的工业，就没有现代化的农业。

农业现代化的标志就是要大幅度地增加农产品。

如何大幅度地增加农产品呢？首先就是调整农业内部各方面的关系，纠正那些违反自然规律和经济规律的事情。

二是要有一个比较稳定的农业生产方针和政策。

在粮食增产问题上要稳步前进，采取一种稳定的方针比较好。我们要抓住主要矛盾，在抓紧粮食生产不放松的前提下，也要发展多种经营。

三是要有稳定的农业生态环境。

"现在政策方针稳定，但自然环境不稳定"，那么产量也不会稳定。因此，必须要有一个稳定的农业生态环境，才能减少自然灾害，这就要求从认识上提高。要如实地认识到植物生产有不可代替、巨大、无法估计的作用。植物生产，一方面它是农业生产的基础，另一方面也是一切有机财富的基础，是改善生态环境、调剂温度、湿度、雨量最基本的东西。植物是防止自然灾害，防止旱涝、洪灾等最有效的手段。没有丰富的植物生产，就没有充裕的畜牧业生产。

四是要有一个稳定的科学的耕作制度。

耕作制度要符合农业生态平衡，经济上还要合算。目前在国内我们的耕作制度很多，究竟是搞三熟，还是搞两熟，甚至搞一熟。在我们这种"人多耕地少"的情况下，要走精耕细作三熟高产的道路。这个三熟包括稻－稻－肥，稻－稻－油，包括肥料、饲料。当然也可种部分稻－稻－麦，因地制宜而不是走歇地休闲的道路。我们从热量和雨量、光照等各方面的条件分析，这个地方种双季稻还是适宜的。当然，气候条件适宜并不等于要一刀切，都种双季稻。因为农业生产率牵涉到许多农业的其他条件。这里就要掌握双季稻的规律,为双季稻创造必要的条件。

五是要扩大加速植物营养的循环。

农业生产有两个物质循环:一个生产循环,一个生物循环。那么仅仅它自己循环是不够的,要扩大这个循环,就要加化肥、加农业机械进去,加速它的循环。所以一个要搞化肥,一个要抓农业机械。机械化有一个过程,我们只能缩短这个过程,不能超越这个过程。譬如日本,它首先是解决灌溉,再解决肥料。肥料解决后,病虫害很严重,鼠害很严重。它又研究如何防治病虫害和老鼠。最后,再解决机械化的问题。日本搞机械化,强调因地制宜,从简单到复杂、从容易到困难。日本机械化有一个比较长的过程,畜禽也是逐渐被淘汰,有一个机器和畜力结合的很长过程。所以我们早就提出来,什么"耕田不用牛,中耕不用锄",什么消灭"三弯腰",是没有从实际情况出发的。机械化是要搞的,现在有人赞成有选择性地搞,这是对的。像我们这个地区,正在收割的时候,有两个雨季。春天里,收油菜、蚕豆、麦子的时候是雨季,秋天里,收红薯、收晚稻也是雨季。好多到了手的粮食都烂掉了。我们就不能研发一个机械,把它烘干吗?打稻机加一个动力,就可节省很多时间和劳动力。

在20世纪80年代,刘更另从学习、借鉴日本等发达国家发展农业现代化的经验,针对当年的国情和农业生产现状,对我国实现农业现代化中存在的诸多问题提出科学思维与建议,对减少许多地方政府盲目的追求农业现代化的发展速度提供了科学决策依据。

21世纪的今天,党中央、国务院把实现农业现代化作为头等大事来抓。国务院印发《全国农业现代化规划(2016—2020年)》,对"十三五"期间全国农业现代化的基本目标、主要任务、政策措施等作出全面部署。回顾过去,展望未来,刘更另当年关于实现我国农业现代化的思维与建议,至今仍然值得学习与深思。

第九章
南方红壤 综合治理

祁阳工作站命名为红壤改良实验站

1980年10月,农牧渔业部将祁阳科学工作站命名为中国农业科学院祁阳红壤改良实验站(简称"祁阳实验站")[1]。为此,南方红壤改良成为实验站的主要科学研究任务,这也是农牧渔业部和中国农业科学院在南方建立的唯一一个以红壤改良为主要任务的实验站,祁阳实验站迎来了科学的春天。

2015年11月,原中国农业科学院土壤肥料研究所张马祥研究员告诉采集小组自己去祁阳实验站的原因,摘要如下[2]:

> 我为什么要去祁阳实验站呢?说是偶然,其实是早有打算。

---

[1] 秦道珠:《红壤丰碑之半个世纪的春秋:中国农业科学院祁阳红壤实验站站志(1960—2010)》。长沙:湖南人民出版社,2010年,第1页。

[2] 张马祥访谈,北京,2015年11月,第1页。资料存于采集工程数据库。

我是 1953 年北京农业大学土壤化学系的硕士研究生毕业，导师就是现在的中国农业大学教授、博士生导师、中国科学院院士石元春。毕业后分配到沈阳农学院工作了 6 年，一边教学一边做盐碱地改良的科研工作。后来调回到中国农业科学院土壤肥料研究所，又被安排到河南新乡中国农业科学院土壤肥料研究所盐碱地改良基地做盐碱地改良研究工作。1964 年年末，在一次全所科研工作总结会议上听了刘更另的科研总结很受启发，偶然认识了刘更另。

当年祁阳实验站鸭屎泥改良取得重大突破，1963 年 7 月 23 日人民日报社论《一条农业科学研究的正确道路》做了专门报道，在全国和中国农业科学院都影响很大。恰恰是刘更另的报告讲得很生动，讲得很具体，很有说服力，我感受深刻。会后我们有了第一次接触和交流。这就是我们开始相识，以后的交流就慢慢地多了。我跟刘更另共事二十多年，经过了"相识、挚友、共事"三个阶段。

在 1964 年第一次相识之后，刘更另就邀请他一起去祁阳实验站工作，因为"红壤改良"很有潜力，需要深入研究。而当年张马祥却在研究北方的盐碱地改良，土壤肥料研究所所长高惠明认为张马祥应该继续留在北方，不要"另起炉灶"，再走弯路。但是张马祥与刘更另的许多研究思路很默契，他们常常在一起交流科研工作情况，彼此有了更多的了解。也许是所学的专业很接近，也许是人生的"缘分"，张马祥对刘更另建立我国"农业土壤学"理论有着同样的理念。恰巧，中国农业科学院土壤肥料研究所决定组织编写《中国农业土壤概论》，具体工作由张马祥负责。就这样，他们走得更近，经常在一起讨论《中国农业土壤概论》的编辑工作，这就是他们交友之初的"相识"阶段。

一场史无前例的"文化大革命"，使他们更加相依为命。"文化大革命"之初，刘更另加入中国农业科学院"红色造反总部"组织，负责宣传工作。张马祥是中国农业科学院土肥所的秀才，刘更另请张马祥帮他写宣传稿，这样他们又走到了一起。后来刘更另挨批、挨斗、挨打，在"牛棚"生活 600 多天，张马祥为他伸张正义，这使刘更另深为感激。1972 年刘更另被宣布"解放",下放到河南安阳"五七"干校劳动改造,张马祥也在安阳"五七"干校劳动锻炼,并一直负责干校的食堂炊事工作。他知道刘更另是高度近视,就建议刘更另留在食堂帮他管理食堂炊事员的工作。在食堂炊事工作不到一个月,刘更另又被造反派强制赶走,到农场参加繁重的体力劳动改造,如收割麦子、摘玉米、捡棉花和农场水利建设的工地劳动等,直到中国农业科学院宣布彻底"解放"回京为止。

张马祥研究员对采集小组讲述了当年刘更另在"五七"干校劳动锻炼的情况,摘要如下[①]:

> 当年,刘更另是被造反派监督"劳改"的对象,工作、生活许多方面受到不公正待遇。我们是革命群众,比他要好一些,工作虽然辛苦,但比较自由。又因为我一家都搬到了河南安阳"五七"干校,因此,经常在星期天或节假日请他来家里加餐,因为他一个人单独生活,很孤单、很艰难。这个人事业心很强,就在"五七"干校劳动期间,他还在反复琢磨祁阳实验站的事情,并多次与我交谈、讨论祁阳实验站的科研工作计划和打算,希望我以后也到祁阳实验站去工作。"患难见真情",就这样我们由"相识"变成"挚友"。

由于刘更另与张马祥的学术观点一致,对待科学研究的态度严肃认真、思维趋于一致,行动配合很默契,因此,在刘更另完全"解放"、恢复自由后,在他的盛情邀请下,张马祥决定与他携手,走向南方红壤地区研究领域,开展科学研究与合作。这样他们俩就成为志同道合的"同事"。张马祥在祁阳实验站一干就是 20 多年,他把自己后半辈子的全部精力和智慧奉献给了我国南方红壤综合治理与开发利用科研事业。退休后,依然长期关注我国南方红壤区域综合治理与作物优质高产研究,关心支持祁阳实验站的发展,关心祁阳实验站的人才培养,关心祁阳实验站的科研创新事业,成为祁阳实验站基地建设的开拓者之一。

---

① 张马祥访谈,2015 年 11 月,北京,第 3 页。资料存于采集工程数据库。

图 9-1 祁阳官山坪——中国农业科学院祁阳红壤实验站全景（2009 年）[图片来源:《中国农业科学院祁阳红壤实验站站志（2010 年）》]

在地方高校、衡阳地委、零陵地委的关心支持下，1981 年在湖南农业大学衡阳分校任教土壤农化的讲师吕玉朝、湖南江永回龙圩农场长期从事红壤改良技术推广工作的农艺师陈典豪等也调来祁阳实验站工作。

1981—1983 年，祁阳实验站从湖南零陵农业学校、华中农业大学、华南农业大学等招收大中专毕业生共 12 人，专业包括农学与作物栽培、土壤农化、果树茶叶等。根据试验需要，聘用当地的初高中毕业生 6 人培训为技术工人。实验站由刘更另、张马祥、陈福兴、陈永安等为骨干的高、中、初级科技人员 26 人组成，技术工人 6 人，总人数达到 32 人，恢复到了"文化大革命"前的科研人数。

开设英语培训班，提高科研人员外语水平

"科学起源于生产，生产需要科学"。科学研究领域首先是人才素质的提升和学术水平的提高。由于"文化大革命"的干扰，原来在祁阳实验站工作的中年知识分子和地方引进的中年科技人员的外语水平均较低。为了适应科学研究工作的需要，刘更另决定聘请外语教员，对科技人员的外语进行培训。

1981 年 8 月至 1989 年 12 月近 10 年，祁阳实验站聘请原黄埔军校英文翻译、教学经验丰富的邹怡卿先生为祁阳实验站英语教员，每天早上

6:30—8:30 为英语补习时间，晚上为自学和辅导相结合的学习时间。

秦道珠、魏长欢、黄佳良、潘顺秋是 1981 年 7 月毕业分配来祁阳实验站工作的第一批大中专毕业生，刘更另、张马祥教授对这几位年轻的科技工作者和中年科技工作者的英语学习要求非常严格，每周星期一至星期五的早晨 6:30 准时上课，晚上自学预习新课，每月测验一次，每年考试一两次，检验学员学习成绩和进度。

2015 年 11 月，秦道珠副研究员对采集小组成员讲述当年英语培训班的情况，摘要如下[①]：

> 我们是"文化大革命"后恢复高考的第一批大中专毕业生。1971 年高中毕业后，作为回乡知识青年在农村劳动锻炼长达 6 年，恢复高考进入大学继续深造，本来英语基础就差，因此我们非常珍惜这次英语学习机会，积极参加祁阳实验站为科技人员举办的英语学习班。有时迟到或早退，张马祥教授都严厉批评，他对我们要求很严，严肃认真，因此我们四人的英语成绩提高较快，每次考试都获优秀。我们是终身受益呀。

谢良商、陈傲等是 1982 年 8 月从华南农业大学分配来祁阳实验站的第二批大学毕业生，在他们的心目中"中国农业科学院祁阳红壤改良实验站"为国家级的科研单位，最起码也应该在县城里。因此，他们到祁阳黎家坪火车站下车后，就打车直奔祁阳县城。到处打听，都说不知道这个单位，后来一位当地干部、50 来岁的男同志告诉他们说，"祁阳实验站"又叫"官山坪中央工作站"，地址就在文富市公社的官山坪大队一个小山冲里。

当时一听这个消息，他们心里凉了半截。因此，来到官山坪后就不太安心，一天没事干就打打乒乓球、到处玩耍。碰巧，刘更另从北京来到祁阳实验站后，发现这些新分来的大学生不安心基地工作，就当场把他们叫到一起，严肃认真地告诫："世界是你们的，也是我们的，但是归根结底

---

① 秦道珠访谈。湖南祁阳，2015 年 11 月。资料存于采集工程数据库。

是你们的。你们青年人朝气蓬勃,好像早晨八九点钟的太阳。希望寄托在你们身上"。这是毛主席当年对刘更另等留苏留学生的教诲,刘更另要求年轻人首先要具备有作为、敢担当的理想信念,只有具备了坚定的理想信念,人生才能成就一番事业。"你们应该利用现在的有利时机,认真地抓好自己的学习和工作,千万不要碌碌无为,将来要成为我国农业科技战线的骨干。'小小官山坪,连着北京城',你们年青一代的担子很沉重,祁阳实验站发展的希望寄托在你们年轻人的身上[①]"。这是祁阳站原副站长、现任海南省农业科学院土壤肥料研究所所长谢良商研究员对采集小组讲述35年前的一个故事。

经过系统培训和自学相结合的外语学习,全站科研人员的外语水平明显提高,查阅外文科研文献的水平得到较大提升,也为祁阳实验站后来的对外开放与国际合作研究培训了一批应用型英语翻译人才。

传道授业,为土壤科学培养人才

图9-2 1983年刘更另(中)在湖南祁阳官山坪基地与研究生姚政(左)、高素端(右)合影(上海市农业科学院姚政研究员提供)

从1982年开始,刘更另招收第一批硕士研究生。他把招收和培养研究生,让研究生扎根基地做研究,完成高质量毕业论文作为研究工作的重要内容。他所招收的研究生几乎都是在祁阳官山坪实验基地

---

① 谢良商访谈。海南省农科院,2017年3月11日。资料存于采集工程数据库。

做研究、完成毕业论文。姚政、高素端就是祁阳实验站1982年在北京农业大学和1983年在河北农业大学招收的第一、二批德才兼备的硕士研究生。在中国农业科学院和北京农业大学完成一年的基础课学习后，都到祁阳实验站官山坪基地做科学研究，直到完成硕士研究生毕业论文。

来到祁阳实验站这个偏僻的小山冲，姚政和高素端经历了由不习惯到习惯，再到与全站科研人员、职工建立密切合作的过程。在与大家的交流中，知道了许多祁阳实验站的故事。

老同志告诉他们俩，在祁阳官山坪建站的最初几年里，科研人员投入极大的热情进行科学研究，只用4年时间就解决了鸭屎泥田水稻"坐秋"低产难题，为增产增收作出了巨大的贡献。这些研究成果也极大地激励姚政、高素端两人在祁阳实验站官山坪基地开展深入细致的科学研究实验和完成毕业论文的写作。

2015年11月，姚政给采集小组讲述了当年自己在祁阳实验站的工作生活情况[①]，摘要如下：

> 我是上海人，1953年11月出生，15岁初中毕业后就被下放到黑龙江北大荒，在那里生活了8年。在1978年恢复高考后参加高考，录取在北京农业大学农学系，1982年3月毕业获农学学士学位。同年考上刘更另先生的硕士研究生，1984年3月在中国农业科学院研究生院毕业，获得硕士学位。随后又考上他的博士研究生，1991年3月，在中国农业科学院研究生院毕业，获得博士学位。毕业后，原计划留在祁阳实验站工作，但父母年迈体弱，因此回到了上海，在上海市农业科学院土壤肥料研究所工作。
>
> 祁阳实验站是以我国老一辈土壤肥料学家、中国工程院院士刘更另先生为首的一大批农业科研人员，20世纪60年代开创建立起来的一个农业综合实验站。我作为刘更另先生的学生，于1983—1984年在祁阳实验站完成硕士论文、1988年在祁阳站做博士学位论文的研

---

① 姚政访谈，上海市农业科学院，2015年11月。资料存于采集工程数据库。

究，前后在那儿工作生活了3年多时间。在刘更另先生的指导下，我先后做了垄作对水稻生长与土壤性状影响的试验、湘南红壤区域农业生产状况调查、完善实验室内工作条件等方面的工作。在那段时间里，我与实验站的工作人员同吃同住同工作，参与了实验站的各项试验、对外交流、设施改造修建，以及站里的伙食管理等工作。

当时的实验站，已经装备比较完备的土壤肥料分析实验室，可以进行各种土壤、植株的理化常规分析。实验站在周围几百亩水田、旱地、山地上布置了很多试验，大多是长期定位试验，如水田有肥料阴离子试验、不同类型绿肥试验、不同耕作方式试验、钾肥试验、有机肥与化肥配比试验等；山坡荒地里有不同方式的植被自然恢复和人工恢复试验、水土保持试验、经济作物栽培试验等；还有网室里的红壤不同成土母质的肥力演变试验等。这些长期试验的最初设计充分体现了刘更另等老一辈研究人员对土壤肥料科学不懈追求和无私奉献的精神。这些试验最初的设计者和管理者大多还没来得及总结试验结果，就先后退休离开了实验站，这些试验为以后陆续来实验站工作的研究人员、硕博士研究生提供了不可多得的研究平台，也为我们国家留下了无价的科学试验数据。到过实验站的来访者看到这些长期定位试验，无不敬佩这里工作人员默默无闻、长期坚持试验研究的精神。今天，已经有许多在这些长期试验上的研究成果写成了学术论文和专著，这些长期试验正在为我国的土壤肥料研究发挥着越来越重要的作用，它们的价值也在越来越受到人们的重视。

当年祁阳实验站所在的农村还比较落后，大家都比较尊重知识，人际关系也比较单纯，站里的工作人员普遍文化层次较高，老一辈研究人员多年来在当地打下了深厚的工作基础，因此实验站很受当地农民和政府人员的尊重；工作人员到县里、区里办事，都得到热情的支持和帮助。实验站也为当地的农业发展做了很多实事，包括推广锌肥、测土营养诊断、引进新品种等。实验站虽然地处偏远乡村，到最近的文富市公社还要走4—5里路，但来往的地方政府干部、研究人员、国外专家、实习的院校学生络绎不断，实验站上的生活实际上并不是枯燥无味的，现在回想起来，姚政还觉得生活充实，丰富多彩。

在祁阳实验站工作的日子里，姚政在实验站里工作人员的帮助下，完成了硕士论文和部分博士论文的田间试验和室内分析工作，与实验站结下了深厚的感情，与在那儿共同工作的人们也结下了难忘的友谊。姚政一直为自己

图9-3 1978年湖南祁阳官山坪——中国农业科学院祁阳实验站全景照（该图片为祁阳实验站在"文化大革命"后、改革开放初期刚恢复科研的基地全景。由祁阳实验站资料室提供）

有过在祁阳实验站工作生活的经历而感到骄傲，他始终认为，那段工作经历对他后来的研究工作、处事能力打下了重要的基础。

高素端[①]，1983年于河北农业大学毕业后，考取中国农业科学院研究生院刘更另的研究生，也是在祁阳实验站完成硕士研究生论文。她在导师刘更另的指导下，还从祁阳站深入湖南常宁县农村，几乎将常宁县的"砷毒田"跑遍了，挖土壤剖面、进农户家调查、做田间试验，毕业论文就是"常宁'砷毒田'的改良与利用研究"，毕业论文获得优秀奖，在《中国农业科学》期刊发表研究论文，关于砷毒的研究曾在国内外引起轰动。1985年在中国农业科学院研究生院毕业后，留在中国农业科学院土壤肥料研究所工作，继续在祁阳实验站基地蹲点，1987年考取美国加州大学博士研究生，博士毕业后留在美国农业部工作，现在是美国农业部加州USDA United States Department of Agriculture Agricultural Research Service 高级研究员、博士生导师。高素端被聘请为中国农业科学院客座专家，她定期回国，到祁阳实验站指导祁阳站青年科技工作者做研究工作、修改研究论

---

① 高素端访谈，湖南祁阳，2016年9月4日。资料存于采集工程数据库。

第九章 南方红壤 综合治理

图9-4　1980年刘更另（右）等陪同德国汉诺威科技大学土壤所赖兴巴赫（中）等4位教授考察祁阳实验站红壤剖面（祁阳实验站资料室提供）

文。回想起在祁阳站工作生活的经历时，总是激情满怀。高素端还邀请祁阳实验站科技人员赴美国农业部的科研院所做访问学者。

据不完全统计，由刘更另培养的硕士、博士研究生共30多人，这些毕业生成为国家多家农业科学研究机构的主要科研骨干或是实验站站长，有的已成为研究所所长或已成为博士生或硕士生导师，独立主持国家重要研究课题。在国外工作的硕士、博士研究生达12人，这些高级研究人员"身在大洋彼岸，心系湖南祁阳实验站"，一直关心支持祁阳实验站的发展。

1980年4月底，刘更另主持农业部"南方红壤丘陵低产土壤综合利用的研究"项目在祁阳站启动。

同年8月，刘更另接待、陪同西德汉诺威科技大学土壤所赖兴巴赫等四位教授来华考察，专门考察中国南方——湘南丘陵区红壤分布特点和祁阳官山坪红壤改良科研基地，讨论红壤分布特性与改良。

1983年4月29日，《湖南日报》以"乐在山沟改造红壤[①]"为题，对祁阳站科技人员先进事迹进行报道。1984年1月，国家科委、国家经委、林业部、农业部授予祁阳实验站"全国农林科技推广先进集体[②]"称号。从此，祁阳站迎来了全面发展的新阶段。

[①]《湖南日报》第二版，1983年4月29日。

[②] 秦道珠：《红壤丰碑之半个世纪的春秋：中国农业科学院祁阳红壤实验站站志（1960—2010）》。长沙：湖南人民出版社，2010年，第183页。

研究红壤特性，思考挖掘潜力

红壤是我国南方14省（区）的主要土壤类型，总面积约218万平方公里。红壤分布在我国热带、亚热带地区，约占全国土地面积21%，其中包括砖红壤、赤红壤、红壤、黄壤等，大都是酸性土壤[1]。

这些酸性土壤地区气温高，雨量多，动植物种类丰富，是我国热带果树、林木的集中产区，也是我国粮食作物、经济作物和各种畜禽产品的重要生产基地。每年生产的粮食占全国总量42%—44%，肉类占全国总量的66%，其他如油料、糖料、茶叶、蚕业等，在国民经济中起很大的作用[2]。

在酸性土壤地区，有42%的耕地是低产田，估计有1170万公顷低产田需要改良，每公顷只能生产粮食2250千克，增产潜力很大。

此外，在红壤酸性土壤地区有林地5500万公顷，有木材31亿立方米，平均每公顷只有56.7立方米，积蓄量不高。还有灌木残林5000万公顷，果山草坡5300万公顷，两者加起来即有一半土地没有被开发利用，土地还有巨大的开发潜力[3]。

作为土壤肥料专家，刘更另对红壤的特性有着较为全面的了解。反复思考如何综合开发利用这片土地。

在酸性红壤地区，能开垦成水田和旱地的面积是有限的。有的坡度太大，不宜垦殖，有的土层太薄无法利用。因此，必须因地制宜，利用其优势，改良红壤、利用红壤，且这个潜力巨大。

若能根据红壤地区的自然特点，确定技术方针，保蓄春夏雨水，防止秋季干旱，抓住8月、9月光照，方可提高粮食单产；利用冬季温度，大力发

---

[1] 刘更另：《中国热带、亚热带酸性土壤及其利用》，1989年9月1日。资料存于采集工程数据库。

[2] 秦道珠：《红壤丰碑之半个世纪的春秋：中国农业科学院祁阳红壤实验站站志（1960—2010）》。长沙：湖南人民出版社，2010年，第24页。

[3] 黄鸿翔：《南方红黄壤地区的土壤条件与农业发展战略》。见中国农业科学院红壤实验站主编：《红壤丘陵区农业发展研究》。北京：中国农业科学技术出版社，1995年，第1页。

展青饲料；利用"四季常青"的优势，发展畜牧业（草食动物）、发展林业和渔业，就抓住了问题的关键。因此，从战略上思考，这个地区不仅是我国重要粮食基地，而且是我国畜产品、林产品和渔业的重要基地。

站在红壤改良科学研究的角度思考，刘更另认为，必须特别重视草本植被和灌木的保护与培育，走草、灌、乔相结合的道路。首先让水土流失严重、自然植被破坏严重的区域恢复草本植物，保住泥土不再流走，只有保持泥土，才能生长植物。

过去，有人只看到森林与灌木杂草竞争养分的一面，把草、灌、乔对立起来，造林时单纯提倡全垦撩壕，寸草不留，护林时全面垦复，斩草除根，结果冲刷加剧，水土大量流失。

在造林步骤上，"造林必先保土，保土必先育草，育草必先封山[1]"。他反复思考："红黄壤地区有广阔的山区和丘陵，有丰富的水热资源，山丘平缓、四季常青，是生产青饲料，培养人工草场、发展草食动物的良好基地。从农业发展战略考虑，这应当是我国最大的潜力所在，也是这个地区的薄弱环节[2]"。

他要让"我国南方广大面积的荒山荒坡可以发展农村再生能源[3]"。

南方红壤荒山，植被恢复研究

带着科学设想与超前的思维，刘更另带领他的科研团队开始探索、实践红壤改良的宏伟计划。首先建立南方红壤丘陵区生态恢复试验基地，在这个基础上，建立红壤丘陵荒地植被生态恢复实验区，系统观察植被如何恢复和时空变化。

---

[1] 刘更另：《红壤地区的农业发展战略》，1980年，第2页。资料存于采集工程数据库。
[2] 同[1]，第3页。
[3] 同[1]，第5页。

刘更另关于"建立南方红壤生态恢复区"的研究项目，引起农业部的高度重视和地方政府的支持。1981年6月7日，在祁阳官山坪大队、书林寺大队的谢家岭征用荒山116.5亩，建立南方红壤丘陵区荒山次生植被生态恢复与水土保持实验区[①]。

图9-5 湘南红壤丘陵区植被遭严重破坏后的裸露荒山水土流失、沟壑冲刷的现状（1982年）（祁阳实验站资料室提供）

从1982年年初开始，在刘更另的主持下，由张马祥副研究员具体负责，在新征地红壤丘陵荒山的四周筑起了1.6米高的围墙，以防止实验区内人为因素破坏干扰。下半年开始，在这片丘陵荒地上布置红壤丘陵区荒山自然植被生态恢复与水土保持试验，观测荒山植被恢复过程中的植被演

图9-6 湘南红壤丘陵裸露荒山植被恢复前实验区全景（1982年）（中国农业科学院祁阳红壤实验站资料室提供）

---

① 湖南省人民政府文件：(81)政土字284号批复。1981年6月7日。

第九章 南方红壤 综合治理

变规律。由于荒山裸露、土壤冲刷严重，加之生态破坏，整个丘陵区域沟深纵横交叉，几乎变成红色沙漠。

根据试验开始前的调查统计：红壤丘陵荒山植物种类共 110 种，每平方米分布植物数量仅 3—5 株，主要为草本植物茅草、假俭草和小灌木野南瓜、刺芒、枸骨等[1]。由于这些植物耐瘠薄、抗性强，刘更另将这些植物定为先锋草本植物和先锋灌木。在此基础上，他带领科研团队，系统观察植被恢复进度和植被种类增加数量及演变规律。

发现植被恢复演替规律

祁阳实验站的科技人员陈典豪、黄平娜成为红壤植被恢复实验区的第一批系统观察、植被调查分类的科研人员，研究生刘荣乐、黄新江、冯云峰则在这里完成他们的硕士、博士毕业论文。连续 16 年，保持对整个红壤荒山生态恢复实验区的自然植被恢复演变过程进行全面、系统、连续的试验测定观察，发现并得出许多预想不到的研究结果[2]，摘要如下：

一是发现先锋草本植物抗性强、耐瘠薄、繁殖快。

实验开始调查发现：在过度放牧、严重人为破坏（包括滥砍伐、铲草皮、挖树蔸、烧荒等）条件下，这个地区残留的本底植物很少，仅存少量抗性强、耐瘠薄、繁殖快的多年生矮生植物、地下芽植物和地面芽植物，生长在冲刷沟痕的底部。这些先锋草本植物能适应当地气候、土壤的特点，它们在植被恢复初期具有很大的优势。"主要为白茅草、假俭草、刺芒、野古草、芒草、桔草、雀稗等"。

---

[1] 刘更另，黄新江，冯云峰：《红壤丘陵自然植被恢复及其对某些土壤条件的影响》。《中国农业科学》，1990（3）：第60-62页。

[2] 刘更另，黄新江：红壤丘陵自然植被恢复及其对某些土壤条件的影响。《中国农业科学》，1990年第3期，第64-69页。

桔草和芒草都是丛生的禾本科植物，丛体高大，分蘖芽和种子都能繁殖，有强大的根群。实验区内桔草和芒草这两种草是最多的丛生植物。

二是发现自然恢复区内先锋灌木植物也表现出明显的生长优势。

实验观察、调查发现：草本植物与灌木植物之间形成一个相互竞争的生物群落。草本植物生存在坡地表层，根系浅，植株相对矮小，因此，首先吸收地表的水分快、多，生长较快。小灌木植物植株相对高大，扎根较深，生长速度较慢。当草本植物把水土固稳、肥水增加后，便为灌木植物生存提供条件，这样以来，小灌木生长速度加快，并挡住了阳光，使草本植物因光照不足、荫蔽而最后枯萎死亡。若将这一植物相互竞争的生物群落进行比较，就会出现"自然淘汰"的植被演变规律。

三是发现实验区植物群落的次生演替规律。

由白茅草替代假俭草。但白茅草替代假俭草需要几年的时间，是一个缓慢的过程。接着，出现了"灌木取代白茅草"的演替规律。

陈典豪、黄平娜是负责实验区的两位科技工作者，他们每天都在红壤丘陵荒山植被自然恢复实验区进行观察记录，他们对这种自然现象感到非常好奇！一边调查，一边与刘更另讨论，并指着自然恢复区生长优势明显的几种灌木告诉他说："在整个自然植被恢复初期的小灌木中，要数'算盘子、枸骨、华山矾'这三种灌木生长占绝对优势"。

刘更另分析：这些灌木虽然个体矮小，但根系发达，有的叶子有刺，耐旱涝，抗寒暑，在严重侵蚀的土壤中能生存下来。因此，在红壤荒山上，没有人为因素干扰，只要水分条件适宜就能迅速生长。

无论是草本植物还是灌木植物，它们在植被恢复初期均占优势地位，说明它们能适应恶劣的土壤气候条件，这与其根系分布特征有密切关系。

在原生态植物被破坏后，新生的植物叫次生植物，也叫次生植被恢复。在植被恢复过程中，次生植物的演替需要3—5年时间才逐渐表现出来。随着自然植被的恢复，实验区植物的种类和数量逐年增加。试验初期

1983年调查，全实验区只有植物种类110种。四年后的1987年第二次调查，全区植物种类达到145种，增加35种。

长期定位实验观察结果，使他们获得了自然界植物演替过程中的规律性认识。

一是灌木根系发达，分布较深，能利用土壤深层（100厘米）的水分，因此它能忍耐干旱，在干旱的年景灌木生长更快。

二是灌木耐低温，在早春低温阶段，许多草本植物如白茅尚未萌发，可是有几种灌木就已经长出新叶；到3月底4月初许多灌木茎叶繁茂，导致树冠下层的光强光质发生变化，有的植物底层荫蔽，使得下层的草本植物因得不到足够的阳光而枯死。对白茅的替代尤其明显。

三是在同一块地上，白茅不断生长，茎叶不断增加，结果白茅草自己老叶压新叶，根系挤根茎，使地表不通风透气，地下渍水脱氧，在这样不利条件下，越是白茅草生长茂密的地方越严重，久而久之，白茅失去了生存的条件而死亡腐烂。相反，给予灌木为主的植物群落造成生长发展的机会。从长期实验观察中，他们认识并发现了"灌木取代白茅"这一自然演替规律。

四是出现喜阴植物。实验区建设初期，在没有植被的光地上，许多喜阴、耐阴、好湿的植物群落不能生长。随着自然植被的恢复，逐步形成荫蔽湿润环境，随之就出现了喜阴好湿植物。

1986年4月，研究生黄新江在观察中发现：在自然恢复实验区的遮阴处，禾本科的丛生植物兰草，全部分布在遮阴的树冠和草丛下面。

1987年，黄新江又在遮阴密蔽的灌木和草丛下面发现了几种蕨类植物石松、乌蕨、华东安蕨、乌毛蕨等。

随着植被的恢复，一些好湿喜阴的植物相继出现，说明红壤地区的气候、雨量等大环境适合它的生存发展，也说明土壤湿度、土壤酸度、土壤温度、空气湿度等小环境也满足了它们生长的要求。

刘更另告诉黄新江，"看来一个秃岭光山，只要排除外力干扰和人为破坏，一般只要5年左右的时间，就能出现这种现象。只要技术路线对头，在这个地区植被恢复是比较快的"。

发明"水平浅沟，沟坑相连，分散蓄水"的简易措施保水

红黄壤地区有广阔的山区和丘陵，有丰富的水热资源，山丘平缓，但季节性干旱严重，特别是7—9月，连续干旱造成作物缺水而减产。

在实验区中，刘更另发明"水平浅沟，沟坑相连，分散蓄水"的简易措施保水，起到了保水固土的双重效益[1]。

刘更另说："在20世纪60—70年代，主要存在三大困难：一是认识不足；二是人为破坏；三是秋季干旱[2]"。当年人们吃饭的问题还没有解决，所以政府片面强调"以粮为纲"，全面开荒种粮，解决温饱问题。因此，到处出现"焚林开荒，向荒山要粮"的现象很严重。另一方面，农民生火做饭等用的燃料问题也没有解决，迫使农民砍柴等，造成植被破坏；还有大面积发展双季稻，化肥不够用，需要广积有机肥料，因此，农民铲草皮、烧火土灰等也对植被破坏很严重。

图9-7 湘南红壤丘陵荒山植被恢复实验区的"水平浅沟，沟坑相连，分散蓄水"水土保持试验的简易工程现场（1982年，祁阳红壤实验站资料室提供）

---

[1] 刘荣乐，张马祥：《湘南丘陵红壤持水特征及水分状况的研究》。见中国农业科学院红壤实验站主编：《红壤丘陵区农业发展研究》。北京：中国农业科技出版社，1995年，第5-10页。

[2] 刘更另：《"南方红壤综合利用改良"项目完成情况》，1982年。资料存于采集工程数据库。

第九章 南方红壤 综合治理

按照当年的情况分析，应该是一个很严重的社会问题，但是没有引起国家和地方政府的高度重视。一到雨季，山洪暴发，带走大量泥土，到处洪涝成灾，造成山塘、水库、水渠的淤泥淤塞。因此，当我们开始布置红壤丘陵区植被恢复实验区时，就想到这个社会问题——如何解决大面积的水土流失现状。

刘荣乐在 2015 年 11 月对采集小组讲述了自己做试验研究的结果，摘要如下[①]：

> 湘南祁阳官山坪实验站的谢家岭丘陵区属于第四纪红壤，质地黏重，为水稳性微团聚体，持水性强，释水力差。在丘陵红壤区，降水丰富且季节性变化大，土壤含水量季节性变化明显。根据荒山坡地红壤的土壤水分状况，我们将它划分为四个土壤水分时期：土壤潮湿期（冬—春季）、土壤水分耗损期（夏初）、土壤干旱期（夏季—秋初）和土壤水分补充恢复期（秋末）。湘南坡地红壤普遍存在季节性土壤干旱，多表现为夏秋连旱，对作物生产危害很大。
>
> 我出生在北方的河北清苑县，第一次到南方时，不知道南方的雨季、雨量集中和年降水量大的特点，更不知道南方季节性干旱特别严重。当刘更另研究员提出在荒山开展"水平浅沟，沟坑相连，分散蓄水"的工程措施时，我当时的理解不很深。做了一年的试验观测，其实验结果并不像刘更另先生预想的那样，"对提高当地 7 月、8 月、9 月季节性干旱的土壤含水量和抗旱有明显的效果"。因此，也不敢将研究结果告诉他，怕他批评。相反，刘更另先生在审阅我的论文时，发现少了"水平浅沟，沟坑相连，分散蓄水"这一章的内容，他立即叫我去他办公室，找我一起讨论这个问题，我受益匪浅，终生难忘！

刘更另给他解释："我们试验的目的是截留雨季山洪暴发期的洪水，减

---

① 刘荣乐访谈，北京，2015 年 11 月。资料存于采集工程数据库。

少大量的山洪水带走山上的泥土，防止水土流失"。他用自己长期观察的气象数据告诉刘荣乐，南方雨量集中在4月、5月、6月，占年降雨量60%以上，7月、8月、9月又出现连续干旱。在荒山和坡地上，用"水平浅沟，沟坑相连，分散蓄水"这种简易的工程措施，分散蓄水，使雨季多余的降水通过"沟坑相连"，下渗到土壤深层，以防止或减少地表径流，阻止洪水直接从山上冲刷流失泥土到山下的山塘、水库和耕地去，这样就可减少大量的淤泥对山塘、水库、渠道的阻塞，这才是主要目的。

"能否提高干旱季节土壤含水量？这要具体情况做具体分析，一般来说，雨季过后的一段时间内，土壤含水量可能会提高，这对土壤干旱起到延缓作用，到了7月、8月、9月的干旱季节，气温高，地表蒸发量很大，裸露的荒山地表温度达到40—50摄氏度以上，地表水分很快就被蒸发干了，它比耕作土壤更易干旱。也许这种保水措施对深层土壤60—100厘米以下有效，这对植被恢复过程中的灌木如枸骨、野南瓜等，和根系扎得很深的草本植物冬茅草生长有利。你做的实验结果，其保水作用不明显也是一个科学实验结论"。

这样解释，刘荣乐终于明白了实验设计中一个更加深层次的道理。

陈典豪主要负责红壤荒山植被恢复实验区的观察记录工作，他对"水平浅沟，沟坑相连，分散蓄水"简易工程保水措施做了更加深入的观测记录，并用试验观测结果说明了"分散蓄水"的效果。他给采集小组描述[①]：

> 我们从1982—1983年连续2年的试验观察数据表明，采用"水平浅沟，沟坑相连、分散蓄水"的工程措施，在日降水量为13毫米时，沟坑内蓄留的地面水量为0.20米^3/亩；在日降水量达55毫米，沟坑内蓄留的地面水量达到11.47米^3/亩，且山坡土壤没有水流出山下；而同一坡向地貌的另一边的土地，由于没有"沟坑相连"的保水措施，每次降水时均在地面上形成径流而流到山下塘里去了。因此，采取"水平浅沟，沟坑相连，分散蓄水"的工程措施，能将地面难以

---

① 陈典豪访谈。湖南衡阳，2014年11月。资料存于采集工程数据库。

入渗的雨水装蓄起来，渗透到深层土壤中去，从而避免了它在地面形成径流跑失，这样，就增加了低山丘陵红壤水分的总含量。

红壤丘陵荒山生态恢复取得成效

在湖南祁阳典型的丘陵荒山建立生态恢复实验基地，经过 16 年的系统观察终于有了结果。2015 年 11 月，祁阳实验站红壤生态恢复实验的建设者、老科学家张马祥研究员给采集小组描述当年的现状[①]：

我们 1982 年开始布置红壤荒山植被恢复实验区时，山上水土流失非常严重。为了减少雨季荒山上的泥沙冲刷对山下农田的影响，就在实验区水源下流集中的山脚下"凹地"挖了一口山塘，能蓄水 1000 多立方米。其目的就是延缓、阻塞洪水冲刷，保护山脚下耕地。还有一个目的，就是雨季过后，山塘能蓄水 1000 多立方米，对于荒山上实验区柑橘抗旱、牧草实验区旱季用水非常有利。开始两年，一到雨季来临，山洪暴发，山塘很快就蓄满水了，但雨水带走大量红黄泥，水的颜色是黄色的，泥沙量达到 10%—15%。从第三年开始，山塘蓄水的速度减慢了，五年以后，山塘很少有蓄水啦。后来就变成了干塘！

秦道珠从 1981 年开始，就跟随刘更另、张马祥研究员在祁阳实验站做红壤丘陵荒山生态观察区科研管理，他告诉采集小组[②]：

从 1982 年到 2015 年的 33 年时间里，红壤丘陵荒山植被恢复区已经被植被全覆盖啦！满山全是已经成材的参天乔木林和郁郁葱葱的

---

① 张马祥访谈。北京，2015 年 11 月。资料存于采集工程数据库。
② 秦道珠访谈。湖南衡阳，2015 年 11 月。存地同①。

灌木林，草本植物较少，除了少量的冬茅和耐阴的蕨类植物、小毛竹外，整个生态区全是自然生长的枫树、樟树、马尾松等，树干高达10—15米、直径粗达30—40厘米。1982年春，由张马祥研究员带领全站科技人员，人工栽培的湿地松已长成参天大树，树干高达20米以上，树干直径达60厘米以上，既成为当地的防风林、风景林，又可用作优质的用材林。原来在山上开挖的山塘也被植被覆盖，找不到山塘的位置了。

红壤丘陵区荒山次生植被"草（本）–灌（木）–乔（木）"演变规律的模式被当地群众普遍接受。目前，南方丘陵山区植被覆盖度达50%—60%以上，到处可见"山川秀美，青山绿水"的丘陵山区田园风光。

南方红壤丘陵裸露荒山，一般只要5年左右的时间就有明显的效果。祁阳官山坪"红壤生态植被恢复区"采用对荒山丘陵严加监护，制止人为破坏，5年时间就恢复次生植被，整个实验区丘陵荒山被次生植被覆盖，水土流失得到完全控制，生态条件逐年改善。这一研究成果为整个南方红壤丘陵区裸露荒山的植被恢复提供了理论依据，并为国内外学者研究红壤生态环境变化提供了成功的经验，也为地方政府"退耕还林"决策找到了答案。

图9-8 湘南红壤荒山植被自然恢复区"草–灌–乔"植被群落（左）与人工种植薪炭林湿地松群落（右）一角（2015年，秦道珠摄）

首次布置长期定位监测试验

刘更另曾到英国洛桑实验站考察，到德国基森参观尤·李比希的实验室和工作室，如何用李比希"矿质营养学说"理论探索我国南方红壤地区农业土壤肥力的演变规律，也就成为刘更另院士在南方红壤地区首次布置红壤旱地、水田长期定位实验的最初缘由。

从 1975 年开始，他在官山坪实验基地建立了南方红壤丘陵区的稻田阴离子长期定位试验、红壤母质生土熟化因子长期定位实验、稻田丰产综合因子长期定位实验、稻田种植制度长期定位实验等一批长期定位试验。

目前，这批土壤肥力长期定位实验已经连续进行 36—41 年，积累了数百万原始数据资料，回答了许多关于南方红壤地区生态恢复、水土流失、土壤肥力演变、作物产量与植物营养元素关系等诸多方面的问题，引起国内外同行专家学者的高度关注。它已成为我国农业科学研究领域的基础研究平台，也为我国农业可持续发展提供了理论依据。

图 9-9 水稻阴离子长期定位试验施用含阴离子 SO_4^{2-} 与 Cl^- 化肥 40 年后的灌浆期晚稻（左）和晚稻分蘖期黑根现象（右）（2015 年，秦道珠摄）

一是稻田阴离子长期定位试验。

该试验从1975年开始。它是我国稻田首个阴离子长期定位试验。试验设置施用含氯酸根化肥和含硫酸根化肥，每年种植早稻和晚稻两茬水稻。

为什么设计水田"阴离子长期定位"试验？

刘更另解释说，"从矿物质营养学说和植物营养学理论讲，氯和硫两种元素是植物生长所必需的，但氯根离子和硫酸根离子在植物生理上的作用国内外的研究还不完全清楚。南方稻田，习惯性冬泡，常年淹水，产生许多问题，值得研究解决。水稻生长期间，水田长期淹水，由于土壤通气性差，还原的条件下，硫酸根离子与氢离子结合，常常产生有毒气体硫化氢，这种气体浓度大时对水稻地下部根系有毒害作用，严重时可造成水稻黑根、死苗现象，危害水稻生长[1]"。

到底多大浓度造成水稻根系黑根、死苗呢？

怎样防止这种现象对水稻根系的毒害呢？

在水稻生长期的还原条件下，氯根离子是否与硫酸根离子一样产生还原性有毒物质危害水稻根系，也不完全清楚，因此，值得研究探索。

43年过去了，按照每年两季水稻的种植模式，共计80茬作物的水稻稻谷产量和生物产量计算统计，并无显著的产量差异，但却发现了许多意想不到的现象。

从1982年至1996年，试验由秦道珠负责管理，他对采集小组描述了水稻黑根的现象：

> 施用硫酸根离子处理区水稻，在早稻插秧后至分蘖期有黑根现象；到分蘖后期，由于露田、晒田的原因，黑根的现象又消失了。晚稻却没有这种现象。分析原因：一是早稻插秧后，水温、泥温低，且淹水时间长，因此，硫酸根离子还原性强，土壤氧化还原电位低于120毫伏时就出现黑根现象；水稻分蘖后期晒田、露田，土壤氧化还原电位

---

[1] 陈铭，刘更另：可变电荷土壤中主要阴离子的吸附。《土壤通报》，1993年第3期，第46—49页。

提高到120毫伏以上，这种现象就逐渐消失。一般情况下对水稻生长没有产生危害。晚稻插秧期间，由于气温、泥温高，这种现象基本不出现。氯根离子处理区水稻没有出现黑根现象[1]。

陈铭[2]在1999—2001年对水田阴离子实验的水稻大米作了化验分析发现：施用硫酸根离子处理的大米含硫氨基酸的种类达到8种，其中人体所需的赖氨酸含量比例大[3]。

刘更另说，我们的水田阴离子长期定位试验回答了人们所担心"长期施用过磷酸钙"这种含硫酸根离子的磷肥，会在稻田产生硫酸根离子的积累，从而危害水稻根系，影响水稻产量的问题。相反，南方水田长期施用过磷酸钙这种磷肥，其硫元素对增加大米氨基酸种类和赖氨酸有利。40多年过去了，并没有发现施用氯化钾这种含氯根离子的化肥对水稻产生为害和氯离子积累对土壤的为害。

现在没有为害，不代表今后没有为害。一百年、两百年以后呢？这就是布置稻田阴离子长期定位试验的意义所在。

二是红壤母质生土熟化因子长期定位试验。

1982年冬季，布置南方三种不同母质生土熟化长期定位试验，其目的：预测未来生土熟化过程中土壤养分变化、作物生物量与经济产量及粮食生产的关系。

红壤地区花岗岩、第四纪红壤、紫色页岩分布面积广、比例大。在南方耕地土壤中，由这三种岩石母质发育的耕地占的比例大，具有代表性。若干年以后，由这三种岩石母质发育的耕地采取什么方法培肥最快？生产力如何？一亩耕地能生产多少生物量？生产多少经济产量——粮食？需要多少耕地来养活一个人？

从1982年开始，刘更另在祁阳实验站网室内布置了"三种母质生土熟

---

[1] 秦道珠访谈。湖南祁阳，2014年11月。资料存于采集工程数据库。

[2] 陈铭，刘更另院士的博士研究生。

[3] 陈铭，孙富臣，刘更另：湘南水田施含 SO_4^{2-} 和 Cl^- 肥料对作物生长和养分吸收的效应。《热带亚热带土壤科学》，1993年第2期，第57-62页。

图9-10 三种不同母质生土熟化长期定位试验第34年冬小麦与春黄豆轮作的作物田间长势长相（2016年，秦道珠摄）

化长期定位观测试验"。试验用的三种土壤母质：花岗岩红壤来自湖南南岳，紫色土红壤来着湖南衡南，第四纪红壤来自湖南祁阳。

供试作物为豆科、禾本科、十字花科、块根作物轮作。其目的就是在人为作用下，采取长期施用化肥、有机肥和化肥与有机肥配合方式，观察三种岩石母质土壤的熟化进程，比较地上部生物产量的高低。从而为我国农业中长期发展决策提供理论依据。

三是稻田丰产综合因子长期定位试验。

1982年春季，布置水稻丰产因子长期定位试验，探索有机肥与氮磷钾化肥单独施用、配合施用的机理，确定"用地与养地"施肥制度。

长期种植双季稻，土壤的投入少、产出多，这种投入和产出不成比例的现象，会不会影响水稻产量？如果养分投入与产出比例失调，将会使土壤变瘦，引起营养失调，这必将影响水稻产量。随着我国人口的增加，粮食需求总量必然逐年增加。如何提高粮食总量，是我国粮食发展的长期战略问题，也是一个值得深入研究的问题。

作为土壤肥料与植物营养学家，刘更另始终坚持"用地与养地"相结合的原则，单施有机肥或单施化肥，均不能满足水稻生长发育所必需的营养需求。"有机肥与无机肥配合施用"是双季稻区水稻产量提高的必由之路。因此，他设置了氮磷钾不同配比的"稻田丰产综合因子"试验，探索双季稻区的水稻生长发育所需要营养元素需求，达到可持续提高水稻产量的目的。

图 9-11　稻田丰产综合因子长期定位试验第 33 年晚稻田间试验水稻长势长相（2015 年，秦道珠摄）

33 年过去了，"稻田丰产综合因子"长期定位试验回答了由于水稻缺素、出现生长不良现象的原因等问题。同时证明，有机肥与无机肥料配合施用，水稻可持续高产。

他还用英国洛桑试验站一个 130 多年的长期定位试验结果[①]，告诉人们一个深奥的科学道理。

试验结果：单施氮磷钾化肥，当氮肥施用量达到每公顷 144 千克时，其增产数量与每公顷施用 30 吨厩肥的增产数量相同。根据这个试验结果，得出以下结论：第一，单施化肥同样能够增产，并持续百年而不衰。第二，单施化肥并不破坏土壤。第三，单施化肥的农产品中所含的蛋白质并不减少。

这三条结论在全世界推广，即推动了化肥工业的发展，也给世界农业带来了消极影响。第一，全世界大量使用化肥，增加了矿物能源的消耗；第二，全世界普遍单施化肥、无人沤制使用有机肥，造成有机肥浪费，甚至变成有机污染源；第三，由于土壤长期不施用有机肥，农产品质量下降，虽然蛋白质未见减少，但缺乏原有的特殊风味；第四，长期单纯使用化肥，致使农作物抗性降低，导致病虫害加重。

四是稻田种植制度长期定位试验。

1982 年布置了稻田三熟制耕作制度长期定位试验，将禾本科黑麦草、豆科紫云英、十字花科油菜这三种绿肥，作为培肥地力和提高作物产量的有机肥。

---

① 刘更另：《我心中的农业理念》，1982 年，第 6 页。

从20世纪60年代开始，刘更另就在祁阳官山坪基地试验－示范－推广种植绿肥紫云英，并在南方双季稻区大面积推广，获得了"培肥地力，提高双季稻产量"的双重目的。但是，紫云英属于豆科绿肥，固氮能力强，且亩产量高达3000—4000千克（鲜草），稻田绿肥翻压后前期腐解慢，后期释放氮素多等诸多矛盾，引起早稻生育后期氮素过剩，贪青晚熟现象。

图9-12 稻田种植制度长期定位试验第33年冬季绿肥长势长相（2015年，秦道珠摄）

能否种植其他绿肥，达到既培肥地力，又不至于引起水稻贪青晚熟的问题？这让刘更另联想到南方稻区连续种植绿肥产生氮素过剩、水稻缺钾等许多生产问题，它需要综合考虑解决。为了让南方稻田的土壤肥力持续提高，单靠施用农家肥已经不能满足双季稻生产的需要，必须发展绿肥，这是被实践证明的一条行之有效的措施。但是，单独发展豆科绿肥又存着氮素过剩的矛盾，如果将作物栽培学理论与土壤学理论结合起来，选用禾本科、十字花科的作物作绿肥，就不会产生氮素过剩的矛盾。那么，如果将十字花科作物与豆科作物混播，利用十字花科作物植株高大，不易倒伏的特点，将豆科作物固氮促进十字花科作物生长，是否可以提高绿肥产量，又不会引起氮素过剩呢？

从能量相互转换和养分平衡，综合利用的设想出发，利用湘南地区冬季休闲稻田发展冬季绿肥是最经济有效的办法，十字花科与豆科混播，提高绿肥产量为发展双季稻提供足够养分，是双季稻持续高产的目的。33年的田间试验数据回答了这些生产疑难问题：种植绿肥以及不同科绿肥混播，是提高土壤肥力和作物产量的有效途径。

这些长期定位试验的共同点：从不同角度，探索红壤地区旱地、水田土壤肥力与肥料效益演变规律，通过中长期发展过程中，土壤化学变化对作物营养元素丰缺指标的影响，从而研究红壤地区农业的长期发展过程中如何保证高产稳产良田，这对国家粮食安全战略非常重要。

这些长期定位试验引起了国内外同行专家、学者的极大兴趣，也从此打开了祁阳站与国际交流合作的大门。

2002年9月15日，斯洛伐克土壤肥料专家考察祁阳站水稻长期试验，并与祁阳站科技人员交流长期定位试验的阶段性成果。

2002年10月，在刘更另院士的陪同下，德国土壤学家从北京来到祁阳站的水稻田间试验现场考察。

2004年6月6日，英国洛桑试验站专家P. R. Povlton和D. S. Powlson博士来站访问，并考察祁阳站长期定位试验。

2005年9月21日，来自德国、澳大利亚、波兰、克罗地亚、荷兰、匈牙利等6个国家的14名土壤与植物营养专家，专程来湖南祁阳，考察祁阳红壤实验站的旱地、水田、网室长期试验和化学分析实验室，并现场

图9-13 2002年刘更另（前）陪同德国土壤学家（右三）等考察祁阳实验站稻田长期定位试验（中国农业科学院祁阳红壤实验站资料室提供）

与祁阳站科研人员讨论。

2007年6月26日，CSIRO Land&Water South Australia 的土壤学专家 Gill Cozens 教授来站参观考察。

2008年10月21日，美国马里兰大学美籍华裔土壤科学家王秀君来祁阳站考察长期定位试验。

据不完全统计，从1983年10月至2015年，先后有菲律宾国际水稻研究所、澳大利亚、日本、朝鲜、韩国、德国、芬兰、斯洛伐克、英国、加拿大、印度、泰国、亚洲开发银行等专家学者200多人，来祁阳实验站考察长期定位试验和开展合作研究。

迁址衡阳，改名衡阳红壤实验站

祁阳红壤改良实验站为衡阳地区乃至整个南方红壤地区的农业作出了突出贡献，受到了国家和地方政府的高度重视。1983年5月25日，中共衡阳地委、衡阳地区行政公署给中国农业科学院党组致函，表彰祁阳红壤改良实验站在刘更另同志的带领下，为衡阳地区农业生产作出的成绩。并要求"在继续办好祁阳红壤改良实验站的同时，在衡阳市设立红壤改良实验站，为衡阳区红（黄）壤的综合利用改良和我区农业现代化作出更大的贡献"。

中共衡阳地委、衡阳地区行署公函（全文）

中国农业科学院：

贵院土肥所于一九六〇年在我区祁阳县官山坪建立农村基点（一九六四年成立中国农业科学院土壤肥料研究所祁阳工作站，一九八〇年改为中国农业科学院祁阳红壤改良实验站），二十多年来，他们响应党中央、国务院的号召，在刘更另同志的带领下，长期在农村蹲点，深入群众，总结经验，理论联系实际，同农民的生产实践相结合，用自己的知识为农业生产服务，为农民服务。他们积极与省、地、县有关业务部门开展协作，为南方低产水稻田的改良和培肥研究做了大量的工作。特别是在施用磷肥防治水稻"坐秋"；种植绿肥、以磷增氮、培肥改良土壤；发展双季稻、提高复种指数、提高单产、增加总产、施用钾肥、提高水稻粒重等方面的成绩尤为显著，对我区水稻生产起了较大的推动作用。同时，该站运用多种方法，帮助我区培训农业技术员。实践证明，他们长期坚持科研，为农村服务的方向，坚持"试验、示范、推广"三结合的做法是正确的，是深受农民群众欢迎的。对于他们卓有成效的工作，我们深表感谢。特别是刘更另同志这种长期深入农村，勤勤恳恳、任劳任怨、热心为农业服务、为农民服务的事业心和责任感是值得敬佩和学习的。我们要求全区农业科技工作者向他们学习，学习他们的好思想、好作风、好经验，鼓励更多的科技工作者到农村去，为建设社会主义新农村服务。

我区共有土地面积2225万多亩，其中红（黄）壤占40%左右，综合利用改良红（黄）壤是我区农业发展战略中的一个极为重要的课题。因此，我们要求在继续办好祁阳红壤改良实验站的同时，在衡阳设立红壤改良实验站，为我区红（黄）壤的综合利用改良和我区农业现代化作出更大的贡献。

中国共产党衡阳地区委员会（公章）
湖南省衡阳地区行政公署（公章）
一九八三年五月二十五日

刘更另综合衡阳地方党政部门要求"将祁阳红壤改良实验站扩建，迁址衡阳市"的建议，结合祁阳站承担繁重科研课题任务的需要，首先向农业部党组汇报：决定"将祁阳红壤改良实验站总部迁址衡阳市郊区常胜大队"，祁阳官山坪作为红壤改良实验站的实验区。根据当年的情况，如果仅依靠祁阳官山坪实验基地，难以圆满完成国家、部、省级的重大科研任务，必须根据研究领域和工作任务需要，进一步扩大红壤改良实验站的基地范围和研究领域。

农业部党组高度重视。1983年，农业部决定将"中国农业科学院祁阳红壤改良实验站"的大本营迁往衡阳市郊区常胜大队，定名为"中国农业科学院衡阳红壤实验站"，原祁阳官山坪基地为红壤实验站"实验区"。

2015年11月30日，祁阳实验站第三任站长、中国农业科学院农业资源与农业区划研究所副所长徐明岗研究员，在祁阳实验站建站55周年时，为采集小组讲述了祁阳站的发展情况，摘要如下[①]：

图9-14 中国农业科学院祁阳实验站建站55周年座谈会（自左至右为：徐明岗、张会民、高菊生。北京，2015年11月，黄晶摄）

55年来，祁阳实验站在刘更另院士的带领下，经过几代科学家的共同努力，共取得了国家、省部级科技成果奖32项，平均不到两年就有一项成果产生！回顾过去，展望未来，祁阳实验站的中长期发展目标是将祁阳实验站建设成为中国的"洛桑"！

建立全国土壤肥力监测网

从1983年开始，刘更另随着国家农业考察团，先后到挪威、丹麦、荷兰、比利时、法国访问，后来又到南美洲的巴西，阿根廷进行农业考察。1988年9月，他又到德国、苏联、日本、韩国、菲律宾、印度等国家

---

① 徐明岗研究员，祁阳实验站第三任站长（1996—2013）、中国农业科学院农业资源与区划研究所副所长，现任中国热带农业科学院南亚热带作物研究所所长。

进行访问。

其目的就是了解世界各国农业现代化发展进程、土壤利用状况和世界农业可持续发展中存在的主要问题,为国家制订中国粮食安全发展战略提供决策依据。

1981年9月9日至9月18日,刘更另在《印度有问题土壤考察报告》中阐述,摘要如下[①]:

> 目前,在全世界范围内、在东南亚都存在着大量的低产田。砂荒、盐碱、酸毒、冷浸等。改良这些低产田,就可以成倍地增加农产品。
>
> 在北半球、南半球各有一个干旱盐碱地带。全世界有将近6亿人民、50多个国家、5大洲,属于这个地带。在这个干旱、半干旱盐碱地带,光照好,温差大,土层深,土壤中矿质养分丰富,限制生长的因素主要是干旱和盐碱。
>
> 在我们中国,从黄淮海平原到黄土高原经甘肃、青海到新疆一带也是一样,盐碱干旱是农业生产上两个大矛盾。然而,由于我国地处东南季风气候区域,每年降水量比其他干旱区要多得多,应当说我们比其他干旱盐碱区域有更优越的条件。
>
> 如何开发利用广阔的干旱、半干旱盐碱地区?
>
> 我们国家同其他国家相比有不同的办法,我们对盐碱地改良的指导理论,首先是把土壤中的盐分洗走,把地下水降到临界深度以下。在这样一个理论指导下派生出来的许多改良措施,基本上是以水利工程改良为主的,排、灌、平、肥;为了减少蒸发加上了造林覆盖等措施,这条措施是有效的。
>
> 有人把它说成是"根治",但是单纯采用这种措施或者把这种措施看成是唯一的措施、是最"根本"的措施,也是不全面的,应当与其他的农业措施结合起来,才能收事半功倍之效。

---

① 刘更另:《印度有问题土壤考察报告》。见中国农业科学院红壤实验站编:《刘更另与红壤地区农业发展》。长沙:湖南人民出版社,2010年,第199-202页。

考察中，刘更另还对印度 700 万公顷的盐碱土，200 多万公顷滨海盐土作了详细考察了解。

比较中国和印度两个大国的农业，结合世界农业发展过程中大量的考察结果分析，刘更另深刻地认识到：要解决中国的农业问题，必须依靠中国的农业科学技术进步。不能把解决中国 13 亿人口的吃饭问题依靠其他国家，这是不现实的[①]。

那么如何解决中国 13 亿人的吃饭问题呢？

根据我国农业发展的现状，刘更另提出了培肥地力、提高粮食产量的战略思想。他认为："要藏粮于耕地之中"。良好的作物品种只能在肥沃的土壤上，才能获得高产。为此，他提出了建立全国耕地质量监测的建议，获得国家计委的高度重视。

1985 年，国家计委批准由刘更另等主持，建立全国耕地土壤肥力与肥料效应监测网，为国家粮食安全发展战略提供理论依据。

1986 年开始，在刘更另的倡导和主持下，全国建立了 9 个耕地土壤肥力和肥料效应长期监测实验基地，包括东北黑土（吉林公主岭）、西北黄土（陕西杨凌）、新疆荒漠土（新疆乌鲁木齐）、华北褐土（北京昌平）、中原潮土（河南郑州）、四川紫色土（重庆北碚）、南方红壤（湖南祁阳）、华南赤红壤（广东广州）、高肥力水稻土（浙江杭州）。

徐明岗告诉采集小组[②]：

> 我和刘更另院士从 1987 年就认识，当时刘更另院士领导我们做一个全国土壤肥力监测的国家计委项目，他是项目主持人。我当时在陕西工作，他召集我们召开多次会议，非常平易近人，而且讲话非常幽默，讲的科学道理深入浅出。因此，我对刘更另院士产生了非常深刻的印象。

---

① 刘更另：《印度有问题土壤考察报告》。见中国农业科学院红壤实验站编：《刘更另与红壤地区农业发展》。长沙：湖南人民出版社，2010 年，第 199–202 页。

② 徐明岗访谈，湖南祁阳，2014 年 12 月。资料存于采集工程数据库。

图 9-15 农业部全国肥力网——湖南祁阳红壤旱地肥力与肥料效益长期监测定位试验春玉米现场（2015 年，秦道珠摄）

1987 年 9 月，国家计委"亚热带红壤肥力与肥料效益监测点建设（湖南祁阳）"项目开始启动，地点选择湖南祁阳官山坪红壤实验站，征红壤旱地 40 亩，筹建"国家红壤肥力和肥料效益长期监测基地"，并将原土砖工作房改建为综合实验楼 500 平方米。改建后的综合实验楼包括土壤样品库、学术报告厅、图书资料室、展览厅、办公室、计算机房和部分科技人员办公、住宿用房。

实验从 1990 年开始，25 年的监测结果回答了红壤地区农业生产的许多问题，也引起国内外专家的高度关注。1988 年 11 月，红壤退化与治理等研究成果为国家红壤地区农业发展及湖南省农业立法、制定农业可持续发展政策提供了理论依据。

目前，全国 9 个耕地土壤肥力和肥料效应长期监测实验基地（包括东北黑土、西北黄土、新疆荒漠土、华北褐土、中原潮土、四川紫色土、南方红壤、华南赤红壤和浙江高肥力水稻土）提供的监测数据正在为国家制定《耕地质量保护与提升行动方案》提供理论依据。

开展国际农业合作研究，让年轻农学家走出国门

从 20 世纪 80 年代初开始，在刘更另的带领下，祁阳实验站不仅承担全面研究南方红壤地区的农业综合改良与利用的任务，也开创了与世界先进国家农业科学技术交流与合作研究的新局面。主要内容包括合作研究、人员培训、学术交流三个方面。

1983 年 4 月，刘更另担任中国农业科学院土壤肥料研究所所长。6 月，晋升为中国农业科学院研究员；11 月，担任中国农业科学院副院长。

1983—2005 年，先后来祁阳实验站研究考察的国家和组织有：菲律宾国际水稻研究所、澳大利亚、日本、朝鲜、韩国、德国、芬兰、斯洛伐克、英国、加拿大、印度、泰国、亚洲开发银行等。合作的项目包括亚洲稻作区钾肥施用效果，中国水稻农作制度研究，中澳合作南方红壤区牧草品种引进、筛选与栽培管理以及草食动物（肉牛、养）饲养研究，中德合作复合肥在南方水稻上施用效果，中挪合作硝酸磷肥在南方作物上施用效果等项目。开展广泛的国际交流与合作，既提高了祁阳实验站的科研水平和对外交流机会，又为祁阳实验站的发展奠定了良好的基础。

1988—1993 年，与加拿大合作开展的中国稻田农作制度研究[1]。其目的：改革稻田农作制度，提高稻田的产量和经济效益，建立稻田产出效益、利润与地力培肥结合的良性循环生物链。

1988—1989 年，与西德巴斯夫公司合作[2]，研究复合肥在南方水稻上的施用效果。其目的就是：引进西德巴斯夫公司复合肥生产技术，在南方水稻及其他农作物推广施用复合肥，提高肥料利用率，减少肥料流失对环境的负效应。

刘更另代表中方与德国巴斯夫公司复合肥厂商合作，签订中国农科院

---

[1] 秦道珠：《红壤丰碑之半个世纪的春秋：中国农业科学院祁阳红壤实验站站志（1960—2010）》。长沙：湖南人民出版社，2010 年，第 83-84 页。

[2] 同[1]，第 85-86 页。

祁阳实验站与欧洲复合肥厂商联合会的合作协议。1988年在中国南方——湖南省永州市的祁阳、零陵、东安等县（市）进行了水稻复合肥田间肥效试验，以证明其增产效益及在生产中的示范作用。其中，氮磷含量各23%的二元复合肥、氮磷钾含量各15%的三元复合肥，在水稻上施用，物理性状好，使用方便，氮磷钾养分平衡，节省人工和成本10%以上，减少肥料流失，肥料利用率提高15%以上，效果良好。

1989—1991年，与挪威合作[①]。其目的：引进硝酸磷（钾）肥，在南方多雨地区的作物上的施用，比较硝态氮在土壤中渗漏损失和增产效益。

在农业部的支持下，刘更另代表中国农业科学院与挪威公司签订3年协议，将硝酸磷肥和硝酸磷钾肥引进，在我国7个省不同土壤以及在玉米、小麦、水稻、油菜、棉花、茶叶和大豆7种不同作物上进行试验。

1990年，由刘更另主编《硝酸磷肥应用》论文集，由中国农业科技出版社出版。

从20世纪80年代改革开放以来，刘更另带领他的科技团队，开展广泛的国际交流与合作，为我国农业科学领域引进国外先进技术、学术交流和培养科技人才打下良好的基础。据中国农业科学院祁阳红壤实验站统计，1986—2009年，国外来祁阳实验站考察和合作研究人员共200多人次，祁阳实验站出国培训、学术交流的国家达20余个、人员超过100人。合作研究项目共20多项，申报国家、省部级科技成果奖6项，累计增加经济效益6.8亿多元。

建立孟公山实验区，研究南方种草养畜

中国热带、亚热带地区共203万平方公里，其中灌木残林5000万公顷，果山草坡5300万公顷，两者加起来即有一半土地没有被开发利用。

---

① 秦道珠：《红壤丰碑之半个世纪的春秋：中国农业科学院祁阳红壤实验站站志（1960—2010）》。长沙：湖南人民出版社，2010年，第86页。

这些土地很有开发价值。另外，这个地区无霜期长，冬季气温高，蒸发量小，土壤中含水量高，利用冬春季的光热水分条件，可以发展油菜、豆类、大小麦、饲料和绿肥等，特别是在春季，这个地区阴雨天多，空气湿度大，阳光不足，特别利于茶叶、蔬菜、青饲料和多汁饲料生长，对发展草食家畜很有利。

在长期实践中，刘更另充分了解到南北的气候差异和特性。北方内蒙古、新疆等畜牧业发达，南方为什么不能发展畜牧业呢？

"如此多的草本植物和灌木植物，若利用它们发展南方畜牧业，必定潜力巨大[1]"。且每年3月至11月，整个南方丘陵坡地被绿色植被覆盖，若不利用，冬季又落叶枯死，白白浪费了一年的生物资源。能否在亚热带南方红壤地区发展肉食食草动物，成为刘更另思考和探索的重要课题。带着这一思维，他首先考察南方草山草坡，调查自然植被牧草种类，并想到从世界畜牧业发达国家巴西、阿根廷、澳大利亚等引进畜牧业饲养先进技术来发展我国南方的食草动物。

1983—1986年，刘更另在南美洲的巴西、阿根廷的考察给了他极大的启发。他们发展农牧业有两个最基本的特点，是值得我们认真研究借鉴的地方[2]。

第一，巴西、阿根廷的农业是建立在自然条件非常优越、自然资源非常丰富、地广人稀、得天独厚的基础上的。动植物资源是世界上最丰富的。加强自然资源生态类别的研究，按照自然区划，在生产基地布置科研机构，是一条成功的经验。

第二，巴西、阿根廷的农业是商品农业，农业生产是商品生产。这种农业生产的目的是获得最高的利润。因此非常讲究降低生产成本，提高经济效益。

如果借用巴西、阿根廷的农牧业发展经验，在我国南方发展畜牧业，

---

[1] 刘更另：《中国南方红壤区草灌乔牧场建设及牛羊粪规模生产模式的研究》，1981年1月。资料存于采集工程数据库。

[2] 中国农业科学院红壤实验站：《刘更另与红壤地区农业发展》。长沙：湖南人民出版社，2010年，第143—147页。

第九章　南方红壤　综合治理

图9-16 1987年中国农业科学院祁阳红壤改良实验站孟公山实验区（中国农业科学院祁阳红壤实验站资料室提供）

一定大有可为。这是刘更另考察巴西、阿根廷的重大收获之一。

1986年以后，他又多次考察了畜牧业极为发达的澳大利亚。

1986—2005年，在刘更另的主持下，中国农业科学院与澳大利亚签订合作协议[1]，时间长达20年。主要引进澳大利亚先进的畜牧业饲养技术和牧草品种，研究我国南方红壤地区牧草栽培利用和食草动物（肉牛、肉羊）饲养技术。其目的就是利用南方水土资源和热量能源，引进澳大利亚牧草品种和畜牧业养殖技术，发展南方食草动物。

1987年2月28日，根据中华人民共和国农牧渔业部[（1987）农（计）函字第5号][2]文件批复，刘更另在湖南冷水滩区孟公山乡征地402.43亩，建立中澳合作"孟公山畜牧业发展项目"综合研究基地。6月，由祁阳实验站科技人员蒋华斗、申家昭带队，开始筹建中国农业科学院红壤改良实验站孟公山实验区基地建设。

1987年，建立人工牧草引种圃10余亩，引种国内外禾本科、豆科等牧草品种40多种进行筛选，并将澳大利亚引进的白三叶、红三叶等豆科牧草新品种进行根瘤菌接种盆栽试验。

从1988年开始，由澳大利亚提供"种草养畜"技术，并负责培养中方技术人员。中方提供试验示范基地，负责试验-示范-推广。

1989年开始在孟公山基地布置"种草养畜"合作研究的牧草引种试验

---

[1] 秦道珠：《红壤丰碑之半个世纪的春秋：中国农业科学院祁阳红壤实验站站志（1960—2010）》．长沙：湖南人民出版社，2010年，第84-85页。

[2] 同[1]，第184页。

和开始食草动物（肉牛、肉羊）饲养试验。

自1986年开始，中国与澳大利亚合作，先后开展的项目有5个，先后有33批澳大利亚外宾来祁阳实验站进行项目合作研究，祁阳实验站有14人次受中澳项目资助出国参加培训或会议。研究内容主要有南方红壤丘陵区牧草的引种

图9-17 1991年刘更另在"南方红壤区种草养畜国际学术研讨会"作学术报告（中国农业科学院祁阳红壤实验站资料室提供）

筛选、牧草建植、施肥和刈割管理技术以及高效饲养草食动物技术。

在孟公山实验区，共布置了27个牧草引种与评价田间试验，总共引进380个牧草品种，选出33个禾本科牧草、20个豆科牧草和14个饲用谷类和其他表现良好品种。首次解决了南方丘陵区的当家牧草品种，特别是豆科牧草品种的空缺。主要包括禾本科牧草索兰德狗尾草、扁穗牛鞭草、桂牧1号、象草、矮象草、南非马唐、墨西哥玉米和豆科牧草品种圆叶决明、羽叶决明、罗顿豆、银合欢。

研究建立了牧草品种规范化栽培管理技术，分析牧草品质，提出牧草的综合利用技术。研究建立了饲草周年供应模型和草食动物发展潜力预测模型。

1991年4月22—25日，南方红壤区种草养畜国际学术研讨会在湖南省零陵地区冷水滩九嶷宾馆召开。来自澳大利亚，农业部，中国农业科学院，中国草原研究所，湖南省畜牧局，零陵地委、行署，冷水滩区政府、农办，零陵地区畜牧局和祁阳县委领导以及零陵地区各县畜牧局领导、专家60多人参加会议。刘更另作为项目主持人，在大会作"我国南方红壤地区种草养研究"主题报告，在会议期间，他组织代表们参观

位于中国农业科学院祁阳实验站孟公山实验区的中国-澳大利亚合作项目——种草养畜试验基地。会议共收到研究论文28篇，论文汇编由张马祥、刘荣乐主编为《中国红壤与牧草》一书，1983年8月由中国农业科技出版社出版。

徐明岗研究员给采集小组讲述了中澳合作"种草养畜"项目的开展情况，摘要如下[①]：

> 从刘更另院士建立中澳"种草养畜"合作研究项目以来，祁阳实验站的年轻科技人员开始到澳大利亚去学习、交流。其后，祁阳实验站进行广泛的国际合作研究，如中国-挪威合作、中国-加拿大合作、中国-菲律宾合作、中国-日本合作、中国-韩国合作项目等。说起我们的国际合作项目研究，很多都是罕见的。比如我们跟澳大利亚开展的"种草养畜"合作研究项目，从1986年开始，刘更另院士就跟澳大利亚开始合作研究。其他单位也与澳大利亚合作研究，一般为2期，每期合作5年，最多做10年。我们祁阳实验站从1986年开始做第1期预研究，到1989年正式开始做研究，再到2006年，整整做了4期项目研究，时间长达20年，开创了与澳大利亚农业合作研究项目的新纪元。

通过这些合作研究项目，培养了很多人才。如祁阳实验站的文石林研究员，他前后去澳大利亚不少于5次，获得了新英格兰大学的硕士学位，同时还获得了澳大利亚外交部的奖，受到了澳大利亚外交部部长的接见。

我国农业部畜牧司、中国农业科学院畜牧研究所、湖南省畜牧局、零陵地区畜牧局等部门，高度重视中-澳种草养畜项目取得的成果。截至2001年12月，共鉴定优质豆科牧草品种罗顿豆、圆叶决明两项成果，在湖南、江西、福建等省推广人工种植牧草600余万亩，发展肉牛、马头山羊、黑山羊等百万余头。

---

① 徐明岗访谈，湖南祁阳，2014年12月。资料存于采集工程数据库。

第十章
综合考察山区资源

谋划山区科学发展

为了研究山区的农业资源开发利用，1985—1997 年，刘更另院士先后考察了武陵山、五岭山、雪峰山、罗霄山、乌蒙山、峨眉山、太行山、燕山、沂蒙山、长白山、天山、阿尔泰山、昆仑山等[①]。

人们习惯上把山地、丘陵分布地区连同比较崎岖的高原，都叫山区。与平原相比，山区发展农业易造成水土流失，但是某些水热条件比较好的地区，可以大力发展林业、牧业。还可以被开发成观光旅游区，为当地人们增加收入。

我国山区（含丘陵和高原）面积约 663.6 万平方公里，占全国国土总面积的 69.1%，包括我国（不含台湾、香港、澳门）除上海市以外的 30 个省（区）的 1564 个县。山区人口 6.74 亿，占全国总人口的 55.7%。山区主

---

① 中国农业科学院红壤实验站：《刘更另与红壤地区农业发展》。长沙：湖南人民出版社，2010 年，第 3 页。

要分布在东北、西北、西南和东南等地区。

如何开发山区资源，让山区资源为当地老百姓脱贫致富，为山区人民带来实实在在的利益，这是刘更另长期以来所思考的山区发展战略问题[1]。他决心：要在自己的有生之年，综合考察我国的山区资源，为国家和地方政府"山区开发""开发大西北""山区扶贫"发展战略作出科学规划，为"山区人们脱贫致富奔小康"的科学决策提供依据和技术支撑。

武陵山区国土考察与发展建议

1985 年 3 月 4—24 日，刘更另随"武陵山区国土开发考察团"一行 14 人分两组对武陵山区国土开发进行考察，刘更另小组考察了怀化、靖县、新晃、芷江、麻阳、凤凰、保靖、永顺等区县，沿途看到了洪江、黔阳、锦屏、天柱、花垣、大庸、慈利、桃源等县市的农业牧业生产情况。一路考察、座谈、访问，一路记录、整理、思考、撰写考察报告，成为刘更另这次考察工作的重中之重。白天同考察组成员深入山区、村寨，访贫问苦，座谈山区发展潜力，了解山区资源优势、山区发展中存在的问题，晚上深夜宁静，他坐在灯下，独自思考山区脱贫致富与资源开发利用的关键技术。

3 月 25 日考察告一段落，他完成《武陵山区国土考察纪事》[2]报告。在考察中发现：武陵山区资源开发潜力巨大，但资金、人才、技术力量需求成为武陵山区资源开发的关键。需要千百万人们不懈地努力，更重要的是需要正确的政策和方针。作为一个农业科学技术人员，他愿意为武陵山区的开发而努力。

报告内容摘要如下：

---

[1] 刘更另：《中国山区开发研究学术讨论会的发言》，1990 年 6 月 15 日。资料存于采集工程数据库。

[2] 刘更另：《武陵山区国土考察纪实》，1985 年 3 月 15 日。存地同[1]。

土壤是人类赖以生存的基础。国家的财富，社会的繁荣，文化的进步，人们的幸福，都直接或间接与土壤的合理经营有关系。"土能生万物，土可发千祥"。德国杰出学者、农业化学的创始人李比希在《化学在农业和生理学上的应用》一书中，精辟地论述了土壤和农业生产的自然规律。他认为，许多低产、灾荒、饥饿、贫穷，甚至瘟疫、罪恶等都与自觉和不自觉地违背自然规律，破坏土壤，损耗土壤肥力有关系。李比希曾论述：否定了维持土壤肥力的条件，国家就要灭亡；保护这些条件，就可以保持这个国家的富裕和永世长久。

因此，对武陵山区"土壤保护和土壤培肥"应该放在首位。保护土壤、培肥土壤的方法很多。有生物措施、工程措施和农业措施等许多方面。如何根据不同的条件采取不同的措施，这里有许多文章可做。在生物措施方面利用豆科作物共生固氮的特点，利用十字花科吸磷解磷的功能，利用禾本科作物耐瘠保水的特点，根据不同具体条件选择适宜的植物群落，实行草－灌－乔相结合或者豆科与禾本科作物混播，对水田保持提高地力有明显的效果。在工程措施方面，修筑拦河坝、沉砂池、建立保护草带、建筑等高梯田等都是行之有效的方法。在土层较浅的红壤地区，推行"水平浅沟，沟坑相连，分散蓄水"的办法，可以消灭地面径流，接纳夏季雨水，以防秋旱之用。实践证明，它能减少土壤冲刷，促进植被恢复。在农业措施方面，在冲刷严重的地区，要提倡带状种植和免耕，实行正确的轮作和等高耕作。根据武陵山区气温高、雨量大、淋溶强的特点，一定要补充土壤营养元素如氮、磷、钾、锌、钙、镁等，合理施用化肥是提高我国土壤肥力的关键措施。

坡度超过25度的地方要退耕还林、还草，对武陵山区来说是非常必要的。根据武陵山区的特点，最重要的还是还"肥"，首先提倡种草，种绿肥，种植能共生固氮的灌木，为发展畜牧业、林业创造条件。种草成本很低，甚至最快，保持水土效果好，覆盖面积最迅速，在许多场合，它是发展畜牧业的基础。在平地，在水田里，也有土壤保护和水土流失的问题。例如：浑水犁田，放走浑水，流失的肥土每年每亩就有两吨半，这都是土壤中的精华部分，应当特别珍惜。

根据考察，在比较山区与平原地区的气候、光热、动植物等资源差异后，刘更另按照"因地制宜，扬长避短"的科学思维，对武陵山区的开发利用提出了两条建议：

第一，要种好粮食。由于山区自然条件的复杂性和不稳定性，人们在开发这个地区时要稳定这个地区的粮食生产，尽量使这个地区粮食总产量不要波动太大。在山区不宜种粮食的地方不勉强种粮，在适合种粮的地方要理直气壮地种粮食，要把粮食种好，使每一个地方的粮食总产量稳定。

第二，要充分利用第二个雨季，发展冬季作物。这就是要增加油菜、饲料（包括青饲料和多汁饲料）等的种植面积，它可以补充粮食的不足。第二个雨季，雨量均匀，没有干旱之虑，雨量很小，没有水土冲洗之忧，尤其是紫色土，种植大麦、小麦、豌豆等冬作物更为适宜，只要配合施用氮磷钾化肥，可以获得很好的产量。

1992年7月5日，刘更另向农业部提交了《关于中国农业科学院积极参加武陵山区综合开发的报告》，引起高度重视，农业部随即启动"武陵山区资源开发与综合利用"研究项目，中国水稻研究所和中国农业科学院土壤肥料研究所、畜牧研究所、油料作物研究所等分别承担该项目的相关研究任务。在地方政府和农业技术推广部门的积极配合下，经土肥、水稻、油料、品种、栽培、畜牧等不同专业科技人员连续5年的攻关，武陵山区资源综合开发利用研究取得重大突破。

湘南丘陵山区农村考察与发展建议

1986年3月14日至4月6日，刘更另在研究湘南稻田粮食持续高产的同时，又一次深入湘南丘陵山区郴州、零陵、衡阳3地区11县的农村考察。凭着他对湘南地区的情况了解,他采取开座谈会、听取各地基层情况汇报和走村入户,与老农聊天、看农户家庭生活现状、与群众同吃同住同劳动的方式,与农民群众打成一片。在与老百姓的细心交流中,听到了老百姓真实可靠的情况。经过资料统计分析,他完成了《湘南农村考察报告》[1],报告摘要如下:

湖南全省年人均收入396元。衡阳市620万人口,平均年收入396元,郴州地区年人均收入309元,零陵地区331元,均低于全国水平。人多地少的祁东县抽样调查95.3%的农户,获得温饱,吃、穿、用、住、上学、就医、人来客往和生产建设都比较宽裕的仅占35%左右,60%的农户温饱以外还有不同程度的困难。边远山区的宜章县更加突出,人均年收入在300元以下的村占89.6%,低于150元的村占37.5%,收入最少的村人均年收入只有61元。而宜章为湘南起义的策源地,祁东、祁阳等为革命老区,江华、江永、道县、宁远、双牌、东安、新田、蓝山、常宁等县均属于贫穷山区。

全国328个贫困县,南方267个,占81.4%。一向认为南方水热资源丰富,四季常春,实际上南方的农民更为困苦,脱贫致富的任务更为艰巨,更应引起重视。

图10-1 1986年冬季刘更另(左一)在湘南农村调查粮食生产情况并与农民交谈(中国农业科学院祁阳实验站资料室提供)

---

[1] 刘更另:《湘南农村考察报告》。见中国农业科学院红壤实验站编:《刘更另与红壤地区农业发展》。长沙:湖南人民出版社,2010年,第190页。

第十章 综合考察山区资源

因此，他向国务院扶贫开发办提交了报告。这份沉甸甸的报告中准确真实的数字所反映出来的问题，为当时地方政府扶贫开发和国务院扶贫开发领导小组制定决策提供了依据。

报告建议：从全国看更应重视南方的开发与建设，从湖南看湘南的开发与建设更有突出重要的意义。这一建议被国务院扶贫开发领导小组列入"八五"国家湘南开发计划，获得国家政策的支持和资金投入。

87岁的原中共零陵地委书记唐盛世在他的《八十春秋》中详细记述，摘要如下[①]：

> 1988年年初，国务院、省政府将湘南（包括郴州、零陵、衡阳）开发列为改革开放过渡实验区和农业重点开发区。1988年12月，时任中共中央政治局委员、国务院副总理田纪云，来湘南地区考察调研，并于12月17日亲临零陵地区柑橘示范场、12月18日在江永县桃川洞、楚石江香柚开发基地、回龙圩农场视察，制定了零陵地区柑橘示范场4万余亩柑橘品质改良和江永县楚石江20万亩香柚基地建设等扶贫开发项目。5年后，零陵地区柑橘示范场4万余亩柑橘品质改良和江永县楚石江20万亩香柚取得成功，零陵柑橘、江永香柚成为当地农民脱贫致富的拳头产品，并畅销全国各地。

湖南桑植考察与发展建议

1992年8月3—6日，刘更另等一行5人对湖南省桑植县进行了考察。桑植县位于湖南省西北部，地处武陵山脉北麓，鄂西山地南端。

桑植县土地总面积3474平方公里。其中，358万亩山地，176万亩草地，南滩天然草场面积18万亩。桑植县属中亚内陆季风气候区，年平均

---

① 唐盛世：《八十春秋》。石家庄：河北人民出版社，2008年，第386-394页。

温度为17℃。因地貌差异大，气候变化呈垂直规律，"一山有四季，十里不同天"，该地处于间断性的地方性雷雨和暴雨之间。由于地形复杂，气候特殊，既形成适应动植物生长的小气候环境，又造成多种灾害性天气，十年九灾。桑植县属于国家级贫困县。

刘更另与考察团看到，水稻生长很好，有几个丰产片水稻亩产可以过500千克，大面积可达300—350千克，说明农业技术有水平，有储备，加上湖南省农业科学院在技术上的支援，在水稻、茶叶、畜牧、柑橘方面都有很明显的进步。

1991年3月18日，桑植县第十一届人民代表大会第二次会议审议通过的"桑植县国民经济和社会发展五年规划及'八五'计划"，给桑植人民树立了比较明确的努力方向。许多规划项目，已经开始实施并取得成效。例如柑橘基地、药材基地、茶叶基地、烟草基地、五倍子基地都是这样。水能资源、旅游资源的开发，取得明显效果。"天子银毫""西莲"等

图 10-2　1992年刘更另（前排中）等考察湘西山区与农民代表合影（中国农业科学院祁阳实验站资料室提供）

名茶品种，桑塔牌香烟、百脉根低度酒受到市场欢迎。

通过几天考察，刘更另考虑了许多问题，从国内到国外，从平原到山区，他认为中国的农业、山区的农业以及桑植的农业都处在一个转折时期。发展经济、开发山区，首先要研究山区经济落后的原因。要强调转变思想、更新观念，特别是在领导上要进一步贯彻"解放思想，实事求是"的思想路线。大庸市根据自己的特点提出"以旅游为龙头，带动农业发展"，永顺县提出"商品、旅游促农业"都是山区资源开发的一种新思路。

桑植县目前是国家重点贫困县之一，1991年人均年收入还只有221元，个别乡还不到100元，这样一个有名的革命老区迟迟不能脱贫，令人非常不安。

究其原因是长期实行计划经济体制及其所形成的思想观念，脱离了当地的实际，束缚了生产力的发展。刘更另认为，桑植的经济发展既有困难的因素，也有有利的条件，我们要看到现实的困难，了解其薄弱的环节，在指导思想上不要急于求成，要有长期奋斗的思想准备。同时要看到成绩，看到潜力，看到光明，提高大家艰苦奋斗的勇气。

对桑植县进行详细考察后，刘更另完成了《湖南桑植考察报告》[①]，对桑植发展作出了科学谋划。

报告摘要如下：

> 桑植县发展存在6个方面的不足。
> 一是潜在优势得不到充分发挥。桑植有较大山地面积，有丰富的水能和煤炭资源。在生物资源中，草场、林木、果树、茶叶、药材、茶油、桐油、蚕桑、烟草都有开发的优势，特别是无可估量的旅游资源，很有特色。这些潜在的优势，只有与科学技术和资金相结合，才能转化为经济优势。
> 二是人才资源力量薄弱。桑植的管理人才、科技人才、宏观战略人才和发达地区相比有很大的差距，居民整体素质差，文化水平低，

---

① 刘更另：《湖南桑植发展考察》。1992年8月。资料存于采集工程数据库。

全县每万人受过高等教育的只有15.3人，比西藏42人还要少，文盲占全县人口33%，呆、痴、傻人占总人口8.4%。

三是资金短缺、财政困难。长期以来，劳动者不是自然资源的主人，由于缺钱，桑植县的劳力、智慧、科技、经验不能与其自然资源优化组合。中华人民共和国成立以来，国家通过各种渠道从这个地区拿走了大量的木材、煤炭、各种农副产品，这不可避免地给桑植人民带来许多困难。造成低收入、低需求、低投入、低产出的恶性循环。

四是桑植有些地方缺粮。在全国强调"以粮为纲"，在山区要求"粮食自给"。有的地方，为了千方百计搞粮食，滥砍滥伐，毁林开荒，造成植被破坏，水土流失。有的地方粮食问题没有解决，生态环境被严重破坏。因此，山区要"因地制宜、扬长避短。"在能够生产粮食的地方，投入较多的技术、资金，精耕细作，夺取稳产高产。在能够生产粮食但自然灾害频发不稳产的地方，则选择生育期短、抗性强、能够躲过灾害的作物或品种，这样投入小，效益高。在不能生产粮食的地方，不勉强生产粮食。

五是计划经济体制束缚桑植县的发展。过去，各项建设靠国家计划安排，建设项目、建设资金都靠政府拨给，靠计划分配。我国的经济建设就一直在扩张—收缩—再扩张—再收缩的周期性中。这种周期性波动给山区经济带来了特殊困难。国家强调发展，扩大投资，增加建设项目的时候，山区信息不灵，准备不够，排不上队，赶不上车。等到条件比较成熟，轮到山区上项目的时候，又碰到国家调整收缩。这些人为的损失，政策的变化，给山区人民带来的困难与痛苦，现在应当引起国家高度重视。

六是在市场经济体制下国家资源配置不合理。桑植县条件艰苦，基础设施很差。

现在，国家如果不采取措施，任其不平等的竞争发展，不可避免地使民众收入的差距越拉越大，将会产生许多不稳定的因素。

鉴于上述情况，《报告》向国务院扶贫开发办及有关部门大胆建言，要求从以下 4 个方面高度重视，摘要如下：

一要增加老、少、边、山区科技与资金投入，选择有特色的项目重点支持，一直负责到打开市场，获得效益为止。

二要引导发达地区的资金和技术向老、少、边、山区转移，使双方有利可图，发达地区要主动让利。

三要鼓励贫穷地区劳务输出，定期交流干部和科技人员，以提高劳动者素质。

四要老、少、边、山区的开发与建设要抓住重点，选准突破口，搞出特色，提高竞争能力。特别注意发展名产、特产、优异产品和稀贵新产品，任何产品必须在保持特色与优质的前提下，扩大规模。

同时也对"桑植国民经济和社会发展十年规划"提出两条建议：

首先，规划和重视农业，把 75.7% 的基建投资用在农业和与农业有关的工业上。要克服急躁情绪。

其次，农业资源的综合开发和系列开发要抓重点。要创名牌，要搞骨干企业，搞好一个带动一片。要选好重点，在一段时期重点不能太多。

目前，桑植县的山区开发扶贫进入攻坚阶段，并成为国家、省市的重点扶贫开发对象，在突出地方特色，因地制宜，科学规划的发展思路下，旅游业和山区特色产业发展取得突破。

燕山山区考察与发展建议

燕山山脉是我国北部著名山脉之一。1998 年 9 月，刘更另等对燕山山区农业和资源环境进行了考察[①]。

---

① 刘更另：《燕山地区资源、环境与农业持续发展》，1998 年 9 月。资料存于采集工程数据库。

中华人民共和国成立以来，在燕山山区进行了大规模的城市和乡镇建设、能源和交通建设、工业和水利建设，这些建设既促进了京、津、唐、秦和山西、内蒙古经济的发展，同时也带来新的生态问题。主要表现在森林面积减少，植被破坏，山区涵养水源的能力减弱，水土流失加剧，许多河道干枯，旱涝灾害频繁，地力下降，风沙严重。加以这个地区受东亚季风气候强烈影响，水热条件变化最为剧烈。森林面积比新中国成立初期大大减少。

图 10-3　1998 年刘更另在河北燕山山区考察（河北迁西燕山科学实验站提供）

通过燕山山区的考察，刘更另得到一些认识：生态恢复、重建，首先是恢复植被的覆盖。所谓封山育林、封山育草、种树种草、植树造林以及退耕还林、还草等，其共同的目的都是覆盖地面、涵养水源、保持水土，逐步改善生态环境。

从表层覆盖、浅层覆盖到高层覆盖，是草、灌、乔复合体自然发展过程，是自然界植被群落演替的结果，人类的作用可以促进、调节、完美这个过程，但是不能否定取代这个过程。

面对燕山山区生态破坏的现状，刘更另提出了生态恢复重建的建议[①]。

---

① 刘更另：《燕山山区考察散记》。见中国农业科学院红壤实验编：《刘更另与红壤地区农业发展》。长沙：湖南人民出版社，2010 年，第 190 页。

第十章　综合考察山区资源

重点是加强生态的恢复与重建，也是复合的植物群落的恢复过程。因地制宜合理布局，构建多种模式的稳定生态系统，既有良好的生态效益，又有很高的经济社会效益。这是我们的目标。在考察中，刘更另还看到了政府"退耕还林"的决心与行动。

水热因子是燕山山区的限制因子，它自然选择各种植物群落和森林树种。根据多年观察，适宜这里生长的植物群落，一般都能耐冬季低温干旱，能够充分利用冬季稀少的雨雪，在早春气温升高时迅速生长。例如：在这个地区萌发最早的木本植物树种是臭椿、黄荆条、榆树、山杏、洋槐、紫穗槐、酸枣、胡枝子、锦鸡儿等。在草本植物中蒲公英、苦荬菜、银莲花等。特别是黄荆条、酸枣种子繁殖，只要有少量水分，在很瘠薄的土壤上也能发芽生长，前期生长势强，很快占领空间形成优势群落。

在农田里、荒地上常常生长一年生的白羊草、马唐和菅草覆盖地面。在冬季，这些草基叶干枯，春季从这些干枯的草丛里发出新芽再生长。一般它比灌木生长迟、生长慢。在黄荆条、酸枣丛里，禾本科草本植物生长不好，但是在禾本科草丛下面，蒿草、黄荆条和酸枣能够照常生长。这说明不同植物群落有不同特点，但对保护土壤，维持生态稳定都有其独特的作用。

由此，刘更另建议[1]，要建设良好的生态环境，保证国家社会、经济可持续发展，这是国家的大政方针。生态环境的建设和保护是长期的，要保护群众栽树、养树、管树的积极性，还要有许多配套措施。农民在初步获得温饱以后，还要从生态恢复建设中得到实惠，从植树中得到经济效益。因此对农民来说："植树造林""退耕还林还草"，既是其生态建设的任务，又是一种可获得经济收益的产业，像河滩地栽培的速生杨树林要允许农民砍伐、出售、使用或者实行"伐一育三"的政策，使农民经过劳动、培管而能获得更多的收益，这样我们的林木会越来越多，生态条件会越来越好！

第二次考察，在河北燕山所属的迁西县整整考察了7天，刘更另察看了

---

[1] 刘更另：《唐山市燕山山区可持续发展战略研究》，1999年12月22日。资料存于采集工程数据库。

几十万亩"围山转",观察了各式各样的土壤、地貌、生态类型,对北方燕山山脉有了更多的了解和认识,并由此决心为南北山区研究做些具体事情。

所谓"围山转",就是20世纪80年代,迁西县首创"围山转"整地造林样板模式,当年累计新增以"围山转"为主的工程造林36.8万亩,建立长城及潘家口水库沿线生态观光林带、以滦河滩涂为主的用材防护林带、片麻岩地区板栗经济林带、石灰岩地区核桃、安梨经济林带和城市周边园林景观林带等,全县绿化大幅度提升,绿化效果十分显著。全县大部分山区形成了"山顶松槐戴帽,山间板栗缠腰,山脚瓜果梨桃"的立体绿化模式。目前林地面积已达130万亩,森林覆盖率达到62%,成为"全国绿化模范县"和国家级生态示范区。

对我国南北山区资源的综合考察,为刘更另科学谋划山区发展,提供了大量关于山区资源优劣的第一手原始资料。面对我国山区数千万贫困人口的脱贫致富期盼,刘更另认为国家需要制订山区中长期科学发展规划[①]。作为科技工作者,其首要任务,就是要为国家中西部山区资源开发和综合利用提供技术支撑,这是山区脱贫致富的关键。任务繁重且艰巨,需要成千上万的人们不懈努力,才能取得实际成效。

组建山区研究室

经过对南北山区的生态分布、植被种类、光热温差、土壤类型、草山草坡等自然资源考察,刘更另了解了许多山区生产条件落后、农民群众生活贫困的现状。对比我国沿海发达地区和山区贫困地区的差异,刘更另反复琢磨"山区脱贫致富"与山区资源开发综合利用的问题,并产生了筹建"山区研究室"的想法。他总结了自己长期在南方红壤地区办点的经验,开始思考筹建"山区研究室"的构思和规划。

---

① 刘更另:《山区问题——国家要上一个项目》,1999年9月。资料存于采集工程数据库。

张马祥研究员 2015 年 11 月告诉采集小组，内容摘要如下[①]：

> 刘更另在科学研究中的思路很多，如果都按照他所设想的那样，能全部实现的话，那是个很大的贡献呀！刘更另当时要筹建山区研究室，我当时不很理解。
>
> 你（刘更另）过去要建设南方祁阳红壤改良实验站，我很支持。现在又要搞山区研究室，我很不理解。我说"你不如把全部精力投入祁阳实验站的现代化建设之中，这样不是更好吗？"但后来，刘更另还是把山区研究室建起来了，还希望我也到山区研究室去做研究工作。由于身体不好等原因，我拒绝了他的要求，并一直留在祁阳实验站做南方红壤综合治理研究工作，直到退休。

1989 年，60 岁的刘更另从中国农业科学院副院长的领导岗位退居二线，他把全部精力投放在"山区研究室"的筹建中。1990 年 5 月 18 日，根据中国农业科学院文件［90］农科院（人）字第 237 号《关于建立"中国农业科学院山区研究室"的请示》，农业部批复并决定由刘更另负责，组建、成立"中国农业科学院山区研究室"，编制共 10 人，由中国农业科学院农业资源区划研究所代管[②]。

按照人员精简的要求，刘更另挑选了刘国栋、仓蓉、曾希柏、谢开云、邱建军、张士功、甘寿文、孙富成、胡青秀等 10 名硕士、博士，组建了一支精干的科研队伍，开始了山区资源开发与利用的研究工作。

中国农业科学院农业资源区划研究所原副所长张海林研究员 2015 年 5 月告诉采集小组[③]，内容摘要如下：

> 当年成立山区研究室时，中国农业科学院的人员编制和经费都很紧张。经过多次向农业部有关部门汇报后，得到了支持，中国农业科

---

① 张马祥访谈，北京，2015 年 11 月。资料存于采集工程数据库。
② 中国农业科学院"关于建立'中国农业科学院山区研究室'的请示"文件，1990 年。
③ 张海林访谈。北京，2015 年 5 月。存地同①。

图10-4　1990年中国农业科学院"关于建立'中国农业科学院山区研究室'的请示"文件

(北京刘更另院士办公室提供)

学院党组及院里有关部门领导很重视，经研究同意，通过院人事局下达文件：人员定编10人，每年拨款事业费10万元。1990年中国农业科学院山区研究室正式成立，挂靠中国农业科学院资源区划研究所并代管。

刘更另研究员成立山区研究室的目标很明确，"虽然中华人民共和国成立近50年了，但是山区的条件还很差，山区老百姓还很穷。通过1985—1997年对我国南北山区考察，我发现山区很多资源没有利用好。如果科学谋划，综合开发，潜力很大。别人不愿意去做这件事，我愿意[1]！"

中国农业科学院山区研究室的任务很明确。

一是组织科技人员深入山区开展粮食、棉花、油料、肉类等生产技术研究，并把现有科研成果推广到山区，实行试验、示范、培训相结合。

二是调查、研究山区资源，制订保护、利用开发方案，研究开发利用

---

[1]　刘更另：《科学治理山区，发展山区产业》，1997年7月18日。资料存于采集工程数据库。

第十章　综合考察山区资源

山区自然资源的综合技术。

三是总结研究山区农林牧业发展规律，开展山区基础性研究。

四是承担国家或地方有关山区经济的科研任务，组织协调有关山区研究任务和经验交流。

五是参加国际山区研究网络，承担有关山区研究项目，加强国际交流与合作，并根据条件逐步在山区建立实验站。

当选首批工程院院士

1994年5月，65岁的刘更另当选首批农业、轻纺与环境工程学部中国工程院院士[1]。6月，刘更另选任中国工程院农业、轻纺和环境工程学部常委、副主任。

"当选院士是对我基层工作20多年的肯定。在南方红壤地区的多年研究、祁阳实验站的工作经历让我终身受益。现在我从中国农业科学院副院长的岗位上退下来了，可以有更多的时间来研究我国山区的发展问题啦！山区的发展很重要，山区大多数地方还很穷，许多资源没有很好地利用，这主要是山区缺乏科学技术、缺乏科技领军人才。如果有了科学技术，有了技术人才，就会在国家'西部大开发及老、少、边的山区开发'的战略中发展的更快些。作为一个老科学工作者，我应该发挥自己的余热，为山区人们做一些有益的事情[2]"。刘更另院士是这样想的，也是这样做的。

他还经常告诫中国农业科学院山区研究室的年轻科技工作者，"要想真正干一番事业，光坐在家里看网络上的资料是不行的，只有到基层才能看见更鲜活的东西，才能培养克服任何困难的信心和勇气。如果你带着一种理想和信念，到任何条件艰苦的地方都可以实现人生价值[3]。"

---

[1] 1994年5月，刘更另当选为中国工程院院士《文件》。
[2] 中国工程院院士：基层实验站让我终身受益．《中国青年报》，2005年8月24日。
[3] 刘更另：《中国农业科学院山区研究室年度工作计划》，1995年。资料存于采集工程数据库。

图 10-5　1995 年刘更另院士回到祁阳官山坪基地（祁阳实验站供图）

1990 年中国农业科学院山区研究室成立后，刘更另院士制订了山区资源研究总体规划，带领这支年轻精干的科技队伍 10 余人，很快活跃在我国南北山区研究开发的主战场。他们不仅承担"九五""十五"南方红黄壤综合治理"红壤带中南部丘陵区粮食与经济林果高效综合发展研究"等国家科技攻关项目，并开始承担"南方丘陵山区研究"的重任。

建设燕山科学实验站

1995 年，在多年周密考察调研的基础上，刘更另院士提出了"关于建立河北省燕山科学实验站建议书[1]"，得到河北省委、省政府的高度重视。河北省政府决定由省、市、县联合投资建站。

---

[1]　刘更另：《河北省山区科学实验站实验项目初步设想》，1995 年 8 月 20 日，资料存于采集工程数据库。

此前，刘更另为建站选址先后走访了迁西、迁安、卢龙等几个县，最后确定在迁西县大黑汀水库西侧建站。这里风景优美，视野开阔，便于吸引外来学者进行合作研究。

谈到燕山实验站的建设，刘更另特别激动。他说："1995年一次全国性的山区开发会议在河北省石家庄市召开。我发了言，在谈到'太行山道路'时，我建议成立'燕山科学实验站'。河北省原常务副省长李锋同意我的观点，支持我的想法，要我马上写出书面建议。他也写了一封重视科学、重视燕山开发的信，直接送到河北省委书记程维高和省长叶连松手里。没有几天就批下来了，同意成立'河北省燕山科学实验站'，归口省科委。河北省科委副主任、省山区办公室主任王征国具体负责这件事。河北省、唐山市、迁西县都大力支持。不到两年在迁西城关镇大黑汀水库西岸南侧的山坡上一栋五层楼即燕山科学实验站建成了[①]。"

在组建燕山科学实验站的过程中，他拜访了迁西县人民政府，迁安市人民政府，考察了宽城、兴隆、卢龙等山区情况，各地都热情支持。在拜访唐山市科委的时候，科委召集了各处、室负责同志座谈会，科委张主任当场表示：市科委对燕山科学实验站100%的支持。

图10-6 2004年河北迁西建设竣工的燕山科学实验站（河北迁西燕山科学实验站提供）

---

① 刘更另：《山区研究最近进展》，1997年5月。资料存于采集工程数据库。

刘更另对此感触深刻,"我一个老科学工作者能得到政府如此真切的支持,没有不感动的①。"

1998年,由建筑设计大师吴良镛院士②设计的燕山科学实验站建设落成,实验站走边建站边科研的路子。技术上主要以中国农业科学院山区研究室为依托,承担了"燕山东段特色产业开发研究""燕山区水资源科学调节和生态重建""燕山区农牧系统耦合技术研究""高效果品示范园区建设"等项目研究,形成了集科技集散、成果展示、技术培训、综合服务为一体的综合性科研基地,成为燕山地区技术开发服务中心。

为了给地方培养科技干部,刘更另除自己殚精竭虑外,还先后请来了他的夫人、中国科学院院士陈文新和中国工程院院士沈国舫、卢良恕、任继周、张子仪、范云六等,一起给迁西县级干部和科技人员讲课、座谈和进行其他咨询活动。还邀请了白玉良、高中琪、邱建军等36位博士、博士后和研究员来迁西讲课、考察,并建立了长期的合作关系,承担国家级科研项目3项、省级项目16项、市级项目25项。

陈文新院士告诉采集小组③:

> 刘更另在勤奋这方面特别突出,对家里的照顾很少,但是对工作很专心,孩子都是我带大

图 10-7 2010年刘更另(右二)陪同中国科学院院士陈文新(左二)、任继周(中)等在河北燕山科学实验站考察
(河北迁西燕山科学实验站提供)

---

① 刘更另:《燕山山区考察散记》,1997年5月18日,资料存于采集工程数据库。
② 吴良镛:中国科学院和中国工程院两院院士,中国建筑学家、城乡规划学家和教育家,人居环境科学的创建者。2012年2月14日,荣获2011年度"国家最高科学技术奖"。
③ 陈文新访谈,2014年12月,北京。存地同①。

的。1964年他就去祁阳实验站基地，田间实验多、每天早上5点多就起床去田里了。80年代，他又在桃源建立农业现代化研究所，布置了11个水稻生态观测站，总是很忙，回不了家。现在年纪大了，本来可以把工作放轻松些了，但他就是闲不住。这些年他又在河北迁西建立了燕山科学实验站，还在北京密云、老家桃源有实验基地，一年到头就是下基地考察、调研，一生就是想着他那做不完的事业，对家里照顾的很少。这次还把我们的好朋友沈国舫等院士都请到河北迁西县科学实验站，共同为山区开发座谈、献计献策。

迁西县发展小尾寒羊

在1996年9月1—7日和1997年4月6—11日，刘更另院士两次邀请中国工程院院士任继周，先后考察了迁西、迁安、卢龙、宽城、承德、兴隆等县市的畜牧业发展情况，并重点对迁西县发展小尾寒羊的养殖业计划进行科学论证和谋划。他向任继周院士请教许多关于发展养牛羊等食草动物方面的问题，得到很多启发。

"我自己对畜牧业不懂，但对发展畜牧业的想法很多。"刘更另院士说，"我同任继周院士本来不很熟悉，在农业部科技委和国务院学位委员会学科评审组期间，有几次学术思想上的交流，后来就越来越亲密了。他治学严谨，对自然、对生命充满着激情，他一直在生产实践中探索自然的秘密，这一点很可能是我们两人容易沟通的原因之一[1]。"

在迁西考察中，任继周在刘更另的陪同下，特意去看了迁西县的燕山科学实验站。当他了解到这里的雨量和气温时，认为这个地方选择得好，既有山海之特点，又兼南北之优势，许多生物都可以在这里落户，生物资源非常丰富。可以在这里做许多生物学方面的基础研究。"在区位上，这

---

[1] 刘更另：《河北迁西考察散记》，1998年5月15日。资料存于采集工程数据库。

里处在京、津、唐等大城市的交汇点,又是东北平原、华北平原和内蒙古高原的交汇地带,也就是过去常说的农牧交错地带。种植业和养殖业的结合表现在产品的交换上,按照生态学原理,两个系统的耦合,可以发挥系统的潜能,提高系统的总体功能,如何把农业系统和牧业系统耦合,在这里,在燕山地区是一个重要的课题[①]。"任继周一边走,一边与刘更另谈论。

说到牧业,任继周建议办一个"牲畜育肥场",秋末冬初,把内蒙古的牛羊运到这里来集中,催肥出售。他还特别提到,河北"三河县"有这方面的经验。

刘更另告诉任继周:"我本来是搞种植业的。在许多年以前,我就想发展畜牧业,这完全是实践对我们的启示。单靠种几亩田,虽然有饭吃,但是这种一家一户的小农经济,怎么也富不起来,农林牧渔要综合发展,农业和牧业一定要结合,在生态学上叫作'系统耦合';耦合是物理学上、电学上的一个名词,借用在生态学上,说明两个系统结合的程度,能进行能量交换,这里含有严格的量的关系,两个关系能够完全耦合的,其耦合常数为1,两个系统完全不能耦合的其常数为0,系统耦合越完全,能量转化越迅速,系统的功能也就越大。我们在燕山地区很重要的研究任务就是使农、林、牧业系统耦合,促使这个地区的生产结构、经济结构日趋完善,从结构优化中获得效益[②]。"

刘更另的想法与任继周一拍即合,同时想到"农牧结合"这个老问题。刘更另说,不同的经济水平有不同的结合方式,欧洲农业发展过程也是农牧结合发展的过程,它推行"三田制",一块地种谷类作物,一块地种经济作物,一块地种饲料作物。我国有精耕细作的传统,一家一户,既种田,又养牲畜和家禽,农业副产品、糠麸禾秆、残渣剩饭,都配成饲料,养猪养禽,转化成肉食。这种生产模式已经延续几千年了,现在我们不能满足这种小农经济的结合方式了,市场所要求的是高产、优质、高效

[①] 刘更另:《河北迁西考察散记》,1998年5月15日。资料存于采集工程数据库。
[②] 刘更另:《燕山考察随笔》(1996-1998)。存地同①。

的畜牧业,是科学规模化的种植业和饲养业。

为了弄清当地养殖业的情况,一到迁西,任继周就找到畜牧局局长,与他详细地讨论畜牧业的问题。畜牧局局长告诉他,1996年迁西从山东引进了5000只小尾寒羊种羊,办了50多个养羊场,这种羊生长快,2岁的公羊达150千克,母羊可达100千克。繁殖也快,一年2胎,一胎多羔,100只母羊一年可生产280—300只小羊。这种羊耐粗饲、适应性强,个体大,出肉率高,一般山羊出肉率30%,小尾寒羊出肉率40%—50%。

针对畜牧局局长提供的情况,任继周与他进行认真的分析,并制定规划,把迁西县饲养小尾寒羊作为一个新兴产业来办。在现有小尾寒羊3万多只的基础上,扩大饲养规模,形成繁殖－饲养－育肥－销售一条龙服务的产业化集群,并对饲养技术、繁殖技术和育肥技术进行培训。

五年后,小尾寒羊成了迁西县养殖业的一个新兴产业,实现了的繁殖－饲养－育肥－销售一条龙服务的产业链,每年出栏10万只以上,销往河北、北京、天津等地。

迁西县发展栗蘑、优质板栗

谈到迁西片麻岩山地栗蘑栽培技术及板栗专用肥的研究与开发,刘更另有着许多感慨。

在迁西,刘更另院士参观过许许多多的"围山转",在"围山转"上也做过一些简单的观测实验。为了解决高山缺水的问题,他曾设想过如何保蓄夏秋雨水,以及如何利用片麻岩的"凝结水"来满足板栗树对水的需要。虽然在这里待了5年,这些想法实际上没有实现。自叹自己对迁西的农业生产了解很少。

迁西县的板栗共有63万亩,是农民致富的支柱产业。2004年,在刘更另等5位院士的推荐下,国家发改委"优质板栗高技术产业示范工程"项目落户迁西,成为唐山市第一个由国家立项的农业高技术项目,带动10

万亩板栗标准示范园建设。"栗蘑仿野生栽培""板栗专用肥应用"等被列入国家"星火计划"项目。

刘更另院士带领几十名课题组人员风餐露宿，实验—失败—再实验—再失败，经过几百个日日夜夜，上千次失败，终于取得了重大突破，最高生物学转化率达到了28.5%，实现了国内科技人员把栗蘑变为人工栽培的梦想。人工栗蘑栽培点遍及全县17个乡镇达4500户，年产鲜栗蘑300万千克，并创产值5000万元。本项目获河北省科技进步奖和唐山市市长特别奖。

在刘更另的建议下，通过研究分析片麻岩土壤营养成分、燕山山区气候特点，针对板栗优良品种结果盛期树的叶片、栗蓬、栗皮、栗仁及不同物候期叶片氮、磷、钾、镁、铜、铁、锌、锰、硼等养分需求，提出合理的营养元素配比，研制开发出板栗专用肥，推广面积达15万亩，平均每亩增产15.3千克，增产幅度30%以上，累计增收9500万元。本项目获河北省科技进步奖三等奖。

2006年，迁西县汉儿庄张庄子村村民王春怀指着家中4万多斤板栗，笑得合不拢嘴。"我这全是托了刘院士的福啊！"老王承包的500亩板栗园，是县科技局和有关单位设置的示范点之一。几年来，刘更另院士建议在板栗树下栽培蔬菜，实行立体种植，通过精耕细作，王春怀的板栗园产量逐步提高，既收板栗，又收蔬菜，效益逐年提高，人们称他为"板栗大王"。

一枚沉甸甸的"河北省院士特殊贡献奖"奖章

在河北燕山科学实验站前后13年的工作期间，刘更另对山区科学谋划，综合开发的一系列项目的顺利实施，为燕山山区资源综合利用打开了一扇门，给迁西县的老百姓带来了实实在在的实惠，老百姓打心眼里感谢刘更另。2002年7月27日，河北省人民政府给刘更另院士颁发了一枚沉甸甸的"河北省院士特殊贡献奖"奖章。

图 10-8　2009 年 80 岁寿诞刘更另（左）登上迁西景忠山山顶（河北燕山科学实验站提供）

2009 年 1 月 29 日，刘更另院士以徒步登上迁西景忠山山顶来过自己 80 岁生日。刘更另身体健壮挺拔，眼睛炯炯有神，头脑清晰敏锐。

有记者问："您的精气神这么好呀！您研究了一辈子的土壤肥料，您成长的营养是什么？"

"我的身体是'三多一快'——吃得多、动得多、想得多，睡得快"。刘更另院士的回答把记者逗乐了，"现在我身体好，都得益于基层工作的锻炼。以前每天都在农田里跑来跑去，几公里内开会都是走过去，还参加农业生产，身体就锻炼结实了[①]"。

刘更另院士为发展我国南北山区资源开发利用作出了突出贡献。他考察过许许多多山区，为南北山区开发献计献策。大江南北，留下他的串串足迹，大地可以作证；山区扶贫，结下累累的硕果，百姓可以作证；奖状证书，闪耀着醉人的熠熠光辉，历史可以作证！

---

① 中国工程院院士：最美风景在田间。《经济日报》，2009 年 8 月 23 日。

第十一章
跟踪科学前沿　关注农业发展

刘更另院士出身世代农耕之家,深知农民的甜酸苦辣,因此,他始终将"三农"问题与农业科研要解决的主要问题联系在一起,进行调查研究。他认为:中国作为一个农业大国,"三农"问题关系到国民素质、经济发展,关系到社会稳定、国家富强。只有农业可持续健康发展,才能逐步解决"三农"面临的问题,使我国几千万贫困人口脱贫,共同走向富裕的小康之路。

在长达半个世纪的科学生涯中,他始终把研究解决"三农"问题放在科学研究的首位。围绕"三农"这一主题,他不遗余力地工作,其目的就是"改革耕作制度、培肥土壤地力、提高作物产量,解决老百姓吃饱饭的问题[1]"。在解决温饱问题以后,他又跟踪世界科学前沿,提出"协调食品营养间关系[2]",解决人们长期以来"营养不良"的缺陷。

1999年3月18日,刘更另发表《农业和农业的持续发展》研究报告,系统阐述"农业生产归根到底是物质和能量的转化"的道理,提出"食物单一化,食品营养元素的贫瘠化,膳食中营养物质的不平衡性,

---

[1] 刘更另:从社会发展看我国的农业问题。《常德发展导刊》,1992年,第2页。资料存于采集工程数据库。

[2] 刘更另:《矿质微量元素与食物链》,1993年。存地同[1]。

对人类健康造成了灾难性的后果""只有肥沃的土壤，才有人类永久的财富①"。

关注我国农业的可持续发展

1999年3月18日，刘更另撰写了《农业和农业的持续发展》②研究报告，内容摘要如下：

农业生产，归根到底是物质和能量的转化。自然界的太阳能、热能和碳、氢、氧、氮等多种物质，经过植物一系列特殊的作用，转化成为人类所需要的农产品。马克思、恩格斯把这种"绿色工厂""积累太阳能，生产有机物"的过程，视为农业生产的核心。英国著名的经济学家、哲学家E·舒马赫明确地指出："农业是地球上唯一的最伟大的活动""农业是超经济的事业""农业生产的基本内容是从事生命体的生产，也就是活东西的生产，它的产品是生命过程的结果，是有生命的东西"。农业是世界上最复杂、最特殊的社会产业。轻视农业、简单化理解农业都是不妥当的。

一万多年前，人类成功地栽培植物，饲养牲畜，开始农业生产活动。自此以后，人类的生活有了保障，人类获得了生存和发展的前提。人类在农业生产活动中，逐步了解自然的性质，认识自然的规律，并形成人与人的相互关系，人类社会产生了。因此，农业是人类社会发生发展的前提，农业为人类社会创造和积累了财富，农业哺育和培养了整个人类本身。农业的发生是人类历史上一场伟大的革命。没有农业就没有人类，没有农业就没有世界，农业是人类社会永恒的主题。

---

① 刘更另:《关于耕地质量与粮食生产》，2004年。资料存于采集工程数据库。
② 刘更另:《农业和农业的持续发展》，1999年3月8日。存地同①。

"农业革命"和250年前瓦特发明蒸汽机所引发的"工业革命"以及50年前C·E·申农开始的"信息技术革命"一样，给人类社会带来了巨大的变革。

"工业革命"和"信息技术革命"使人类社会改变得非常快速。特别是最近100年的变化超过"工业革命"以前1000年的变化。各种机器的发明，使它能从事比人类或动物的体力劳动更强大、更精确、更可靠、更易于控制的工作。这不但使人类社会生产力大大提高，也大幅度改进了人的物质生活条件。更重要的，它促进和武装了农业，从而保证了世界人口以惊人的速度增长。

从1978年中国共产党十一届三中全会以来，农村起了翻天覆地的变化，农业综合生产力大大提高，国家长期短缺的主要农产品成倍增长。曾一度稀缺的名贵、特优产品。如鳜鱼、甲鱼、山鸡、乌鸡、猕猴桃以及某些中药材等全面上市；肉类、鲜鱼、禽蛋、蔬菜、瓜果琳琅满目、充满市场。全国人民的温饱问题基本解决，3亿农民步入小康。

1978—1997年我国主要农产品增长情况表（单位：万吨）

主要农产品	1978年	1997年	增长（%）
粮食	30477.0	49250.0	161.6
棉花	216.3	460.3	212.3
油料	521.8	2150.0	412.0
肉类	856.3	5354.0	625.2
糖类	2381.9	8600.0	361.1

农业部统计资料。

根据统计，最近20年来，我国粮食增长61.6%，棉花增加1.12倍，油料、肉类、糖类分别增长3.12倍、5.25倍、2.61倍。1997年2月26日国务院总理朱镕基在俄罗斯午餐会上的讲话也证明了这点，他说："中国的农业是优势，粮食、肉类、蔬菜、果品很多，可以大量出口。"

如何看待最近20多年中国和世界上农业迅速发展的事实？

刘更另首先对美国世界观察研究所所长莱斯特·布朗和德里克·丹尼斯等13人提出批评。他们曾多次发表文章，认为世界农业增长"已经面临极限""世界粮食供给能力萎缩"，他们用特别悲观的眼光来估计中国的农业形势并断言：由于中国经济以惊人的速度发展，人民生活水平大幅度提高，超过了自然资源的承载能力；他们预测到2030年，中国的粮食比1990年要减少20%，那时中国至少要进口3.87亿吨粮食；他们认为：世界的供给能力萎缩与中国需求膨胀将产生激烈矛盾；他们提出一个耸人听闻的问题，"谁能够养活中国人？"。

"他们不了解科学技术就是在解决实际问题中发展起来的。'耕地减少'的问题我们用提高耕地质量、扩大非耕地种植、保持耕地动态平衡的办法来解决①。""事实证明：由于水产、水果等非耕地种植业的发展和草食畜牧业的迅速增长，人民食物品种和营养大大丰富了，人均耗粮水平也大大降低了，虽然全国人口每年要增加1200万—1300万，可是全国口粮的消费每年却减少了360万—400万吨。城市人口消费粮食水平降低了30%—33%②。"

国家统计数据说明：1978—1984年我国每年进口的粮食约占国内生产总量的3.2%；1985—1990年变为1.2%，1991—1995年只占0.4%了。不仅如此，从1985—1995年我国食品出口的总值756亿美元，进口340亿美元，出口总值超过进口总值1.2倍。

刘更另表示支持"欧洲联盟农业技术中心约恩·德尔曼博士对中国农业持有不同的观点，他认为中国的农业发展很有希望，几十年来粮食增长的百分率大大高于人口的增长率，居民的食物结构中，肉、蛋、乳的比例越来越高，畜牧业迅速发展，说明中国有很大的资源潜力。③"

从最近20多年中国和世界农业迅速发展的事实中，刘更另看到了我国农业可持续发展的潜力和希望。

---

① 刘更另：《粮食生产，土壤肥力》，2004年。资料存于采集工程数据库。
② 刘更另：《关于粮食问题》，2007年。存地同①。
③ 刘更另：从社会发展看我国的农业问题。《常德发展导刊》，1992年，第2页。存地同①。

关注世界农业的迅速发展

许多人向往着西方现代化农业的美景，刘更另对此始终持批评态度，并一针见血地指出其弊端："有些人满以为现代工业、现代信息技术就可以解决农业的全部问题，有些人甚至想用工业和信息技术取代农业和农业科学，这是'一叶遮目'，片面地看待农业问题[1]"。

有一段时间，"虚拟农业""替代农业""白色农业"等主张，纷纷出来"批判"现有的农业。说"露天的、依赖于水土的、以动植物生产为基础的"绿色农业已经走入了"死胡同"，达到了"极限"，现在要"转变观念，解放思想"，在车间里、穿着白大褂搞"白色农业"了。

对于国内外的这些偏见，刘更另还引用杜润生[2]在"中国农学会成立80周年纪念大会"的讲话对上述观点进行反驳。杜润生批评说："现在有一些观点，说农业科学没有用了，农业的边际效应也没有了，搞农业也不要土地了。这些观点是不正确的。农业科学要创新，农业科学要有新发展，要与新型科学技术结合，例如育种学与基因重组相结合，作物管理与空间学、遥感技术相结合。农业不要土地是绝不可能的。在土地上大有文章可做，要把土地的生产力大大提高，要保护环境，使土地可持续发展。[3]"

刘更另对那些陶醉于"虚拟农业""虚拟育种"，否定动植物生产、否定土地作用的人，提出批评的论述和观点被我国农业可持续发展的学者所接受，并在学术界开展积极讨论。

---

[1] 刘更另：从社会发展看我国的农业问题。《常德发展导刊》，1992年第4页。资料存于采集工程数据库。

[2] 杜润生：资深的农村问题专家之一，被誉为"中国农村改革之父"。

[3] 杜润生在中国农学会成立80周年纪念大会上的讲话，1997年。存地同[1]。

如何保障我国农业的可持续发展

如何保证农业的持续发展？美国世界观察研究所提出了 8 条原则：

一是，保持世界人口总量平衡；

二是，土壤被侵蚀的速度不超过新土壤形成的速度；

三是，伐木的数量不超过林木生长量；

四是，鱼类捕捞量不超过鱼类的再生能力；

五是，牲畜的饲养量不超过草地的承载能力；

六是，地下水的采用量不超过地下水的补给量；

七是，二氧化碳的排放量不超过二氧化碳的蓄汇量；

八是，生物物种的减少量不大于生物物种的新生量。

这 8 条原则的主导思想就是要控制农业生产的规模，使资源消耗控制在资源的极限以内。

刘更另认为，这 8 条原则在某种程度上说，将起到节约资源的作用。然而，更重要的，还是要依靠科技进步，用"可再生资源"代替自然界"不可再生的资源"。特别是要使整个资源环境进入良性循环的轨道，这才是最根本的。

刘更另在《中国农业问题》一文中，用我国的传统农业对农业可持续发展的作用作了深入的阐述[①]，摘要如下：

> 中国的传统农业尽管有许多缺点，需要现代科学、现代工业和现代信息技术的武装，逐步改造成适合中国国情的、有中国特色的现代化农业。但是中国传统农业把种植业、饲养业和沤制业紧密结合，反映了自然界营养元素循环的客观规律，保证了我国农业的持续发展。世界伟大的科学家、农业化学的奠基者尤·李比希的经典著作《化学

[①] 刘更另：《关于农业问题》，2006 年 10 月 8 日，第 3 页。资料存于采集工程数据库。

在农业和生理学上的应用》一书中，满腔热情地赞叹中国农民持续农业的经验。他说："中国农民对农业具有独特的经营方法。可以使土地长期保持肥力，并且不断提高土地的生产力，以满足人口增长的需要。"

大家都知道，利用自然界太阳能、二氧化碳和土壤里的营养元素合成动植物和人类所需的产品叫作"植物生产"；通过畜禽类、鱼类利用植物或其他生物生产肉食品的过程叫作"动物生产"；人和动物所不能利用的有机残渣，包括人畜粪尿，经过微生物腐解成有机肥料，这个过程叫作"有机肥料生产"。不生产、不使用有机肥料，大量有机残渣得不到利用，它将污染环境，妨碍人畜卫生。更主要的是，土壤中的微生物得不到能源和养料，土壤的肥力得不到培养，自然界的营养元素循环也完成不了，结果土壤的生物活性降低、土壤缓冲性能减弱，土壤保水、保肥性能变坏，导致土壤退化，土壤生产力降低。这样不可避免地给农业生产带来危害。

因此，他强调，必须把种植业、饲养业和有机肥料沤制业紧密结合，这是我国传统农业的优势，它反映了物质能量循环的客观规律，反映了植物生产、动物生产、有机肥料生产三者之间相互依赖、相互促进的有机联系。

"几千年来的历史证明，这种农业是有生命力的。我国历年小麦、水稻亩产量提高的历史有力地证明了这一点。"刘更另用中国传统农业的数据做了肯定地回答。

从公元前2世纪到公元13世纪的1500年，小麦亩产水平一直稳定在55千克左右，没有下降。从13世纪到20世纪初，小麦亩产从55千克提高到97千克，增产80%。水稻从公元前2世纪到20世纪，亩产从40千克提高到194千克，增产接近4倍。单产的提高固然受制于人类的认识水平、农业技术等综合因素，然而从土壤肥力和农业持续发展来分析，我们可以认识以下几点。

我国小麦、水稻亩产量表（公元前 221 年—1911 年）

朝代	产量（千克/亩）	
	小麦	水稻
秦（公元前 221—前 206）	52.9	
西汉（公元前 206—公元 25）	60.3	40.2
魏晋（220—420）	59.3	59.3
南北朝（420—589）	51.5	83.2
隋唐（581—907）	56.8	85.3
宋（960—1279）	52.0	194.0
元（1206—1368）	72.3	144.5
明清（1368—1911）	97.7	195.3

我国历史上的小麦、水稻单产，系根据历史文献记载，大多是典型材料推算所得，不是某个朝代从开元到终结全国的完整资料统计，它能说明当时农业生产水平。

第一，不从农业外部增加投入，只要处理好农业内部物质和能量的再循环，有效地调节好自然肥料和土壤肥力，协调好人为活动和生态环境的关系，粮食产量和土壤肥力可以长期稳定。

第二，随着人类智慧的发展，耕作技术的进步，反映在小麦和水稻的单产上有逐步增长的趋势。增长的速度很慢，特别是小麦，从亩产 55 千克提高到 97.5 千克，经历了 2000 多年；水稻亩产每提高 50 千克平均需要 700 多年。这说明土壤肥力的提高是一个非常缓慢的过程，特别是在旱作条件下更是如此。

第三，粮食增长速度越来越快。例如，水稻从亩产 40 千克提高到 85 千克，经历了 835 年，平均每 18 年提高单产 1 千克；从 85 千克提高到 144.5 千克，经历了 576 年，平均每 10 年提高 1 千克；从 144.5 千克提高到 195.5 千克，经历了 320 年的时间，平均每 6 年提高单产 1 千克。

由此证明，"只要遵守自然界物质能量循环的规律，把作物秸秆、人畜粪尿和各种废弃物、下脚料经过沤制，回到地里，地力可以不断提高，农业生产可以持续发展。中国古代'地力常新'的理论，也说明了这一点[1]"。

---

[1] 刘更另：《关于农业问题》，2006 年 10 月 8 日，第 5 页。资料存于采集工程数据库。

为此，刘更另呐喊呼吁：人类创建了农业，农业也培育了人类。只有农业持续发展，人类社会才能持续发展。农业是人类利用大自然培育"可再生的生命体"的产业，"可再生资源"的开发利用是社会可持续发展的根本保证。人类是自然界的组成部分，而不是大自然的对立面，人类应当尊重自然，同自然和谐相处，而不是贪婪地掠夺自然。

他还用20世纪法国伟大的哲学家史怀哲的名言"尊敬生命的伟大思想是建立在我们对大自然的热爱上的"，提醒人们："热爱祖国、热爱农业、热爱科学、热爱生命、热爱大自然，其实就是热爱我们人类自己[①]。"

从社会发展看我国的农业问题

2006年10月，刘更另在讨论我国农业面临的诸多问题时指出："要从社会发展来看待我国农业问题[②]"。他说："我是学农业科学的，我认为'要从社会发展看我国的农业问题'，这个问题极为重要，值得全社会关注。"

刘更另在《植物养分管理和农业持续发展》报告中分析指出[③]：

第一次产业革命，就是农业革命，发生在一万多年以前，人类成功地栽培植物、饲养牲畜，开始农业生产活动。自此以后，人类的生活有了保障，人类获得了生存和发展的前提。人类在农业生产活动中，逐步了解自然的性质，认识自然的规律，并形成人与人的相互关系，人类社会产生了。因此，农业是人类社会发展的前提，农业为人类社会创造和积累了财富，农业哺育和培养了整个人类本身。农业的发生是人类历史上一场伟大的革命。没有农业就没有人类，没有农业

---

① 刘更另：《农业和农业的持续发展》，1999年3月18日。资料存于采集工程数据库。
② 刘更另：从社会发展看我国的农业问题。《常德发展导刊》，1992年，第2页。存地同①。
③ 刘更另：《植物养分管理和农业持续发展》，2008年10月3日。存地同①。

第十一章 跟踪科学前沿 关注农业发展

就没有世界，农业是人类社会永恒的主题。

在农业社会中，以劳畜力、自然肥料、土地生产为特点的传统农业是一种封闭式简单循环，满足不了社会增长需求。在这里土地是农业生产的主要资源，土地是农民劳动的对象，土地是农民乃至整个社会赖以生存的基础，到处是"良田美池、桑竹之属、阡陌交通、鸡犬相闻、黄发垂髫、怡然自乐"，这是稳定的、自给自足的农业经济，与此相适应的，滋生了绿色的、和谐的、平静的、安详的"农业文明"。

他还十分幽默地形容了当年老北京人的生活追求："天上飘着雪花，身上披着皮袄；腰里夹着二锅头（酒名），家里吃着涮羊肉"，这就是我们老北京人所追求的"神仙日子"！这一段话反映了北京农民的理想，也反映了农业追求的文明。

接着，"工业革命"推动了农业生产和农业科学的发展。

250年前瓦特发明蒸汽机所引发的"工业革命"，给人类社会带来了巨大的变革。特别是最近100年的变化超过"工业革命"以前1000年的变化。各种机器的发明，使它能从事比人类或动物的体力劳动更强大、更精确、更可靠、更易于控制的工作。因此，农业的理念也发生很大变化，"在我们国家也有类似的情况！"

从1978年的十一届三中全会以来，农村起了翻天覆地的变化，农业综合生产力大大提高，国家长期短缺的主要农产品成倍增长。全国人民的温饱问题基本解决，3亿农民步入小康。我国以占世界7%的耕地养活了世界22%的人口，生产了世界上24.8%的谷物、24.5%的棉花、22.9%的油料、22.4%的肉类、40%的蛋类、28.9%的水产品，成绩是很大的。长期以来，一直是卖方市场的农业，现在变成买方市场了。

与"工业化"相联系的是"城市化""市场化"和"国际化"。在"工业社会"里劳动生产率大大提高，聚集财富的速度大大加快。对农业的理念也发生很大变化，认为农民致富必须"脱离土地"，提高农业的效益在于扩大规模，生产农产品的目的是满足市场需求，常常注意外观而忽视内涵；要求标准划一，而忽视形式多样。

实际上，是"工业化"破坏了传统的"循环经济"的规律。

因为"工业化"加速以后，农民脱离了土地，变成了城市工人和居民，农民的生活确实提高了，农民所生产的农产品运往城里；同时也运走了农田里的土壤养分和其他农业资源。随着生活垃圾成为有机污染源，或者填埋在城市周围污染地下水，或焚烧成灰烬再也回不到农田里了。这就意味着有机物质再循环、生命营养元素再利用的事实被破坏了，实际上是破坏了"循环经济"的规律。土壤缺乏有机肥料的培育，有机胶体粒少，生物活性减弱，土壤结构变坏，土壤保水保肥的能力降低，土壤的缓冲性、可塑性都很差了。这样以来，一方面影响农产品的品质风味，另一方面又造成化肥、农药、除草剂对土壤和水体的污染。

"西方农业的缺陷，确实给人类带来灾难性影响[①]"，刘更另说。西方农业所造成的食物单一化，食品营养元养的贫瘠化，膳食中营养物质的不平衡性，其对人类健康造成了灾难性的影响。因此，更应该引起世界各国决策部门高度的重视。

西方农业致命的缺陷，是医学界提出来的。这种农业破坏了自然界的物质循环，破坏了土壤中的营养元素平衡，靠大量化肥、农药、除草剂生产出来的农产品，满足不了人类生长发育对许多生命元素的需要。虽然，这些农产品中脂肪、蛋白质的含量并没有明显减少。但是医学界注意到，现在的农产品中，其所含的人类所需要的微量元素、维生素、氨基酸种类与过去的农产品相比少多了。食物的单一化，食品营养的贫瘠化，给人类健康带来莫大的威胁。

肥沃的土壤是人类永久的财富

作为我国著名土壤肥料学与植物营养学专家，刘更另院士高度重视不

---

① 刘更另：《世界能源问题（文件摘要）》，2001年。资料存于采集工程数据库。

同类型的土壤培肥与植物营养需求研究，特别关注医学界对食物营养成分与营养价值研究成果。刘更另还引用世界上诸多著名学者、专家的研究成果对此作了一一阐述。

例如，美国一个医生黎可斯行医多年，自己突然得了心脏病，多方治疗，走了许多弯路，最后走上改变食物的道路，恢复了健康。他以自己亲身的体会著书立说，他的结论是："只有肥沃的土壤，才有人类永久的财富。"

法国农学家沃辛写了两本很重要的书，一本是《土壤、植物与癌》，译成了5国文字，说明了人类的健康取决于肥沃的土壤。另一本书阐述施肥与土壤、植物、动物之间的依赖关系。英国霍华特是"有机农业"创始人之一，他主张施用有机肥料维护地力。他说"没有良好的土壤，就没有人类健康的身体"。日本倡导"自然农业"的福岗先生也认为"土壤是根本"。他说："没有肥沃的土壤就没有营养丰富的农产品，也就没有健康的身体。"美国著名医生雪耳顿说："我们要改善食物营养，一定要包括改良土壤在内。"英国600多名名医联合发表一份医学实验报告，说明"现在许多疾病起源于饮食与生活的不正常"。这个实验报告的起草人皮克汤医生，写了《土壤与营养》一书，最后有这样一段话："营养成分并不是生命最重要的事，土壤才是最重要，它可以使人类灭亡和兴旺。"

医学史上杰出的医生格尔逊在从事多年以食物营养治疗许多疾病之后（包括癌症），发现食物的营养价值，取决于土壤及其产后加工、运输、保藏等方面，他认为要提高人们消化吸收食物的能力，就要从土壤、植物和加工方面做起。

世界著名的经济学家英国的舒马赫写了一本有名的书《小的是好的》，有一章专门讨论土地利用。在这一章里，他一开头就说"土壤是物质资源中最重要的一项，从一个社会的土地利用上，就可以相当准确地推测到这个社会的将来"。

1983—1984年，美国农学会、作物学会、土壤学会的理事长联名发出呼吁，对美国现行农业生产方式提出疑问，"今天的农业是否继续沿用现行的生产方式，还是引用'有机农业'的生产方式，或者把两者结合起来？

这是今天以及我们的子孙面临的重大问题"。

刘更另告诫人们："我们需要一个既生产丰富而又能持续发展的农业，让我们子孙后代分享土地给他们的赏赐吧①！"

刘更另指出：尽管人类已经掌握了无数的先进技术，取得了难以估量的科学进步。工业的发展、物质科学的跃进没有解决世界农业问题，反而给人类带来许多不幸和忧虑。

他提醒人们："科学技术的每一项进步，都给社会、给人类带来光明、带来希望！②"并告诫："这里要责备的是那些只看到工业，没有看到农业的人们，他们只追求表面的豪华，没有看到深层的不幸，他们忘掉了农业科学、忘掉了农民、忘掉了人民真正的幸福③。"

"除了蛋白质和维生素是人类生长发育所不可缺少的营养物质以外，科学证明：人体需要的化学元素共有 54 种，这些元素，绝大部分来自土壤，通过膳食获得④。"刘更另说。

因此，这里产生一个问题，植物所包含的元素一般只有 16 种，如何满足人体对 54 种元素的需要？

中国传统习惯的主要经验是提倡肉食、杂食。中国的蔬菜 140 多种，食用豆类 20 多种，能食用的动植物 200 多种，同时把药材和膳食结合起来，主要中药 5767 种，其中植物药材 4773 种，动物药 740 种，矿物药 82 种，几千年历史证明中华民族是聪明的、健康的、精力充沛的。有机肥料特别是人畜粪尿培肥土壤，使许多营养元素循环利用。据统计，各类农家肥料有 100 多种，这些肥料的合理利用，既保证了土壤肥力不断增长，又保证了民族健康不断提高。

这就是"肥沃的土壤是人类永久的财富⑤"的科学依据。

---

① 刘更另：《农业和农业的持续发展》，1999 年 3 月 18 日，第 4 页。资料存于采集工程数据库。
② 刘更另：《关于农业和粮食安全问题》，2007 年。存地同①。
③ 刘更另：《依靠科技进步解决我国粮食等食品问题》，1995 年 7 月 13 日，存地同①。
④ 刘史昇：《矿质微量元素与食物链》，1993 年。存地同①。
⑤ 刘更另：《有机物 有机肥与农业生产》。见中国农业科学院红壤实验站编：《刘更另与红壤地区农业发展》。长沙：湖南人民出版社，2010 年，第 121-130 页。

刘更另将社会发展与我国农业问题进行综合研究，回答了人们普遍关注的问题：为了人类的生存，为了人类的健康，农业是人类社会永恒的主题[①]！

用邓小平理论武装中国农业

2006年，刘更另院士在《中国工程科学》第8卷第4期发表了《邓小平理论武装中国农业》[②]的研究报告，摘要如下。

中国农业50多年来的发展历程中，邓小平思想是一贯重视农业生产，强调制定有利于农业发展的政策和依靠科学技术发展农业的重大决策，是指导我国农业持续健康发展的重要理论。

其一，重视发展农业是我国经济建设的历史经验。中华人民共和国建立以来，中国农业取得了巨大的成就。1949年粮食播种面积$1.0996×10^8$公顷，总产量$11320×10^4$吨，人均198千克。到1998年正好半个世纪，粮食播种面积$1.138×10^8$公顷，比中华人民共和国成立时只增加3.5%，然而粮食的总产量为$50779×10^4$吨，为1949年的4.5倍，人均411千克，为1949年的2.08倍。

我国农业取得如此辉煌的成就，归根到底，是邓小平理论指导我国社会主义建设的结果，特别是它创造了一系列的关于农业发展的理论与方法。

其二，重视农业。农业是经济发展的基础，这是世界经济发展共同的经验。早在1963年8月，邓小平同志就明确指出："美国早先工业发展快，靠农业有一个强大的基础。日本在第二次世界大战后也因

[①] 刘更另：从社会发展看我国的农业问题.《常德发展导刊》，1992年. 资料存于采集工程数据库.

[②] 刘更另：邓小平理论武装中国农业.《中国工程科学》，2006年第8卷第4期.

为先解决了农业问题,工业发展很快[1]"。其实,世界上无论是发达国家还是发展中国家,要发展经济,必须优先发展农业,概无例外。特别是那些幅员广阔、人口众多的大国,其经济发展在许多方面受农业的制约。

小平同志在 1962 年 7 月,明确而坚定地说:"农业本身的问题,现在看来,主要还得从生产关系上解决,这就是要调动农民群众的积极性[2]。"

几十年的实践证明:农业生产力的发展,是按照小平同志所指出的路线发展的。小平同志把调动农民群众和基层干部的积极性作为发展农业生产、提高农业生产能力的主要手段,真正把人看成生产力最活跃的因素。

其三,关键时刻特别强调农业。1982 年,我国工农业总产值大大超过了原定的计划,这是历史上从来没有过的。小平同志敏锐地注意到:中国的经济将要以人们意想不到的速度和规模向前发展,一个震惊世界的、中国经济大发展的历史时期即将到来,面对这样的形势,小平同志沉着冷静、高瞻远瞩,要同志们"抓紧调查研究",认识经济发展的规律性,以便对客观世界做出"合乎实际的分析"。同时强调"不要片面地追求产值和产量的增长,要重视提高经济效益"。在这关键时期,小平同志特别提出"农业问题"。当时,农村形势一片大好,粮食年年增产。1978 年全国粮食产量 3×10^8 吨,1979 年 3.3×10^8 吨,1982 年达 3.5×10^8 吨,邓小平同志还强调"农业问题"。

如 1986 年,国民经济形势很好,粮食总产量是历史上第二个丰收年,小平同志最关心的还是"农业问题"。他说:"首先是农业,主要是粮食问题,农业上如果有一个曲折,三五年转不过来[3]"。又说:"农

---

[1] 中共中央文献编辑委员会编:《邓小平文选》,第一卷。北京:人民出版社,1994 年,第 334-335 页。

[2] 同[1],第 322-327 页。

[3] 中共中央文献编辑委员会编:《邓小平文选》,第三卷。北京:人民出版社,1993 年,第 159 页。

业要有全面规划。首先要增产粮食，2000年要做到粮食基本过关①"。告诫全党："农业是根本"，任何时候都不能忘记。

其四，每到关键时刻，小平同志总要郑重地提到"农业问题"。到2000年粮食要上两个台阶，增加到 5×10^8 吨。"这是一个重要的战略部署②"。它具有相当难度，但又是必须完成的任务。它的目的是要构成一个稳定的年产 5×10^8 吨的"粮食生产力"。

如何实现这个战略部署？小平同志估计到农业发展和粮食增产，可能出现种种问题，也估计到可能有种种困难。他说："做到粮食基本过关不容易，要从各方面努力，在规划中要确定用什么手段来达到这个目标③"。但是他坚定地从提高农业生产力的角度、提出许多非常科学的具体意见。比如："从增加肥料上，从改良品种上，从搞好农田基本建设上，从防治病虫害上，从改进管理上以及其他手段上，能够做些什么，增产多少，都要有计算④"。这段话有丰富的内涵，值得我们深思，农业是地球上最大的产业，它牵涉亿万人民的工作和生活。农业科学技术是非常复杂的统一整体，发展农业生产力，要用综合措施，既要考虑复杂的自然因素，又要估计到多变的社会条件。我们既要农业高产，保证粮食安全；又要农产品丰富，增加农民收入；更要保护环境，改善生态条件，为子孙后代谋幸福，更不能为了眼前利益采取"涸泽而渔"的办法。估计我们能够做些什么，一项一项地经过认真的调查研究和仔细的计算，真正把规划落到实处。

这种求真务实的精神永远是我们学习的榜样。

在农业生产实践中，刘更另长期坚持用邓小平理论指导农业生产，曾对当年农田基本建设做得不好，特别是农田水利建设的薄弱环节，持严肃

---

① 中共中央文献编辑委员会编：《邓小平文选》，第三卷。北京：人民出版社，1993年，第22-23页。

② 同①，第22页。

③ 同①，第23页。

④ 同①，第251页。

的批评态度，摘要如下[①]：

北方光照条件优越，适合籽粒生长，但是由于水利建设不当，没有充分发挥其优势，有水的地方大水漫灌，破坏土壤，浪费资源；缺水的地方超采地下水，浪费能源，提高生产成本，给后人的生产生活造成隐患。

南方水热条件充足，营养体生长茂盛，但是食草家畜很少，不能将资源转化成肉、乳、毛皮。特别是土壤改良和土壤培肥上问题更为严重，在广大农田里单纯靠化肥种田，每年全国要使用各种化学肥料两亿多吨。在许多田里，很少施用有机肥和种植绿肥，秸秆不能还田。在栽培上很少实行禾本科和豆科轮作和间作，利用生物固氮、降低成本。南方有些水稻田，基本上是"板田过冬"。江浙一带过去流行的"草塘泥"，现在很少有人使用。各地兴办的猪场、乳牛场、鸡场，畜禽粪尿本来是很好的有机肥料，是农牧业生产过程中伴生的重要资源。现在到处堆放，任意糟蹋，白白浪费，污染环境，妨碍人畜卫生。土壤由于缺乏有机肥，导致养分不完全，土壤的缓冲性、保水保肥的能力降低，经不起干旱和渍涝，受不住寒冷和酷热，土壤中微生物得不到能量和养料，土壤肥力得不到培养，自然界营养元素循环也完成不了。土壤生物活性降低，土壤结构变坏，土壤生产力下降，这样不可避免地给农业生产带来危害。首先表现在农产品产量升高，质量下降。许多具有特殊风味的名特优产品，现在都"有名无实"了。

搞农业，不把"土"和"水"搞好，不把农田基本建设搞好，实际上是"舍本图末"，既保证不了优质高产，也保证不了农民增产增收。

刘更另坚信，只要坚持用邓小平理论武装中国农业，就能保证我国农

[①] 刘更另：《粮食安全、土壤肥力和农业节水》，2004年12月14日。资料存于采集工程数据库。

业的可持续发展，就能促进"三农"问题的尽早解决，就能早日实现全面建设小康社会的目标。

对新疆建设"高产、优质农产品"基地的建议

经过反复考察和南北气候差异比较，刘更另就北方农作物宏观决策布局提出了常人难以想象的创造性思路——根据自然资源特点来调整作物布局，利用西北、新疆、内蒙古日照好、温差大、空气湿度适中来发展籽实植物、纤维植物和油料植物。为此，1995年年底，他完成了中国工程院咨询项目"科学建设新疆棉区"，实践了他的科学思想。

1995年8月10—31日，刘更另院士随全国政协副主席钱伟长院士到新疆阿勒泰和伊犁地区考察，留下《新疆考察散记》[①]等数万字笔记、日记和手稿，摘要整理如下。

从宏观战略上考虑，我们国家未来要养活16—17亿人口，美国世界战略研究所布朗预言到2030年，中国将要进口2.16—3.78亿吨粮食，布朗预言的根据如何姑且不论，但粮食目前紧缺是肯定的。

到哪里去找粮食？

新疆最有希望。全疆166万平方公里，现在开发的，实际上只有4万多平方公里，而且是粗放经营。3000多万亩粮田，总产量140亿斤，1000多万人口，人均粮食830多斤，站在新疆的立场，他们早已完成中央规定的任务了，人均口粮800多斤，高于全国平均水平。

在新疆有一句俗话："有水就有农业"，刘更另认为，还应当补充一句："有森林就有水"，额尔斯河、布尔当河，常年滚滚流水，可以说就是由于

---

① 刘更另：《新疆考察散记》，1995年8月10—31日。资料存于采集工程数据库。

在阿尔泰山、萨吾尔山系有成片的森林没有被破坏造成的。

从作物生长因素来分析,在新疆建立农产品生产基地,的确有许多有利条件,但同时也存在不少困难。植物生长因素,土、肥、水、光、气、热,这六个因子同等重要缺一不可。土、肥、水属土壤因子,人工比较容易调节,光、气、热属宇宙因子,在目前科学技术条件下控制比较困难。创造好土、肥、水条件,使作物能够充分利用光、气、热,是我们农业技术的根本原则。

刘更另不仅随考察组完成考察任务,同时完成了《关于新疆农业发展的几个问题建议》[①],摘要如下。

从新疆作物的长势和产量看,宇宙因子是很好的。从作物生长因素来分析,在新疆建立国家新的商品粮基地,具有许多有利条件。

第一,光照条件好,日照时数多,温度条件也适宜,这是新疆独特的自然条件。各地提供的材料证明:新疆日照率为61%—68%,日照时数为2300—3000小时,太阳辐射量为137—150千卡/厘米^2,非常有利于植物的光合作用,特别是光温条件配合好。在植物生长期(5—9月)月平均最高气温在23—29℃,温差很小,比较稳定,绝对最高温度超过35度很少,有利于持续进行光合作用。但昼夜温差较大,白天光合作用强,积累物质多,晚上呼吸作用弱,消耗物质少。所以这里的瓜果糖分多,谷粒作物籽粒饱满,纤维作物纤维长,拉力大。

第二,新疆空气湿度适合作物生长。从5月至9月是作物旺盛生长的时候,空气相对湿度一般在50%—70%,这样有利于植物吸收土壤养分。

第三,冬季很冷,冻土层很深,气候干燥,不利于病虫害虫卵越冬,加之植被针叶不多,寄主很少,因此病虫害的危害比内地要轻。

---

① 刘更另:《关于新疆农业发展的几个问题建议》,1997年6月9日。资料存于采集工程数据库。

第四，新疆地块大，土地平整，便于机械化耕作，又很少有排水不畅的地块，只要灌溉有保证就可以做到旱涝保收，高产稳产。

为此，刘更另完成了中国工程院咨询项目"科学建设新疆棉区"[①]。1995年新疆维吾尔自治区向国务院提出建立新疆优质棉生产基地的设想并获得了国务院批准。新疆优质棉基地建设成就卓著，新疆棉花面积、单产、总产、外调量已连续13年位居全国首位。优质棉基地已成为促进自治区棉花产业稳步发展的主导力量，种植棉花收入在全区农民纯收入中占到40%以上。

克拉玛依油田——大型工业企业兴办农业的建议

通过对新疆的全面考察，刘更另在《大型工业企业兴办农业大有可为》报告中肯定："克拉玛依兴办农业有许多优势"[②]，并总结为"四好"，摘要如下：

一是光照好。在6月、7月每天日照达14—15小时，整个作物生长季节（5月至9月）日照共1400—1500小时，日照率66%—70%，有利作物生长。

二是温度好。作物生长期内温度比较稳定，4月中旬起，高于10℃的天数连续180天，一般是25℃左右。光热配合很好。加以昼夜温差大，有利于植物光合作用，有利于植物体内养分运输和转化，有利于糖分的积累，有利于蛋白质的形成。

三是土壤温度好。据测定，0—40厘米土壤温度都比较高，中层

[①] 刘更另，邱建军：科学建设新疆棉区。《作物学报》，1998年第6期，第641-650页。
[②] 刘更另：大型工业企业兴办农业大有可为。《中外信息周刊》，1996年第52期。

土壤温度稳定在27—28℃，因此土壤生物活性强，植物养分转化快。

四是空气湿度好。经常保持50%—60%，不但有利于作物密植高产，而且有利于植物吸收土壤养分。

克拉玛依也有不利的自然条件，主要是降水少、大风多且来势猛，风蚀是现实的危害，盐碱是潜在的威胁。但是这些都可以防治。从克拉玛依有利和不利条件综合分析，在这里兴办农业，最重要的要走集约、持续、节约资源和综合发展的道路，而不能采取短期行为、简单凑合、单打一、粗放经营的办法。

新疆缺水要注重提高水的利用效率。市局党委决定发展喷灌、滴灌，这些措施节水是很有效的。

他提出建议：首先在水库水面上铺一层塑料气球或泡沫塑料以减少蒸发，这个建议引起领导重视。营造林带是降低风速、防止风灾，减少蒸发、涵养水分、调节气候最有效的办法。选择耐寒耐旱树种，营造大型林带是必要的。在新疆土壤缺磷，土壤固结磷素的能力很强，为了作物高产，必须保证磷素的供应。在克拉玛依兴办大型饲料工厂和饲草工场，建成良种繁育基地和牲畜育肥基地。克拉玛依有明显的区位优势，它既是农区与牧区的结合部，又处在欧亚大陆交通要道，便于植物生产和动物生产系统耦合，发挥系统潜能，从而大幅度提高农业的经济效益和劳动生产率。这样，不仅可以促进克拉玛依经济的繁荣，而且能带动周围各州、县农牧业生产的发展。

1995年12月13日，国务院批准"引额济克"工程，决定把水送到克拉玛依，为克拉玛依油田兴办农业提供了前提条件。油局党委对此非常重视，决定开发200万亩土地，兴办大农业，把农业列为21世纪的"替代产业"，改变油田几十年来单一的产业结构，彻底改善克拉玛依生态环境，把油田建设成为一个工农促进、城乡结合、经济发达、社会文明、环境优美的新型企业。

我国发展有机肥料的建议

刘更另院士为我国著名的土壤肥料与植物营养学家，他在《有机肥料的生产使用是一项社会产业》研究报告中写道："农业生产归根到底是物质和能量的转化"，并提出"我国发展有机肥的建议[①]"。

他说，大量的事实证明"工业化"破坏了传统的"循环经济"规律，加速了农民脱离土地；许多有机物被焚烧，再也回不到农田里了。这就意味着有机物质不再循环，生命营养元素再利用的事实被破坏，破坏了"循环经济"的规律。

目前，中国的农业需要投入，包括大量的化肥和农用化学品。但是，忽视有机肥料的投入将会导致严重的不良后果。

为此，1991年3月，刘更另主编专著《中国有机肥料》由农业出版社出版。

在《中国有机肥料》的序言中，他对有机肥的作用、有机无机肥料配合施用的意义作出明确阐述，摘要如下：

> 在有机肥料的施用技术上，特别是有关秸秆还田和粪肥施用，都强调了一个重要的方针，即有机肥料与无机肥料配合施用，无论在土壤改良、土壤培肥、提高产量、改善品质、提高肥料利用率、缓解我国化肥工业氮磷钾失调和不足的困难，全国各地都有大量的研究成果。因此，有机肥料不仅在中国有很高的价值，不少地方对世界农业发展也有深远的影响。
>
> 同认识世界上任何事物一样，对于有机肥料的认识，也是反复曲折的。中华人民共和国成立初期，农民生产积极性很高，希望获得更多的农产品。在那段时期，没有化学肥料的投入。因此，全国城乡掀

---

① 刘更另：有机肥料的生产使用是一项社会产业。《中国农业科学》，1988年第5期，第1-6页。

起了积制和施用有机肥料的热潮。大批土壤肥料学家也致力于这项事业。60年代，由于化肥的兴起、全国化肥试验网的建立，人们的重点开始转向化学肥料。70年代，世界性的石油危机，大大冲击着化学肥料工业。环境保护科学的发展，极大地影响着生物废弃物污染环境及治理的研究。这又回过头来，使更多的科学家转向研究有机肥料。当然，这时有机肥料的概念也渗透了资源、能源、生态、环境、卫生、机械、城建等多方面的因素。直至今天，这一领域还在扩大和完善。

图 11-1 刘更另主编的《中国有机肥料》

现在农业系统内部，有机肥料的概念也在变化。有机肥料与化学肥料配合施用，有机肥料中各种元素在土壤－植物－动物－人类生活系统中的循环，配方施肥及平衡施肥、中低产田地区的区域综合治理、优质农产品的施肥技术中，都离不开有机肥料。大中型专业种植业、畜禽业的建立、农村现代化住宅建设对猪场、畜禽场、厕所的统一规划施工，建立了新的积肥卫生体系。南方河网地带机动吸泥泵和吸泥船的普及，获得了增积河塘泥和疏通河道的双重效益，秸秆还田上，大面积机械化作业，农副产品的循环多重利用，各种形式的庭院经济的发展，多种方式农业生态系统的创立，大大丰富了中国有机肥料科学。

对于《中国有机肥料》专著出版，时年95岁高龄的中国农业科学院名誉院长、中国科学院学部委员金善宝给予高度评价[①]：

---

① 金善宝：中国有机肥料·序言。见刘更另主编，《中国有机肥料》。北京：农业出版社，1991年，第1-2页。

这是中华人民共和国成立 40 年来，我国第一本有机肥料著作。

刘更另主编的《中国有机肥料》一书，收集了大量有关有机肥料的资料，包括我国使用有机肥料的历史经验，各种有机肥料的性质功能、沤制方法、施用技术，秸秆还田以及有机肥料改良土壤提高土壤肥力的作用；同时还从环境卫生出发，论证了有机肥料对人类健康、对社会经济的综合影响。

他还分析了农业的现状，实事求是地论证了有机肥料是农业生产的重要环节和组成部分，只有全社会把有机肥料作为一项重要的社会产业来抓，有机肥料的事业才能发展，土壤肥力才能提高，农业生产才能前进，城乡面貌才能改观。我国土地辽阔、气候温和，有机肥料资源非常丰富，单就农作物秸秆和农副产品加工的废弃物和下脚料，据估计全国每年有 18 亿吨。其中含有 700 万吨氮素，500 多万吨五氧化二磷，5000 多万吨氧化钾，相当于我国目前施用化学氮肥的 1/3，化学磷肥的 2 倍，化学钾肥的 50 倍，这么大一笔资源，应当很好地利用。

《中国有机肥料》为我国发展有机肥提供了强有力的技术支撑。然而，随着化肥用量的年年递增，地下水和大江大湖污染的现状越来越严重，伴随着大量秸秆焚烧、全国绿肥面积越来越少，有机肥用量严重不足，出现耕地质量退化，雾霾天气严重的恶性循环。

为此，刘更另等，联合向农业部、国务院提交报告《恢复和发展绿肥生产的几点建议》，摘要如下：

> 要将发展绿肥、有机肥生产作为农业现代化的重要环节；把恢复和发展绿肥生产，提高耕地质量，培肥地力作为我国农业可持续发展的重大战略决策。

报告中的建议引起党和国家的高度重视。1990 年开始，由中国农业科学院农业资源与农业区划研究所主持的"绿肥作物生产与利用技术集成研究及示范"项目在全国全面实施，绿肥面积逐年扩大。项目围绕绿肥作物生产利用技术集成、绿肥综合效应评价及机理机制等方面开展研究，同时探索基于绿肥的农业清洁生产产业化路径。

儿女追忆父亲往事

刘更另是 1994 年当选的我国第一批中国工程院院士，他的夫人陈文新 2001 年当选为中国科学院院士。他们同为湖南老乡、同为武汉大学同班同学、同为留苏的同学、同为中国农业科学家。刘更另一生从事土壤肥料与植物营养研究，陈文新一生从事根瘤菌科学研究，他们共同谱写了我国农业科学的新篇章。

对于父亲刘更另的逝世，女儿刘科沙、儿子刘尽晖百感交集。刘科沙口述资料摘要如下[①]：

我是 1956 年 11 月出生，因为妈妈在莫斯科怀着我，回到长沙出生，因此取名刘科沙。2016 年 9 月 25 日我与丈夫亲临湖南祁阳官山坪小山冲，参观父亲长期蹲点的祁阳红壤改良实验站和父亲曾经长期居住的不到 20 平方米的卧室兼办公室。在祁阳官山坪，我看到了父亲 20 世纪 60 年代开始，创建的中国农业科院祁阳红壤改良实验站，看到取得累累硕果的成果展示，抚摸着父亲长期睡觉的木板床、办公桌椅、录音机、斗笠、雨鞋、算盘、煤油灯等，站在中共祁阳县委、县政府为祁阳实验站建站 35 周年竖立的纪念碑前，仰望着湖南省团委为刘更另院士塑立的铜像，我百感交集。

其实，我们全家为父亲的事业作出了很多牺牲！我和弟弟的童年是在有父亲，但是却没有父亲陪伴的岁月中度过的。小时候很少见到爸爸回家，只听妈妈说，爸爸出差了，也不知道爸爸到底在什么地方

---

① 刘科沙访谈，湖南祁阳，2016 年 9 月。资料存于采集工程数据库。

图 11-2 刘科沙（左）与丈夫 Godfrey Terence Keith（右）瞻仰父亲铜像并留影（2016 年，刘立生摄）

出差，为什么老不回家。现在我才知道：爸爸为了国家农业科学研究事业长期在外蹲点，几十年的艰苦奋斗，才取得了今天这样的成就。

妈妈也是从湖南走出来的中国科学院院士。我就在想：我这一辈子跟爸妈在一起的时间真的不多，但我从他们的言传身教里学到很多东西，我对他们这些中华人民共和国培养出来的科学家很钦佩，他们没有私心、个人利益，完全是为了他们想干的事业，这是我最敬佩的。从我的角度来看，一个家庭出了两位院士，我确实骄傲，我为我有这么好的父母亲感到自豪。

这次来到湖南祁阳官山坪基地觉得特别亲切，看到大家对我父亲的评价这么高，我心里特别感动。我早应该来祁阳站了，说了那么多遍就是没来，感谢采集小组给我的这个机会，所见到的一切感受深刻、终生难忘！

2015 年 5 月 2 日，刘尽晖在中国农业大学的家中，接受了"采集小组"的专访。根据刘尽晖口述，摘要整理如下①。

父亲是 2010 年 6 月 30 日上午 9 时 18 分在北京逝世的，享年 81 岁。2009 年 9 月，他还在湖南桃源老家养羊基地考察养羊情况，后又转到常德、长沙、祁阳实验站等基地，考察当地农业生产情况。回到北京后先去了北京密云实验基地安排下半年的试验任务，后又奔赴河北迁西燕山科学实验站，考察迁西基地栗蘑人工种植推广与农民收益

---

① 刘尽晖访谈。北京，中国农业大学，2015 年 5 月 2 日。资料存于采集工程数据库。

情况、当年板栗丰产情况等,一直奔波在第一线。这次考察回到北京后,突然感觉身体不适。先在中国农业科学院内医务室检查了一遍身体,觉得血压正常,能走动,不碍事,就回到家里休息。因长途劳累所致,当天晚上突然中风,我赶来时,见他眼窝深陷、面容憔悴、不能言语。立即送父亲进医院住院,但一直昏迷不醒,直到去世。

父亲从事农业科学研究工作达半个多世纪,先后创建了祁阳红壤实验站、桃源生态实验站、燕山科学实验站、北京密云实验基地和湖南桃源养羊基地,一生奔波在基地农业生产第一线,有着干不完的事情。本来已经80岁高龄,可以少到野外考察,在家多休息,颐养延年。但他就是"闲不住",不听我们的劝告,老是对我说:"你不懂,人老了就是要多动。生命在于运动!"他还是那个倔脾气,要到处走走、野外考察。

我也一直在琢磨,父亲跟其他人有什么不同,其实他就是个普通老人。要说他有什么不同,就是"倔脾气",不服老。一年到头、一天到晚,脑子总在想着他有干不完的事情。

父亲从小就酷爱读书。记得我5岁开始,就和姐姐总围着他不放,要他给我俩讲故事,还记得他给我们读"三字经"呢!他给我俩讲过他从小"三次辍学"的故事。讲他祖父母以及他自己求学、成长的经历。

人们常说:人分为两类,一类是工作是为了生活,努力工作就是为了更好的生活;另一类是生活为了工作,像我的父亲,他这样的人活着就是为了工作。

父亲说他活着的意义就是为了工作。对他来讲,做一个有用的人比什

图11-3 1995年刘更另(左)与儿子刘尽晖(右)在中国农业大学的家中合影(刘更另家属提供)

么都重要，他认为"我虽然80多了，现在还能做很多事情""现在我身体好，都得益于过去几十年基层工作的锻炼"。以前他每天都在农田里跑来跑去，连自行车都没有，几公里内开会都是走过去，还参加许多农业生产劳动，身体就锻炼结实了。他说自己过去是"又白又胖，能吃能睡，能写会讲，身体健康"，现在是"三多一快"，吃得多、动得多、想得多，睡得快。他说，健康很重要的是心态。一个人的身体健康决定人的生理、情绪、心态、习惯，一定要保持开朗的性格。多动有好处！他就是这么一种信念。

父亲不太看重家庭，哪怕跟我妈妈散步都觉得是浪费时间。他要去看书，去工作。他也不管家，我妈说，我和姐姐都是她管，父亲一年到头在家里没待几天。80岁那年，还把我妈妈与中国工程院院士沈国舫、卢良恕、任继周、张子仪、范云六等一起请到河北迁西实验站，给迁西县级干部和科技人员讲课、座谈讨论迁西县的科技开发呢。我妈妈陈文新是中国科学院院士，我们一个家庭有两位院士，这当然使我们感到自豪，他们俩这一辈子确实在事业上取得了成就。

有一类人就是做社会脊梁用的，父亲不属于家庭。母亲也一样，他们属于谁？属于国家、属于农业科学、属于中国老百姓的农业技术参谋、顾问。他们就是属于工作的。

父亲也表示过，希望我和姐姐也能成为社会的脊梁。人年轻的时候很容易冲动，想当脊梁，但是遇到挫折就难讲了。有这种想法不难，难就难在一直坚持。

父亲虽然一生遭遇过许多大挫折，但他坚信党和国家会在实践中总结经验，开拓未来，实现国家富强的"四个现代化"事业。因此，80岁后他还在为国家的农业可持续发展"献计献策"。他一辈子自律，谦虚谨慎，虽然是"中国工程院院士"，但他从来就没有把自己看成"院士"，而自称是一位老科学工作者。60年代有留学经历的人不多，服从组织在他这儿就是最大的事，南方低产田改良、红壤综合治理、山区开发、老来扶贫……他说要用科学技术为农业服务，解决农业生产实际问题。"越艰苦的地方越蕴涵着成功的机遇，越艰苦的地方越有机会挑重担、担大梁""农业是根本"任何时候都不能忘记。

  父亲从来不想自己，只想国家农业发展的事儿，所以他得到的结果也是最好的。虽然从来不争，但国家给他的是最多的。1952年毕业于武汉大学农业化学系；1955—1959年，同母亲一道在苏联莫斯科季米里亚捷夫农学院研究生院学习，双双获农学博士学位；1959—1970年在中国农业科学院工作，曾任土壤肥料研究所土壤调查室、肥料室副主任，祁阳实验站站长；1970—1980年在北京农业大学工作，1978年晋升为副教授；1978—1981年兼任中国科学院长沙农业现代化研究所副所长；1980—1984年任中国农业科学院土壤肥料研究所副所长、所长；1983年6月晋升为研究员；1983—1990年任中国农业科学院党组成员、副院长；1984年获得"有突出贡献的中青年专家"称号，享受政府特殊津贴；1985年被国家学位委员会批准为博士生导师；1994年5月当选为中国工程院院士；1994年6月当选为中国工程院农业、轻纺和环境工程学部常委、副主任……

图11-4　1994年4月，刘更另与夫人陈文新、女儿刘科沙、儿子刘尽晖在北京合影（刘更另家属提供）

我父亲虽然中风后一直昏迷不醒，但他一生没有留下遗憾！

纵观父亲的人生，热爱科学、追求科学、探索科学、发展科学、献身科学是他一生学术成长中近乎唯一的奋斗目标。他勤于思考，勇于探索，善于在平常现象中发现生产问题，从而研究解决生产问题，长期农业科学定位试验研究原始数据积累，为我国土壤肥料与植物营养科学发展奠定了坚实的基础。他在长达半个多世纪的农业科学长期实践中总结出"抓生产问题，做基础工作，用先进手段，攻薄弱环节，得综合成果，出专门人才"的名言，成为引领年轻科技工作者科研创新前进的动力和方向。

结 语

刘更另院士学术成长资料采集工作已告一段落，相对于他一生热爱科学、追求科学、探索科学、发展科学，献身科学事业，为我国土壤肥料与植物营养科学发展作出的杰出贡献，我们所做工作微不足道。

回顾四年来资料采集与调研工作历程，阅读了刘更另院士留下的大量手稿、书信、笔记、日记、论文、专著等以及新闻媒体的宣传报道，对其一生学术成长历程有了较为详细的了解。本传记是我们采集小组工作的一部分，如果要完全展示刘更另院士学术成长的全部精华，需要更多的时间深入挖掘和研究。刘更另院士虽然已经逝世多年，但他留下大量的科研文献遗产，为我们以后在土壤肥料与植物营养科学研究工作提供了丰富的科学理论依据。其学术成长中形成的独特人物特性、坚定的理想信念、卓越的科研成就，具有如下特点。

其一，刻苦磨砺求学。刘更另出生于一个世代农耕家庭，并没有显赫的社会背景和雄厚的经济基础，成长为我国著名的土壤肥料与植物营养科学家，既是偶然，也是必然。三次辍学，靠着坚韧不拔的毅力完成小学到高中的学业。

其二，理想信念坚定。刘更另原名刘赓麟，童年生活在湘西武陵桃源县的大山深处。黑暗的旧社会，农民生活在水深火热之中，过着民不聊生的生活,他感受深刻。1948年10月考入武汉大学,决心探索知识强国之梦。1949年1月,迎来人生的第一次重大转折,20岁出头的刘更另,加入党领导的地下外围组织——新民主主义青年联盟。8月,从新民主主义青年联盟转为中国共产主义青年团,并担任团总支部书记、校团支部书记。在去武汉大学职工工会参加革命工作的路上,他将刘赓麟改名为刘更另,表示自己已经变成另外一个人了。

1950年3月,在武汉大学,由罗鸿运、葛冲霄同志介绍,加入中国共产党,成为中国共产党的一名预备党员。第二年3月,由中共预备党员转为正式党员。

其三,不畏学术权威。毛泽东主席提出农业八字宪法为"土、肥、水、种、密、保、管、工"。其中"土、肥"放在首位。刘更另院士一生的研究就是围绕"土、肥",对我国土壤肥料与植物营养进行科学研究。在刘更另院士心里装着整个中国土壤,"土生万物",他渴望中国的土壤能生产更多的食物,提供更多的粮食,满足人们的需要。

刘更另决心用事实证明:"南方裸露红壤通过改良,可以变成绿洲!"在以刘更另为代表的我国新一代土壤科学工作者的努力下,红壤改良取得巨大成效。我国南方14省(区)的红壤总面积约218万平方公里,分布在热带、亚热带地区,约占全国土地面积的21%,耕地面积2800万公顷,占全国耕地28%,每年生产的粮食占全国总量的42%—44%,肉类占全国总量的66%,其他如油料、糖料、茶叶、蚕业等,在国民经济中起很大的作用。

其四,坚持调查研究,狠抓生产问题。长期坚持,必有成效。在生产中发现问题,在生产中解决问题,这是刘更另一生学术成长中最突出的特点。发现鸭屎泥田"坐秋",施用磷肥解决;发现双季稻空壳率高、千粒重偏低,施用钾肥解决;发现紫色泥田"僵苗",施用锌肥解决;发现常宁稻田砷中毒,研究起垄栽培法解决⋯⋯

长期扎根基地调查、研究,收获丰硕的研究成果。刘更另用一生学术成长的经历,总结出"抓生产问题,做基础工作,用先进手段,攻薄弱环节,得综合成果,出专门人才"的30字名言,为年轻科技工作者留下极为宝贵的科研精神遗产。

其五,建科研基地,做长期研究。从20世纪60年代开始,刘更另首先在湖南祁阳建立中国农业科学院科学工作站,以后发展为祁阳红壤改良实验站,并从1982年开始,在祁阳实验站布置红壤生态植被恢复长期定位观测基地、水田旱地土壤肥力演变长期定位试验,并在冷水滩孟公山建立牧草引种与食草动物饲养实验区;1978年在湖南桃源建立中国科学院桃源生态实验站,研究生态演变规律;1997年在河北迁西建立燕山科学实验站,研究山区资源利用与发展。从1986年开始,在刘更另的倡导和主持下,建立了全国9个耕地土壤肥力和肥料效应长期监测实验基地,包括东北黑土(吉林公主岭)、西北黄土(陕西杨凌)、新疆荒漠土(新疆乌鲁木齐)、华北褐土(北京昌平)、中原潮土(河南郑州)、四川紫色土(重庆北碚)、南方红壤(湖南祁阳)、华南赤红壤(广东广州)、高肥力水稻土(浙江杭州)。

目前,中国农业科学院祁阳红壤改良实验站、中国科学院桃源生态实验站和全国耕地土壤肥力和肥料效应长期监测网基地均入选国家野外科学院观测(台)站,为国家农业可持续发展提供源源不断的科研数据,为建设我国农业大数据库提供理论依据。

其六,跟踪科学前沿,建言献策。80岁高龄的刘更另院士,双眼始终盯住农业科学发展前沿阵地。他不顾年事已高、长期患病(心脏病、高血压、风湿性关节炎)的状况,通过大量的调查研究,向国务院、农业部等部门领导提交报告,提出我国农业发展建议:一是恢复种植绿肥、发展有机肥,沃土藏粮于地;二是高度重视"矿质微量元素与食物链对人类健康"的作用;三是利用西北、内蒙古日照好、温差大、空气湿度适中来发展籽实植物、纤维植物和油料植物、"科学建设新疆棉区"。四是大型工业企业(如新疆克拉玛依油田)兴办农业。目前,新疆克拉玛依油田,农产品自给率蔬菜24%,肉类75%,牛奶22%,水果37%,鸡蛋自给有余。

这是我们第一次为刘更另院士撰写传记。记得2009年刘更另院士80寿辰时,时任中国农业科学院祁阳红壤改良实验站第三任站长徐明岗研究员跟我商量,将刘更另院士未发表的论文、研究报告编辑一本《刘更另论文集》出版，作为祁阳实验站献给刘更另院士的寿礼。我满怀信心收集了刘更另院士1959—2000年未发表出版的论文、考察报告共50余篇，约30万字，并打印初稿，与徐明岗站长一道，来到北京刘更另院士家里向他汇报。事情完全出乎我们的预料，遭到刘更另院士的坚决拒绝。他的理由是：祁阳实验站建站快50周年啦，当地还有许多生产问题需要研究解决。你们应该把精力放在解决当地农业生产问题上，不要为我出什么"书"。中央现在提出"建设社会主义新农村"，你们要响应中央号召，把祁阳官山坪和周边的书林寺村、幸福桥、丁原冲村建设成社会主义新农村的典型。

没有得到老先生的同意，我们只好放弃了为他出版论文集的计划。谁知老先生却跑到河北迁西燕山科学实验站，在古老的长城之巅度过他的80寿辰！

这次中国科协老科学家学术成长资料采集工程项目，将刘更另院士遴选入内，我们感到非常高兴。徐明岗研究员亲自"点将"、挑选人员，组成采集小组，并要求尽最大的努力，力求采集工作圆满。刘更另院士把一生青春年华全部奉献给了祁阳实验站的科学研究和建设事业，他是从祁阳实验站鸭屎泥田里走出来的一位院士。怀着对刘更另院士崇敬的心情，采集小组成员勇敢地承担了这一艰巨任务，近四年来，认真负责，全力以赴，扎扎实实地做好这项工作。虽然，这是第一次为刘更另院士撰写传记，专业不对口，难度极大，但采集小组下定决心，按照采集工程项目的要求，一步一个脚印地去落实任务，收集文稿，深入调查研究，采访与刘更另相关的人员，将祁阳当地家喻户晓的关于刘更另的故事、中央和省市新闻媒体关于刘更另的报道、北京"祁阳站精神"报告会上刘更另的精彩演讲报告、与刘更另长期合作的科研同事、学生的口述、家属的回忆、本人自述等资料，加以整理，组成了《大地情怀：刘更另传》的框架。虽然这部传记从框架结构到语言文字都很粗糙，很难完整、全面、准确地展现刘更另院士科学人生的全部，但总算填补了刘更另院士传记的空白。

全书贯穿了刘更另院士坚持"实事求是，理论联系实际"的工作作风、"一身正气，敢为人先"的做人原则、"农业科研必须面向农业生产，必须为农业生产服务"的科学研究方法、"论文写在大地上，成果惠及千万家"的科学观点和他一生"全心全意"为中华人民共和国农业科学事业发展作出的卓越贡献。正如中共祁阳县委、祁阳县人民政府在中国农业科学院祁阳红壤改良实验站建站35周年所撰写的碑文记述："20世纪60年代以来，中国农业科学院的一批批热血青年，远离首都北京和故友亲人……来祁阳开辟红壤研究新领域，在农业生产第一线从事科学研究、示范与推广。其领域涉及红壤区域之治理与开发，土壤肥力、肥效之监测与改良，水稻潜育性'坐秋''僵苗'之防治，农、林、果、蔬、茶诸作物之栽培，良种畜禽之引进与饲养等。项目翻新，硕果累累，多次荣获国家、省部级重大科技奖，一大批科技人才茁壮成长，科研成果转化成了巨大的生产力……三湘四水，印上了他们的串串足迹，大地可以作证；寒来暑往，刻下了他们脸上的条条皱纹，时间可以作证；田间地头，回响着他们的循循善诱，人民可以作证；奖状证书，闪耀着醉人的熠熠光辉，历史可以作证！"

附录一　刘更另年表

1929 年
2 月 15 日，出生在于湖南省桃源县茶庵铺乡竹老铺村，取名刘赓麟。

1936 年
8 月，入读桃源茶庵铺乡刘家祠堂私塾学堂。

1937 年
7 月，"七七"事变，学校停办，被迫失学。

1938 年
在陈凡英先生的辅导下学习古文。

1939 年
7 月，入读桃源县天禄学堂初级小学部。
8 月，考入桃源天禄学堂高级小学部。

1942 年
春，考入湖南省桃源私立天禄初级中学（现为桃源县第二中学）。

1943 年
12 月，在桃源私立天禄初级中学毕业。

1944 年
8 月，考入湖南国立第八中学永绥（现花垣县）高中分校。

1946 年
7 月，父亲刘爱谦无法筹集学费，被迫休学一个学期。年底，转入湖南醴陵省立第十四中学（现湖南省株洲市醴陵一中）就读。

1947 年
8 月，在湖南省立第十四中学高中部毕业。
9 月，因大学停止招生，休学在家。

1948 年
2 月，在家补习功课，以备考大学。
8 月，考上国立武汉大学。

1949 年
1 月，在武汉大学加入新民主主义青年联盟。
3 月，加入学校"地下党领导"的大地读书会。
5 月 16 日，在武昌阅马场迎接武昌解放。
6 月 6 日，将"刘赓麟"改名为"刘更另"，决心一切从头开始，开始新的生活。
8 月，由新民主主义青年联盟转为中国共产主义青年团，任班团总支部书记、农学院团支部书记。

1950 年

1 月，参加中共武汉市委员会举办的非党积极分子培训班。

3 月，在武汉大学农学院加入中国共产党。

8 月，任武汉大学农学院共青团总支部书记。

1951 年

3 月，由中共预备党员转为正式党员。

7 月，被选为中共武汉大学农学院党支部宣传委员。

1952 年

8 月，在武汉大学农学院农业化学系毕业。

9 月，分配在河南省农业科学研究所（后改为河南省农业科学院）农事实验场工作。

1953 年

2 月，被选为中共农事实验场党支部委员，任农事实验场政工组组长。

3 月，任农事实验场技术员、农业化学组组长、技术室副主任。

5 月，在"五四"青年节，荣获河南省农业厅"深入钻研，努力学习科学技术"优秀青年称号。

7 月，与原武汉大学农学院同班同学陈文新结婚。

1954 年

4 月，由河南省农业厅党组推荐、选拔为留苏预备生。

9 月，作为留苏预备生，在留苏预备部学习俄语一年。

1955 年

8 月，一年俄语学习期满结业。

9 月，赴苏联莫斯科大学季米里亚捷夫农学院研究生院留学；任中共留苏学生党支部书记。

1956 年

春，在季米里亚捷夫农学院研究生院攻读土壤耕作栽培学博士学位。

1957 年

11 月初，荣获季米里亚捷夫农学院学习优胜奖。

11 月 17 日，正在莫斯科访问的毛泽东主席在莫斯科大学礼堂接见中国留苏学生，现场聆听教诲。

1958 年

年初，考察苏联（除西伯利亚外）农村、农场和农业科研院所、大专院校。

1959 年

4 月初，在苏联莫斯科大学季米里亚捷夫农学院研究生院完成土壤耕作学博士论文答辩，获苏联农业科学院副博士学位（后转为博士学位）。

4 月底，从苏联回国。

5 月 15 日，在北京，中国农业科学院土壤肥料研究所报到。

6 月，赴西北（陕西、甘肃、宁夏等）考察土壤普查情况。

8 月上旬，参加全国土壤普查汇报会，发表《关于农业土壤的几个问题》调查报告，首次提出"农业土壤"的概念。

8 月中旬，赴民主德国参加国际土壤耕作会议。

12 月，总结第一次全国土培普查成果，提出创建我国"农业土壤科学"的理论和方法。

1960 年

1 月，下放到黑龙江省五常县蹲点。任农业部下放干部黑龙江大队领队、中共牛家公社二里屯区党支部副书记。

2 月起，参加当地高级社农业生产和"大跃进"运动。

8 月，出席民主德国国际土壤耕作学术研讨会。

12 月，在西北地区，做农业土壤调查。

1961 年

1 月，任中国农业科学院土壤肥料研究所肥料研究室副主任。

1962 年

3 月，从北京赴湖南祁阳官山坪农村基地蹲点。

4 月，在祁阳鸭屎泥田种植紫云英成功。

5 月，任中国农业科学院祁阳工作组的基地负责人。

7—8 月，赴陕西、甘肃、河南、湖南、四川、广西、广东等省、自治区，调查全国土壤分类及肥料使用情况。

1963 年

4 月中旬，参加中共衡阳地委在祁阳县黎家坪区召开全区改良低产田现场会，介绍祁阳官山坪改良低产田的经验。

10 月，祁阳官山坪大队的粮食平均亩产由 1960 年的 170 公斤提高到 280 公斤。

1964 年

4 月，祁阳官山坪"联合工作组"被撤销，正式命名为中国农业科学院祁阳科学工作站（简称"祁阳工作站"）。刘更另任站长。

4—12 月，在祁阳官山坪大队上街生产队，建设土坯房 120 余平方米，作为简易化验室和科研人员宿舍。

5 月初，在官山坪基地接待祁阳县 500 多名干部和社员群众，介绍"官山坪经验"。

5 月上旬，应邀在零陵专区低产田改良大会上作专题报告，介绍"官山坪经验"。

7 月 18 日，向中共祁阳县提交"关于开展晚稻赶早稻，晚稻超早稻"的报告。

10 月，湖南祁阳"冬干鸭屎泥水稻坐秋及低产田改良研究"成果，获国家科委重大科技成果奖。在全国科技大会上，介绍祁阳官山坪工作站改良低产田经验。

编著《从甘肃沙田看土壤耕作的几个问题》科普书，由农业出版社出版。

11月，被中共衡阳地委任命为祁阳县县委委员。任中共祁阳科学工作站"社教工作队"党委副书记。

参加衡阳地委直属社教工作队，任副队长。

冬季，带领社教工作队，为官山坪大队兴修水利、建设电排。

1965年

1月，出席全国新民主主义青年联盟代表大会，受到毛主席和中央首长接见。

4月，在农业部科技大会上，介绍湖南祁阳科学工作站在农村进行科学实验、改良低产田、粮食增产的经验。

5月初，参加中共湖南省委在祁阳官山坪工作站基地召开的湘西南六个行署低产田改良现场会。

8月，编著《紫云英栽培技术》《鸭屎泥低产田改良》《磷肥施用问答》科普丛书，由湖南人民出版社出版发行。

11月18日，选址杨家冲，筹建祁阳实验站、衡阳专区农技学校。

1966年

2月，祁阳实验站新址竣工。化验楼300平方米，住宅兼办公室400平方米。

3月24日，衡阳专区农校成立（简称"衡专农校"），任名誉校长。

4月，带领全体科技人员参加文富市公社社教工作队。住蒋家院农户邹新典家，与农民同吃同住同劳动。

1970年

1月初，下放在河南安阳中国农业科学院棉花研究所"五七"干校劳动锻炼。

1971 年

5 月，办理调去北京农业大学工作的手续。

6 月，调离中国农业科学院土壤肥料研究所，来到北京农业大学，分配在植保系任教师。

7 月，随北京农业大学"搬家"陕北清泉沟。

1972 年

4 月 24 日，因突然病倒全家从陕北清泉沟回京。

10 月 30 日，开始在北京青龙桥中医诊所就医，身体逐渐康复。

在家养病期间，翻译李比希名著《化学在农业和生理学上的应用》。

1973 年

3 月初，完全"平反"。

3 月 8 日，经北京农业大学领导批准，同意临时去湖南祁阳农村蹲点。

8 月 20 日，"克山病"基本痊愈，身体康复。

1974 年

1 月，由北京农业大学调回中国农业科学院土壤肥料研究所。

2 月 11 日，回湖南祁阳官山坪，着手恢复科研工作。

3 月，在官山坪大队牛角冲，布置改良冷浸田实验。

6 月，被衡阳地委任命为全区农业生产领导小组副组长。

1975 年

3 月，在祁阳官山坪发现棉花缺钾症状，施钾肥效果显著。

4 月 15 日，衡阳地区革委会转发祁阳官山坪工作站刘更另《关于发展钾肥生产，搞好氮磷钾的平衡》报告，号召全区水稻、棉花等推广使用钾肥。

5 月开始，在湖南祁阳官山坪，首次布置红壤稻田阴离子长期定位试验场。

1976 年

7月初，再次向衡阳地委提交《力争晚稻超早稻》建议。

1977 年

春，湖南省科委拨给祁阳科学工作站科研经费5000元，由刘更另组织稻-稻-油、稻-稻-麦"三熟"高产示范。

5月，承担湖南省科委"开辟有机肥源"研究项目，重点研究夏季绿肥种植技术。

6月6日，在衡阳地区常宁县发现白沙公社"冒禾垌"。经调查、取土分析发现这种土壤含大量砷化物。

1978 年

6月，借调到中国科学院，在湖南桃源县筹建中国科学院桃源农业现代化研究所。

9月，在北京农业大学晋升为副教授。

10月，出席湖南省科学大会，获湖南省科学大会低产田改良成果奖和先进集体奖。

12月，兼任中国科学院桃源农业现代化研究所副所长、所党委委员和学术委员。

年底，向湖南省委汇报，提出"发展双季稻绿肥制度和晚稻超早稻"的建议。

发现湘南紫泥田地区水稻出现"僵苗"。经调查，确定水稻"僵苗"为"缺锌"所致。

1979 年

春，与衡阳地区农业局合作，组织有关单位协作，组成防治水稻"僵苗"联合协作组，在紫泥田稻区进行多点实验。

3月22日至4月12日，赴日本考察日本农业现代化情况。

5月，南方稻田红萍繁殖研究获得成功；完成《关于日本农业现代化的几点汇报》考察报告。

6月，选址桃源关山，建立中国科学院桃源农业生态实验站。

1980年

4月，主持农业部"南方红壤丘陵低产土壤综合利用研究"项目。

8月，任中国农业科学院土壤肥料研究所副所长、学术委员会主任。

8月，接待、陪同西德汉诺威科技大学土壤研究所赖兴巴赫等四位教授在华考察，并考察湘南丘陵区红壤分布特点和祁阳官山坪红壤改良科研基地。

10月，祁阳科学工作站被农业部命名为：中国农业科学院祁阳红壤改良实验站，任站长。

1981年

6月7日，在祁阳官山坪建立南方红壤丘陵区荒山次生植被生态恢复与水土保持实验区面积118.8亩。

8月，任农业部第二届科学技术委员会委员。

9月9—18日，应菲律宾国际水稻研究所邀请，赴印度考察有问题土壤。

9月29日，完成《印度有问题土壤考察报告》。

10月，任农牧渔业部第三届科学技术委员会常委。

10月底至11月中旬，在湖南祁阳县举办湘南地区低产田改良培训班。

主持完成农业部"双季稻绿肥制度下合理施肥项目"，获农业部技术改进三等奖。

1982年

春，在祁阳实验站红壤稻田，布置水稻丰产因子长期长期定位试验、三熟耕作制度长期定位试验。

3月，确定常宁县白沙公社禾苗死苗为亚砷酸毒害所致，定为"砷毒田"。

6月，在祁阳红壤丘陵荒山布置次生植被生态恢复实验区。

8月，首次招收硕士研究生。

冬，在祁阳实验站建设网室，布置红壤母质生土熟化因子长期定位实验。

1983 年

3月，在南方红壤丘陵地区综合考察，任湘中南、桂北考察小组组长。

3月24日，完成《湖南祁阳官山坪基地蹲点二十多年、低产变高产的工作经验》报告。

4月，任中国农业科学院土壤肥料研究所所长、中共土壤肥料研究所党委代理书记。

5月25日，中国共产党衡阳地区委员会、湖南省衡阳地区行政公署给中国农业科学院致函，表彰其带领祁阳官山坪工作站的科技工作者，为衡阳地区农业生产作出的突出贡献。

6月22日，将中国农业科学院祁阳红壤改良站站址迁往衡阳市，定名为中国农科院衡阳红壤实验站，原祁阳实验站作为该站实验区。

6月，晋升为中国农业科学院研究员。

6月30日，在《人民日报》第三版，发表题为《调整化肥比例 提高肥料效果》文章。

7月26日至8月24日，陪同农牧渔业部部长何康，赴巴西、阿根廷等国家考察访问。

8月30日，在农牧渔业部汇报访问巴西、阿根廷等国的农业考察工作情况。

10月，任农牧渔业部科学技术委员会常委。

11月，主持完成"施用锌肥防治紫色泥田水稻僵苗"研究成果，获农业部技术改进奖一等奖。

12月，翻译（德）尤·李比希《化学在农业和生理学上的应用》，中文版由中国农业出版社出版。

1984 年

1月，国家科委、国家经委、林业部、农业部授予中国农业科学院祁阳实验站"全国农林科技推广先进集体"称号；被选为中国土壤学会第五届常务理事，《土壤学报》第五届编辑委员会委员。

8月，任中国农业科学院党组成员、副院长。

11月，向朱镕基提交"中国农业科学院建立分子生物遗传研究所"的报告，获准批复。

12月，任中国农业科学院第二届学术委员会副主任。获得"国家突出贡献的中青年专家"称号，享受国务院特殊津贴。

1985 年

2月，任国务院第二届学术委员会学科评审组成员。

3月25日，完成《武陵山区国土考察纪事》考察报告。

5月，任国家科委发明奖评选委员会审查员；在四川成都，联合主持"国际土壤有机质再循环学术研讨会"。

6月，主持农业部"南方红（黄）壤丘陵区中低产田改良和合理利用"研究项目。

7月中旬，陪同菲律宾国际水稻研究所等28位专家考察团，考察中国农业科学院及祁阳实验站基地。

9月，主持完成"深泥脚田水稻垄栽增产技术体系项目"研究成果，获农业部科技进步奖二等奖；任中国农业科学院第二届学术委员会副主席。

11月，主持完成"红壤稻田持续高产项目"研究成果，获国家科技进步奖三等奖。

12月，主持完成"盐湖钾肥合理使用和农业评价项目"研究成果，获农业部科技进步奖二等奖。

申报国家计委工业性项目"建立全国耕地土壤肥力与肥料效应监测网"。

1986 年

1月，任国家自然科学基金会第一届评审组成员。

4月24日，在国务院农村工作组，汇报湖南农村考察情况。

7月，国务院学术委员会批准，聘任其为博士生导师。

8月，主持农业部南方红（黄）壤集约化农业配套技术研究项目。

10月，在（西德）世界第13届土壤学大会土壤化学分会作报告，宣读《发现"砷毒田"与"砷毒田"改良研究》论文。

主持国家计委工业性项目"建立全国耕地土壤肥力与肥料效应监测网"。

1986—2005年，代表中国农业科学院与澳大利亚签订"种草养畜"合作协议，时间长达20年。

1987 年

1月5日，在中国农业科学院第二次教育工作汇报会作工作报告。

2月28日，在湖南省冷水滩区，建立红壤生态恢复实验区和中国–澳大利亚牧草引进与食草动物综合利用国际合作项目研究基地面积402.43亩。

3月22—29日，在祁阳红壤实验站，举办中国农业科学院、中国土壤肥料学会"土壤化学、植物营养研讨班"。

8月22日，任中国农学会常务理事。

9月，赴苏联考察农业生产发展情况；主持国家计委工业性项目子专题：亚热带红壤肥力与肥料效益监测点建设（湖南祁阳）。

9月15日，完成《访苏纪事》考察报告。

10月，任国家自然科学奖地学学科部评审组成员。

12月8—12日，在北京中国农业科学院农村基点工作会议作工作报告，讲述祁阳站在农村基点工作的主要经验和加强农村基地的建设意见。

1988 年

4月，任《中国农业科学》期刊主编。

5月，任农业部科学技术委员会常委。

9月5—23日，赴德国考察农业发展情况，完成《中国农业科学院代表团赴德意志民主共和国考察报告》。

11月，任国际平衡施肥会议（北京）组织委员会大会主席。

12月，任《中国农业科学》编辑委员会主任委员。

1988—1993年，与加拿大合作，开展中国稻田农作制度研究。

1988—1989年，与西德巴斯夫公司合作，研究复合肥在南方水稻上的施用效果。

1989年

3月，任中国农业科学院第三届学术委员会副主席；任《农业百科全书》土壤卷、农业化学卷编委。

5月，任中国土壤肥料学会理事长。

9月，任中国植物营养与肥料学会理事长；考察河北省迁西县等，提出"关于建立河北省燕山科学实验站"建议书，获得河北省政府批准。

主持国家自然科学基金重大项目：我国中长期食物发展战略研究。

1989—1991年，与挪威合作引进硝酸磷（钾）肥，在南方多雨地区施用。

1990年

2月，退居二线，不再担任中国农业科学院副院长职务。

12月，在斯里兰卡科伦坡，参加亚洲湿润亚热带酸性土壤管理学术研讨会。

在北京，成立中国农业科学院山区研究室，任山区研究室主任。

主持完成国家计委"红壤肥力与肥料效益长期监测点建设（湖南祁阳）工业性项目"基地建设。

主编《硝酸磷肥应用》，由中国农业科技出版社出版。

1991年

3月，主编《中国有机肥料》专著完成，由农业出版社出版。

4月22—25日，在湖南永州市冷水滩区，代表中国农业科学院与澳大利亚联合主持南方红壤区种草养畜国际学术研讨会。

主持完成"南方红壤综合改良及粮食持续增产配套技术项目"研究成果，获农业部科技进步奖三等奖。

1992 年

5月19日，在《人民日报》第七版，发表题为《保护土地　促进农业持续发展》文章。

7月5日，向农业部提交《中国农业科学院关于武陵山区综合开发的报告》。

8月3—6日，考察国家重点贫困县之一的湖南桑植，完成《湖南桑植考察报告》。

主持完成"中国中长期食物发展战略研究项目"成果，获农业部科技进步奖一等奖。

11月16日，在《科技日报》第三版，发表题为《努力提高农业的效益》文章。

1993 年

2月8日，回母校华中农业大学，参加中国科学院院士陈华癸教授铜像落成典礼。

9月，任中国植物营养与肥料学会理事长。

主持完成"中国中长期食物发展战略项目研究"，获国家科技进步奖二等奖。

1994 年

5月，当选我国首批中国工程院院士。

6月7日，当选中国工程院农业、轻纺与环境工程学部常委、副主任。

6月，主编《矿质微量元素与食物链》专著，由中国农业科技出版社出版。

1995 年

2 月,任国家自然科学奖励农业专业评委会副主任。

6 月 5 日,回湖南祁阳官山坪,参加中国农业科学院祁阳红壤站建站 35 周年庆典。

8 月 10—31 日,赴新疆阿勒泰和伊犁地区考察,完成《新疆考察散记》报告。

1996 年

5 月,在中国经济·决策参考《中外信息周刊》1996·52(总第 141 期),发表题为《大型工业企业兴办农业大有可为》的文章。

6 月 3—8 日,编辑《中国工程院院士大会记录》文献期刊。

7 月,任国家自然科学基金委员会第六届科学评审组成员。

9 月 1—7 日,第一次邀请中国工程院院士任继周,先后考察了迁西、迁安、卢龙、宽城、承德、兴隆等县市的畜牧业发展情况。

10 月 28 日,在《中国科学报》第四版,发表题为《保护土地　培肥土壤　增产粮食》文章。

1997 年

3 月 22 日,完成传记《我的自述》,共 2 万余字。

4 月 6—11 日,第二次邀请中国工程院院士任继周,重点考察迁西县发展小尾寒羊,并进行科学论证。

5 月,任国家科学技术奖励地学学科评委会特邀评审委员。

5 月 18 日,完成《燕山山区考察散记》报告。

6 月 9 日,完成《关于新疆农业发展的几个问题建议》报告。

9 月,任《中国农业科学》期刊编辑委员会顾问。

9 月 24 日—10 月 7 日,赴韩国考察。

10 月 12 日,完成《韩国资源环境考察杂记》报告。

1998 年

3月3日,任中国水稻研究所高级顾问。

10月16日,任《中国农村科学技术》期刊编委会委员。

河北燕山科学实验站在河北迁西县建设落成。

在北京密云选址,建立密云科学实验基地。

1999 年

1月1日,任农业部植物营养学重点开放实验室学术委员会委员。

4月10日,任中国植物营养与肥料学会第五届理事会荣誉理事长。

10月,任中国土壤学会第九届一中会议理事会常务理事。

2000 年

5月,任国家计委高技术产业化重大专项2000年度项目评选组专家。

6月,申报院士咨询项目"燕山地区水土资源特点及其分析",在中国工程院立项。

8月5日,任河北省人民政府科教兴冀战略发展技术顾问。

2001 年

引进"南稻北栽,水稻旱种"项目,在河北迁西县实施获得成功。

2002 年

7月27日,荣获河北省人民政府颁发的河北省院士特殊贡献奖。

9月15日,陪同斯洛伐克土壤肥料专家,赴湖南祁阳官山坪考察祁阳实验站水稻长期定位试验。

10月,陪同德国土壤学家,赴祁阳实验站考察水稻长期定位试验。

12月27日,致温家宝总理的一封信。汇报并建议"中国农业科学院成立草业综合研究与发展中心"。

2003 年

3月，将新疆刘守仁院士赠送的300只种羊，送到湖南省桃源县，建立桃源养羊实验基地。

2004 年

4月，回母校湖南桃源二中（原桃源天禄学堂）考察，挥毫为母校桃源二中题词：好学深思，一心一意，别无他念，求真务实；三人行必有我师。

申报国家发改委"优质板栗高技术产业示范工程"项目，成功落户迁西。

2005 年

春，申报农业部"迁西实验站野外台站网络"项目，为建设山区新农村探索经验。

2006 年

4月8日，在《中国工程科学》第8卷第4期，发表《用邓小平理论武装中国农业》的文章。

7月19日，联名中国农业科学院卢良恕、邱式邦、徐冠仁、方智远、庄巧生、范云六、张子仪、郭予元、宗懋共10位中国科学院院士、中国工程院院士，向国务院副总理回良玉书面推荐：关于将"祁阳站精神"作为全国重大典型宣传。

8月18日，为张夫道等主编《中国土壤生物演变及安全评价》专著作序：开卷的希望。

9月3日，在北京，完成自传《"文化大革命"回忆》初稿，共20余万字。

11月3日，中国农业科学院在北京召开"祁阳站精神事迹报告会"，农业部、中国农业科学院在京院所直属单位共200多人参加。作为祁阳实验站的第一任站长，代表祁阳实验站老一辈科学家作报告，介绍本人在祁阳实验站 28 年科研工作的经历与基地创业过程。

11 月 8 日，接受湖南电视台采访，湖南新闻联播以《红壤实验站：科研泥腿子的接力》为题，连续播报《祁阳红壤改良实验站科技团队扎根农村基地 46 年，铸就"执着奋斗、求实创新、情系三农、服务人民"的祁阳站精神、成为全国农业战线一面旗帜的先进事迹》。

2007 年

8 月 31 日，《中国国土资源报》以《为了大地的丰收》为题，报道其"改良红壤、改良'砷毒田'等 28 年，促进农业生产的事迹"。

12 月 23 日，中共中央办公厅农业组原负责人、著名生态经济学家石山同志为刘更另自传《"文化大革命"回忆》一书作序。

2008 年

6 月 5 日，创作《官山坪——祁阳站精神》长篇散文诗歌。

7 月 8 日，联名中国农业科学院卢良恕、邱式邦、庄巧生、方智远等五位中国科学院院士、中国工程院院士，联名致温家宝总理一封信，建议"发展农村沼气产业"。

8 月，在中国农业科学院副院长刘旭、中国农业科学院农业资源与区划研究所副所长张海林、副所长徐明岗的陪同下，回到湖南省祁阳县官山坪，考察祁阳实验站的基础设施建设。

10 月，在武汉，参加华中农业大学成立 110 周年校庆；任湖南祁阳农业生态国家野外科学观测研究站第三届学术委员会主任。

11 月 10 日，回湖南桃源，考察中国科学院桃源实验站。

11 月 12 日，第二次回母校——湖南桃源二中（原天禄学堂）。

12 月 22 日，完成自传《"文化大革命"回忆》修改稿。

2009 年

1 月 29 日，在同事陪同下，徒步登上河北迁西景忠山山顶，庆祝自己 80 寿辰。

9月，奔赴湖南桃源、祁阳等农业科研实验基地第一线考察。

2010年

6月30日上午9时18分，在北京逝世，享年81岁。

附录二　刘更另主要论著目录

一、论文

[1] 刘更另. 从甘肃沙田看土壤耕作的几个问题. 北京：农业出版社，1959.

[2] 刘更另. 充分利用肥源，增积有机肥料. 红旗，1961：9-10.

[3] 刘更另，张启绍，陈福兴. 养猪积肥研究. 中国农科院土壤肥料研究所主编，土壤肥料专刊（3），1963（6）：1-6.

[4] 刘更另，江朝余. 在农村基点如何进行科学研究. 耕作与肥料，1964（1）：2-5.

[5] 刘更另，江朝余. 到生产中进行农业科学实验. 红旗，1965（13）：12-16.

[6] 刘更另（祁阳工作站）. 目前我国土壤学中的几个问题. 耕作与肥料，1965（1）：1-8.

[7] 刘更另（湖南祁阳低产田改良联合工作组）. 绿肥改良低产田，防治水稻"坐秋"的作用. 耕作与肥料，1965（1）：28-31.

[8] 刘更另（祁阳联合工作组）. 祁阳县七万亩钙镁磷肥样板田的初步总结. 中国农科院土壤肥料研究所主编，土壤肥料专刊（5），1965（5）：1-7.

［9］刘更另（祁阳联合工作组）. 绿肥对改良低产田防治水稻"坐秋"的作用及其增产措施. 中国农科院土壤肥料研究所主编，土壤肥料专刊（5），1965（5）：8-17.

［10］刘更另（祁阳联合工作组）. 一个生产大队高产稳产途径的典型分析. 中国农科院土壤肥料研究所主编，土壤肥料专刊（5），1965（5）：18-28.

［11］刘更另（祁阳联合工作组）. 稻田施用磷酸铵的增产效果. 中国农科院土壤肥料研究所主编，土壤肥料专刊（5），1965（5）：2-30.

［12］刘更另（湖南祁阳官山坪低产田改良联合工作组）. 湘南丘陵区稳产高产途径的典型分析. 耕作与肥料，1965（2）：37-42.

［13］刘更另. 湖南祁阳群众养地经验的调查分析. 中国农民报，1963（3），第三版.

［14］刘更另. 湖南祁阳几种农业土壤的培肥办法. 中国农业科学，1964（9）：34-41.

［15］刘更另. 湖南丘陵区稻谷高产途径的分析. 耕作与肥料，1965（4）：5-7.

［16］刘更另. 论科学的耕作制度. 土壤肥料，1981（1）：1-4.

［17］刘更另. 土壤条件和早稻早期生长势的研究. 土壤肥料，1983（1）：16-19.

［18］刘更另. 土壤肥料科学和农业现代化. 土壤肥料，1984（6）：1-4+15.

［19］刘更另，高素端. 土壤中砷对植物生长的影响. 中国农业科学，1985（4）：9-16.

［20］刘更另，高广领. 不同植物富钾作用的研究. 中国农业科学，1986（2）：48-54.

［21］刘更另. 有机肥料的生产使用是一项社会产业. 中国农业科学，1988（5）：1-6.

［22］刘更另，李绪花. 长期施用硫酸根肥料对土壤性质和水稻生长的影响. 中国农业科学，1989（3）.

［23］刘更另，黄新江. 红壤丘陵区自然植被恢复及其对某些土壤条件的

影响. 中国农业科学，1990（3）：60-69.

[24] 沈富林，秦道珠，刘更另. 湘南红壤区三种土壤水热状况的研究，中国农业科学，1991（2）：1-12.

[25] 刘更另. 营养元素循环和农业的持续发展. 土壤学报，1992（3）：251-256.

[26] 刘更另，陈铭. 湘南水田施含 SO_4^{2-} 与 Cl^- 肥料对水稻生长和养分吸收的效应. 热带亚热带土壤科学，1993（2）：57-62.

[27] 刘更另. 湘南红壤对 NO_3^- 和 SO_4^{2-} 的吸附机理研究. 环境科学，1993（2）：25-10.

[28] 刘更另. 科学治理山区、发展山区产业. 林业经济，1997（5）：15-19.

[29] 刘更另，邱建军. 科学建设新疆棉区. 作物学报，1998（6）：641-650.

[30] Liu Geng-ling. Toxic effect of arsenic on plant in red soil region. See: Current progress in soil research in People's Republic of China, Jiangsu Science and Technology Publishing House，1986（1）：405-413.

[31] Liu Geng-ling. Upland soil improvement and food production in subtropical zone-Taking Hengyang region as an example，Proceeding of the international conference on the management of Upland soils in the Tropics and Subtropics，1986（9）：7-11.

[32] Liu Geng-ling. Grain production and balanced fertilization in China，Proceeding of the international Symposium on balanced fertilization，1988（11）：7-12.

[33] 刘更另，陈永安，陈福兴. 双季稻绿肥轮作制度下的施肥体系. 土壤肥料，1981（3）：16-18.

[34] 刘更另，陈永安，陈福兴. 湘南丘陵区双季稻绿肥施钾效应及土壤中钾素的变化. 湖南农业科学，1981（4）：18-21.

[35] 刘更另. 紫色泥田水稻僵苗的原因及防治措施. 农业科技通讯，1982（5）：31.

[36] 刘更另. "砷毒田"研究取得新进展. 土壤肥料，1982（5）：17.

[37] 刘更另. 土壤肥料科学和现代化农业. 土壤肥料, 1984 (6): 1-4.

[38] 刘更另, 李绪花, 秦道珠, 高菊生. 长期施用硫酸盐肥料对土壤性质和水稻生长的影响. 中国农业科学, 1989, 22 (3): 50-57.

[39] 沈富林, 秦道珠, 刘更另, 高菊生. 湘南红壤区三种土壤水热状况的研究. 中国农业科学, 1991, 24 (2): 1-12.

[40] 陈同斌, 刘更另, 谢开云, 甘寿文. 湖南省高砷地区土壤含砷量及其作物污染的临界值. 土壤肥料, 1992 (2): 34-36.

[41] 陈同斌, 刘更另. 土壤中砷的吸附和砷对水稻的毒害效应与 pH 的关系. 中国农业科学, 1993 (1): 63-68.

[42] 陈铭, 刘更另. 可变电荷土壤中主要阴离子的吸附. 土壤通报, 1994 (1): 47-48.

[43] 陈铭, 刘更另. 湘南第四纪红壤的力量——粘粒矿物组成、肥力特点与表面化学性质. 中国农业科学, 1994 (2): 24-30.

[44] 谢开云, 董慕新, 刘更另. 红壤丘陵区三土壤生土熟化初期的养分和 pH 变化特征. 中国农业科学, 1994 (6): 33-40.

[45] 陈铭, 甘寿文, 孙富臣, 刘更另. 湘南水稻田施用硝态氮肥的效应与施肥技术研究. 土壤与环境, 1994 (4): 193-198.

[46] 陈铭, 甘寿文, 孙富臣, 刘更另. 湘南水田施用硝态氮肥的土壤生态学效应. 土壤与环境, 1995 (1): 23-29.

[47] 刘国栋, 刘更另. 籼稻不同基因型钾素吸收利用效率的调控. 植物营养与肥料学报, 1995 (2): 47-53.

[48] 刘更另, 谢开云, 孙富臣. 含硫及含氯化肥对作物生长发育的影响与农田生态学效应. 土壤与环境, 1996 (1): 1-6.

[49] 刘更另. "砷毒田"中水稻栽培技术的研究. 中国生态农业学报, 1996 (1): 4-44.

[50] 刘更另. 高等植物的硒营养及在食物链中的作用(一). 土壤通报, 1996 (2): 88-89.

[51] 刘更另. 水稻耐低钾基因型筛选方法的研究. 土壤学报, 1996 (2): 113-120.

[52] 刘更另, 孙富臣. 红壤对 SO_4^{2-} 和 $H_2PO_4^-$ 的吸附与竞争吸附研究. 土壤与环境, 1996（2）: 85-89.

[53] 谢开云, 刘更另, 王玉芹. 第四纪红壤不同熟化措施下的阴离子态养分含量及其剖面分布. 土壤与环境, 1996（3）: 139-144.

[54] 刘国栋, 刘更另. 水稻不同基因型中 Ca、Na 对 K 的部分替代作用. 作物学报, 1996（3）: 313-319.

[55] 陈铭, 刘更另, 孙富臣. 有机质和游离铁对湘南红壤表面电荷性质的影响. 土壤与环境, 1997（1）: 20-25.

[56] 杨文婕, 刘更另. 植物体内砷和硒累积和分布的相互作用. 中国农业科学, 1997（3）: 89-91.

[57] 陈铭, 刘更另. 不同农业利用方式下湘南第四纪红壤的粘粒矿物化学组成与表面电荷特性. 土壤与环境, 1997（2）: 88-93.

[58] 刘国栋, 刘更另. 水稻种子含钾量的基因型差异. 中国水稻科学, 1997（3）: 179-182.

[59] 刘国栋, 刘更另. 籼稻不同基因型对钾、钠的反应. 植物营养与肥料学报, 1998（4）: 360-365.

[60] 刘更另. 农业和农业的持续发展. 世界科技研究与发展, 1999（2）: 1-7.

[61] 曾希柏, 刘更另. 化肥施用和秸秆还田对红壤磷吸附性能的影响研究. 土壤与环境, 1999（1）: 14-18.

[62] 刘更另. 红壤丘陵山区人为活动对植被恢复影响研究. 中国农业科学, 1999（4）: 49-54.

[63] 曾希柏, 刘国栋, 苍荣, 刘更另. 湘南红壤地区土壤肥力现状及其退化原因. 土壤通报, 1999（2）: 60-63.

[64] 曾希柏, 刘国栋, 苍荣, 刘更另. 红黄壤地区草山草坡资源高效利用技术对策. 中国农业资源与区划, 1999（3）: 19-25.

[65] 曾希柏, 刘更另. 刈割对植被组成及土壤有关性质的影响. 应用生态学报, 2000（1）: 57-60.

[66] 刘国栋, 刘更另. 籼稻不同品种系钾素积累动态变化的微区试验.

作物学报，2000（2）：243-249.

[67] 曾希柏，刘更另. 植被刈割对红壤酸度及有机无机复合状况的影响. 土壤学报，2000（2）：225-232.

[68] 曾希柏，刘更另，高菊生. SO_4^{2-} 和 Cl^- 对稻田土壤养分及其吸附解吸特性的影响. 植物营养与肥料学报，2000，6（2）：187-193.

[69] 张士功，刘国栋，刘更另，肖世和. 渗透胁迫和缺磷对小麦幼苗生长的影响. 植物生理学通讯，2001（2）：103-105.

[70] 曾希柏，刘更另. 不同植被对红壤养分含量及吸附-解吸性能的影响. 植物营养与肥料学报，2002（1）：35-39.

[71] 刘国栋，刘更另. 籼型杂交稻耐低钾基因型的筛选. 中国农业科学，2002（9）：1044-1048.

[72] 张士功，刘更另，李建知，刍议京. 津唐地区发展水稻旱作问题. 中国农业科技导报，2003（1）：36-39.

[73] 刘更另. 关于农业生产和农业科学的思考. 中国工程科学，2004（4）：26-29.

二、著作

[1] 李比希著，刘更另译. 化学在农业和生理上的应用. 北京：中国农业出版社，1983.

[2] 刘更另主编. 中国有机肥料. 北京：农业出版社，1991.

[3] 刘更另主编. 硝酸磷肥应用. 北京：中国农业科技出版社，1990.

[4] 刘更另主编. 矿质微量元素与食物链. 北京：中国农业科技出版社，1994.

参考文献

一、史料

［1］湖南省私立天禄初级中学——桃源县第二中学的前身（内部资料）. 1989：2.

［2］湖南醴陵省立十四中学（现醴陵市一中）校史（内部资料）. 1951：1.

［3］国立八中回忆录. 烽火炫歌（1938—1946）. 蚌埠市政协文史资料委员会编（内部资料），2000，5：69-77.

［4］国立八中回忆录. 烽火炫歌（1938—1946），国立八中分校花垣——纪念抗日战争胜利66周年. 2003，8：42-47.

［5］永绥县历史名称变化——花垣县. 1953：1.

［6］《中国共产党祁阳历史》编纂委员会. 中国共产党祁阳历史（1919-1978）. 长沙：湖南人民出版社，2011：109-111，154-223.

［7］刘更另武汉大学学籍档案. 1952：1.

［8］中国农业科学院. 中国农业科学院志（1957—1997）. 北京：中国农业科学技术出版社，2001.

［9］中国农业科学院土壤肥料研究所. 中国农业科学院土壤肥料研究所所志（1957—1996）。内部资料，1996.

［10］《河南省农业科学院志》编委会. 河南省农业科学院志（1909—2008）. 郑

州：中州古籍出版社，2009.

［11］秦道珠. 红壤丰碑之半个世纪的春秋：中国农业科学院祁阳红壤实验站站志（1960—2010）. 长沙：湖南人民出版社，2010.

［12］安阳市北关区地方史志编纂委员会. 安阳市北关区志（1991—2002）. 郑州：中州古籍出版社，2008.

二、文集、回忆录

［13］顾平旦，常江，曾保泉. 中国名胜楹联丛书：湖南名胜楹联. 北京：中国民间文艺出版社，1989.

［14］陈文新. 凤凰涅槃：从烈士遗孤成长为中科院院士. 未刊稿，2004.

［15］院士自述. 乾坤任纵横. 长沙：湖南科学技术出版社，2009.

［16］刘更另. "文化大革命"回忆录. 2008.

［17］刘更另. 在华中农业大学成立110周年校庆的讲话（手稿）. 2008.

［18］（美）梭颇著. 李庆逵等译. 中国之土壤. 北京：国立北平研究院地质学研究所出版社，1936.

［19］欧阳友徽. 战斗在红色沙漠上. 衡阳文艺，1979.

［20］刘更另. 我是怎样培养博士生研究生的. 1994.

［21］侯光炯、高惠民. 中国农业土壤概论. 北京：中国农业出版社，1982.

［22］曾松亭. 当代土神. 北京：中国农业科学技术出版社，2007.

［23］中国农业科学院红壤实验站. 大地赞歌. 长沙：湖南人民出版社，2010.

［24］唐盛世. 八十春秋. 石家庄：河北人民出版社，2008.

［25］马炜. 桃花源记——千古文人桃源梦. 重庆：重庆出版社，2009.

［26］中共中央文献编辑委员会. 邓小平文选第三卷. 北京：人民出版社，1993.

［27］中国工程院院士：最美风景在田间. 经济日报，2009.

三、研究、传记等

［28］刘更另，陈福兴，张启昭. 加土垫圈沤制厩肥的研究. 土壤通报，1966（2）：11-14.

[29] 刘更另. 充分利用肥源，增积有机肥料. 红旗杂志，1961，5（9-10）：53-57.

[30] 刘更另. 关于农业土壤的几个问题. 土壤通报，1959（5）：53-57.

[31] 刘更另. 圈肥的学问. 中央人民广播电台广播稿（油印稿），1962：1-2.

[32] 刘更另，江朝余. 到生产中进行农业科学实验. 红旗，1965.

[33] 刘更另，江朝余. 农业科学研究必须与生产实践相结合——官山坪蹲点的几点体会. 哲学研究，1965，2：10.

[34] 刘更另. 在样板田上学习矛盾论. 耕作与肥料，1965，5（8）：5-7.

[35] 刘更另. 绿肥应当提倡混播. 湖南科技报，1975，9：18.

[36] 中国农业科学院土壤肥料研究所主编. 中国肥料. 上海：上海科学技术出版社，1994.

[37] 刘更另，陈永安，陈福兴，等. 湖南冬干鸭屎泥水稻"坐秋"的原因及其防治措施. 1963.

[38] 刘更另. 施过磷酸钙防止冬干田翻秋减产. 新湖南报，1963.

[39] 他们的路子走对了——访祁阳官山坪改良低产田联合工作组. 新湖南报，1963年4月27日.

[40] 一个农村科学研究试验基点的好榜样. 新湖南报社论，1963年4月27日.

[41] 一条农业科学试验的正确道路. 人民日报社论，1963年7月23日.

[42] 刘更另. 论科学的耕作制度——湖南衡阳地区双季稻发展过程的分析. 土壤肥料，1981：1-4.

[43]（德）李比希著，刘更另译. 化学在农业和生理学上的应用. 北京：中国农业出版社，1983.

[44]（德）李比希著，刘更另译. 化学在农业和生理学上的应用——导读. 2009.

[45] 徐明岗，秦道珠等. 陈福兴学术思想——红壤地区农业可持续发展. 北京：科学出版社，2015.

[46] 中国农业科学院红壤实验站. 刘更另与红壤地区农业发展. 长沙：湖南人民出版社，2010.

[47] 刘更另，黄新江，冯云峰. 红壤丘陵自然植被恢复及其对某些土壤条件的影响. 中国农业科学，1990（3）：60-62.

[48] 刘更另，黄新江. 红壤丘陵自然植被恢复及其对某些土壤条件的影响. 中国农业科学，1990，23（3）：64-69.

[49] 刘荣乐,张马祥. 湘南丘陵红壤持水特征及水分状况的研究. 北京：中国农业出版社,1995.

[50] 陈铭,刘更另. 可变电荷土壤中主要阴离子的吸附. 土壤通报,1994,25（1）：46-49.

[51] 陈铭,孙富臣,刘更另. 湘南水田施含SO_4^{2-}和Cl^-肥料对作物生长和养分吸收的效应. 热带亚热带土壤科学,1993（2）：57-62.

[52] 刘更另当选中国工程院院士. 中国工程院文件. 1994.

[53] 李健. 基层实验站让我终身受益. 中国青年报,2005年8月4日.

[54] 中国工程院院士. 最美风景线. 经济日报,2009-08-23.

[55] 刘更另. 从社会发展看我国的农业问题. 常德发展导刊,1992（4）：2-4.

[56] 刘更另. 邓小平理论武装中国农业. 中国工程科学,2006,8（4）：24-27.

[57] 刘更另,邱建军. 科学建设新疆棉区. 作物学报,1998,24（6）：641-650.

[58] 刘更另. 有机肥料的生产使用是一项社会产业. 中国农业科学,1988（5）：1-6.

[59] 刘更另. 中国有机肥料. 北京：农业出版社,1991.

[60] 刘更另. 矿质微量元素与食物链. 北京：中国农业科技出版社,1994.

后　记

刘更另院士学术成长资料采集工程的工作已接近尾声。回顾近四年来的工作历程和发生的许多事情，心情久久不能平静！

2014年7月采集工作伊始，由于刘更另院士已在2010年6月逝世，对"学术成长资料采集工程"的进度增添了许多不确定因素。同时，采集小组成员大多为"初出茅庐"的基层农业科技工作者，既没有丰富的写作经验，也没有传记写作的专业知识，工作难度确实很大。

在中国科协"老科学家学术成长资料采集工程"项目首席专家的亲切关怀和指导下，采集小组全体成员先是怀着"试试看"的心态，后是抱着对历史负责、对国家负责、对老科学家本人负责的诚心，采用循序渐进、

图后-1　刘更另采集小组将采集资料整理、分类、归档（2014年，秦道珠摄）

图后-2 刘更另采集小组向采集工程馆藏基地移交文件 1200 余份
（2016 年 11 月，秦道珠摄）

"走一步回头看"的工作思路，一步步开始入门。从 2014 年 7 月至 2018 年 4 月，经过四年的资料采集、整理、编辑，撰写了《大地情怀：刘更另传》。

采集小组从湖南祁阳赶赴北京，数次到中国农业大学东校区家属住宅区，详细采访刘更另院士的家人，得到他们的全力支持和积极配合。因此，获得了刘更另院士大量的手稿、证书、照片资料。更为可贵的是，采集小组成员通过与刘更另院士亲属的深入交流，增进了相互之间的了解，采集小组成员细致、务实、认真的工作态度和对刘更另院士学术成长资料采集工作的强烈责任心和工作热情，深深打动了刘更另院士的家人，双方"真情合作"，真正成了"一家人"。

在这一过程中，中国科协领导和专家、北京市科协咨询中心领导和专家等曾多次给予精心指导，对本书撰写提出了许多针对性修改意见。中国农业科学院农业资源与区划研究所所长王道龙、书记陈金强多次专门听取采集小组的工作汇报，并将该项工作列入本所科研文化建设与党建工作的头等大事来抓，予以重点支持。原中国农业科学院祁阳红壤改良实验站第三任站长、中国农业科学院农业资源与区划研究所副所长、现任中国热带农业科学院南亚热带作物研究所所长徐明岗研究员亲自组织、挑选小组成员，按照中国科协"关于老科学家学术成长资料采集工程"的工作部署要求，多次召开采集小组工作会议，对认真抓好资料收集、整理、分类等具体工作作出部署并严格要求、审阅稿件，解决经费不足问题。采集小组成员不辞辛苦，多次奔赴北京、上海、武汉、长沙、桃源、衡阳、永州、祁阳等地，采访国内外专家、学者和地方党政领导、农民朋友等 30 余人，获取了大量第一手原始素材。不幸的是，中国农业科学院老科学家张马祥研究员、华中农业大学教授李学垣先生分别于2016年冬和2017年春逝世，对于他们为采集小组提供大量史料资料和珍贵实物并数次热情洋溢地接受采访，采集小组永远铭记！中国农业科学院黄平娜、石明贞、李婵娟、韩天富等全程协助采集小组，集中精力、连续奋战数月，将刘更另院士生前留下的大量手稿和文献资料整理、分类、编目、归档，分期分批移交"老科学家资料采集工程馆藏基地"入库。中共湖南省祁阳县党史办原主任黄承先生对研究报告进行了精心修改，付出了艰辛的劳动。本书初稿出来后，采集小组又邀请20多位专家、学者进行座谈讨论，听取意见、补充完善。

图后-3 《大地情怀：刘更另传》初稿及部分参考文献（2016年，秦道珠摄）

在《大地情怀：刘更另传》即将付梓之时，谨向关心支持该项工作的中国科协领导、专家和北京市科协领导、专家表示衷心感谢！向为本书精心修改、校正，付出诸多心血的专家教授表示感谢！向武汉大学档案馆及图书馆、中国农业科学院人事局、中国工程院、中国农业科学院祁阳实验站、河北迁西科学实验站、中国科学院桃源生态实验站、桃源二中等资料提供单位及个人表示感谢！向接受采访提供口述资料的地方领导唐盛世、郑纯发、黄承先、刘继善、郭荣根、桂来球、李俊、谢小立等表示感谢！向接受采访提供口述资料的国内外专家学者黄鸿翔、刘荣乐、江朝余、陈永安、陈福兴、魏由庆、贺正瑚、陈典豪、姚政、高素端、谢开云、甘寿文、谢良商、李达模、余太万、刘运武、李孟秋、吴巾栋、易耀环等表示感谢！向接受采访提供口述资料的农民朋友王凤元、邹石生、王四元、李衡山、蒋健全、刘满和、王立勋等表示衷心感谢！特别感谢刘更另院士的家人陈文新院士、刘科沙女士和刘尽晖先生，他们为采集小组捐赠了大量文献资料和实物原件，并积极配合、给予支持！

本书不是一本文学传记，作者也只是一个地地道道、长期在农村基地工作的普通科技工作者，只是尽可能地遵循时间线索，客观地陈述了刘更另院士的经历，把刘更另院士的资料线索提供给大家以便查证。

由于水平有限，如有不当之处，敬请批评指正！

老科学家学术成长资料采集工程丛书
已出版（110 种）

《卷舒开合任天真：何泽慧传》　　　　《此生情怀寄树草：张宏达传》
《从红壤到黄土：朱显谟传》　　　　　《梦里麦田是金黄：庄巧生传》
《山水人生：陈梦熊传》　　　　　　　《大音希声：应崇福传》
《做一辈子研究生：林为干传》　　　　《寻找地层深处的光：田在艺传》
《剑指苍穹：陈士橹传》　　　　　　　《举重若重：徐光宪传》

《情系山河：张光斗传》　　　　　　　《魂牵心系原子梦：钱三强传》
《金霉素·牛棚·生物固氮：沈善炯传》《往事皆烟：朱尊权传》
《胸怀大气：陶诗言传》　　　　　　　《智者乐水：林秉南传》
《本然化成：谢毓元传》　　　　　　　《远望情怀：许学彦传》
《一个共产党员的数学人生：谷超豪传》《没有盲区的天空：王越传》

《含章可贞：秦含章传》　　　　　　　《行有则　知无涯：罗沛霖传》
《精业济群：彭司勋传》　　　　　　　《为了孩子的明天：张金哲传》
《肝胆相照：吴孟超传》　　　　　　　《梦想成真：张树政传》
《新青胜蓝惟所盼：陆婉珍传》　　　　《情系梁菽：卢良恕传》
《核动力道路上的垦荒牛：彭士禄传》　《笺草释木六十年：王文采传》

《探赜索隐　止于至善：蔡启瑞传》　　《妙手生花：张涤生传》
《碧空丹心：李敏华传》　　　　　　　《硅芯筑梦：王守武传》
《仁术宏愿：盛志勇传》　　　　　　　《云卷云舒：黄士松传》
《踏遍青山矿业新：裴荣富传》　　　　《让核技术接地气：陈子元传》
《求索军事医学之路：程天民传》　　　《论文写在大地上：徐锦堂传》

《一心向学：陈清如传》　　　　　　　《铃记：张兴铃传》
《许身为国最难忘：陈能宽》　　　　　《寻找沃土：赵其国传》

《钢锁苍龙　霸贯九州：方秦汉传》　　《虚怀若谷：黄维垣传》
《一丝一世界：郁铭芳传》　　　　　　《乐在图书山水间：常印佛传》
《宏才大略：严东生传》　　　　　　　《碧水丹心：刘建康传》
《我的气象生涯：陈学溶百岁自述》　　《我的教育人生：申泮文百岁自述》
《赤子丹心　中华之光：王大珩传》　　《阡陌舞者：曾德超传》
《根深方叶茂：唐有祺传》　　　　　　《妙手握奇珠：张丽珠传》
《大爱化作田间行：余松烈传》　　　　《追求卓越：郭慕孙传》
《格致桃李伴公卿：沈克琦传》　　　　《走向奥维耶多：谢学锦传》
《躬行出真知：王守觉传》　　　　　　《绚丽多彩的光谱人生：黄本立传》
《草原之子：李博传》

《宏才大略　科学人生：严东生传》　　《探究河口　巡研海岸：陈吉余传》
《航空报国　杏坛追梦：范绪箕传》　　《胰岛素探秘者：张友尚传》
《聚变情怀终不改：李正武传》　　　　《一个人与一个系科：于同隐传》
《真善合美：蒋锡夔传》　　　　　　　《究脑穷源探细胞：陈宜张传》
《治水殆与禹同功：文伏波传》　　　　《星剑光芒射斗牛：赵伊君传》
《用生命谱写蓝色梦想：张炳炎传》　　《蓝天事业的垦荒人：屠基达传》
《远古生命的守望者：李星学传》

《善度事理的世纪师者：袁文伯传》　　《化作春泥：吴浩青传》
《"齿"生无悔：王翰章传》　　　　　　《低温王国拓荒人：洪朝生传》
《慢病毒疫苗的开拓者：沈荣显传》　　《苍穹大业赤子心：梁思礼传》
《殚思求火种　深情寄木铎：黄祖洽传》《仁者医心：陈灏珠传》
《合成之美：戴立信传》　　　　　　　《神乎其经：池志强传》
《誓言无声铸重器：黄旭华传》　　　　《种质资源总是情：董玉琛传》
《水运人生：刘济舟传》　　　　　　　《当油气遇见光明：翟光明传》
《在断了A弦的琴上奏出多复变
　　　最强音：陆启铿传》　　　　　《微纳世界中国芯：李志坚传》
　　　　　　　　　　　　　　　　　《至纯至强之光：高伯龙传》
《弄潮儿向涛头立：张乾二传》　　　　《材料人生：涂铭旌传》

《一爆惊世建荣功：王方定传》　　　　《寻梦衣被天下：梅自强传》
《轮轨丹心：沈志云传》　　　　　　　《海潮逐浪镜水周回：童秉纲口述
《继承与创新：五二三任务与青蒿素研发》　　人生》

《淡泊致远　求真务实：郑维敏传》　　《采数学之美为吾美：周毓麟传》
《情系化学　返璞归真：徐晓白传》　　《神经药理学王国的"夸父"：
《经纬乾坤：叶叔华传》　　　　　　　　　金国章传》
《山石磊落自成岩：王德滋传》　　　　《情系生物膜：杨福愉传》
《但求深精新：陆熙炎传》　　　　　　《敬事而信：熊远著传》
《聚焦星空：潘君骅传》

科普理论与实践研究

RESEARCH ON SCIENCE POPULARIZATION THEORY AND PRACTICE

郑旭东 著

公共科学活动设计的理论与实践

THEORY AND
PRACTICE OF
PUBLIC
SCIENCE
PROJECT DESIGN

中国科学技术出版社
·北京·

图书在版编目（CIP）数据

公共科学活动设计的理论与实践 / 郑旭东著 . —北京：中国科学技术出版社，2020.5
（科普理论与实践研究）
ISBN 978-7-5046-8394-6

Ⅰ.①公… Ⅱ.①郑… Ⅲ.①科普工作—公共服务—研究 Ⅳ.① G316

中国版本图书馆 CIP 数据核字 (2019) 第 217892 号

策划编辑	王晓义
责任编辑	罗德春
装帧设计	中文天地
责任校对	杨京华
责任印制	徐　飞

出　　版	中国科学技术出版社
发　　行	中国科学技术出版社有限公司发行部
地　　址	北京市海淀区中关村南大街16号
邮　　编	100081
发行电话	010-62173865
传　　真	010-62179148
网　　址	http://www.cspbooks.com.cn

开　　本	710mm×1000mm　1/16
字　　数	320千字
印　　张	18
版　　次	2020年5月第1版
印　　次	2020年5月第1次印刷
印　　刷	北京华联印刷有限公司
书　　号	ISBN 978-7-5046-8394-6 / G·829
定　　价	89.00元

（凡购买本社图书，如有缺页、倒页、脱页者，本社发行部负责调换）

丛书说明

《科普理论与实践研究》丛书项目是为深入贯彻实施《全民科学素质行动计划纲要实施方案（2016—2020年）》，推进科普人才队伍建设工程，在全国高层次科普专门人才培养教学指导委员会指导下，中国科学技术协会科学技术普及部和中国科学技术出版社共同组织实施，清华大学、北京师范大学、北京航空航天大学、浙江大学、华东师范大学、华中科技大学等全国高层次科普专门人才培养试点高校积极参与，在培养科普研究生教学研究成果的基础上，精心设计、认真遴选、着力编写出版的第一套权威、专业、系统的科普理论与实践研究丛书。

该丛书获得了国家出版基金的出版资助，彰显了其学术价值、出版价值，以及服务公民科学素质建设国家战略的重要作用。

该丛书包括20种图书，是科普理论与实践研究的最新成果，主要涵盖科普理论、科普创作、新媒体与科普、互联网＋科普、科普与科技教育的融合，以及科普场馆中的科普活动设计、评估与科普展览的实践等，对全国高层次科普专门人才培养以及全社会科普专兼职人员、志愿者的继续教育和自我学习提高等都具有较高的参考价值。

前　　言

当今时代，科学技术飞速发展，智能手机、社交媒体、机器人等极大地改变了人们的经济和社会生活。基因测序、生物打印、再生医学等也正在悄然地改变人类的生命状态与生活方式。科学素养已成为现代社会人们必须具备的基本能力。面对网络与社会浑然一体、虚拟与现实相互融合的世界以及爆炸式的信息洪流，每个人都应该"像科学家一样去思考"，并具备应用科学知识、方法和技能解决实际问题的能力。

公共科学活动作为提高公众科学素养的有效载体，具有学校科学教育不可替代的独特作用，是学校科学教育的有益补充。它通过整合各种物质和非物质资源，以展览、讲座、竞赛、实地调研、现场操作等丰富的活动方式为公众提供真实的科学体验，进而向公众传播科学知识、科学精神、科学思想和科学方法。然而，公共科学活动最终的目的，不是传播科学知识，而是促进公众对科学本身的理解，让公众通过参与科学活动把科学当作处理生活问题和引领自己走出困境的向导。

随着做中学、发现学习、体验式学习等理念在公共科学活动设计中的应用，公共科学活动的形式变得越来越丰富，科普旅游、科普剧、创客教育等新形式的公共科学活动日益受到人们的青睐。这样的公共科学活动重视"亲历科学"，强调"以受众为中心"，主张采用合作探究的方式提高公众的实践能力、责任意识、创新精神等。此外，公共科学活动还重视与学校教育的融合，并注重向弱势群体倾斜，以公共科学活动推进教育精准扶贫。科技下乡、科技惠农等活动的开展，极大地提高了偏远地区公众科学学习的热情，为实现我国公民整体科学素养的提高做出了重要贡献。

公共科学活动的设计可分为三个层次：以"资源"为中心的公共科学活动设计、以"过程"为中心的公共科学活动设计和以"项目"为中心的公共科学活动设计。活动设计遵循明确科普需求、确定活动主题、整合资源开发、制定实施方案和落实总结评估的一般过程。公共科学活动将"参与式设计"作为其主要设计方法，主张充分调动所有利益相关者的积极性，围绕公众学科学习的多样化需求，为设计、开发和组织更具吸引力、创新性的公共科学活动出谋献策。

本书在系统梳理公共科学活动发展历程及内涵特征的基础上，对公共科学活动设计的理论基础、过程模式进行了具体分析，并结合相关案例对公共科学活动境脉、策略、资源的设计与应用以及公共科学活动的组织管理和绩效评估进行了深入探究。公共科学活动作为科学教育的一个重要组成部分，理论与实践亟须得到更广泛的认识与推广。

目 录

第一章　公共科学活动概述 ·· 1
　　第一节　公共科学活动的历史演进 ·· 1
　　第二节　公共科学活动的概念内涵 ·· 13
　　第三节　公共科学活动的创新发展 ·· 27

第二章　公共科学活动设计的理论基础 ····································· 39
　　第一节　科学教育与公共科学活动设计 ···································· 39
　　第二节　科学传播与公共科学活动设计 ···································· 48
　　第三节　非正式学习与公共科学活动设计 ·································· 56

第三章　公共科学活动设计的过程与模式 ··································· 72
　　第一节　公共科学活动设计的层次 ·· 72
　　第二节　公共科学活动设计的一般过程 ···································· 78
　　第三节　公共科学活动中的参与式设计 ···································· 87

第四章　公共科学活动境脉的设计与构建 ··································· 99
　　第一节　公共科学活动境脉的基本概述 ···································· 99
　　第二节　公共科学活动的个人境脉设计 ···································· 106
　　第三节　公共科学活动的社会文化境脉设计 ································ 113
　　第四节　公共科学活动的物理境脉设计 ···································· 120

第五章　公共科学活动的策略设计与应用 ··································· 131
　　第一节　探究策略设计 ·· 131
　　第二节　体验策略设计 ·· 143

第三节　交互策略设计 …………………………………………………… 154

第六章　公共科学活动的资源设计与应用 …………………………… 168
第一节　公共科学活动的课程设计 …………………………………… 168
第二节　公共科学活动的媒体选用 …………………………………… 181
第三节　公共科学活动的资源开发 …………………………………… 193

第七章　公共科学活动的组织管理 …………………………………… 208
第一节　公共科学活动的创新推广 …………………………………… 208
第二节　公共科学活动的组织管理 …………………………………… 218
第三节　公共科学活动的支持服务 …………………………………… 229

第八章　公共科学活动项目的绩效评估 ……………………………… 241
第一节　公共科学活动绩效评估的效能 ……………………………… 241
第二节　公共科学活动绩效评估的基本框架 ………………………… 249
第三节　公共科学活动绩效评估的组织实施 ………………………… 262

第一章
公共科学活动概述

第一节 公共科学活动的历史演进

作为公共教育体系的重要组成部分，公共科学活动以传授科学知识、教授科学方法、培养科学思维、树立科学精神为目的。同时，通过深入把握科学本质和教育规律，使科学与教育有效融合，真正实现公民科学素质的全面提升。

一、科学技术与博物馆：公共科学活动前史

（一）科学博物馆的萌芽与欧洲公共科学活动的崛起

历史地看，公共科学活动发生的场所最早主要以科学中心为代表的科技场馆。作为科学知识传播的场所，科学中心最早出现在欧洲国家，是传统博物馆、展览馆等的演化，在欧洲普遍被称为"科学中心"，而在美国等一些国家又被称为"科学博物馆"。传统科学博物馆最早可以追溯到文艺复兴时期。当时，社会的突出特点是将人文主义作为文艺复兴的思想旗帜，整个社会都宣扬

解放思想的科学精神。随着人文学科、自然学科、物理学科等的发展，科学博物馆开始显露端倪，但当时并没有使用这一科学术语。直到17世纪初期，阿尔多罗邦迪（Ulisse Aldrovandi）建立的博洛尼亚科学博物馆才第一次使用了这一名称[1]。

科学博物馆是一种不同于珍品收藏的博物馆文化现象。在科学博物馆中不仅收藏了动物界、植物界的标本，而且还收藏测量学、天文学工具（如天梯望远镜）等。科学博物馆不仅丰富了博物馆展品内容，提升了展品内涵，而且使博物馆产生了新的职能，即科学研究职能[2]。也就是说，博物馆具备了以科学为目的的收藏特征，具有为科学研究服务的价值。18世纪中期陆续出现了一批这样的博物馆，如意大利维罗纳的古博物馆、德意志科学博物馆、大英自然博物馆等。尽管科学博物馆在普及科学知识和科学技术的水平上有了明显的提高，但是这些公众眼中的智慧仓库还是将保护、收藏和研究展品作为主要工作目标。因此，可以认为，文艺复兴时期是科学博物馆的萌芽时期。

欧洲资产阶级革命的兴起为科学博物馆的发展注入了新动力。不同于文艺复兴反对神权的思想运动，它是从根本上反对封建意识形态。早期，资产阶级革命家开始通过出版百科全书，用民主思想、科学知识武装革命群众。在这样一个社会思想开放、知识普及的时代，博物馆开始日益走向公众。这一时期，随着法国卢浮宫的开放，欧洲各国纷纷建立了国家博物馆。与此同时，私人博物馆也相继出现。尽管如此，作为具有社会开放性的博物馆，在这一时期所面向的受众仍是具有阶级地位的上层人士。它是一种神圣的象征，普通公众仍然无法参观。

科学博物馆真正向社会全体公众开放，经历了大约100年的时间。在从18世纪到19世纪初的漫长历史岁月中，博物馆才逐渐从只供私人参观，转而开始对大众开放。这也意味着博物馆功能的多元化，除收藏、分类研究之外，还有展示与教育的功能。1759年，大英博物馆自然历史部首次向公众开放。1793

---

[1] 鹤田总一郎，胡昌健. 关于科学博物馆［J］. 中国博物馆，1989（4）：49-50.
[2] 苏东海. 博物馆演变史纲［J］. 中国博物馆，1988（1）：10-23.

年，法国国立自然史博物馆对外开放。此时，虽然收藏、研究、展示现代意义上的博物馆三大功能已经具备，但是重心仍然是收藏和研究，博物馆教育功能似有还无。1884年，佛罗尔担任大英博物馆馆长。他多次提出博物馆是"人民的机构"这个概念，为一般民众做展示，应该把展品放置于更广泛的社会脉络中。他还提出了许多具体的展示原则。后人正是沿着他指出的道路，不断推动科学博物馆走向社会大众。教育功能在世界各自然博物馆中越来越受到重视，在馆务工作中日益取得中心的地位。自然博物馆逐渐完成了面向观众导向、未来导向的转变，同其他历史类和文化美术类博物馆一样，成为社会发展和进步的催化剂。也只有到了此时，滥觞于科学博物馆的公共科学活动才最终蔚为大观。

（二）公共科学活动的实践在北美大陆上的早期发展

欧洲之外，随着北美新大陆的发现，公共科学活动也开始在北美大陆逐渐展开。在殖民地初建时期，人们专注于教化土著人、营建蜗居、发展工农业，在此过程中逐渐形成特定知识与技能。科学技术知识的公众普及应运而生，表现形式多样，主要包括学校、夜校、历书、书报媒体和公共科学讲座等。总体来看，这一时期，北美大陆科学技术知识的公众普及对人民的生活和发展起到一定的促进作用，但对于科学知识的传播仍存在一些不足：①受众对象类型有限制。学术专论作品主要通过历书、报刊的科学报道以及公共讲座传播，往往局限于上层社会的男性白人，局限于有识字能力买得起书的人。②覆盖地域范围小。相关科学研究及公共普及活动主要集中在现今美国的费城、波士顿、纽约、查理斯顿等少数几个人口密度大的城市。③权威性和吸引力不够。一般民众关心的是生活实际，关心宗教信仰，科学对他们来说很陌生，生活中感受不到科学的存在，不足以引起他们的兴趣。

在公共科学活动开始萌芽的时代，科学讲座作为传递科学技术知识的有效形式在北美大陆被广泛应用，技工协会和学园运动为其中比较典型的两种形式。技工协会开展的活动主要为办图书馆、提供阅览室、办讲座、开办学校授课等。受众一般为技工的子女，男女不限。授课内容以自然科学、技术知识为主，女孩子还可以学一些针线活方面的技能。美国费城的富兰克林学会是当时规模最大的技工组织，成为技工协会传播科学技术知识的典型代表。其创始人塞缪尔·V.梅里克在揭幕仪式上声明："学会将致力于促进并鼓励制造业主和技工的发展，促进他们使用有用的技术，学会将为其开办切实有用的公共科学讲座，建立图书馆等。"[1]

学园运动与技工协会同时发展起来，由于受众对象为一般公众，所以声势比技工协会大得多。学园运动由乔赛亚·霍尔布鲁克于1826年在美国的马萨诸塞州发起。它的组织结构与技工协会差不多，也有图书馆、博物馆、学校等。讲座内容相对比较广泛，最初主要为农业、地质学、化学、天文学、矿物学等科学内容，后期增加文学、艺术等内容。学园运动同时带动了其他方面的发展。第一，引发了新刊物的大量出现。1850年，美国全国有2 500多种连续发行物，1860年超过40 000种。第二，造就了许多著名的科学演说家，如伊顿、西利曼阿萨·格雷等。学园运动在巅峰期有800多个组织[2]，仅美国的马萨诸塞州一地就有137个，平均每个学园可吸引听众32 000余人，使普通农民、工人、商贩等中下层社会人士也有机会接触到科学。

与此同时，科学组织也开始肩负起面向社会公众普及科学技术知识的任务。1815年前后，由于科学技术在工业和农业中的广泛应用，美国人对科学的追求越发有兴趣，结成会社成立各种科学组织，科学家们在对科学进行深度研究的同时也向社会公众传播科学知识。1846年成立的史密森学会和1848年成立的美国科学促进协会（AAAS）是其中主要典型的代表。史密森学会是唯一由美国政府资助的半官方性质的公共科学教育机构，至今已经拓展到14所博物馆和1所国立动物园，为科学知识的公共传播提供了关键渠道。而科学促进协会的成立，则标志美国出现了一个国家级的科学团队，旨在从国家层面提升科学的发展及其向社会公众的传播。大规模的结社活动标志着美国科学的起步，从此科学逐渐向专业化过渡。受其影响，现代意义的公共科学活动慢慢浮出水面，朝着另一个方向发展，最终形成一种附属于科学的社会现象[3]。

---

[1] GREENE J C. Science and the Public in the Age of Jefferson [J]. Isis, 1958, 49 (1): 13-25.
[2] KOHLSTEDT S G. formation of the American scientific community [M]. Champaign, Illinois: University of Illinois Press, 1976: 8.
[3] 石顺科. 美国科普发展史简介 [M]. 北京: 科学普及出版社. 2008: 71-72.

二、工业化与民主化潮流中的公共科学活动

（一）工业化进程与第二代科学博物馆

18世纪中期，英国率先开始了工业革命。推动生产力发展的工业革命拉开了人类社会现代化的序幕。为了推动资本主义经济的发展，提升生产者科学文化知识，通过工业革命而迅速发展起来的自然科学以迅雷不及掩耳之势与博物馆的学术研究联系起来，共同推动了科学博物馆的发展。在这样的历史条件下，社会开始注重科学和技术人才的培养，公共教育也逐渐进入人们的视野。它的崛起成为博物馆发展道路上一个重要的里程碑，也成为科学博物馆迈向现代化的标志。

1851年，英国举办了世界上的第一次国际博览会，即伦敦万国博览会。它是最早采用组合陈列方式的博物馆。万国博览会向世界展示了当时英国最尖端的科学技术和产业技术以及最先进的机械设备，目的是通过展示科学技术成果来改变公众对科学技术知识普及的观念，让博览会成为培育产业人才，提高公众科学素养的重要渠道。几年后，英国又在万国博览会的基础上创建了南肯辛顿工业艺术博物馆，搜集了全世界具有艺术价值的文化和工业产品，这也是我们今天较为熟知的伦敦科学博物馆的前身。与此同时，18世纪法国大革命促使法国的博物馆也开始面向公众开放。用以收藏艺术作品、名人大事记等的博物馆更具有与现代产业相适应的科学教育功能，并逐渐成为普及科学文化知识的场所或基地，如艺术博物馆、历史博物馆、自然历史博物馆等。

进入19世纪后，在工业革命的感召下，以技术产品收藏和展示为主的博物馆逐渐取代了以私人收藏为主的博物馆。技术博物馆开始如雨后春笋般出现，并肩负起向社会公众普及科技知识的使命，其中最早的技术博物馆是1794年创建的法国巴黎国立工艺博物馆。该馆作为早期的技术博物馆主要收藏的是工艺装置，最大的功能是培训技术工人和设计师。在这一时期，快速提升社会的工业化水平，满足资本主义工业领域的实际需求是早期技术博物馆的创办宗旨。

20世纪初，第二次产业革命推动了社会生产力和科学技术的进一步发展，同时促使各国加快了教育改革运动，科学技术博物馆在社会发展的进程中受到了空前的重视。第二代科学技术博物馆尽管延续了早期博物馆的形式，但加入

并更加凸显了公共教育这一职能，这也成了第二代科学博物馆最大的亮点。因此，诞生于20世纪初期具有科学普及性质的科技博物馆逐渐去除了收藏和研究的功能，不仅没有类似一般博物馆的学术性研究，而且不同于早期科学博物馆需要招收专业毕业生做理论指导，而是将一般公众能够体验科技，接受科学教育作为创建的目标。

在这一时期，建于1903年的德意志博物馆成功地体现了向公众展示科学知识和体验科学原理的特点。为了达到提升公共科学教育效果的目的，奥斯卡·冯·米勒将大量的工业机械"动起来"，使展品不仅由工作人员操作，参观者也可亲手触摸和操作工业时代的各类机器和模型，如飞机、汽车和火车头等。该博物馆通过参观者与展品的互动，实现了科学技术知识的普及。因此，它是科技博物馆发展进程中的一次重大变革，同时也成为当代科学中心的起源。除此之外，美国的芝加哥科学与工业博物馆将工人采煤的全过程进行了模拟展示，这对早期的科学技术博物馆来说又是一次重大飞跃。

依据赞助商、参观者、展品和奉行理念的不同，可以将20世纪创建的科学技术博物馆归为第二代博物馆。与第一代不同，一般市民和儿童成了主要的受众人群，而学生和学者则是第二对象，主要目的是向公众进行科学展示。将具有展教功能的场馆都归类为博物馆的范畴，但注重体验科学原理的科技馆与具有收藏性质的博物馆存在着很大差别。首先，博物馆的创设理念在于收藏和对藏品的鉴定，而科技馆则体现了科学教育的性质；其次，博物馆的展示倾向于陈列，而科技馆的展示则注重调动公众体验科学的热情；最后，博物馆的管理体制强调专业性，而科技馆则突出经营的性质[1]。教育元素在科学技术博物馆的发展历程中一直都存在[2]，但到20世纪才真正的发展起来并走向成熟。

（二）科学中心引领的公共科学活动

早在第二次世界大战前期，美国芝加哥的世界博览会和纽约的世界博览会就相继向公众开放，目的是通过普及科学知识开发青少年智力和提升产业工

---

[1] 胡学增. 综合性科技馆内容策划与设计 [M]. 上海：上海科学技术文献出版社，2005：5.
[2] FALK J. The director's cut: Toward an improved understanding of learning from museums [J]. Science Education, 2004, 88 (S1): S83–S96.

人的技术技能，以达到提高本国国防能力的目的。因此，当时很多工业展览会纷纷通过展示尖端的科学技术和机械设备激发人们参与科技培训的热情。在这股潮流中，建成于1937年的巴黎"发现宫"就是科学博物馆走向现代化的一个典型案例。巴黎"发现宫"是世界上最早的科学中心。它的特别之处在于展品不再局限于传统静止的形式，而是由工作人员现场向参观者表演、演示或实验，并让参观者自己动手实践和操作展品。它将博物馆的公共科学教育职能提升到了一个新的高度，并充分展现了实践教育的思想。

真正将世界科学中心推向新阶段的则是创办于1969年以公共教育为目标的第三代博物馆，即旧金山探索科学博物馆（简称"探索馆"）。它是现今绝大多数"科学中心"的先驱。旧金山"探索馆"最早创建于1937年。它在成立之初就除去了第一二代博物馆具有收藏、研究和保护的特征，直接将公共教育作为唯一的目的[①]。"探索馆"开辟了新的科技博物馆理念，展品容易制作，运作成本低，教育功能显著，娱乐性强，很快此类博物馆在美国盛行起来，但其使用的名称不尽一致，包括发现中心、发现园地、科学宫、想象宫、五官体验馆、全能娱乐馆、科学中心等。尤其是"探索馆"具有"启发式"教育特色的展品，让参观者能在科技馆里接受不同于传统模式的全新体验式教育，以自主探究的学习模式激发青少年对科学技术的兴趣，并培养自身的创造灵感和探索精神。

无论是"发现宫"还是"探索馆"，它们的创始人都能将科学机械设备，如物理学实验仪器、装置等通过物理学原理转变为能够用于与参观者进行互动的展品，以实现普及科学知识的目的。这也是它能成为"科学中心"创立标志的重要原因，同时也是将科学博物馆作为教育机构这种理念的集中体现。科学中心不同于科学博物馆的静态展览方式，它更多是以交互方式来展览科学的前沿动态，并强调参观者透过科学的视角发现和理解世界。这种将科学、技术与艺术三者结合起来具有综合性特征的科技馆突破了传统科学博物馆展示内容和展示形式的局限性，并借助科技手段模拟科学现象和原理成功地实现了公众与科学之间的"对话"，并让公众在亲身体验中感受到科学无处不在。

在"探索馆"的引领下，20世纪70年代后期，具有"亲历科学"特征的

---

① 吕吉尔，艾伦·弗里德曼. 科学博物馆的演变[J]. 世界科学，2011（7）：46-51.

科学中心迅速地在世界范围内流行起来，成为当时非正规教育的主流场所。与此同时，科技馆的专家和设计者也开始将焦点转向了研究影响公众体验科学的因素上，如时代背景、个人知识素养、非正式学习环境等。美国科学技术中心协会（ASTC）从科学中心的作用和使命角度，认为科学中心是为人们提供终身学习的丰富资源，为市民和研究团体提供聚会地点的场所。它支持学校教育并为活跃社区的经济和文化做出贡献。通过实践、学习进一步推进公众理解科学（Public Understanding of Science，PUS）是科学中心的核心使命。ASTC 认为科学中心的教育功能主要为：①通过"动手做"等展览项目将人们与科学联系起来；②提供直接的经验，并培养人们对自然界的直觉力；③鼓励好奇心，科学中心的趣味性、新奇性能鼓励人们接近新现象和新观点。

三、信息化与全球化时代下的公共科学活动

进入 21 世纪，公众对科学知识的需求使得传统科技馆在开展公共科学教育活动上越来越显得力不从心，使科学中心不得不改变传统单纯强调公共教育的理念，并将服务公众终身学习的思想贯彻其中。为了满足公众终身学习的需求，科学中心不再是展品的拥有者，而成了知识的拥有者，由科学中心开展的各项公共科学活动是为向公众传播科学知识、培养科学思维和倡导科学精神而服务。在这种情况下，越来越多的科学中心将工作重心转向了支持更多的公众社区活动，极大地提高了公众利用闲暇时间参与各种科学体验的机会，如数字影院、大型展览等。这些具有科学教育功能和休闲娱乐功能的公共科学活动形式为公众提供了具有吸引力的学习方式，让离开了学校的人们都能在每时每刻感受科学知识的熏陶。尤其在知识经济时代，更多的科学中心紧跟现代化发展步伐，尽管它所体现的领域，如物理学、化学、生物学等仍以展览的方式呈现，但较前两代博物馆不同的是，目前的科学中心将通信技术作为展品的一部分，因而有更多基于网络的展品、视频、直播等可以服务于科学中心的互动设计部分。绝大多数科技展览馆能够借助技术来帮助公众学习科学知识和理解科学技术。

（一）公共科学活动设计与实践的深化发展

近年来，杜威的启发式教育模型又引起了人们的关注，被普遍应用于公

科学活动的设计与实践。该模型使公共科学教育机构，尤其是科学中心能够通过制定促进思考和实践探究的方式让公众将先前知识与博物馆外的生活联系起来，使公众不只是通过简单动手的方式，而是真正参与到与展品的互动中，实现科技知识在社会生活中的有效运用[1]。与此同时，互联网的普及和通信的发展促使公共科学教育机构将重心更多地放在拓展的活动范围上，如服务的功能、展示的方式。比如，美国纽约科学馆推出了配合学校进行科学教育的项目，即家庭科普项目。它不仅能够为不同年龄层次的家庭成员提供有针对性的科学教育，而且可以吸引以家庭为单位成员的参与。当然，未来的公共科学教育机构将会在跨学科项目和对外合作项目上进行拓展，所呈现的内容也不再局限于传统物理学、化学和生物学等知识，而是更加重视学科之间的交叉，让公共科学活动体现出多元化和全球化的特征，如纳米学科、环境生物学以及神经科学等。除此之外，科学技术与人文学科间的交叉领域也将成为公共科学教育机构关注的焦点。加强公民的科学道德素养成为 21 世纪社会对公众的一项基本要求。

知识经济时代带来了教育领域的巨大变革，从而使与公众生活具有密切关联的学科领域更多地走进公共科学活动的视野，并开始从更加综合的视角出发，影响公众参与公共科学活动的各种因素。美国学者约翰·佛克曾提出个人境脉、物理境脉和社会文化境脉能够对学习者在非正式场景下的学习产生重要影响的观点。在这 3 种境脉中，个人境脉是最不稳定的。由于每个人的知识背景和思维方式大相径庭，他们在体验科学的同时易受到自身知识素养和情绪等因素的影响，而这些不确定的因素对他们参与公共科学活动有一定程度的影响。为了提升公众对公共科学活动的参与热情，公共科学教育机构不仅在内容上突破了传统强调数理化科学知识的局限，将体验内容更贴近社会和生活，而其活动设计也融合了艺术的成分，使公众在具有艺术美感的环境中体验科学。同时，越来越多的公共科学活动设计考虑物理环境因素，如环境设计、造型设计、平面设计、灯光设计等，诸如视听乐园、地壳探秘、虚拟世界等公共科学活动便体现了这一点。

---

[1] HEIN G E. John Dewey and museum education [J]. Curator: The Museum Journal, 2004, 47 (4): 413-427.

（二）信息技术为公共科学活动注入新动力

随着信息技术在社会生活各领域的深度应用，公共科学活动涌现出了各种新形式，其中近年来最具影响力的就是创客。创客起源于美国，由克里斯·安德森在《创客新工业革命》一书中提出，是指把具备相当的技术挑战的创意转变为现实的人需要具备一定的知识含量和创新、实践、共享、交流的意识。创客运动是最近几年发展起来的一种以 DIY 模式（Do-It-Yourself）和 DIWO 模式（Do-It-With-Others）为主要协作方式的一种产品制造方式。2009 年，美国总统奥巴马在"教育创新"运动中就呼吁："每个学生都是一个创造者，而不仅仅是一个消费者"。为此，美国白宫还专门启动了"创客教育倡议"。我们认为，技术的发展产生了许多新工具、新材料及新技术，这些新的东西可以让每一位学习者都有可能成为真正的创造者，因而有必要在中小学和社会公众中推进创客教育，使其成为公共科学活动的一部分。

信息化让每个人都有受教育、了解知识的机会，从政府机构、协会到博物馆，每个机构都在利用信息化带来的便利向公民展示科学知识。比如，美国国会图书馆资助了"美国记忆"计划，选择并复制了一部分对研究美国历史和文化有重要意义的收藏，以数字化的形式在互联网上发布，其中包括文件、照片、胶片等不同形式的藏品，使公众对美国历史、文化等产生兴趣并进行了解。信息技术的进步开启了博物馆分享其藏品信息的新方式，使博物馆创造、处理和传播知识的手段变得更加透明[1]。因此，世界上许多博物馆开启了"数字化时代"——虚拟博物馆亦称数字博物馆、电子博物馆等，是指在互联网上建立博物馆，建立一个资源可以共享的博物馆[2]。虚拟博物馆不仅可以保存文化遗产，而且使信息内容以更具吸引力的方式对更广泛的公众开放，他们利用新兴技术，如 VR，AR 和 Web3D 等创建虚拟博物馆展览。广泛的研究工作和欧洲博物馆相关调查表明，利用信息技术手段，如通过三维可视化工具增强的互联网可以提供有价值的帮助，实现普及科学技术知识的目的。[3]

---

[1] SRINIVASAN R, BOAST R, FURNER J, et al. Digital museums and diverse cultural knowledges: Moving past the traditional catalog [J]. The Information Society, 2009, 25（4）: 265-278.
[2] SCHWEIBENZ W. Virtual museums [J]. The Development of Virtual Museums, 2004（3 s 3）.
[3] Jones G, Christal M. The future of virtual museums: On-line, immersive, 3D environments [J]. Created Realities Group, 2002, 26（7）: 4-16.

知识花絮

美国旧金山探索馆

美国旧金山探索馆成立于1969年，位于旧金山的地标"艺术宫"内，由著名物理学家和教育学家弗兰克·奥本海默创建。

探索馆是世界科普型综合科技馆的标杆，馆内展品涉及科学、艺术、生命科学、物理现象（如光、力、电、波和共振）和自然现象等科学知识。它的创办初衷，即通过与展品的互动，使参观者可以动手操作，并亲身体验科学，达到认知的目的。因此，探索馆的展品定位于基础科学，始终将数学、物理、自然科学等领域的知识贯穿其中，并以朴实无华、丰富多彩和灵活互动的展览形式吸引众多参观者。目前，探索馆主要由两个部分组成，即展览厅和科研实验室。馆内的设施主要包括多媒体学习中心、电教室、生命科学实验室、McBean剧院、网络播放室、电子产品商店及休闲娱乐区等，另设3个中心包括展品陈列中心、教学中心、博物馆合作中心。据调查统计，旧金山探索馆已在国内外124所科学馆举办过展出，并与美国一些中学建立了长期合作关系，真正实现了非正规教育与正规教育的有效结合。目前，全美大约有6 000名教师参加了探索馆开展的"动手作坊"活动，让学校教师以体验的方式感受科学教育的乐趣。

弗兰克·奥本海默将"亲历科学"的特征融入探索馆中，始终秉承着"让博物馆成为正规教育中心"的理念，使每件陈列展品都能具有激发兴趣、启迪思想、开阔视野、拓展思维的作用。馆内有650多种可供实体操作的具有互动形式和多媒体活动的展品，并且它能以灵活、动态的方式，吸引公众的注意，同时它又根据不同人群的知识背景、受教育程度、科技素养，有针对性的提供合适的展览，使各年龄层的公众都能享受自然科学的熏陶、领略科教展品带来的学习乐趣。

拓展资源

1. GREENHILL E H. Museums and the Shaping of Knowledge [M]. Abingdon: Routledge, 1992: 191-215.

2. HOOPER-GREENHILL E. Museum education: past, present and future [M]// MILES R, ZAVALA L. Towards the Museum of the Futures. New European Perspectives. London: Routledge, 1994: 133-149.

3. DUENSING S. The museum as a flexible learning institution [J]. The Journal of Museum Education, 1994, 19（3）: 17-18.

4. BLACKMAN C. Change over Time [J]. Journal of Museum Education, 1994, 19（3）: 16.

5. BRIDAL T. Beyond Museum Education [J]. The Journal of Museum Education, 1994, 19（3）: 17.

6. MOORE D. Thirty years of museum education: Some reflections [J]. International Journal of Museum Management and Curatorship, 1982, 1（3）: 213-230.

7. 林学俊. 从科学中心转移看科研组织形式的演变 [J]. 科学技术与辩证法, 1998（4）: 53-56.

8. 李雁冰. 科学探究、科学素养与科学教育 [J]. 全球教育展望, 2008, 37（12）: 14-18.

9. 朱幼文. 中国的科技馆与科学中心 [J]. 科普研究, 2009, 4（19）: 68-71.

10. 徐善衍. 关于科技馆发展趋势和特点的思考 [J]. 科普研究, 2007, 4（9）: 15-20.

第二节 公共科学活动的概念内涵

公共科学活动承担着向公众传播科学知识、倡导科学精神、培养科学方法的重任。作为科学教育宏大和生机蓬勃的社会舞台，公共科学活动的筹办目的、展教内容、受众群体、教育观念是影响其活动有效发挥的直接因素。因此，为了全面提升公众的科学素养，需要从对象、目标、主题、观念不同视角定位公共科学活动，把握其科学内涵，使其能够充分发挥作用。

一、公共科学活动的思想渊源

历史上，很多科学家、科学哲学家和教育家对公共科学活动进行了深入的理论思考，针对公共科学活动最核心的思想观念进行了不懈探索，为今天推进公共科学活动的实践提供了宝贵的思想资源。从公共科学活动的思想渊源来看，贝尔纳和弗雷泽给出了最直接和最重要的启发。

（一）贝尔纳视野中的公共科学活动

贝尔纳（J. D. Bernal）是20世纪英国著名的科学家和科学哲学家，他的《科学的社会功能》（1939年出版）被誉为科学奠基性著作。贝尔纳曾提出要适应科学技术的发展，树立公众的科学理念，建立完善的科学教育体系是关键。他从公众的视角出发，认为全面且深刻地理解科学知识和掌握科学思维是公共科学活动发展的基本方向。

（1）倡导对社会公众科学思维和科学方法的培养。贝尔纳指出科学活动的主要目的不仅是传播科学知识，也是为了培养公众运用科学思维和科学方法的能力。公共科学活动作为一种注重实际生活与自然科学相联系的非正规教育形式，它能够帮助公众消除自然产生的对科学的误解和偏见，使其理解科学的真正含义。公共科学教育的最终目的不仅要使公众能从现代知识的角度对世界有全面的了解，而且要善于应用这种知识所依据的论证方法。因此，站在贝尔纳的立场上看，不仅要将公共科学活动作为促进公众理解科学的工具，还应让公众通过对科学活动的参与把科学当作考虑一切的方法。

（2）强调公众在公共科学活动中通力合作探索知识。贝尔纳提倡"有生气的活动"，认为在公共科学活动的组织与实施中，应运用启发性的评述，促使公众通力合作探索科学知识，而不是片面地灌输结论，以此来激发参与者的兴趣，并鼓励他们积极思考。因此，公众在互动的学习环境中探索知识比熟记概念和积累事实更具有效性。通力合作是一种在科学教育专家指导下，与其他参与者合作共同完成科学活动的学习形式。在贝尔纳看来，这种活动方式能够真正使公众在学习过程中不断地实现自我探究和自我发现，以达到交流能力和实践能力的全面提升。因此，他主张公共科学活动应由已具备专业知识的人们通过传授引导、帮助社会公众获得知识，并使他们在探索的过程中加深对科学知识的理解，以逐渐形成运用科学方法解决问题的能力。

（3）提倡公共科学活动内容的人文化。贝尔纳认为，科学不仅能够造福人类，而且有可能给人类社会造成破坏。公共科学活动的内容不应单纯地强调自然科学、科学技术等领域的知识，而应将科学与人文学科相互融合，形成一个知识网络体系。因此，公共科学活动在提升公众专业科学知识的同时，也应传递人文科学的教育思想，这对培养公众科学的世界观、人生观和价值观具有重要作用。与此同时，开展公共科学活动是将提升公众科学文化素养作为重要目标，它并非要求公众成为一个学术造诣渊博的科学家，而是希望借助这个活动平台使公众树立正确的思想观念，并能够利用掌握的科学方法推动社会的进步。因此，普及人文科学知识是公共科学活动培养公众高尚道德素养以及促进人类社会发展的重要方面。

（二）弗雷泽视野中的公共科学活动

詹姆斯·弗雷泽是20世纪英国著名的教育学家。不同于其他的科学教育理论学家强调科学至上的思想，他认为科学是推动社会发展的主要动力，而他是从"科学服务大众"的视角出发，主张科学教育应面向社会大众，以提高整个社会的科学知识与文化水平，从而适应未来发展。他在帮助我们把握公共科学活动的内涵上，有以下一些观点值得关注。

（1）提倡公共科学活动应面向未来社会发展。弗雷泽曾提出"教育是帮助人类更好地创造明天生活的世界，而不是满足今天或昨天的世界"。19世纪末，以麦克斯韦的电磁理论为标志的第二次科学技术革命开始登上历史舞台，它使科学技术受到了前所未有的重视。然而，科技的飞速发展与科学教育的滞后现象产生了重大的分歧。为了解决这一迫切问题，弗雷泽认为，科学教育应该帮助人们适应各种技术的变化，而面向公众的科学教育则需要具体地阐释如何使人们适应各种技术的变化。因此，他提出了"科学与社会"的思想，认为面向公众的科学教育只有融合科技的理念，才能使青少年从小就接受科学知识的熏陶，尤其在文科教学中，加入科学思维的方法能够帮助他们解决生活和学习中遇到的问题。

（2）提供公众均等享有教育的权利。弗雷泽坚定地认为，"如果一个国家的大多数青少年不能享有均等的教育，不仅是这个国家最大的耻辱，而且也是这个国家愚昧的体现。"在这种观点的引领下，我们今天提倡的公共科学活动是针对一般公众，尤其是青少年群体而开展的活动。它突破了传统理念下精英教育的模式，使受众群体更趋向平民化和大众化，让全社会的公众都拥有均等享有教育的权利。然而，目前的公共科学活动产生了"两极分化"的局面。一方面，部分公众愿意接受公共科学活动的方式，并能够收获知识和掌握方法，而另一部分公众对活动内容并不感兴趣，不会主动地参与；另一方面，由于经济、地域等因素的影响，部分公众能够经常参与各种公共科学活动，而弱势群体，如偏远地区的农民、残疾人、低保收入家庭的成员等则无法享有公平受教育的机会。因此，公共科学活动应将活动的范围拓展至农村、弱势群体区域，使每个人都能享有接受优质科学教育的权利。

二、公共科学活动的基本定位

公共科学活动的崛起顺应了时代对科学教育的需求。公共科学活动以其独特的方式和丰富的资源弥补了学校科学教育的不足。它整合了各种物质和非物质资源，渗透了多元的社会文化，通过各类丰富的项目，让公众尽可能地接受熏陶，以提升自身的科学素养。把握当代公共科学活动的实质，需要从对象、目标、主题、观念等不同视角对其进行精准定位，以使公共科学活动有的放矢。

（一）对象

一个国家国民的科学素养从根本上决定着这个国家的科学文化水平，为了能够最大限度地提升整个国家的科学素养，应将公共科学活动的受众对象定位于青少年、城镇居民、农民、残疾人群等。我国曾在《全民科学素质行动计划纲要》中明确提出要针对未成年、城镇劳动人口、领导干部和公务员这四类重点受众群体进行科学素养提升计划。① 作为普及科学知识和倡导科学精神的重要形式，公共科学活动需要综合考虑不同对象群体的知识背景、兴趣爱好、接受能力，并根据对象群体的不同，选择不同的科学内容和展教形式，通过有针对性的措施向对象群体提供不同类型的教育服务，真正实现全民科学素养的提升。

（二）目标

公共科学活动作为推动科学教育事业蓬勃发展的重要组成部分，肩负着提升公民科学素养的重任，主要目的是提高公众科学意识，激发公众科学兴趣，增加公众科学体验，提升公众学习科学知识的能力，促进公众对科学问题的思考。作为非正规教育机构，公共科学教育机构开展的教育活动并不是类似学校教育中对知识的简单重复，而应该是一种侧重于过程的启发式教育。② 它将知识渗透到活动中，通过引导公众观察和思考，实现自身创造性思维能力的提升。因此，公共科学活动更重要的是培养公众掌握解决问题的科学方法而不仅仅是传授一些科学知识。只有明确公共科学活动的目标，才能有针对性地选择教育内容和设计活动形式，并通过形式各异、丰富多彩的学习活动，来调动公众的学习热情，增加公众参与活动的机会，最终实现全民科学素养提升的愿景。公共科学活动作为学校正规科学教育的补充，是以扩大受教育群体、提高受教育者科学素养为方向，而非以培育科学家作为最终目的。③

---

① 国务院. 关于印发全民科学素质行动计划纲要（2006—2010—2020年）的通知［J］. 中华人民共和国国务院公报，2006（10）：25-34.
② 王渝生. 科技馆研究文选［M］. 北京：中国科学技术出版社，2006：4.
③ DEBOER G E. Scientific literacy：Another look at its historical and contemporary meanings and its relationship to science education reform［J］. Journal of research in science teaching，2000，37（6）：582-601.

（三）主题

公共科学活动作为联系科学与社会的中介与桥梁，致力于通过各种专项展览活动或科学报告，将科技发展热点和社会焦点问题展示给公众。因此，它涉及的知识内容就变得尤为重要。公共科学活动中涉及的内容不仅影响教育的质量，而且在一定程度上反映公众的实际生活。因此，公共科学活动的主题应该贴近公众生活并捕捉社会热点。例如2003年，我国举办了《征服瘟疫之路——人类与传染病斗争科学历程》的专题展览，主要目的是普及预防SARS等传染病的科学知识，帮助公众树立正确和积极对待疾病的科学态度。目前，国内外的公共科学活动的主题不仅包含一些传统基础学科领域的知识，如物理学、化学、数学、地理学、航天等，而且还将与人类生活息息相关的环境科学、生物学、农业、林业、地震等学科领域的知识纳入其中，这充分彰显了公共科学活动在内容拓展方面的重大进步。

（四）观念

当代公共科学教育机构从创立之初就将普及科学知识作为建设和发展的宗旨，它开展的各类展教活动都以交互的方式鼓励公众体验科学、探索科学和享受科学，从而促进公众科学知识的增长。在过去十多年的发展中，公共科学活动逐渐成为了非正式教育体系普及科学知识不可忽视的一部分。因此，被赋予了教育的内涵。公共教育作为公共科学活动的本质特征，已逐渐被公众所接受，并不断引入新的思想理念和技术手段。例如，目前很多公共科学教育机构筹办的科学展教活动纷纷设计视、触、听全方位一体化模式的学习空间，从多维度、多视角刺激公众的感官和激发他们的情感，以达到自主学习和接受教育的目的。事实上，面向公众普及科学知识的活动只有真正体现以拓宽科学教育的渠道为目的才能被称作为公共科学活动。①

基于以上讨论，我们可以对公共科学活动的基本特征做一个简单的概括与描述（表1-2-1）。

---

① TALBOYS G K. Museum educator's handbook[M]. 3rd ed. Farnham, England: Ashgate Publishing, 2011: 6-8.

表 1-2-1　公共科学活动与传统学校教育体系中科学教育的联系与区别

视角	内容
公共科学活动的教育理念	1. 不局限于展览，教育才是公共科学活动的目的； 2. 公共科学活动是作为公众自主学习科学的工具、手段和方法； 3. 提升科学素养是公共科学活动的核心
弥补传统正规教育的不足	1. 活动设施能够满足传统学校科学教育中所不能实现的环境； 2. 提供充足的训练和体验弥补正规科学教育的不足； 3. 通过交互学习方式形成科学的概念框架[①]
专业人员的基本能力素养	1. 公共科学活动的专业人员应熟悉生物、物理、自然、社会等相关科学分支领域的知识； 2. 公共科学活动的专业人员应在理解人类发展、信息加工、协作沟通、非语言学习、群体动力学及跨文化学习上具有一定造诣[②]

① BEETLESTONE J G, Johnson C H, Quin M, et al. The science center movement: Contexts, practice, next challenges [J]. Public Understanding of Science, 1998, 7 (1): 5-22.

② JENSEN N, Munley M E. Training for museum education professionals [J]. The Journal of Museum Education, 1985, 10 (4): 12-15.

三、公共科学活动的主要类型

随着时代的发展以及公众需求的变化，公共科学活动的形式也在不断地丰富、发展和变化。本书对其类型进行了总结，主要划分为以下几类。

（一）科技讲座

讲座是公共科学活动中比较常用的活动方式。它是通过讲座的形式普及科学知识的教育过程。作为一种传统的公共科学活动方式，演讲者主要通过口传面授直接与受众人群进行互动交流，并将科学知识传递给受众。演讲者能够根据现场的实际情况对语速和讲座内容的难易程度等问题做出适当调整，以满足听众的需求。因此，讲座具有其他科学活动不可比拟的优势。近年来，随着科技的飞速发展，互联网、多媒体等技术也逐渐融入讲座的表现与传播之中，使公共科学活动突破了传统静态的方式，而变得更具灵活性。相比其他活动形式，讲座的举办成本较低，以讲座形式开展的公共科学活动更具有普遍性特征。

（二）科技展览

展览是以多种媒体平台为基础，将展品内容与媒体设备有机结合起来，形象地展示一系列科学知识的一种活动方式。作为公共科学活动中经常使用的手段之一，展览不仅包括对场景的安排和布置，而且还需要依据展品的内容配上合适的文字解说，以增加宣传力度。因此，展览是一项图文并茂的科学活动，不仅能够极大地激发观众的学习热情，而且直观的视觉冲击也加深了观众对科学知识的理解，达到有效传播的效果。博物馆是进行科学展览的主要场所。展览面向大众开放，向大众提供感受科学的机会，在一定程度上避免了大众接收内容与科学事实不符的现象。

（三）科技咨询

咨询是指公共科学活动的工作人员到社区、单位或农村基层组织开展以普及科学技术知识、提升科学文化素养、提高专业知识技能为目的的咨询活动。咨询不仅能为当地的公众提供科学知识的咨询服务，而且也可借助咨询活动向公众展开科学知识的宣传。以咨询形式展开的公共科学活动大都是依托某一科学专业学会或科研机构展开的。这和科学传播发展过程中科学结社运动具有非常密切的联系。就美国来说，历史上美国科学结社就可以被划分为四种类型，包括地方性科学学会或科学院、全国性科学协会、州级科学院和全国性专业学会，均负有向公众提供科学咨询服务的职能。[1] 实践中，在农村开展的具有专业性知识咨询服务职能的医学会、农学会、林学会等，通过面对面咨询服务有效地丰富农民对食品安全、医疗保健以及病虫防治等领域的知识。因此，相较于其他公共科学活动，咨询更具有深度传播的作用。

（四）科技竞赛

科技竞赛是针对青少年开展的以科技知识为内容的比赛活动。它主要包括科技知识竞赛、发明创造比赛、航模比赛等，通过一系列吸引青少年参与的科学竞赛活动充分地发挥青少年的想象力和创造力，并为青少年营造学科学、用科学、讲科学、理解科学、参与科学的社会氛围。随着信息技术的发展，科技

---

[1] ROTHENBERG M. The history of science in the United States: An encyclopedia [M]. Taylor & Francis, 2001: 13-18.

竞赛的规模、形式和内容也发生了巨大变化，由最初的简单制作发展到现在的借助各种技术、媒体手段来优化科技作品，且科技作品所传达的内涵也越来越多地涉及人类社会生活的方方面面，如新能源利用、环境保护、气候变化等。尽管科技竞赛的参加人群相对狭窄，但它能最大限度地调动和激发青少年的学习热忱，对科技知识的推广和普及作用更加明显。

（五）科技论坛

公共科技论坛是指一种面向社会公众，有组织、高规格并以科学知识为内容而开展的正规研讨形式。它作为一种普及科学知识的公共研讨方式，涵盖的内容、资源相对丰富。参与者能够通过积极而激烈地讨论来深化自身对科学技术的认识和理解。同时，论坛形式的自由性、主题内容的新颖性能够吸引不同类型的公众。为了拓宽受众层面，公共科技论坛的工作者会针对不同的目标人群，举办和筹划与科技内容相关的各种主题，以实现科技知识推广的目的。

（六）科学导游

科学导游是指接受过专业培训，且能在各类公共科学活动场所为公众提供专业性科技知识服务的专业工作者。科学导游专指在公共科学教育机构或场所内使用情境教学法，通过启发式的语言，配合环境的渲染来启迪公众科学思想、主动探索的工作人员。他们的工作以科学传播为使命，时刻贯穿"问题比答案更重要"的教育理念，通过使用启发式的语言，引发公众主动思考，由此导引公众在科技馆设定的情境中完成科学之旅，是武装科学思想和方法的新一类"导游"。科学导游的人员组成可以是专业的科学家，还可以是具备科学素质的志愿者。依据不同的活动环境，传播方式也不尽相同。例如具有观光、娱乐特征的自然博物馆、植物园、水族馆等场所，科学导游的主要任务是吸引游客欣赏场馆的展品，通过讲授展品的内在含义使参观者潜移默化地接受科技知识。

（七）科普大篷车

科普大篷车是指配备科技展品、展板、资料，并以多媒体设备为支撑的新型多功能科普宣传车。车载科技展品是科普大篷车的主体内容，它借助投影仪、DVD 影碟机、音响设备、卫星天线、照明设备等技术优势来丰富展示内容，使其以机动灵活的方式激发参与者学习科技知识的热忱。不仅如此，大篷车的流动性特征使它能够将科技知识带到偏远的农村或贫困地区，让处于欠发达地区的人群也能感受科学技术的熏陶。我国地域广袤，地区之间、城乡之间经济和社会发展水平差异较大，众多基层地区公共科学活动所需的基础设施建设相对落后，科普大篷车可以发挥非常独特的作用。

四、公共科学活动的一般特征

在时代变迁、教育变革与技术扩散的历史进程中，公共科学活动也呈现出一些不同于正规学校教育体系内科学教育的显著特征。具体来说，主要体现在科学的传播类型与传播渠道的多样性、在发展方向上体现认知科学与社会的相关性、强调非正规教育与正规教育的结合、在内容上趋向一般化和大众化。

（一）传播类型和传播渠道呈现出多样性

随着知识经济时代对综合性人才的需求，以传播和普及科学知识为目的的公共科学活动不断发展，逐渐形成了一个复杂的体系。与传统公共科学活动的传播渠道和组织类型相比，当代公共科学活动将现代技术手段与科技知识相结合，并融合社会文化和公众需求等因素，使知识内容和传播形式体现了多样化和人性化的特征。目前，公共科学活动的传播渠道主要包含科学技术教育、媒体科技传播、科普设施传播、群众性科普活动四种形式。例如，我们比较熟悉的科技活动周、全国科普日、科技下乡等，都是一些贴近公众科普需求的群众性公共科学活动。与传播渠道类似，公共科学活动的传播类型也呈现多样性的特征，主要分为科技讲座、科技展览、科技竞赛、国际交流、青少年科普、科技活动周、大学和科研机构向社会开放、实用技术培训、重大科普活动九类[1]。1999 年，英国科技办公室和维尔康信托基金对英国的公共科学活动做了一次系统性的调查，发现公共科学活动包括不同阶层、不同组织和不同群体的参与

---

[1] 任福君，翟杰全. 科技传播与普及教程［M］. 北京：中国科学技术出版社，2012：66.

者，并且活动的类型呈现复杂多样的形式（图 1-2-1）。[1]

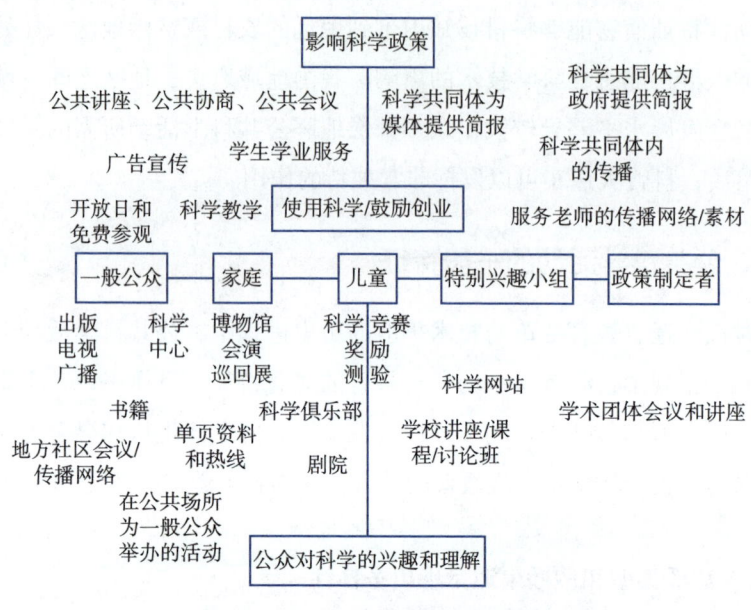

图 1-2-1 公共科学活动类型图谱

（二）发展方向体现科学与社会的相关性

当代公共科学活动的发展方向发生了重大转变，活动主题更加突出社会文化的特征，不仅能够反映科学知识与人类生活的关系，科学技术与社会发展的关系，而且将科技进步、社会发展与自然环境共同纳入活动，使公众全面且深刻地认识科学和掌握知识。因此，现今的公共科学活动所提供的与现代化发展密切相关的焦点内容更能激发公众的参与热情和学习兴趣。杜威曾说："教育源自生活，且必须为生活所用。科学教育的目的必须与人类生活紧密相关，因为任何可以被称为学问的东西，无论是数学、物理、历史，还是地理、生物，或是自然科学，都一定来自纯粹的生活素材"。[2] 作为开展公共科学活动的基本

---

[1] Research International. Science and the Public：Mapping Science Communication Activities［EB/OL］.［2016-9-10］. https://www.gov.uk/government/uploads/system/uploads/attachment_data/file/260650/science-and-public-mapping-science-communication-activities.pdf.

[2] 李春密，李会容. 就科学教育的问题"采访"约翰·杜威（摘译）［J］. 学科教育，2000（12）：32-36.

场所，我们可以发现每一届世界科学中心大会和世博会的主题都与该时代的发展方向、社会性质相吻合（表1-2-2、表1-2-3）。随着时代发展，现今的公共科学活动更倾向于为人类文明和社会发展服务，并以适应社会和公共的需求为基本主导，让活动内容源于生活又高于生活，通过时代主题的变化推动公共科学活动的创新和进步。

表1-2-2　世界科学中心大会及其主题

年　份	地　　点	主　　题
1999	印度加尔各答	迈向美好的明天
2002	澳大利亚堪培拉	激励新的时代
2005	巴西里约热内卢	跨越藩篱，走向大众
2008	加拿大多伦多	本地、国家和世界变革的窗口
2011	南非开普敦	跨文化的科学

表1-2-3　世博会主题

时　间	地　　点	主　　题
1990	日本大阪	人类与自然
1999	中国昆明	人与自然——迈向21世纪
2000	德国汉诺威	人类、自然、科技
2005	日本爱知	爱·地球
2008	西班牙萨拉戈萨	水——生命之源
2010	中国上海	城市，让生活更美好

（三）注重非正规教育与正规教育相结合

公共科学活动作为非正规教育是学校正规科学教育的重要补充和社会延伸。相比正规有组织、有计划、有目的的教育形式，公共科学活动更多体现了互动性、体验性、主动性和参与性特点（表1-2-4）。早在20世纪50年代，美国的科学教育改革运动曾促使美国政府采取了大规模行动进行学校教育改革，当时，哈佛大学心理学教授布鲁纳就清晰地阐述了学习科学应该让学生像科学家一样主动思考和探索求知。因此，科学学习不仅应该通过正规学校教学使学生掌握基础知识，而且应鼓励学生积极参与非正规学习，如科技馆、科学中心、科学博物馆等开展的科学活动。这种校内的正规教育与校外的非正规教育有机融合形成的互为补充的合作体系迅速在全世界范围内发展起来[1]（图1-2-2）[2]。

表1-2-4 非正规教育与正规科学教育

分类 类型	受教育者	教育形式	特 征
非正规 科学教育	公众（不同年龄、背景、兴趣、动机）	科学中心或科学博物馆组织的公共科学活动	1. 自愿（除学校组织参加的科普活动）； 2. 不用花大量的精力和时间学习； 3. 知识是在自定步调的学习中获得，充分彰显其自由性，学习者可根据自身情况选择需要的内容，摒弃无关知识[1]
正规 科学教育	学生（知识层次、背景、实践能力差异性较小）	学校、培训机构	1. 有组织、有目的、有计划的科普教育； 2. 有固定的学习环境（教室）、稳定的教育周期、统一形式的教学大纲和教材

[1] SCREVEN C G. The measurement and facilitation of learning in the museum environment: An experimental analysis [M]. Washington, DC: Smithsonian Institution Press, 1974: 10.

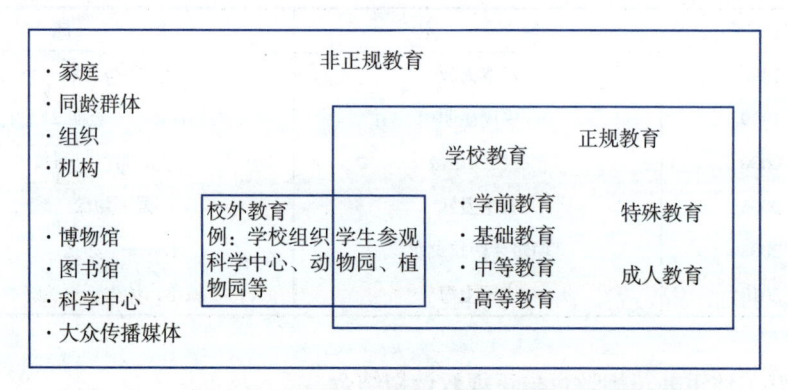

图1-2-2 校外教育活动：正规教育与非正规教育之间的联结

例如，2003年，美国科学促进协会发起了"科学素养合作伙伴"项目，希望通过举办丰富多彩的公共科学活动，引导和鼓励家长或教师组织学生参观和学习，从而加深他们对科学素养的认识。我国也通过开展"科技馆活动进校

[1] 刘文利. 美国学校科学教育的改革发展与启示 [J]. 中国教育学刊，2007（7）：58-60.
[2] SALMI H. Science Centre Education. Motivation and Learning in Informal Education.Research Report 119 [M]. Helsinki, Finland: Department of Techer Education, 1993: 18.

园"的方式，将公共科学活动与学校教育的联合提上日程，从而更好地发挥公共科学活动具有的科技传播与科学教育的功能。

目前，绝大多数公共科学活动的目的并不仅仅是科学普及，同时将激发兴趣、点燃思想、启迪智慧、掌握方法作为重点。因此，科学中心的各类活动项目建立与学校正规科学教育系统相联系的目的并非教学，而是更好地帮助学生培养他们的科学素养。[1]

（四）公共科学活动内容日益趋向大众化

公共科学活动作为引导公众认识、理解和掌握科技知识的一种活动形式，从创立之初就以传播科学知识和掌握科学方法为主线，通过普及科技知识将科学思想与科学精神潜移默化地融入公众中，从而提升公众科学文化素养。因此，公共科学活动的主要目的并不是鼓励公众攻克科学难题，开拓科学前沿领域，而是掌握基础科学知识，学会生活。

目前，公共科学活动着重向社会公众普及的内容趋向于一般化、大众化的科技知识。比如，通过普及环境、资源、气象、灾害、人体、医疗和健康等科学知识，树立公众科学的思想观念，以便更好地抵制各种封建迷信和伪科学的肆意传播。例如，面向农村的公共科学活动常常与治贫和治愚紧密联系，具有移风易俗的特征。在英国，有公共科学活动项目曾以"孕妇能否过量饮酒"为主题开展了专题研讨，利用科技的优势展现酒文化的深刻含义，并以此引起公众对于酒精危害人体健康问题的关注。

因此，现在的公共科学活动实践在内容上逐渐摒弃了高度专业化、职业化、神秘化的特征，使传播的科学知识更加贴近普通民众，不仅能够唤醒公众内在的科学意识与精神，而且能激发他们对社会热点问题的关注。

---

[1] BEETLESTONE J G, JOHNSON C H, QUIN M, et al.The science center movement: Contexts, practice, next challenges [J]. Public Understanding of Science, 1998, 7 (1): 5-22.

拓展资源

1. SCHOUTEN F. Museum education-a continuing challenge [J]. Museum International, 1987, 39（4）: 240-243.

2. HOOPER-GREENHILL E. Museum education: past, present and future [M]//MILESR, ZAVALA L. Towards the Museum of the Futures.New European Perspectives. London: Routledge, 1994: 133-149.

3. ANSBACHER T. John Dewey's experience and education: Lessons for museums [J]. Curator: The Museum Journal, 1998, 41（1）: 36-50.

4. BEETLESTONE J G, JOHNSON C H, QUIN M, et al.The science center movement: Contexts, practice, next challenges [J]. Public Understanding of Science, 1998, 7（1）: 5-22.

5. ATKIN J M, BLACK P, LEDERMAN L, et al. FORUM: The ICSU Programme on capacity building in science [J]. Studies in science education, 1998（31）: 71-136.

6. LUCAS A M. Scientific literacy and informal learning [J]. Studies in Science Education, 1983（10）: 1-36.

7. SHEN B S P. Science literacy and the public understanding of science [M]. Karger Publishers, 1975: 44-52.

8. 郭元婕. "科学素养"之概念辨析 [J]. 比较教育研究, 2004（11）: 12-15.

9. 钱雪元. 美国的科技博物馆和科学教育 [J]. 科普研究, 2007（4）: 21-28, 77.

10. 陈发俊, 史玉民, 徐飞. 美国米勒公民科学素养测评指标体系的形成与演变 [J]. 科普研究, 2009（2）: 41-45.

第三节 公共科学活动的创新发展

21世纪是知识经济的时代,越来越多的国家开始将焦点转向科技和文化,希望通过普及科学知识来提升公众科学素养,实现国家综合国力和国际竞争力的提高。在未来发展中,公共科学活动将在科学教育中发挥重要作用,并形成新的教育景观。

一、公共科学活动的教育理念

(一)做中学

20世纪初,杜威基于实用主义的教育哲学和经验自然主义的课程与教学,提出了"做中学"的思想,成为公共科学活动最重要的教育理念。杜威强烈批判传统学校教育采用的"从听中学"的教学方式,强调知与行、学与做密不可分。

在传统的课堂教学中,通常采用阅读书籍或倾听教师演讲的教学方式。这种灌输式的教学方式往往强调的是对知识、概念、原则等的掌握,却忽略了个体在学习过程中情感的参与以及想象、体悟等发生于心理上的学习轨迹的建构。杜威指出,真正的学习往往不局限于在课堂上获取信息,更重要的是在复杂的真实社会实践中通过参与实践活动来学习。[1] 例如,我们教人游泳,如果只是在岸上教授讲解有用的动作要领,而不进入水中练习,结果是这个人始终无法领悟游泳的实践经验。

在教育学的意义上,公共科学活动作为非正式场景下的科学教育形式,和传统学校教育体系中的科学学科教学最重要的不同,就在于"活动"的性质,而"活动"贯彻的正是"做中学"的思想。基于"做中学"理念的公共科学活动强调让参与者动手、动脑学科学的同时,积极调动在学习中的主动性,尊

---

[1] DEWEY J. Experience and Education [M]. New York City: Free Press, 1997.

重每个个体间的差异。活动目的是让参与者有机会亲历探究自然科学奥妙的过程，使他们在观察、提问、想象、动手、表达、交流的实验活动中，体验科学研究的过程、构建基础性的科学知识、获得科学探究的能力。

（二）发现学习

发现学习是指学习的主要内容未直接呈现给学习者，只呈现了有关线索或例证。学习者必须经历一个发现的过程，自己得出结论或找到问题的答案。它是由美国著名心理学家布鲁纳首次提出的。

发现学习具备四个方面的特征。首先，"发现学习"强调的是学习过程，而不是学习的结果。其次，在"发现学习"的过程中，"直觉思维"对发现活动显得十分重要。再次，内在动机是促进学习活动的关键因素。最后，记忆功能是学习活动中必不可少的条件。发现学习有优点，也有局限性，应科学对待。

自 20 世纪 60 年代以来，公共科学活动一贯倡导"发现学习"的理念，注重参与者为实现创意想法或解决实际问题，搜集大量与项目有关的材料，并选用合适的技术工具，在亲身实践体验中强化体验、积累知识和培养能力。特别是在以科技馆为主要场所展开的公共科学活动中，展教方式逐渐从早期的讲解型、灌输式，演变为动手型、探究式。目前，博物馆教育功能的发挥极大地依赖学习者通过发现学习和从经验中学习，将采撷自学习者现实生活世界中原汁原味的、未经加工的经验作为个体学习和发展的源泉。

（三）体验学习

体验式学习是一种通过实践和反思来获取知识的学习方式。它强调学生的主动参与。这种学习方式打破了学生被动学习、先知后行和学用分离的传统学习方式的局限，使他们能够在真实情境中通过亲身体验和亲身经历获取对外界的感受，进而更好地获取并掌握知识。通过体验的方式进行学习，在具体经验的基础上，经反思观察、抽象概括与行动应用，最终回到具体体验的不断发展过程，能够更好地促进人们对知识的认知、学习和内化。

公共科学活动作为一种通过参观、体验等方式传播科学知识、科学方法和科学思想的社会性活动，注重公众的多感官体验和全身心参与。将体验式学习的观点和主张应用到公共科学活动设计中，可以让公众在亲身参与和实践探索的过程中提高参与的积极性，在"边做边学"中发挥自身的潜能。

根据公共科学活动本身的特点，可以将公共科学活动中的体验式学习分为问题情境式体验和游戏性体验两种。前者是指通过一定的前提内容和活动组织者的相关介绍为公众提供体验式学习的问题情境，使他们针对问题展开体验和探索，从而更好地掌握相关的科学知识与科学技能。后者主要是通过一定的游戏使公众产生心理的好奇心和兴奋感，从而在游戏参与中完成对相关内容的思考，这一点在儿童受众中表现得尤为突出。

二、公共科学活动的创新形式

近年来，公共科学活动在创新发展中逐渐产生了各种新的形式，其中最具有代表性的就是科普旅游和科普剧，以及在信息技术支撑和综合课程理念引领下涌现的创客教育。下面，对这几种公共科学活动的新形式进行简单介绍。

（一）科普旅游

科普旅游是经济社会发展下的新产物。它充分利用现有的公共科学教育设施、资源，借助科技手段，并以旅游的方式，将科技建设、科学实验、科技讲座与旅游休闲进行充分融合，不仅使旅游者在休闲娱乐的同时感受科技文化熏陶，而且还能提升其内在科学素养，近年来备受关注。科普旅游借助旅游的企业化经营机制整合公共科学传播事业，以增加公共科学活动设施投资，提高公共科学活动产品质量，提升科技传播专业人员素质，激活科技传播与普及的运作机制，最大限度地利用和创建各种资源，发挥实际效益，达到旅游产业和科普事业双赢的目的。[①]

在发达国家，以科普旅游的方式进行科学知识的传播已经形成了一套相当完善的体系。例如，日本农林水产省为了加强人们对转基因技术的理解，利用先进的科学技术和现代化的农林园区创办"绿色教室活动"，并面向公众开放，通过这种具有"亲历科学"形式的旅游方式来传播科技知识，以增进人们对转

---

① 刘霁堂. 旅游科普——现阶段我国科普事业发展的新方向[J]. 中国科技论坛，2003（2）：125-127.

基因农作物的全面认识。科普旅游的形式多种多样、内容丰富多彩,既包括前沿科技游、海洋生物游、天文气象游、农林业科技游,还包括影视艺术游、科技园区游等。

作为公共科学活动的新形式,科普旅游的优势主要体现在两个方面。①贯彻"亲历科学"的理念。以传统旅游方式为基础,借助各种公共科教设施与资源开发的科普旅游项目与活动突破了传统旅游以静态观察、导游讲授为主的方式。它强调"做中学"的理念,借助科技手段,实现科技内容"动起来"的特征,鼓励游客积极参与,使游客在身心放松的情境中开阔视野、丰富知识。②科普旅游蕴含丰富的科学文化内涵。科普旅游项目的内容具有多元性和丰富性的特征,即使不了解其历史背景的游客徜徉在这样的环境里,也能感受到厚重的历史文化积淀。

(二)科普剧

科普剧是舶来品,最早起源欧美国家和日本等发达国家。①自2007年以来,在中国科协的大力支持下,科普剧在我国迅速活跃起来。科普剧是将科技知识、科学实验等编写成剧本,以表演剧的方式呈现出来的一种新颖的公共科学活动形式。它将科技知识融入表演剧中,借助故事情节的发展让青少年和其他社会公众在观看戏剧的同时学习科技知识。相对于其他形式的公共科学活动,科普剧以生动的形象、逼真的表演以及趣味性见长,特别适合面向青少年进行推广。例如,全国科普日演出的防病主题科普剧《潘多拉盒子的魔鬼》、科学互动表演剧《挑战惊奇》等,就是非常成功的案例。它们融合中国元素,将互动表演形式艺术化,成功实现了青少年与科学的零距离接触,激发他们对科技的兴趣。国际上,将科学知识以表演秀的方式搬上舞台也屡见不鲜,如美国电视系列片"比克曼的世界"、加拿大"疯狂科学"、德国"伽利略视觉"和日本科普表演"索尼探梦"等。

科普剧的表现形式具有多样性。它将科学教育的舞台由课堂转向了剧场,将教学形式由教师讲授变为戏剧表演,并通过剧场震撼的音效设备以及表演

---

① 薛猛. 浅谈科普剧可以提升科技馆的创新能力[J]. 科技致富向导, 2011(35): 322.

者饱含激情的演出，使观众在艺术的殿堂中享受表演带来的乐趣，同时也领悟戏剧本身所传达的科学思想和科学内涵。科普剧走进公众，对于公共科学活动的创新发展至少有以下几点价值。

（1）主题选择更具有时代性。为了能够使传播的效果最大化，让参观者欣赏后产生共鸣，科普剧的主题不仅包括社会的热点话题，如科技与人类的关系、自然环境与人类社会的发展，还涉及人类实际生活方面，如生态文明的建设、节能减排、防火防盗等，或者是物理、化学、生物或自然现象等。

（2）采用寓教于乐的表演策略。科普剧将科技内容转化为具有艺术美感的舞台剧形式，并借助剧场的多种艺术表演元素，如灯光、音效等吸引公众的眼球，调动公众的参与热情，真正实现寓教于乐的目的。

（3）融合互动的方式。为了激发公众的参与性，科普剧常常在表演中设置许多互动环节，以引导参与者主动探索、协同互动，从而使公众充分感受科学的魅力。

（三）创客教育

创客教育是近年来在创客运动风靡全球的形势下，将创客文化引入教育领域形成的一种新的教育模式，也成为当前公共科学活动创新发展的一种新形式。创客教育起源于制造实验室中开展的基于兴趣和创意的非正式学习。理解创客教育，首先要理解创客。"创客"源自于英语"maker"，原意为"制造者"。克里斯·安德森在《创客：新工业革命》一书中将"创客"定义为"不以营利为目标，利用3D打印技术以及各种开源软硬件，努力把各种创意转变为现实的人"。[①] 目前一般认为创客是来自不同领域、行业的人群，这类人群乐于分享和传播创意与才华，具有较为强烈的创新实践愿望，并具备一定数字技术制作的知识与技能，有能力把创意想法转变为现实。

以"创造者的国度"自称的美国是创客教育的引领者。它将创客教育当作美国公民科学素质建设创新发展的"一扇窗口"。政府专门启动了"创客教育计划"，着眼于创客教育的全过程，从宏观层面国家政策的支持与保障到中观层面

---

① 克里斯·安德森. 创客：新工业革命[M]. 赛迪研究院专家组，译. 北京：中信出版社，2012：13.

上创客空间的建立,再到微观层面创客教育项目及活动的实施,每一阶段都有极为详尽的指导。从某种意义上讲,创客教育构成了学校教育机构与校外教育场所的连接器,通过在全社会范围内推进创客空间建设并组织各类创客活动,借此激发学习者的创造欲望、信心和创造力,可以实现"全民皆创客"的宏大愿景。[①]

从创客教育的目标看来,以马丁尼兹和斯塔哲为代表的西方学者认为,创客教育要尽可能地发挥学习者的创造潜能,促使其善于灵活利用信息技术工具与创造性方法,进而设计制造出真实作品,在此过程中提升其解决实际问题的能力。[②] 以创客教育的形式展开的公共科学活动,是一个培养公众创造性的过程:公共科学活动的参与者正是在初步分析创客项目、批判性设计与反思解决方案、原型制作的过程中实现基于创造的学习。[③] 作为公共科学活动的一种新形势,创客教育以"做中学"、发现学习法、体验学习法等理念为指导,以创新实践能力培养为目标,以扎根于现实的创新、创造项目活动和课程为载体,以学习者为中心,促使参与者自觉自愿地参与探究。

三、公共科学活动的发展趋势

(一)日益重视向弱势群体的倾斜

由于区域经济社会发展水平的不均衡,部分家庭或地区收入分配的不平衡致使弱势群体、贫困家庭在获取科学知识或参与公共科学活动等方面常常处于劣势状态。这种因经济发展而产生的教育机会不均等现象逐渐成为近几年来各国关注的焦点,公共科学活动也日益重视弱势群体。弱势群体主要包括残疾人、边远山区的农民(包括儿童和妇女)、低收入家庭的成员等。政府部门和社会机构纷纷采取一系列措施予以调节,并通过赞助、拨款、减免税收为公共科学活动走进贫困农村和偏远地区提供平台。尤其是科技下乡、科技惠农等活动的开展,极大地推动了面向贫困农村和偏远地区公共科学活动的有效开展,关注弱势群体已成为公共科学活动创新发展的新趋势。

---

① 杨现民,李冀红. 创客教育的价值潜能及其争议[J]. 现代远程教育研究,2015,2:25.
② 陈刚,石晋阳. 创客教育的课程观[J]. 中国电化教育,2016(11):12.
③ 郑燕林,李卢一. 技术支持的基于创造的学习——美国中小学创客教育的内涵、特征与实施路径[J]. 开放教育研究,2004(6):42–49.

就我国而言，目前"精准扶贫"正成为经济社会发展新形势下扶贫工作的新方向。在精准扶贫的思想引领下，公共科学活动不再仅仅是传统意义上对科学知识的普及，还涉及对实用技术的传播。过去的公共科学活动更多关注的是素质提升，主要涉及一般的科学知识、科学方法、科学精神，没有特别关注到当地的产业发展等问题。在新形势下，以公共科学传播来推进精准扶贫引起了广泛关注。具体来说，面向精准扶贫的公共科学活动，在受众的精准识别方面要针对不同地区、不同区域、不同农业类别进行区分，在内容的精准传播方面要针对不同群体，比如农村中小学、农村就业人口等，根据不同群体的需要传播不同的科技信息或技能，做到"扶贫先扶智"。

（二）日益注重与学校教育的融合

公共科学活动已由传统形式下科学家或科普教育者为主体的模式，逐渐转向由政府部门、教育机构、科技团体、大众传媒、企业及民间基金会等组织为主体，从而形成了具有相互合作特点的公共科学活动新体系[1]（图1-3-1）。正规教育和非正规教育之间的合作逐渐成为公共科学活动发展的新趋势。尤其是在西方发达国家，政府不断鼓励不同主体间的合作，力图通过相对完善且有效的主体合作系统推动公共科学活动的有效开展。例如，美国国家科学基金会（简称NSF），越来越强调将支持学校科学教育的发展作为公共科学活动的

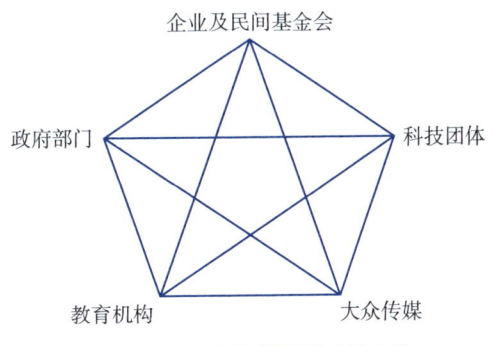

图1-3-1 公共科学活动的主体

---

[1] WILLIAMS B L. An examination of art museum education practices since 1984 [J]. Studies in Art Education, 1996, 38（1）: 34-48.

任务，并利用项目基金支撑公共科学教育机构招募科学教育的教师参与项目研究、开发和评估工作，以促使设计方案能够在中小学被广泛采纳。再如，由罗伯特·诺伊斯项目的资金资助，韦恩州立大学与底特律公立中学共同开展了"面向未来的教学"项目，其目的是为在底特律中学具有丰富科学背景和数学背景的教师提供专业的培训。

（三）日益重视以大众传媒为支撑

20 世纪 80 年代，有研究人员提出，传播媒介是促进科学教育与传播工作者与公众之间进行良好沟通和交换丰富科教资源的桥梁。[①] 大众传媒作为公共科学活动多元主体中支撑传播科技知识的平台，不断促使公共科学活动领域与大众传媒间的相互交流与合作。尤其是进入 21 世纪之后，随着科技的发展与进步，传播媒介形式也逐渐走向多样化，进而推动公共科学活动的载体不断丰富和发展。它不仅包括传统的报纸、杂志、图书、广播、电视等，而且还包括互联网络、社交媒体、虚拟社区等。作为公共科学活动多元主体系统中重要组成部分的传播媒介，信息化的大众传媒不仅能促使各主体间的合作不断深化，形成以政府部门、教育机构、科技团体、大众传媒、企业以及民间基金会等为支撑的大科普体系，同时，也成为沟通公共科学活动主体和受众之间的中介与桥梁（图 1-3-2）。

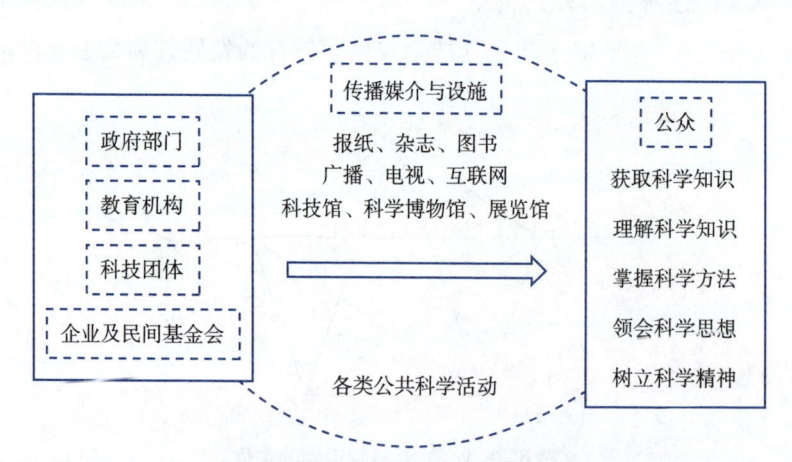

图 1-3-2 现代传播媒介支持下的公共科学活动主体与受众

[①] EISNER E W, WALLER B, DOBBS S M. The uncertain profession: Observations on the state of museum education in twenty American art museums [M]. Los Angeles: Getty Center for Education in the Arts, 1986: 21.

（四）重视"亲历科学"和"受众中心"

1989 年，美国科学促进会（简称 AAAS）提出了促进科学教育改革的"2061 计划"，并将一整套"亲历科学"的思想和方法引入正规教育体系，公共科学教育活动也开始越来越多地体现出"亲历科学"的特征。如，美国物理学家利昂·莱德曼在芝加哥所进行的"动手做"的公共科学教育模式则是对亲历科学理念的进一步发展。它的成功不仅推动了美国公民科学素质建设的改革与发展，而且将这种创新理念推广至全世界。通过亲身体验科学不仅能够帮助公众形成对事物的批判性和创造性思维，而且有助于提高他们整合信息的能力。因此，强调"亲历科学"、实践探究、自主学习模式的活动形式已经成为公共科学活动未来发展的又一新趋势。

在亲历科学的思想引领下，目前公共科学活动最大的改变是以受众为中心，即由观摩展品活动的参与者转变为亲身体验的实践者。[①] 创建于 20 世纪 60 年代末的美国旧金山"探索馆"，创办的各类科普项目能够将学习者为主体的理念贯穿于整个活动中，使学习者自身主动性和创造性得以充分发挥。从建构主义的视角出发，以受众为主体的公共科学活动能够让公众在不同情境中应用所学知识，实现知识的外化，并通过自主学习、自主探究和自主发现的学习方式极大地调动受众参与活动的积极性，激发其内在的学习兴趣。目前，国内外专家普遍认为，将学习者为主体的理念运用到公共科学活动中是基本原则。

拓展资源

1. WILLIAMS B L. An examination of art museum education practices since 1984 [J]. Studies in Art Education, 1996, 38（1）: 34-48.

2. ANDERSON G. Reinventing the museum: Historical and contemporary perspectives on the paradigm shift [M]. Lanham, MD: AltaMira Press, 2004.

3. PERSSON P E. Science centers are thriving and going strong! [J]. Public understanding of science, 2000, 9（4）: 449-460.

---

① PERSSON P E. Science centers are thriving and going strong! [J]. Public understanding of science, 2000, 9（4）: 449-460.

4. BLOOM J N, MINTZ A. Museums and the future of education [J]. Journal of Museum Education, 1990, 15 (3): 12-15.

5. BONTEMPO M A. Online communities: Possibilities for museum education [D]. Columbus: The Ohio State University, 2006.

6. STEYN J. The Museums' future [J]. Futures, 2006, 38 (5): 606-618.

7. FALK J H, DIERKING L D. Learning from museums: Visitor experiences and the making of meaning [M]. Lanham, MD: AltaMira Press, 2000.

8. JONES G, CHRISTAL M. The future of virtual museums: On-line, immersive, 3D environments [J]. Created Realities Group, 2002, 4.

9. MACDONALD G F. The future of museums in the global village [J]. Museum International, 1987, 39 (3): 209-216.

10. ANDERSON M L. Museums of the future: The impact of technology on museum practices [J]. Daedalus, 1999, 128 (3): 129-162.

活动建议

创作公共科学活动发展的大事年表

1. 学习大事年表的制作方法

大事年表，就是将有关的历史文献资料按照时间的先后顺序排列，即依据主题要求，将历史事件以简单、概要的形式记录下来。大事年表对了解历史起着重要的作用。表1-3-1是关于中国近代史的大事年表（1840—1912年）。

表1-3-1 中国近代史大事年表

年 份	事 件	备 注
1840	鸦片战争	签订中英《南京条约》
1856—1860	第二次鸦片战争	
1894—1985	中日甲午战争	签订中日《马关条约》
1898	戊戌变法	
1901	签订《辛丑条约》	标志中国彻底沦为半殖民地半封建社会
1911	武昌起义	标志辛亥革命的开端
1912	中华民国成立	孙中山就任中华民国临时大总统

2. 创作公共科学活动发展的大事年表

请根据下面给出的参考资料以及搜集与公共科学活动相关的其他文献资源，自己学习制作公共科学活动发展的大事年表（表1-3-2）。

表1-3-2　公共科学活动大事年表

时　　间	事　　件	备　　注

参考资料：

- 科学博物馆大事年表

  http://en.wikipedia.org/wiki/Imagination_Station_Science_Museum。

- 科学博物馆大事年表

  http://en.wikipedia.org/wiki/Science_Museum_（London）。

- 科学博物馆大事年表

  http://australianmuseum.net.au/Controversy-in-museums-a-timeline。

- 科学博物馆大事年表

  http://montshire.org/about/history-overview/timeline/。

- HEIN G. E. John Dewey and museum education [J]. Curator: The Museum Journal, 2004, 47（4）, 413-427.

- MOORE D. Thirty years of museum education: Some reflections [J]. Museum Management and Curatorship, 1982, 1（3）, 213-230.

- RAWLINS K. Educational metamorphosis of the American museum [J]. Studies in Art Education, 1978, 20（1）, 4-17.

- 旧金山的探索馆

  http://www.exploratorium.edu/。

- 芝加哥科学与工业博物馆

  http://www.msichicago.org/。

- 德国慕尼黑的德意志博物馆

  http://www.deutsches-museum.de/。

- 美国自然历史博物馆

  http://www.amnh.org/。

- 上海科技馆

  http://www.sstm.org.cn/kjg_Web/html/defaultsite/portal/index/index.htm。

第二章
公共科学活动设计的理论基础

第一节　科学教育与公共科学活动设计

科学教育将人类社会生活面临的现实问题和未来事关全人类命运的全球性问题结合在一起，不断丰富知识的内涵，并拓展知识的外延，使其更好地服务于提升全民科学素养这一目标。公共科学活动是科学教育的一种形式，科学教育的理论为公共科学活动的设计与实践提供了重要支撑。

一、科学教育的理论发展

早在16世纪，被誉为"近代科学之父"的弗朗西斯·培根就吹响了发展科学教育的号角。之后，科学教育的发展大致经历了与三次产业革命相适应的三个阶段，分别产生了斯宾塞、赫胥黎、杜威和布鲁纳以及施瓦布的科学教育理论。考察这些有代表性的科学教育理论，揭示这些理论的不同特点，对于促进公共科学活动的设计与实践具有重要价值。

（一）斯宾塞的科学教育理论

赫伯特·斯宾塞是 19 世纪英国著名哲学家、社会学家和教育家，其著作《教育论》对当时及后世关于科学教育的研究和实践产生了深远影响。斯宾塞非常推崇科学的价值，在培根提出"知识就是力量"之后，提出"科学知识最有价值"的重要观点，确立了科学教育在教育体系中的重要地位。斯宾塞的关于科学教育的重要理论观点主要包括以下几点。

（1）"科学知识最有价值"的知识价值论。斯宾塞认为科学是"使文明生活成为可能的一切过程能够正确进行的基础""学习科学，从它的最广义看，是所有活动的最好准备"，因此，科学应该在教育中占据重要地位。

（2）为"完美生活做准备"的教育目的论。斯宾塞认为"为完美生活做准备"是"教育应尽的职责"，并提出"评判一门教学科目的唯一合理办法就是看它对这个职责尽到什么程度"。鉴于科学知识最有价值，因此科学教育有助于实现美好生活这一目的。

（3）提出了以科学课程为核心的课程体系，包括健康教育、生计教育、家庭教育、公民教育、艺术教育等。

（二）赫胥黎的科学教育理论

托马斯·赫胥黎是与斯宾塞同一时代的英国著名博物学家、教育家，是科学教育的积极倡导者和践行者。在赫胥黎看来，科学教育的最大特点，就是使心智直接与事实联系，并以最完善的归纳方法来训练心智，以实现自由教育的目的。因为自由教育的主要目的是增进学生多方面的知识，而科学知识是这些知识中最重要的部分。他提出，科学教育追求的并不是要把一切科学知识教给每一个人，而是应该不分种族、年龄、贫富和男女，都应当牢固地掌握科学的普遍特点，并在科学方法上多少受到一些训练。他主张把科学教育引入一切学校，认为自然科学应该成为学校课程教学中重要的组成部分，并为其设置了科学教育课程体系，包括自然地理学、植物学、物理学、化学、生理学等，同时还提出了一系列科学教育的原则和方法。比如：要注重训练儿童的各种能力，培养青年观察事物的方法和习惯；中小学科学教育与大学的科学教育要相互配合，协调一致；要保证科学教育的时间，同时注重培养合格的科学教师；注重运用观察、实验和实践等教学手段与方法。同时，赫胥黎还反对片面的科学教育，注重科学教育与人文教育之间的平衡与融通。

（三）杜威的科学教育理论

杜威是美国杰出的实用主义哲学家和教育家。他的教育思想对人类教育的发展有重大影响，其中也包括科学教育。他的基本观点主要包括以下几个方面。

（1）在对科学知识的本质理解上，他反对把科学视为"诸多现成知识，由事实和定律组成的学科内容"，而是应该把科学视为一种杰出的智力活动过程。科学知识只有在探究的背景下才有智力活动的价值。由此，他提出科学教育关注的焦点不应该是科学知识本身，应该注重科学方法。

（2）在对科学教育过程的认识上，杜威提出教育即经验持续不断地改组与改造，认为教育应该被视为一个持续的经验重建过程，因此主张科学教育不应该从深奥难懂的专业知识开始，而是应该从日常经验中的事物开始，使儿童探索自然界的相互作用，发现各种因果关系。这样，条目化的经验便被引向基本科学原理，在这一过程中实现经验的改组与改造。

（3）在科学教育的方法上，提出了"做中学"。"做"和"学"是指科学探究活动和科学学习。这种教育方法力求通过学生提问或教师提出一个源于学生生活的问题，让学生运用全部感官"摸、尝、看、闻、听"，引导学生主动探究问题的答案，在探究中逐步构架起自己的知识结构。"做中学"的核心是让儿童充分体验科学探究的过程。

（四）布鲁纳的科学教育理论

布鲁纳作为著名的心理学家，领导了20世纪60年代美国以数学与科学为核心的课程与教学改革运动，对科学教育的基本理论问题进行了深入思考。他对科学教育的理论贡献主要包括两个基本方面。①主张学习科学知识的基础结构。布鲁纳提出了结构主义课程与教学理论，认为学习就是认知结构的重新组织，知识的学习就是在学生的头脑中形成各学科知识的知识结构。他明确指出"不论我们选教什么学科，务必使学生理解该学科的基本结构"，因此在科学教育的内容上强调要使学生掌握学科的基本结构。②在科学学习中提倡发现学习。布鲁纳强调学生的学习应该是主动发现的过程，而不是被动地接受知识，因此在科学教育中主要应该采取发现式学习的方法，即学生在教师指导下，从自然、社会和生活中选择和确定专题进行探究，并在探究过程中主动获得知识、应用知识、解决问题，从而掌握该科学的基本结构，并实现迁移应用。

二、科学教育与公共科学活动的融合发展

公共科学活动从传统学校的科学教育中衍生出来，扩展了传统学校教育体系中科学教育的疆域。传统学校正规的科学教育与非正式场景下的公共科学活动的融合发展，将开辟科学教育的新天地。

（一）树立了"公众理解科学"的新理念

科学教育与公共科学活动的渗透与融合，使正规学校教育系统中的科学教育逐渐从单纯的知识传播转向对公众科学素养的培养。具体体现在以下几个方面：首先，具有系统性、强制性的学校教育注重培养学生对基本科学知识的掌握，能够有效弥补公共科学活动中基础教育的不足；其次，公共科学活动的灵活性、非强制性特点使其拥有更为广泛的受众群体，从而突破学校教育对学习者的限制；最后，公共科学活动与科学教育间的合作使学校教育狭窄性、俯视性的教育方式，转变为平视、双向互动、动态性的以促进公众理解科学活动为核心的科学教育方式。公众理解科学不仅包括对科学事实的了解，还包括对科学方法的领会，以及对科学实用价值和社会影响的正确评价。①

（二）开创了"体验式"的科学教育方式

科技体验作为一种亲历科学的活动，不仅能够使公众获得对科学技术的感性认识，而且还能丰富他们对科技的理性认识。通过体验学习将科技知识渗透到人的内心深处，从而内化成个人的思想和品质。公共科学活动丰富了学校教

---

① 英国皇家学会. 公众理解科学［M］. 唐英，译. 北京：北京理工大学出版社，2004：23.

育的科学教育形式，用演示法、实践法、调查法和探究法等取代单一模式的讲授法，将"亲身体验"作为科学教育的核心。[1] 例如，上海科技馆"火山爆发"项目展示了火山爆发时大地震动、岩浆喷射的场景，参观者能够在虚拟现实的环境中亲身感受火山爆发的全过程。这种模拟真实环境的活动项目对科学知识的普及具有非常显著的效果，从视觉、听觉、触觉、嗅觉等多重通道刺激参观者，让他们用身体去感受科学现象。这种体验方式让公众在"做中学"中领悟科学的真谛，通过"听、摸、看、闻"调动公众的全部感官，引领他们通过亲身体验主动探究科学现象，从而在探究中逐步构架起自身的知识结构。[2]

（三）科学教育融合了终身教育理念

公共科学活动与学校教育的融合，不仅极大地丰富了两者的内容，而且还使终身教育理念在科学教育中得以彰显。终身教育有两个维度和四个象限（图2-1-1）。两个维度是指纵轴和横轴。纵轴表示终身教育是贯穿于受教育者从幼年到老年一生的教育，例如，现在建立的机关培训、社区培训、老年大学等都是针对在职、离校或退休的受教育者进行的终身教育。在提升社会公众科学素养的进程中，对青少年的培养固然重要，但加强中老年人的科学素养同样不

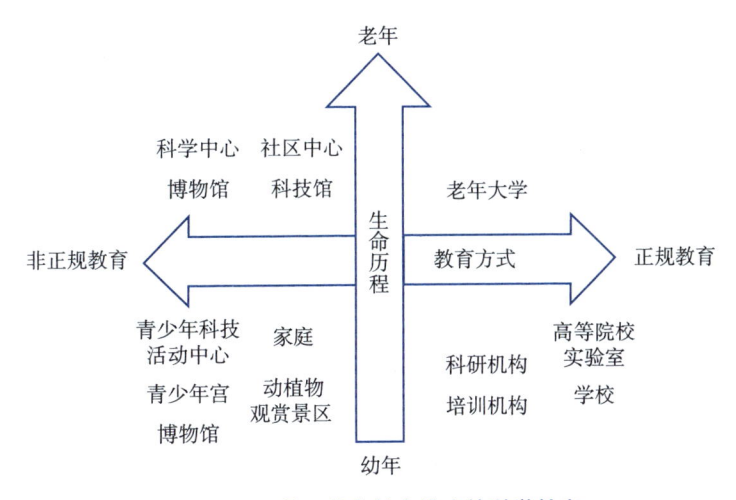

图 2-1-1　基于终身教育维度的科学教育

---

[1] 钟琦. 我国自然科学博物馆科学教育活动案例研究［J］. 科普研究, 2008（3）: 50-52.
[2] 尹后庆. 我所看到的法国"做中学"科学教育活动［J］. 上海教育科研, 2002（3）: 4-9.

可忽视，所以科学教育应该贯穿人的一生。横轴表示教育的方式，包括正规教育和非正规教育两个体系。四个象限则表示受教育者在从幼年到老年的不同阶段下接受正规教育和非正规教育的环境，如，青少年除了接受学校的正规教育外，还可通过青少年科技活动中心、少年宫等进行非正规教育。因此，科技知识的学习不再是一种线性的、局限于人生某一阶段的学习活动，而是根据社会和人的发展而不断变化、反复进行的。①

三、基于科学教育理论的公共科学活动设计原则

公共科学活动的设计是活动有效开展的先导。它为实践活动提供了行动方案的蓝图。科学教育理论作为公共科学活动设计的重要理论基础，为设计人员设计公共科学活动提供了基本原则。

（一）强调以学习者为中心，重视科学能力的培养

从科学教育的理论立场出发，强调以学习者为中心是公共科学活动设计的首要原则，具体体现在以下几个方面。

（1）充分发挥公众的主动性，激发公众的科学学习热情；

（2）公众通过自身实践领悟科学内涵，加深对科学知识的理解；

（3）尊重公众的身心发展规律，提供充满人文关怀的教育；

（4）增加公众参与不同情境、运用所学知识或已有经验的机会。

与此同时，在实践过程中，适当的引导有助于激发公众的兴趣，提高实践效率。以学习者为中心的设计将科学方法教育作为培养与发展公众科学素质与能力的关键，使公众在突破科学理论知识学习的基础上，形成对客观事物的深刻理解，从而帮助公众解决实际问题。

（二）强调受众的广泛性，提高社会整体科学素养

20世纪80年代，詹姆斯·弗雷泽提出了"为实现整个社会的健康发展，

---

① MCMANUS P M. Topics in museums and science education [J]. Studies in Science Education, 1992 (20): 157-182.

应向所有人普及科学知识"的观点[①]。进入 21 世纪，在终身教育理念的引领下，公众科学素养成为衡量国家综合国力的重要标志，也成为科学教育追求的最重要目标。因此，公共科学活动的受众范围应是整个社会群体[②]，不仅包括一般公众，如青少年、农民、城镇劳动人口，还应包括领导干部，甚至还包括具有较高科学素养的科技工作人员和专家。那么，如何在社会范围内普及科学技术知识呢？可以从四个方面进行。

（1）驻校。青少年是公共科学活动的主体对象，可走进学校课堂讲授科学知识，与学生进行面对面的交流和沟通。

（2）下乡。农村地区一直是科学教育的薄弱地带，我们应该多举办科普下乡、科普惠农等活动，积极向众多农民朋友宣传推广科学技术。

（3）进社区。通过举办科普咨询、开设科普讲座、设置社区展板、发放科普宣传资料等形式来提高居民的整体科学素养。

（4）进企业。公务员及领导干部也是公共科学活动的主要受众群体，定期开展具有行业特点的技术咨询、技术服务，并邀请国内外专家、学者举办技术讲座和进行交流等都是提升领导干部科学素养切实有效的方法。

（三）组织合作式探索活动，注重知识能力的运用

科学教育强调的自主学习与合作探究相结合的学习形式比单纯接受和累积知识的学习更有效。教育心理学家和科学教育专家瑞斯尼克曾在比较非正式学习和学校学习时提出，非正式学习是一种探索性的知识活动，比正规学习更重视学生自主性、协作性、探究性能力的发挥，在解决问题时注重科学方法的有效运用。[③] 公共科学活动作为非正式学习的重要表现形式，应该为公众提供自由的学习空间，让每个公众的积极性、创造性、合作性都得到提高。因此公共科学活动的设计应注意以下几点。

[①] 史朝，孙宏安. 科学教育论［M］. 沈阳：辽宁教育出版社，1992：67.
[②] 曾国屏，刘立. 科技传播普及与公民科学素质建设的理论实践［M］. 呼和浩特：内蒙古人民出版社，2008：194.
[③] RESNICK, L. B. The 1987 presidential address: Learning in school and out［J］. Educational Researcher, 1987, 16（9）: 13–54.

（1）充分展现公众的实践能力，调动公众的积极性；
（2）鼓励公众参与合作式活动，培养公众的团体意识和协作能力；
（3）强调科学方法的运用，提升公众的知识运用能力。

四、基于科学教育的公共科学活动基本策略

（一）探究策略

探究学习是科学教育的重要组成部分，充分体现了杜威主张的"做中学"的思想，使公众通过动手操作，在科学探究中发现科学现象。在探究式公共科学活动中，公众通过探究的方式发现科学规律，加深对科学的认识。这不仅能提高自身观察、分析、综合以及运用科学知识的能力，而且还能够在不断探索和质疑中塑造坚持不懈的科学态度和科学精神。在美国，鼓励公众进行探究学习，并通过不同方法和知识材料的运用，发现不同的问题解决方案，以达到提升公众创造能力的目的，已经成为公共科学活动的普遍做法。[1] 尽管探究活动比传统的知识讲授更耗费时间，但达到的教学效果却十分显著，尤其是它训练了公众归纳、演绎的思维方法，让他们能够将其迁移到实践生活中。这也是公共科学活动的目的之一，即倡导科学方法的有效运用。

（二）体验策略

科学教育理论发展到今天，不仅重视探究，还重视体验，强调通过体验加深对科学知识的理解。体验学习是一种以学习者为中心，通过体验和反思来获得知识、技能和方法的学习方式。它以体验为基础，通过质疑、探索、转化和创造四个阶段实现知识的增值。[2]

这种强调亲身体验的学习方式最早出现在20世纪60年代旧金山"探索馆"。该馆鼓励公众在参与公共科学活动的过程中体验科学、感悟科学、理解科学，并逐步实现对科学知识的理性认识。体验学习与皮亚杰所描述的认

---

[1] SU Z, SU J, GOLDSTEIN S. Teaching and learning science in American and Chinese high schools: A comparative study [J]. Comparative Education, 1994, 30 (3): 255-270.
[2] KOLB D A. Experiential learning: Experience as the source of learning and development [M]. New Jersey: Prentice Hall, 1984: 41.

识的螺旋模式相一致，是一个循环往复的过程[①]，公众能够在对科学知识认识的基础上通过新的体验来不断建构原有认知。目前，科技馆中的科技体验就是一种体现"亲历科学"的公共科学活动。它为公众创造了一个具体、直观、形象且多元化的体验方式，通过模拟真实环境，使公众身临其境地感受科学。从这一意义上来说，体验策略的设计是公共科学活动设计中必须考虑的重要内容。

（三）交互策略

交互学习是一种互动式的学习方式。在公共科学活动中，交互学习主要包含三种类型。

（1）公众与科教展品的交互。在公共科学活动的历史中，建于1903年的德意志博物馆首先将展品"动起来"，让公众亲手触摸和操作展品，实现与展品的互动。如今，公众参与的公共科学活动更多的是从各种交互式的方式中积极主动地体验和探索科学的奥秘。

（2）公众与公共科学活动专家的交互。公共科学活动的专业人员作为科学知识的指引者，引导公众参与活动，并负责讲授科学知识和演示科技成果，他们通过运用具有启发性的互动形式帮助公众建立专业化的科学知识与能力体系。

（3）公众与公众的交互。在公共科学活动中，设计人员非常强调通过一种协作、沟通、讨论的方式帮助参与者达到共同进步的目的。

> **拓展资源**
>
> 1. WELLINGTON J. Formal and Informal Learning in Science: The Role of the Interactive Science Centres [J]. Physics Education, 1990, 25（5）: 247-52.
> 2. TAMIR P. Factors associated with the relationship between formal, informal, and nonformal science learning [J]. The Journal of Environmental Education, 1991, 22（2）: 34-42.

---

① 皮亚杰. 发生认识论原理 [M]. 北京：商务印书馆，2011：12.

3. GERBER B L, CAVALLO A M L, MAREK E A. Relationships among informal learning environments, teaching procedures and scientific reasoning ability [J]. International Journal of Science Education, 2001, 23(5): 535-549.

4. GERBER B L, MAREK E A, CAVALLO A M L. Development of an informal learning opportunities assay [J]. International Journal of Science Education, 2001, 23(6): 569-583.

5. OGAWA M. Science education in a multiscience perspective [J]. Science Education, 1995, 79(5): 583-593.

6. 贝尔纳. 科学的社会功能 [M]. 北京：商务印书馆，1982：126.

7. 顾志跃著. 科学教育概论 [M]. 北京：科学出版社，1999：63-64.

8. 丁邦平著. 国际科学教育导论 [M]. 太原：山西教育出版社，2002.

9. 杜威著. 民主主义与教育 [M]. 赵祥麟，王承绪，译. 上海：华东师范大学出版社．1981.

第二节　科学传播与公共科学活动设计

一、科学传播的概念内涵

科学传播的历史与科学史同样悠久，早期人类在获得科学知识的同时，便要及时地把它传播给同伴以解决生活中的问题。如果我们从泰勒斯的"万物皆源于水"这个第一条科学命题，同时也是第一条哲学命题算起，科学已经有2500年的历史了。科学传播也有同样悠久的历史。早期的科学传播形式主要是口头传播或师徒模式的传承，传播的特点还不明确，还没有与人类其他行为明显区分出来。真正意义上的科学传播是从近代天文学革命开始的，在15—16世纪登上了历史舞台。科学传播的演变与科学的发展密切相关，科学传播的成功与否也直接影响了科学的历史进程及其功能的发挥。

不同时期、不同社会背景下，对科学传播的界定和阐述也不尽相同。总体而言，科学传播可以被划分成三个层面。首先，是科学界内部的传播。科学界内部的交流包括学科同行之间的交流与跨学科交流，这两种交流的重要性似乎都不必重申。其次，是科学与其他文化之间的传播。20世纪科学史、科学哲学和科学社会学的研究充分揭示了科学本质上也是一种文化现象，植根于特定的文化土壤，理论创新和事业发展深受文化环境的制约。科学与人类其他文化如哲学、宗教、艺术等的对话与交流，是科学自身发展的内在需要。最后，是科学与公众之间的传播。在这三个层面上，都可以贯彻"传播"的观念，与公共科学活动相联系的科学传播，主要是最后一个层面。

英国著名科学家贝尔纳是最早关注科学传播的学者之一。1939年，他在《科学的社会功能》一书中专门探讨了科学传播的概念，并将科学传播的焦点问题从科学家之间的交流扩展到公众传播。[①] 他指出，面向公众的科学教育和科学传播是推进科学发展和进步的重要途径。他除了强调大众传播媒介，如报纸、电视、广播等对科学传播的作用外，还重视公众对科学作用的理解和科学方法的应用。在他看来，只有当一般公众真正认识并理解科学时，才有可能为科学专家的工作提供必要支撑。其后，科学传播的概念不断演进和发展，到现在已经将传统科学单向传播科学知识的过程转变为公众与科学家之间进行双向交互的过程，实现对科学知识、科学方法、科学精神、科学思想以及科学对社会影响等内容的提升。

2000年，英国发布了《科学与公众》报告，将科学传播界定为："发生在科学共同体内的群体、科学共同体和媒体、科学共同体和公众、科学共同体和政府或其他权威部门、科学共同体和政府及其他影响政策的机构之间的传播。"[②] 与此同时，它还强调科学对话的重要意义，尤其在科学快速发展的今天，不仅要强调科学家和政治家参与讨论，而且还应注重充分吸纳公众意见，让公众参与科学发展的探索，不断地加深他们对科学的理解，从而积极推进全社会的科学发展。这与贝尔纳主张的"群众参与科学"的观念是一致的。

2003年，澳大利亚学者将科学传播定义为采用适当的方法、活动和媒介激发个人对科学的反应：意识（awareness）、愉悦（enjoyment）、兴趣（interest）、

---

① BERNAL J D. The Social Function of Science [M]. Cambridge, Mass.: The MIT press, 1939: 292-308.
② Office of Science Technology And Wellcome Trust.Science and the Public: A review of science communication and public attitudes science in Britain [J]. Public Understanding of Science, 2001, 10 (3): 315-330.

意见（opinion）和理解（understanding）。[①] 不同于早期对科学传播的界定，这种方法从一般个体对科学反应的视角描述了科学传播的基本特征，并结合整个社会背景阐述了科学传播的目的，即科学传播不仅是普及科学知识，而且要向公众和科学家传播思想、方法、影响及精神等观念性的东西，因此更能体现公众的科学意识、理解科学、科学素养、科学文化之间的关系。

二、科学传播的理论模型

在科学传播发展的百年进程中，逐渐形成了一套集理论和实践于一体，具有指导性作用的模型。它是科学传播思想发展的风向标，是开启人们理解科学传播理论的钥匙。目前在公共科学活动领域最有影响的科学传播理论模型主要包括以下几个。

（一）缺失模型

缺失模型的提出者是约翰·杜兰特。他是20世纪著名的自然科学家，英国科学技术与医学帝国学院的公共理解科学教授。他对缺失模型的研究以剖析公众对科学知识的掌握程度、对科学所持有的态度以及两者之间的关系为主。缺失模型最核心的理论观点是公众需要掌握科学知识，掌握技术。因为如果公众掌握知识，他们就会支持科学研究，政府也会给予科学研究更多资金。它隐含的意思是，公众相对于科学家来说在科学素养上十分欠缺，缺失模型的名字由此得来。

缺失模型的主要观点有四个方面：①科学被认为是我们文化中最显赫的成就，公众应当对其有所了解；②科学对每个人的生活均产生影响，公众需要对其进行了解；③许多公共政策的决议都含有科学背景，只有当这些决议经过具备科学素质的公众的讨论，才能真正称得上是民主决策；④科学是公众支持的事业，这种支持是或者至少应当建立在公众最基本的科学知识基础之上的。总体看来，寻求公众理解和支持是缺失模型的最为显著的标志。

缺失模型的提出和"公众理解科学"运动密切相关。"公众理解科学"运

[①] BURNS T W, O'CONNOR D J, STOCKLMAYER S M. Science communication: a contemporary definition [J]. Public Understanding of Science, 2003（12）: 183-202.

动本质上就是要全面提高社会公众科学素养，改变公众相对欠缺的科学知识，以唤起他们对科学事业的支持。1985年，英国皇家学会发表《公众理解科学》报告，明确指出"相较于科学家，由于公众对科学知识和内容的陌生，以至于无法支持科学事业，而科学传播的目的则是为了弥补这种缺失。"它不仅要提高公众的科学素养，而且还需要"唤醒"公众对科学知识的热情，让他们积极投身于科学事业的建设中。

20世纪80年代以后，随着知识经济社会的快速发展及其对高素养科学技术人才的迫切需求，科学家们强烈渴望更多具有科学素养的公众支持科学事业。这些现实问题引发了全社会对"科学"的关注，提升公众的科学素养是当时紧迫的任务之一，而这需要提供公众更多获取科学知识、掌握科学技术的机会。同时，政府、社会和教育机构等也应拨出项目基金来支持科学事业。因此，缺失模型就为公共科学活动提供了强有力的理论支持。具体来说，主要包含三点。①倡导公众掌握科学知识。民主、健康的社会机制需要依靠有素养的公众来建设，而真正的素养则必须包含科学素养。[①]生活在科学技术文明的社会大环境中，人们应该具备一定的科学文化知识，尤其在倡导科学教育以公民科学素质建设为中心的今天，社会公众的科学素养水平与一个国家的综合实力息息相关。②鼓励公众参与科学协商。科学与人类的生活、学习和工作息息相关，公众只有真正理解科学、参与科学，才有可能为自身创造财富。只有当公众具备一定的科学素养才有可能参与科学协商，实现民主决策。而今许多政策的决议都融合了科学的理念。③促进公众支持科学事业。公众对科学的理解越透彻、越深刻，他们就会越支持科学事业的建设。

（二）民主模型

民主模型是约翰·杜兰特在"缺失模型"的基础上建构的强调公众通过参与科学技术决策，与科学家、学术权威组织进行平等对话的科学传播模型。20世纪后半叶，随着基因食品、克隆技术以及纳米技术等众多前沿科技在实际生活中广泛的应用，越来越多的社会公众开始将关注的焦点转向科技带来的危

---

① 尹兆鹏. 科学传播的哲学研究[D]. 上海：复旦大学，2004：27.

害，从而引发了对科学的"信任危机"。2000年英国上议院发布《科学与社会》报告，提出在科学与公众之间建立对话氛围、推进对话战略的建议，这是民主模型开始构建的标志。

20世纪末，随着公众对科学的愈发了解和反思，要求介入科学活动，特别是介入科学决策的呼声越来越高涨。民主模型的提出是公众参与科学决策的必然结果。民主模型认为科技本身是一把"双刃剑"，具有不确定性，公众只有真正理解科学并参与科学才能真正造福人类。民主模型的主要理论观点包括：科学传播受众与主体均多元化；强调公众的态度，公众的发言权；科学素养低的人不是自愿的；必须考虑社会正义，社会资源的公平分配；提高公民的科学素养，关键是正规教育，社会再教育起辅助作用。

近年来，科学与公共关系领域出现的最大问题并不是公众缺少科学知识，而是错误地将科学自身当作没有问题的知识体系来描述，没有让公众参与科学对话并建立公众能够参与科学决策的民主机制。杜兰特认为，一般公众好像对科学技术有些迷惑，并要求更多地参与到科学技术在日常生活中应用的决策过程。因此，民主模型的提出为公共科学活动实现科学普及、科学对话和科学协商奠定了基础。具体来看，民主模型对于公共科学活动的启发主要体现在以下两个方面。

第一，公共科学活动给予公众平等对话的权利。民主模型要求公共科学活动应建立科学与公众的交流对话机制。科学传播学家李伍若曾指出："公共科学活动的目的之一是公众通过日常生活的交谈使科学思想获得传播"[①]。公众作为社会整体的一个组成部分，有义务并且有权利了解和参与科学技术发展与应用的探讨，不仅要始终保持对科学技术运用于实际生活的反思态度，而且还应积极参与科学对话。

第二，应该通过公共科学活动为公众提供科技发展的决策权。英国著名科学家贝尔纳曾在《科学的社会功能》一书中提到："尽管英国人对科学有浓厚的兴趣，但这种兴趣却没有使科学建立在群众充分批评的背景之下。"[②] 民主模型所主张的公众理解科学同公众积极参与科学决策相结合的理念，为公共科学活

[①] LIEVROUW L A. Communication and the social representation of scientific knowledge [J]. Critical Studies in Media Communication, 1990, 7（1）：1–10.

[②] 贝尔纳. 科学的社会功能 [M]. 陈体芳, 译. 桂林：广西师范大学出版社, 2003：106.

动开展公众与科学家共同参与科学技术评估的工作提供了坚实的理论基础,这不仅让公众成了科学对话的参与者,而且还在科学决策中扮演着重要角色。[①]

三、科学传播对公共科学活动的影响

科学传播就是将"传播"的思想理念引入对科学的理解,并用"传播"的态度审视科学、运用科学,将科学所蕴含的多元、平等、开放、互动的现代化理念融入科学事业的建设。如前所述,科学传播分为三个层面:①科学界内部的传播;②科学与其他文化之间的传播;③科学与公众之间的传播。[②] 其中③所描述的传播是科学传播中狭义的层面,即强调科学与公众之间的平等与互动。科学传播作为公众理解科学运动的扩展和延伸,对公共科学活动的发展带来的影响主要表现在以下方面。

(一)促进公众理解科学

科学传播将科学教育的受众群体从广大青少年扩展到整个社会公众,打破了科学问题或知识仅由科学家或权威学术机构所掌握的局面。科学传播为公共科学活动服务社会公众的理念提供了理论支撑,使各分支学科之间的交流与合作日趋密切,同时也促进了公众理解科学思想的传播。米勒曾提出:"懂得科学知识同理解科学具有显著差异,懂得知识本身并不意味着理解它们的意义,只有公众对科学知识有更多、更深、更多元的理解,才有可能让科学成为一个以服务社会为核心的公共事业。"[③] 因此,科学传播主张提升所有公民的科学知识空间,这不仅包括科学知识的普及,而且还包括科学思想、方法、影响和评价等方面的教育。美国《国家科学教育标准》将"理解个人和社会视野中的科学"作为内容标准纳入,并让全体社会成员意识到"新科技的产生和发明是一把双刃剑"的真正内涵。公众理解科学不仅仅是理解科学知识本身,甚至不是科学知识,而是对人类文化活动和社会生活的整体性理解,包括某些观念性的东西,

---

① 任福君,翟杰全. 科技传播与普及教程[M]. 北京:中国科学技术出版社,2012:45.
② 吴国盛. 科学走向传播[J]. 科学中国人,2004(1):10-11.
③ 李正伟,刘兵. 公共理解科学的理论研究:约翰·杜兰特的缺失模型[J]. 科学对社会的影响,2003(3):12-15.

如科学思想、方法和精神。这不仅可以让公众了解科学正面的价值，而且也能促进理解其负面影响，理解科学技术的局限性和复杂性。将"促进公众理解科学"的理念渗透到公共科学活动之中，使公众领悟到科学普及不是单纯颂扬科学，更重要的是如何理解和发展科学，是当代公共科学活动义不容辞的责任。

（二）鼓励公众参与科学

20世纪30年代，贝尔纳曾提出"群众参与科学工作"对科学教育的重要作用。这一概念直到科学传播理念的提出，才逐渐被公众所接受。科学传播将传统由居高临下的单向传播过程转变为公众与科学家之间平等互动的双向过程。这种双向的过程是指：一方面，科学家向非科学家、普通公众传播科学知识；另一方面，公众参与科学知识的创造过程，参与科学政策的制定和科学体制的建立，与科学家一起共同塑造科学的恰当角色。① 因此，要使公共科学活动达到提升整个社会成员科学素养的目的，加强公众参与科学决策的研讨和协商是关键。

公众参与科学具有多样化的形式，如参与科技创新项目、参与科学研讨工作、参加科技政策协商等。这种双向互动的形式能够将公众与保障他们在科学技术方面的基本权益紧密联系在一起，它是对传统观念的挑战，体现了源于人、为了人、服务人的思想，充分说明科学已逐渐融入实际生活，而不再是一种高不可攀、具有神秘色彩和权威性的东西。

现代科学技术在带给社会丰硕成果的同时，也带来了严重的灾难。因此，公共科学活动应该鼓励公众用辩证的态度评价科学的积极与消极影响，尤其在科学技术发展与应用等重大问题上充分保障公众的知情权、话语权、参与权、监督权，真正激发公众对科学问题的思考与讨论，使之切实参与到与科学的对话中。

（三）服务科学技术创新

科学传播的主要目的不仅仅是向公众解释"科学"的含义及作用，也不是通过具有吸引力的方式增加公众的参与热情，更不是让公众以充满怀疑的眼光

---

① 吴国盛. 从科普及到科学传播[N]. 科技日报，2000-09-22（3）.

审视科学的发展与应用,而是促进公众理解科学、参与科学,增强科学意识、素养和文化,加深对科学技术问题的思考,形成理性的态度和行动,从而服务于科学技术的创新。[①]1993年,英国政府在《实现我们的潜能》白皮书中首次提出,将提高公众对科学技术以及公众对国家繁荣与昌盛所应做出贡献的认识作为战略目标[②]。这表明"服务科学技术创新"的理念已成为了公共科学活动肩负的一项重要任务。它的具体实施可通过几个方面进行:①营造激励创新的环境;②提高国家创新体系内的知识交流效率。[③]

> **拓展资源**
>
> 1. PITRELLI N. The crisis of the "Public Understanding of Science" in Great Britain [J]. Journal of Science Communication, 2003 (2): 1-9.
> 2. CETINA K K. Epistemic cultures: How the Sciences Make Knowledge [M]. Cambridge Mass.: Harvard University Press, 2009.
> 3. PETERS H P, BROSSARD D. Science Communication. Interactions with the Mass Media [J]. Science, 2008, 321 (5886): 204-205.
> 4. 刘华杰. 科学传播的三种模型与三个阶段 [J]. 科普研究, 2009, 4 (2): 10-18.
> 5. 李正伟, 刘兵. 公众理解科学的理论研究:约翰·杜兰特的缺失模型 [J]. 科学对社会的影响, 2003 (3): 12-15.
> 6. 郑毓信. 后现代主义之审思——从科学哲学的角度看 [J]. 陕西师范大学学报(哲学社会科学版), 2004 (2): 37-43.
> 7. 吴国盛. 从科普到科学传播 [J]. 中国科技纵横, 2003 (3): 169-171.
> 8. 吴国盛. 用"科学传播"替代"科学普及"[N] 光明日报, 2000-11-2 (2).
> 9. BAUER M. The Vicissitudes of "Public Understanding of Science": from "Literacy" to "Science in Society"[J]. 科普研究, 2006 (8): 14-22.

---

① OSBORNE J. All fired up [J]. New Scientist, 1999, 162: 52.
② WILKINSON I. The House Of Lords Select Committee for Science and Technology.Their report on complementary and alternative medicine and its implications for reflexology [J]. Complementary Therapies in Nursing and Midwifery, 2002, 8 (2): 91-100.
③ 翟杰全. 构建面向知识经济的国家科技传播体系 [J]. 科研管理, 2002, 22 (1): 8-13.

第三节　非正式学习与公共科学活动设计

一、非正式学习的内涵与特征

自学校教育诞生之日起，学习就被划分为由教育组织创办的正式学习和发生在学校外的非正式学习两类。传统观念中以正式学习为主要方式的模式一直占据着教育教学的主导地位。然而，科学技术的高速发展，极大地改变了学习资源的形式和传播渠道，使公众能在任何地方，不限时间自由地学习。传统形式下的学习方式越来越不能满足人们对知识的追求，具有自发性、随机性和偶然性的非正式学习逐渐走进人们的视野，成为正式学习的延伸和拓展。

（一）非正式学习的内涵

非正式学习是指发生在没有教师指导的非正规场景下的学习。[1] 它的发生并不需要特定场合和时间，主要由非教育性质的社交来传递、普及和渗透知识；学习过程一般是学习者自我发起、自我组织和自我评价的。例如，在语言学习中，很多就属于非正式学习。它甚至超过正规学习而成为最重要的学习方式。[2] 由于非正式学习对学习环境并没有强制性的规定，也不如正规学习管理方式那么严谨，因此具有多样化、灵活性的特征，不仅包括日常生活学习、课外学习，还包括与学校教育密切相关的类型，如艺术形式的非正式学习、科技馆中的非正式学习等。

国外研究人员通常采用二分法形式将学习分为正式学习和非正式学习，并以此来界定非正式学习。非正式学习是学习的另一种方式，通常与社交活动相联系，但与正式学习是相辅相成的。例如，学生接受正规教育的同时常常会借

---

[1] GERBER B L, MAREK E A, CAVALLO A M L. Development of an informal learning opportunities assay [J]. International Journal of Science Education, 2001, 23（6）: 569–583.
[2] SCRIBNER S, COLE M. Cognitive consequences of formal and informal education [J]. Science, 1973, 182 （4112）: 553–559.

助互联网搜索引擎寻找与学习主题相关的资源,并从中获取有价值的信息。这一过程就充分显示了正式学习与非正式学习的有效结合。[1] 当然,我们在这里更加关注非正式学习与正式学习之间的不同。对于两者之间的差异,瑞斯尼克从四个维度进行了比较(表 2-3-1)。[2][3]

表 2-3-1　正式学习和非正式学习的区别

正式学习	非正式学习
个体认知	共同认知
纯粹的心理作用过程	依赖操作工具
符号的操作	情境性的思考
普适性的技能与知识	具体的能力

(二)非正式学习的特征

非正式学习突破了传统正式学习环境的局限,将学习的场所扩展到课堂和学校之外的任何地方。不仅如此,它还融入了终身学习的理念,将学习看作伴随人类一生的行为。那么,它在实践中具有哪些特征呢?这里主要从以下五个方面进行阐述。

1. 非组织性

非正式学习相对正式学习而言,发生在非正式的时间和场所,是由学习者自行组织而进行的知识共享和增值的自愿性的学习活动。一般情况下,它强调学习者自身既是学习的主导者,同时又是学习的主体,可根据自身的实际情况调控学习的进度和方式,并通过积极有效的措施提高学习效率。英国著名的政治家威斯顿·丘吉尔曾说:"我为学习时刻准备着,但我无法接受正规教育。"作为突显非结构化、自愿性原则的一种学习形式,非正式学习为偶发性、随机

---

[1] ALLISON C, MILLER A, OLIVER I, et al. The Web in education [J]. Computer Networks, 2012, 56(18): 3811-3824.
[2] 赵蒙成. "非正式学习"论纲 [J]. 比较教育研究, 2008, 30(10): 51-54.
[3] VADEBONCOEUR J A. Engaging young people: Learning in informal contexts [J]. Review of Research in Education, 2006: 239-278.

性的学习提供了机会，使受教育者随时随地享受学习而无须由外界组织和实施。

2. 社会性

非正式学习的社会性特征主要体现在知识来源的社交性上。在正式学习中，知识常常源于教师。而在非正式学习中，知识获得的渠道则更加多元化，不仅可以来源于父母、朋友、同学，还可以是网络社会成员、学习共同体等。[①]具有相同兴趣的学习者组建小型的讨论群体，即学习共同体或学习社区，并通过合作和交流掌握更多丰富的信息，从不同视角理解问题，促进自身对知识的反思。与正式学习相比，非正式学习中的学习者更能从彼此之间交流的各种经验感受中获得帮助，从而提升克服困难和增强自信心的动力水平。

3. 混合性

非正式学习作为一种校外的学习方式，具有混合性的特征，体现在三个方面。①在学习群体方面，正式学习的受教育者一般按照年龄划分，并且学习者知识背景、受教育程度具有相似性；非正式学习则是混合了不同年龄层次、不同认知结构、不同学科领域的学习者。②在学习形式方面，学校正式学习拥有固定的教学环境、教师以及统一化、标准化的教材；非正式学习形式则具多样化的特点，不仅包括讲座授课、视频谈话、信息搜寻，还包括小组会议、电子邮件等形式。③在学习场所方面，由于对学习环境没有强制性的规定，非正式学习的发生场所既可以是图书馆、科技馆、博物馆、动植物园，还可以是餐厅、休息室、走廊等能使学习发生的任何地方。

4. 协作性

非正式学习注重学习者协作交流能力的培养。在非正式学习环境中，学习者可通过对话、探讨、反思等方式为学习共同体营造团结合作、共同协商的学习氛围。学习者之间、学习者与专家或教授之间不仅可通过面对面直接交流，而且还可借助互联网进行在线视频沟通，或依据研究主题创建在线学习小组，吸引更多不同知识背景的人加入集体学习，共同推进集体智慧和绩效的提升。因此，非正式学习中学习者之间的团结协作、合作交流和知识共享是它最显著的特征。

---

① COLLINS A, BROWN J S, Newman S E. Cognitive apprenticeship: Teaching the craft of reading, writing and mathematics [C]. Champaign, IL: Center for the Study of Reading, 1987.

5. 无目的性

有无目的性是体现学习是否存在清晰目标的重要标志。非正式学习由于并不具有学习的强制性。它往往体现了学习者对学习的自主性、自发性、偶然性，因而它的学习目标并不是预先设定的，学习的发生也是学习者无意识的结果。[①]当然，非正式学习也不完全都是无目的性的学习，例如学习者利用互联网、图书馆查找、搜寻与主题相关的资料时，就具有明确、清晰的目标。但绝大多数情况下，非正式学习的目标是十分模糊的，是在学习过程中逐渐生成的。

二、作为非正式学习环境的科技展馆

（一）科技展馆作为非正式学习环境的优势

科技展馆不仅创设了灵活、自由、动态的学习环境，采用了多样、趣味的展教形式，而且还突破了正规教学单一授课的模式，通过演示、讲解、交互等途径充分阐释科学现象，并为公众提供亲身体验科学、动手实验和操作的机会。科技展馆作为非正式学习环境，在支撑公共科学活动的开展上具有以下显著优势。

1. 灵活的开放时间使公众的学习突破了时间限制

传统的正式学习是由教育机构按照教学大纲和教学标准有计划、有组织地开展的学习形式。依据教学任务，它规定了不同阶段的学习安排和学习时间，因此具有严格的时间限制。作为非正式学习环境的科技展馆则在时间安排上相对于正式学习具有更大的灵活性。它仅仅规定了每天的开放和关闭时间，而对于公众参与每个活动项目的时间没有明确要求。因此，公众不用担心因时间问题无法掌握科学知识或完成科普任务。同时，正是由于公众在学习时间上具备宽松的特征，才使人们能够针对同一问题反复探索、考证，以加深对知识理解的深度和拓展知识的广度。

2. 活动场所的环境设置使公众的非组织性学习成为可能

科技展馆是公众接触科学、体验科学的一个主要的场所。它的创建宗旨是：鼓励各个年龄阶段、不同知识背景的公众都能参与进来，实现自我调控、自我

---

① BOEKAERTS M, MINNAERT A. Self-regulation with respect to informal learning [J]. International journal of educational research, 1999, 31 (6): 533-544.

主导、自我负责的学习。它的学习形式并不像正式学习那样由学校或其他外界组织实施，而是根据互动教育理念设计满足公众积极参与科普活动的展馆，以鼓励公众自愿、主动地参与。与此同时，在展馆内还运用了大量的高新技术。为了吸引更多公众的参与，展馆合理地增添了多媒体互动环节，并在展示环境中综合运用光、电、声等技术，为公众提供一个寓教于乐的学习环境，使他们能积极主动、自愿地投入体验科学的情境中。

3. 丰富的活动形式为公众提供了多样化的学习方式

科技展馆的活动项目主要包括体验、探究和交互3种形式。在体验式公共科学活动中，公众通过感受、观察、实践来丰富对科学现象和科学方法的理性认识。探究式公共科学活是公众发现、实验、调查、收集和实践等一系列积极主动的学习过程。在伦敦科学博物馆中，有一个以潜艇探险为主题的游戏，它将枯燥的潜艇原理利用游戏的方式演绎出来，使公众在探险闯关的过程中构建有关潜艇知识。交互式公共科学活动则主要通过公众与公众、公众与专家以及公众与展品之间的互动形式开展。

4. 交互活动方式为公众创设了协作与沟通的平台

在公众与科学之间建构一种"对话"氛围是21世纪科技展馆的主题。如在德意志博物馆中，展品特色多以交互式展览为主，公众可以动手触摸并操作各类机械、模型或电子展板等，以实现与展品的互动。不仅如此，科技展馆还努力营造公众与专家、公众之间的合作模式，使团队通过沟通、协商和反馈等一系列过程实现知识的共享，以增强公众的协作能力。而这种通过交互活动满足公众对科学知识需求的方式则成了体现公共科学教育意义的最有效形式。[①] 如上海科技馆模拟的"地震历险"活动，将形象逼真的展具融合到交互活动中，使观众被动的参观过程变成了一个在团队合作中主动发现、探索和思考问题的双向学习模式。

（二）科技展馆中非正式学习的特点

对于公共科学活动的实践来说，科技展馆作为非正式学习的主要场所，特

---

① RAMEY-GASSERT L, WALBERG H J. Reexamining connections: Museums as science learning environments [J]. Science education, 1994, 78（4）: 345-363.

点主要表现在以下几个方面。

（1）学习场所灵活化。科学技术的发展使科技展馆的学习环境更加灵活。科技展馆是为服务公共教育而存在的。它能根据公众的特征和学习需求创设不同类型且适合公众的学习场所。尤其是虚拟环境的出现，极大地满足了公众对科学现象的好奇心和求知欲。

（2）学习方式个性化。科技展馆强调的学习者中心地位，注重公众实践能力的培养。在活动中，公众可自由地选择感兴趣、有需求的项目，并在实践中根据自身的实际情况自定步调和进度。例如，在国外的自然和社会历史博物馆中，青少年不仅可以自由地表达对展品或活动项目的喜爱，而且还能自主选择感兴趣的活动，并主导和操控活动的进程，重复、多次地体验科普活动给予他们的主动权和控制权。[1] 这种充满个性化的学习方式不仅能满足公众的学习需求，而且还能激发他们的学习热情。

（3）知识来源多元化。贝尔纳曾提出："教学最重要的是指引学生通过合作探索实现知识增值而不是依靠灌输累积知识。"与正式学习中知识主要来源于师生间口头交流不同，科技展馆是借助高新技术实现视、听、触全方位一体化的学习模式，使公众能够从与展品的交互体验中直接获得科普经验和知识。[2] 科技展馆将科学知识渗透在各类具有交互形式的活动项目中，让公众通过"亲历科学"、团结协作等社交方式实现知识共享和水平提升。

（4）学习形式多样化。科技展馆最大的特点是突破了传统学习的时空限制，使公众拥有了更为宽松的学习时间，能够反复、多次、不断地学习。与此同时，开放和灵活的学习空间更能适应随需而变的学习和生活，尤其是在信息科技的支撑下，公众的学习不再只是传统单一的课堂授课形式，而是变得更加便捷、自由。

（5）学习过程协作化。科技展馆能够极大地激发公众参与科学活动的热情，最主要的原因是公众在科技展馆提供的协作化的学习过程中逐渐形成了积

---

[1] ANDERSON D, PISCITELLI B, WEIER K, et al. Children's museum experiences: Identifying powerful mediators of learning [J]. Curator: The Museum Journal, 2002, 45 (3): 213–231.

[2] FALK J H, KORAN J J, DIERKING L D. The things of science: Assessing the learning potential of science museums [J]. Science Education, 1986, 70 (5): 503–508.

极乐观的学习态度。[1] 这种协作化的方式使公众摆脱了个人学习的困境，强调公众与公众之间、公众与科技专家之间以及公众与展品间的交互，包含了一种平等、民主的心理情境。科技展馆通过一些协作性的活动项目，加深了公众之间的交流与合作，使他们能在协作学习的过程中深化知识的内在含义。

（6）学习进程控制化。科技展馆场景下的非正式学习是一种公众自我监控的学习活动。它极大地体现了公众的自主学习特征，这主要表现在两个方面：①公众通过参与公共科学活动自主建构知识结构，感悟科学现象、领悟科学方法；②自我调控学习进程，自主反思学习，不断调控自身的学习行为。

三、科技馆非正式场景下公共科学活动的进阶

近年来，随着终身学习体系和学习型社会的构建，非正式学习由于学习的宽松性、灵活性、自愿性、社会性等优势极大地满足了公众的学习需求。尤其是作为公共科学活动中重要学习方式，非正式学习已成为科技馆发展的重要组成部分，下面将从学习进阶模型出发阐释科技馆中非正式学习的过程及其功能。

（一）科技馆中非正式学习的进阶模型

科技馆中的非正式学习为信息时代的公共科学教育带来了多样化的学习途径和终身化的学习过程。它实现了具体化、直观化的学习模式，使公众能够通过不断进阶深入开展知识的高级建构和创新（图2-3-1）。其基本过程包括以下四个环节。

1. 获取

公众知识的获取主要来源于三个方面：①活动，公众通过体验、探究、交互等活动，将隐性知识经过思考、交流和创新实现总结和升华；②已有知识经验，这是公众在平时的生活和学习中已形成的对科学知识的认知结构，有助于挖掘公众在科技馆中参与科学互动的潜力；③外界信息，这是公众在无意识的情境下获得的较为零碎、不成体系的知识片段。

---

[1] TUCKEY C J. Schoolchildren's reactions to an interactive science center [J]. Curator: The Museum Journal, 1992, 35 (1): 28-38.

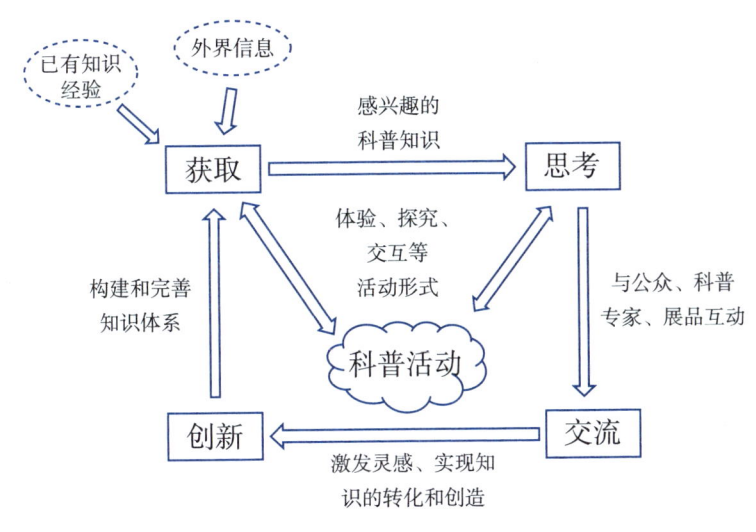

图 2-3-1　学习进阶模式

2. 思考

当公众在科技馆中通过参与公共科学活动获得科学知识后，他们就会从这些知识中选择感兴趣、具有趣味性的内容进行更加深入的思考。这一思考主要是围绕公共科学活动的主题，持续不断地对所搜集的信息进行分析、归纳和总结，并为与公众、专家和展品互动的有效开展创设条件。

3. 交流

对于发生在科技馆中的公共科学活动来说，最有效的方式是针对具体的科学问题，给公众充足的交流和探讨的机会，这是知识和能力转化的必要环节。通过加强公众与专家和展品的协作、交流与互动，实现从"教师为中心"到"公众为中心"学习方式的转变，充分彰显公众在参与公共科学活动中的主动性和积极性。

4. 创新

在学习进阶的最后一个环境，公众在参与公共科学活动中通过与其他参与者的思想碰撞，激发思维火花和解决问题的灵感，将已获得的知识片段与原有知识结构进行有效融合，实现隐性知识的显性化。同时，通过知识的累积、沉淀、提炼和创新不断建构和完善自身的科学知识体系，从而实现更高层次的学习目标。

（二）科技馆中非正式学习的功能

提高公众的科学素养、加强公众对科学的理解一直以来都是科技馆建立的核心理念。非正式学习作为科技馆普及科学知识、树立科学精神的重要方式对公共科学活动的发展具有哪些影响呢？我们主要从以下三个方面进行简述。

1. 促进公众隐性、非结构化知识的获取

20世纪60年代初，迈克尔·波兰尼提出了隐性知识的概念。它由认知、情感、信仰、经验和技能五个部分组成。作为一种高度个性化的知识，它很难以言语叙述，而实践操作技能、科学方法和手段的运用往往是隐性、非结构化的，只有通过非正式学习才能有效获得。1995年，日本国立一桥大学教授野中郁次郎提出了知识创造的SECI模型（如图2-3-2）。[1][2] 该模型提出了隐性知识与显性知识之间的四种转换模式：个体隐性知识之间的群化，个体隐性知识到显性知识之间的外化，显性知识到隐性知识的内化，显性知识与显性知识之间的融合，为公众在公共科学活动非正式学习实践中隐性知识的习得奠定了坚实基础。

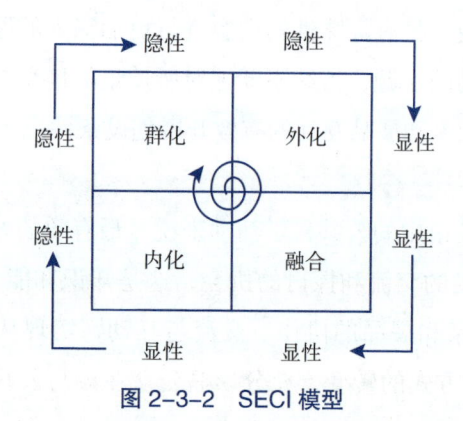

图 2-3-2　SECI 模型

2. 提升公众自主学习的能力

20世纪50年代，随着建构主义心理学的发展，自主学习逐渐发展成为了

---

[1] NONAKA I. A Dynamic Theory of Organizational Knowledge Creation [J]. Organization Science, 1994, 5 (1): 14–37.
[2] 高章存, 汤书昆. 基于认知心理学的企业知识创造机理探析——兼对野中郁次郎SECI模型的一个拓展 [J]. 情报杂志, 2008 (8): 87–91.

一种流行的教育模式。它强调学习者根据自身条件和需求，有计划地选择学习目标、学习内容和学习方法，并通过自我监控、自我激励实现具体的学习目标。目前，绝大多数公共科学活动均建立在培养公众自主性的基础之上，并以尊重、信任和发挥公众自主性为前提，通过互动形式展开，真正实现公众从被动到主动，从消极到积极的转变。20世纪70年代，英国新南威尔士大学高等教育研究中心进行了"减少教师控制法"的教学改革实验。[①] 它倡导一种结构松散、非组织性的学习模式。教师仅仅只是自主学习过程中的引导者，而学习者才是学习的主体。他们在教师的帮助下，通过独立的分析、探索、实践、质疑、创造等方法来实现学习目标。科技馆成功地将这一理念贯穿于整个公共科学活动的非正式学习中，通过一系列具有交互形式的活动激发公众的学习热情，增加公众与专家、其他公众和展品之间互助与合作的机会，有效地推动公众的自主学习。

3. 促进公众探究精神的形成

探究是搜寻、研究、调查、检验知识的探索过程，是一种提出问题、质疑问题和解决问题的学习方式。在科技馆的非正式学习中，公众从活动中提出问题，设计人员通过情境探索引导他们解决问题，而已解决的问题又成为新问题的背景环境，如此不断往复，使每一次探索都能引发深层次问题的提出，直到问题最终得以解决。科技馆中的非正式学习以公众为中心，借助科技手段，让公众真实感受科学现象和原理，亲身体验科学知识的产生，引导公众对相关知识进行搜集、分析和处理，以培养他们探究科学的乐观精神和积极态度。例如，有很多科技馆为青少年提供名为"食物链"的公共科学活动项目。它以探究活动为主线，采取直线链的方式，要求每个参与的青少年都要在熟练掌握基本概念的基础上开展实地探究活动。同时，科技馆还为参与者每个阶段的活动提供相关的目标设定，使他们不会在活动中迷航。最后，对整个探究活动进行评价和总结。在整个活动中，公众始终是一个积极的探究者，而非正式的学习环境为他们的探索过程创造了思考问题、动手实践的条件。

---

① 李太平，潘建红，杨黎明. 科学教育论［M］. 北京：人民出版社，2010：352.

拓展资源

1. AINSWORTH H L, EATON S E. Formal, Non-Formal and Informal Learning in the Science [M]. Calgary: Onate Press, 2010: 13-35.

2. JAN M. Scientific Literacy and Informal Science Teaching [J]. Journal of Research in Science Teaching, 1988, (2): 135-146.

3. ANDERSON D, LUCAS K B, GINNS I S. Theoretical perspectives on learning in an informal setting [J]. Journal of Research in Science Teaching, 2003, 40 (2): 177-199.

4. BELL P, LEWENSTEIN B V, SHOUSE A, et al. Learning Science in Informal Environments: People, Places, and Pursuits [J]. International Journal of Environmental & Science Education 2010, 5 (3): 377-382.

5. HOFSTEIN A, ROSENFELD S. Bridging the gap between formal and informal science learning [J]. Studits in Science Education, 1996, 8 (1): 87-112.

6. PARIS S G. Situated motivation and informal learning [J]. Journal of Museum Education, 1997, 22 (2-3): 22-27.

7. GERBER B L, CAVALLO A M L, Marek E A. Relationships among informal learning environments, teaching procedures and scientific reasoning ability [J]. International Journal of Science Education, 2001, 23 (5): 535-549.

8. GRIFFIN J, SYMINGTON D. Finding evidence of learning in museum settings [J]. Communicating Science: Contexts and Channels, 1999: 110-119.

9. FALK J H. An identity-centered approach to understanding museum learning [J]. Curator: The Museum Journal, 2006, 49 (2): 151-166.

10. 刘文利. 科学教育的重要途径——非正规学习 [J]. 教育科学, 2007 (1): 41-44.

活动建议

实践活动一　与非正式学习的亲密接触

一、公众特征分析

公众学习 能力分析	14岁到18周岁的青少年群体，思维活跃、参与性强，具备利用多媒体技术、网络技术获取资源、查询信息的能力，尤其在科学知识学习中，具有较强的好奇心。他们信息加工和处理能力还较为薄弱，对科学知识的理解和把握还不够深入，并没有形成一定的知识体系，而且，对于交互式、探究式的学习形式还不能完全接受和适应
公众学习 风格分析	学生能够积极主动地参与科普活动，对科学知识具有强烈的好奇心和渴求欲；具备一定的实践操作经验；在团队协作中，善于与其他队友合作，共同探究

二、设定活动内容与任务

活动内容描述
本次科普活动的主要目的是让学生在科技馆中亲身体验地震这种自然现象，并通过与展具、科普专家和其他学生的互动了解地震的形成、分布（时间分布和地理分布），认识地震对人类社会产生的危害，增强学生自身的防护意识。尤其是通过地震实践，引导和讲授一些必要的逃生和自救措施，与此同时，提升学生克服困难、重拾信心、艰苦奋斗的勇气 　　模拟地震再现的活动，科普专家为学生讲授必要的地震知识，再通过小组合作的形式，倡导学生协作探究。在活动的过程中，学生不仅需要充分利用互联网搜集地震资料，而且还要尽可能地与小组成员沟通、配合，让整个活动充分体现互动的色彩，使每个成员都能通过科学活动真正掌握和理解地震现象和相关的逃生、自救措施 　　本次活动划分为四个科学活动小组，主要完成六个与地震相关的问题。其目的是拓展学生的知识领域、拓宽看待问题的视角、掌握科学的方法和手段，以提升学习运用所学知识解决问题的能力，真正使学生形成科学的世界观、价值观和人生观

活动任务说明
了解地震的形成、分布规律（时间分布和地理分布）、认识地震对人类社会产生的危害，增强学生自身的防护意识。本活动主要根据以下六个问题展开，小组应对每个成员进行合理、细致的分工，共同探究地震问题

（1）地震是如何发生的？	（4）地震危害性有哪些（社会、生命财产和人的心理等）？
（2）地震的分布特点有哪些？	（5）地震可以预测吗？通过哪些方式可以预测？
（3）地震的种类有哪些？	（6）我国的地震分布情况如何？

三、选择学习环境与资源

1.学习环境选择（打√）		
Web 教室（　）	科技馆（√）	科普教育基地（√）
科技博物馆（√）	高等院校实验室（　）	其他_____
2.学习资源类型（打√）		
课件（　）	工具（√）	专题学习网站（√）
多媒体资源库（√）	展具和展品（√）	科普课程（√）
案例库（　）	题库（　）	其他_____

四、创设学习情境

1.学习情境类型（打√）	
（1）真实情境	（2）问题情境
（3）虚拟情境√	（4）其他_____
2.学习情境的设计	
（1）在科技馆创设的交互式学习环境中，学生可以按照自身的知识背景，学习兴趣选择相应的学习内容。这种互动形式，不仅激发了学生参与的热情，使被动的学习转为主动参与，为学生积极性、自愿性的发挥创设了良好的条件，真正实现了以学习者为中心，让学生成为活动主体的目标 （2）通过互动的方式与展品进行融合，借助多媒体技术，创设交互式学习情境，使展馆的互动性不仅仅来源于展品的各种开放式互动设计，还源自能够启发学生想象力和参与性的各种媒体。当然，这种互动形式给学生带来的不只是眼球运动，肢体运动，而是在鼓励学生动手参与的同时让他们的大脑活动起来，从而引发更深的求知欲望 （3）设置思考问题，利用实践游戏来评测学生的掌握情况，唤醒学生对科学知识的需求、激发他们进行科学探究的兴趣，从而使科学素养在探究活动中养成和提升	

五、设计学习活动

1. 自主学习设计

活动内容	使用资源	学生活动	科普专家活动
体验地震游戏，检测知识学习的效果	展品、科普课程	每位学生体验地震游戏，检测地震知识的掌握情况	指导
交流体会，总结归纳	专题学习网站	学生根据实践活动获得的知识经验在专题网站展开讨论，提出相应的问题	指导

2. 学习活动设计

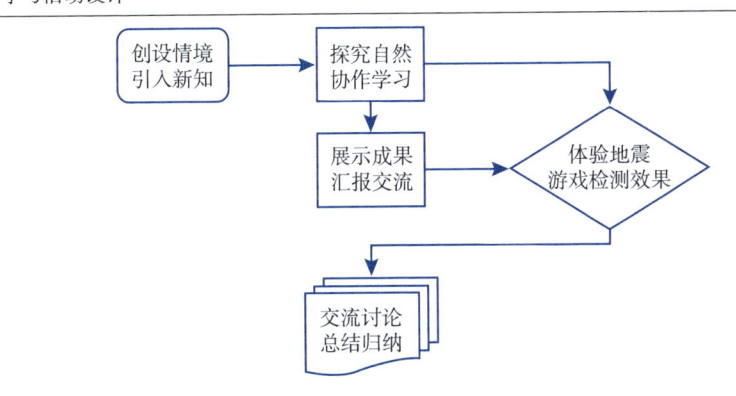

```
创设情境        探究自然
引入新知   →   协作学习
                  ↓
              展示成果         体验地震
              汇报交流   →   游戏检测效果
                                 ↓
                             交流讨论
                             总结归纳
```

（1）创设情境、引入新知识

为了体现真实场景，模拟地震现象可使用沉浸式主题剧场技术，借助声、光、电技术、视频等，营造强大的视觉冲击感。放映时，可将以下 6 个问题引入其中，使学生在思考中感受科学现象和原理

①地震是如何发生的？	④地震危害性有哪些（社会、生命财产和人的心理等）？
②地震的分布特点有哪些？	⑤地震是可以预测吗？通过哪些方式可以预测？
③地震的种类有哪些？	⑥我国的地震分布？

（2）探究自然，协作学习

学生以小组为单位在沉浸式剧场体验地震游戏，并根据引导问题，小组分别展开搜寻、查找、讨论、综合、整理

（3）展示成果，学习知识

每组选派代表进行课题汇报，汇报内容主要以 6 个问题为主，发言人用清晰的思路、简洁的语言陈述该组所探究和搜寻的结果。讲述时，可借助多媒体设备进行操作，以方便科普专家和其他学生参与讨论

（4）体验地震游戏，检测效果

每位学生完成地震游戏，检测自己对地震知识的掌握情况，以认识地震对人类社会产生的危害，增强学生自身的防护意识

（5）交流讨论，总结归纳

学生可根据自身掌握程度，进行互动交流，与同组或其他学生展开讨论

六、学习评价与反思

1.评价形式与工具（√）		
课程提问（√）	书面练习（ ）	知识测试（√）
学生自主测评（√）	协作完成任务（√）	其他

2.评价内容

   整个体验活动的评价分为三个部分，自我评价、小组评价、科普专家评价，分别占30%、30%、40%

自我评价（30%）

	是	否
你是否对任务感兴趣		
你是否完成了自己的课堂学习		
你是否搜集到需要的资源		
你是否积极配合小组分工		
你是否与组员协作交流		

自我评价：

其他组员的评价：

科普专家的点评：

小组评价（30%）

小组成员评价	4分	3分	2分	1分
工作态度	非常积极	积极	较积极	简单应付
对小组的贡献	积极主动提供自己的知识、观点和技能	大部分同学能贡献自己的知识、观点和技能	仅向部分同学贡献自己的知识、观点和技能	成员很少或几乎不贡献自己的知识、观点和技能
工作进度	非常迅速	迅速	按时完成	不能按时完成
小组成员交流讨论	经常交流	有交流	偶尔交流	没有交流
小组成员的学习态度	主动性强	较主动	一般	不主动

| 科普专家评价（40%） ||||
|||||

1. 对小组任务完成情况的评价（30%）

	4分	3分	2分	1分
选题的完成情况	出色地完成了选题，选题内容不仅包括与活动相关的知识，还提出了延伸性的问题和给出了建设性的措施	完成了选题，选题内容基本与活动相关	基本完成了选题，选题内容部分与活动选题相关	没有完成选题
收集资料的情况	能够借助各种渠道搜集大量与选题相关且具有密切关系的资源	搜集了部分资料，且都能与选题相关	搜集了部分资料，某些与选题相关	几乎没有搜集与选题相关的资料
小组合作情况	成员之间能够积极配合，明确分工，合作交流	成员之间基本能够进行合作、协商与交流	成员之间偶尔进行合作、协商与交流	成员之间从未进行合作、协商与交流
汇报情况	主题明确、结构清晰、内容丰富	主题明确、结构较清晰，内容较丰富	主题明确、结构混乱、内容较少	主题不明、结构混乱、内容极少

2. 对学生信息素养的评价（10%）

	4分	3分	2分	1分
报告质量	运用了大量视频、音频和图片等多种媒体	插入了视频、音频和图片	加入了图片	纯文本报告
界面设计情况	界面美观、交互性强、操作简单	界面较为美观、操作简单	界面较为美观	界面复杂难懂

第三章
公共科学活动设计的过程与模式

第一节 公共科学活动设计的层次

公共科学活动设计依据科学活动的范围和目标，为科学活动的实施提供最佳方案和措施，使科学活动更加合理、科学。科学传播系统本身由很多子系统构成，根据各个子系统大小和任务的不同，公共科学活动的设计可分为三个层次：以"资源"为中心的公共科学活动设计；以"过程"为中心的公共科学活动设计；以"项目"为中心的公共科学活动设计。

一、以"资源"为中心的公共科学活动设计

科普资源是科学知识、科学方法、科学思想以及科学精神传播和弘扬的物质承载者，是科普工作的工具、科普能力的载体，更是一个国家的科普能力集中体现为向公众提供科普产品和服务的综合实力。[1] 以资源为中心的公共科学

---

[1] 任福君，尹霖. 科技传播与普及实践 [M]. 北京：中国科学技术出版社，2015：127.

活动设计，不仅对提高公民科学素养、服务科技创新有重大价值，而且对促进社会科学文化的繁荣也有积极的作用。

以"资源"为中心的公共科学活动设计主要是指对科学活动的资源进行设计与开发，是把公共科学活动中需要使用的媒体、材料、产品和信息等当作产品进行设计、开发、测试和评价，并且这些科普资源必须能够被大量的活动参与者使用。一般包括前期分析、目标设计、确定策略和实施评价等环节。

前期分析旨在探明科普资源的价值意义、功能定位、服务对象、影响因素以及成本预算。其中，主要包括服务对象分析、资源功能分析、资源的价值意义分析三个方面的内容。

明确具体的科学活动目标，即参与者通过参与活动应该掌握哪些具体的科学知识和技能。确定设计的流程之后，对比前期的目标定位，采用评价量规来衡量设计开发的科学资源能否满足用户的需求，促进或改善学习者的学习。

设计公共科学活动资源时需要针对不同的资源选择不同的方式，灵活应用。比如，一些科学原理，可以设计一个具象的物理发明来展示。如虹吸原理，可以用一个虹吸水钟来展示，生动形象。难以具体化的内容，可以运用多媒体设计数字化资源。另外，注重时效性，大多数以资源为中心的设计都是短期计划，应该与当时的社会背景、时代发展主题相结合，既迎合学习者的学习兴趣，又不缺乏科学知识的严肃性。

二、以"过程"为中心的公共科学活动设计

公共科学活动的设计从中观的视角来说在于确定科学活动的具体流程，通过对科学活动进行需求分析，进而确定其目标，并对活动的材料进行准备，设计活动实施的具体步骤，最后对活动进行评价。中观设计的目的是解决科学活动中的具体的问题。根据全国第八次公民科学素养普及调查报告，我国科普教育实施水平与公民科普需求呈现出较大的差距。究其原因，公民获得科学知识的渠道比较有限，长期以来主要通过广播、电视、收音机等传统的媒体来获得科学知识。怎样在21世纪信息时代利用互联网与微博、博客、数字电影等新兴媒体技术促进公民科学素养的提高，促进科普型社会的稳定发展，这是相关部门需要认真思考的问题。

以"过程"为中心的公共科学活动设计的范围是具体的科学活动，根据国家机关、政府部门的相关规定，在固定活动设施和科普资源的条件下进行科学传播的工作，重点是充分利用已有的设施和选择或编辑现有的科学材料来完成目标。其中，以"过程"为中心的设计主要包括需求分析、目标分析、策略分析、资源分析和效果评价五个阶段。

需求分析需要从三个方面进行：活动需求分析、活动内容分析和参与者特征分析。在需求分析的基础上确定公共科学活动的教学目标和设计公共科学活动的学习策略，对于学习策略的设计，需要在评估与反馈中得到完善。然后，依据公共科学活动的活动目标和学习策略准备相应的公共科学活动的材料和设备等，为公共科学活动的实施奠定基础。公共科学活动的评价包括过程性评价和总结性评价，在评价中还可以不断完善公共科学活动的设计方案，以达到科学传播效果的最优化。

在公共科学活动的实施过程中，一定要以参与科学活动的受众为中心，提倡体验式学习和探究式学习，让学习者全程都是全身心主动参与，并对正在发生的学习及过程是察觉的，在省思的体验中，连接当下的学习到过去、现在和未来。另外，对于学习者在参与学习过程中表现的积极性、投入度等都需要做出相应的评价。

以"过程"为中心的公共科学活动设计是实现科学传播目标的计划性和决策性活动，因此，要对各个科学活动单元进行合理的布局，根据活动内容为活动参与者提供不同的学习情境，精心创设科学活动情景，激发学习者的学习热情，引导他们主动参与、乐于探究、勤于动手、积极探索和大胆创新，使公共科学活动充满活力。选取科学知识的传播方法时，要采用与科学知识内容紧密贴合的、灵活多样的传播手段，提高科学活动参与者对科学传播的欢迎度。但要注意在促使科学活动多样化的同时，适当把握好尺度，防止过于追求形式，冲淡科学活动的必要内容，或者时间分配不当，让互动占据了过多的时间，或者引导启发不当，使公共科学活动变成了娱乐；本着为科学传播活动服务的思想，紧紧围绕学习者的需求进行科学活动设计；要做到注重每一个学生的个性发展，充分挖掘隐含在科学知识中的智力和非智力因素，使之服务于学习者的学习，促进学习者积极的情感态度以及正确的科学观念的形成。

三、以"项目"为中心的公共科学活动设计

公共科学活动通过传播、普及科学技术知识、方法、思想、精神，促进公众了解必要的科学技术知识，掌握基本的科学方法，树立科学思想，崇尚科学精神，提高公众科学素质水平。以"项目"为中心的公共科学活动设计从宏观层面制定公共科学活动的总体规划，设计科学活动体系的远景蓝图。公共科学活动设计涉及科学活动计划、参与人员培训、管理计划、活动材料等许多方面，强调对大环境进行分析并非常重视整体框架。

公共科学活动是面向公众、服务公众、为了公众而组织开展的活动。它应该科学合理，具有现实的价值意义。以"项目"为中心的公共科学活动设计以"问题—解决"的思路为指向，系统理论为基础，结合国家相关规定，实现目标方案的建立、试行和评价、修改等，涉及内容面广，设计难度较大。①确定主题。活动的主题决定了本次的科学活动以何种方式展开、采用什么科学材料、运用何种传播方式、活动环境等许多细节。②围绕科学活动主题，拟定公共科学活动大纲。③依据科学活动大纲，进一步展开活动计划。在活动计划中确定科学活动的展开形式，还要考虑如何对人力资源进行合理的调配。④过程性评价需要在每一个阶段进行结束之后进行阶段性评估，并且进行反馈和改进。⑤总结性评价在公共科学活动进行结束后，对科学活动的本身，以及所有科学活动的参与人员进行评价。需要注意的是，评价量规需要根据科学活动的形式合理制定。

目前，科学活动的形式注重创新，科学内容的组织形式丰富多样。对于每个科学活动项目，由多个活动模块组成，最终集成内容是要能够兼容多个模块的不同形式与内容。另外，把整个科学活动的各要素看成一个系统，分析科学活动进行过程中的需求和问题。依据系统论的观点，一个完整的系统由各个子系统构成，并由多个子系统构成完整的功能。公共科学活动的各种活动要素都属于大的系统，要素之间相互依存、相互促进。

公共科学活动是一个将科学知识转化成科普资源和科普活动并进行传播的过程。公共科学活动要遵循科学传播过程的基本规律，受多种因素的制约和影响。只有当这些因素达到和谐完整的统一时，公共科学活动才能达到最佳的整

体效果。因此，以"项目"为中心的公共科学活动设计要从整体出发，用系统的思想和方法对参与公共科学活动过程的各个要素及其相互关系进行分析、判断和调控。在项目设计过程中不能只强调科学知识、技能或科学素养的培养，还要关注受众的情感态度、价值观的培养。既关注学习者作为"一个完整的人"的智力与人格的全面协调发展，也要关注人与自然、社会以及人与人之间的和谐发展。

知识花絮

教学设计的集大成者罗伯特·加涅

罗伯特·加涅（1916—2002 年），美国著名的教育心理学家，以提出"学习的条件"著称，是教育技术学教学设计理论的主要奠基人之一。[1] 加涅原是一位受过严格的行为主义心理学训练的心理学家。[2] 但在他学术生涯的中后期，既吸收了信息加工心理学的思想，也吸收了建构主义心理学的思想，并将其主要精力集中在学习理论、教学理论、教学设计乃至教育技术学基础理论的研究和构建中。[3] 1974 年，获桑代克教育心理学奖。1982 年，获美国心理学会颁发的"应用心理学奖"。

加涅的学术思想中有两条重要的假设：一是学习是需要条件的。学习的条件分为内部条件和外部条件。外部条件激发和保持内部条件。内部条件激发了，学习就发生了。二是学习结果是可以分类的，即言语信息、智慧技能、认知策略、动作技能、态度。

加涅还提出了学习的层次理论，即累积学习的模式。其基本观点是，学习任何一种新的知识技能，都是以已经习得的、从属于它们的知识技能为基础的，也就是说，学生学习较复杂、抽象的知识要以较简单、具体的知识为基础。加涅将学习分为八个层级：信号学习、刺激—反应学习、动作链锁、言语联想、辨别学

---

[1] ANGLIN G J, DICK W. The legacy of Robert M. Gagné [J]. Educational Technology Research and Development, 2003, 51（2）: 77–78.
[2] 施良方. 学习论 [M]. 北京：人民教育出版社，2008.
[3] 徐晓雄，桑新民. 教育技术学视野中的加涅思想研究 [J]. 电化教育研究，2003（10）: 11–16.

习、概念学习、规则学习、问题解决或高级规则学习。①

此外,加涅还根据信息加工理论提出了九段教学法。加涅根据其总结的学习与记忆的信息加工模型,明确指出如何通过教学将信息转化进入学生的长时记忆。他认为,教学活动是一种旨在影响学习者内部心理过程的外部刺激,因此教学程序应当与学习活动中学习者的内部心理过程相吻合。在加涅看来,由于人类的内部心理加工过程是相对稳定的,所以作为促进内部心理加工过程的外部条件即教学事件也应是相对不变的。根据这种观点他把学习活动中学习者内部的心理活动分解为九个阶段:引起注意、告知学习目标、回忆相关知识、呈现刺激材料、提供学习指导、诱导行为、提供反馈、评价表现、促进记忆和迁移,相应的教学程序也应包含九个步骤。

拓展资源

1. PEA R D. Learning scientific concepts through material and social activities: Conversational analysis meets conceptual change [J]. Educational Psychologist, 1993, 28 (3): 265-277.

2. 刘国璋. 青少年生物和环境科普活动的设计与开发 [M]. 上海:上海科技教育出版社, 2003.

3. 任福君, 尹霖. 科技传播与普及实践 [M]. 北京:中国科学技术出版社, 2015.

4. 任福君, 翟杰全. 科技传播与普及概论 [M]. 北京:中国科学技术出版社, 2012.

---

① R.M.加涅. 学习的条件与教学论 [M]. 皮连生, 译. 上海:华东师范大学出版社. 1999.

第二节　公共科学活动设计的一般过程

"凡事预则立，不预则废。"要焕发公共科学活动的活力，做好活动设计是十分必要的。公共科学活动在社会的科普体系中处于相当基础的地位，面向对象是社会组织和公众群体，最终的成果要体现在科学活动是否丰富，民众的科学素养是否被提升等。因此，针对公共科学活动基本特征提出活动开展的一般过程：活动内容的确定、目标和主题的确定、资源的安排、实施方案的设计以及评估的实施等环节。

一、以公众科普需求为导向，确定活动内容

确定活动内容需要调查公共科学活动的受众需求，分析活动的组织者自身资源以及确定科学活动的基本内容。公共科学活动的思想或理念通常来自个体、组织团体或官方机构。在具备科学的、合理的理念以后，人们才能开始采取行动，尝试并争取相关专家、机构的支持，逐步将大脑中的想象转变为现实的存在。公共科学活动设计的目标和内容的确定便是提出活动理念与获取支持等任务的完成阶段，是决定公共科学活动能否实施的首要因素。公共科学活动是面向公众、服务公众、为了提升公众的科学素养和传播科学知识而组织开展的活动，因此活动的设计要结合目标对象群体的受教育程度、心理和生理特点、年龄特征和兴趣爱好等，选择合适的科学活动形式与内容，帮助他们掌握科学的知识和方法，增强运用科学的技能和能力。

公共科学活动的对象通常有三种，即目标受众、潜在受众和虚拟受众。目标受众是已经参与公共科学活动的公众；潜在受众是指没有参加公共科学活动的公众；虚拟受众指通过进入博物馆网站来了解公共科学活动及科学信息的公众。公共科学活动设计人员应通过调研了解各阶层社会公众（不同年龄、教育背景、职业等）关于公共科学活动的心理预期和实际需求，进一步明确目标受众，有针对性地策划公共科学活动。

在确定活动的目标受众之后，公共科学活动工作人员应根据受众的知识背景、认知特点、受教育程度、学习风格等特征确定活动所需的资源。科学活动资源既包括文物展品、设备、经费、环境等物质资源，也包括人力、政策和信息等非物质资源。公共科学活动的资金来源有多种渠道，主要包括政府拨款、社会募捐和企业资助等。环境资源是指科技场馆为公共科学活动提供的活动场所环境，它既包括展品、设备的摆放，也包括活动氛围的营造。资源分配与利用需要管理人员充分考虑活动内容的安排，活动类型的选择以及目标受众的特点等因素。合理的环境设置能够提升活动参与者的愉悦感与满意度。人力资源是指与公共科学活动的组织与实施相关的一切工作人员，这既包括公共科学活动的设计开发者、经营管理者，也包括指导公共科学活动设计、实施的专家，还包括科技场馆的维护人员和科普志愿者等服务人员。在调查和分析科学活动主要受众的基础上，根据不同的对象选择不同的活动内容、传播方式和方法策略。基本内容是公共科学活动设计中重要的组成部分，涉及科学活动做什么、怎么做的问题。另外，作为一种非正规教育形式，公共科学活动依靠公众的机械学习方式来培养其科学知识和技能是行不通的。作为对正规教育活动的补充，公共科学活动应通过巧妙的设计提高学习的趣味性，使活动内容与公众已有的经验相联系，从而为公众提供更多学习体验的机会，激发公众参与公共科学活动体验的内部动机和外部动机，使公众在参与活动的过程中主动完成科学知识的构建，进而培养其科学精神，提升其科学素养。

二、确定活动目标与主题，奠定公共科学活动的主旋律

活动主题是活动的缩影，是一切工作的中心。确定公共科学活动主题可以有不同的方法，通常情况下需要分析时代发展的要求和自身拥有的优势资源，根据实际情况确定鲜明的主题。主题可大可小，但要能够反映科学活动的特色和基本内容，表达科学活动要传递的基本思想。在明确活动总体目标后，公共科学活动组织者应确定一个与活动目标密切相关的主题，并围绕该主题展开公共科学活动内容的设计、组织与实施。公共科学活动的主题要鲜明，并具有较强的号召力和感染力，兼具时代特征，能够唤起公众的参与热情。例如，2013年全国科普日活动的主题为"保护生态环境，建设美丽中国"，浙江主场活动

主题为"保护生态环境、倡导清洁能源、共享智慧生活",直截了当地表达了科普日活动的核心理念。任何工作的开展都有一定的目的性,各项公共科学活动的开展也是以特定的目标为导向的。提升公共科学素养、服务社会全面发展,是公共科学活动的最高目标。公共科学活动并不仅仅局限于知识的普及,而是在知识普及的基础上,追求更为重要的社会价值目标。作为一种非正式学习环境,公共科学活动能够为公众提供的有意义的学习体验主要包括知识体验、人文体验、审美体验和学习体验等,有利于拓展公众的科学视野,促进公众科学知识的保持与迁移。

(一)知识目标

公共科学活动的最终目标是促进公众科学素养的全面提升,而提升科学素养的基础是提升科学知识水平。有意义的公共科学活动的每一个活动环节都隐藏着特定的概念和原理,能够帮助公众学习和掌握更全面的科学基础知识和科学原理,了解科技创新对改造世界和改善生活的作用和意义。公众通过参与这种非正式学习活动,达到在现实参观与亲身体验中领悟科学概念的目的。需要指出的是,公共科学活动的知识性目标不仅包括公众对新知识的了解,还包括对先前错误观念的矫正和对模糊概念的进一步明确。

(二)技能目标

技能目标不仅是正式学习中的一个重要目标,也是非正式学习的一项重要内容。惠灵顿的调查发现,操作性展品的一个重要教育目的就是促进观众动作技能的提升,包括操作技能、手动灵敏度和手眼协调等。[①] 公共科学活动应关注科学学习的广度和深度,吸纳形式多样的培训试验活动,通过知识性、科学性和趣味性相结合的展览内容和互动形式,鼓励公众身体力行,亲自进行探索与实践,在探究体验、互动交流的过程中,培养实用技能,从而提高公众的实践能力。

[①] WELLINGTON J. Formal and informal learning in science: The role of the interactive science centres [J]. Physics Education, 1990, 25(5): 247–252.

（三）情感态度目标

公共科学活动不仅要致力培养公众的科学知识和实用技能，还要注重培养公众的科学思想、科学方法和科学精神。学校里的正规教育更重视对科学事实的阐述，很容易忽视对学生学习科学的情感的调动，这使科学知识的学习变得乏味而空洞，也使学生将科学视作一种仅需要记忆和偶尔应用于实际生活的知识集合。事实上，对科学知识的学习而言，情感态度尤为重要。学习者的好奇心、兴趣爱好和想象力直接关系到学习效果。科学技术的产生与发展也是在这种积极的情感态度的影响下实现的。所以说，公共科学活动不仅要为公众提供科学原理或理论的简单解释，还要激发公众参与的积极性，提升公众对科学学习的自信心，通过多样化的创新性活动，启迪公众的科学意识和观念，唤起活动参与者情感上的共鸣，引导他们主动探索科学的奥秘。

三、合理安排资源，提升公共科学活动的科普效率

为确保公共科学活动能够顺利地按照预期计划运行，工作人员在活动开展实施之前需要对所用资源有所规划，其中也包括资源的维护。维护工作包括对科学仪器、视音频设备、光电设备等的清洁与维修，也包括对温度、湿度、光照水平的测定与调整。这是一个需要科技专家和维护人员进行实时沟通、共同协作的过程。在实施阶段，只有当维护工作得到了活动管理者的重视时，所有潜在的问题才能得到最大限度的缓解。

公共科学活动中的互动主要包括公众之间的互动、公众与展品的互动以及公众与科普工作人员的互动。公众参与公共科学活动的过程也是学习过程。传统的公共科学活动侧重于知识的单向传输，从展品或科普工作人员到公众的传递过程中缺乏有效的互动。在这种情境下，公众是被动参与活动中，这既降低了他们的积极性，也影响了他们主观能动性的发挥。要改变这一现状，就需要活动设计者设计更多样化的活动形式和活动内容，使公众在积极参与活动的过程中，增强与展品、科普人员和其他活动参与者的互动，以便在认知、身体与环境的统一中实现具身认知。

在确定了具体目标、活动对象、资源配置等事项之后，设计人员要根据这些内容将科学知识分解成可控的活动单元，并为活动单元选择合适的活动类型，以最佳方式向公众呈现活动单元的内容。但活动单元与其他单元是相互衔接、相互照应的，并非独立的个体。因此，设计人员应认真分析各活动单元所要展示的科学知识的关系，按某种逻辑方式（如网状式、层级式或简单序列式）进行组织，使各活动单元相互衔接，融为一体，共同凸显公共科学活动的主题。

在完成上述各项工作之后，公共科学活动组织的个体或团队要初步考虑规划阶段可能涉及的程序，并形成活动提案。组织人员要及时将提案呈现给赞助机构，积极安排讨论，通过游说、协商争取赞助机构的支持。同时，要向科普专家进行咨询论证，并进一步完善公共科学活动提案，使其更加科学合理。最后，要请相关部门认证，获得官方许可。

科普资源配置合理与否，对公共科学活动的实施和推广尤为重要。只有得到合理的配置，科普资源才能帮助公共科学活动取得令人满意的效果。因此，如何优化资源配置是公共科学活动设计工作需要考虑的重点问题之一。为使资源配置最优化，公共科学活动的设计开发人员一方面要了解现有资源的配置状况，并在此基础上开发新型资源，提高资源的使用效率；另一方面，应对科普资源的配置与共享进行评价，明确其有效性与价值发挥水平，以便构建资源共享平台，更好地提升科普资源共享水平，提高资源的使用效率。

四、明确具体实施方案，推动公共科学活动顺利进行

公共科学活动的设计一旦在一系列关键问题上形成了比较系统的思考之后，就可以进行设计方案了。方案应该充分反映和体现科学活动确立的基本原则，符合科学活动主题与目标定位的要求。在具体内容上应该包括从实践活动的准备、人力资源的调配到活动项目的启动、实施过程的执行与过程监控。也包括从活动方式的设计、活动要求的明确分解到各个具体活动的程序步骤、预估执行中可能出现的问题、提出解决问题的应对方案，再到各类参与者、受众以及活动宣传推广的基本策略和资源与预算的具体安排。对各方面的工作进行系统的谋划和细化，要有良好的可操作性和可执

行性。

公共科学活动的具体实施没有固定的模式或方法，需要组织者充分发挥创造性，根据受众的特点，具体内容来确定活动的具体安排。一个优秀的设计方案可以给组织者和实施者提供清晰的路径和程序，使他们能够按照方案设计的程序步骤逐步执行，并且能够让组织者、实施者在执行方案的过程中进行自我监控，及时发现执行中的偏离。

不同的活动内容通常需要采用不同的活动类型予以表达，故活动内容的设计主要体现在对活动类型的选择与把握上。根据内容、方法等特性的不同，公共科学活动可以分为以传统博物馆为代表的展示型活动和以现代科技馆为代表的综合型活动；根据活动参与者的参与方式的不同，公共科学活动可以分为被动体验式活动和主动参与式活动。

（一）传统展示型活动

传统的展示型活动以展示静态物品为主，主要展品包括实物、历史原物和文物等，具有很强的客观性和一定的科学性，其展示过程也比较注重逻辑性。不足之处在于，陈列方式和手段较为单一，教育活动内容的广度与深度也不足，不利于科学知识的普及与推广。在我国，博物馆界长期将收藏、保管、研究展品视为主要职能，将博物馆教育活动局限于展览参观。这实际上是一种误区，并不利于博物馆的长远发展。

（二）综合型活动

综合型活动对展示型、探究型、体验型和互动型等科学教育活动兼收并蓄，具有较强的科学性、知识性、趣味性、创造性和互动性等特点。科技馆中开展的综合型公共科学活动以科普教育为基本职能，以普及科学技术知识、提高公众科学素养为宗旨，与传统的展示型活动存在很大不同（表3-2-1）。[1]

---

[1] 中国科技馆《科技馆研究文选》编辑委员会. 科技馆研究文选［C］. 北京：中国电影出版社，1989.

表 3-2-1　展示型活动与综合型活动特征对比

	展示型活动	综合型活动
展　项	①强调实物、原物以及历史文物的较高历史价值和学术研究价值 ②为展示、陈列展品而设计 ③不重视展项更新 ④强调客观性、科学性	①以基本原理的解释、应用以高科技为主，强调概念和思想 ②为专门教育目的设计、制作 ③重视展项更新 ④强调科学性、知识性、趣味性、创造性、交互性
活动内容	①强调实体 ②侧重历史 ③侧重结果 ④观众感兴趣的是文物 ⑤有顺序性	①强调感官、激发思维 ②侧重现在和未来 ③侧重过程 ④观众感兴趣的是活动 ⑤一般无序，适于更新
活动方法	①展项以陈列为主，分类清晰，文字解释详细 ②静态展示为主 ③封闭式、严禁动手 ④学术气氛浓厚、要求肃穆、安静	①注重启发式、标题醒目，文字解释简洁 ②利用现代展览技术，强调动态展示和公众参与 ③鼓励动手，参与式，开放式，灵活，富于想象 ④寓教于乐，气氛活泼、热烈

（三）被动体验式活动

被动体验式活动是指信息以单向传播的形式向观众传播科学知识，展品是其主体，观众是信息的被动接收者。被动体验式的公共科学活动以静态或动态的形式将展品呈现给观众，主要有原型展览、模型展览、科学视频观看等活动。原型展览活动是为了让观众看到展品的真实结构而还原历史原貌，将展品的原型展示给观众，如古代名人的绘画、现代战争中使用的电报机、武器等。这种展陈活动通常给展品配以解释性材料，并通过声光电等技术营造相应的特殊情境，使展览效果更加震撼。模型展览是指因时间、空间等条件限制无法进行展品实体展示时，运用恰当的技术、材料、产品和工艺将实物按比例缩小或放大制作成模型并予以呈现，如航空航天模型展览、遥控和模拟设备及配件展览等。以电脑芯片为例，由于芯片实物体积过小，公众无法直接看清其内部具体构造，但通过特定方法和技术，将其制作成按一定比例放大的模型，观众就能够更直观地观察和探究，了解其构造和工作原理。科学视频观看活动是将科学、技术、工程学和数学领域的科学事件等以视频方式记录下来展示给观众。对科学事件类项目展览而言，动态画面比静态图片更具吸引力，也更容易激发观众的学习兴趣。动态画面配以适当的解说，结合特殊的音响技术和先进的信息技术（如全息投影技术），有助于公众全身心投入其中，主动建构科学知识。但在以视频形式展示科学内容时，我们需要注意视频展示的科学性、教育性、艺术性和趣味性，充分运用冗余原则、通道原则、多媒体原则等多媒体教学原理，以帮助观众更深入地了解和学习科学知识。

（四）主动参与式活动

与被动体验式活动相对应的是主动参与式活动。这类活动注重与公众的互动，要求公众主动参与到公共科学活动中来，并在与环境进行交互（包括人与人、人与活动设备之间的交互）的过程中，主动完成科学知识的意义建构。建构主义学习理论认为，学习是学习者在一定的情境中主动建构知识的过程。学习也是一种社会活动，通过与他人进行对话和交流，学习者能够更好地完成知识意义的建构。主动参与式活动以受众为主体，为受众的主动参与和交互提供一定的环境。尤其是在信息技术飞速发展的今天，虚拟技术、3D交互式技术等现实模拟技术为增强公共科学活动的交互性提供了强大的技术支持，在提高公众参与积极性和增强公共科学活动的科普效果方面取得了显著成效。

五、落实总结评估，促进公共科学活动的良性发展

公共科学活动的组织实施是否符合预期的效果，是否达到目标以及效果是否理想，都需要在实施过程中或结束后进行认真的分析与评估。总结有哪些值得改进的地方，有哪些值得继续保持的经验。评估不仅是对既有的工作任务完成情况和科学活动项目实际效果的评价，对今后工作改进和提高也具有重要的指导价值。

在活动设计方案的实施过程中，管理者要对各项事务的安排进行评价，并及时提出修改意见；在设计方案得以实现之后，评估专家、管理者、活动参与

者要对设计方案在现实环境中取得的效果进行评价，以确定设计方案的优缺得失，积累经验教训。由此可见，评估对公共科学活动的设计、实施与改善至关重要。[1]然而，公共科学活动具有工程量大、成本高、系统复杂、技术要求高等特征。这种特殊性表明，公共科学活动质量的提高不仅需要不断地对其进行评价，而且要延长评价周期。[2]对此，我们可以引进周期更长的确证性评价，以完善公共科学活动设计的评价机制。

公共科学活动的设计是一个循环往复的持续性过程，需要根据活动实施情况对活动规划进行必要的更新和修改。公共科学活动的规划是在活动开始之前进行的，很容易出现不符合实际情况的现象，尤其是对内容复杂、周期较长且质量要求较高的公共科学活动，更新和修改工作愈加重要。在更新与修改阶段，公共科学活动设计人员要根据评价的反馈结果，结合实际情况，确定是否需要对活动计划进行更新和修改，以及怎样修改。例如，随着活动计划的实施与开展，设计人员可以进一步细化活动环节，并相应地修改时间要求，以符合公共科学活动工作人员的工作需要，满足受众的认知需求，优化公共科学活动的执行效果。

拓展资源

1. LORD B，LORD G D. The Manual of Museum Management［M］. Lanham，Margland：AltaMira Press，1997.

2. DIN H，HECHT P. The digital museum：A think guide［M］. Washington D. C.：American association of Museums，2007.

3. LORD B，LORD G D. The Manual of Museum Exhibitions［M］. Lanham，Margland：AltaMira Press，2002.

4. 美国旧金山"探索馆"［EB/OL］.［2016-8-30］. http://www.exploratorium. edu/.

---

[1] MILES R，CLARKE G. Setting Off on the Right Foot：Front-End Evaluation［J］. Environment & Behavior，1993，25（6）：698-709.

[2] SEELS B，RICHEY R. Instructional technology：The definition and domains of the field［J］. Association for Educational Communication & Technology，2020，42（1）：59.

5. 大英博物馆［EB/OL］.［2016-8-30］. http://www.britishmuseum.org/.
6. 中国科学技术官［EB/OL］.［2016-8-30］. http://www.cstm.org.cn/.
7. 厦门科技馆［EB/OL］.［2016-8-30］. http://www.xmstm.com.cn/.

第三节 公共科学活动中的参与式设计

一、参与式公共科学活动设计的概述

参与式设计最初被称作"协同设计"，发端于20世纪六七十年代斯堪的纳维亚半岛的设计运动，同时也继承了行动研究和社会技术设计的思想。参与式设计最初被用于政治领域的民主运动中。然而，当这种方法被引用到美国社区时，"协同"一词在充满严重分离的工人和管理者之间并没有达到共鸣——他们不应该也不能以面对面的方式进行讨论。此后，"参与式"一词替代了"协同"一词，并被用于参与式设计会议。参与式设计不是工人和管理者坐在同一个会议室直接合作讨论如何改善他们的工作环境和工具，而是给工人和管理者分别提供单独的会议室，让每个组都参与这个设计过程，但并没有直接合作。斯宾纳兹曾在他的文章中谈到参与式设计，他认为"用户最有资格来决定如何改进他们的工作和工作环境""参与式设计自产生以来，迅速跨过大西洋影响北美地区，成为实现人机互动、计算机支持的合作以及研究其他相关领域的一种重要手段"。[①] 从1990年开始，世界性的参与式设计会议（英文缩写PDC）每隔一年召开一次。进入21世纪以来，参与式设计在国际上更是方兴未艾。作为一种独特的设计方法，参与式设计能够为用户提供满足其文化、情感、精神需求的产品或环境，因而被用于多个领域，如软件设计、城市设计、建筑设计、景观设计、产品设计、图形设计等领域。目前，参与式设计在教育、网络设计等领域也得到了广泛的应用。

---

① CLAY S. The Methodology of Participatory Design［J］. Technical Communication, 2005, 52（2）: 163-174.

（一）参与式公共科学活动设计的内涵

参与式公共科学活动设计是一种试图使所有利益相关者（如科学活动的设计者、组织者、学习者以及投资者等）积极参与设计过程的设计方法，其目的是确保所设计的产品可用且能够满足用户的需求。参与式公共科学活动设计倡导将用户深入地融入设计过程，培养用户的主人翁意识，并将用户视为影响科学产品质量、价值等所有指标的相关专家。[①] 弗莱明指出，"通过参与式设计，用户走出诸如旁观者、审核批准者、'知识库'等角色，成为设计伙伴、设计主人、专长贡献者和自主决策者"。[②] 参与式设计使用户成为设计者的合作伙伴，使设计过程成为设计者和用户之间相互协调、合作学习、共同分享的过程。实施者和用户间的伙伴关系必须形成，二者必须对设计方案的成功负责。简言之，参与式科学活动设计的实质就是，设计者参与学习所发生的真实实践场景，并使"用户"也成为设计活动的参与者，而不是作为局外的观察者或被研究的对象。

（二）参与式公共科学活动设计的特征

传统的公共科学活动设计工作通常是由管理者来负责完成的，如今，其他领域的专家也积极加入其中，如教育家、心理学家、设计专家、艺术家、技术专家和维护人员等。他们协同合作，发挥各自专业领域的特长，为组织、开展更具吸引力的科学活动出谋献策。但只依靠上述领域专家仍不能满足公众的知识、情感、认知、精神等方面的需求，也不能满足现代科普事业的发展要求。因为这些群体创设出来的公共科学活动更多地满足了管理者与设计者们的创作要求，却极少能达到受众所期待的效果。显然，参与式设计方法的兴起为公共科学活动的设计开展提供了很好的思路，HIPS 项目就是一个较有说服力的证明。HIPS 项目是由欧洲委员会资助的，旨在开发一个手持电子导游，使游客可

[①] CARMEL E, WHITAKER R D, GEORGE J F. PD and Joint application design: A transatlantic comparison[J]. Communications of the ACM, 1993, 36（4）: 40–48.
[②] LARGE A, BEHESHTI J, NESSET V, et al. Designing Web portals in intergenerational teams: Two prototype portals for elementary school students [J]. Journal of the American Society for Information Science and Technology, 2004, 55（13）: 1140–1154.

以在参观博物馆或游览城市时在物理空间和相关的信息空间找到正确的导向。HIPS 项目的创新点之一在于启动了一些供参观者和博物馆工作人员共同探讨与设计便携设备的工作室。这类工作室的参与者包括博物馆馆长、一名艺术专家、一名博物馆管理员、一名美术负责人、博物馆书店的管理员和两名博物馆的游客。这些工作室为 HIPS 项目的技术设计和实施提供了很多有用的想法。艾维斯和奥尔森曾提出过用户参与活动的六个层次[①]，具体内容如表 3-3-1 所示。

表 3-3-1　用户参与活动的六个层次

参与层次	参　与　内　容
没有参与	用户没有参与或没有被邀请参与
象征性参与	用户为应付而参与，但一直被忽略
提建议式参与	通过访谈或问卷向用户征集建议
少量控制式参与	用户有责任对系统开发过程的各个阶段认可监督
在做中参与	用户被视为设计团队成员或作为信息系统开发集团的官方"联络"员
控制式参与	用户可以按照自己的预算直接向活动的最新进展投入资金，或者用户对开发工作的成果进行整体绩效评价

二、参与式设计在公共科学活动设计中的应用

公共科学活动是用来为公众提供科学服务的，其设计主体应该追求多元化，将活动对象纳入设计主体范围。公共科学活动设计开发者可以根据设计需要，有针对性地从活动对象中选取代表，引导他们参与设计活动，鼓励他们为活动设计提出创设性的意见和建议。

（一）参与式公共科学活动设计的基本分类

贝里瓦尔等认为，人机交互中可以将用户在活动中的参与度分为三个层次：①为用户设计。产品和服务都是以用户为中心，通过收集与用户相关的数据、模型、理论来了解用户的需求，并将其作为考虑因素放入设计中。在"为

[①] IVES B, OLSON M H. User Involvement and MIS Success: A review of Research [J]. Management Science, 1984, 30 (5): 586-603.

用户设计"的层次，用户并不参与活动的设计，只是以被动接受的方式获取信息。②和用户一起设计。设计者和用户一起参与活动设计，在设计过程中，设计者和用户的边界比较模糊，但他们之间的角色定位和责任又存在差别。设计者在整个活动的控制和设计过程中占主导地位，而在活动形式与内容的设计过程中，与用户拥有同样的权利。③由用户设计。整个活动的产品与服务的设计都是由用户来负责完成的，设计者只是为用户提供一些必要的支持，以用户的辅助人员的身份参与活动设计。

（二）参与式公共科学活动设计的一般原则

公共科学活动产品本无生命，而设计者赋予其生命。在公共科学活动产品存在的整个生命周期中，用户参与伴随公共科学活动产品的孕育到诞生，不论是创意者还是制造者都在参与决定着公共科学活动产品将以何种空间姿态面世和存在。因此在用户参与公共科学活动产品的设计开发活动中，要遵循以下原则：感官是生物感受外界刺激的器官，而刺激则直接影响人体知觉，正如梅洛庞蒂所讲"知觉是一切行为得以开展的基础，是行为的前提"，感官参与正是梅洛庞蒂所说"我带着我的身体"对产品进行感知体验的过程。比如，斯塔克榨汁机是工业设计的一个典例，视觉冲击创意的独特让观者印象极为深刻，我们能感受到设计者的心思，因为它带来的不是简单的感官接触，更是源于内心的感动。

按照设计过程参与途径来分，参与方法有参与创意、参与制作、参与使用。①参与创意：此为设计者孕育阶段，使用者直接参与其中，与设计者探讨，使其在产品形态、材质等形式要素上充分发挥自主创新能力。②参与制作：类似于时下流行的 DIY，设计者完成设计，使用者介入制作过程，尽可能让使用者参与到设计中，在即将使用的产品中融入自身的主动因素。③参与使用：指设计者完成设计，制造者加工成型，使用者在使用初期完成对产品的组合、安装。因此，使用者能否有效参与设计，并通过选择与组合完成对自身个性的完美体现是设计者控制的主要因素。使用者行为参与的过程是对产品注入感情、投入精力的过程，并希望自己"孕育"多日的作品日后能给自己带来美好的体验与回忆。

（三）参与式公共科学活动的设计思路

如何执行参与式公共科学活动设计？参与式公共科学活动设计会邀请用户参与。参与用户的筛选条件与其他研究的用户筛选条件不同。参与用户需要是目标用户群体中具有逻辑思维，可以清楚表达自己所代表群体意愿的用户。在进行参与式设计之前，需要进行大量准备工作，为参与用户提供方向和架构方面的支持。虽然参与式设计允许用户参与，但并不是允许用户天马行空的参与。在设计过程中想办法让用户参与，可以大大提升用户体验度，还能使用户对自己参与的事更愿意主动传播。

我们身边的某些产品很可能就是凝聚了设计师和普通用户共同的灵感和努力创造而成的，换句话说："人人都是科学产品设计师。"用户参与设计的主要思路如图 3-3-1 所示。①识别阶段。识别阶段又分为导向阶段和发现阶段。导向阶段指的是对公共科学活动的主题、目标进行介绍，了解行情。发现阶段从确定活动环境允许项目开始，从享用活动组织服务和提供服务的视角，对当前的工作展开调查。这两个阶段为用户理解关键问题，应对挑战、探究成功的可能性提供了便利，构建起一种能传递科学知识，培养科学技能的具有价值意义的平台。②构建阶段。在构建阶段，设计者和用户要对科学知识进行概念化，探索应对挑战的方式，允许用户粗略地设计他们的科学产品，有助于减少风险，并得到最佳的设计结果。③权衡阶段。这一阶段设计师应该对用户设计的科学产品进行评估，并提出修改意见。

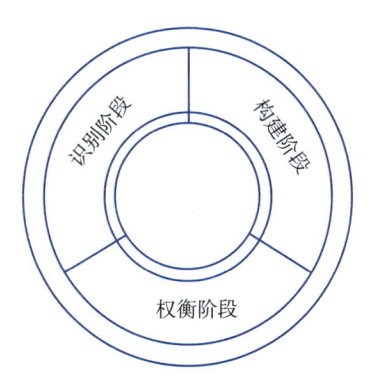

图 3-3-1 参与式公共科学活动设计思路

三、公共科学活动参与式设计的案例剖析

公共环境下的情境化混合集成项目（英文缩写SHAPE）是"消失的电脑"项目中的一个子项目，是将参与式设计应用于公共科学活动设计的典型案例之一。[①] 项目"消失的电脑"是由欧盟资助的信息社会技术研究计划发起的，目标是通过交互式设备集成来支持和改善人们的日常生活，利用具有信息收集、处理和交互功能的交互式设备为人们创造适宜的环境，让人们现在所熟知的计算机逐步从人们的视线中消失。SHAPE项目的目标则是探究如何将新兴的、创新性的计算机技术部署在公共空间来改善互动性和学习效果。[②] 该项目设计了混合型人工制品，即可视化且有趣的物理实体和数字材料，支持参观者的直接操纵，并通过营造充满刺激和挑战的展览环境，开展"探寻历史"和"回溯历史"活动，引发参观者的探索、疑问、辩论和对博物馆展品本质的反思。图3-3-2和图3-3-3描述了该活动的流程。

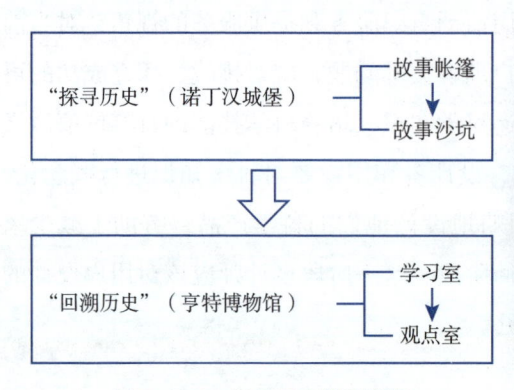

图 3-3-2　SHAPE 项目流程　　图 3-3-3　故事帐篷

（一）由用户设计的"探寻历史"

"探寻历史"活动是让参与者以探索诺丁汉城堡的形式发现历史，主要分为两个过程，即"故事帐篷"（图3-3-3）和"故事沙坑"。诺丁汉城堡见证了

[①] BANNON L, BENFORD S, BOWERS J, et al. Hybrid design creates innovative museum experiences [J]. Communications of the ACM, 2005, 48（3）: 62-65.

[②] HALL T, BANNON L. Co-operative design of children's interaction in museums: A case study in the Hunt Museum [J]. CoDesign: International Journal of CoCreation in Design & the Arts, 2005（1）: 187-218.

英国1000多年的历史，包括理查德一世和理查德二世的历史，以及著名的弓箭手罗宾汉带领手下创出丰功伟绩的故事。因此，活动参与者可以以诺丁汉城堡为"窗口"来了解英国的历史。然而，如何让参观者通过那些错综复杂的历史故事了解历史，以及如何从城堡的建筑和空间里挖掘隐藏的信息，是设计者面临的一个重要问题。游客通常是和家人、朋友一起来参观的，无形之中形成一个探索团队并合作探索英国历史。首先，探索者要收集一些线索。比如，当他们看到一把大刀时，就必须把它画在线索单里面。其次，通过这些线索来帮助他们构建特定的历史图。当涉及某位历史人物时，他们需要做一些注释或做一个个性化的纸片，例如画个图或做个拓片等。最后，当回到博物馆时，他们所做的较为完整的线索单通过无线射频识别技术（英文缩写RFID）做成电子标签，以记录他们与这些设施进行的交互，从而形成对历史更深的理解。

"故事帐篷"是一个迷你的、沉浸式的A字形小帐篷（图3-3-3）。[①] 游客把前期收集到的线索放入"故事帐篷"中的转盘，内嵌的无线射频识别阅读器将读取线索信息，并激发三维历史的重建。游客可以通过旋转转盘来观察三维的全貌，也可以看到来自博物馆的图画和文件。与此同时，线索会激发对应时期的音乐，如该时期战争中的交战声音等。"故事沙坑"是一个投影在地面上的模拟沙坑，游客们可以一起围坐在"沙坑"旁，将纸质的线索输入"沙盒"中。"沙盒"中内置无线射频识别阅读器，可以帮助游客通过特殊光束一起"挖掘"与他们收集到的线索相关的图片信息。但在"挖掘"之前，讲解员或者博物馆的教育人员需要对那些年纪较小的游客进行一些相关信息的讲解。不管是"故事帐篷"还是"故事沙坑"，都是为游客的协作探究而设计的。无线射频技术制作的标签线索将游客的经历及其所获取的空间信息等联系起来，进而依据他们与不同设施的交互形成一个整体的、连贯的经验。这个过程本身就是一个设计过程，活动参与者已然成为设计主体的一部分。"探寻历史"活动是用户自己设计的一个具体案例，其中主要参与人员是用户，在活动设计最初就为用户做好提示，提供必要的支持，让用户自主进

[①] BANNON L, BENFORD S, BOWERS J, et al.Hybrid design creates innovative museum experiences [J]. Communications of the ACM, 2005, 48（3）: 62-65.

行科学设计活动，让用户的理念更深入地融入科学产品。

（二）和用户一起设计的"重塑历史"

"重溯历史"活动是在亨特博物馆内展开的，主要包括探索故事、展示展品和探索神秘事物等活动，展示了新式计算机交互技术是如何被引入博物馆环境的，同时又提高了收藏品的存在价值，这一活动需要活动参与者具备一定的洞察能力。"重塑历史"活动中由许多已经设计好的场景来引导，如参与式设计会议、原型工作室和焦点小组，其中还有两个和房间一样大小的工作室：学习室和观点室，它们分别如图 3-3-4 和图 3-3-5 所示。

图 3-3-4　学习室 　　　　　　　　图 3-3-5　观点室

这两个工作室中都配有与博物馆展区相连接的交互设施。其中，学习室配有 4 个交互设施，游客可以通过这些设施探索那些神秘物体中不为人知的或不确定的各种细节。游客探索并获取信息的一个关键技术是无线射频识别技术。它将物体的相关信息制作成信息卡片，为游客自主体验提供了一个统一的活动基础，也使前一阶段中获取的纸质线索得到了补充。这个过程很好地激发了游客的想象力，使游客从不同的角度去理解那些神秘物品，并且可以利用不同的证据来支持他们的观点。在观点室中能让游客掌握这些复制品的信息，并记录个人关于物品性质的理解和神秘物品的可能用途。这些记录以动态的表达形式被收集，如视频、音频的形式，使得其他游客也能看到或听到他们与展品的互动。此外，这些被收集到的记录可以保存供所有的游客浏览。在 SHAPE 项目中，参观者充当了两种角色，他们在参与整个活动的同时也在设计活动，从而

使整个活动满足个性化需求。这样既提高了公众参与活动的积极主动性,也激发了他们进一步探索和求知的欲望。

用户在设计者的陪同与指导下成为产品的设计者和改变者,而设计师和研发工程师更多地扮演着协调者、配合者和观察者,感性地获得对用户的第一手资料。研究人员作为产品设计的主要组织者,在此过程中可以丰富用户的学习体验,参与设计的过程中学习者既掌握了知识技能,学习了科学知识,培养了合作精神,创新意识,也提升了学习者的科学素养。

拓展资源

1. TAXÉN G. Introducing participatory design in museums [C]//In Proceedings of the Eighth Conference on Participatory Design: Artful Integration: Interweaving media, Materials and Practices, Volume 1. New York: ACM, 2004: 204-213.

2. DINDLER C, IVERSEN O S, SMITH R, et al. Participatory design at the museum: inquiring into children's everyday engagement in cultural heritage [C]// In Proceedings of the 22nd Conference of the Computer-Human Interaction Special Interest Group of Australia on Computer-Human Interaction. New York: ACM, 2010: 72-79.

3. IVERSEN O S, HALSKOV K, LEONG T W. Rekindling values in participatory design [C]//Proceedings of the 11th Biennial Participatory Design Conference. New York: ACM, 2010: 91-100.

4. MARGOLIN V, MARGOLIN S A. "Social Model" of Design: Issues of practice and research [J]. Design issues, 2002, 18(4): 24-30.

活动建议

科技馆展览活动设计

在本章,我们主要学习了公共科学活动设计的模式。假如你是科技馆的管理和设计人员,你会如何设计展览活动呢?请运用本章所学的内容,结合自身已有的知识和经验,试为当地的科技馆设计一项展览活动。

第一步 创建学习小组

本活动除要自主学习外，还需要合作学习。在活动开始时，需要创建若干个学习兴趣小组。学习者可以根据自身的研究兴趣自由组合，并为本小组命名。每个小组的人数为3~6人，并选出小组长，负责沟通与协调。

有关如何进行小组学习，请参阅《学习科学与技术》[①]的《第六单元：创建学习型组织的理论与技术》。

第二步 参观科技馆

在为科技馆设计活动之前，首先，要参观考察该科技馆，了解具体情况。其次，如果对该科技馆不够了解，可以首先进入科技馆主页，了解大概的历史背景、工作运营时间、活动内容、展品分布情况等。最后，在参观科技馆的同时，要注意对科技馆中所开展的各项活动进行必要的记录，从而为后续的研究分析提供数据信息。

第三步 设计展览活动

在参观完科技馆展览活动后，应该对科技馆有大概的印象，并且对活动有自己的想法。根据你所收集到的信息，结合所学到的知识和你已有的经验，就可以开始设计相应的展览活动。参考以下所列的条目，完成科技馆展览活动的设计。

一、主题思想

_____

_____

（提示：如"创新""和谐"等思想，作为科技馆展览设计中的总体目标）

二、设计原则

_____

_____

（提示：各个展项单元是按照何种方式联系与组织，各展项活动将运用的方法和技术手段等）

[①] 桑新民. 学习科学与技术 [M]. 北京：高等教育出版社，2004.

三、方案大纲

楼层	主题	说　　　明 （提示：主题活动所面对的主要对象，活动内容的说明，活动所要达到的目的等）
1		
2		
3		
……		

（一）展厅概述

_____

_____

_____

（二）设计思路

_____

_____

_____

（三）主题展区内容描述

楼层主题	主　题　内　容
主题 1	
主题 2	
主题 3	
主题 4	
主题 5	

（四）教育活动

活动名称	适合对象	活动内容	活动建议

97

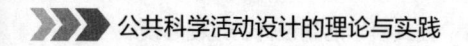

(五)信息技术应用

活动名称	所用技术

(六)评价与反思

_____
_____
_____
_____

第四章
公共科学活动境脉的设计与构建

第一节　公共科学活动境脉的基本概述

一、公共科学活动境脉的理论解读

境脉是英文"context"的汉译，也可称作情境。境脉一词最初是语言学领域用于描述和解释单词或段落意义的特定情境，后被广泛用于教育学、计算机科学等领域。施利特和泰默认为，境脉是指主体所处的位置和环境，包括周围的人和事物以及这些事物的变化。[1] 戴伊认为，境脉是用来描述物体属性与特征的概念，其可以是人、物或者是某个地方。[2] 尽管目前各个学科领域对境脉的界定并未达成一致，但一般而言都被通俗地理解成"环境"或"情境"的另一种概念化解释。它是伴随人类社会活动的动态发展而不断变化的环境，与人

---

[1] SCHILIT B N, THEIMER M M. Disseminating active map information to mobile hosts [J]. IEEE Network, 1994, 8（5）: 22-32.
[2] DEY A K. Understanding and using context [J]. Personal and Ubiquitous Computing, 2001, 5（1）: 4-7.

类的某种社会活动相互作用且相互依赖。

（一）个体层面：境脉是影响活动参与者意义建构的复杂系统要素

公共科学活动是一种既普遍又特殊的社会活动，其发生与发展都与活动主体所在的境脉密切相关。因此，对于公共科学活动境脉的理解实质上是从活动参与主体的视角考察影响其活动过程和活动结果的复杂系统要素。生态心理学认为：任何一种认知实践活动都不是活动参与者内部认知的产物，也不是简单的环境选择的结果，而是活动参与者与信息丰富的环境交互作用的结果。[1] 在这个意义上，在活动参与者的认知实践中发挥重要作用的就是活动境脉。活动境脉是由不同功能的要素构成，并且这些要素与活动参与者之间是双向作用和相互影响的关系。在公共科学活动中，不论是探究式科学活动，还是体验式科学活动，其实质都是参与者对科学知识、科学方法以及科学文化等方面的认知实践。将参与者的科学活动与其发生的情境脉络分离开来是不可能的，也是无意义的。换言之，如果有意义的科学活动发生了，它必定发生在一定的境脉中。活动境脉为参与者的认知实践提供了给养，并影响着参与者在认知实践过程中对活动任务或活动内容的意义建构。

透过生态心理学视角下的活动境脉观，将活动参与者的个体意义建构放置于更广阔的社会活动系统中。公共科学活动实质上是由参与者与实践共同体以及人工制品的中介工具构成的生态系统。因此，从更广阔的社会认知实践层面来看，理解公共科学活动境脉的前提是要充分理解这些系统要素对个体意义建构发挥的共同决定作用。正是这种系统要素之间的共同作用才赋予了公共科学活动境脉动态交互的特殊属性。与以往人们将环境作为影响活动主体的认知发展要素的观念相比，境脉的概念更加有利于把握人们在参与科学活动过程中认知发展的动态特征。这种动态特征不仅体现在活动参与者所持有的个人境脉、社会义化境脉以及物理境脉相互作用的结果上，还体现在活动参与者认知策略的动态变化方面。

---

[1] 王文静. 情境认知与学习［M］. 重庆：西南师范大学出版社. 2005：68.

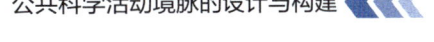

（二）活动层面：境脉是推动公共科学活动发生与发展的动力源泉

公共科学活动系统实质上是由活动主体和其所在的活动境脉构成。活动主体通过感知—行动的方式展开科学活动。感知的过程是指外部世界作用于个体内部心理境脉的过程，其中外部世界包括两个方面：一方面是活动主体所在的实践共同体成员；另一方面是活动主体所占有的物质资源。行动的过程是个体内部心理境脉作用于外部世界的过程，它直接体现在活动主体的言行举止中，比如与同伴的话语交流，与人工制品的交互行为等。实际上，当人们进入公共科学活动境脉时，就会以感知—行动的方式与活动境脉相互作用，并以感知—行动的循环前进状态参与公共科学活动。这意味着由个人心理境脉和外部世界构成的复杂活动境脉是推动公共科学活动发生与发展的动力源泉。活动境脉也不再是脱离活动个体而存在的某种具体的、特定的物理环境，也不是活动个体通过主观臆断概括的心理环境，而是参与科学活动的个体心理意义与其所在的外部世界之间建立起特殊意义的重要支撑。

在公共科学活动中，活动境脉可以帮助参与者在时间尺度上向过去延伸，使参与者将当前的情境与曾经的某种情境相关联，同时也使参与者个体的科学活动向外拓展至外部世界，使其通过与其他个体或物质世界的交互建立新的情境脉络。认知心理学家勒温认为：个体的活动是在一种心理场内发生的，这种心理场不仅包括个体感知到的外部物理环境，还包括个体的认知意义（个人信念、感情和目的等）。[①] 心理场也被称作生活空间，它决定个体在某一时间段里行为表现的全部事件的总和。[②] 它既包括影响个体行为的有形实体环境，也包括无形的个人心理和社会交往环境。换言之，个体在活动过程的行为表现会随个体自身和外部环境两个因素的变化而变化。因此在某种意义上，对于每个公共科学活动的参与者而言，境脉不仅包括个体参与者持有的个人境脉，同时也蕴含在个体与外部世界的相互作用和与其他社会成员的实践交互中，它们不仅与活动参与者相互依赖，而且彼此共同推动着公共科学活动的发生与发展。

---

① 施良方. 学习论：第 2 版 [M]. 北京：人民教育出版社，2001：156.
② LEWIN. K. Principles of Topological Psychology [M]. New York：McGraw-Hill，1936：32.

二、公共科学活动境脉的构成要素

不论从影响活动参与者的意义建构的要素方面，还是从推动活动过程的发生与发展的动力方面，对于公共科学活动境脉的理解更像是对一个复杂的动态环境系统的剖析和其构成要素的界定。约翰·福尔克曾经围绕博物馆场景下的公共科学活动展开了探索。他结合建构主义理论、认知理论以及社会文化理论，将影响博物馆场景下的公共科学活动的关键因素分为三类，分别是个人境脉、社会文化境脉以及物理境脉。为了更细致地描述和解释公众是如何在博物馆场景中展开科学探究活动的问题，除了三种相互依赖但又彼此不同的三种境脉之外，福尔克还引入了时间维度阐述三种境脉之间的交互作用和相互转化的关系，并且最终构建博物馆场景下的科学学习活动的境脉模型，具体如图 4-1-1 所示。[①] 实际上，福尔克的科学学习活动境脉模型不仅可以用来解释博物馆场景中的科学活动的影响因素，对于广义的公共科学活动境脉也具有深远的意义。

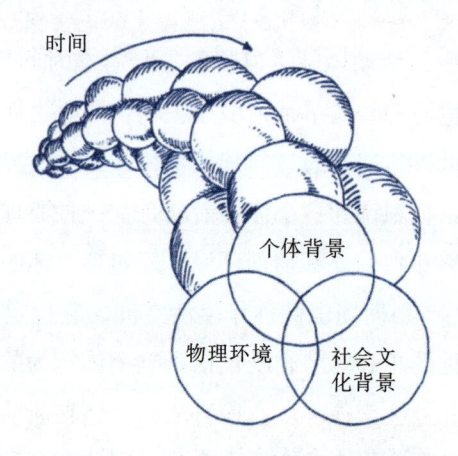

图 4-1-1 公共科学活动的境脉模型

任何场景下的公共科学活动都是一种情境化的科学学习活动，活动的组织者和设计者试图通过设计活动内容、活动形式、活动策略、活动资源以及提供各种支持服务，为公众营造一种情境化的科学学习方式，使其能够根据自身对

[①] FALK J, STORKSDIECK M. Using the contextual model of learning to understand visitor learning from a science center exhibition [J]. Science Education, 2005, 89（5）：744-778.

科学知识的需求，自主地投入公共科学活动中。因此，基于对公共科学活动境脉的理论解读和对福尔克的公共科学学习活动的境脉模型的认识，从某种意义上公共科学活动境脉的构成要素与福尔克的学习境脉模型中所指代的三种境脉基本一致，其构成要素分别是活动参与者的个人境脉、社会文化境脉和物理境脉以及时间。其中，时间并不是单独的境脉要素，而是考察公共科学活动境脉的第四个维度。在任何一项公共科学活动中，个体境脉、社会文化境脉以及物理境脉都会影响到公共科学活动的效果，但三者并不是单独发挥作用，而是随着时间的推移，各种境脉相互影响且彼此交互，共同对活动主体在公共科学活动中的意义建构产生影响。

（一）个人境脉

个人境脉是指科学活动主体所持有的与当前公共科学活动相关的个人心理要素，包括活动参与者对活动主题、活动内容以及活动的设计与组织机构的已有了解水平和认知基础。这些要素作为活动参与者带入活动过程中的已有认知资源始终贯穿于个体参与公共科学活动的整个过程，具体表现在人们对其所参与的公共科学活动的兴趣、态度、动机以及期望。个人境脉嵌入在参与者对活动过程的期望和对活动结果的预设中，可以帮助科学活动的组织者辨别和理解为什么有人喜欢或者愿意参与公共科学活动，而有人则不愿意或不喜欢，同时也对深入了解参与者在公共科学活动过程中的行为表现具有重要的意义。换言之，个人境脉对活动参与者的整个科学活动过程和活动效果都具有重要且直接的影响，而以往很多对公共科学活动环境的理解和设计中都忽略这一特殊境脉。

（二）社会文化境脉

一般而言，公共科学活动都是围绕特定科学主题内容展开的一系列社会实践，其中弥散着浓厚的社会文化，而这些社会文化也成为影响活动发生与发展的重要组成部分。从活动参与主体的视角理解社会文化境脉，其主要来源于两个方面：一方面源于公共科学活动参与者自身的个人文化背景，包括活动参与者的信念、习俗、价值观、语言以及思维过程等；另一方面是弥散在公共科学活动场所中群体文化要素，包括活动参与者与同伴以及专业的科学活动组织者之间的社会交互。在公共科学活动中，每一位科学活动参与者都会受到文化背景和社会交互的影响。通常人们都是以群体的形式参与公共科学活动，如家庭群体、学校团体或其他类型的团体，而团体内的社会交往是参与者分享科学知识、传播科学信息、建构科学内容的主要途径，而那些单独的活动参与者也会受到其他参与人员直接或间接的影响。

（三）物理境脉

通常公共科学活动的物理境脉是指参与者在整个公共科学活动中所占有的物质资源，比如活动场所中的基础设施、各种承载科学内容人工制品和实体的工具和传播媒介。物理境脉对活动参与者在场馆中的行为表现具有直接且强烈的影响，这种影响体现在活动主体在整个活动中的身心体验、活动日程的安排以及获得科学内容。例如，就博物馆场景下的公共科学活动而言，其中的展陈环境、建筑风格以及展品陈设方式都直接影响着活动参与者的参观路线的选择，进而也间接地影响着人们在活动中获得知识和体验。此外，物理境脉并不是以活动参与者进入或走出某次公共科学活动的物理场所为界限，它还包括人们在展开某次活动之前或者后续活动中与之交互的物品和事件，包括电视节目、科普网站以及书籍和杂志等。

三、公共科学活动境脉的基本特征

相比以往人们对公共科学活动环境的静态化和物质化理解，融合了个人境脉的独特性、社会文化的复杂性以及物理境脉多样性的公共科学活动境脉更像一个具有"生命力"的复杂系统。它会随着人们在参与公共科学活动过程中对科学知识的建构，与其他活动成员的交互以及对外部环境的适应而不断变化。因此，公共科学活动具有典型的动态性和复杂性特征。

（一）动态性

当人们进入某一个科学活动境脉时，会根据自己的兴趣、需求以及动机等个人境脉要素，借助与活动共同体成员的社会交互，感知外部的物理境脉，展开有关科学主题的情境认知和意义建构。从微观层面上，外部环境会影响活动参与者的个人意义建构，但从宏观层面上其所建构的与科学内容相关的意义又会转化成活动参与者在下一刻的个人境脉，进而也会影响整个公共科学活动境脉的发展与重塑。确切地说，宏观系统中的公共科学活动境脉的创设依赖于微观系统中的科学活动参与者的在整个科学活动过程中的意义建构，并将其转化为可重用的科学活动境脉再生资源，而正是活动境脉在与活动参与者之间的双向建构赋予了公共科学活动境脉的动态性特征。

（二）复杂性

由个人境脉、社会文化境脉以及物理境脉为基本要素的公共科学活动境脉最突出的特点是：既把公共科学活动聚焦于到微观的影响个体对科学内容进行意义建构的个人心理境脉上，也将公共科学活动放置在更大的物理环境和社会文化的情境脉络上。就个人心理境脉而言，公共科学活动是一种面向多样化社会群体的科学传播活动，其参与者多样化和个性化在一定程度上赋予了个人境脉的复杂性。此外，就独立于个体之外的物理境脉和部分社会文化境脉而言，在公共科学活动中弥散着丰富的社会文化资源和实体资源，参与者可以通过与同伴的言语交互、与提供支持服务的工作人员之间沟通与交流以及从各种物质资源中获得相应的科学知识，因此三种境脉的多重交互正是体现公共科学活动境脉复杂性的主要原因之一。

（三）交互性

公共科学活动的个体境脉、社会文化境脉以及物理境脉会共同影响公共科学活动的实际效果，但三者并不是独立发挥影响作用，而是彼此交互共同影响着活动主体的意义建构。换言之，公共科学活动中个体与外部环境的交互实质上是三种境脉之间的交互，当个体与社会其他成员围绕活动主题展开讨论与协商时，就意味着个人境脉与社会文化境脉的交互；当个体利用人工制品或中介工具获取科学活动资源时，就表明个人境脉与物理境脉发生了交互。一般情况下，人们在某一时刻的公共科学活动都是基于三种境脉的交互而产生。由于每种境脉都包含着若干影响因素，三者之间的交互也会随着时间发生持续性变化。因此，交互性不再只是对公共科学活动的基本属性，更是公共科学活动境脉的基本特征。

> **拓展资源**
>
> 1. GORMAN A. Museum Education Assessment: A Survey of Practitioners in Florida Art Museums [J]. ProQuest, 2008: 5-8.
>
> 2. FALK J H, DIERKING L D. Learning from Museums: Visotor Experiences and Making of Meaning [M]. Lanham Margland: AltaMira Press, 2000: 1-14.
>
> 3. FALK J H, MOUSSOURI T, COULSON D. The Effect of Visitors' Agendas on Museum Learning [J]. Curator, 1998, 41 (2): 107-120.
>
> 4. LEACH D B. Dynamic Museum Place: Exploring the Multi-Dimensional Museum Environment [J]. Journal of Museum Education, 2007, 32 (3): 197-208.
>
> 5. LAINE T H, ISLAS S C, VINNI M, et al. Characteristics of pervasive learning environments in museum contexts [C] //World Conference on Mobile & Contextual Learning. 2009.
>
> 6. POPPER K. Objective Knowledge: An Evolutionary Approach [M]. Oxford: Oxford University Press, 1983: 106.
>
> 7. DEWEY J. Experience and Education [M]. New York: Kappa Delta Pi, 1938.

第二节　公共科学活动的个人境脉设计

一、个人境脉的设计目的

个人境脉的设计直接影响社会文化境脉和物理境脉的设计。它是其他公共科学活动境脉设计的基础性前提。个人境脉的设计宗旨是要帮助活动参与者充分调动他们在参与活动之前的已有经验，让活动参与者更好地与活动中的人和物进行有意义的交互，最终使其在科学活动中有效地对科学知识进行意义建构。根据个人境脉的基本要素，设计目的主要体现在三个方面：一是激发公众参与公共科学活动的兴趣；二是满足公众对科学活动的个性化需求；三是实现个人境脉与其他活动境脉的协调作用。

（一）激发公众参与公共科学活动的兴趣

兴趣是由某一具体情境或任务与个体的需要、能力、技能或价值的相互作用而引发的。兴趣与其他个人境脉要素不同的地方在于它既有情感成分又具有认知成分。希迪把兴趣分为情境兴趣和个体兴趣两种。情境兴趣是指受环境刺激而激发的一种注意力集中并产生热情的反应。它的存在并不是稳定的。而个体兴趣是指持续时间比较长且较稳定的情绪倾向，兴趣产生一段时间后，如果再次遇到这种使其感兴趣的事物，这种情绪倾向会被再次激活。兴趣对个体在活动中的注意力保持、目标设定以及意义建构水平等都有一定影响。因此，激发并维持参与者在公共科学活动中的兴趣是个人境脉设计的重要内容。换言之，个人境脉的设计目的是要激发公众参与公共科学活动的情感兴趣，在激发他们的情感兴趣的同时，还要尽力维持兴趣，使短暂的情境兴趣转化为相对长久且稳定的个体兴趣。

（二）满足公众对科学活动的个性化需求

个人境脉的许多要素与个体对活动中的某些项目是否产生兴趣或者充满好奇心直接相关，甚至主导着个体是否希望通过参与活动、完成活动任务以及解决科学问题的方式满足他们的科学知识需求。个人境脉的设计需要充分满足公众对科学活动的个性化需求，在多层次的科学活动需求与多样化的学习资源之间形成个性化的协调与匹配，为不同活动群体在复杂公共科学活动境脉中的探究、交互以及体验提供良好的个性化支撑服务。换言之，个人境脉的设计是要突出以"活动参与者"为中心的设计理念，通过提供多种类型的活动支持服务满足公众对科学活动的个性化需求，给予参与者一定的活动选择权和控制权，使其可以自主地根据自身需求、兴趣以及个人认知水平选择、组织、调控科学活动进程。

（三）实现个人境脉与其他境脉的协调匹配

公共科学活动境脉具有动态性和复杂性特征，而物理境脉和社会文化境脉的动态变化是以个人境脉的变化为基点。这就要求对公共科学活动环境的关注点不再局限于实体的物理环境上,还要将影响活动过程和活动结果的个人心理要素和社会文化要素纳入考察范围。这意味着公共科学活动的境脉设计不只是为参与者提供良好的活动空间,还包括为他们创造友好的社会文化境脉和符合个人心理境脉。从活动参与者视角来看,物理境脉与社会文化境脉是随着个体参与公共科学活动的思维进程而不断重组,这直接反映了个人境脉、社会文化境脉以及物理境脉之间的相互交织关系,也就意味着个人境脉的设计目的还要实现与其他境脉要素的协调匹配,以此提高个体的活动参与体验。

二、个人境脉的设计策略

个人境脉是指个体所拥有的与科学活动相关的一切个人心理要素,它既包括个体由于遗传而形成的特征,也包括后天获得的认知能力和喜好,如已有的知识、经验、兴趣以及动机。根据个人境脉的设计目的,对公共科学活动的个人境脉的设计可以从以下几方面把握:首先,基于活动参与者的"最近发展区",在其展开正式的科学活动之前提供一定的引导性材料;其次,可以借助一些个性化支持服务提高活动参与者的动机;最后,增强科学活动的针对性和实效性,让科学活动能够满足公众对科学学习资源的需求。

(一)基于"最近发展区"提供"先行组织者"

个体参与公共科学活动实质上是一种有意义的学习或探索的过程,因此个人境脉的设计目的、原则和策略需要特别强调参与者在活动中对科学知识的意义建构。在公共科学活动境脉中,个体往往是通过联结自己已有的知识经验,通过感知外部环境和与其他社会成员的交互进行意义建构,从而掌握科学知识,领会科学文化,并将其存入短期或长期记忆中。然而,当面对某项新的科学活动时,如果活动参与者的原有认知结构中缺少同化新的科学知识的上位观念,那么他们就会失去参与科学活动的兴趣和继续完成科学活动任务的信心。因此,个人境脉的设计有必要基于活动参与者的认知"最近发展区"设计一定的"先行组织者",以此来帮助活动参与者将自己已有的知识与新的科学内容在头脑里产生积极的相互作用,将外部提供的材料转化为自己的认知内容,使得科学活动是一个积极有意义的科学活动。

（二）借助个性化支持服务提升个体的参与动机

公共科学活动主要是以公众的自主参与为主，即依赖于公众的参与动机、自主意识和自控力等管理和控制整个科学活动过程。因此，向活动参与者提供各种支持服务，尤其是个性化支持服务被认为能够有效激励和维持公众参与科学活动的动机，促进他们在科学活动中的意义建构，成为公共科学活动质量保障的核心要素和顺利开展的重要支柱。公众参与公共科学活动的动机分为两种，一种是因科学活动的外部结果而引起的外部动机。外部动机的满足不在活动之内，而在于活动之外。例如，某人为了得到报酬或者奖励而参与某项科学活动，而活动就成了获得报酬或是奖励的途径。另一种是参与者固有的寻求在参与科学活动过程中不断挑战自我、提升自我能力的倾向。内部动机是因科学互动活动本身的意义和价值所引起的动机。在公共科学活动中不同的人会持有不同的参与动机，所以科学活动的个人境脉设计需要根据参与者的个人特征和需求，为其科学活动选择合适的活动资源或探索路径。

（三）增强科学活动资源与公众需求之间的针对性

通常传统的公共科学活动更加强调科学家群体的主体地位，科学传播内容的定位大部分取决于科学家共同体和科学活动组织者，这在很大程度上导致公共科学活动资源与公众需求之间存在很大的落差。确切地讲，传统的公共科学活动设计是一种俯视的、自上而下的、单向的设计模式，忽略了公共科学活动中参与者的核心地位。这无形地拉远了公共科学活动与公众之间的距离，进而直接导致了公众参与公共科学活动的兴趣和内部动机不够强烈。公共科学活动不是科学家共同体对公众的单向教化，而应该是平视的、双向交流的、动态的以促进公众理解科学活动为核心的活动。因此，为了增强公众对公共科学活动的兴趣和内部动机，个人境脉的设计就必须在科学活动与公众需求之间建立关联，提高公共科学活动的针对性和亲和力，以此充分满足公众的科学活动需求和自我科学身份的认同。

三、个人境脉中的动机设计模型

公共科学活动的目的是促进活动参与者的有意义学习体验,而个体的动机直接影响公共科学活动的学习效果。因此,公共科学活动境脉设计中的个人境脉设计主要是个体的动机设计,即如何激发活动参与者强烈的投入科学活动的动机,引导他们主动完成对科学文化知识的意义建构。在公共科学活动中可以同时存在内部动机和外部动机,但通常情况下人们参加公共科学活动主要是受到了内在动机的驱使,即因科学活动本身的意义和价值所引起的动机。① 动机不仅发挥激发参与行为的作用,还影响参与行为的持续时间,二者共同体现了公众的参与动机是在其个体需求的基础上产生的,而除了个体对科学活动的需求之外,内驱力、诱因以及情绪也是激发行为动机的要素。

(一)动机—绩效的宏观模型

动机与绩效的宏观模型以剖析个人特点、动机输出、外部环境以及三者之间的关系和解释动机的加工过程为主。该模型的核心观点主要有:①个体特点(兴趣、好奇心、认知偏好等)与个体对成功的期望(信心、信念)共同决定着个体对某项任务或活动的重视程度,引发外部环境对个体动机的设计和管理,同时也影响个体对活动目标输入的有意识努力;②个体能否达到自身所设立的活动目标以及目标所达到的程度还受到个体认知、技能和外界环境等方面的影响,并且随着活动的不断发展,个体所获得的成绩与外部环境施加的附带设计和管理共同决定着个体实际达到的目标;③个人对最终的学习结果的满意程度还取决于个人是否意识到整个活动过程的公平性,这就要求外界对个体通过努力完成的任务给予公平合理的评价。

动机—绩效模型的上述核心观点为理解个体在公共科学活动中的动机加工过程提供了理论支撑,同时也为个人境脉的动机设计提供了方法和策略。透

---

① CSIKSZENTMIHALYI M, Sawyer K. Creative insight: The social dimension of a solitary moment [M]//The Systems Model of Creativity. Dordrecht: Springer, 2014: 73-98.

过以上核心观点，公共科学活动的个人境脉设计可以从几方面展开：①在公共科学活动的初期就应该开始注重培养参与者对科学活动的兴趣，帮助他们树立强烈的完成科学活动任务的信心，增加他们对科学活动的重视程度，使其为真正的活动任务的展开做好充分的心理准备。②在参与者正式参与公共科学活动时，需要借助外部环境的支持帮助参与者达到其预期设立的活动目标。比如，由家长、教师以及其他活动组织者及时提供活动支撑，帮他们唤醒已有的科学概念。③注重合理、公平地评价参与者在公共科学活动中的活动绩效，尤其是要加强团体参与者绩效评估的公平性，确保通过绩效评估让每一位参与者能够真实地了解自己在科学活动中的努力和最终成绩之间的关系，帮助他们认识自己的不足，进而做出适当的调整。

（二）动机—意志—绩效模型

动机—意志—绩效模型是科勒在动机—绩效模型基础上，结合高尔威泽的动机意志模式、库尔的行动控制理论以及梅耶的多媒体学习的认知模型得出的新动机模型。该模型是以动机、意志和绩效为核心要素的整合模型，因此其英文缩写为 MVP 模型。个体仅凭足够的动机就能达到预期的活动目标只是一种理想状态，而实际上个体在完成某项活动任务时可能他受到其他目标的影响。因此，要促使个体在某项活动任务中成功达到目标，不仅需要足够强的动机，还需要坚定的意志。为了完善动机—绩效的宏观模型，MVP 模型围绕动机、意志、绩效和活动之间相互作用的复杂关系解释了个体从愿望到行动的过程。该理论从外部输入、心理环境和动机输出三个层面细致地描述了个体动机和意志的加工过程。

MVP 的核心思想认为：外部世界社会文化和物质要素对个体的动机和意志加工具有直接的影响，具体表现在对个体的好奇心、期望、行动规划和实施以及对自我行动的管理，而个体的动机和意志加工结果又会直接作用于个体在活动过程中的努力的方向、行动以及持续性。[1] 这一观点为理解公共科学活动的

---

[1] 约翰 M·凯勒，孟万金，张晓光. 多媒体环境中动机、意志和成绩的整合理论 [J]. 教育研究，2006, 10: 60–67.

动机设计提供了新的视角。在公共科学活动中，随着时空的变化，个体的努力方向、行动规划与实施以及行动管理都会受到来自外部社会文化和物理环境的影响，这就要求个人境脉的设计需要从控制和管理个体在科学活动过程中的外部环境出发，基于活动参与者的动机和意志加工过程，通过控制影响动机、约束活动实施规划以及促进行动管理，帮助活动参与者明确自己在活动过程中的目标需求，控制来自其他新目标的吸引力，约束来自自身负面情绪带来的阻力，管理在这种复杂心理环境下可能会产生放弃原有目标而转向其他目标的行为倾向。

> **拓展资源**
>
> 1. KELLER J M. Motivational design for learning and performance: The ARCS model approach [M]. Berlin: Springer Science & Business Media, 2009.
>
> 2. FALK J H, DIERKING L D. Learning from museums: Visitor experiences and the making of meaning [M]. Lanham Margland: AltaMira Press, 2000: 15-36.
>
> 3. Keller 的动机学习网站 [EB/OL]. [2016-7-30] http://www.arcsmodel.com/.
>
> 4. KELLER J M. Development and use of the ARCS model of motivational design [J]. Journal of Instructional Development, 1987, 10 (3): 2-10.
>
> 5. MAYER R E. Multimedia Learning [M]. Cambridge: Cambridge University Press. 2001.
>
> 6. SWELLER J. Cognitive Load Theory, Learning Difficulty, and Instructional Design [J]. Learning and Instruction, 1994, 4 (4): 295-312.
>
> 7. 王振宏. 学习动机的认知理论与应用 [M]. 北京：中国社会科学出版社，2009: 124.

第三节　公共科学活动的社会文化境脉设计

一、社会文化境脉的设计理念

除了个人境脉以外，公共科学活动境脉还包括复杂的外部环境。这种外部环境并不是由人工制品构成的实体环境，而是由社会文化要素和现实物质要素相结合构成的一种充满浓厚人文关怀的环境。社会文化要素一般包括为活动参与者的意义建构提供指导和帮助的人员，与活动参与者交流互动的社会实践共同体以及影响科学活动的各种组织关系等。社会文化要素是公共科学活动的核心要素，是一个良好的公共科学活动环境的灵魂。然而，在许多公共科学活动的境脉设计中，社会文化要素的重要性总是被忽略，这在一定程度上导致公共科学活动境脉缺乏亲和力，也在一定程度上影响了公共科学活动的实效性。

（一）提升科学活动参与者的文化归属感

一般而言，社会文化要素对公共科学活动的影响主要来自两个方面：一是来自参与者自身的文化背景的影响。比如，个体的习惯、信仰和价值观等通常会影响人们对科学活动场所和科学活动类型的选择。二是来自参与者自身以外的文化要素的影响，确切地说是来自个体间的社会交互的影响。包括个体与群体内部成员及群体外部成员的交互。通常公共科学活动的参与者拥有不同的文化背景，而这种文化背景的差异可能影响公众参与公共科学活动的过程和效果，其原因在于：个体的文化背景是在一定的历史维度和生活环境中形成的。当它在一个多种文化的复杂社会群体中展开协作活动时，就会产生明显的文化冲突。换言之，不同文化背景的社会公众会对公共科学活动有不同的认知和感知，人们选择参与某项公共科学活动，现实的文化差异使得公共科学活动的社会文化境脉要素更为复杂。文化背景为公共科学活动境脉赋予了新的内涵，同时也为从人和环境所承载的文化要素出发，为社会境脉的设计提供了新的视角，促使多样化的个体在参与科学活动过程中获得一定的社群归属感，感受到自己是某个群体中积极的一员,共享社群中的意义和价值,同时也积极促成这种价值的培育和传递。

(二)强调基于真实情境中的意义建构

不同类型的活动境脉会造就不同类型的公共科学活动,参与者从不同类型的科学活动中获得不同的活动体验。公共科学活动不仅强调对科学知识的传播,更重要的是让公众通过参与公共科学活动,在了解和领会科学知识基础上,分析、解释甚至解决现实生活中的一些科学问题和科学现象。确切地说,公共科学活动更加强调为公众创造一种建构性的科学活动,让他们通过亲历科学探究过程,体验科学活动的意义,建构科学知识,获得科学探究的能力,进而养成良好的公民科学素养。显然,公共科学活动所倡导的理念需要通过构建一种真实的建构主义文化境脉来实现。因此,对于公共科学活动而言,社会文化境脉的设计强调把科学活动放在真实的社会境脉中,这种境脉是互动的,包括了帮助活动参与者进行意义建构的文化资源和文化工具。此外,对于活动群体而言,可以通过创设一些有助于个体和群体成员之间的社会性协作活动,帮助他们在真实的境脉中开展协作会话和合作探究,以此促进活动群体在外部文化境脉的牵引下更有效地实现对科学知识的意义建构。

(三)促进实践共同体之间的知识共享

按照维果茨基的社会建构主义观点,人的学习是在与他人的交互过程中进行的。在某种意义上,公共科学活动也是一种社会交互行为,活动参与者能够在流动的社会文化空间中,围绕特定的科普资源,通过与他人的交流与协商获得知识。社会交往和协作知识建构是公共科学活动的重要特征,而在真实的非正式场景下的公共科学活动中就更为显著。因此,社会文化境脉的核心设计目标是要为公众在公共科学活动中的社会交往和协作知识建构提供有效的支撑,而实现这一核心目标的前提条件是要明确公共科学活动境脉中的社会文化要素,进而通过一定的策略和手段促使这些社会文化要素对公众的科学活动过程产生积极影响。社会文化境脉设计要为活动参与者创造良好的知识共享渠道,使参与者可以通过互动、协商、交流的方式共享科学知识、传播科学信息以及体验科学活动中的人文魅力。更确切地说，在公共科学活动中，人们并不是被动地从外部环境获取科学资源，而应该是积极的科学探究者和行动者，他们可以通过与他人交流和互动不断适应外部环境，实现对科学知识的建构。为了实现这一目标，社会文化境脉的设计就要为科学活动参与者打造一套完整的共享科学知识的共享服务体系。

二、社会文化境脉的设计策略

对于公共科学活动而言，社会文化境脉的设计包括两个方面：一是对公众带入科学活动中的社会文化要素进行积极引导和调控，使其更好地服务于公众参与科学活动的意义建构；二是借助一些人工制品和中介工具，为公众创造一种社会协作式的知识建构环境。从某种意义上，对社会文化境脉的设计实际上可以从社会文化视角出发，促进公众建构科学知识的活动境脉设计。因此，社会文化理论与建构主义学习理论在一定程度上为社会文化境脉的设计提供了强有力的理论支持。

（一）创设以"问题"为中心的真实活动境脉

一直以来，帮助公众利用科学知识、科学方法和科学思维解释现实生活中的科学现象、解决现实生活中的科学问题是公共科学活动组织者追求的高级目标。然而，许多公共科学活动似乎只达到了向公众传播和普及科学知识的初级目标，当离开科学活动境脉后，公众并不能将所获得科学知识很好地迁移到现实生活中。比如，在一些基于科普展览和科普作品的公共科学活动中，活动参与者通常是以参观、浏览或者猎奇的心态参与活动，这种方式过多的关注于利用各种传播媒介或展示工具将科学知识呈现给公众，而对公众无法把所学的科学知识和科学原理迁移到真实情境的问题未给予足够的关注。实际上，造成该问题的原因与公共科学活动境脉缺乏真实性和社会性有着必然的联系，这就要求公共科学活动境脉设计应该朝着真实科学活动境脉的设计方向发展，而这种真实境脉的创设实际上是对基于真实活动任务的社会文化境脉创设。确切地说，是以现实的科学问题或活动任务为核心，为公众创建一种通过真实的情境任务学习背后的科学知识和科学原理的活动境脉。

(二)构建公共科学活动的协作学习共同体

从社会文化视角看待公共科学活动的境脉设计,使得科学教师、活动组织者、家长、同伴等成员在科学活动中的支持服务特征凸显。换言之,社会文化境脉的设计以一定要重视协作学习共同体在公共科学活动境脉中的重要地位。通常公共科学活动中的学习共同体是指由活动个体及其辅助者共同构成的团体,他们在公共科学活动中经常会有意无意地展开交流,分享各种科学资源,共同完成科学活动的探究任务,因而在公共科学活动中形成了相互影响、相互促进的人际关系。公共科学活动的协作学习共同体是为完成真实性的任务或问题,个体与其他人相互依赖、探究、交流和协作的活动参与方式,它强调参与活动的共同信念和目标,强调参与者之间分享各自的见解与信息,鼓励参与者通过协作探究的方式获得对科学活动内容的深层理解。因此,社会境脉设计可以将具有共同文化背景、拥有共同活动目标的参与者组成一个学习共同体,帮助他们相互支持、彼此协作的展开科学探究活动。

(三)建立科学活动价值取向与公众文化差异的平衡

从公共科学活动的文化境脉要素来看,社会文化境脉的设计重点是要促进人们围绕真实科学活动任务的社会交互与协作探究,以此引导活动参与者通过与群体内部成员和其他群体之间的交互协商学习科学知识,培养协作探究的能力。它将科学知识的学习与科学探究能力的培养有机地结合在一起,不让科学活动参与者成为科学知识的被动的接受者,而变成科学问题的提出者、思考者和解答者。然而,由于不同的活动参与者拥有着不同的文化背景,设计人员在进行公共科学活动的社会文化境脉设计时,不仅要考虑社会群体的整体文化背景,还要照顾不同群体类型及其成员的文化差异性。因此,社会文化境脉的设计需要处理好不同文化群体对科学活动的需求,并在不同文化群体之间搭建能够化解公共科学活动中的文化矛盾,推动公共科学活动中的文化适应和文化融合。此外,公共科学活动中最大的文化差异来自公众与公共科学活动组织机构之间的文化差异,这就要求社会文化境脉的设计要综合考察公众所秉持的文化价值取向,并在科学活动的价值取向与公众秉持的文化价值取向之间建立平衡关系。

三、社会文化境脉的设计案例

社会文化境脉的设计是为了更好地满足公众参与科学活动而创建的一种社会协作境脉，它的设计大多是以社会文化取向下的相关理论为基础，比如情境认知理论、活动理论以及中介理论等，并与个人境脉和物理境脉中的各要素相互匹配，使得三种境脉共同为公众的科学活动提供良好的环境支撑。随着社会文化取向下的相关理论的发展和人们对公共科学活动中的社会文化要素的重视，人们对公共科学活动的社会文化境脉设计也开展了一些探索和实践，如建构主义博物馆、儿童博物馆的建立等，它们都是凸显公共科学活动社会文化境脉设计的典型案例。

（一）建构主义博物馆及其社会文化境脉的设计意蕴

博物馆是公共科学活动的重要场所，而博物馆场景下的自主化参观也是公众比较喜欢的一种科学活动形式。乔治·海恩根据认识论和学习理论维度的不同，将博物馆分为系统博物馆、有序博物馆、发现博物馆和建构主义博物馆四种类型。[1] 其中以强调为公众提供丰富的科学活动情境，使公众能够根据自身的已有知识自主建构科学知识为主要特征的建构主义博物馆一直是公共科学活动境脉设计的典范，尤其是其在社会文化境脉的设计方面为其他公共科学活动境脉的设计具有一定的指导意义。它所蕴含的活动境脉设计理念是以建构主义学习理论为指导，充分体现活动参与者的主体地位和主动建构意义的特征。

海恩认为：一个理想的建构主义博物馆既应该重视参观者的已有知识，又要考虑到不同受众群体学习风格的差异。[2] 建构主义博物馆与一般公共科学活动境脉的区别在于，前者更注重参观者已有的知识经验，强调参观者基于自身的已有经验进行意义建构，以及不同文化背景的受众之间的广泛交互。例如，建构主义博物馆通常都是将活动主题与参观者的已有知识经验相结合，采用具

---

[1] GEORGE E H. The Constructivist Museum [J]. Journal for Education in Museums, 1995 (16): 21-23.
[2] GEORGE E H. Learning in the museum [M]. London: Routledge. 1998: 177.

体化而不是用抽象难懂的方式展现活动内容，促进不同受众群体对科学知识的意义建构，以此在科学活动的价值取向与公众文化差异之间建立平衡关系。

此外，建构主义博物馆的物理境脉与社会文化境脉存在着密切的嵌套关系。确切地说，建构主义博物馆中的物理境脉的设计与社会文化境脉的设计互为目的和手段。比如，在展品的组织形式上采用非线性的方式，增强活动参与者的自由性和灵活性；在展陈项目的说明上尽可能运用多种阐述方式促进公众对展品知识的意义建构等。从整体来看，建构主义博物馆所体现的社会文化境脉的设计意蕴主要体现在两个方面：①将活动参与者放置于活动境脉设计的主体地位，以活动参与者的个体身份和文化背景为导向，设计相应的活动主题和活动内容；②将文化境脉设计的重心放在促进活动参与者的社会性交往上，并根据活动参与者在社会交往过程中的意义建构机制为其公共科学活动提供相应的支持，而不是在没有加以分析和区别的情况下将科学活动资源直接呈现给活动参与者。

（二）家庭群体的公共科学活动及其社会境脉的设计意蕴

通常公共科学活动是以团体形式展开，包括家庭、学校以及其他社会团体，其中家庭群体最为普遍且群体特征最为复杂。然而，一般的公共科学活动境脉设计往往只基于对个体参与者的文化背景的调查和分析结果制定相应的设计策略和方法，却很少关注家庭群体特殊的群体结构特征对公共科学活动的影响。事实上，公共科学活动中的家庭群体一般是以跨代的亲子组合为主，他们在参与科学活动过程中更多情况下并非独自探索科学知识，而是通过情境对话促进彼此的科学知识建构。此外，由于亲子之间的知识背景和经验水平存在着较大的差异，在公共科学活动中家长通常扮演着看护者、教导者以及协作伙伴等多重身份。这些特征与公共科学活动境脉的交互作用直接关系着家庭群体在科学活动中的表现。因此，充分考虑家庭群体的基本特征对于公共科学活动的社会文化境脉设计而言至关重要。

在公共科学活动的家庭群体中，尽管成员之间的知识水平存在很大差异，但各成员都应该被赋予平等的会话讨论机会。因此，在进行家庭群体的科学活动境脉设计中，要综合考虑不同成员的年龄阶段、知识结构、性格特点以及家庭的整体文化特点，构建适合不同家庭群体的社会文化境脉。同时，在公共科学活动中，父母和孩子之间咨询者与辅助者的角色是可以互换的，父母能够担当孩子的指导者角色，同样孩子也可以担当父母辅助者的角色。家庭成员之间以言语会话为中介实现身体与心智的交互，通过平等对话进行合作探究，共同建构科学知识体系，这对公共科学活动的教育效果具有显著的促进作用。具体而言，家庭群体的社会文化境脉设计可以从三个方面展开：①尽量协调公共科学活动的展开流程与家庭群体的活动议程，为家庭群体的公共科学活动营造轻松和谐的氛围；②为家庭成员搭建能够唤起共同经验的科学活动主题，使得家庭群体能够快速进入科学活动；③围绕科学主题展开会话讨论，以此促进父母与孩子共同实现科学知识的获得与科学素养的提升。

知识花絮

心理学界的莫扎特

维果茨基是一位著名的心理学家。维果茨基出生于白俄罗斯维捷布斯克州的一个小镇上的犹太家庭，18岁考入莫斯科大学医学系，后来转入法律系。维果茨基爱好广泛，对历史与哲学尤为感兴趣，在大学期间读了斯宾诺莎、黑格尔等哲学著作，以及一些关于历史的书籍，同时还阅读了詹姆斯和弗洛伊德等人的心理学作品。由于受到强烈的兴趣驱使，维果茨基在莫斯科大学修读法律专业的同时，还就读于沙尼亚夫斯基人文大学历史－文学系，这些为他后来创建独特的心理学派做好了铺垫。

维果茨基的生命很短暂，但却为后世留下了多达186种论著。主要著作有：《反射学的研究方法与心理学的研究方法》《教育心理学》《心理学维基的历史内涵》《儿童期高级注意形式的发展》《高级心理机能的发展》《思维与言语》《艺术心理学》《缺陷学原理》等。

> **拓展资源**
>
> 1. FALK J H, DIERKING L D. Learning from Museums: Visotor Experiences and Making of Meaning [M]. Lanham Margland: AltaMira Press, 2000: 37-52.
> 2. FALK J H. Analysis of the behavior of family visitors in natural history museums [J]. Curator, 1991, 34 (1): 44-50.
> 3. COOPER L. Whose Scientific Culture Is It, Anyway? [J]. The Journal of Museum Education, 2001, 26 (2): 3-5.
> 4. DIAMOND J. The behavior of family groups in science museums [J]. Curator, 1986, 29 (2): 139-154.
> 5. FALK J H, Storksdieck M. Using the contextual model of learning to understand visitor learning from a science center exhibition [J]. Science Education, 2005, 89 (5): 744-778.
> 6. 王光荣. 文化的诠释——维果茨基学派心理学 [M]. 济南：山东教育出版社, 2009.

第四节 公共科学活动的物理境脉设计

公共科学活动是一种高度依赖物理境脉的学习活动。公共科学活动的物理境脉是指整个公共科学活动过程所依附的物质基础和物质条件，直接影响着活动参与者在活动过程中的行为方式和思维方式。通常按照物质的属性可将公共科学活动的物理境脉分为自然环境要素、基础设施要素和时空境脉要素。因此，对于公共科学活动的物理境脉设计需要考虑自然环境、基础设施以及时空境脉三项核心要素的设计。

一、公共科学活动的自然环境设计

自然环境主要是指光线、温度、湿度、清洁度、颜色、照明、气味等自然条件。这些要素可以通过刺激参与者对公共科学活动外部环境的感知而影响他们的活动参与效果。物理境脉设计中自然环境要素处理的好坏，直接对活动参与者的心理起着积极或消极的作用。公共科学活动境脉的设计者与组织者应该根据时间、地点、活动参与者、活动主题以及活动内容等特点适时地调整和改善自然环境要素，为活动参与者创设更加舒适的自然环境，减少自然条件对活动效果的消极作用。光线与色彩的设计是公共科学活动自然境脉设计的核心任务，二者直接影响整个公共科学活动的环境氛围和展示效果。

（一）活动场所中的光线设计

从理论上讲，在一些大型的公共科学活动场所和场馆中，无论是自然采光还是人工照明，都需要精心设计，因为不同的光线所产生的能量对活动场所中的科技展品、科学资源以及其他人工制品都有不同程度的影响。如果自然光照太强不仅对科学活动中的物品资源的保存不利，而且也有可能使活动参与者产生视觉不适、眩晕等问题。因此，自然环境中的光线设计需要设计者建立与公共科学活动中的人与物相适应的生态目标。实现上述目标需要从两方面展开设计。①要基于对公共科学活动场所和具体采光方位的综合分析，按照一定的光学原理为公共科学活动创设符合条件的自然采光和人工照明；②要基于活动参与者的生理和心理需求，改善物理境脉中的光线质量，为活动参与者创造具有更高舒适度的物理环境。一般而言，第一，光线设计需要对公共科学活动场所进行全面的分析；第二，要明确活动场所中需要的光照类型和采光方向。只有对活动场所进行详细、综合、全面的分析，才能得到最符合条件的自然采光。当然物理境脉中光线设计不仅要充分考虑自然采光的问题，而且更重要的是要借助人工照明弥补自然采光的不足之处。由于人工照明具有可控性强和光线稳定等特点，目前在一些比较大型的公共科学活动场所中更多的是利用人工照明来帮助活动参与者完成相应的视觉任务，比如博物馆、科技馆以及科学中心等场所中。

（二）活动场所中的色彩设计

色彩是影响公共科学活动物理境脉的一个重要因素，由于人们日常生活的感受不同，色彩对于每个人产生的心理效果也不同。色彩能够影响人的情绪反应，或兴奋或厌烦或疲劳。因此在公共科学活动物理境脉的设计中，活动场所中的实体建筑、基础设施以及其他物品的色彩设计需要充分考虑活动参与者的心理和生理感受。具体而言，物理境脉中的色彩设计需要遵从以下两方面的原则。第一，色彩的设计应该注重与公共科学活动主题的性质相一致。不同主题的公共科学活动对于色彩的要求也不尽相同，这就要求色彩的设计需要根据不同的科学活动主题内容进行有针对性的设计。例如，对于航天、水产等专题类的科学活动场所而言，其物理空间和陈设环境大多数是以蓝色为主基调。对于以古生物、化石等自然历史为主题的公共科学活动中，其自然环境的色彩设计更多是以棕色、灰色或者土黄色为主。第二，公共科学活动的物理境脉实质是一个子系统空间，对于该空间的色彩设计不仅要从整体上考虑色彩的主基调，而且应该对子系统空间中的所有物品的色彩进行设计和筹划，以此确保物理空间的色彩搭配既丰富又协调。

二、公共科学活动的基础设施设计

公共科学活动中的基础设施是指公共科学活动场所具备的硬件设施，包括场所布置（摆饰、挂饰等）和活动仪器（活动设备、学习材料、辅助工具等）。随着科技产品的更新换代和科学传播技术的发展，公共科学活动中的基础设施种类也越来越多样化、信息化和智能化。通常展品与展陈环境和展示设备是公共科学活动物理境脉中的两大基础设施，展品和展示设备是否完善和良好不仅影响公共科学活动物理境脉的设计质量，也直接关系着公共科学活动能否顺利展开，因此公共科学活动的基础设施建设是构建物理境脉的核心任务。

对于公共科学活动中的展品和展陈环境的设计而言，可以从以下两个方面展开。①展品和展陈环境的设计应该满足多人共同参观或共同交互。通常公共科学活动的参与对象并非一位活动参与者对应一项展品，而是多个参与者共同参观或公共同参与的交互。在这种情况下，如果展品和展陈环境的设计并不能满足多人共同参与，这就削弱了展品本身的公共教育价值，制约了公共科学活动内在价值的释放。②展品与展陈环境的设计应该充分把握好二者之间的协调关系。展陈环境是容纳展品的一种空间状态，如果展品与展陈环境的设计之间相互冲突，或者展陈环境不能充分烘托展品传递的内涵和意义，那么展品与展陈环境的设计也就不能彰显科学教育的价值。

为公众提供良好的公共科学活动基础设施不仅是对展品和展陈环境的设计，它还依赖于为科学活动资源提供支撑的展示设备的设计。展示设备是公共科学活动中展品陈列、展览布置的依托物，比如科学博物馆中的展柜、展板以及展台等。展示设备具有承托展品、指示导航、解释标签以及维护展品等多种功能。因此，展示设备的造型、比例、风格的设计对整个公共科学活动物理空间的整体效果具有至关重要的作用，设计者需要注意将使用功能与审美功能的完美结合。[①] 活动宣传牌、指路标、进入活动场馆的路线图等，都应该与活动氛围相呼应；活动展品、辅助设备、活动工具、工作人员等都要合理布局，达到引人入胜、有节奏和丰富多样的最优化组合。

三、公共科学活动的时空境脉设计

时空境脉的设计是指对公共科学活动的时间境脉和空间境脉的筹划与安排。时空境脉是现代设计观念体系中的一个重要概念，也是公共科学活动的物理境脉设计中最重要的组成部分之一。当公共科学活动场所确定之后，活动空间的布局、活动展品的排列、辅助设备的陈设以及活动时间和活动任务量的安排等都需要活动设计者和组织者考虑，而这也正是公共科学活动时空境脉设计的核心内容。时空境脉的设计与布置具有唤醒活动参与者的动机和好奇心的作用，因此很多公共科学活动的组织机构非常注重通过精心设计时空序列，激发和维持公众的参与动机和活动兴趣。

在诸多公共科学活动物理境脉的设计案例中，博物馆是强调通过时空序列的布置与安排激发公众的活动兴趣和动机的公共科学活动组织机构。博物馆设计者认为，公众在科学活动中的行为模式会受到建筑空间设计的影响，要使公众真正地投入公共科学活动中，就要充分考虑活动场馆内部空间、活动展品、人之间的相互作用关系，对场馆内部的展示空间、心理空间以及视觉空间进行适当的设计，营造良好的馆内空间感，使公众能够在一个流畅的、舒适的空间

---

① 丁卫泽. 教育技术博物馆建设与场馆学习［M］. 北京：科学出版社. 2016：106.

内开展自主化的科学探究活动。[①] 当然空间境脉设计不只是对主要活动空间的设计，还包括其他休息区和服务区的设计。比如，楼梯、通道、过厅、休息室等公共空间的设计。干净整洁、安静舒适的服务区和休息区对整个公共科学活动具有一定的辅助作用。因此，公共科学活动的空间境脉设计应该充分协调好各类空间的功能。

值得注意的是，随着各种新兴技术的发展，公共科学活动的时空境脉也发生了变化，设计者借助科学技术手段和各种媒体技术为公众构建出多种类型的科学活动虚拟空间，比如虚拟交流空间、虚拟展示空间以及虚拟探索空间等，这在一定程度上突破了传统公共科学活动中固定时空境脉的限制，为公众提供了更方便的科学活动参与机会。此外，空间境脉与时间境脉的设计是相互嵌套的，活动空间和活动时间的安排都需要结合活动参与者的个体认知特征和活动内容而决定。比如，对于先行知识较低的活动参与者，活动的时空序列可以宽松一些，使参与者能够有时间对活动内容进行查阅、思考、加工和交流；相反，对于先行知识较高的参与者，时空序列可以设计得较为紧凑。

> **知识花絮**
>
> ### 博物馆照明设计规范
>
> **一、对陈列室照明质量的要求**
>
> 1. 照度均匀度
>
> （1）对于平面展品，最低照度与平均照度之比不应小于0.8，但对于高度大于1.4米的平面展品，则要求最低照度与平均照度之比不应小于0.4。
>
> （2）只有一般照明的陈列室，地面最低照度与平均照度之比不应小于0.7。
>
> 2. 眩光限制
>
> （1）在观众观看展品的视场中，不应有来自光源或窗户的直接眩光或来自各种物体表面的反射眩光。
>
> （2）观众或其他物品在光泽面（如展柜玻璃或画框玻璃）上产生的映像不应

[①] C·亚历山大. 建筑的永恒之道［M］. 赵冰, 译. 北京: 知识产权出版社, 2004: 279.

妨碍其他观众观赏展品。

（3）对油画或表面有光泽的展品，在观众的观看方向不应出现光幕反射。

3. 光源的颜色

（1）应选用色温小于 3300K 的光源作照明光源。

（2）在陈列绘画、彩色织物、多色展品等对辨色要求高的场所，应采用一般显色指数（Ra）不低于 90 的光源作照明光源。对辨色要求不高的场所，可采用一般显色指数不低于 60 的光源作照明光源。

4. 立体感

对于立体的展品，应表现其立体感。立体感应通过定向照明和漫射照明的结合来实现。

5. 陈列室表面的颜色和反射比

（1）墙面宜用中性色和无光泽的饰面，其反射比不宜大于 0.6。

（2）地面宜用无光泽的饰面，其反射比不宜大于 0.3。

（3）顶棚宜用无光泽的饰面，其反射比不宜大于 0.8。

二、陈列室的照明设计

1. 一般要求

（1）展品与其背景的亮度比不宜大于 3∶1。

（2）在展馆的入口处，应设过渡区，区内的照度水平宜满足视觉暗适应的要求。

（3）对于陈列对光特别敏感的物体的低照度展室，应设置视觉适应的过渡区。

（4）在完全采用人工照明的博物馆中，必须配备应急照明。

2. 光源和灯具

（1）宜采用荧光灯，普通白炽灯或卤钨灯作照明光源。

（2）应根据陈列对象及环境对照明的要求选择灯具或采用经专门设计的灯具。

3. 陈列照明

（1）墙面陈列照明。

①宜采用定向性照明。

②应把光源布置在"无光源反射映像区"。

（2）立体展品陈列照明。

①应采用定向性照明和漫射照明相结合的方法，并以定向性照明为主。

②定向性照明和漫射照明的光源的色温应一致接近。

(3)展柜陈列照明。

①展柜内光源所产生的热量不应滞留在展柜中。

②观众不应直接看见展柜中或展柜外的光源。

③不应在展柜的玻璃面上产生光源的反射眩光,并应将观众或其他物体的映像减少到最低程度。

三、展品的保护

(1)应减少灯光和自然光中的紫外辐射和红外辐射,使光源的紫外线相对含量小于75μW/lm。

(2)对于对光敏感或特别敏感的展品,除了限制其照明水平不大于标准值之外,还应减少其曝光时间。闭馆时,展品应处于无光照射状态。

(3)对于密封在真空中或有惰性气体的环境中,并保存在特制的展柜或特设的展室内的对光特别敏感而又特别珍贵的国家特级保护文物,必须在有特殊需要时,才允许在规定照度下使其曝光。

四、陈列室的自然采光设计

(1)侧面采光系数(Cmin)应为1%,顶部采光系数(Cav)应为1.5%。

(2)不应有直射阳光进入陈列室。

(3)自然光产生的照度不应超过标准值。

(4)应减少自然光中的紫外辐射和红外辐射,使紫外线的相对含量小于75μW/lm。

(5)顶层宜采用天窗采光。

(6)必须设置人工照明作为辅助照明之用。

拓展资源

1. FALK J H, DIERKING L D. Learning from Museums: Visotor Experiences and Making of Meaning [M]. Lanham Margland: AltaMira Press, 2000: 53-68.

2. MAXWELL L E, EVANS G W. Museums as learning settings: The importance of the physical environment [J]. The Journal of Museum Education, 2002, 27(1): 3-7.

3. VERGERONT J. Shaping spaces for learners and learning [J]. The Journal of

Museum Education, 2002, 27（1）: 8-13.

4. GAFFNEY D, DUNNE-MAXIM K, CERNAK M A. The Science Center as Sanctuary: A Place of Comfort during Traumatic Times [J]. The Journal of Museum Education, 2002, 27（1）: 22-27.

5. VOIDA S, MYNATT E D, MACINTYRE B, et al. Integrating virtual and physical context to support knowledge workers [J]. Pervasive Computing, IEEE, 2002, 99（3）: 73-79.

6. RHODES B. Using physical context for just-in-time information retrieval [J]. Computers, IEEE Transactions on, 2003, 52（8）: 1011-1014.

7. KRISTENSEN T. The physical context of creativity [J]. Creativity and Innovation Management, 2004, 13（2）: 89-96.

8. 罗晓莹，吴胜天，王建荣. 主题博物馆环境的营造——谈杭州·中国茶叶博物馆环境整合工程 [J]. 中国园林, 2005（9）: 61-64.

9. 雷蒙特·H. 拉丰丹，张晋平. 加拿大博物馆环境质量要求 [J]. 中国博物馆, 1987（3）: 88-90.

10. 鲍贤清. 场馆中的学习环境设计 [J]. 远程教育杂志, 2011（2）: 84-88.

活动建议

践习 WebQuest：公共科学活动的境脉设计探究

在本章，我们学习了公共科学活动中的三大境脉设计——个体境脉设计，社会文化境脉设计以及物理境脉设计。下面将要从本章的知识中选择一个研究主题，并以 WebQuest 的形式将你的研究过程与成果展示出来。

第一步 认识 WebQuest

在创建你的 WebQuest 之前需要充分了解它的相关信息与功能。通过网络及其他方法，找到 WebQuest 的相关资源，并回答如下问题。

1. WebQuest 是由谁首创？

_____

_____

2. WebQuest 的使用目的是什么？

_____

_____

3. 根据你所查找的资料，你认为 WebQuest 可以分为哪些环节？

编　号	环　节	说　明	备　注

回答以上内容可以参考如下网站资源：

WebQuest 资源网（http://www.webquest.org/）

惟存教育网（http://www.being.org.cn/）

WebQuest 主页（http://web.hku.hk/~jwilam/PCEd_FT_2003_IT/webquest.htm）

赛博时空教育频道（http://www.cst21.com.cn/index.htm）

第二步　创建 WebQuest

以第一步的内容为基础，在本章选取一个主题，根据 WebQuest 的网上案例，创建一个关于公共科学活动境脉设计的 WebQuest。有关 WebQuest 的设计格式和流程可以参考如下模版。

WebQuest 的主题

（一）介绍

请在这里写一段简短的文字介绍将要研究的主题，如"公共科学活动三大境脉的区别与联系""科技馆活动中的社会境脉设计"等。这一模块包括研究主题的背景说明，也可以传达关于主题的一些本质性、导向性问题。整个 WebQuest 将围绕这个问题开展学习活动。

_____

_____

_____

_____

_____

（二）任务

清晰明了地描述将要完成的事项。"任务"可以是：一系列必须解答或解决的问题；对所创建的事物进行总结；阐明并为自己的立场辩护；具有创意的工作；任何需要学习者对自己所收集的信息进行加工和转化的事情等。

_____

_____

_____

_____

_____

（三）资源

添加用于完成任务的资源，可以是网络资源，也可以是其他种类的资源。

编　号	描　述	来　源
1		
2		
3		
……		

（四）过程描述

描述完成任务的各个步骤，其中包括将总任务分成若干子任务的策略。

_____

_____

_____

_____

_____

（五）学习建议

为学习者提供建议，以帮助他们组织所收集到的信息。建议可以是流程图、总结表、概念图或其他组织结构等形式。

_____

_____

_____

（六）评价

创建一个简单的量规，这样学习者可以用于对自己的学习进行评价。

评价项目	好	中	差	得　分

（七）总结

总结完成这项活动所学到的东西。总结形式也可以是一些反问或链接，鼓励学习者把这种探究的经验进行拓展。

第五章
公共科学活动的策略设计与应用

第一节 探究策略设计

探究策略提倡公众主动探索，强调探究过程和探究方法，利于公众自己建构知识框架。因此，在公共科学活动设计中合理运用探究策略，使公众通过亲自体验活动过程，自己构建知识，从而能有效提高公众的科学素养。

一、探究式公共科学活动概述

2014年夏季达沃斯论坛上，李克强总理第一次提出"大众创业、万众创新"。中共十八大也明确提出实施创新驱动发展战略，并将其作为关系国民经济全局紧迫而重大的战略任务。由于探究式公共科学活动通过为公众提供自我发现问题、分析问题、解决问题的途径，使其在自我探究的过程中培养创新意识与创新能力，提高科学素养，因此越来越多的人开始关注探究式公共科学活动。

(一）探究式公共科学活动的内涵

探究模式的创始人萨奇曼曾指出，科学家可以将解决问题和探究未知事物的策略传授给他人，鼓励他人通过积极参与科学探索活动来模拟科学家解决问题的方式，提高他人面对疑难问题时搜集和分析信息材料的能力，最终实现问题的解决，其过程模式如图5-1-1所示。美国《国家科学教育标准》指出："科学探究是指科学家们用来研究自然界并根据研究所获的事实证据对问题做出解释的各种方式。"[①]

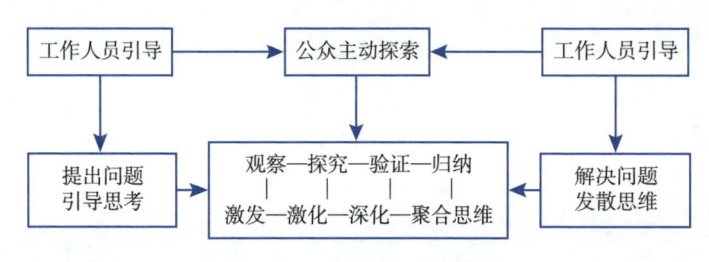

图 5-1-1 探究式科学活动模式

而探究式公共科学活动则是指在公共科学活动中为公众创设类似于科学研究的情境，提供一种像科学家一样去发现问题、分析问题、解决问题的机会。提供更多的探究性学习，使公众在发现问题、实验、操作、调查、收集与处理信息、表达与交流等探索活动中自己构建知识结构框架，培养创新意识与创新能力，领略科学之美，获取科学知识，掌握科学方法，提高科学文化素养。

按照不同的划分标准，我们可以将探究式公共科学活动分成以下几种类型。

（1）根据参与者主体作用的大小，将探究式公共科学活动分为两类：①有指导的探究式公共科学活动。即参与者所进行的各种探究是在相关专家、研究人员等的大量指导和帮助下完成的。②开放的探究式公共科学活动。即参与者开展的探究性活动从选题、实施等都是自己独立完成的，较少得到专家、研究人员的指导和帮助。

（2）根据思维的逻辑类型，将探究式公共科学活动分为两类：①归纳式的

---

① National Research Council.The National Science Education Standards [M]. Washington DC: National Academy Press.1996: 23.

探究活动。即公众从个别或某类具体事例出发，经过推演、观察、探索得出一般结论。②演绎式的探究活动。即活动策划者、研究人员等给出相关概念或原理之后，由公众自己探索概念和原理与具体事例的实质性联系。[1]

（二）探究式公共科学活动的特点

探究式公共科学活动通过为公众提供探究性学习机会，使其在探究活动中发现问题、解决问题、构建知识结构框架，以此来提高公众的科学素养。因此，探究式公共科学活动具有自主性、开放性、过程性和实践性等特点。

1. 自主性

探究式公共科学活动主张公众通过探究活动来掌握科学文化知识，提高自己的自主探究能力。它鼓励公众自己发现问题，然后进行自主探究，积极寻找解决问题的方法，从而掌握知识，提高科学素养，体现了过程中公众的主体地位和学习科学文化的自主性。此外，探究式公共科学活动积极为公众营造逼真的探究环境，鼓励公众自选课题，自定探究方案与研究进度，根据自己的实际需求自选研究方法，自己把握研究的过程与内容，体现了探究式公共科学活动的自主性。

2. 开放性

探究式公共科学活动的目标、内容以及结果都具有开放性。①目标的开放性。探究式公共科学活动的目标不仅包括提高公众解决问题的能力，树立正确的科学态度，还包括培养问题意识和创新能力以及关心社会、自然和生活的意识等。②内容的开放性。探究式公共科学活动没有把活动内容限定在某些特定的方面，而是鼓励公众根据自己的需要、兴趣等自选研究课题。③结果的开放性。在探究式公共科学活动过程中，知识的来源是多方位的，因此公众参与探究式公共科学活动的结果也是不可预知的、多样的、开放的。

3. 过程性

探究式公共科学活动的主要目的在于鼓励公众积极参加科学探究活动，在活动过程中提高公众发现问题、提出问题、分析问题、解决问题的能力，并且

---

[1] 高佩. "探究性学习"的概念、分类及意义 [J]. 现代教育科学，2003（3）：17-19.

形成严谨的科学态度，因此它注重的是公众的探究过程，而不仅仅是最终的探究结果。同时，公众的自我探究性活动过程又是一种有意义的学习过程，能够更好地促进个体知识的内化，[①]利于公众自我建构知识，同时也利于在实际生活中运用所学科学知识，因此探究的过程在科学活动中显得尤为重要，这也体现了探究式公共科学活动的过程性。

4. 实践性

探究式公共科学活动不同于传统的学校学习。它不再是知识的单向传输，参与者也不再是单纯被动地接受知识，它需要参与者通过实践活动主动地构建自己的科学知识。探究式公共科学活动最大的特点是以活动为主，让公众亲自参与整个的探究活动过程，使其在具体实践中接受锻炼，并通过考察、实验、探究等环节来获取科学知识，掌握科学方法，发展创造力，把理论与实践结合起来，在实践中创新与学习。这也体现了探究式公共科学活动的实践性。

二、探究式公共科学活动设计

1999 年 6 月，在第三次教育工作会议上，江泽民同志曾指出："教育是知识创新、传播和应用的主要基地，也是培育创新精神和创新人才的摇篮。"[②]而科普教育肩负着培养公众创新能力和提高公众科学素养的使命。因此，公共科学活动的设计要为提高公众创新能力、建设创新型国家而服务。探究是创新的必由之路，任何创新的成果都是经过一系列探索过程获得的。因此，通过探究性活动来向公众普及科学知识已成为公共科学活动设计的一个重要发展趋势。

（一）探究式公共科学活动的设计原则

探究式公共科学活动是一种通过为公众提供发现问题、提出问题、分析问题、解决问题的机会，使其能够在探究的过程中提高创新意识与能力，自我建构知识，从而提高公民科学素养的活动。作为一名公共科学活动设计者，在设

---

① AUSUBEL D P, NOVAK J D, HANESIAN H. Educational psychology: A cognitive view [J]. The American Journal of Psychology, 1970, 83（2）: 303-304.
② 阎立钦，中央教育科学研究所《创新教育研究与实验》课题组. 创新教育：面向 21 世纪我国教育改革与发展的抉择 [M]. 北京：教育科学出版社. 1999: 3.

计探究式公共科学活动时应注意必要的设计原则，从而有效地开展设计。

1. 注重公众主体地位，主张公众的活动主导性

探究式公共科学活动的目的是：在自我探究的过程中，提高自主探究能力，培养创新意识，提高公众的科学素养。因此在整个探究活动中，公众是科学活动的主体，他们处于活动的主导地位。而这种主体地位就要求我们在活动设计时从激发公众的探究动机出发，在活动过程中尽量为公众提供活动参与、自主探究的机会，促使他们自发、自主地展开探究活动，并及时进行自我反思和评价。由于整个探究活动过程都是由公众主动参与，自行主导的，因此他们可以通过主导性的探究活动来培养自身学习科学知识的积极性和主动性，并提高自身学习科学知识的能力，[1]提高自身的科学素养。

2. 重视公众参与过程，强调公众的活动参与性

探究式公共科学活动注重探究的过程，主张为公众提供参与活动的机会，使他们通过自主探究、合作讨论等形式来参与公共活动，强调公众的活动参与和合作探究。[2]因此，探究式公共科学活动的设计应以为公众提供活动参与机会为准则，通过恰当的主题吸引公众参与，并在探究过程中通过为其营造较真实的探究环境，使公众对探究活动产生兴趣，主动地参与活动。而正因为公众亲自参与了活动的每一过程，所以他们对科学家的探究活动有更深层的认识与了解，能够更好地掌握科学研究方法以及科学知识，从而提高科学素养。

3. 考虑个体差异，支持不同程度的探究

公共科学活动的对象是全体社会公众，包含不同年龄阶段、不同认知水平和不同性格特点的群体，因此，在活动设计上需要考虑个体差异性问题。探究式公共科学活动注重受众群体的自主探究，但并不是强调绝对的自主，必要时应该为参与者提供相应的指导和帮助，如策略建议、成果指导等，并且适当地引导他们探究，从而保证不同知识背景的受众群体都能从探究活动的过程中获取知识和掌握方法。因此在设计探究式公共科学活动时应考虑到不同年龄阶

---

[1] RUSSELL T. The enquiring visitor: usable learning theory for museum contexts [J]. Journal of Education in Museums, 1994 (15): 19-21.

[2] BANZ J R N. Exploring the personal responsibility orientation model: Self-directed learning within museum education [D]. Philadelphia: The Pennsylvania State University, 2009: 4.

段、知识水平和个性特征受众群体的特点，辅以适时的帮助，使他们在活动探究过程中掌握相应的科学知识。

（二）探究式公共科学活动的设计思路

探究点的选择和确定是活动设计的起点，也是活动设计的重点和难点。根据所选定的探究点制定公共科学活动的目标，确定活动的主题，选择合适的活动开展方式并进行优化组合。然后进行探究活动的整体设计，确定公众探究活动的大致过程，这样就完成了对探究活动的初步设计。最后，我们可以根据需要开展公众的初次体验，并根据公众的反馈信息对探究活动进行改进和完善，使其更加适应公众的需要，从而促进公众积极参与探究式公共科学活动。探究式公共科学活动的设计基本过程如图 5-1-2 所示。

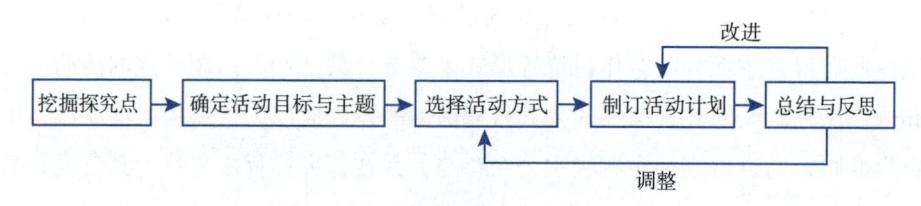

挖掘探究点 → 确定活动目标与主题 → 选择活动方式 → 制订活动计划 → 总结与反思（改进／调整）

图 5-1-2　探究式公共科学活动设计过程

1. 以科学知识为基础，挖掘探究点

探究式公共科学活动的设计应以科学知识为基础，以提高公民科学素养为目的，因此在选择探究点时应注意：①基础性。公共科学活动是以提高普通大众的科学知识为目的的，因此其知识应具有基础性和普遍性的特点。②价值性。为使公众在探究过程中掌握科学知识，探究的对象和过程应有价值性。③趣味性。探究性活动要变被动接受为主动探索，因此探究点应能激发公众的学习兴趣，激发公众的探究动机。

2. 以提高公众科学文化素质为最终目的，确定科学活动的目标

在确定探究点之后，接下来就要制定科学活动的目标。公共科学活动是作为传播科学知识的重要途径，其最终目的是要提高公众的科学文化素质。因此，探究式公共科学活动的设计要以提高公众科学文化素质这一基本目标为基础，结合具体的探究内容，从知识技能、情感态度等多方面考虑，为不同的公

共科学活动确定具体的目标并进行适当调整，从而促进最终目标的实现。

3. 确定科学活动的主题，优化组合活动方式

根据选定的活动内容和活动目标确定活动主题，设计合适的探究活动方案。在确定活动主题时应注意：①主题的确立要与科学活动探究的内容紧密相关，使公众通过主题大致了解探究活动的内容，方便公众的活动选择。②主题要有趣味性和吸引力，能引起公众的探究兴趣和热情，促使他们积极参与活动。同时，我们要根据活动的内容和主题选择合适的活动开展方式，并进行优化组合，保证科学活动的顺利开展。

4. 制定活动计划，提供活动指导

在确定了活动主题之后，我们需要对整个科学活动计划进行设计。活动计划要根据活动的目标、内容和主题进行设计，保证整个活动过程紧扣主题，联系内容，符合目标。活动计划是活动过程的整体规划，因此应包括活动内容、步骤、资源、方法等，并且要考虑到在过程中为公众的科学探究活动提供资源服务、技术支持和理论指导，保证探究活动的顺利进行。

5. 获取公众反馈，进行总结反思

完成探究式公共科学活动的初步设计之后，可以根据需要安排公众进行科学探究活动的体验，了解他们的探究情况，并根据公众的反馈信息进行总结反思，对探究活动的设计进行改进和完善。总结反思的过程不仅包括对探究活动本身的完善，还包括公众的科学知识掌握情况、兴趣爱好、对探究活动的选择等，从而为后续的公共科学活动设计提供借鉴和指导。

三、探究式公共科学活动实践案例解读

随着创新型国家建设的推进和教育的不断变革，公众的学习方式也发生了重要的变化。探究式学习因为可以提供自主探究的机会，培养公民的创新意识与能力，变被动学习为主动学习，因此得到了越来越多的关注。回顾以往开展的公共科学活动，发现无论是非正式场景下的公共科学活动，还是学校等正式场景下的科学活动等，都积极运用探究式策略，通过为公众提供亲自参与活动的机会来提高公民的科学素养。

(一) 非正式场景中探究式公共科学活动的实践案例

随着学习方式的多元化，非正式场景中的学习成了人们关注的重点。而博物馆、科技馆等因提供有趣、具有教育性的展品吸引了越来越多的公众前来参观学习，成为了不容忽视的非正式教育场馆。其中以探究策略为主导的公共科学活动通过场馆中引人注目的展品为公众提供自我探究的机会，将他们置于真实的科学探究环境之中，从而更有利于他们的探究过程，因此场馆场景中探究式公共科学活动越来越受重视。除此之外，在场馆场景下的探究式公共科学活动中，公众由于可以接触到一些新奇、有趣的实物展品，更容易对探究内容产生兴趣，利于激起他们的参与热情，从而能够更好地开展探究活动，使参与者在探究的过程中提高创新意识与能力，并掌握相关的科学知识，提高科学素养。

目前，公共科学活动设计者已经利用场馆开展了多项探究式公共科学活动，例如"混沌现象知多少"科学活动。该活动通过科技馆中常见的展品——混沌摆（图 5-1-3）来开展活动。整个活动过程中，以公众的主动观察、操作、记录实验现象、讨论实验结果等探究性活动为主，了解混沌摆的结构和工作原理，从而理解混沌现象，在相关专家的帮助下加深对这一科学知识的理解

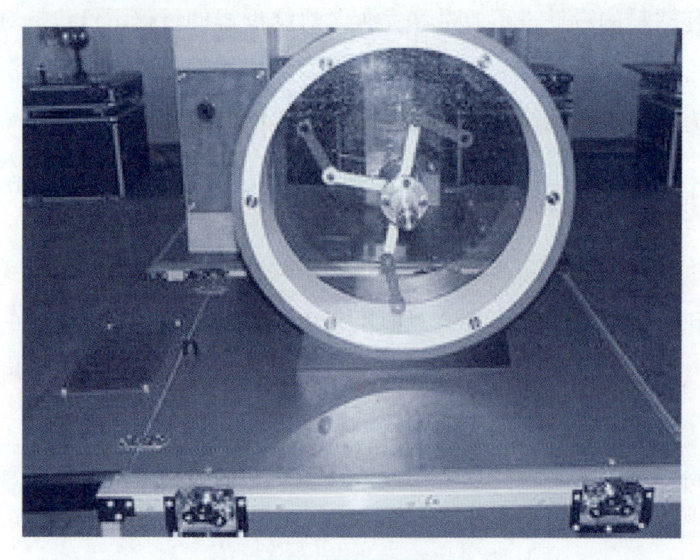

图 5-1-3 混沌摆

和掌握，从而能解释生活、学习、工作中的一些混沌现象，提高科学素养。为使不同认知水平、社会背景的人都能了解这一科学知识，在公众探究过程中辅以相关工作人员的适当指导，减少探究过程中的一些困难。具体活动设计见表 5-1-1。

表 5-1-1 "混沌现象知多少"公共探究活动设计方案

活动目标	了解混沌现象，掌握相关原理知识，提高科学素养
活动主题	混沌现象知多少
活动计划	1. 播放"蝴蝶效应"视频，引入混沌现象，使公众对其有初步认识； 2. 观察混沌摆的结构构造，通过查阅资料、动手操作了解混沌摆的工作原理； 3. 相关专家或学者针对这一现象为公众进行解释，便于不同知识背景的人都了解这一科学知识
活动反馈	邀请部分人先行体验该活动，并在活动实施过程中记录下所遇到的困难和问题，获取公众的反馈信息，便于后续活动的改进与完善

从整个活动的设计过程中可以发现，此活动以混沌摆的工作原理和混沌现象作为本次活动的探究点，以此确定了本次活动的目标与主题。为使活动顺利进行，在过程中提供指导性帮助，减少公众参与的困难，并邀请专家进行相关知识的讲解，方便公众对知识的同化与迁移，加深对该科学知识的理解。而请部分人先行体验该活动，记录过程中所遇到的困难与问题，获取公众反馈，有助于反思、完善、推广活动。此外，该活动以自我探究的形式，使公众在整个过程中积极思考、分析、讨论，在操作混沌摆的同时理解其所涉及的相关原理，体现了探究式公共科学活动强调公众主体地位，主张公众的活动主导性，和注重公众参与过程，强调公众活动参与性的设计原则。在活动计划中考虑参与者的文化背景等的不同，邀请专家对这一科学原理进行讲解，加深公众对这一科学知识的理解，体现了考虑个体差异的设计原则。

（二）正式场景中的探究式公共科学活动实践案例

无论是中国的"2049 计划"，还是美国的"2061 计划"，都将青少年的教育问题放在了重要地位，因此，除了科技场馆在积极推动探究式公共科学活动，学校等也在组织科学探究活动，帮助青少年掌握科学知识，提高科学素养。而作为学校普及科学知识的课程——科学课，积极组织青少年参与活动探究，采取小组合作等多种活动参与方法，调动参与者的兴趣与热情，使其主动探究，培养创新能力，掌握科学知识。目前，许多学校的科学课程都采取了探究式策略，通过为青少年提供参与活动的机会，使他们在探究过程中学习相关的科学知识。

如某一学校科学课程开展的"你的纸飞机能飞多远"探究式科学活动（图5-1-4），以2012年打破飞行纪录的"苏珊"纸飞机视频为切入点，使学生采取小组合作、组间竞赛、观看视频等多种参与形式，在主动探索的过程中积极构建知识。学生通过在整个活动过程中的主动探究，理解纸飞机飞行的原理，并能复述相关的科学知识，提高科学素养。具体活动设计方案见表5-1-2。

图 5-1-4　纸飞机投掷现场

表 5-1-2　"你的纸飞机能飞多远"公共探究活动设计方案

活动目标	了解纸飞机飞行原理，掌握空气动力学相关知识，提高科学素养
活动主题	你的纸飞机能飞多远
活动计划	1. 学生根据相关资料折叠出飞行距离较远的纸飞机； 2. 组间进行比赛并讲述飞机飞行的原理，并邀请相关专家或者教师做说明，加深学生对这一科学知识的理解； 3. 评出全场飞行距离最远的纸飞机，颁发纸飞机模型

第五章 公共科学活动的策略设计与应用

　　本次活动以生活中常见的纸飞机入手，以飞机飞行原理为探究点，贴近参与者的生活，便于活动的实施。然后根据此探究点设置活动的目标与主题，采取了小组合作、组间竞赛等多种形式展开活动，在活动计划中还设计了活动的步骤等，并在活动过程中邀请相关专家、教师等对纸飞机飞行中蕴含的科学原理进行讲解，加深公众对这一科学知识的理解与掌握。此外，本次活动积极为公众提供自我探究的机会，通过小组合作与交流的形式，使他们在探究过程中习得有关空气动力学的相关知识，体现了探究式公共科学活动强调公众主体地位，主张公众的活动主导性，注重公众参与过程，强调公众的活动参与性的设计原则。并且考虑参与者的认知水平等的不同，邀请专家对相关知识进行讲解，降低部分参与者的认知困难，便于他们更好掌握知识。

知识花絮

施瓦布及其科学探究思想

　　约瑟夫·施瓦布是美国著名的科学家、课程理论家和教育学家，曾参加过"学科结构"运动，和布鲁纳一起被称为"结构主义"教育思想的代表人物。由于他在科学教育方面的巨大成就也被誉为"科学教育家"。在施瓦布的科学教育思想中，最重要的就是对"科学探究"的理解。他主张"科学探究"的教学和学习方式，有力地推动了美国各级教育中以"科学探究"为核心的课程改革，最终促成了探究教学在美国学校教育中主导地位的确立及学校科学教育的变革。[1]

　　施瓦布试图以"科学的结构"和"科学的结构是不断变化的"为前提，揭示探究过程的本质及其特征，并通过将各种现代科学的成果引入学校教学，使学生把握科学的结构，体验探究学习。他主张在科学教育中，教师的主要任务不是命令学生去学习，而是教授学生学习的方法，培养他们自主学习和自主探究的能力。在他看来，世界科学技术日新月异，科学探究的方法也必须进行相应地改进和创新。科学家不断地采用新的探究方法来修正和完善已有方法，以获得更加接近真理的科学论断。施瓦布认为，发现长期研究中探索原则的不足和局限并进行

---

[1] A SCHWAB J J, BRANDWEIN P F. The teaching of science as enquiry [M]//. Sohwab JJ, Brandwein PF. The teaching of science. Cambridge, Mass.: Harvand University Press, 1962: 3–103.

更新和补充的"流动探究"是国家科学技术实现长远发展的关键。

施瓦布主张将实验室当成活动探究的场所，让它引导课堂中的科学教学，而不是用科学教学来指导实验。同布鲁纳一样，施瓦布主张把学习者当作"小科学家"看待，探究性学习并不是强调儿童在活动中的中心地位，而是鼓励学习者通过探究过程，掌握科学概念，发现科学知识，将教学变成一种在教师指导下展开的具有严密学术性的创造活动。

拓展资源

1. SCHWAB J J, BRANDWEIN P F. The teaching of science as enquiry［M］// SCHWAB J J, BRANDWEIN P F. The teaching of science. Cambridge, Mass.: Haruard University Press, 1962: 3-103.

2. BRUNER J S. The Process of Edueation［M］. Cambridge, Mass.: Harvard University Press, 1960.

3. National science education standards［M］. Washington D. C.: National Academy Press, 1996.

4. AUSUBEL D P, NOVAK J D, HANESIAN H. Educational psychology: A cognitive view［J］. The American Joural of Psychology, 1970, 83（2）: 303.

5. SCHWAB J J. The "impossible" role of the teacher in progressive education［J］. The School Review, 1959, 67（2）: 139-159.

6. BANZ J R N. Exploring the personal responsibility orientation model: Self-directed learning within museum education［D］. Philadelphia: The Pennsylvania State University, 2009.

7. RUSSELL T. The enquiring visitor: usable learning theory for museum contexts［J］. Journal of education in museums, 1994, 15: 19-21.

8. 施方良. 学习论［M］. 北京: 人民教育出版社, 1994.

9. 崔希栋. 科技馆展品设计的一般原则［J］. 科技馆, 2003（4）: 6-9.

10. 罗伯特, 赛姆帕. 科技馆展品技术和活动设计方面正在出现5个新颖的发展趋势［J］. 中国博物馆通讯, 2003（9）: 2-2.

11. 俞学慧. 科技馆展览设计的实践与思考［J］. 科技资讯, 2012（1）: 187.

第二节 体验策略设计

施良方在《学习论》中指出:"学习是指学习者因经验引起行为、能力和心理倾向的比较持久的变化。这些变化不是因成熟、疾病或药物引起的,而且也不一定表现出外显的行为。"[①] 这种变化过程只有通过亲自体验才能了解,而且亲自体验学习过程能够使参与者更好地理解和掌握知识。因此,公共科学活动设计者开始运用体验策略,通过为公众提供不同的体验式学习空间,使身体多种感觉器官共同参与学习以便更好地了解并掌握科学知识。

一、体验式公共科学活动概述

公共科学活动作为一种通过参观、体验等方式传播科学知识、科学方法和科学思想的社会性活动,它注重公众的多感官体验和全身心参与,美国科学促进会曾提出要通过"亲历科学"的思想和方法促进科学教育改革,使公众在亲自体验科学的过程中形成对科学事物的正确理解和认识。而体验式公共科学活动提倡公众在亲自体验和活动参与中实现情感、直觉、符号和行为的有效整合,进而更好地领会科学精神,获取科学知识和科学技能。

(一)体验式公共科学活动的内涵

美国实用主义哲学代表杜威主张,"必须有一个实际的经验情境,作为思维的开始阶段,给学生一些事情去做,不是给一些东西去学;做事又要求进行思维或有意识地注意事物的联系,从而学到东西"。杜威还认为"真正的知识增加依附于经验的意义,即所体验到的意义"。要做到这些,最根本的方法是"从做中学",提倡"经验学习"。最早的"体验学习"正源自"经验学习"。[②]

---

① 施良方. 学习论 [M]. 北京: 人民教育出版社, 1994: 5.
② 王美倩, 苗浩. 大卫·库伯视野中的体验学习以及对传统学习的挑战与超越 [J]. 软件导刊(教育技术), 2013 (5).

1984年，美国体验学习专家大卫·库伯融合了杜威的"经验学习"、勒温的"群动力学"、皮亚杰的"认识发生论"等体验学习理论思想，提出了"体验式学习"及其具体过程：首先，学习者亲身参与学习过程，通过体验的方式获取和感知信息。其次，在交流、讨论中将亲自经历的感受进行分析、思考和评价，明确自己的学习和发现。在此基础上，将反思和观察的结果进一步地抽象化，以形成一般性的结论或理论，或对刚才所发现的现象和问题进行因果解释。最后，参与者将抽象概括出的结论或理论假设的正确性、合理性在新的情境中进行检验（图5-2-1）。

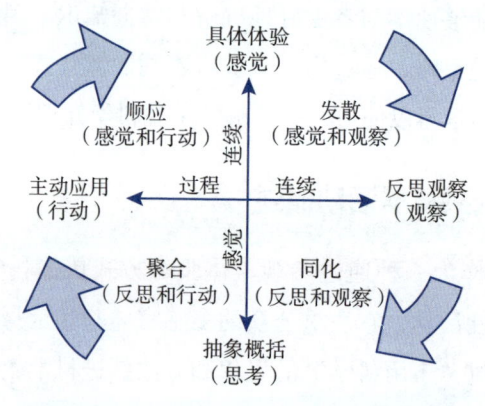

图 5-2-1 大卫·库伯的四阶段循环模型

而以体验学习为基础，以体验策略为主导的公共科学活动将活动过程看作是"体验的转换并创造知识的过程"，认为活动过程应是由实践过程中体验得到的具体经验，经反思观察、抽象概括与行动应用所组成的完整过程。所以，体验式公共科学活动是一种通过实践和反思获取知识的活动方式，它强调公众的主动参与，打破了参与者被动学习科学文化知识、先知后行和学用分离的局限，强调参与者在真实情境中通过亲身经历和亲身体验的方式习得科学文化知识。

（二）体验式公共科学活动的特点

体验式公共科学活动强调公众在真实的实践情境中学习，注重公众的体验过程而非体验结果，主张主动参与而非被动接受，提倡情境体验而非知识灌输，能够促进其情感、知觉、符号和行为的有效整合，促进知、情、意、行的协同发展。因此，体验式公共科学活动具有参与性、过程性、主体性、情境性、亲历性和反思性的特点。

1. 参与性

公共科学活动设计者根据具体的科普目标和科普内容，创设一定的活动情境，使参与者以小组合作等多种形式参与学习。在参与公共科学活动过程中，公众通过动手操作、用眼观看等多种体验活动，主动地进行思考，调动身体多种感觉器官共同参与，促进其学习的发生。在整个活动过程中，强调身心共同参与，有效地改善了学习效果，体现了体验式公共科学活动的参与性特点。

2. 过程性

在体验式公共科学活动过程中，公众通过体验、反思、概括、应用等过程来促进经验的习得和转变，是一个经验转换与知识创造的过程。而且在公共科学活动中，知识的习得与概念的转变是潜移默化地发生在体验过程之中的，因此，体验式公共科学活动看重公众的体验过程，使他们在过程之中习得知识，转化经验。

3. 主体性

体验式公共科学活动通过创设具体的情境，使公众在动手操作等的体验过程中，增加科学知识，提高科学素养。在整个体验式公共科学活动中，公众是主体，他们的积极参与和主动体会学习的乐趣是整个活动的重点，因此活动设计者应考虑参与者的自主学习过程，尊重参与者的主体地位，这有助于公众学习科学文化知识，提高科学素养。

4 情境性

体验式公共科学活动通过创设一定的体验式学习情境来促进公众进行体验学习，使公众在体验的过程中促进自身知识的建构与重组。[①] 例如，非正式学习的重要场所科技馆，将含有某一类原理的动手操作展品放置在相应的展厅，

---

① 万力勇，赵鸣，赵呈领. 从体验性游戏学习模型的视角看教育数字游戏设计 [J]. 中国电化教育，2006（10）：5-8.

利用多媒体和其他声、光、电等营造相应的具体情境，使公众在逼真的环境中体验其所含的具体科学知识，主动思考，从而促进科学知识的习得，提高公众科学素养。

5. 亲历性

体验式公共科学活动的亲历性主要表现在两个方面：①实践层面的亲历性。在科学活动过程中，公众通过亲自参与活动，在过程中动手操作，产生"身临其境"的感觉，用自己的身体去亲身经历，去理解知识，从而激发学习活力。例如，科技馆场景下的学习。②心理层面的亲历性。公众通过在体验式学习空间中亲身经历，使其心理获得与实践亲历一样的感受，从而习得相关的科学知识。例如，图书馆的体验式学习空间。

6. 反思性

反思是对直接经验的转换，它包括对经验的概括、归纳与提升，也包括对学习过程与结果的评价。王嘉毅也曾指出在体验式学习中，参与者通过实际体验，获取知识和技能，并最终通过反思促进其态度的转变和提升。[1] 同样，由于公众在体验式公共科学活动中所获得的知识较为零散、琐碎，因此更为强调其在体验结束后的自我反思、总结，以此来促进科学知识的理解与学习。

二、体验式公共科学活动设计

体验式公共科学活动以体验式学习理论为指导，结合相关场合的基本条件、公众需要等进行恰当规划和安排，选择适合的目标、策略、方法、过程、资源和评价等，以提高公众科学文化素质为目标进行设计，具有完整的设计原则和设计步骤。

（一）体验式公共科学活动的设计原则

体验式公共科学活动是一种通过为公众提供亲身体验的机会，使其在体验的过程中自我构建知识，习得科学原理，提高科学素养的活动。因此，活动设计者在设计时应注意一些设计原则，从而更好地优化公众的体验过程。

---

[1] 王嘉毅，李志厚. 论体验学习 [J]. 教育理论与实践，2004，24（12）：44-47.

1. 提供体验机会，促进公众亲历活动

体验式公共科学活动设计者要尽量为公众提供基于真实问题、具体情境的体验活动机会，包括空间、资源、技术指导等各方面的支持，营造相应的体验环境，使他们在基于真实情境的体验式学习空间中亲历科学的奥秘，[1] 在精心设计的安全、生动和有趣的情境中激发学习科学的热情，体验科学知识带来的奇妙感觉。

2. 基于现实生活，调动公众多种感官参与

体验式公共科学活动的设计应尽量接近现实生活，给公众一种真实感，让他们能够真正身临其境，从而融入科学活动。[2] 因此，为促进公众科学文化知识的学习，活动设计者应结合公众的现实生活，使其能运用多种感官去接触科学制品并亲自体验科学研究，在多感官的共同刺激与反应下产生丰富的体验，不断地完善自己原有的经验。此外，接近现实的科学活动更容易使公众联系现实生活，从而更快、更好地融入科学活动，促进他们对科学知识的再认识，并且更为容易地将科学知识迁移至实际生活中。

3. 注重具身认知，强调公众身体参与

叶浩生认为，认知是包括大脑在内的全身心参与的过程，是具身的，而身体又是嵌入环境的。因此，认知、身体和环境共同组成了一个动态的统一体（图 5-2-2）。[3] 体验式公共科学活动强调身体在整个认知过程中的关键作用，注重公众通过身体体验而发生的认知。因此设计体验式公共科学活动时，应以公众认知、知觉和行动的一体化为准则，为公众提供知觉系统和运动系统共同作用的身体体验机会，使他们真正成为一种与自然环境、人文环境和科学活动相互作用的有机体，[4] 从而更好地促进公众的体验式公共科学活动。

---

[1] 廖红. 对参与型展览技术的思考：谈动脑的作用与体现 [J]. 科技馆，2004（1）：15-19.
[2] CAHILL L, MCGAUGH J L. A novel demonstration of enhanced memory associated with emotional arousal [J]. Consciousness and Cognition, 1995, 4（4）：410-421.
[3] 叶浩生. 具身认知：认知心理学的新取向 [J]. 心理科学进展，2010，18（5）：705-710.
[4] VARELA F J, THOMPSON E T, ROSCH E. The embodied mind: Cognitive science and human experience [M]. Cambridge, Mass.: The MIT Press, 1991: 7-11.

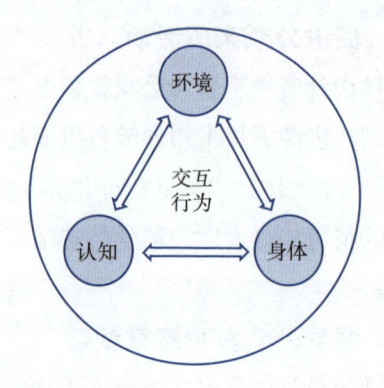

图 5-2-2　认知、身体和环境的交互

4. 重视活动反思，培养公众的科学态度

体验过程是伴随着激烈而又丰富的内心活动和身体活动展开的，主体从活动中获得的感受是深层的、体验的，但也是零散的。因此，体验式公共科学活动的设计更加注重公众活动后的反思，使公众将体验过程中的知识加以总结，促使他们的感性知识向理性知识转变，从而更好地理解科学的内涵和意义，并使他们在亲身体验科学发生、发展过程中形成正确的科学态度和科学精神。

（二）体验式公共科学活动的设计步骤

首先，任何公共科学活动都要确认活动的设计目标，组织相应的活动内容等。其次，而在体验式公共科学活动中，考虑问题的情境设计，为公众创造逼真的体验环境，并设计相应的资源，优化体验的过程。最后，确定具体的活动流程，选择合适的评价标准。

1. 确定活动目标，明确整体目标与具体目标

在体验式公共科学活动的设计中，第一，我们要确定活动的整体目标，即提高公众的科学文化素质，这是公共科学活动的最终目标，也是每个科学活动设计的首要前提。第二，针对不同的科学内容和现实条件还要设定相应的具体目标，甚至细化到知识与技能、过程与方法、情感态度与价值观三个方面。

2. 设计活动内容，注重真实优先多样

确定主题之后，体验式公共科学活动设计者根据以下三点设计活动内容。①真实性。活动内容应基于真实的科学知识，使公众在体验中提高科学素养。

②优先性。体验式公共科学活动的内容多样，在设计时应着重考虑活动的某些内容。③多样性。体验式公共科学活动应向公众展示人类丰富多样的科技成果，展示的内容应尽量多样化，满足不同人的需求，并可促进公众对科学发展的综合认识。

3. 设计活动情境，开展多种真实体验

活动情境是体验式公共科学活动中重要的内容，使公众产生身临其境的体验感受有助于公众知识的习得。根据具体的目标、内容等，设置一定的体验活动任务和基于真实情境的问题，促进公众通过参与基于真实问题情境的体验式活动，在活动体验和问题解决的过程中掌握科学知识。在设置活动情境时，应考虑真实性，能与公众的认知产生共鸣，促进知识的迁移。

4. 设计活动资源，提供多样资源支持

为给公众营造逼真的体验环境，在设置相应的活动情境之后，应设计具体的活动资源，既包括该活动中所涉及的相关展陈项目，也包括为公众体验式活动而准备的设备、资料等。例如，在伽利略比萨斜塔实验活动中，我们既要为公众提供比萨斜塔的真实模型及历史材料以供他们了解其历史背景和实验内容，又要为公众提供相应的操作模型和仪器设备，使他们在操作中真正体验比萨斜塔实验的全过程。

5. 设计活动流程，提供多样支持服务

设计活动资源后，应考虑活动的具体开展过程，包括：在活动开始之前，向公众讲解活动的大致过程，使他们为体验科学活动做好准备；在活动过程中，应给予一定的指导，促进认知、身体和环境的交互；在活动出现问题时，应给予及时的引导和帮助，以促进公共科学活动能够顺利开展；在活动结束后，应帮助公众进行反思活动，将所学到的科学文化知识同化到其知识结构中，并帮助参与者进行知识迁移。

6. 设计活动反思，评价体验结果

在体验活动结束后，应考虑为公众设计活动反思，使他们判断自己所学的知识，并对体验过程中的琐碎知识加以总结，利于更好地学习科学知识。此外，活动结束后应设计相应的活动评价标准，以便评价、改善此次活动。由于个体经验、认知特点和关注角度等方面的不同，公众在体验式活动中所获得的

知识是存在差异的，而且对于不同的活动内容，评价的标准也是存在差异的，因此要根据受众对象和活动内容设计相应的评价体系。

三、体验式公共科学活动实践案例解读

体验式公共科学活动强调公众在真实的情境中通过活动参与和亲身经历获取感官体验，进而将其不断整合、内化到原有的知识经验当中去。因此，体验式公共科学活动强调活动情境，使公众更好地认识、领会、理解和掌握相关的科学知识；注重活动体验，促进公众自主学习，使其在体验过程中产生学习兴趣，变被动学习为主动学习，提高自主学习能力；主张多样化设计，促进公众广泛参与。

（一）体验式公共科学活动的情境设计

建构主义认为，知识是学习者在一定的情境下，借助其他人的帮助，利用必要的学习资料，通过意义建构的方式而获得，"情境"是学习环境中的四大要素之一，而且该情境必须有利于学习者对所学内容的意义建构。而体验式公共科学活动正是建构主义在科学活动中的具体体现，因此其尤为重视活动的情境设计。在体验式公共科学活动中采用情境设计策略，通过多媒体、实物等为公众营造身临其境的氛围，使其主动参加，调动多种器官共同参与，可以促使其在体验过程中自我建构知识，转变观念，重组与改造相关的经验，更好地掌握相关的科学知识，提高科学素养。"星球称重"科学活动（图5-2-3）是体验式公共科学活动设计者设计的体验式活动，在活动中主动运用情境设计策略，以便更好地展开活动。

"星球称重"是上海科技馆利用多媒体、压力传感器等多种技术为公众提供的一种太空翱翔、称重等的体验活动。游客通过压力传感器测量自己在地球的体重，系统自动记录下这个数值，作为参照值，同时显示出在其他星球的体重。然后游客站在蓝色屏幕前，通过大屏幕看到自己以第一人称视角置身宇宙飞船中进行太空遨游。随着游客身体的摆动，飞船会向不同的方向飞行，这时游客可以选择要登陆的星球。当游客到达某一星球时，特效灯光将和大屏幕配合，营造该星球的环境氛围，游客犹如身临其境，此时就可以进行跳高和称重

第五章　公共科学活动的策略设计与应用

图 5-2-3　"星球称重"活动场景

游戏，活动设计方案见表 5-2-1。

表 5-2-1　"星球称重"公共体验活动设计方案

活动目标	增加公众对太空的兴趣；知道引力的概念；增加公众关于太空的科学知识
活动内容	体验"星球称重"展品、观看相关视频等
活动情境	用多媒体、压力传感器等多种工具，调动公众的听、看等多种感觉通道，营造太空氛围
活动资源	压力传感器、图像处理单元、摄像头、视频分配器、大屏幕电视、设在场外的小电视、有关太空的背景音乐、有关引力的文字视频等
活动步骤	激发兴趣，提出问题。用多媒体技术营造太空氛围，通过引力相关资源启发公众思考。在每个星球都能跳一样高吗？体重都一样吗？ 提供参与机会，形成体验。在公众使用压力传感器测量实际体重后，指导他们以第一人称视角体验太空邀游。待降落在喜欢的星球上，开展跳高和称重游戏 知识深化与延伸。体验结束后，使公众结合体验的过程和所提供的引力资料，明白不同星球上引力不同

从整个活动的过程看，这是一场使公众了解太空引力现象，培养公众对太空产生兴趣的体验式公共科学活动。该活动从生活中常见的事件——测量体重入手，运用多种辅助工具，例如，多媒体等技术，提供多种活动资源，如引力现象相关文字、视频资料等，为公众创造身临其境的感受，仿佛来到太空，在

151

其他星球上起跳、称重，从而产生心灵上的共鸣，在体验的过程中发现引力现象。整个活动按照体验式公共科学活动的设计步骤组织活动的展开，并调动了公众的多种器官共同参与，体现了体验式活动基于现实生活，调动多种器官共同参与，提供体验机会，促进公众亲历活动，注重具身认知，强调公众身体体验的设计原则。

（二）体验式公共科学活动的反思设计

在体验式公共科学活动中，由于公众可自行选择体验项目、顺序等，在过程中所习得的知识较为琐碎，因此公共科学活动设计者也较为关注活动的反思设计。反思设计是在活动结束之后，通过设置问答题、体验问卷等，使公众梳理自己在体验过程中所习得的知识，从而巩固知识，加深对相关科学原理的理解，同时，工作人员可以根据公众的反思结果，了解经过本次活动公众对于科学知识的掌握情况，以便更好地完善该活动。目前，无论是正式学习场景还是非正式学习场景下设计的体验式公共科学活动，为了促进公众的科学知识学习，提高科学素养，均较为关注体验后的反思设计，如武汉科技馆设计的"体验安全带重要性"的体验式公共科学活动（图5-2-4）。

图 5-2-4 "体验安全带重要性"活动场景

该活动以"公众掌握惯性知识，提高科学素质"为目标，利用小车设计了相应的公众体验活动，使公众体验安全带的重要性，从而提升安全意识，具体过程见表 5-2-2。此外，为了使公众将体验过程中的有关惯性知识进行组合，从而更好地掌握科学原理，活动设计者在整个活动结束之后，特意设计了活动反思表（表 5-2-3）。

表 5-2-2 "体验安全带重要性"体验活动设计方案

活动目标	公众掌握惯性知识，提高科学素质
活动内容	体验展品、观看生活中常见惯性现象的视频
活动情境	结合展品，通过多媒体营造车辆撞击时的场景，使公众感受安全带的作用
活动资源	车辆撞击的声音、生活中常见惯性现象的视频、小车等
活动步骤	1. 激发兴趣，提出问题：使公众思考：在开车时人们都要系安全带，这有什么用呢？并结合现实生活中的一些具体例子，向公众展示惯性现象 2. 提供参与机会，形成体验：使公众进入小车，确认安全带已系好，工作人员启动撞击机构，小车从坡道下滑并撞击前方墙面，公众体验撞击时安全带的作用 3. 知识深化与延伸：公众根据自己在体验过程中的感受等，查阅相关的资料，理解安全带的作用，并能解释生活中常见惯性现象

表 5-2-3 活动反思表

	体验反思
1	通过体验小车撞击这一过程，您认为安全带有什么作用？
2	请您描述小车撞击时您的身体运动情况，并尝试解释出现这种现象的原因
3	您认为应该怎样正确使用安全带？
4	结合体验活动与生活中的亲身经历，谈谈您对惯性现象的认识

从表 5-2-2 和表 5-2-3 中可以发现，该体验式公共科学活动注重公众的体验过程，为使公众更好地掌握体验过程中所涉及的相关原理知识，活动设计者基于过程设计了相应的体验反思，使公众在体验过程中进行思考，从而能够更好地理解安全带的作用以及车辆行驶的惯性现象。而且活动反思内容较为开放，通过提供适当的问题引导使参与者注意到体验过程中的细节，有助于惯性相关知识的同化与迁移。此外，该活动从生活中常见事件——小车撞击入手，使公众亲历整个体验过程，身心共同参与，体现了体验式公共科学活动的设计原则。

> **拓展资源**
>
> 1. JOSEPH P I I, GILMORE J H. The experience economy [M]. Boston, Mass.: Harvard Business Review Press, 2011.
>
> 2. KOLB D A. Experiential learning: Experience as the source of learning and development [M]. Englewood Cliffs, New Jersg: Prentice-Hall, 1984.
>
> 3. KNOWLES E M.. The Oxford Dictionary of Quotations [M]. Oxford: Oxford University Press, 1999.
>
> 4. SILBERMAN M L.. The handbook of experiential learning [M]. New York: John Wiley & Sons, 2007.
>
> 5. ITIN C M. Reasserting the philosophy of experiential education as a vehicle for change in the 21st century [J]. The Journal of Experiential Education, 1999, 22 (2): 91-98.
>
> 6. STERNBERG R J. Practical intelligence in everyday life [M]. Cambridge, England: Cambridge University Press, 2000.
>
> 7. CAHILL L, Mc Gaugh J L. A novel demonstration of enhanced memory associated with emotional arousal [J]. Consciousness and Cognition, 1995 (4): 410-421.
>
> 8. VARELA F J, Thompson E T, Rosch E. The embodied mind: Cognitive science and human experience [M]. Cambridge, Mass.: The MIT Press, 1991.
>
> 9. HEIN G E. Museum education [J]. A companion to museum studies, 2006: 340-352.

第三节　交互策略设计

建构主义理论认为，"知识的习得是人们根据自己的经验背景，对外部信息进行主动的选择、加工和处理，主动进行意义建构的过程，强调个人与外部环境的交互"。而交互性策略指导下的公共科学活动可以使公众通过与科教展品、相关科普人员、其余公众之间的交互，更好地掌握活动中所蕴含的科学知识，从而提高科学素养。

一、交互式公共科学活动概述

儿童心理学家皮亚杰认为，儿童是在与周围环境相互作用的过程中，逐步建构起关于外部世界的知识，从而使自身认知结构得到发展。[①] 心理学家维果茨基主张，知识是在人类社会范围里，通过个体间相互作用及其自身的认知过程而建构的。[②] 交互式公共科学活动正是采取了交互策略，为公众提供多样的交互方式，促进他们的主动学习，利于其知识的意义建构。

（一）交互式公共科学活动的内涵

社会建构主义者认为，"学习是一个文化参与的过程，学习者在一定的文化情境中，通过参与学习共同体、实践社团的活动等来内化有关知识，它不仅能让学习者以自己的方式建构知识，还可以通过学习者之间的合作和交流获得知识"。他们还指出，"学习者在与比自己水平稍高的成员交往时，会将潜在的发展区逐渐转化为现实的发展，并创造更大的发展可能"，这与维果茨基的"最近发展区"理论是一脉相承的。因此，教育界许多人开始关注学习中的交互。

而关于"交互"的概念，每个人的说法不尽相同。梅瑞尔等人曾指出："学习中的交互是教学系统与学习者之间，包括相关信息交换在内的，实时、动态、相互的给予——提取过程。"[③] 瓦格纳认为，个体与小组之间的交互作用，至少需要两方和双边的行动，交互是人的行为，而交互性则是技术系统的特性。[④] 吉尔伯特等人则指出："交互是两个或多个个体在学习环境中为完成学习任务或建立社会关系而进行的双向通信。"[⑤] 虽然人们对互动的理解各不相同，但双向性和互动性却被认

---

① 伍新春，谢娟，尚修芹，等. 建构主义视角下的科技场馆学习[J]. 教育研究与实验，2009（6）：60-64.
② 麻彦坤. 维果茨基与现代西方心理学[M]. 哈尔滨：黑龙江人民出版社. 2005：62.
③ MERRILL M D, LI Z, JONES M K. Second Generation Instructional Design（ID2）[J]. Educational Technology，1990，30（2）：7-14.
④ WAGNER E D. In support of a functional definition of interaction[J]. American Journal of Distance Education，1994，8（2）：6-29.
⑤ GILBERT L, MOORE D R. Building Interactivity into Web Courses: Tools for Social and Instructional Interaction[J]. Educational Technology，1998，38（3）：29-35.

为是交互的最主要特征。而交互策略正是基于这两个主要特征而逐渐流行开来。

交互策略最早被用于语言教学中，主要是通过互动和交流促进学习者的语言学习。[①] 近年来，随着现代教育技术的不断发展，基于网络的交互式学习成为一种新的交互形式，有效地促进了学习者的在线交流和网络教育的不断发展。而交互式公共科学活动以交互式策略为指导，采取多媒体等技术，营造人性化参与方式，减少公众认知障碍与参与困难，为公众提供与相关科教展品、科普人员或者工作人员以及同行人群之间进行交互的机会，促进公众更好地掌握科学文化知识，从而提高科学素养。

（二）公共科学活动中的交互类型

在公共科学活动设计中采取多样化的交互方案，可以有效地促进科学知识的传播，使公众对活动产生兴趣，激发参与活动的热情，调动参与积极性，从而更好地培养公众科学素养，改善活动效果。交互的内容是多方面的，交互的形式也不尽相同。按公众交互的对象进行分类，交互式公共科学活动中的交互可以分为公众与科教展品（实物）的交互、公众与科普人员（工作人员）的交互以及公众与公众的交互。公共科学活动设计者在组织活动开展的过程中，为公众提供三种交互形式的机会，可以改善活动的效果，使公众更好地掌握科学知识。

1. 公众与科教展品的交互

公众与科教展品之间的交互是任何活动中都会发生的一种最基本的交互，它是指公众在计算机技术等技术的支持下，通过用手触摸展品或者控制展品等方式与展品进行的交互方式。这种交互方式可以使公众自主选择所需内容，全身心地投入活动中，积极参加活动的每一部分，使科学信息的双向流通成为可能，从而促进公众掌握科学知识。而科学技术的高速发展为这种交互方式提供了可能，例如，公众可通过显示平板、显示器等设备控制科学资源中视频的播放、进行相关材料的查阅等。

2. 公众与科普人员的交互

公众与专家、科普人员以及工作人员等之间的交互是公众科学活动中最重

---

① 龚亚夫，罗少茜. 课程理论，社会建构主义理论与任务型语言教学 [J]. 课程·教材·教法，2003（1）：49–53.

要的交互形式，它是双向的过程，既可以从专家、科普人员、工作人员等到公众，也可以从公众到专家、科普人员、工作人员等。在活动开展过程中，公众可能会遇到各种各样的问题，包括对科学知识的理解、实践操作问题等，而与专家、科普人员间的交互可以使他们相对减少这些问题，利于创造和谐融洽的交互环境，改善交互的效果，促进学习的发生。此外，需要注意公众与工作人员之间的交互，这种交互不仅可以使公众更好地了解活动内容，也可以增加工作人员对公众需求、兴趣等的了解，有利于后续活动的开展。

3. 公众与公众之间的交互

公众与公众之间的交互是科学活动中常见的交互方式，可以是一对一，也可以是一对多、多对多，即可以有相关的专业人士参与，也可以没有专业人士的参与。在活动开展过程中，为使公众更好地学习科学知识，可以采取小组合作、交流讨论的形式，使他们在彼此的沟通中达到互相学习、互相进步的目的。科技馆等非正式学习场景下的科学活动，多数以群体形式展开。公众可以通过彼此之间的讨论、交流减少活动中遇到的问题，提高参与积极性，保证活动的开展良好。

二、交互式公共科学活动设计

信息是通过媒介符号传递给公众的，因此科学知识的有效传播需要选择合适的媒介。随着科学技术的高速发展，传递信息的媒介也越来越多样化。传统的公共科学活动倾向于选择单向传播媒介，而现代公共科学活动为使公众有效地掌握科学，提高科学素养，采取交互性能较好的媒介，如采用3D体感摄影机使公众与活动本身（包括科教展品等）进行良好的双向互动。

选择合适的交互媒介之后，交互式公共科学活动设计人员需要对活动本身进行精心的设计。整个设计过程受设计者的文化观念、知识结构以及生活经验等因素的影响，为使活动吸引更多的公众参与，满足不同社会群体的需要，有时活动的设计需要公众参与。公众通过多媒体技术与科学活动进行交互，在交互过程中产生的活动信息可以反馈给设计人员，为设计者提供事实依据，以指导后续公共科学活动的设计、组织与工作开展。如此循环往复，公共科学活动的设计得到不断的丰富、完善，为公众提供愈加合理有效的科学体验。

在活动开展过程中，活动参与者在接受和分析信息的同时也会受到自身文化观念、知识结构以及生活经验的影响，因此，为使公众更好地掌握相关的科学知识，提高科学素养，达到公共科学活动开展的目的，公共科学活动设计者在设计活动时应考虑公众之间的交流，即公众与公众的交互，使他们在交流的过程中共同学习。例如，科技馆等非正式场景中组织的公共科学活动，有时需要亲子共同参与。由于孩子的知识面较窄，对有些科学原理不了解，但是在与家长的对话和在家长的诱导下可以习得相关科学知识。

交互式公共科学活动不仅注重公众与科教展品、科普人员（或工作人员）之间的交互，也注重公众间的交互，因此为使公众在科学信息传递过程中更好地掌握科学知识，提高科学素养，公共科学活动设计者应遵循一定的设计原则。

（一）注重公众与科教展品交互，激发参与兴趣

兴趣是学习的老师，交互式公共科学活动通过为公众提供直接与活动材料、科教展品的交互（例如看、听、摸等方式），为公众营造一种真实的参与环境，激发公众参与科学活动的兴趣，从而更好地学习科学文化知识。公众与科教展品之间的交互既包括对实体展品的参观、视频画面的观看（例如公众可自主选择所感兴趣的视频，并控制其播放速度与播放内容等），也包括通过操作而实现的体感交互。体感交互可以使公众在亲自操作展品的过程中达到对展品的认识，进而实现对科学知识的初步学习与掌握。例如，科技馆中的展陈项目为公众提供了亲身体验的机会，他们通过与展品之间的互动，在初步了解展陈活动的基础上，激发自身对科普活动和科学知识的兴趣。在实现公众与科教展品的交互问题上，许多科学活动设计者运用多媒体技术，为公众打造可控制的交互环境。

（二）注重公众与科普人员互动，点燃参与热情

公众与科普人员（或工作人员）的交互可以改变公众单纯地接受科学知识的传统科普方式，点燃公众的参与热情，有效促进科学知识的传播。由于认知水平、社会背景等的不同，公众在公共科学活动中参与的情况会有所不同，遇到的问题也无法预测，因此需要科普人员、工作人员等及时指导与帮助。当公众遇到问题时，及时与科普人员、工作人员沟通，减少参与过程中的困难，点

燃公众参与的热情，有利于掌握科学知识。此外，这一交互可以加深科普人员、工作人员与公众之间的相互理解，使其了解公众的真正需求以及整体活动开展情况，在促进公众更好地学习科学知识的同时，有效改善科普工作，使之更加适合公众需要，有效提高公民科学文化素质。

（三）注重公众之间的互动，调动公众活动积极性

在公共科学活动中，公众之间的交互是以实践社团或学习共同体的形式在成员之间的交流、合作中共同学习科学知识的一种交互方式。这一交互能够有效促进公众参与活动性，并提高他们的活动积极性，使其在相互影响、相互学习中实现团体成员的共同进步。在科技馆中，将具有共同兴趣爱好、知识结构或年龄特征的公众组成不同的团体，使他们在公共科学活动中通过团体成员的集体参与、合作互动实现对科学知识的学习和掌握。尤其博物馆等非正式场景下的家庭群体学习，虽然儿童认知水平相对较低，但是却可以在与父母的互动中习得相关的原理知识，使他们避免因知识储备不足而降低活动参与的积极性。

（四）多元化的交互方式，提高活动效果

交互式公共科学活动中，采取多元化的互动方式可以提高公众参与的积极性，从而改善公共科学活动的效果。具体的多元化交互包括：①互动内容的多元化。内容的多元化主要通过整合具有相关关系的不同科普展品实现，这使公众在比较、分析、整合的过程中实现对相关知识的整体掌握。例如，科技馆中将体现"光"相关知识的展品放置在一个展厅中，使公众在参观时可以习得一系列科学原理。②互动形式的多元化。形式的多样化旨在通过提供丰富多彩的公共活动形式，激发公众参与活动的兴趣和提高参与活动的积极性，从而促进公共科学活动的顺利进行。例如，可以采取游戏、体验等多种形式开展活动。多元化的交互方式在丰富活动内容和活动形式，提高公众参与积极性的同时，可以有效改善公共科学活动效果。

三、交互式公共科学活动设计与实践的案例解读

交互式公共科学活动设计环节与探究式公共科学活动以及体验式公共科学

活动流程相似，首先，确定活动目标与主题，其次，设计活动流程，最后，选择合适的活动资源等。但是交互式公共科学活动设计者在设计活动时，需要综合考虑参与者本身不同的个人文化背景、物质资源等，提供公众与科普展品、科普人员（或工作人员）以及其他公众之间交互的机会，营造一定的活动氛围，从而使公众在多样化的交互中习得科学知识，提高科学素养。

（一）交互式公共科学活动中的公众与科教展品交互

社会建构主义理论认为：知识来自于社会建构，它并非是独立于认识主体之外的一种客观存在，而是在人与外部世界的互动过程中主动建构的，交互式公共科学活动正是基于公众与外部世界互动的方法而设计的，尤其是非正式场景下的公共科学活动。非正式学习作为正式学习的补充，无处不在，生活中随时随地都能发生，当它融入人们的生活，自然的发生时是很有意义的。而科技馆作为非正式场景的重要组成，一直以来就以展示与教育为主，向参观者宣传各种先进的科学知识与科学技术。而随着技术的不断进步，科技馆为给公众营造良好的交互环境，综合运用各种先进科学技术，以便更好地实现公众与科教展品的交互，从而实现对展示内容的意义建构，培养科学能力。目前，科技馆许多活动为使公众掌握相关科学知识，在设计活动时重点考虑公众与科教展品的良好交互，例如"互动墙"公共科学活动（图5-3-1）。

图 5-3-1 "互动墙"活动场景

"互动墙"是科技馆、博物馆较为常见的展品，它运用计算机动作感应技术，获取并识别公众手指或者其他的动作来实现图像的点击、缩放、拖拽、三维旋转等互动效果，通常用于信息浏览、游戏互动等。科技馆中提供的互动墙，其墙面的多点互动触摸技术是让公众用身体动作操控画面，并根据个人喜好浏览不同的内容或场景，他们还可以与画面里的虚拟人物进行互动交流，甚至可以在上面进行涂鸦。某一科技馆基于"互动墙"开展了科学活动，设计方案见表5-3-1。

表 5-3-1 "互动墙"公共科学活动设计方案

活动目标	增加对互动墙的了解，感受科技的魅力
活动内容	操作"互动墙"，在交互中感受科技的神奇
活动资源	"互动墙"
主要交互方式	公众与"互动墙"的交互
活动步骤	1.科普人员介绍互动墙的使用方法，并提供相关说明 2.公众操作互动墙，通过体验人机互动过程，学习互动墙所提供的有关科学知识，并感受互动墙的奥秘之处 3.在人机互动的过程中，实现个体与画面中虚拟景物的互动 4.与同伴进行交流互动，讨论互动墙所蕴含的科学知识等，探讨现代科学技术的高速发展对生活的影响

从活动的设计来看，发现该科学活动设计人员为公众提供操作"互动墙"的机会，使公众在与展品的交互中学习科学知识。整个活动在设计时，首先，考虑活动的目标，即公众在与互动墙的交互中感受科技魅力，并可根据需要操作来了解互动墙的原理。其次，根据目标确定活动的内容，即主要内容为操作互动墙，感受科技的神奇。最后，根据公众的特点，以及活动的步骤选择具体所用的活动资源，最终完成本次活动的设计方案。该活动是典型的交互式活动，但是它并不仅仅局限于公众与展品的交互，也涉及公众与科普人员、同伴之间的交互，这也体现了科技馆学习的主要特点，即通过与展品、他人的交互共同促进学习。

（二）交互式公共科学活动中的公众与科普人员、公众与公众交互

交互式策略最早被应用于语言教学，而科学知识的传播多数情况也是靠

语言进行传递，因此语言交流在交互式公共科学活动中扮演着重要的角色。公共科学活动中，语言的交流大多发生在公众与科普人员、公众与公众的交互之间，尤其是对于群体的学习。此外，这种交互可以减少公众在参与活动中所遇到的障碍，使相关人员了解活动的开展情况，以及有效地促进公众掌握科学知识，保证活动的顺利开展，因此公共科学活动设计者在设计活动时着重考虑这种交互。目前，许多公共科学活动设计者在设计活动时会综合考虑公众与科普人员、公众与公众之间的交互，如"小车下滑速度与斜坡高度的关系"（图5-3-2）。

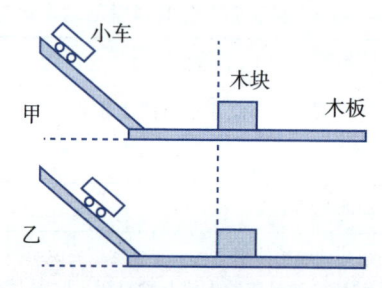

图 5-3-2 "小车下滑速度与斜坡高度的关系"示意图

"小车下滑速度与斜坡高度的关系"公共科学活动在设计时，首先，确定了活动的目标和参与主体，有针对性地开展活动；其次，选择主要的活动内容以及活动所需资源；最后，设计活动步骤，完整的活动方案（表5-3-2）。

表 5-3-2 "小车下滑速度与斜坡高度的关系"公共科学活动设计方案

活动目标	知道小车滑落的速度跟斜坡高度有关
活动主体	10～12岁儿童
活动内容	进行小车滑落实验，查阅相关资料，与小组成员进行交流
活动资源	小车、方形积木、长方形纸板、记录纸
主要交互方式	公众与科普人员、公众与公众的交互
活动步骤	1. 科普人员以玩滑滑梯的感受导入此次活动，并将公众进行分组； 2. 公众自由操作小车滑落的速度和斜坡高度的关系，并在纸上做记录（科普人员来回巡视，为公众解决操作中的问题）； 3. 小组成员间进行讨论，并将讨论结果告诉科普人员以及其他人； 4. 科普人员做总结，公众就此问题提问，与科普人员进行交流

此次交互式公共科学活动将活动主体确定为 10~12 岁儿童，考虑到了此阶段儿童的认知情况，活动较有针对性，能够更好地促进活动参与者的学习。整个活动主要采取了儿童与科普人员、儿童与儿童的交互方式，有效地减少了活动中的障碍，使儿童有信心完成此次活动，从而激发了他们的热情，使他们积极参与活动。活动的最后一个步骤为公众与科普人员的交互，这一环节可加深公众对这一知识的理解，促进知识的迁移，并使科普人员了解到活动的开展效果，以便进行完善。

> **知识花絮**
>
> ### 智慧科技馆
>
> "智慧"是指对事物迅速、灵活、正确地理解和解决的能力。通过信息传感设备、网络传输设备和其他智能化设备，按约定的协议，把科技馆展品与网络相连接进行信息交换和通信，以实现智慧识别、定位、跟踪、展示、监控和管理的一种网络科技馆。"智慧科技馆"通过运用 ICT（信息和通信技术）方法，将数字海量化、应用视频化、分布智能化、交互实时化。
>
> "智慧科技馆"基于新一代 ICT 应用，以一种更智慧的方法来改变用户与科技馆资源相互交互的方式，让更多人通过物联网技术在任何时间、地点取得科技馆资讯服务，同时活化科技馆展品内涵，创造新的互动学习方式。"智慧科技馆"最明显的特征是具有沟通数字化功能。例如在"智慧科技馆"中，参观者所持电子票将不仅仅是入门参观的凭证，当他走进某个展品或建筑时，科技馆利用定位系统结合 RFID 标识记录的信息就可作出智能判断，根据参观者的喜好、行为特点、适用环境，自动将展品、建筑的介绍及相关知识传递到参观者的手机或耳机中，"智慧科技馆"内将不必出现"一群人听一个人讲解"的场景，除此以外，"智慧科技馆"还具有建筑智慧化、服务智慧化、管理智慧化的特征，给公众参观和科技馆管理带来极大便利。

> **拓展资源**

1. RIVERS W M. Interactive Language Teaching［M］. New York：Cambridge University Press，1987.

2. MERRILL M D，LI Z，JONES M K. Second Generation I Design（ID2）［J］. Educational Technology，1990.

3. GILBERT L，MOORE D R. Building Interactivity into Web Courses：Tools for Social and Instructional Interaction［J］. Educational Technology，1998，38（3）：29-35.

4. WENGER E. Communities of practice：Learning，meaning，and identity［M］. New York：Cambridge University press，1998.

5. STEWART T A. Intellectual Capital：The New Wealth of Organizations［M］. New York：Doubleday，1997：97.

6. BARTH R S. Improving Schools from Within：Teachers，Parents，and Principals Can Make the Difference［M］. San Francisco：Jossey Bass Inc，1990.

7. FEHER E. Interactive museum exhibits as tools for learning：explorations with light［J］. International Journal of Science Education，1990，12（1）：35-49.

8. 王伟. 基于游戏化学习的科技展示交互设计研究［D］. 武汉：华中科技大学，2007.

9. 路幸会. 浅析科技馆教育内容面临的挑战［J］. 科技馆，2008（B12）：19-21.

10. 王安民. 日心说展品的设计与研究［D］. 武汉：华中科技大学机械学院，2008.

11. 伍新春，谢娟，尚修芹，等. 建构主义视角下的科技场馆学习［J］. 教育研究与实验，2009（6）：60-64.

12. 龚亚夫，罗少茜. 课程理论，社会建构主义理论与任务型语言教学［J］. 课程. 教材. 教法，2003（1）：49-53.

13. 钟志贤. 知识建构、学习共同体与互动概念的理解［J］. 电化教育研究，2005（11）：20-24，29.

14. 汤善雯. 互动设计在博物馆展示中的应用［D］. 南京：南京艺术学院，2012.

> **活动建议**

探究公共科学活动中常用的活动策略

在本章中，我们详细学习了探究策略、体验策略和交互策略的基本内容及其在公共科学活动中的应用，并根据不同案例展现其具体的应用过程。除这三种策略之外，你还可以想出哪些策略可以用于公共科学活动的设计？每种策略在公共科学活动的设计中是怎样应用的？通过文献调研、网络搜索的方法，并结合不同科技馆公共科学活动的设计实例，以小组合作的形式进行探究。

第一步 合作过程的组织

1. 合理而有效的引导

采取合作学习形式时，需要教师精心组织，避免学生在互相争执及拖延中浪费宝贵的学习时间。所以在组织合作学习时教师必须重视引导，努力提高合作学习的有效性。

2. 灵活而有机的交流

学生在教师的点拨引导下将确定的问题，提交到合作学习小组进行讨论交流，以求达成共识。合作结束，总结探究内容时，不能只由能力好的同学包办，其他成员漠然处之，要根据探究内容的不同程度，合理安排学生回答，使小组内形成积极主动提出问题、讨论协商问题、交流解决问题的氛围。对于小组内的分歧问题，应先提交到集体，再进行讨论，以培养学生"以人之长，补己之短"的谦虚精神。

第二步 合作学习的开展

1. 构建合理的合作小组

根据班级人数合理分编合作小组，合作小组过多，会使教师指导力度欠佳，合作小组过少，会使组间交流不激烈。一般来说，每个合作小组由 4～6 人组成，分组时尽可能地考虑学生的差异，如男女搭配、学生水平的高中低搭配等。同时考虑组与组间的构成情况基本一致，保证各组"实力"基本平衡，使交流能够做到"百花齐放，百家争鸣"。

2. 提出明确的学习任务

合作学习一开始，教师的组织极为重要。一个小组内应有共同的目标，明确的任务，这是小组合作学习的前提。首先，教师应该清楚、直观地让学生明白合作要做什么，要解决什么问题。其次，问题的选择要难易适中，太简单会使学生对合作失去兴趣，太难会使合作无效，达不到合作学习的目的。最后，本次活动的主要目的是探究公共科学活动中常用的学习策略，每个小组可以选定一个策略进行深入探究。

3. 进行合作学习

（1）独立思考。学生们在小组合作前必须有一个较为充足的独立思考时间，通过网络等途径获取相关信息，对公共科学活动中常用的学习策略有一个基本的了解，然后选择其中感兴趣的一个策略进行探究。这样，他们在自己原有的知识水平和能力上感知新知识，进行思考，而不仅仅作为小组中的一位听众。教师在此时要鼓励学生，特别是能力中等和较弱的学生，引导其观察、审题。

（2）组内讨论。小组成员交流各自的探究成果，互相帮助解决问题，形成初步共识，得出结论。这其中还包括小组内的合作操作、启迪思维、开拓创新、锻炼能力。

（3）组间交流。这是各小组之间互相学习、互相竞争、互相促进的过程。小组之间将自己选定的策略和探究的成果与大家共享，通过组间交流可以把小组的认知成果转化为全体组员的共同认知成果，进一步深化对知识的理解，互相启发，开拓思维，更可纠正小组全局性错误。同时，在互相学习的过程中能正确认识和评价自己，从而通过横向比较认识到与其他组之间的差距，促进组内齐心协力共同进步。

（4）引导评价。在尊重学生主体的同时，往往又容易忽视教师的主导作用，从一个极端走向另一个极端。在课堂中，只有教师主导作用与学生的主体作用协调发展才能促进课堂教学改善学习效果。小组合作学习中，同样需要重视教师的引导作用，在"放"的过程中，充分发挥学生主体性，独立思考，讨论交流，而后适当地"收"，集中对教学内容进行概括、总结，并积极引导学生进行评价，同时质疑问题，以求开拓创新。

4. 合作学习评价

合作学习评价表 1

姓名	个人评价			小组加分		
	表现摘录	自评	互评	次数	加分	总分

续表

<table>
<tr><td colspan="4">个人评价</td><td colspan="3">小组加分</td></tr>
<tr><td>姓名</td><td>表现摘录</td><td>自评</td><td>互评</td><td>次数</td><td>加分</td><td>总分</td></tr>
<tr><td>教师评价</td><td colspan="6"></td></tr>
<tr><td>评价标准</td><td colspan="6">A. 课堂活动中积极参与，与小组成员团结协作，效果好（5 分）
B. 能较好地参与课堂活动，团结合作，效果较好（4 分）
C. 能遵守课堂纪律，与小组同学相互配合（3 分）
D. 不能做到以上三点（2 分）
注意：在班级内组成合作学习小组。小组活动完毕后，由小组长负责组织大家进行自评互评，并记录在“小组合作学习评价表”上</td></tr>
</table>

小组合作学习评价表 2

组别：第____小组

<table>
<tr><td>小组子课题</td><td colspan="4"></td></tr>
<tr><td>组长</td><td colspan="2"></td><td>组员</td><td></td></tr>
<tr><td>活动起止时间</td><td colspan="4"></td></tr>
<tr><td colspan="5">A. 小组合作评价</td></tr>
<tr><td>组长所做组织工作</td><td>优秀</td><td>良好</td><td>一般</td><td>差</td></tr>
<tr><td>小组合作情况</td><td>优秀</td><td>良好</td><td>一般</td><td>差</td></tr>
<tr><td>小组活动中遇到什么困难，如何克服？</td><td></td><td></td><td></td><td></td></tr>
<tr><td>小组活动中谁在哪些方面表现最突出？其突出之处是什么？</td><td></td><td></td><td></td><td></td></tr>
<tr><td>小组活动中存在哪些不足？有什么启发？</td><td></td><td></td><td></td><td></td></tr>
<tr><td>简要分析小组成绩和不足</td><td></td><td></td><td></td><td></td></tr>
<tr><td>组长签名</td><td></td><td></td><td></td><td></td></tr>
<tr><td>组员签名</td><td></td><td></td><td></td><td></td></tr>
</table>

第六章 公共科学活动的资源设计与应用

第一节 公共科学活动的课程设计

一、公共科学活动课程的含义与特点

（一）公共科学活动课程的含义

公共科学活动课程是一门以传播系统的科学知识、指导新的探究活动、培养科学的思维方法为核心的综合性课程。它是参与者参与公共科学活动的总和及其进程与安排，是实施公共科学活动的重要载体。公共科学活动课程以整合或综合的方式，运用探究式、体验式、交互式策略，通过固定时序的课程使参与者认识科学、技术与社会生活之间的影响，提高参与者观察、思考和动手等能力，培养公众的科学精神。

公共科学活动课程不同于传统学科课程，前者侧重于心理顺序，后者侧重于逻辑顺序。公共科学活动课程通过传播系统的科学知识，目的是将科学、技术以及人们的社会生活实践联系在一起；公共科学活动课程通过指导新的探究

活动，目的是要求参与者在参与过程中积极主动参与实践，并充分发挥自己的主观能动性，发现问题并解决问题，从而获得科学技能；公共科学活动课程通过培养科学的思维方式，目的是强调参与者创新，培养参与者科技意识，提高参与者的科学文化素养。

（二）公共科学活动课程的特点

1. 整合性

公共科学活动作为一门综合性课程，最显著的特征是整合性。公共科学活动课程的整合性主要体现在学科知识整合、生活经验整合、参与者中心整合三个方面。学科知识整合即大多数科技问题都涉及几门传统学科的科学，或至少围绕一门学科的不同领域。例如，在传统课程中，"电离辐射"是属于物理学的教学内容，但作为公共科学活动课程，它不仅涉及生物医学上的知识内容，如讨论电离辐射与人体健康，还涉及化学方面的知识，如讨论臭氧层。生活经验整合即公共科学活动注重知识的社会功能，也就是基于参与者的需求，以第三次工业革命为代表的知识经济社会所必需的知识与技能为核心整合多学科知识，然后以科学活动为载体，将学术性的学科知识转化为可解决实际问题的生活性知识，并获得创造性运用知识的社会性能力。参与者中心整合即公共科学活动课程不强调由专门的设计者预设问题，而由参与者个体或小组发现问题。它不仅强调解决问题能力的培养，还强调发现问题的创新能力，是一种以参与者生活经验为基础寻找各学科整合点的活动课程。它强调参与者成就感与自我效能感。在理念上，它清晰地体现了教育的人本主义思想。

2. 探究性

公共科学活动作为一门以活动为载体的课程，具有探究性的特点，该特点体现在课题内容、课题活动两个方面。

一方面，科学是在不断发展的，科学内容大致有实证的、符合逻辑的、有局限性的课题，不管是哪一种课题，都是具有探究性的。实证的课题是可证实或者证伪、可重复、可检验；符合逻辑的课题是可以推理的；有局限性的课题是可发展的。如当代科学的本质、科技发展对社会的影响、科学技术的作用和局限性等。科技本身就是在争论中发展的,卡尔·波普尔认为科学具有可证伪性[1],人类其实无法知道一门学问里的理论是否一定是正确的,只有在证伪中实践,才能对其做出更为合理的判断并推动其不断发展。科技进步造福人类的同时也带来了很多负面的影响,人们在享受科学技术成果的同时也在担忧某些人滥用科技成果破坏其原本安宁的生活环境,是求真还是臻善,一直是人们争论的话题。

另一方面,利用科学探究活动帮助参与者构建科学的概念,公共科学活动是具有探究性的。公共科学活动通常是非灌输性的、参与者亲自参与活动,参与者在活动中不断探索、发现问题并解决问题,从而获得经历。公共科学活动采用探究性策略、交互性策略、体验性策略开展,也体现了公共科学活动所追求的科学素养、探究技能、创新思维这一目标。如马铃薯在水中是沉还是浮?两盆液体,马铃薯在一个盆里沉,另一个盆里浮,可能参与者心中有不同的答案,有的人认为这是盐水、有的人认为是碱水,接下来就通过探索性的实验进行验证,在活动中寻找科学整合的知识,获取经验知识和技能。

3. 多元文化性

自20世纪60年代以来,多元文化主义就逐渐成为多种学科研究的前沿问题。而公共科学活动课程正是体现了多元文化的理念,以"面向所有人的科学"为宗旨,不再把培养科学精英作为科学教育的主要任务,而是注重公民科学文化素养的普遍提高,让所有人都有机会了解科学、学习科学、掌握科学及探究科学。因为,科学技术是全人类智慧的结晶,它没有民族优劣之分,高低贵贱之分,应该为全人类所服务。公共科学活动课程的具体实施也应该根据国家教育观念和民族文化传统的不同而有所变化,承认多元文化的教育资源,从不同的文化视角来认识和理解现实世界。公共科学活动教育本身就是为了适应当今不断变化的多元文化世界而提出的科学教育战略,是对科学教育的一次创新。

二、公共科学活动课程设计的一般过程

一个完整的课程设计包括确定课程目标、选择和组织课程内容、实施课程和评价课程这几个阶段。公共科学活动课程设计的过程也是如此(图6-1-1)。

---

[1] 艾耶尔. 二十世纪哲学[M]. 李步楼,俞宣孟,苑利均,译. 上海:上海译文出版社. 2005:151.

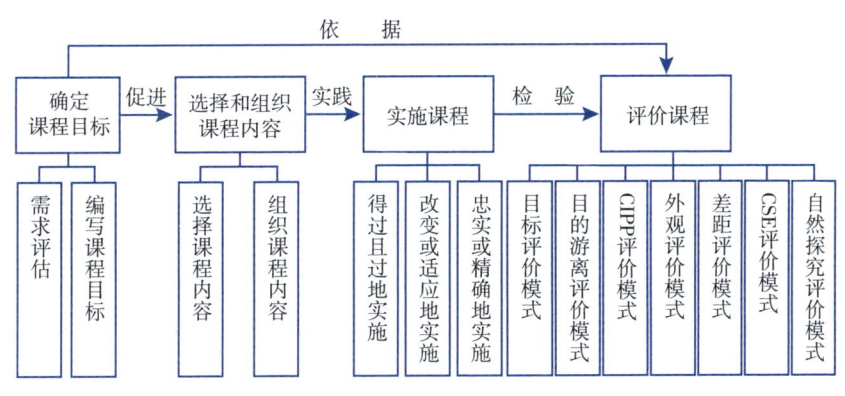

图 6-1-1　课程设计的过程

（一）确定课程目标

课程目标的确定有助于课程内容的选择和组织，并作为课程实施的依据和课程评价的标准。确定课程目标需要通过两个步骤。①进行"需求评估"。在课程领域，需求是指这样一种情况：公认的参与者行为或态度状况与所观察到的参与者状况之间存在的矛盾之处。[①]需求评估要求对公共科学活动的参与者的特征、社会需要和学科发展等方面进行大量而深入地研究，并对学校课程要求进行考察、分析和判断，这样才能制订出行之有效的课程目标。②编写课程目标。泰勒认为课程目标应该包括"内容"和"行为"两个方面，要结合学科的特点对目标内容加以具体化、明确化。[②]而根据布卢姆的目标分类，课程目标应该涵盖认知领域、情感领域和动作技能领域。认知领域的目标包括知识、领会、运用、分析、综合与评价；[③]情感领域的目标包括接受或注意、反应、价值评价、组织以及由价值或价值复合体形成的性格化；[④]动作技能领域的目标包括知觉、定势、指导下的反应、机制、复杂的外显反应、适应以及创新。

---

① 麦克尼尔. 课程导论 [M]. 施良方，等译. 沈阳：辽宁教育出版社，1990：93.
② TYLER R W. Basic principles of curriculum and instruction [M]. Chicago：University of Chicago press，2013.
③ BLOOM B S, ENGELHART M D, FURST E J, et al. Taxonomy of educational objectives：Handbook I：Cognitive domain [J]. Mccarthy, 1956, 16（3）.
④ KRATHWOHL D R, BLOOM B S, MASIA B B. Taxonomy of Objectives Handbook II：Affective Domain [J]. Studies in Philosophy and Education, 1965, 4（1）:164-170.

（二）选择和组织课程内容

在选择课程内容时，应该结合学科知识价值的问题和知识与能力的关系问题进行内容分析。一般情况下，课程内容的选择应该注意三个基本准则：①注意课程内容的基础性；②课程内容应贴近社会生活；③课程内容要与参与者特征相适应。对于如何组织课程内容的问题，泰勒也相应地提出了三个基本原则：连续性、顺序性和整合性。[①]但在实际组织课程内容时，会碰到一些其他的具体问题。例如，是纵向组织还是横向组织、是按逻辑顺序组织还是按心理顺序组织、是采用线性组织形式还是采用螺旋式组织形式等问题，这都是在组织课程内容时需要衡量的。此外，对于内容的重、难点分析也是非常重要。不论是重点还是难点，确定均是通过拓扑图，分析知识点与知识点之间的关系，根据线条的数量确定内容的重点，根据线条的数量和学习参与者已有的水平确定内容的难点。

（三）课程实施

课程实施是指把课程计划付诸实践的过程，即公共科学活动开展的过程，其实质就是要使原有的课程转向新的课程设计的要求。米迦勒·富兰、艾伦·庞韦雷特、肯尼斯·A.莱斯伍德等人根据北美课程改革的实际情况，概括出了三种课程实施的取向：①得过且过地实施；②改编或适应地实施；③忠实或精确地实施。[②]课程实施的途径有很多，如正规课堂教学、非正规环境活动开展、自学、社会考察等，公共科学活动课程实施是引导者按照课程计划选择合适的教学模式、教学手段和教学策略等，以促进公共科学活动有效实施。

（四）评价课程

评价在课程中的作用主要表现在：诊断课程、修正课程、比较各种课程的

[①] TYLER R W. The curriculum–then and now [J]. The Elementary School Journal, 1957, 57（7）: 364–374.
[②] FULLAN M, POMFRET A. Research on curriculum and instruction implementation [J]. Review of educational research, 1977, 47（2）: 335–397.

相对价值、预测教育的需求、确定课程目标达到的程度等。课程评价的模式有很多，如目标评价模式，目的游离评价模式[1]，背景、输入、过程、成果评价模式（简称 CIPP 评价模式），外观评价模式，差距评价模式，CSE 评价模式[2]，自然式探究评价模式[3]等。

泰勒提出，目标评价模式是一个确定实际发生的行为变化的程度的过程。[4]斯克里文提出，目的游离评价模式主张评价的重点从"课程计划预期的结果"转向"课程计划实际的结果"[5]。斯塔夫尔比姆提出，CIPP 评价模式是一种过程，旨在描述、取得及提供有用资料，为判断各种课程计划、课程方案服务。外观评价模式是从三方面收集有关课程的材料：前提条件、相互作用、结果，按照外观评价模式，课程评价活动注重描述和评判在教学过程中出现的各种动态现象。普罗佛斯提出，差距模式指在揭示计划的标准与实际的表现之间的差距，以此作为改进课程计划的依据。斯泰克提出，CSE 评价是一种较为实用的评价模式，将整个培训的发展过程分为阶段进行评估，从而有效地获取各阶段信息，不断控制、调整和改进培训工作。[6]自然式探究评价模式是建立在现象学、解释学、日常语言分析哲学及符号互动等理论基础上，在自然背景下对社会行动进行现场研究并做描述。

目标评价模式是注重目标，目标游离评价模式是关注结果，CIPP 评价模式是服务决策，外观评价模式是综合评判，差距评价模式是关注差异，CSE 评价模式是指向计划，自然式探究评价模式是追求自然。课程评价模式是评价人员或研究者依据某种教育理念、课程思想或特定目的，选取一种或几种评价途径所建立起的相对完善的评价体系。实际课程要结合所开设的课程的属性和目的

---

[1] WALBERG H J, HAERTEL G D. The international encyclopedia of educational evaluation [M]. Oxford: Pergamon, 1990: 32.
[2] 支敏. 教育评价的基本原理与运用 [M]. 贵阳：贵州人民出版社，2006: 122-123.
[3] GUBA E G. Toward a Methodology of Naturalistic Inquiry in Educational Evaluation.CSE Monograph Series in Evaluation, 8 [J]. Educational Evaluation and Policy Analysis, 1978, 1（2）: 97.
[4] 泰勒. 课程与教学的基本原理 [M]. 罗康，张阅，译. 北京：中国轻工业出版社，2008: 117.
[5] STUFFLEBEAM D L. The CIPP model for evaluation [M]. New York: Evaluation models.Springer Netherlands, 2000: 279-317.
[6] PROVUS M M. Discrepancy evaluation for educational program improvement and assessment [M]. Berkeley, CA: McCutchan Publishing Corporation, 1971.

来选择课程评价的方式，以提高实际评价的有效性和真实性。

三、公共科学活动的课程设计原则

公共科学活动的课程设计原则为课程设计的过程提供了理念基础。公共科学活动课程目标确定的原则是注重科学情感的培养，公共科学活动课程内容选择与组织的原则是注重科学魅力的展现，公共科学活动课程实施的原则是体现学习的非正式性，公共科学活动课程评价的原则是注重对科学情感的过程性评价。

（一）围绕"培养科学情感"确定课程目标

在课程目标上，公共科学活动课程与其他学科课程的侧重点是不一样的。根据布卢姆的目标分类理论并结合公共科学活动课程的开设目的，公共科学活动课程注重的是认知、情感和动作技能三大领域中的情感目标，即注重学习者对科学技术的情感态度与价值观的培养，培养学习者对科学技术的兴趣，激发学习者探索生活中科学现象的好奇心，从而提高自身的科学文化素养。在科学知识与技术渗透到社会生活每一个角落的时代，只有具备科学文化素养才能适应社会生活。科学素养是由美国著名科学家、斯坦福大学教授保罗·德哈特·赫德于1952年首次提出来的，20世纪80年代，科学素养作为科学教育的目标被明确提出。如何提高公众科学文化素养的总体目标，需要对科学素养进行具体细化分解。1981年，布兰斯科姆将科学素养分成了8个类别：①方法论科学素养；②专业科学素养；③普遍科学素养；④技术科学素养；⑤科学爱好者或业余爱好者的科学素养；⑥新闻工作者的科学素养；⑦科学政策素养；⑧公共科学政策素养。[①]

1983年，国际科学素养发展中心主任米勒提出了科学素养的三维模式，即科学素养包括3个方面的内容：①对科学概念和科学术语的理解；②对科学规范和科学方法的理解；③对科学与社会、技术的关系的理解。[②]

[①] BRANSCOMB A W. Knowing how to know[J]. Science, Technology, &Human Values, 1981, 6(36): 5-9.
[②] MILLER J D. Scientific literacy: A conceptual and empirical review [J]. Daedalus, 1983, 112 (2): 29-48.

综上所述，我们可将提高公众的科学素养细化为 5 类科学素养：科学技术知识素养、科学技术方法素养、科学技术思想素养、科学精神素养、科学技术和社会发展方面的素养。要在公共科学活动课程中提高学习者的科学素养，就必须激发学习者提高自身科学素养的意识和动力，因此，课程设计应该尤其注重学习者科学情感的培养。

（二）围绕"展现科学魅力"选择和组织课程内容

1. 公共科学活动课程内容的选择

要培养学习者对科学知识的学习兴趣和动力，在选择公共科学活动课程的内容时，要充分展现出科学技术的魅力，引起学习者的好奇心和对科学技术的向往，激发他们的探索欲望。公共科学活动课程内容是科技普及过程中的科学技术知识及相关信息，包括科学技术知识、科学技术方法、科学技术思想、科学精神以及与科学技术和社会发展相关的内容。[①] ①科学技术知识：指科学技术领域的各种知识、理论和信息等，根据科学领域中知识的不同表现形式，有科学概念、科学事实、科学数据、科学理论以及已获得某种承认的科学假说等，技术领域知识的不同形式有技术原理知识、技术操作知识、技术标准知识等。②科学技术方法：指对科学技术知识的发现和获得引导、规范的作用和功能，它要比科学技术知识更高级。③科学技术思想：是指科学技术系统内具有思想性内容的构成要素，是蕴藏于知识和方法背后的关于研究对象的总体性看法及相应的思想。④科学精神：罗伯特·莫顿提出现代科学的精神气质主要体现在以下四个方面：普遍性、公有性、无私利性和有条理的怀疑精神。[②] ⑤科学技术和社会发展相关的内容：公共科学活动课程除要传播普及科学技术知识的"内部要素"（即知识、方法、思想、精神等）外，还要传播普及科学技术与社会发展的相关内容，如科学技术发展的历史与当代发展特点、科学技术与社会各领域的互动关系、有关发展科技的国家政策等。由于公共科学活动课程并不是以知识技能的传递为主要目标，而是培养学习者的科学

---

① 任福君，翟杰全. 科技传播与普及过程 [M]. 北京：中国科学技术出版社，2012：29-33.
② 彭炳忠. 论科学精神 [J]. 自然辩证法研究，1998，(10)：25-29.

情感，因此，不管是科技知识、科技方法、科技思想还是科技精神，都要以展现科学魅力为核心，体现科学在社会生活中的神奇应用，让学习者在体验中深刻感受到科学的魅力。

2. 公共科学活动课程内容的组织

公共科学活动课程内容是一个复杂体系（图6-1-2）。课程内容的组织体现在两个方面，一是对知识内容本身的组织，二是对用于表达、传递和整合知识内容的媒体技术手段的组织，要在这两个方面努力实现科学魅力的展现。首先，在科技知识内容本身的组织上，从纵向来看，科学技术知识是基础。其次，在组织课程内容时，科学技术方法、科学技术思想、科学精神、科学技术和社会发展相关内容要遵从由低级要素到高级要素的逻辑顺序。刘华杰曾强调要区分："一阶科学传播"与"二阶科学传播"，认为科学传播包含一阶科学传播，即关于科学技术基本知识的传播，也包括二阶科学传播，即关于科学方法、科学精神、科学文化、科学的社会运作等内容的传播。[①] 这种分层的观点对于课程内容的纵向组织具有一定的借鉴作用。然而，从横向来看，科学技术知识、科学技术方法、科学技术思想、科学技术精神以及科学技术和社会发展相关内容之间并不是完全孤立的，这五者之间没有明显的界线，而是紧密相连的，我们不可能严格按照纵向的逻辑顺序纯

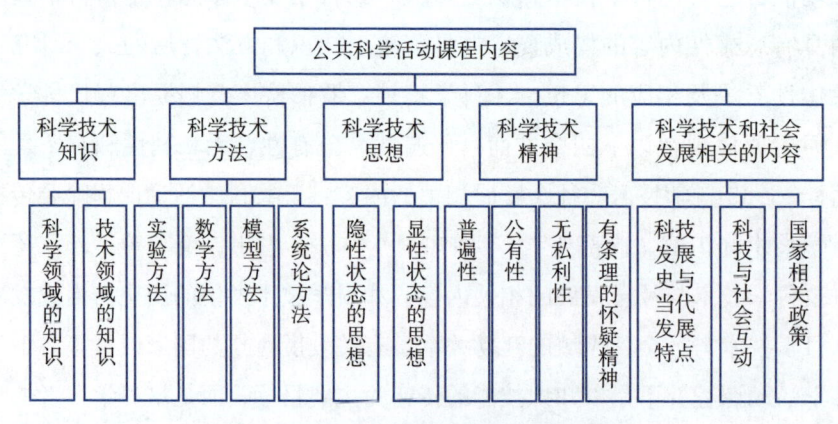

图6-1-2 公共科学活动课程的主要内容

---

① 刘华杰. 科学传播读本［M］. 上海：上海交通大学出版社，2007：3.

粹地对某一部分进行课堂教学。因此，必须采用横向与纵向相结合、螺旋式上升的内容组织方法。最后，在媒体技术手段的组织上，要充分利用各种信息技术和多媒体技术，在传递公共科学活动课程内容的同时，也不失由数字媒体带来的科技魅力的沉浸式体验。如3D交互、模拟和游戏等技术的使用，使学习者产生身临其境的感觉，近距离地感受到科学技术的无穷魅力。

（三）围绕"非正式学习"开展课程

公共科学活动课程实施最重要的特点是体现学习的非正式性。它并不像其他的学科课程一样具有固定的学习时间、场所和模式，而是要结合具体条件实施活动课程。在开展公共科学活动的非正式学习过程中，要注意遵循几个原则：①整体性原则。主要体现在学生的整体性参与，让每个学生都积极参与活动课程，坚持课程的总体性目标，培养学生的综合素质。②自主性与指导性统一原则。在课程实施过程中，教师不但要将学生置于主体地位，还要给予学生适时和恰当的指导，切忌放任自流。③因时因地制宜原则。由于不同的学校实际情况各不相同，不管是从地理条件、气候条件、师资质量，还是从学校经费、社会物资以及精神文化环境来说都各有差异，因此，要结合学校的自身条件因时因地制宜地来开展公共科学活动，以确保公共科学课程更好的实施。

（四）围绕"过程性评价"评价课程

公共科学活动课程的评价要依据课程目标来实行，即要注重对学习者科学情感的评价，注重对比学习者在整个公共科学活动课程的学习过程中所表现出来的科学情感、态度和价值观的变化，因为科学情感直接影响着学习者对科学技术的学习动力、过程和效果。通过观察学习者对待科学、对待科学学习、对待科学与技术和社会的关系来评价学生的科学情感，采用定量评价和定性评价相结合的过程性评价方式（表6-1-1）。

表 6-1-1　公共科学活动课程科学情感评价量表

评价项目＼评价分数	3分	2分	1分	得分
对科学的情感态度	尊重科学原理，实事求是，不迷信权威，追求真理	大多数情况下会尊重科学原理，实事求是，不迷信权威，追求真理	只有在少数情况下会尊重科学原理，实事求是，不迷信权威，追求真理	
对科学学习的态度	对科学史、新的科学技术、科学现象和科学问题有着强烈的探究兴趣	在某一段时间内对科学史、新的科学技术、科学现象和科学问题有着强烈的探究兴趣	很少对科学史、新的科学技术、科学现象和科学问题产生强烈的探究兴趣和欲望	
如何看待科学、技术和社会的关系	能够意识到科学技术在给人类与社会发展带来好处的同时，也可能产生负面的影响；常常关注与科学有关的社会问题，有强烈的社会责任感	有时能够意识到科学技术在给人类与社会发展带来利益的同时，也产生了负面影响，偶尔会关注与科学有关的社会问题，有一定的社会责任感	对科学技术对人类与社会发展的影响的认识比较片面，很少关注与科学技术相关的社会问题，社会责任感也不是很强	

> **知识花絮**
>
> ## STS 课程
>
> 科学、技术和社会课程（简称 STS 课程）是当代国际科学教育课程改革的一个重要里程碑。它是研究科学、技术与社会相互关系的学科，具有明显的跨学科性质（表 6-1-2），并以综合或整合的方式进行科学教育。STS 教育是试图融合科技教育于培养合格公民的一种普通教育，旨在提供公民的科学技术素养。
>
> 表 6-1-2　STS 课程分类 [①]
>
> | 序号 | 课程类型 | 对课程的描述 | 考核 | 内容 |
> | --- | --- | --- | --- | --- |
> | 1 | 由 STS 内容驱动的课程 | 教标准学校科学，只顺便提及 STS 内容使上课更加有趣 | 不对 STS 内容进行考核 | 对学生评估的重点 |

---

① FRASER B J. Improving Science education: international perspectives [M]. Chicago: National Society For The Study Of Ed, 1995.

续表

序号	课程类型	对课程的描述	考核	内容
2	随意融入STS内容	教标准学校科学，附加学习一些与某些课题相关的STS内容	对学生考核主要是纯科学的内容，只对STS有所涉及	《学校科学中价值》（美国）；《消费者科学》（美国）
3	有目的地融入STS内容	教标准学校科学，附加一系列简短的STS内容，整合进科学课题中去，以便统计探索STS内容。这一内容形成连贯的主题	对学生考核理解STS内容的程度	《科学与社会问题》（美国）；《学技术与社会》（美国）
4	贯穿STS内容的单一课程	以STS内容组织科学课程内容及其顺序。科学内容只从一门科学中选择	对学生考核其理解STS的内容，但程度不及纯科学的内容	《设计物理》（美国）；《光的来源》（荷兰）；《科学社会教学单元》（加拿大）
5	通过STS内容的科学	以STS内容组织科学课程内容及其顺序。科学的内容是多学科的	对学生考核其理解STS的内容，但不如纯科学内容那样广	《学与技术中的逻辑推理》（加拿大）；《STS单元》（美国）；《荷兰环境计划》（荷兰）
6	科学与STS内容平行	STS内容是教学的焦点。以有关的科学内容强化学习	对学生的考核在STS和纯科学内容方面一样	《社会、环境与能量开发研究》（美国）；《科学与技术Ⅱ》（加拿大）
7	把科学融入STS内容中	STS内容是教学的焦点，相关的科学内容被提及，但并不系统	主要考核学生对STS内容的理解，只对部分纯科学内容进行考核	《社会情境中的科学》（英国）；《科学技术与社会》（澳大利亚；《技术模块课程》（英国）
8	纯STS内容	学习一种主要的技术或社会问题。提及科学内容，但只点到与科学的联系为止	不对学生考核纯科学内容	《科学与社会》（英国）；《发明：科学与技术的社会结果》（美国）；《价值观与生物学》（美国）

> **拓展资源**

1. ROBERTS L. Curriculum Theory and Museum Education Practice: Remembering the Broader Context [J]. Journal of Museum Education, 2006, 31 (2): 77-78.

2. LINDAUER M. Looking at museum education through the lens of curriculum theory [J]. Journal of Museum Education, 2006, 31 (2): 79-80.

3. ROSE J. Shared Journeys Curriculum Theory and Museum Education [J]. Journal of Museum Education, 2006, 31 (2): 81-93.

4. ROBERTS P. Am I the public I think I am?Understanding the public curriculum of museums as "complicated conversation" [J]. Journal of Museum Education, 2006, 31(2): 105-112.

5. CASTLE M. Blending pedagogy and content: A new curriculum for museum teachers [J]. Journal of museum education, 2006, 31 (2): 123-132.

6. VALLANCE E. Finding order: Curriculum theory and the qualities of museum education [J]. Journal of Museum Education, 2006, 31 (2): 133-141.

7. VALLANCE E. Museum education as curriculum: Four models, leading to a fifth [J]. Studies in Art Education, 2004, 45 (4): 343-358.

8. BURCHENAL M, GROHE M. Thinking through art: Transforming museum curriculum [J]. Journal of Museum Education, 2007, 32 (2): 111-122.

9. SOREN B. The museum as curricular site [J]. Journal of Aesthetic Education, 1992, 26 (3): 91-101.

10. ROSE J. Expanding Conversations: How Curriculum Theory Can Inform Museum Education Practice [J]. 2006.

第二节 公共科学活动的媒体选用

信息技术飞速发展的时代，数字媒体改变了表征、诠释以及传播科学历史、科学文化和科学技术的方式。如今，我们面临的问题已不再是是否要用媒体来传播科学技术，而是如何用媒体来促进科学普及。媒体技术的迅速发展不仅改变了公共科学活动的形式，更是对公共科学活动的重新定义，如斯托格纳就在2009年提出了"媒体即科技博物馆"的观点[1]。不断更新的数字媒体技术促进了科学技术的传播，让更多的人参与科学普及的活动，共同提高自身的科学文化素养。

一、公共科学活动中媒体类型与特点

媒体是公共科学活动中传播科学知识的载体，是受众接受、学习各种知识的平台和窗口，媒体在宣传和传播中具有不可估量的作用。随着时代的发展以及公众需求的变化，公共科学活动的媒体在不断地丰富、发展和变化。本书对其类型进行了总结，将公共科学活动的媒体主要划分为语言媒体、文字媒体、电视媒体和网络媒体。

（一）公共科学活动中的语言媒体

语言是进行思维和传递信息的工具，是人类保存认识成果的载体。语言作为一种交流工具，促进了人类的进步与发展。语言作为一种传播媒介，使人类实现了劳动经验的共享和文化的传承，从而大大加速了人类自身的发展。语言的这一特点在科学技术传播中尤为突出。公共科学活动的语言媒体有广播、讲解等。讲解通常是设计者以口口相传的方式向大众介绍科学原理、科学技能、

---

[1] STOGNER M B. The Media-enhanced Museum Experience: Debating the use of Media Technology in Cultural Exhibitions [J]. Curator: The Museum Journal, 2009, 52 (4): 385-397.

科学方法。广播经常会应用在实际演练或执行活动的任务提示、反馈结果等。

语言媒体的特点体现在几个方面。第一，把无意义的语音按照各种方式组合起来，成为有意义的语素，再把为数众多的语素按照各种方式组合成话语，用无穷变化的形式来表示变化无穷的意义；第二，语言传播受到时间和空间的限制，信息不能大范围的传播；第三，如果不借助录音设备，语言信息不能保存，及时迅速，稍纵即逝，难以记录，易被遗忘，导致传播效果比较弱；第四，设计者与大众有先前经验和背景差异，没有一套标准的语义，信息在传播过程中容易发生歧义；第五，以声音为载体的语言媒体是无形的，听众不能看到产品的外观、色彩和内部结构，难以引起人们对产品的视觉印象。

（二）公共科学活动中的文字媒体

文字是传达思想的基本工具。印刷术的发明在人类科学文化传播史上具有划时代的意义。印刷术技术的进步促进了文字的产生，文字的出现改变了数十万年信息传播的形态。文字媒体对人类科学文化知识的传播起到了决定性的作用。文字媒体在公共科学活动中应用尤为广泛。公共科学活动的文字媒体有挂图、展板、说明牌、学习单、活动手册、文字辅助材料等。展板、说明牌通常是用来辅助介绍展品的相关科学知识、科学原理。学习单、活动手册、文字辅助材料是用来辅助公共科学活动实施。

文字媒体的特点体现在几个方面：①文字的主要功能是抽象思考。②在文字、影像、声音三大符号中，文字最容易被保留，影像和声音稍纵即逝。③文字的传播不受时间、空间的限制，影像和声音的传播则具有顺时性和一维性。④文字媒体是由相对封闭的采、编、发布的运行体系组成，传播方式是点对面，自上而下。受众接受信息是被动的，大众所接受的内容是由文字媒体传播内容所决定。⑤文字媒体所承载的内容是经过专业的编排及制作，具有非常强的真实性、客观性、可靠性、可信度。

（三）公共科学活动中的电视媒体

1920年，世界上第一座有执照的广播电台在美国开播。英国人贝尔德从1924年起尝试用最原始的电视机传输图像。1939年，美国人推出世界上第一台黑白电视机，到 1953 年又推出彩色电视机。电视满足的是人类长久以来梦想的远距离传输和观看图像的愿望。电视媒体是人类常使用的大众媒介。随着电视的出现，科学文化传播的内容变得更丰富，传播的范围变得更广阔。电视的应用在科学技术传播中体现得淋漓尽致。公共科学活动的电视媒体主要是集图像、语音、文字于一体的综合体。

电视媒体的特点体现在几个方面。①受众的选择权也受到时段和内容的限制，必须在规定的时段才能接受到自身希望看到的节目，并且节目的内容是经过筛选，有的并非是所有受众希望看到的；②在公共科学活动中，以电视媒体为载体的传播，具有单向性，缺乏互动性，不能及时反馈，使得媒体传播效果相对较弱；③电视媒介作为特殊的电波媒介，带有电波媒介转瞬即逝，难以存查的局限，当观众不是聚精会神地认真观看电视活动时，电视这一局限就十分明显；④电视媒体是集图片、文字、语音于一体的媒体，具有较强的直观性、冲击力和感染力。

（四）公共科学活动中的新兴媒体

1964 年，第一台电脑诞生。电脑与网络把科学文化传播带到了一片广阔的天地。新兴媒体是互联网和移动互联网技术支持下的媒体方式。在中国《2006—2007 中国新媒体研究发展报告》中，将新媒体定义为：以计算机技术、通信技术、数字广播技术等为基础，以互联网、无线通信网、数字广播电视网、卫星等为传输渠道，以电脑、电视、手机、视频音乐播放器（MP4）等为终端的媒体。新媒体打破传统的科学传播模式，并且从互补的角色转化为主导的角色。公共科学活动的新兴媒体有动漫、虚拟现实、增强现实、体感交互、人工智能、科普游戏、数字出版物、科普网站等。

新兴网络媒体的特点体现在几个方面。①交互性。新兴网络媒体的传播平台具有互动性，受众不仅可以在交流平台上获取信息，而且可以通过平台发布传播内容，进而扩大了信息传播的范围。②快捷性。新媒体的传播速度，在短短的几年之内，随着光纤通信系统的发展，网络速度提高了几万倍，从每秒几千和几万字节的普遍电线网，提高到每秒几十亿字节的光纤网，可以最大限度满足受众的要求。③融合性。即将文字、图像、声音等表现形式有机地结合在一起，更好地对信息进行了展示和解说，新媒体注重人性化的设计，用户可以根据不同的需求，点击不同的按钮，获取相关的文本、影像和声音资料。④全程性。指信息传播过程的持续性和跨时空性，各类媒体相互之间，媒体与受众之间，都能超时空地进行交流和互动。

二、公共科学活动中媒体选择的理论依据

信息技术飞速发展的时代，媒体不断发展，表现形式多样，但是在公共科学活动中传播科学技术知识的效果不佳。为增强科学技术传播效果，需提供公共科学活动媒体选择的理论依据。在媒体发展进程中，逐渐形成了一套集理论和实践于一体，具有指导性作用的媒体选择模型。它是公共科学活动媒体选择的理论支撑。目前在公共科学活动领域最有影响的媒体选择模型主要包括以下几个。

（一）戴尔的"经验之塔"与公共科学活动的媒体选择

经验之塔将媒体、技术、方法和理论有机地统一到一个形象而简约的框架中，是科技传播之媒体选择理论与实践的枢纽。对于经验之塔的解释有两种：①戴尔将人类学习的经验分为做的经验、观察的经验和抽象的经验；[①]②布鲁纳在教学活动方案内将经验之塔分为能动的、形象的和抽象的教学活动。[②]二者的区别在于"观察活动"的归属问题，戴尔将其归为观察的经验，而布鲁纳将其归入能动的经验，媒体在不同经验知识的获取中呈现出层级的变化。"做的经验"包括有目的的直接经验、设计的经验、参与活动等。媒体技术为参与者在活动中获得"做的直接经验"提供可视化的"真实情境"，参与者在其中可获得与现实生活相似甚至是相同的体验。"观察的经验"包括观摩示范、见习旅行、参观展览、电视录像、电影、静止画面、广播、录音等。3D沉浸交互式模型、虚拟现实技术、体感交互等为参与者获取"观察的经验"提供了实时的交互功能。参与者在其中深度参与，通过边观察边模仿，多重感官体验促进

[①] WAGER W. Media selection in the affective domain: A further interpretation of Dale's cone of experience for cognitive and affective learning [J]. Educational Technology, 1975, 15 (7): 9–13.

[②] BRUNER J S. Toward a theory of instruction [M]. Cambridge, Mass.: Harvard University Press, 1966: 59.

其"观察的经验"习得。"抽象的经验"包括视觉符号、语言符号等。数字媒体实现科学技术知识中相对抽象的原理或科学过程的可视化展现。通过将抽象知识可视化、形象化，促进参与者获得直观认知体验，促进参观者探究性学习和"抽象的经验"的获得（图6-2-1）。

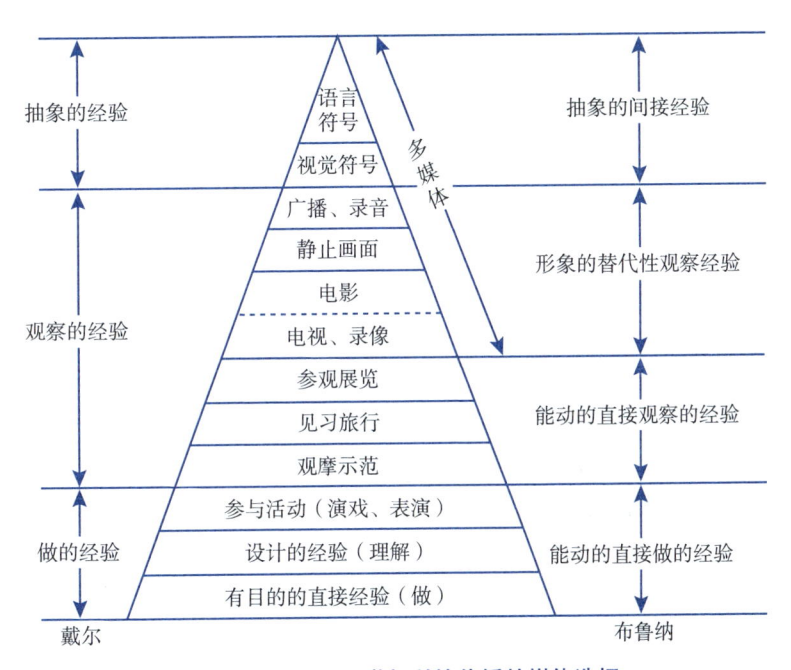

图 6-2-1　经验之塔与科技传播的媒体选择

媒体的恰当选用与公共科学活动中参与者学习经验的获得具有直接的关系，恰当的媒体对大众理解科学技术知识起到极大的促进作用，不恰当的媒体对大众理解科学技术知识起到阻碍作用。虚拟现实场景与真实世界环境的融合为参与者在公共科学活动中获得"做的直接经验"构建可视化的"真实情境"。这种可视化的"真实情境"对于促进公共科学活动中基于体验性质的科学技术知识的传播具有重要的作用和意义。参与者通过亲身体验探究获得感性认识，从而形成做的直接经验，掌握公共科学活动的内容。"观摩示范、电视录像等"为参与者获取"观察的经验"提供了实时的交互功能。在公共科学活动中对一些难以理解的、比较复杂的科学知识或科学过程，可以通过重复播放科学演示的过程，自主地放慢速度，延长演示时间，从不同的角度观察和体验科学过程，进而深刻理解相关知识，强化科技传播效果。媒体语言符号和视觉符号的融合为参与者在公共科学活动理解抽象的科学过程和科学原理起到了关键的作用。没有可视化媒体时，参与者只能依靠头脑对抽象知识想象并形成记忆，然而，抽象的记忆难以促进参与者思维的发展及其对知识完整表象的建立和知识本质的深刻理解，阻碍了科学技术知识的传播。可视化媒体技术通过将抽象知识形象化，促进参与者对公共科学活动中抽象知识的学习。

（二）贝茨的媒体与技术选择模型与公共科学活动的媒体选择

媒体与技术选择的 ACTIONS 模型是由贝茨提出，在媒体技术的选择过程中要衡量几个方面：技术的可行性与便捷性、技术应用的成本、教与学、交互性与用户友好性、组织问题、新颖性以及课程开发与传播的速度。[1] ①可获得性是科技传播之媒体选择的首要考虑因素。不论所选媒体的功能多全、交互性多强，倘若学习者无法获得，即没有任何意义。②分析媒体技术的成本是科技传播中选择媒体的基础，媒体的成本主要包括硬件设备成本、整个制作过程成本以及传播过程中的发送成本。③科技传播过程中，每种媒体对信息都有一定的表现力，但是不同的媒体所承载信息的能力是不一样的，并且与承载信息内容相互作用的效果也不尽相同。④传统媒体技术只能实现信息的单向传播，阻碍了科技传播的及时反馈，迅速发展的数字媒体技术为科技传播提供了双向交互功能，大众能够方便快捷地与科技专家、学伴等进行及时交流、沟通和分享。⑤巧妙组织科学活动，使媒体成功地应用于活动的开展。成功地选择和应用媒体，需组建一支媒体技术队伍对公共科学活动组织者进行定期培训，提高他们的信息媒介素养。⑥引进新媒体同时必然会导致设备成本显著上升，面对有限的资金总额，意味着要减少在科技制作和传播上的开销，这必然会对科技传播的效果产生影响。追求创新的同时要先进行需求评估，权衡利弊。科技传播中媒体选择的基本模型如图 6-2-2 所示。

---

[1] BATES A W. Technology, open learning, and distance education [J]. Opening Learning, 1996, 11 (3): 11.

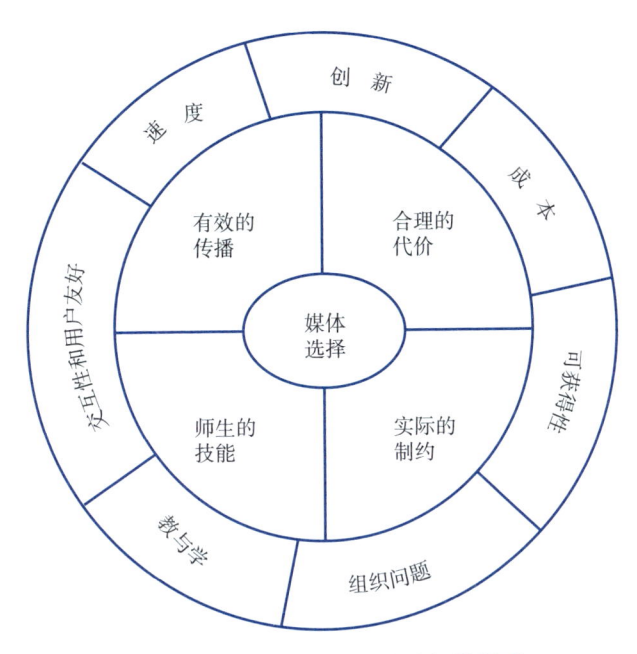

图 6-2-2　科技传播中媒体选择的模型

公共科学活动领域出现的最大问题并不是缺少呈现科学知识的媒体，而是错误地将媒体技术与不适合该技术的科学内容相关联。①媒体技术的可获得性主要取决于公共科学活动的参与者拥有的学习环境条件以及媒体技术实际运用的可行性。②美国大众传播学家施拉姆提出的一个媒体选择概率公式，即媒体选择概率（P）= 媒体产生的功效（V）/ 所付出的代价（G）。从这个公式看出，活动中选择的媒体产生的功效与其成本之间的比值的大小决定了媒体选择的概率。③媒体的选择不仅是技术问题，更是活动顺利开展问题。科技传播选择媒体时，一定要正确把握科学活动要求，理解科学活动内容，理性地分析不同媒体呈现科学信息的优势和劣势，扬长避短，而不是一味地追求新媒体。④媒体是否能够达到较强的交互性，在某种意义上取决于科学技术专家等对活动中媒体使用的设计。⑤使用新媒体技术后，公共科学活动的组合必然会发生变化。反过来，公共科学活动巧妙有效的组织会影响媒体的使用效果。⑥当今社会发展日新月异，知识爆炸式更新对媒体技术提出了新的挑战，公共科学活动中的媒体选择，要考虑媒体制作、更新以及传播活动内容的速度等多种因素。

三、公共科学活动的媒体选择原则

公共科学活动的媒体选择是活动有效开展的因素之一，媒体选择原则为公共科学实践活动提供了重要支撑，为设计人员构建公共科学活动媒体提供了理论背书。遵循媒体选择原则，促进活动目标或活动内容的有效完成。

（一）活动目标原则

依据活动目标是媒体在公共科学活动应用中应该遵循的首要原则。每个活动必须有明确的目标，每个活动都有一定的科学知识，活动目标为活动内容的选取提供了方向。为达到不同的活动目标常需要使用不同的媒体去传递科学信息。选择媒体资源时要分析所选用的媒体能否达到活动目标，而不是优先考虑媒体的先进性。媒体的选择要实用，能够完成活动目标，使活动最优化。因为评价一个活动是否成功，不是取决于活动过程中是否使用了新技术、新媒体，而是取决于媒体是否恰到好处地实现了活动的意图，达到了活动的预期目标。

公共科学活动目标若要传播科学知识，则采用电视、文本、语音等媒体，若侧重于培养受众的科学技能，则采用虚拟现实、人工智能、体感交互技术促进学生的深度参与、探究体验。媒体在公共科学活动开展过程中不是孤立的，而是与其他事物一起构成了活动的有机整体。在具体活动实践中，经常发现，公共科学活动中所选用的媒体虽然新奇、前沿、有趣，但却完全游离于活动的主题之外，科学技术知识也没有得到有效地传播。这种媒体选择的方式不但起不到应有的传播介质的作用，反而会破坏活动的整体性，干扰学习者的注意力。因此，在公共科学活动的媒体选择时，一定要抓住活动目的，不能为了加入时髦的媒体元素而勉强在活动中使用。数字媒体在活动中并不是必需的，如果它与活动主题关系不大、不能起到提高科学传播效果的作用，完全可以不选用。

（二）活动内容原则

依据媒体内容是媒体在公共科学活动应用中应该遵循的基本原则。传统媒体传播形式要服从于活动内容，而在数字媒体应用中形式与内容并没有明确的界限，是相互交融、相互配合的关系。如在科技博物馆中，传统展示的传播载体主要有电视、广播和报纸，呈现形式以文物、标本、图版、二维或者三维的造型等静态形式为主，而且基本是单向的，遵循的是内容决定形式的传播原则，而数字媒体展示的传播载体主要有电脑等具有交互性的数字媒体设备，呈现形式以交互等动态形式为主，遵循的是形式与内容统一的原则（表6-2-1）。

表 6-2-1　传统媒体展示与新兴媒体展示对比

对比项目	传统媒体	新兴媒体
载体	电视、广播和报纸	电脑、手机和各类移动终端
表现形式	静态、单一的视觉	动态、多种感官的
传播方式	单向	交互式
传播特点	描述性的	阐释性的
传播内容	用来说明"是什么"	用来解释"为什么"
遵循原则	内容决定形式	形式与内容统一
设计流程	内容设计先于形式设计	内容设计与形式设计同步

公共科学活动是传播科学技术知识的重要教育手段，公共科学活动传递的是科学技术知识。这就要求媒体呈现的内容必须从科学知识的客观实际出发，研究和发现它的本质和内在规律，有充分严谨的学术支撑体系，这也是公共科学活动有效开展的基础。媒体要准确、生动、形象、完整地表达公共科学活动所要传播的科学技术知识、科学历史真相等，切不可臆造虚假或根本不存在的内容。在公共科学活动的媒体选择过程中，一定要依据活动内容，通过刺激学习者的多重感官促进体验式学习，让学习者感受到科学的神奇，从而提高科学学习兴趣、培养其科学探究的精神。不能为了追求场面的刺激、效果的华丽，而忽视了内容的客观真实性，公共科学活动的设计应当寓教于乐，但绝对不是脱离科学事实基础之外的纯粹娱乐。

(三) 活动受众原则

不同年龄阶段的受众对事物的接受能力不一样，其认知结构有很大的差别，媒体选用必须与参与活动对象相适应，否则不会有理想的效果。按照皮亚杰的儿童认知发展理论，6~12岁的儿童正好处于认知发展的第三阶段即"具体运算阶段"，其认知结构属"直觉思维图式"；12~15岁的少年处于认知发展的第四阶段即"形式运算阶段"，其认知结构属"运算思维图式"，处于这一年龄阶段的人们思维能力有了较大发展，且抽象思维占优势地位，但是这种抽象思维仍属经验型，还需要感性经验的直接支持；15~18岁的青少年抽象思维能力已得到进一步发展，逐渐由经验型过渡到理论型，即能在有关理论的指导下分析处理某些实际问题，并能通过对外部现象的观察归纳出关于客观世界的某些知识。

公共科学活动媒体选用必须与参与活动的大众相适应。在进行媒体的设计时必须充分考虑不同年龄段公众的认知特点，绝不能用某种固定的模式。在低龄阶段媒体设计的重点应放在如何使活动形象化以适应受众的直觉思维图式，因而应多采用图形、动画和音乐等媒体使图、文、声并茂。

对12~15岁年龄段少年，则要把重点放在如何帮助学生完成由直觉思维向抽象思维的过渡，因而这一阶段的形象化教学可适当减少。抓住该年龄阶段好动的特征，侧重应用新媒体技术即体感交互体验、虚拟现实技术、增强现实技术，使该年龄阶段的受众参与其中，着重引导他们采用抽象概念，学会运用语言符号去揭示事物的内在规律，逐步发展逻辑思维能力。该年龄阶段尽管形象化媒体仍不可缺少，但是只能作为一种帮助理解抽象概念的辅助手段，不能像低龄阶段那样以形象化教学为主，否则将会喧宾夺主，达不到活动目标的要求。

随着年龄的增长，受众的概括和抽象的能力发展了，感知的经验也逐渐丰富起来，注意力持续集中的时间延长，为他们选用的活动媒体就可以广泛一些，传递的内容则增多了分析、综合、抽象、概括，增加了理性认识的分量，重点应放在揭示事物的内在规律性上，同一种媒体连续使用的时间也可长些。

> **知识花絮**

麦克卢汉及其媒体观

马歇尔·麦克卢汉，20世纪原创媒介理论家，思想家。麦克卢汉一生勤于学问，拿了5个学位，完成了几次重大的学术转向：工科—文学—哲学—文学批评—社会批评—大众文化研究—媒介研究，终于成为20世纪最重要的媒介思想家之一。主要著作有《机器新娘》（1951年）和《理解媒介》（1964年）。

麦克卢汉的主要媒体观如下。

1. "媒介即讯息"。[1] 麦克卢汉所说的"媒介即是讯息"指的是媒介对个体和社会的影响源于新的尺度的产生。任何一种新的媒介都要在人们的事务中引进一种新的尺度。他还指出，任何媒介的信息是由它引入的人间事务的尺度变化、速度变化和模式变化。一种新媒介的出现总是意味着人的能力获得一次新的延伸，从而总会带来传播内容（信息）的变化。

2. "媒介即人体的延伸"。[2] 这是麦克卢汉理解媒介根本的出发点，也是他超出所有理论家的独到之处。在他的思想视野中，媒介不是冷冰冰的外在化的存在，媒介就是人的身体、精神的延伸。媒介改变了人的存在方式，重建了人的感觉方式和对待世界的态度。

3. "冷媒介"和"热媒介"。[3] 麦克卢汉认为，"热媒介只延伸一种感觉，并使之具有高清晰度，高清晰度是充满数据的状态""热媒介要求的参与程度低，冷媒介要求的参与程度高，要求接受者完成的信息多。"

4. "地球村"与"部落化"。[4] 地球村和部落化是麦克卢汉的伟大预言，在麦克卢汉看来，"地球村"的主要含义不是指发达的传媒使地球变小了，而是指人们的交往方式以及人的社会和文化形态的重大变化，地球村和部落化概念所要强调的共性，是一体化和整体化，是同步的、瞬时传播的世界。

---

[1] MCLUHAN M. The medium is the message [J]. Communication theory, 2008, 18: 390-402.
[2] MARCHAND P. Marshall McLuhan: the medium and the messenger: a biography [M]. Cambridge, Mass.: The MIT Press, 1998.
[3] MCLUHAN M. Media hot and cold [M]// MCLUHAN M. Understanding Media: The Extensions of Man. Cambridge, Mass.: The MIT Press, 1994: 22-32.
[4] MCLUHAN M, POWERS B R. The global village [M]. Cambridge, Mass.: Oxford University Press, 1992.

拓展资源

1. EIEAN H. Museum, media, message [M]. London: Routledge, 1999.

2. YAMADA S, HONG J K, SUGITA S. Development and evaluation of hypermedia for museum education: validation of metrics [J]. ACM Transactions on Computer-Human Interaction (TOCHI), 1995, 2 (4): 284-307.

3. THORBURN D, JENKINS H. Rethinking media change: the aesthetics of transition [M]. Cambridge, Mass.: The MIT Press, 2003.

4. THOMAS S, MINTZ A. Virtual and the Real: Media in the Museum [M]. Arlington, VA: American Association of Museums, 1998.

5. GRIFFITHS A. Media technology and museum display: A century of accommodation and conflict [J]. Rethinking Media Changes, 2003: 375-389.

6. GRINTER R E, AOKI P M, SZYMANSKI M H, et al. Revisiting the visit: understanding how technology can shape the museum visit [C]//Proceedings of the 2002 ACM conference on Computer supported cooperative work. ACM, 2002: 146-155.

7. SPARACINO F, DAVENPORT G, PENTLAND A. Media in performance: Interactive spaces for dance, theater, circus, and museum exhibits [J]. IBM Systems Journal, 2000, 39 (3.4): 479-510.

8. ROUSSOU M, EFRAIMOGLOU D. High-end interactive media in the museum [C]//International Conference on Computer Graphics and Interactive Techniques: ACM SIGGRAPH 99 Conference abstracts and applications.1999.

9. 刘宇驰. 数字媒体技术在博物馆展示中的合理应用 [D]. 上海: 复旦大学, 2012.

10. 汤善雯. 互动设计在博物馆展示中的应用 [D]. 南京: 南京艺术学院, 2012.

第三节　公共科学活动的资源开发

一、公共科学活动资源的含义与特点

科学离不开公众。科学知识需要公众的理解，科学技能需要公众的掌握，科学发展的最终目标是促进人类的终身学习。在科学与公众的互动过程中，公共科学活动扮演着重要的角色，承担着科学传播的责任，而科学传播的发展需要资源的支撑。

（一）公共科学活动资源的含义

公共科学活动离不开资源。广义的资源是指能被人们利用的物质、能量和信息等。[①] 公共科学活动资源是指人们在发展科普事业过程中，直接或间接借助的一切事物、人或行为，是指一切可以帮助参与者达成活动目标的物化了的、显性的或隐性的、可以为参与者提供活动服务的组成要素。[②] 公共科学活动的资源是一个有机系统，一切可用于公共科学活动的信息资源、工具资源、环境资源和人力资源等共同组成了公共科学活动课程资源系统。[③] 公共科学活动课程资源系统中任何一个组成部分都不可缺少，任何一个组成部分的缺失都会影响科学普及的成效。

信息资源。指通过各种形式呈现的，能够为公共科学活动所用的知识、资料、消息等，如网络课程、媒体资源、专题网站、数据库、文本、图片、音频、动画、视频库等。

工具资源。指为公共科学活动所服务的各种软件工具，包括认知工具、效能工具、通信工具、知识建构与可视化工具、协作交流工具、问题解决工具等。

环境资源。指构成公共科学活动实施空间的各种硬件设备，如计算机设

---

① 段兆兵. 课程资源的内涵与有效开发 [J]. 课程·教材·教法，2003（3）: 26-30.
② 樊婷. 中国科协科普资源共建共享对策研究 [D]. 武汉: 华中科技大学，2011: 6.
③ 上海科普资源开发与共享中心. 上海科普资源状况 [M]. 上海: 上海科学普及出版社，2008.

备、网络设备、通信设备等以及形成虚拟空间的各类软件等。

人力资源。指公共科学活动的设计开发团队，包括活动组织者、设计者、开发者、参与者、专家、学者等。

（二）公共科学活动资源的特点

公共科学活动资源是为组织者引导参与者开展活动和参与者进行自主科技活动探究所提供的资源，它包括科学活动过程中所需要的各种课程、媒体、设备、材料、资料、器材、场地、环境、人员等。它有别于传统意义的教材和培训手册，具有如下特征。

1. 指导性

公共科学活动资源作为活动开展的基础，具有指导性特点。公共科学活动依托于公共科学活动资源开展。公共科学活动资源是指导实施活动，供组织者和参与者参考活动的背景知识、方法技能、信息资料或活动方案，而并非必须执行的指令、规定即不具备强制性和约束力。它使组织者在指导大众参与科学活动时具有更多的选择性，也使学生开展公共科学活动时具有更多的灵活性。

2. 系列性

公共科学活动资源作为活动开展的基础，具有系列性特点。它从某个专题出发，沿着与本专题有关的概念展开，派生出一系列符合逻辑的相关概念，从而形成概念群，并根据概念群所涉及的知识经验背景，逐步建构成系列性主题活动的资源群。资源群需要满足不同层次、不同背景的大众需求，它是多样的、有序的、分层的和丰富的。对公共科学活动来说，提供满足自由选择的活动资源则更为重要。

3. 结构性

公共科学活动资源作为活动开展的基础，具有结构性特点。活动资源是以其内部较为严密的结构状态呈现的。若用三维结构形容：第一个维度是内容维度，包括人力资源、文字资源、图像资源、材料资源、工具资源、市场导购信息资源、结构性布局资源、磁介质、纸介质媒体资源9个方面，随着研究的深入，资源可能还会有更多的方面；第二个维度是参与者固有的年龄段维度；第三个维度是组织者的思想、观念、主张维度，它决定资源应该如何收集、如何发挥作用，发挥什么作用，在哪个年龄段发挥作用等。

4. 大容量

公共科学活动资源作为活动开展的基础，具有大容量特点。即使是幼儿"身边的科学"（如衣、食、住、行、人体、环境、通信、各种自然现象等），也可以派生出大量的专题。有关"科学知识、技能，科学方法、能力，科学态度，科学行为、习惯与内容"同样可以派生出大量的现代科技教育专题，如"生命科学""物质科学""地球与空间科学""军事科学""科学技术史"等。此外还有与参与者年龄段维度和组织者维度之间交汇点上生长的专题。

5. 全方位

公共科学活动资源作为活动开展的基础，具有全方位特点。公共科学活动资源作为组织者指导活动和参与者开展活动的物质群，为了促进学生主动学习和主动发展，公共科学活动资源既要满足不同经验背景的大众对不同学习进程的需要，又要满足同一经验背景大众对不同学习进程的需要。具体地说，公共科学活动资源需要满足"同一活动内容，同一参与对象；不同活动内容，同一参与对象；同一活动内容，不同参与对象；不同活动内容，不同参与对象"的要求，具有全方位的特征。

6. 拓展性

公共科学活动资源作为活动开展的基础，具有拓展性特点。随着公共科学活动研究的深入，可开发的科学技术活动内容越来越多，各种活动资源的积累也将越来越多。同时，现代教育技术的快速发展，大大改善了新资源的"纳入"机制，加上全国性资源共享协作的计算机网络的逐步完善，公共科学活动资源不断筛选、更新、扩充的机会也与日俱增。

二、公共科学活动资源的开发模型

在公共科学活动资源开发过程中，逐渐形成了一套集理论和实践于一体，具有指导性作用的模型。它是科学活动资源开发的理论依据。公共科学活动资源的开发模型有很多，如基于 IDI 模型基础上设计的 DDE 模型、IPDM 模型、ASDE 模型、基于教学设计的史密斯—雷根模型开发的 ASE 模型等，总体而言，公共科学活动资源的开发模型大致要经历需求分析、素材收集、资源开发以及资源评价阶段，目前在公共科学活动领域最有影响的科学传播理论模型主要包括 DDE 模型和 IPDM 模型。

（一）DDE 模型

1971 年，UCIDT（大学教学技术及开发联合会）开发 IDI 模型（教学开发模型）[1]，在 IDI 模型基础上设计公共科学活动资源的开发模型（DDE 模型）。

1. DDE 的三个阶段：定义、开发和评价。每一个阶段具体分为三个步骤，每个步骤又细分为两个至三个小步骤。

（1）定义阶段，即定义资源。第一步确定活动主题，先进行活动的需求评估、权衡其优先级并进行排序，陈述活动的主题。第二步就是分析环境，主要是活动主体分析、活动条件分析和其他相关的活动支持。第三步是组织管理。

（2）开发阶段，即开发资源。在具体资源开发之前，第一步确定目标，包括终极目标和使能目标。第二步确定资源开发的方案，明确各种资源表达形式及其利弊，整合资源以促进活动开展。第三步资源开发，分析、选择和收集各种相关素材，对所收集的素材进行修改或加工处理，整合打包成活动资源。

（3）评价阶段，即评价资源。第一步测试资源，检测资源是否真的有助于活动开展，即要对资源进行确证性评价[2]。第二步分析测试结果，要结合资源开发的目标和数据分析的结果对资源做出合理评价。第三步循环利用，不断地回顾检查，并针对资源存在的问题和不足进行修改完善，进而再次投入使用（图 6-3-1）。

2. DDE 的三个步骤。开发公共科学活动资源时，依照 DDE 模型，分为三个步骤。

（1）公共科学活动资源开发的第一个阶段即定义。第一步通过对活动参与者的资源需求分析、设计者、组织者的资源需求分析等，明确公共科学活动

---

[1] PLOTNICK E. Survey of instructional development models［M］. New York：ERIC Clearinghouse on Information and Technology，1997.

[2] HELLEBRANDT J，RUSSELL J D. Confirmative evaluation of instructional materials and learners［J］. Performance+ Instruction，1993，32（6）：22–27.

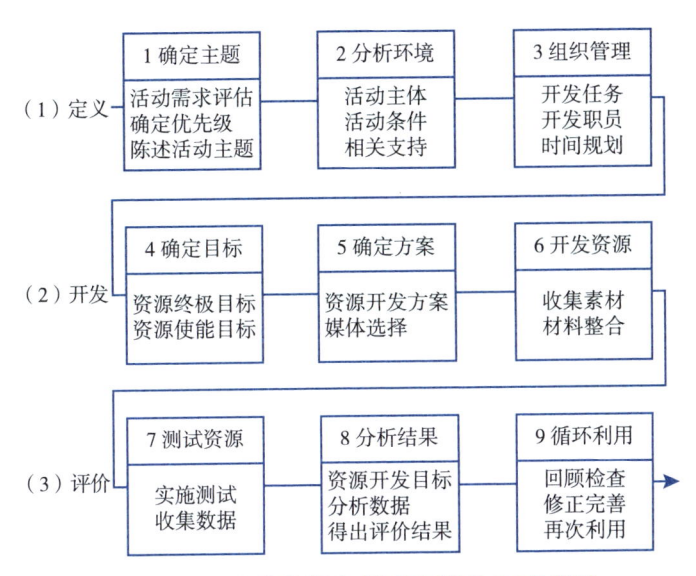

第六章　公共科学活动的资源设计与应用

```
                ┌─1确定主题─┐  ┌─2分析环境─┐  ┌─3组织管理─┐
                │ 活动需求评估 │  │ 活动主体   │  │ 开发任务   │
（1）定义       │ 确定优先级  │  │ 活动条件   │  │ 开发职员   │
                │ 陈述活动主题 │  │ 相关支持   │  │ 时间规划   │
                └───────────┘  └───────────┘  └───────────┘

                ┌─4确定目标─┐  ┌─5确定方案─┐  ┌─6开发资源─┐
（2）开发       │ 资源终极目标 │  │ 资源开发方案 │  │ 收集素材   │
                │ 资源使能目标 │  │ 媒体选择   │  │ 材料整合   │
                └───────────┘  └───────────┘  └───────────┘

                ┌─7测试资源─┐  ┌─8分析结果─┐  ┌─9循环利用─┐
（3）评价       │ 实施测试   │  │ 资源开发目标 │  │ 回顾检查   │
                │ 收集数据   │  │ 分析数据   │  │ 修正完善   │
                │           │  │ 得出评价结果 │  │ 再次利用   │
                └───────────┘  └───────────┘  └───────────┘
```

图 6-3-1　公共科学活动资源开发的 DDE 模型

的主题及对应的资源开发。第二步根据参与活动的对象、现有的环境条件支持以及其他相关支持（如科学教育政策支持等）开发活动资源。第三步是组织管理，包括明确活动资源开发的任务、将任务具体划分到开发职员以及制定详细的开发进程时间规划。

（2）公共科学活动资源开发的第二个阶段即开发。第一步确定资源的目标，即明确资源成品最终要达到什么样的目标，要实现这个终极目标，需要通过达成哪些次级的使能目标来实现，将目标进行逐级细化分解。第二步确定详细资源的选择，如媒体的选择，要明确各种媒体的资源表达形式及其利弊，正确利用媒体来整合资源以促进活动学习。第三步活动资源的正式开发。

（3）公共科学活动资源开发的第三个阶段即评价。第一步测试活动资源，在资源大量投放活动应用之前要先对其进行测试，在测试过程要收集数据，并做好相关记录。第二步就是分析测试结果，要结合活动的目的以及资源开发的目标和数据分析的结果对资源做出合理地评价。第三步在公共科学活动中循环利用该资源。

（二）IPDM 模型

卡斯特里·金特里曾在 1994 年提出一个教学项目的开发与管理模型

(IPDM)[①]，并将其应用于公共科学活动资源的开发。它主要由两组组件构成，分别是开发组件和支持组件，开发组件和支持组件通过交流组件连接在一起。

（1）支持组件包括：①信息处理，指在资源开发过程中开发者选择、收集、创造、组织、存储、检索、发布和评价信息的能力；②经费或资源的获得和分配，指决定资源需求、确定预算、获取和分配资源的过程；③人力资源，包括确定人员需求，雇用、培训、评价、激励、劝告、谴责以及解雇的程序；④设备，包含组织和更新资源开发空间、利用和测试资源开发部件的过程；⑤管理，指为了达成资源开发的目标而进行的控制、协调、整合以及分配资源的过程。

（2）开发组件包括：①需求分析，指为现有或拟定资源建立需求和确定优先目标的过程；②采纳，指开发意见被采纳并承诺提供开发资源；③设计，指确定目标、策略、技术和媒体；④产品，通过详细设计和修改数据来构建项目元素；⑤成型，整合、测试、验证并完成一个资源产品；⑥开发，建立新资源产品有效运行的一些必要条件；⑦操作，开发后期资源产品的维护；⑧评价，它是为了有效地做出修订决策而进行的收集、分析和总结数据的过程（图6-3-2）。

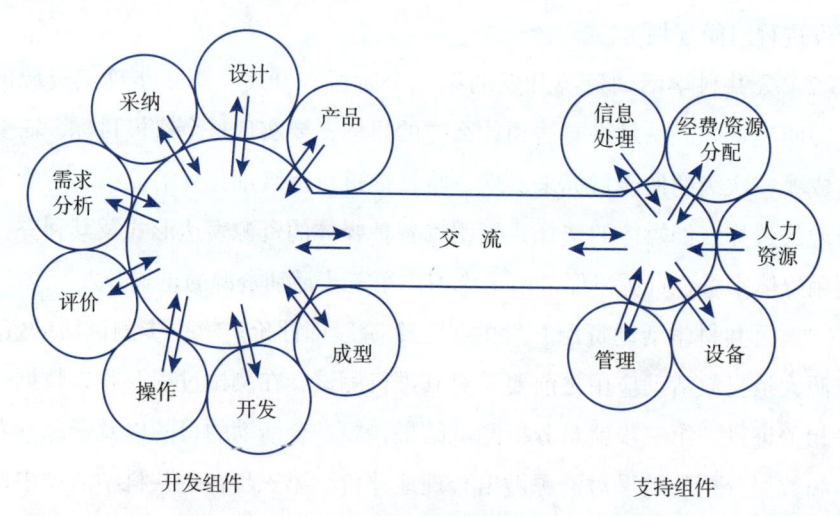

图 6-3-2　公共科学活动资源开发的 IPDM 模型

[①] FOWLER C. Synthesis Fundamentals Seminar: Testing the Instructional Project Development and Management (IPDM) Model [D]. Blacksburg, Virginia: Virginia Polytechnic Institute and State University, 1996.

依照 IPDM 模型，公共科学活动资源的开发是建立在支持组件和开发组件之间的交流协调基础上的，需要结合支持组件的现有条件来实施开发过程。

三、公共科学活动资源的开发原则

在科学与公众、社会的互动过程中，资源是必不可少的元素。公共科学活动资源开发是活动有效开展的因素之一，资源开发原则为公共科学实践活动提供了重要支撑，为开发人员开发公共科学活动资源提供了理论背书。本节总结公共科学活动资源开发原则即综合性原则、开放性原则、针对性原则和因地制宜原则等。

（一）综合性原则

综合性原则主要是指在加工开发处理资源的过程中，利用个人的认知经验对问题的某项资源进行挖掘或对多项资源进行综合加工，使资源得到优化、更新和拓展。设计开发活动资源时，以参与者的直接经验和实际生活为基础，配合其能力、兴趣和需要，尽量在活动中促进参与者多层次、多角度、全方位的发展。遵循综合性原则的目的是促进学生多方面素养的整体发展，每一次的活动都不能是单一的，应从不同的角度、不同层面，全面组织活动，调动参与者全方位的考虑角度、思维方式，从而促进参与者的全面发展。

公共科学活动是基于真实的情境开展、有更强的即时性、生成性，活动本身目标具有综合性，因此公共科学活动资源开发应遵循综合性原则。综合性原则要求公共科学活动开发者从同一个活动主题、同一个活动目标出发，综合不同内容和不同形式的资源，采用多种表现形式去呈现，同时人物结合、情境结合、动静结合、虚实结合，从而发挥公共科学活动资源的整体优势。从不同的角度全方位地了解。以培养公众的创新精神和实践能力为主要目标，以公众自主、合作、探究性学习为基础，强调活动与科学知识、生活相结合，以促进公众对活动内容的真正理解、公众科学素养的推进。

（二）开放性原则

开放性是指活动不是一个完全可以预设的过程，尤其是以科学探究为主的活动形式。因此设计开放性活动资源时必须遵循开放性原则，资源才能得到灵活应用。越来越多的教育工作者开始关注、探究开放式原则，开放性的形式可以使受众在参与活动中充满激情和活力。开放性活动必须为活动目标服务，围绕活动目标来设计和安排，在此基础上力求以新颖、活泼的形式达到掌握知识、激发思维、提升能力的目标。将开放性原则贯彻到资源开发环节上，正确处理资源开放性与目的性的关系，是真正实施开放性活动的关键。

公共科学活动内容和受众的多样性要求活动资源的开发要以开放的心态来对待一切有可能促进参与者公共科学活动学习的资源。公共科学活动资源开发的开放性主要体现在资源开发类型、参与方式和开发途径三方面。开发类型包括了各种素材性和条件性资源；参与方式包括了小组合作式、讨论式、探究式或体验式；开发途径也是多种多样，以公共科学活动目标为导向，同时公共科学活动是面向公众的，因此科学活动资源开发要充分考虑公众的共性和个性，提高活动的适应性服务、提高活动的效率。

（三）针对性原则

针对性原则是对特定的对象、特定的内容，明确的目标采取具体的措施。活动资源开发的针对性原则即不同的活动目标需要开发不同的活动资源，从标准或纲要的要求、公众实际水平出发，确定活动目标，明确活动课程重点与难点，选择突破重点与难点的方式方法，安排好活动程序。科学活动要传递科学知识、技能，训练思维能力，培养科学态度与科学精神。这一原则要求在进行活动资源开发时，必须是真正地做到，既让公众受到实实在在的思想教育和情感陶冶，从灵魂和人格上得到塑造，又学到系统规范的科学知识和科学技能，得到思维的磨炼，最充分、最有效地发挥活动的功能。

公共科学活动的资源开发要遵循针对性原则，科学知识需要公众理解，科学技能需要公众掌握，科学发展的最终目的是为了促进人类社会更好的发展。首先，根据公众科学素质标准要求、结合科普需求的不同层次开发不同层级的公共科学活动的资源。其次，根据活动内容和活动目标开发符合实际需求的公共科学活动课程。最后，根据活动受众的认知特点开发符合公众认知特点和动机需求的呈现媒体、体验技术、硬件器材等资源。公共科学活动的资源开发要遵循，促进资源的合理利用，提高活动效率。

（四）因地制宜原则

因地制宜原则指对资源的开发运用应当与特定内容、特定活动基地以及特定的对象相适应。公共科学活动资源和其他资源一样，均具有多质差异性的特点。这一特点要求资源的开发要结合各民族、各地区、各受众的具体情况来进行。第一，在理解公民科学素养新标准的基础上，结合不同的民族地域、活动实施的条件和参与者特点，资源开发要遵循因地制宜原则，以保证活动实施的适应性。第二，针对不同资源本身的功能、潜在价值和需要的开发条件，资源开发要灵活多样，以融入公共科学活动中。

公共科学活动资源开发必须遵循因地制宜原则。一方面，开发者要考虑公共科学活动本身需要的资源，公共科学活动基地拥有人力、物力和财力资源的具体情况，只有在时间、空间、人力、物力和财力方面达成一致时，才具备开发资源的可能；另一方面，开发者若要借鉴其他国家或地区公共科学活动资源开发的经验、方法和思想，需要根据本国、本地区的经济水平、科技发展水平、开发团队和其他社会条件等具体情况，结合国外科学活动资源开发的思路和经验，积极探索适合本国、本地区的公共科学活动资源。

知识花絮

博物馆资源开发与利用

博物馆资源开发与利用最有效的形式是将其系统化地融入学校的课程和教学计划中。麦克劳德和凯斯泰德由实际运作博物馆与学校合作发展课程计划的经验，总结归纳出几点。[1]

1. 博物馆员应先行了解课程标准与学校的教学方针；
2. 学校教师与博物馆双方应以在清楚博物馆馆藏资源的基础上，设计适用的

---

[1] MACLEOD B, Keirstead M. Museums and Schools: partners in education [J]. Museum Quarterly, 1990 (3): 17-22.

课程；

3. 博物馆要主动就相关内容与教育行政机构或学校商量；

4. 博物馆与学校双方要共同制订计划，当博物馆员编写教材的同时，教师应该着手选择适宜的教学策略；

5. 在博物馆与学校间要彼此加强沟通讨论，不断修正和完善计划；

6. 博物馆将编写完成的教材要介绍给学校教师；

7. 在教师实际运用博物馆教材时，要搜集师生的意见，以修正和完善教材。

除了将博物馆与学校合作进行课程和教学计划的设计实施之外，博物馆与学校的合作还可以有以下几种形式：专业成长、到校服务、实地参观、博物馆学校、学生实习、建立虚拟博物馆为学校提供网络服务等。

拓展资源

1. BOYER C L. Using museum resources in the K-12 social studies curriculum [M]. New York City: ERIC Clearinghouse for Social Studies/Social Science Education, 1996.

2. ODEGAARD N, SADONGEI A. Old poisons, new problems: A museum resource for managing contaminated cultural materials [M]. Washington DC: AltaMira Press, 2005.

3. HONG J S, CHEN B H, HSIANG J. XSL-based content management for multi-presentation digital museum exhibitions [C]//International Conference on Theory and Practice of Digital Libraries. Springer Berlin Heidelberg, 2001: 378-389.

4. CHIN C C. Museum experience-a resource for science teacher education [J]. International Journal of Science and Mathematics Education, 2004, 2(1): 63-90.

5. RAMEY-GASSERT L, WALBERG H J. Reexamining connections: Museums as science learning environments [J]. Science education, 1994, 78(4): 345-363.

6. KOTLER N G, KOTLER P, KOTLER W I. Museum marketing and strategy: designing missions, building audiences, generating revenue and resources [M]. Hoboken: John Wiley & Sons, 2008.

7. DANILOV V J. Science and Technology Centers [M]. Cambridge, Mass.: The MIT Press, 1982.

8. 尹霖，张平淡. 科普资源的概念与内涵[J]. 科普研究，2007（5）：34-41+63.

9. 侯的平，马学军，张涌林，管昕. 科学中心常设展示项目科学教育资源的开发利用[J]. 科普研究，2011（5）：60-64.

活动建议

认识公共科学活动的资源

第一步：自主学习

回顾本章第一节，回答什么是公共科学活动资源及其特点。

1. 公共科学活动资源的含义

_____

_____

2. 公共科学活动资源的特点

_____

_____

第二步：头脑风暴讨论式学习

使用头脑风暴的方法，参阅本章内容以及其他相关资料，围绕主题"公共科学活动资源"，与小组成员进行讨论。记录小组通过头脑风暴产生的新问题，提交给任课教师，同时对小组头脑风暴的成果汇总报告。

一、组建小组，开展协作

1. 自由组合：同学自由选择自己的合作伙伴，每组6人。

2. 教师调整：对没有组队的成员进行分组，并根据学生的特征适当地进行微调。

3. 给自己的小组取一个名字和口号。

4. 制定小组共同遵守的协作学习准则或规范，如：

（1）准时参加小组会议并事先为此做好准备；

（2）出现不同意见或争论时就事论事，避免人身攻击；

（3）尽职尽责地按时完成自己分内的任务；

（4）小组有权解除一个不参与或不合作的成员关系；

（5）如果一位小组成员认为自己做了大部分工作而未从他人那里得到什么支持，那么他或她有权选择退出；

（6）每个小组成员都有责任为本组尽力，任何一位在小组中处于不利地位或不合群的成员应该受到鼓励，并使其能够为小组做出贡献。

二、头脑风暴

（一）什么是头脑风暴

当一群人围绕一个特定的兴趣领域产生新观点的时候，这种情境叫做头脑风暴。由于会议使用了没有拘束的规则，人们就能够畅所欲言，更自由地思考，进入思想的新区域，从而产生很多的新观点和问题解决的办法。当参与者有了新观点或想法时，就大声说出来，然后在他人提出的观点之上建立新观点。所有的观点被记录下来，但不进行评价。只有头脑风暴会议结束的时候，才对这些观点和想法进行评价。

（二）头脑风暴的基本规则

规则1：在头脑风暴期间，不要对产生的观点进行评价。

规则2：鼓励自由地交流思想与发表观点。

规则3：头脑风暴中产生的观点与思想越多越好。

规则4：在他人提出的观点之上建立新观点。

规则5：每个人和每个观点都有相等的价值。

（三）头脑风暴的实施

把小组成员聚集在一个房间里，推选一个主持人，一个记录员，主持人要对整个活动进行协调，介绍本次头脑风暴会议的主题和目的，简要说明头脑风暴过程中应该遵守的规则，就"公共科学活动的资源有哪些"展开深入而充分的讨论。

在比较理想的情况下，小组成员在主持人的主持下就一个无关的、比较有趣的主题进行简短的热身，这会使小组成员的创造热情高涨，它会帮助小组的每一个成员建立一种不受拘束的环境。当建立起适当的环境的时候，头脑风暴就应该开始正题。

在头脑风暴进入正题之后，小组中的每个人要大声说出他们对"公共科学活动的资源有哪些"这一论题所持的观点。记录员要把这些观点全部记录下来，以便以后对它们进行分析。记录观点的最通常的方法是写在大的便签纸上，使用黑板、幻灯片、计算机或零散纸张也行。在实施头脑风暴的过程中，记录员可以把各位组员的观点填入表6-3-1。在头脑风暴结束后，对头脑风暴过程中产生的所有观点进行评级。

表 6-3-1　头脑风暴观点记录与评级表

主　　题	公共科学活动的资源有哪些	日　　期	
观点	优良的	有趣的	无用的
参与人员			
需要与教师讨论的问题			

第三步：成果汇总及报告

一、用思维导图画出本组头脑风暴的成果

（一）可选用的绘图工具下载地址

1. MindManager 软件下载地址：http://www.orsoon.com/Soft/5846.html。

2. Inspiration 软件下载地址：http://download.enet.com.cn/html/030282006031601.html。

3 ConceptDraw 软件下载地址：http://dl.pconline.com.cn/download/51998.html。

（二）集体画出概念图或思维导图

二、制作 PPT

将本组所有成果以 PPT 的形式总结出来。

三、汇报

每组推选一个人上台汇报，其他成员作为补充回答问题。

第四步：活动评价

一、教师评价

第一，教师要对每组的成果展示和表现做出客观评价；第二，要对每组成员做出评价。

二、组间评价

见表6-3-2。

表6-3-2　小组学习的评价量规

评价准则	3分	2分	1分	得　分
成员表现	每个成员积极地参与小组活动	大部分成员能参与小组活动	只有几个成员能参与小组活动	
组内资源共享	每个成员将自己的资料与小组其他成员共享	大部分成员将自己的资料与小组其他成员共享	只有几个成员将自己的资料与小组其他成员共享	
成员之间的倾听	每个成员愿意听取别人的意见	大部分成员愿意听取别人的意见	只有几个成员愿意听取别人的意见	
讨论结果的价值	讨论有实质性进展，或有价值的成果出现	讨论有一些进展，或有成果出现	讨论几乎没有进展，也没有成果	
任务的完成	任务总是按时完成	任务大部分时候按时完成	任务需要催促才能完成	
小组间的关系	关系融洽，小组很积极地参与组间合作	关系一般，小组能参与组间合作	关系冷淡，小组很勉强地参与组间合作	
组间资源共享	每个小组都将自己的资料与大家共享	大部分小组将自己的资料与大家共享	极少有小组将自己的资料与大家共享	
组间讨论结果	问题的解决有了实质性的进展或有有价值的成果出现	问题的解决有了一些进展或有成果出现	问题的解决几乎没有进展，也没有成果出现	
定性评价				

三、组内评价

见表 6-3-3。

表 6-3-3 小组成员的评价量规

评价的准则	4 分	3 分	2 分	1 分	得 分
工作态度	积极持续地为小组目标工作	不用催促就为小组目标工作	偶尔催促一下能为小组目标工作	只有在被催促的情况下才为小组目标工作	
能否顾及他人感受	顾及小组其他成员的感受并且能了解小组其他成员的需求	能顾及小组其他成员的感受	偶尔能顾及小组其他成员的感受	在追求个人需求的同时,需要提醒才能顾及小组其他成员的感受	
个人位置	很希望在小组中被接受,并且有自己的位置	在小组里找到自己的位置,行使自己的职责	偶尔催促一下能为小组作出贡献	只有在被催的情况下才为小组作出贡献	
对小组的贡献	积极持续地贡献出自己的知识、观点和技能	能向大部分同学贡献自己的知识、观点和技能	仅向部分同学贡献自己的知识、观点和技能	很少或几乎不贡献自己的知识、观点和技能	
评估能力	评估小组所有成员知识、观点和技能的价值,并且鼓励他们用这些才能为小组做贡献	评估小组部分成员知识、观点和技能的价值,并且鼓励他们用这些才能为小组做贡献	评估小组一些成员知识、观点和技能的价值	再被催促和鼓励的情况下,评估小组部分成员知识、观点和技能的价值	
鉴定能力	积极帮助小组鉴定必要的改变,并且鼓励其他成员参与这一改变	主动帮助小组鉴定必要的改变,并且鼓励其他成员参与这一改变	偶尔催促一下能帮助小组鉴定必要的改变	在被催促和鼓励的情况下,能帮助小组鉴定必要的改变	
定性评价					

第七章
公共科学活动的组织管理

第一节 公共科学活动的创新推广

一、公共科学活动的创新推广理念

进入后信息时代以来,公共科学活动的创新发展面临着巨大的机遇与挑战。一方面,作为一个普及科学知识的重要途径,公共科学活动在提升公民科学素养方面日益受到公众广泛关注,成为在新世纪促进知识经济社会发展的重要推手;另一方面,伴随着信息技术迅猛发展引发的知识爆炸为教育传播带来的现实压力,公共科学活动实践发展的影响力度与作用范围受到严峻的时代挑战。针对这一发展现状,艾伯特·林克指出"面对信息技术作用下知识的几何级数增长给科学普及与知识教学工作带来迅猛冲击,实现公共科学活动的创新推广已成为一项不可避免的基本事项。"[1] 因而在这种情况下,为

---

[1] LINK A N, Scott J T. US science parks: the diffusion of an innovation and its effects on the academic missions of universities [J]. International Journal of industrial organization, 2003, 21 (9): 1323-1356.

进一步推动公共科学活动的社会效度与实践质量提升,我们有必要对公共科学活动中创新扩散的理论机制、发展过程及实施策略等相关问题进行深入研究与探讨。

(一)创新推广的概念内涵和基本特征

历史地看,"创新推广"的语义内涵是一个随社会发展而逐渐变化的动态概念。创新推广一词最早出现在20世纪初法国社会学家加布里埃尔·塔尔德的《模仿定律》一书中,主要用以解释发明创造与人类演进之间的逻辑关系。[1] 到了20世纪40年代,布莱斯·赖安和尼尔·格罗斯开始尝试将现代创新推广应用到实践项目中来,进一步采用社会调查的研究方法对事物的创造性发展进程进行实际分析。[2] 而创新推广真正作为一个相对独立的理论范畴则出现在20世纪60年代,著名传播学家埃弗雷特·罗杰斯通过对教育、农业、社会公共政策、医药卫生等领域的数百个推广案例进行综合研究,最终在《创新的推广》里正式提出了这一基本理论,这也是目前传播学界公认的创新推广理论框架初步成型的标志。[3]

步入20世纪90年代以后,经由不同研究人员对多种创新发展实例的深入研究,创新推广的理论框架与发展模型逐步得以完善,开始在实践过程中呈现出独特的演化路径与概念特征。罗杰斯通过对多种创新推广的案例进行研究,考察了影响创新扩散实际进程的核心因素,并归纳出创新推广理论在社会实践过程中的基本特征,最终以一条可视化的"S"形曲线来描述这一发展进程(图7-1-1)。[4] 具体而言,在推广初期,创新进展的速度与参与人数还比较小,这一时期的基本特征是作为意见领袖的革新者和早期采用者开始出现,为推广的不断深入做了必要的准备;当采用者数量逐渐扩大时,积累推广的进展速度也随之开始不断加快,这主要是因为前期的意见领袖开始在此过程中发挥重要

---

[1] 宫淑红. 教育技术的创新推广 [M]. 济南:山东人民出版社,2010:3.
[2] RYAN B, GROSS N C. The diffusion of hybrid seed corn in two Iowa communities [J]. Rural sociology, 1943, 8 (1): 15.
[3] 赵红霞. 影响教育资源创新推广因素及测量工具设计研究 [D]. 济南:山东师范大学,2008:5.
[4] ROGERS E M. Diffusion of Innovations, 4th ed. [M]. New York: The Free Press, 1995.

的引导作用；最后当采用者人数达到一定程度时，整个增长速度逐渐减缓，直到接近临界饱和点后趋于平衡，此时整个创新推广过程基本完成。

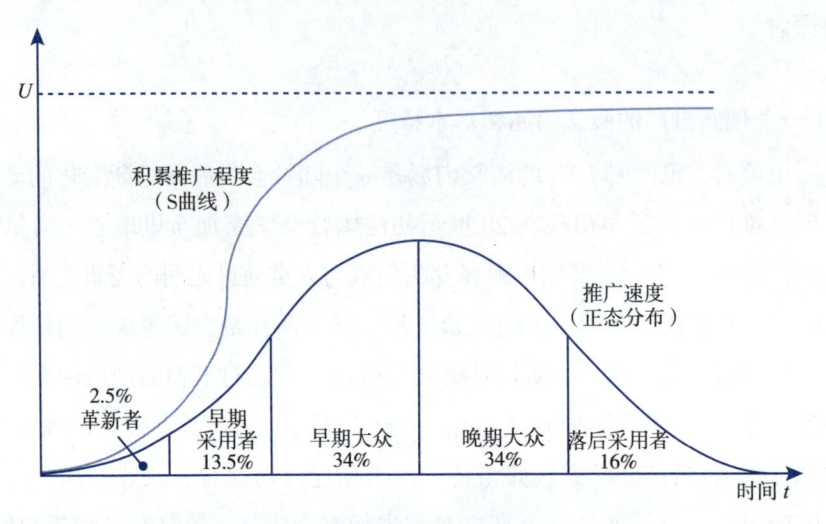

图 7-1-1 "S"形曲线模型

（二）公共科学活动创新发展的现实需求

近年来，随着信息技术的发展，科学知识的飞速发展与信息技术的广泛应用使得科普事业的发展范围更加宽广，给公共科学活动的内容传播与组织形式带来了新的挑战。一方面，在信息技术规模化应用引发的知识经济社会背景下，信息化浪潮在经济、科技与文化等领域中的不断推广，信息爆炸的话题为提升公民科学素养的公共科学活动实践开展带来了巨大的压力。[①] 在这种情况下，如何创新公共科学活动工作机制、完善组织手段与活动形式，进而以此提升整个公共科学活动的科普能力与组织效应就成为一个重要问题。

另一方面，就公共科学活动自身发展而言，作为一项以传播科学技术知识与推动公众理解科学为己任的社会工作，公共科学活动不仅在组织形式及宣传途径上包含了丰富多样的媒介工具与传播手段，同时在具体的开展过程中还承载着丰富的知识内容与文化理念，因而在实践发展的推行过程中主要是以复杂的系统项目而存在。进入 21 世纪以来，面对信息技术引发的全方位变革，不

---

① NORA S, Minc A. Computerizing society [J]. Society, 1980, 17（2）: 25-30.

论是公共科学活动本身蕴含的科普理念与知识内容还是外部辅助的组织与传播方式，都是需要进行创新发展的构成部分。[①] 基于这一立场，将创新推广理论引入公共科学活动中，无论是在促进公众理解科学与提升公民科学素养方面，还是对推动公共科学活动的快速发展来说都至关重要。

（三）创新推广理论对公共科学活动扩散发展的启示

根据创新推广理论的发展概述，我们可以将展示社会发明创造、传递知识成果的公共科学活动看作是一项推广传播项目来探讨其创新发展的具体方法，从创新推广的理论视角来处理公共科学活动扩散应用中的实际问题。结合创新推广理论的基本概念内涵与公共科学活动的现实需求两方面来看，创新推广理论在推动公共科学活动的扩散方面主要能从"S"形曲线与公共科学活动的发展、临界数量与公共科学活动的推广、意见领袖与科普教育人员这三个不同的层次来发挥启迪作用。

首先，"S"形曲线作为创新推广理论在社会系统中一般性的规律描述，在宏观层面上为公共科学活动的扩散发展提供了常规性的过程参考。从基本的组织形式上来看，创新推广曲线主要是由革新者、早期采用者、早期大众等发展流程逐渐累积而来，且每一阶段都具有特征各异的活动受众。同理，公共科学活动在实践发展中若要想进一步得到科学性的推广和普及，还需要在整个活动过程中建立起与此相对应的科学组织群体，进而在此基础上形成规模化应用效应。

其次，创新推广理论中的临界数量点问题为公共科学活动的实际开展带来了指示性的引导。从（图7-1-1）创新采用者分类及比率曲线可以看出，要想使创新在一个社会系统中推广出去，就要采取相应措施让系统中一定数量的个体采用这一创新，且通常这个数量占系统个体总数的10%~20%。同样，按照这一临界数量指引，为了使公共科学活动的过程发展更快的进入快速推广阶段，公共科学活动在实际进程中也应尽量使参与活动的10%~20%的科普受众采纳这一有效的活动方案。

---

① 武汉市武昌区科协. 构建基层科普创新长效机制的探索与思考［J］. 科协论坛，2015，11：32-34.

最后，创新推广理论中的意见领袖观念在微观层次上对公共科学活动中专业科普人员的培养具有重要启示。[1] 依据创新推广的理论观点，意见领袖作为社会系统中对创造性事物与活动理解比较深入、对其他个体的学习态度与接受意愿具有较大影响的个体，往往在事物创新采纳过程中起引领性的作用。因此从这一点出发，遵循意见领袖在创新发展与扩散推广中的引导理念，为更好地推动公共科学活动的创新发展，还需要在整个活动早期对科普人员专业群体建立意见领袖的角色理念。

二、公共科学活动的创新推广过程

在具体的实践过程中，创新与推广是促进公共科学活动有效开展的两个重要事项。首先，作为一项普及科学知识与传播科学思想的社会性活动，公共科学活动的持续性发展离不开创新理念的支持，其所包含的创造性思想对于更新公共科学活动的传播观念、改善其中的科普方法具有重要指导意义。[2] 其次，推广作为新事物在特定社会系统中的传播方式，主要是指相关组织机构通过一定的媒体渠道将活动目标传递给受众群体的过程。最后，在公共科学活动实际开展过程中，推广的作用主要是让其本身蕴含的科学知识与思想逐渐为科普受众成员了解与采用。

根据公共科学活动在实践开展中的基本形式，可以将公共科学活动的创新推广过程分为"倡议"和"实施"两个阶段。前者是由设定议题和匹配两个核心环节构成，一般指通过收集相关信息为科普受众创设参与式的问题情境，并针对所提出的议题安排相应的创新方案，从而有目的性的引导学习者参与科学活动；后者包含"重新定义/重新调整""阐明问题""常规化"三个部分，主要是根据先前设定的问题情境对相应组织条件进行修改，使整个公共科学活动活动的创新理念能够更加明确，进而以此将这套创新方案付诸实施[3]（图7-1-2）。

---

[1] 盛亚. 技术创新扩散与新产品营销[M]. 北京：中国发展出版社，2002：39-43.
[2] 归群峰. 基于创新推广的学科竞赛网络支持系统的开发与研究[D]. 金华：浙江师范大学，2011：13.
[3] 埃弗雷特·M·罗杰斯. 创新的扩散（第四版）[M]. 辛欣，译. 北京：中央编译出版社，2002：383.

第七章 公共科学活动的组织管理

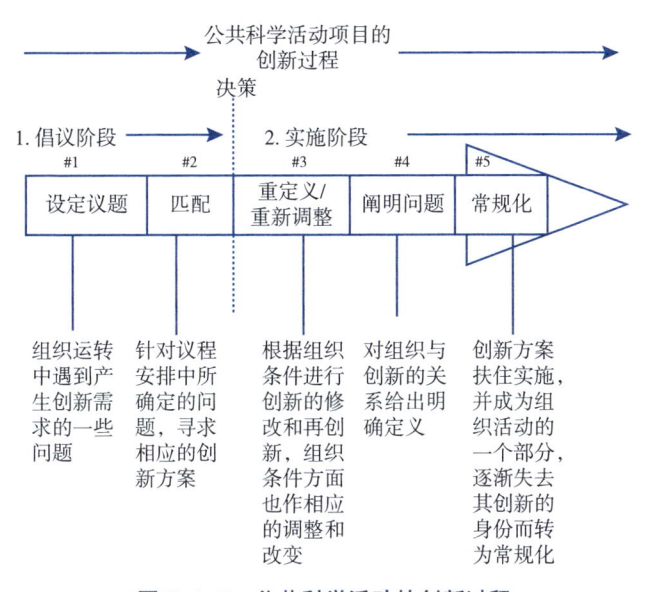

```
                    公共科学活动项目的
                        创新过程
                         决策
   ←——— 1.倡议阶段 ———→ ←——— 2.实施阶段 ———→
       #1      #2      #3       #4      #5
     设定议题   匹配   重定义/   阐明问题  常规化
                    重新调整
       |        |       |        |       |
     组织运转  针对议程 根据组织  对组织与 创新方案
     中遇到产  安排中所 条件进行  创新的关 扶住实施，
     生创新需  确定的问 创新的修  系给出明 并成为组
     求的一些  题，寻求 改和再创  确定义  织活动的
     问题     相应的创 新，组织          一个部分，
              新方案   条件方面          逐渐失去
                      也作相应          其创新的
                      的调整和          身份而转
                      改变             为常规化
```

图 7-1-2　公共科学活动的创新过程

（一）倡议阶段

1. 设定议题

作为公共科学活动创新阶段的首要环节，设定议题部分直接影响活动创新的过程及其实施推广的效果。其一般流程是从公共科学活动的组织与实施过程出发，遇到新的问题，进而产生活动创新的需求，并根据这一创新需求设定相关议题，且这一过程需要多方商讨才能起动。之后，参与人员通过对设定的议题进行商榷、讨论，并对公共科学活动亟待解决的问题进行探讨，从而为寻求匹配该问题的创新方法和具体方案做铺垫。

2. 问题与创新方案的匹配

公共科学活动过程中的问题与创新方案的匹配是指科普人员根据议题设定中所确定问题的优先次序，寻求相应的创新方案，并进行详细的规划和设计。通过确定需要解决的特定问题及相应的创新方案之后，还需将所遇到的相关问题和创新方案进行概念、原则和方法上的匹配，以此检验创新方案对解决相应问题的有效性和可行性，从而确定创新方案是否能够真正解决问题。

（二）实施阶段

1. 重新定义 / 重新调整

创新项目的重新定义和调整过程是使创新项目与科普场所和公共科学活动体系相互磨合与适应的过程。在公共科学活动创新的重新定义/重新调整阶段中，原有的创新方案会被不断地修改和完善，以便更好地适应公众需求和公共科学活动创新的需要。也就是说，在创新发展的实施阶段中，公共科学活动本身可能要经历不同程度地变化和调整，不仅是根据科普活动场所、环境对创新项目本身进行调整，有时整个活动过程中的参与人员安排也要根据创新项目的特定需求做出相应的改变。

2. 阐明问题

阐明问题阶段是指将公共科学活动的创新项目实际开展过程中，为了使相关参与群体清楚地了解该项目本身蕴含的教育意义和传播效果，所特意采取的组织环节。事实上，在阐明问题阶段对创新项目的实施是一个循序渐进的过程，需要科普人员与受众群体的充分沟通和交流，使公众对公共科学活动组织与创新的关系形成正确地理解，并以积极的态度参与创新项目，从而获得更加真实、可靠的反馈信息。

3. 常规化

作为公共科学活动项目创新的最后一步，常规化是将创新项目予以采纳、付诸实施和创新推广的关键阶段。在这一环节中，创新方案已经开始付诸实施，并依次融入公共科学活动体系，进而成为整个项目的重要组成部分。与此同时，随着公共科学活动项目创新发展周期的结束，原先的创新方案逐渐失去其"创新性"的身份，整个实施项目也继而转化为常规化的公共科学活动。

三、公共科学活动创新推广的策略

站在人际交互与扩散应用的立场来看，以促进公众理解科学、提升公民科学素养为核心的公共科学活动，既在个体层次上包含了受众群体对公共科普活动理解与接受的采纳环节，也在整体层面上包括了活动项目的扩散与应用的实施过程。从这一角度出发，我们认为促进公共科学活动的创新推广，不仅需要在微观

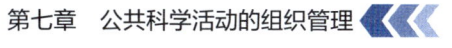

层面上培养变革驱动型的活动参与者，同时还应从宏观层级上拓宽推广渠道。

（一）培养"变革驱动型"参与者

在公共科学活动中，变革驱动型参与者通常是具有较强的适应能力，能够快速投入科普学习活动的知识个体，他们对推进公共科学活动的快速发展具有重大影响。按照创新推广理论，公共科学活动的受众群体一般可划分为革新者、早期采用者、早期大众、晚期大众与落后采用者这五种基本类型。[1] 其中早期的革新者和创新采用者是驱动公共科学活动变革的代表，为活动项目创新推广的不断深入做了必要的准备。虽然这一群体在创新推广组成部分中所占的比例比较小，但他们在公共科学活动开展过程中的作用是巨大的。这主要是因为在具体的实践环节中，变革驱动者不仅能够克服创新方法或产品的早期缺陷与不足，而且在吸引其他受众参与活动项目中发挥重要的示范作用，是整个公共科学活动实践过程中人际传播的重要影响因素。

因此从这一观点出发，公共科学活动的创新推广应该充分意识到变革驱动型参与者的重要意义。依循上述创新推广曲线的理论模型，一旦当创新采用者的人数比例发展到10%~25%时，活动过程的创新推广效果会迅速向外扩散。也就是说，依照这一理念来组织实施相关学习活动，整个过程的创新推广速度会达到最佳，且持续的时间也比较适中。那么在公共科学活动的实际开展过程中，可以通过活动体验、项目培训与实地操作等相关措施培养出数量适当的变革驱动型参与者。充分发挥他们在公共科学活动组织过程中人际传播方面的示范作用，使其他科普受众可以逐渐感受到公共科学活动的创新性与新颖性，并不断激发科普兴趣与学习动机，使科普受众积极参与相关的活动项目，最终实现对公共科学活动创新项目的深层次推广及运用。

（二）拓宽公共科学活动的推广渠道

从创新推广的实际发展流程来分析，传播渠道的特性对于公共科学活动的开展实施有重要的影响。依据埃弗雷特·罗杰斯创新推广理论的研究概述，扩

---

[1] 陈仕品，张剑平. 基于创新推广理论的教师教育信息化实施策略研究[J]. 现代教育技术，2008，（4）：58—61.

散发展的实质是专业组织人员通过一定的媒介渠道将相关知识、思想方法递送给其他公众的传播过程。[①] 在公共科学活动组织与开展的具体实践环节中，作为沟通科普教育主体和受众群体之间的连接中介，传播渠道既是普及科技知识与科学理念的支撑平台，同时又是促进科学教育与传播工作者以及公众之间进行良好沟通和交换丰富科教资源的桥梁，在促进主体间的合作方面发挥不可替代的重要作用。基于这样的立场，丰富与发展传播渠道的多样性对于推动公共科学活动的创新推广尤有必要。

21世纪以来，信息技术的迅猛发展拓宽了公共科学活动的推广渠道。具体而言，在传统的公众科普组织环节中，科普教育人员与受众群体一般同时在某一特定地点参与公共科学活动项目。但是进入信息时代以后，网络技术的飞速进步与社交媒体的更新换代使得公共科学活动的组织与传播打破了传统意义上的时空限制。一方面，借由信息技术搭建的网络化交流平台，处于不同地域空间的科普受众可以通过任务协作、共享资源与组建学习共同体等多种不同方式积极参与公共科学活动，进而完成相应的活动项目。另一方面，在信息化网络支撑下，科普教育人员不仅能够面对面的开展实体性的科学传播活动，同时还可以通过创建虚拟学习社区组织科普活动与探究项目，并以此推动整个公共科学活动的创新推广。由此可见，信息技术在推动公共科学活动的扩散推广方面发挥重要影响。

> **知识花絮**
>
> **埃弗雷特·罗杰斯**
>
> 埃弗雷特·罗杰斯是一位社会学家、著名传播学家、作家，曾任新墨西哥大学新闻传播系教授、系主任、国际传播协会会长。他的主要著作有《传播技巧》（1986）、《传播研究史》（1994）、《创新的推广》（1962年第一版、1971年第二版、1982年第三版、1995年第四版、2003年第五版）。

[①] 曹兆海.创新推广共同体：一种提升教育技术能力的途径研究[D].南昌：江西师范大学，2010：7.

埃弗雷特·罗杰斯的名字总是与创新推广研究和他的"创新推广理论"联系在一起。他最初从农业创新推广开始研究，从对高产杂交玉米种子、优质化肥以及杂草喷雾剂在爱荷华州农民群体中推广情况的研究，扩展到对教育、社会公共政策、医药卫生等各领域的推广案例进行研究和深入分析，提出了著名的创新推广理论。罗杰斯以逻辑清晰的跨学科研究为重点，对创新推广理论进行了深入探究，从推广元素到推广的历史，再到创新、创新代理人以及创新结果的研究。同时，他还以富有文学色彩和贴近社会现实的写作手法，对创新推广理论进行深入论述，大大提升了创新推广理论研究的水平。

除了对创新推广理论进行研究之外，罗杰斯在社会学领域有很高的造诣，他共出版书籍30余本，被翻译成15种语言，并发表了500多篇文章。在47年的学术生涯中，他曾到哥伦比亚大学、俄亥俄州立大学、密歇根州立大学、密歇根大学、斯坦福大学、巴黎大学、南加州大学和新墨西哥大学，并在哥伦比亚、巴西、厄瓜多尔、法国、德国、韩国、墨西哥、尼日利亚、坦桑尼亚和泰国等地进行讲学和研究。

拓展资源

1. ROBERTSON T S. The process of innovation and the diffusion of innovation［J］. The Journal of Marketing，1967：14-19.

2. ROGERS E M. Diffusion of Innovation，4th ed.［M］. New York：the Free Press. 2010.

3. KOTLER N，KOTLER P. Can museums be all things to all people?：Missions，goals，and marketing's role［J］. Museum Management and Curatorship，2000，18（3）：271-287.

4. KOTLER N G，KOTLER P，KOTLER W I. Museum marketing and strategy：designing missions，building audiences，generating revenue and resources［M］. New York：John Wiley & Sons，2008.

5. SANDELL R，ROBERT R. Janes.Museum management and marketing［M］. London：Routledge，2007.

6. 埃弗雷特·M·罗杰斯. 创新的扩散［M］. 辛欣，译. 北京：中央编译出版社，2002.

　　7. 宫淑红，焦建利. 创新推广理论与信息时代教师的信息素养［J］. 教育发展研究，2002（8）：64-67.

　　8. 盛亚. 技术创新扩散与新产品营销［M］. 北京：中国发展出版社，2002.

　　9. 宫淑红. 教育技术的创新推广［M］. 济南：山东人民出版社，2010.

　　10. 刘健，陈红，张萍. 基于科普场馆整合的科学课程建设——上海开展"科技馆活动进校园试点推广"项目的思考与实践［J］. 中国科技教育，2011（9）：52-55.

　　11. 张卫. 科技馆科普教育活动的组织方法与实施步骤［J］. 中国科技博览，2011（33）：212.

第二节　公共科学活动的组织管理

一、公共科学活动项目的组织管理体系

　　公共科学活动的组织管理作为在活动实施过程和结果中所表现出来的对公众科普需要和社会科普事业相关要求的关联程度，是推动公共科学活动实施效果的重要保障。对公共科学活动的组织管理就是为提高活动质量，通过制定活动标准、活动方针、活动控制和保障体系，在活动的设计、开发、组织、开展和评价等各环节以及参与活动的人员、设备、环境等要素进行监督和管理，从整体上保证公共科学活动收到良好的实际效果。

（一）影响公共科学活动组织管理的核心要素
1. 科普人员素质

　　科普人员是公共科学活动的主要设计者、组织者、决策者、管理者和操作者，公共科学活动的设计、开发、组织、开展和评价等各环节都是通过科普人员来完成的。因此，科普人员的素质直接关系到公共科学活动质量的高低。科

普人员的文化水平、技术水平、决策能力、管理能力、组织能力和职业道德等都将直接关系到公共科学活动的质量，是他们专业素质的主要体现。[①] 作为影响公共科学活动质量的重要方面，我们可以通过定期对科普人员进行培训、不断完善科普人员和公共科学活动组织管理体系等提高科普人员的整体素质。

2. 环境场所

环境场所是指公共科学活动发生的地方，场所形式和环境特征直接影响公共科学活动形式的选择和活动的展开，从而影响活动质量。公共科学活动环境场所的选择和设计要注意两点：一方面，活动的环境场所不仅包含丰富的科普教育设备、活动介绍指南，还要创造浓厚的科普活动氛围，使公众尽快融入活动；另一方面，活动的环境场所要具有多样化的特征，不仅表现在内容的多样化，以满足不同类型活动的需要上，还要表现出形式的多样化，以满足不同年龄阶段、知识结构和性格特点的公众需要。[②]

3. 硬件设施

展品和相关设备等硬件设施是公共科学活动顺利开展的重要支撑，也是影响公共科学活动质量的重要因素。展品和设备对公共科学活动质量的影响主要表现在两个方面：①公共科学活动的展品和相关设备的质量是制约活动顺利开展的重要因素，影响着公共科学活动的整体质量；②公共科学活动的展品和相关设备的组织形式直接影响活动形式和公众参与，从而影响整个公共科学活动的实施效果。[③] 因此，在公共科学活动展品和相关设备的选用过程中，不仅应该考虑其质量是否合格，还要注意其组织形式是否符合受众特点和活动需要，从而提高公共科学活动的质量。

4. 活动形式

公共科学活动的特点和组织形式关系到公众参与活动的兴趣和积极性，从而影响公共科学活动的质量。多样化的活动形式更能够激发公众的兴趣，从而

[①] 朱才毅，萧文斌. 科技馆运营管理系统的探索——以广东科学中心运营管理为例 [J]. 科技管理研究，2011（9）：185–190.
[②] GOULDING C. The museum environment and the visitor experience [J]. European Journal of Marketing, 2000, 34 (3/4): 261–278.
[③] 黄体茂. 如何保证科技馆常设展览和展品的基本水平和质量 [J]. 科技馆，2004（2）：5–9.

提高他们活动参与的积极性和主动性。公众对活动的积极态度和主动参与是促进活动顺利进行、提高活动质量的重要因素。同时，公共科学活动的组织还要根据活动内容进行恰当选择，根据科普教育内容的形式和特点对不同的活动形式（探究型、体验型、交互型、合作型等）进行正确选择和优化组合，促进公众对不同科学知识的恰当掌握，保证公众收到良好的学习效果，从而提高公共科学活动的质量。

（二）公共科学活动组织管理体系的组成部分

公共科学活动作为一种公众广泛参与的系统化科普活动，建立和完善公共科学活动的组织管理体系，并对构成活动本身的内部要素和活动过程的设计、开发、组织、实施和评价等环节进行严格的组织管理，能够有效地促进公共科学活动的顺利展开。一般来说，公共科学活动的组织管理体系主要包括横向的要素质量管理和纵向的过程质量管理两方面的内容，如图7-2-1所示。

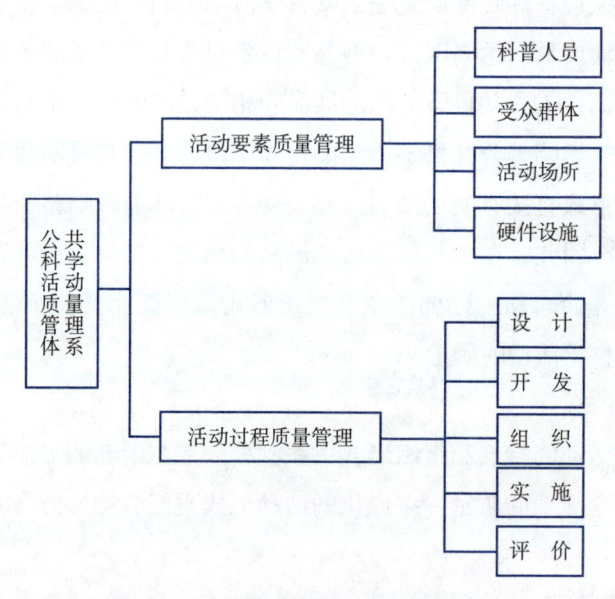

图7-2-1 公共科学活动质量管理体系

1. 公共科学活动要素的质量管理

活动要素是构成公共科学活动的基础，对公共科学活动要素质量的管理是保证公共科学活动整体质量的前提条件。公共科学活动的组成要素主要包括科普工作人员、受众群体、活动场所和硬件设施等，对公共科学活动要素的质量管理，也就是对上述几个方面进行质量管理和控制。

（1）对科普人员的质量管理。对科普人员的质量管理包括两方面的内容：①对科普工作人员整体队伍建设的质量管理，主要包括工作队伍的整体素质、人员分工、任务目标等；②对科普工作人员个体的质量管理，包括个体文化技术水平、执行能力、管理能力、组织能力、决策能力和职业道德等。

（2）对受众群体的质量管理。对受众群体的质量管理是指根据受众的年龄特点、知识水平和性格特征等进行合理的团队划分以及相应的活动安排，从而促进公众在活动中个体作用的发挥和自身价值的实现，在充分发挥个体优势的基础上，提高整个活动的质量。

（3）对活动场所的质量管理。公共科学活动场所是影响活动质量的重要因素。对公共科学活动的质量管理主要包括活动场所选择的质量管理、特定活动场所物理环境的设计质量管理以及公共科学活动场所与活动内容和主题融合性的质量管理等。

（4）对硬件设施的质量管理。公共科学活动硬件设施的质量管理包括科普展品质量管理和活动设备质量管理两方面的内容。从展品和设备的选用、采购来源、采购渠道、质量保障等方面对其进行控制与管理，保证硬件设施的质量。[①]

2. 公共科学活动的过程质量管理

公共科学活动的过程包括设计、开发、组织、实施和评价等阶段，对公共科学活动过程的管理也就是分别对这五个阶段进行质量管理。在活动设计阶段，对设计思路、设计方案和设计队伍等进行质量管理和控制，保证活动设计的质量；在活动开发阶段，对开发手段、人员选择、技术支持等方面进行质量管理；在活动组织阶段，对组织形式、时间安排、受众安排等方面进行质量管理和控制；在活动实施阶段，对实施步骤、科普人员指导情况、公众活动过程进行质量管理，保证活动实施的顺利进行；在活动评价阶段，对评价主体、评价客体、评价方法和手段分别进行质量管理，提高活动评估的效度。

---

① 隗京花. 科技馆展品的质量控制［J］. 科技馆，2005（4）：4-8.

二、公共科学活动组织管理的策略与流程

(一) 过程管理模式下的公共科学活动组织管理策略

ISO9000：2000 标准中以过程为基础，以提高质量为目标，以提高群众满意度为活动的最终目的，指出过程管理是指用一组实践方法、技术和工具来策划、控制和改善过程的效果，提高过程的效率和适应性，并提出了著名的过程管理"PDCA 循环模型"。PDCA 循环模型是由著名的质量管理大师戴明在美国贝尔实验室提出的科学工程程序基础上提出来的，因此又被称作"戴明循环"[1]（图 7-2-2）。"PDCA 循环模型"主要包含过程策划、过程实施、过程监督和过程改进四个部分。[2] 过程策划是指从过程类别出发，识别组织的价值创造过程和支持过程，从中确定主要的价值创造过程和关键支持过程，并明确过程的输出对象。过程实施是指使过程人员熟悉过程设计，并严格遵循设计方案、计划和要求实施。过程监督是通过对过程实施中和实施后的监测来检查过程实施是否遵循过程设计，并达成过程目标。过程改进是指通过更新或替代的方式对现有的过程进行改进和完善。[3]

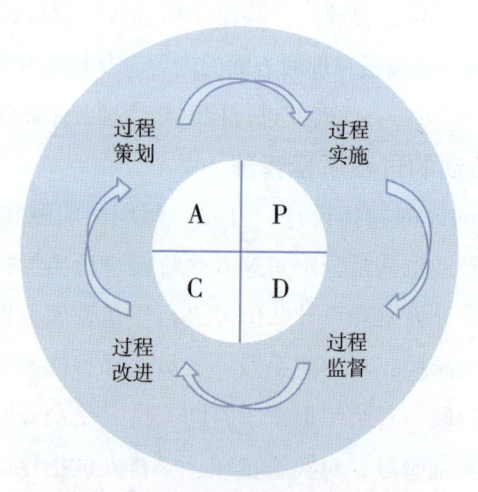

图 7-2-2 过程管理"PDCA 循环模型"

---

[1] 王宗凯, 肖诗唐. 质量改进的策划与实施 [M]. 北京: 中国经济出版社, 2005: 88-96.
[2] GUPTA P. Beyond PDCA-A New Process Management Model [J]. Quality Progress, 2006, 39 (7): 45.
[3] JOHNSON C N. The benefits of PDCA [J]. Quality Progress, 2002, 35 (5): 120.

公共科学活动作为科普教育的重要组成部分，对公众学习科学知识、提高科学素养具有很大作用。公共科学活动发生在科技场馆中，由科普工作人员组织和实施，通过公众参与来提高其自身科学素养，进而达到普及科学知识目标的活动。公共科学活动作为科普教育的重要形式，主张公众的亲身体验性、活动参与性、多项交互性，注重活动的整体过程。因此，公共科学活动的过程管理显得尤为重要。公共科学活动的过程管理是通过运用不同的工具、方法和技术来策划、管理、控制和改进活动过程的效果，从而达到提高公共科学活动质量，促进公众科学素质提高的目的。公共科学活动过程管理作为过程管理的一种，符合一般项目和活动的过程管理模式，根据过程管理的"PDCA 循环模型"，可以将公共科学活动的过程管理策略分为四个方面。

1. 制定公共科学活动的过程策划

公共科学活动的过程策划是从公共科学活动的过程类别出发，确立受众群体、活动内容、明确科普教育本身的要求，建立可测量的过程质量评价标准，基于这一过程质量要求融合最新的信息和技术，依据活动过程中主要的价值创造过程（即提高公众科学素养的过程）和关键支持过程（即对公众活动参与和整个活动的支持）对公共科学活动进行过程设计。[①]

2. 促进公共科学活动的过程实施

公共科学活动的过程实施是根据活动内、外部因素和环境变化、来自受众群体的信息以及公共科学活动内容和科普教育本身的要求等信息，在过程设计的一定范围内对公共科学活动的整个过程进行及时、适当地调整，并根据活动监测所得到的信息进行过程控制，使公共科学活动的过程更加完善，从而达到改善活动效果、提高活动质量的目的。

3. 加强公共科学活动的过程监督

公共科学活动的过程监督是通过过程检查，掌握活动过程实施与过程设计之间的相符性，以及过程绩效目标的实现情况。过程监督主要包括对公共科学活动设计过程的评审、验证和确认，公众参与活动过程的检查，以及对

---

① 李波. PDCA 循环理论在高校教学质量管理体系中的应用［J］. 现代教育科学：高教研究，2010（3）：51-53.

公共科学活动过程质量的审核，从而为改进活动过程、提高活动质量提供意见支持。

4. 推动公共科学活动的过程改进

公共科学活动的过程改进可以分为渐进性改进和突破性改进两种。渐进性改进是在当前活动过程存在问题较小的情况下，对现有的活动过程进行持续性改进，从而达到对活动过程的最终完善；突破性改进是在活动过程存在较大问题的情况下，对现有的活动过程进行重大变更或用全新的设计过程来代替现有过程，从而达到过程改进的目的。渐进性改进和突破性改进在改进的方法、手段、形式和程度上虽然存在差异，但两者的最终目的都是通过改进活动过程，提高过程管理质量，促进活动实施。

（二）公共科学活动组织管理的一般流程

项目管理有一定的流程，公共科学活动的项目管理也是如此。依循上述过程管理的组织策略，结合公共科学活动项目本身的特点和属性，可以用图7-2-3描述公共科学活动项目管理的一般流程。

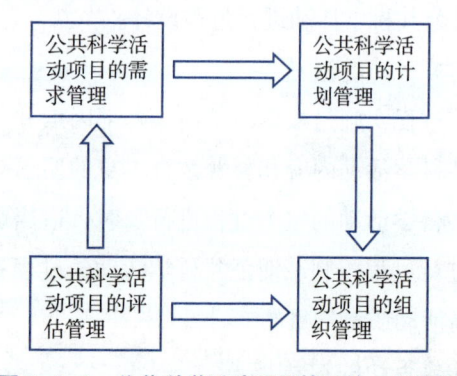

图 7-2-3　公共科学活动项目管理的一般流程

1. 公共科学活动项目的需求管理

公共科学活动项目是以服务科普教育、提高公众科学素养为最终目标，其活动参与者具有不同的年龄阶段、知识水平、性格特点和地域差异，因此在公共科学活动项目的需求上也会有所不同。公共科学活动的需求管理就是对项目内容选择、层次结构设计以及活动项目顺序安排等进行管理，以满足不同受众群体对公共科学活动项目的需求。[①] 公共科学活动项目的需求管理主要包含三方面的内容：①公共科学活动的目标需求。它解决的是公共科学活动当前发展情况到目标状况过程中产生的问题，在提高公众兴趣和积极性的同时，达到更好的科普教育效果。②公共科学活动的对象需求。它解决的是公共科学活动的作用对象的需求问题，也就是广大受众的科普需求。③公共科学活动的内容需求。内容需求解决的是活动资源、设备或产品的提供与公众需求和科普教育需要之间的问题。

2. 公共科学活动项目的计划管理

计划是管理的首要职能，它通过对公共科学活动项目建设、组织和实施进行预测，从而制订出相应的计划管理方案。同时，还要通过活动子项目划分、经费使用计划以及时间计划来细化计划管理内容，从而有效促进公共科学活动的项目计划管理。[②] 公共科学活动项目的计划管理通过按照活动目标、时间、地点、人物、内容、经费等进行计划安排，并根据时间整合各项目要素，实现既定子目标，对公共科学活动项目进行精细地计划管理，保证活动项目的顺利进行。[③]

3. 公共科学活动项目的组织管理

公共科学活动作为为公众提供科普教育机会的大众活动项目，旨在使公众通过参与活动项目掌握科学知识，提高科学素养，这需要科普人员的精心组织与管理。因此，公共科学活动项目的组织管理显得尤为重要，它既包括科普工作人员本身的组织管理，也包括对科普志愿者和活动对象的组织管理。与传统项目组织的命令服从和强制管理不同，公共科学活动项目的组织管理注重活动对象的非强制性、自主性和自愿性，这也对公共科学活动项目的管理提出了很大挑战。因此需要活动项目的组织管理人员利用有效的方法、手段和形式，在活动人员自主、自愿的情况下实现活动项目的有效组织管理。

4. 公共科学活动项目的评估管理

公共科学活动项目的评估主要是针对公共科学活动项目的实施过程和结果进

[①] LEWIS P. Museums and marketing [M]// THOMPSON MA. Manual of Curatorship: A Guide to Museum Practice. Oxford: Buterworth Heinemann. 1992: 148.
[②] 傅钢善，彭惠群. 中西部地区农村中小学现代远程教育工程项目管理研究 [J]. 中国电化教育，2005 (11): 44-49.
[③] 郑念，张平淡. 科普项目的管理与评估 [M]. 北京：科学普及出版社，2008: 43.

行检查和评价，总结活动项目实施过程中的成功经验和存在问题，为后续活动项目的顺利进行提供方法指导和经验支持。①公共科学活动项目的评估管理则是通过项目评估各方面的沟通、协调，对评估人员和评估队伍的组织与培训以及对评估程序、方式的组织和管理，从而合理安排活动项目评估的各项任务，对项目实施过程进行有效监督和评价，及时发现问题，保证项目活动的顺利、有效实施。

三、公共科学活动项目的组织管理原则

公共科学活动项目是指以普及科学知识、提高公众的科学素养为最终目的，以公共科学活动为形式和手段，带动科学教育进步和科技馆事业发展的一系列活动和任务。公共科学活动项目管理作为一门新兴的项目管理学和策划学，以具体的公共科学活动项目为对象，体现其教育性、创造性、社会性和实效性等特点。②依据项目管理与组织实施的设计原理，结合公共科学活动项目开展的实际特点，我们认为在具体的实践环节中，公共科学活动的组织管理应遵循以下基本原则。

（一）合理的项目分工和项目负责人的全过程负责

在实际的公共科学活动开展过程中，科普工作人员的共同参与是项目顺利进行的重要保障。具体来说，在科普活动项目进行之前，第一，确定人员分工，并实施"项目负责制"，使不同岗位和职能的科普人员都能充分发挥其在项目管理中的独特作用。第二，在项目进程、组织队伍、经费使用和质量保证等方面进行恰当的管理和掌控，形成活动项目管理的完善机制，保证活动项目的顺利进行。③

（二）恰当把握公众需求和科学教育的整体需要

公共科学活动项目是为开展科普教育事业、提高公众科学素养服务的，需要有明确的科普教育需要和公众需求，活动项目的组织管理也要考虑这两方面的需求。①公共科学活动项目应该满足不同知识水平、年龄阶段、性格特点、

---

① 贺志强，张京彬. 教育资源建设的项目绩效管理机制研究［J］. 中国电化教育，2009（11）：74-79.
② MOORE K. Museum management［M］. London：Psychology Press，1994.
③ 胡红亮，周萍，龚春红. 中国科技计划项目管理现状与对策［J］. 科技管理研究，2006（8）：1-5.

地域特点和文化差异的公众需求；②公共科学活动项目应该满足组织、地区、国家的需求，并根据不同层次的需求选择合适的活动项目和内容，从而满足整个社会的科普教育需要。

（三）活动项目的阶段性划分和计划执行

公共科学活动项目管理的阶段划分和计划执行能够有效实现既定的活动目标，从而满足公众需求和科普需要。根据项目进程对其进行阶段性划分，细化人员分工和阶段任务，优化项目管理机制，保证公共科学活动项目的顺利进行。同时，以实施计划为项目管理指南，有计划地执行活动项目。

（四）项目管理过程与方案的协调适应

在公共科学活动的项目管理过程中，要依据项目管理方案，提高项目管理效果，从而保证活动项目的顺利进行。通常，管理方案作为一个根据对未来管理情况的假设而设定的规划，与实际的项目管理之间难免会存在偏差。因而在实施项目管理方案的同时，也要不断地修正和改进项目管理方案，从而使项目管理方案不断得到完善，以适应实际项目管理的具体需要。

（五）注重内部沟通和多方合作

在具体的实践环节中，通畅充分的人际沟通是公共科学活动项目有效管理的重要保障。一方面，注重公共科学活动项目管理人员之间的有效沟通能够促进各管理部门人员和管理岗位人员的相互了解，保证项目管理各环节的高度衔接，避免发生脱节现象。另一方面，项目管理人员与活动参与人员、科普教育人员之间的充分沟通能有效促进活动项目管理的规范化和目的性的实现。

（六）灵活运用项目文件并给项目管理人员以适当指导

注重项目文件的共享和分级管理，灵活运用项目文件指导项目管理人员的具体工作。公共科学活动项目管理的相关文件能够促进更广范围和更深层次的内部沟通，将更多的项目信息传递到每一位项目管理人员的手中，从而达成一致的科普项目管理意志。

（七）主动寻求并充分利用反馈信息

公共科学活动的项目管理不是单向的信息传递过程，而是要寻求参与活动项目公众的反馈信息，这种反馈信息是必要的、连续的和实时的，它贯穿活动项目过程的各个阶段和环节。及时、充足而有效的反馈信息能够有效促进项目管理工作的调整和改进，使其更加适合公众科普教育的需要。

> **拓展资源**
>
> 1. MOORE K. Museum management［M］. London：Psychology Press，1994.
>
> 2. LOOMIS R J. Museum visitor evaluation：New tool for management［J］. The Public Historian，1988，10（3）：113.
>
> 3. GOULDING C. The museum environment and the visitor experience［J］. European Journal of Marketing，2000，34（3/4）：261-278.
>
> 4. LORD B，LORD G D. The manual of museum management［M］. Washington D. C.：AltaMira Press，1997.
>
> 5. AMES P J. A challenge to modern museum management：Meshing mission and market［J］. Museum Management and Curatorship，1988，7（2）：151-157.
>
> 6. BARRY B，AMHERST H. Handbooks and manuals of museum management［J］. Museum Management，1994（1）：290.
>
> 7. 王宗凯，肖诗唐. 质量改进的策划与实施［M］，北京：中国经济出版社，2005.
>
> 8. 骆殉. 项目管理教程［M］. 北京：机械工业出版社，2004.
>
> 9. 郑念，张平淡. 科普项目的管理与评估［M］. 北京：科学普及出版社，2008.

第三节　公共科学活动的支持服务

一、公共科学活动的支持服务类型与特点

学习支持服务来源于英国的远程教育，在英国开放大学的远程教学和远程学习实践中产生和发展。[1] 它来自于人们对远程教育中开放教育实践的经验和总结，旨在为学习者的网络学习提供支持和帮助。近年来，随着科学技术的不断发展，学习支持服务的种类和形式也在不断增加，它不再是远程教育的专属品，而是不断地走向更多类型的学习活动。[2] 其中，公共科学活动的支持服务就是一个典范成果，它通过为公众提供活动资源、活动场所、活动组织、活动过程、活动反思等方面的支持和服务，旨在促进科学普及工作与知识传播活动能够顺利进行。

（一）公共科学活动支持服务的类型

良好的支持服务是公共科学活动顺利开展和有效实施的关键，根据活动整体需求、受众群体需要和科普教育要求，将公共科学活动的支持服务分成以下几种类型。

1. 活动资源支持服务

公共科学活动资源支持服务是把科学内容知识与科普组织形式相连接，并将其转化为促进受众群体参与学习活动的系统化规划过程。在公共科学活动的具体实施环节，公众的活动参与需要科普工作人员为其提供丰富的内容资源，这既包括多样化的实体展品，同时也应包含互动性的交流平台，以便使科普受众能够实时地参与和分享学习所得。也就是说，通过提供这些辅助性的学习资

---

[1] BIDDISCOMBE R. Learning support professionals: the changing role of subject specialists in UK academic libraries [J]. Program, 2002, 36 (4): 228-235.
[2] 孙壮桥, 逯海霞. 网格技术条件下的远程学习支持服务系统研究 [J]. 河北广播电视大学学报, 2010, 5: 25-27.

源与平台支持，学习者不仅可以积极参与公共科学活动的组织与实施，而且还能带动身边的同伴共同加入整个活动过程。因此，公共科学活动的资源支持为公众的科普学习、活动参与和交互反馈提供了便利。

2. 活动过程支持服务

科学知识的传播与普及是一个高度情境化的问题，在具体规划过程中需要构建与此相适应的公共科学活动组织境脉与实施方案。活动过程视角下的支持服务强调从实践应用层面来考察公共科学活动设计方案的可行性与有效性，并同时致力于在活动目标、内容资源、互动设计与组织形式等诸要素之间架构起桥梁，进而推动整个活动过程的快速发展。活动过程支持服务视角下的公共科学活动主要形式就是在项目组织开展中，向公众提供全方位的资源、内容与技术支持，从而有效地调动受众群体的参与活动。

3. 活动管理支持服务

从活动组织的层面来看，公共科学活动管理支持服务是公众科普学习过程中的一项重要保障措施。公共科学活动的顺利展开，除了需要资源支持和活动过程支持服务之外，管理支持服务也是一个不可忽视的重要指标，其对公共科学活动的作用影响主要体现在资源规划和组织管理两方面。资源的管理主要是对不同种类和形式的内容与知识进行设计与规划；过程的管理主要体现在对公共科学活动开展的各个阶段进行合理组织与安排，从而保证整个活动能够顺利进行。

（二）公共科学活动支持服务的特点

公共科学活动支持服务涉及公众参与和活动过程的各个方面，包括活动资源支持、活动场馆支持、活动展品介绍、活动组织安排、活动信息发布以及促进公众活动参与而进行的各种支持服务，这些支持服务的特点主要表现在以下几个方面。

1. 支持服务种类的多样性

在实际的活动过程中，公共科学活动的复杂性决定了其支持服务类型的多样性。第一，就公共科学活动自身组织形式而言，活动目标、活动内容和活动类型彼此之间的交互关系是造成其支持服务类型多样性的重要原因。第二，从科普活动的参与者特征来看，公共科学活动的支持服务同样还需考虑受众群体的年龄阶段、知识水平和性格特点等一系列综合性因素，在某些情况下一项成功的公共科学活动往往需要活动资源支持、活动过程支持与活动管理支持共同参与。

2. 支持服务的便捷性

就提高公众活动参与的热情与增强科学知识的学习效果等方面来说，便捷性是公共科学活动支持服务必不可少的重要特征。在了解公众参与科学活动目标的现实需求基础上，公共科学活动支持服务体系不但注重为公众与公众之间、公众与科普人员之间以及公众与展品和环境之间的交流互动提供便利性的技术与工具支持，同时还在公众参与公共科学活动过程的不同阶段为他们提供实时性的服务。

3. 支持服务的开放性

支持服务的开放性是指对于某一给定的科普活动组织工作，受众可以在特定时间与地点通过多种不同的方式加入公共科学活动。一般说来，在科普群体的具体参与过程中，不仅公共科学活动自身的内容资料、活动设计与活动资源是开放的，为公众提供的活动管理、参与方式与活动指南等一系列的支持服务也都是开放的。

二、公共科学活动支持服务的体系结构与构建原则

（一）公共科学活动支持服务的体系结构

广义的公共科学活动支持服务系统不仅为公众的活动过程提供支持和帮助，而且还涉及活动组织、项目管理、资源支持、活动场所、硬件设备等一系列问题。具体来说，公共科学活动的支持服务体系包括三个层次，即发生在公共科学活动之前的支持服务、发生在活动过程中的支持服务以及活动本身的支持服务（图7-3-1）。

1. 外环：发生在公共科学活动过程前的支持服务

外环反映的是准备性与辅助性的支持服务，为公共科学活动的前期开展提供了基础，它分为思想指导、资源支持、技术支持和管理服务四个基本环节。其中思想指导是公共科学活动的起点，主要指在开展公共科学活动之前，通

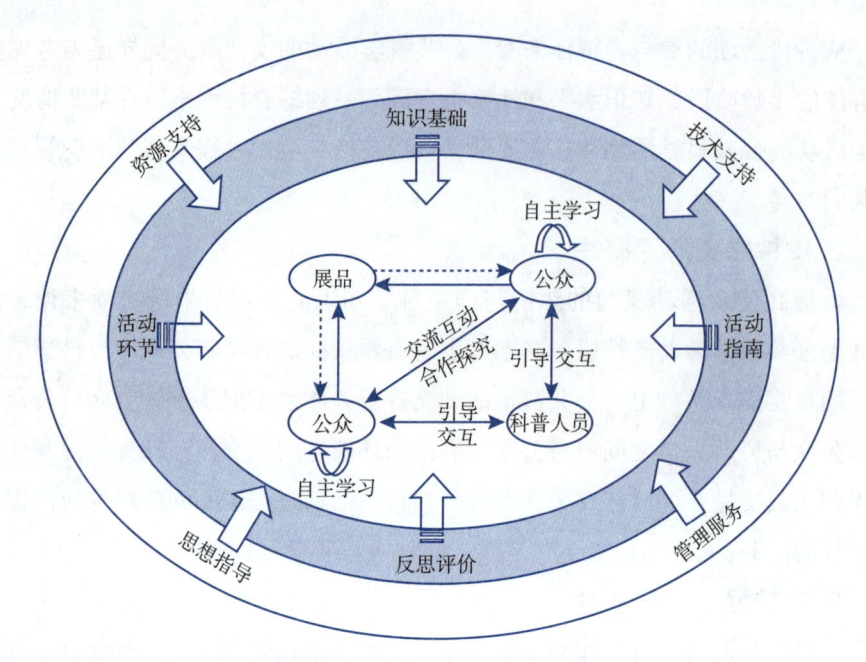

图 7-3-1　公共科学活动支持服务体系

过为公众提供相关理论的讲解和展示，使他们熟悉其基本原理、操作过程和方法，进而在思想和态度上给予指导、建议和帮助。资源支持是促进公共科学活动开展的硬件设施，通常除了有各类实体性的科普展品之外，同时还包括多样化的数字资源与电子信息。技术支持是组织公共科学活动的核心环节，主要是针对不同活动内容和开展形式，以技术支持为辅助组织相关科普活动，进而让所有受众参与到公共科学活动过程中来。管理服务是保证活动顺利开展和进行的必要条件，旨在为公众提供井然有序且灵活多样的活动氛围。

2. 中环：发生在公共科学活动过程中的支持服务

中环涵盖的是发生在科普活动中的一些基本环节，因此也被称为"公共科学活动支持服务的过程环"。依据外环提供的相关支持，中环一般也分为知识基础、活动指南、活动环节与反思评价四个步骤。其中知识基础对应外环中的资源支持，即在公共科学活动开展过程中，为受众提供的一些基础性资源信息。活动指南主要是为了有效调动受众群体的活动参与，对相关设备、原理、步骤等进行讲解与阐释过程。操作环节一般是指在项目组织开展中，向公众提供各个步骤所需的资源、内容与技术等方法指导。反思评价通过记录公众参与活动过程中的行为表现，为他们的自我评价和活动反思提供支持服务。

3. 内环：公共科学活动本身的支持服务

活动本身的支持是指为受众群体提供的公众之间、公众与活动项目之间以及公众与科普人员之间等多种交互服务，它有利于保障公共科学活动的灵活性与多样性，提高公众的活动参与积极性。公共科学活动本身的支持服务主要包括三类：科普人员对受众群体的引导与帮助，活动项目为公众提供的支持以及公众与公众之间的交流、合作与互动。需要指出的是，虽然我们可以在理论研究层面上按照活动顺序对公共科学活动的支持服务进行分层概述，但在实践组织过程中，公共科学活动支持服务的这三个层次是相互影响、相互作用，彼此交织在一起的，共同支持和推动完整的公共科学活动的顺利进行。

（二）公共科学活动支持服务体系的构建原则

公共科学活动支持服务系统是以促进公众活动参与和科学知识习得为目的，为公共科学活动的顺利进行提供的一系列支持和服务。它作为推动公众参与公共科学活动提供支持和服务的体系，其建设需要遵循以下原则。

1. 主体性原则

公众主体性原则是构建公共科学活动支持服务体系的基本原则。这主要表现为：公共科学活动的支持服务结合公众参与科普活动的实际情况，不仅为其提供内容丰富、种类齐全的资源支持，同时还对他们活动中经常出现的各项问题进行指导服务，从而充分体现其构建过程中的主体性原则。[1]

2. 广泛性原则

公共科学活动的内涵多样性决定了其支持服务的广泛性。在具体的公共科学活动开展过程中，为了有效地改善科普活动的传播效果，支持服务系统需要在不同活动内容、活动形式和活动阶段等环节上为公众提供相应的支持和帮助，这就要求公共科学活动的支持服务体系必须具备广泛性。

3. 整体性原则

公共科学活动支持服务体系的构建，并不是各种技术工具、操作管理与

---

[1] 刘俣. 科技馆服务工作浅析 [J]. 科技创新与应用，2012（21）：328.

活动资源的简单相加，而是必须从整体上对其进行系统化设计和优化组合，使其成为一个统一整体，这就是公共科学活动支持服务的整体性原则。① 在进行公共科学活动支持服务体系的构建过程中，要根据活动特点和公众需要，加强"一体化"的整体设计原则，对多种活动类型和活动资源进行优化组合，从而有效支持不同公众对不同类型公共科学活动的参与，提高整个科普组织活动的实际效果，促进公众对科学知识与理念的掌握。

4. 灵活性原则

公共科学活动的支持服务要适应不同受众群体的活动需要，建构能够适应不同公众的灵活性支持服务体系。② 在具体的操作过程中，支持服务体现需要为整个公告科学活动提供实时的支持与反馈，使科普受众在活动中遇到的各项技术或操作障碍都能够得到及时解决，体现对不同受众群体和活动类型的灵活适应。

三、公共科学活动支持服务的案例解读

（一）虚拟图书馆为公共科学活动提供的支持服务

虚拟图书馆概念来源于英国的信息检索专业领域，最早在上世纪 80 年代由哈里提出，主要指学习者利用计算机信息检索与网络查询技术，获取相关的信息与知识的一种方式。进入 21 世纪之后，随着信息手段与科学技术的发展与进步，虚拟图书馆的概念内涵开始不断扩大，其所支持服务的对象也逐渐走向多样化，从早期的正规教育体系逐步拓展为全民参与的社会性学习。③

作为一种开放性的学习支持服务系统，虚拟图书馆为公共科学活动的组织开展提供了便捷性的支持服务。具体来说，虚拟图书馆以丰厚的科普教育电子文献为基础，结合网络环境中大量的数字化学习资料，为公共科学活动的顺利开展提供充足的资源支持服务。另外，就公众获得科普活动信息的途径而言，虚拟图书馆提供了大量优秀的国内外公共科学活动的信息指南，极大地扩展了受众群体了解及参与公共科学活动的传播渠道。因此依据虚拟图书馆的功能特

---

① 朱才毅，萧文斌. 科技馆运营管理系统的探索——以广东科学中心运营管理为例[J]. 科技管理研究，2011, 31（9）: 185-190.
② 徐善衍. 关于科技馆发展趋势和特点的思考[J]. 科普研究，2007, 4（9）: 15-20.
③ 葛晓春. 远程开放教育、终身学习与虚拟图书馆[J]. 现代情报，2005（9）: 200-201.

征，结合公共科学活动项目开展的实际特点，在具体的实践环节中，虚拟图书馆为公共科学活动提供的支持服务主要有以下几点。

1. 提供丰富的科普信息资源

虚拟图书馆为受众群体提供大量丰富的科普学习资源，一般包括科学技术发展史、发明实例、名人介绍等。通过进入虚拟图书馆，公众可以根据自身需求进行资源检索并迅速获取感兴趣的知识信息，在科技发展、发明创新与科技名人的相互联系中了解和掌握基本的科学知识，从而为公共科学活动的有效参与奠定坚实的知识基础。

2. 科学知识的组织与管理

虚拟图书馆为公共科学活动提供的组织管理支持服务主要体现在两个方面：①在知识组织方面，虚拟图书馆按特定活动组织方式对科普信息进行筛选与分类，为不同的公众群体检索、下载与搜寻科技知识提供了查询便利。②虚拟图书馆的知识管理支持服务主要体现在对某个科普活动开展过程所需的资源与信息进行合理安排，为受众参与公共科学活动的实践过程提供层次性与阶段性的指导和帮助。

3. 提供活动导航功能和活动指南

虚拟图书馆除了直接为公众提供大量科学知识及其组织管理之外，同时还为他们参与公共科学活动提供了辅助性的导航服务和活动指南。其中导航服务主要是展示近期公共科学活动的安排，使公众可以及时了解最新的科普活动信息，并根据自身特点和需要作出选择。活动指南则是对每个公共科学活动的设计方案、内容原理与操作步骤等进行阐释，使公众在参与活动项目之前就能够了解相关信息。

（二）电子绩效支持系统为公共科学活动提供的支持服务

电子绩效支持系统（简称 EPSS）最早出现于职业培训领域，是一种帮助人们提高生产力、改善工作绩效并促进人类表现的一种电子化工具。[①] 在企业中应用电子绩效支持系统，不仅可以提供大量与工作相关的信息、建议、支

---

① GERY G J. Electronic performance support systems：How and why to remake the workplace through the strategic application of technology [M]. Boston，Mass.：Weingarten Publications，Inc，1991：6.

持、评估和监督系统；同时，企业各级部门的工作人员也可以按照自己的需要进行即时、个性化的在线访问，从而全面提高整个企业部门的工作绩效。[①] 近年来，随着在各类企业应用模式的不断成熟，电子绩效支持系统不再仅仅只是出现在职业培训领域，而是不断拓展延伸到各种真实环境下的科学教育与知识普及活动中。[②]

作为一种提供整合资源的学习辅助和教学支持系统，电子绩效支持系统对公共科学活动的实施发展提供了多方面的支持服务。第一，电子绩效支持系统注重以人为本的服务理念，主张从公众角度出发，设计和开发适合公众需要的公共科学活动支持服务体系。第二，多功能性的支持服务类型能够满足不同受众群体多样化的服务需求，从而减少公众参与公共科学活动的技术障碍，提高整个活动过程的学习效率与改善传播效果。以下结合电子绩效支持系统对公共科学活动支持服务作详细介绍。

（1）提供包含不同领域的信息库。电子绩效支持系统通常包含较为丰富的知识信息库，如不同学科领域的科学知识以及最新科技创新成果，这为科普受众参与公共科学活动的实践过程提供了基础性的知识服务。

（2）交互式训练系统帮助科普受众获得整合公共科学活动知识技能的学习经验。通过交互式活动训练系统提供的工具操作支撑平台，公众可以对不同类型的公共科学活动进行自我控制与知识管理，从而提高自身在科普活动学习迁移的实际能力。

（3）专家系统为公众提供实时帮助。专家系统可以随时为公众提供关于科学知识、活动内容与组织过程等方面的咨询和帮助，从而为其在参与公共科学活动中的问题解决提供及时的技术支持与决策推理服务。

（4）帮助系统为公众提供有针对性的提示和参考信息。电子绩效支持系统的提示功能可以根据科普受众提出的问题查询，为不同需求的用户提供相应的信息服务，从而满足公众的个性化需求；帮助系统中的参考信息功能则是通过展示公

[①] 朱从娜，杨开城，李秀兰. 电子绩效支持系统及相关概念探究 [J]. 中国电化教育，2002（8）：13-17.

[②] 黄林凯，钟志贤，高燕，等. 技术的教育运用：促进教学方法与学习评价创新——访谈国际知名教育技术学者 Thomas C. Reeves 教授 [J]. 中国电化教育，2015，06：1-6.

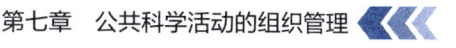

共科学活动过程的相关建议和注意事项，为公众的活动参与提供指导性的参考。

（5）监测系统实时跟踪用户活动表现并给予恰当评价。它通过对科普受众参与公共科学活动的过程跟踪，记录公众的活动参与效果与行为表现，为公众的自我评价和活动反思提供支持，使其可以有针对性地进行改进，从而促进科学知识的习得与掌握。

拓展资源

1. KAYE A, RUMBLE G. Distance teaching for higher and adult education [M]. London: Taylor & Francis, 1981.

2. SEWART, DAVID, DESMOND K, et al. Distance education: International perspectives [M]. London: Taylor & Francis, 1983.

3. GERY G J. Electronic performance support systems: How and why to remake the workplace through the strategic application of technology [M]. Boston Mass.: Weingarten Publications, Inc, 1991.

4. KOTLER N G, KOTLER P, KOTLER W I. Museum marketing and strategy: designing missions, building audiences, generating revenue and resources [M]. New York: John Wiley & Sons, 2008.

5. GEISSLER G L, RUCKS C T, EDISON S W. Understanding the role of service convenience in art museum marketing: An exploratory study [J]. Journal of Hospitality & Leisure Marketing, 2006, 14 (4): 69-87.

6. KIM L C J. The consumption of museum service experiences: benefits and value of museum experiences [J]. Journal of Hospitality Marketing & Management, 2009, 18 (2-3): 173-196.

7. 刘俣. 科技馆服务工作浅析 [J]. 科技创新与应用, 2012 (21): 328.

8. 徐善衍. 关于科技馆发展趋势和特点的思考 [J]. 科普研究, 2007, 2 (4): 15-20.

9. 廖红. 国内外科技馆建馆宗旨和展览教育对比研究 [J] 科技馆, 2005(3): 19-25.

10. 吕一仁. 对科技馆建设和持续发展问题的几点思考 [J]. 科技馆, 2005 (3): 11-13.

> 活动建议

公共科学活动的组织实施探究

本章，我们主要学习了公共科学活动的组织实施，包括公共科学活动的创新推广、组织管理和支持服务。下面，我们回顾一下本章的主要内容：

公共科学活动的创新推广主要内容有＿＿＿＿＿＿＿＿＿＿＿＿＿＿＿＿＿＿＿
＿＿＿＿＿＿＿＿＿＿＿＿＿＿＿＿＿＿＿＿＿＿＿＿＿＿＿＿＿＿＿＿＿＿＿＿
＿＿＿＿＿＿＿＿＿＿＿＿＿＿＿＿＿＿＿＿＿＿＿＿＿＿＿＿＿＿＿＿＿＿＿＿

公共科学活动的组织管理主要内容有＿＿＿＿＿＿＿＿＿＿＿＿＿＿＿＿＿＿＿
＿＿＿＿＿＿＿＿＿＿＿＿＿＿＿＿＿＿＿＿＿＿＿＿＿＿＿＿＿＿＿＿＿＿＿＿
＿＿＿＿＿＿＿＿＿＿＿＿＿＿＿＿＿＿＿＿＿＿＿＿＿＿＿＿＿＿＿＿＿＿＿＿

公共科学活动的支持服务主要内容有＿＿＿＿＿＿＿＿＿＿＿＿＿＿＿＿＿＿＿
＿＿＿＿＿＿＿＿＿＿＿＿＿＿＿＿＿＿＿＿＿＿＿＿＿＿＿＿＿＿＿＿＿＿＿＿
＿＿＿＿＿＿＿＿＿＿＿＿＿＿＿＿＿＿＿＿＿＿＿＿＿＿＿＿＿＿＿＿＿＿＿＿

通过对本章知识的回顾，选择你所感兴趣的内容，利用基于问题的学习方式开展小组活动。

第一步 成立活动小组

学习者以小组为单位开展活动。小组的确立是活动的首要环节。在进行小组安排时应该注意根据学习者的性格特点、学习能力、态度、个人特长等方面进行灵活选择和优化组合，保证小组内成员的相互协调、取长补短，并选择一位组长负责本组的学习活动组织和安排，保证小组活动的顺利展开。在作为一个小组开展活动之前，组内成员要互相认识，相互了解，为小组合作建立基本规则，创建舒适的活动氛围，为学习活动的开始做好准备。

第二步 确定驱动问题

小组成员根据本章内容中的一节或其中一个知识点选择活动主题，并确定驱动问题，以驱动问题为线索组织并推动学习活动，使整个学习活动在驱动问题的引导下保持连贯一致。好的驱动问题能够引发学习者的学习欲望，使他们认识到问题的价值所在。因此，在小组成员确定驱动问题的过程中，教师可以给予适当地引导，保证驱动问题的质量。例如，在公共科学活动的支持服务一节中，我们可以提出以下问题。

除了教材中介绍的两种服务类型之外，还有哪些服务类型，他们分别可以为公众提供哪些支持服务，各自的优势与不足表现在哪些方面？

第三步　制定活动方案

活动方案的制定包括人员分工、活动方法、步骤以及每一步骤所要完成的主要任务等，是活动顺利开展的重要保障。人员分工要依据活动内容和成员特点进行确定，使每一位成员都能发挥其在小组活动中的价值，在活动过程的设计中要根据内容特点进行恰当安排并对活动过程中可能出现的问题进行预测，采取相应措施促进活动的顺利开展。

第四步　开始探究问题

1. 以探究问题为起点，通过小组讨论确定解决驱动问题相关的其他问题，这些问题的提出要尽量与公共科学活动组织实施的实际案例相结合，吸引活动小组成员的注意力。

2. 每个小组选择一名记录人员，负责对问题解决过程的记录，包括实际案例、小组讨论、问题假设、活动要点、存在问题和活动结果等内容。

3. 在问题解决的开始，教师可以为小组成员提供必要的引导，激发学习者对活动目标和活动方法的确立。同时，教师在活动过程中对每个小组的活动情况进行监督，并给予及时的指导和帮助。学习者通过小组讨论和教师引导进行探究活动，并通过资料搜集和问题解决使活动不断深入。

4. 在解决问题的过程中，学习者要确定对问题解决而言意义重大而自己又不太理解，需要进一步学习的概念，即学习要点。在学习要点确定的过程中，教师可以给予适当指导，但随着学习者管理要点能力的增强，教师的引导作用也要逐渐"隐退"。

5. 当学习者对问题已经形成一定的理解，而某些知识的缺乏又严重阻碍了问题的解决时，学习者就要借助多种工具和信息资源，通过小组分工的形式分别探索小组内所确定的学习要点。

第五步　后续行动

小组成员再次集合，沟通他们所学到的东西，并基于小组成员掌握的知识形成解决驱动问题的假设。注意，在小组成员之间分享学习成果时，学习者要对自身和组内其他成员所获取的信息给予恰当评价，保证信息的可靠性和可信度，这需要借助多种媒体工具并通过小组交流来完成。

第六步 活动汇报

各学习小组根据活动内容的不同选择恰当的汇报形式将本组的活动成果展示给大家（如借助 PowerPoint 演示文稿、口头汇报、戏剧表演等）。基于问题的学习所强调的不仅仅是让学习者解决问题，更重要的是让他们通过学习活动理解问题背后各知识点之间的关系和机制。同时，通过自主探究和小组合作相结合的形式，使学习者意识到自身的价值，并在活动参与中提升合作意识和个体责任感。

第七步 活动反思

为提炼小组学习活动所获得的知识，小组成员要有意识地反思问题解决的过程。各小组可以通过比较所探究问题与其他问题的异同，并理解该问题对公共科学活动组织实施的意义。同时，通过组内成员自评、组内成员互评、小组自评以及组间互评等形式对学习活动进行合理而恰当的评价，促进小组成员的反思，从而提高学习者的高级思维能力。我们也可以利用信息技术对活动过程中学习者的活动过程和表现进行记录，并运用电子文件夹的评价方式对学习者的活动情况进行记录，为学习者以后的学习给予恰当评价提供依据。

第八章
公共科学活动项目的绩效评估

第一节 公共科学活动绩效评估的效能

近年来,科学传播事业持续向纵深发展,得到了各国政府和社会各界的大力支持。政府、企业和社会对公共科学活动的人力、物力、财力投入越来越多。然而,我们在公共科学活动领域的持续投入到底获得了多大效益?各类公共科学活动的设计是否合理?哪些方面需要继续改进,应该怎样改进?公共科学活动的执行效果到底如何,是否真正回应了公众对科技知识的实际需求?这些在设计、组织、管理、实施公共科学活动的过程中不可或缺的信息,只有通过有效的评估才能获得。因此,对公共科学活动进行系统、全面、科学的评估,并引进制度化的公共科学活动评估机制势在必行。

一、公共科学活动绩效评估的基本概述

（一）公共科学活动绩效评估的特征

无论是把公共科学活动视为一类公共项目还是将其看作一种特殊的教育活动，其绩效评估的时间点、评估内容、评估目的都是一样的，即在公共科学活动结束后需要对活动是否满足社会需求与个体需求进行判断，对活动现实的或潜在的价值进行衡量，以便保障公共科学活动的开展和提升公共科学活动的水平，推动科普事业的可持续发展。从公共科学活动的制定、实施、推广和结束全环节进行全面考察，公共科学活动绩效评估具有明显特征，具体主要表现在以下几个方面。

1. 信息全面与反馈性

公共科学活动绩效评估是在活动结束之后，依据活动效果的真实数据对活动进行全面评价，通过生成大量有效的信息来对活动进行前评估、跟踪评估，以及对活动的现有决策做出信息反馈，同时说明和反映活动实施的实际情况。

2. 事前防范性

公共科学活动绩效评估能够找出并分析活动决策中的问题、错误以及相应的影响因素，通过经验教训的积累实现对未来同类活动评估与决策方针的修订和指导，从而起到事先防范的重要作用，这是公共科学活动绩效评估关键所在。

3. 科学性

公共科学活动绩效评估具有系统的定性和定量评估指标，科学合理的评估标准和评估准则，以及一套科学的获取信息、分析信息的技术方法，是一个规范、合理、有目的的系统化动态过程。

4. 非营利性

与一般经济建设活动投资评估所注重的以成本—效益为核心，以增加利润为目标不同，公共科学活动绩效评估主要关注的是公共科学活动的社会效益和公共利益的实现程度，是以追求社会效益和科学效益最大化为核心的。当然，这也是由公共科学活动的非营利性的内在属性决定的。

(二)公共科学活动绩效评估的类型

1. 公共科学活动的系统化评估

公共项目评估是一种比较系统的理论和方法,兴起于 20 世纪 60 年代末,是在投资活动经济评估的基础上,引入政治学、社会学、管理学等学科知识,逐步形成和发展起来的。[①] 以时间先后为尺度,公共项目的生命周期可划分为三个阶段,即项目定义与决策阶段、项目实施阶段和项目运营维护阶段,公共项目评估工作据此划分为相应的项目前评估、项目跟踪评估与项目后评估三个阶段。

项目前评估是站在公共项目实施的起点分析和确定项目理论是否科学、项目预定目标是否合理、项目是否值得和可行等问题;项目跟踪评估是在公共项目实施的过程中对项目进行监督与评价,从中发现问题,并提出干预措施,有效控制项目的进展情况;项目后评估则是在公共项目完成之后的一定时期内,检测项目的绩效及与预测目标的偏离程度,并据此提出改进建议,为进一步决策和管理提供可靠的依据。

从公共项目评估的角度看,公共科学活动评估是指对公共科学活动的定义与决策、计划与设计、组织与实施等全过程进行评估和比较,以判定公共科学活动的特征与结果的系统化工作。

显然,公共科学活动绩效评估是项目后评估阶段的内容,具有公共项目绩效评估的一般特质,在公共科学活动评估体系中有举足轻重的地位。公共项目绩效评估是项目评估发展到一定阶段的评估类型,是评估研究者运用一定的考核方法和评价标准,客观、系统地对公共项目的目标实现程度、经济效益的可行性、社会效益的合理性进行分析论证与综合评价的动态过程。公共科学活动的公益性、教育性、大众性决定了公共科学活动绩效评估的实质是对公共科学活动效果的评估。所谓公共科学活动效果就是公共科学活动功能作用的结果和表现。公共科学活动工作者根据公众需求,选择对大多数受众有益的科学技术知识,经过设计和加工,将其转化为通俗易懂的知识形式,并通过具体可行的

[①] 卓萍. 公共项目绩效评估指标特性及构建标准 [J]. 行政论坛, 2013 (3): 70–74.

活动方式传送给目标受众，不仅开阔公众的视野、增长公众的知识，而且还能培养他们应用科学知识进行论证的能力，实现科学素养的提高。除此之外，这种具有教育意义的公共科学活动，会使人的思维、情感、态度和行为等发生变化，间接推动社会、经济、文化与自然的和谐发展。所以说，公共科学活动所产生的效果是一种具有累积性、渐进性和发散性的综合性效果。公共科学活动绩效评估不仅强调对公共科学活动在其以青少年为主的受众群体身上所表现出来的直接作用效果的评估，也注重对公共科学活动对人类所处环境产生的间接作用效果的评估。

2. 公共科学活动的过程性评估

以时间与评估目的为基准，教育活动评估通常分为三类，即预评估、形成性评估和总结性评估。公共科学活动与教育活动的嵌套关系，使公共科学活动评估沿用教育活动评估的范式成为可能。

预评估，也称事前评估，是在公共科学活动开始执行之前对活动的可行性进行分析论证和价值判断的一系列活动，包括对公共科学活动的实施环境、组织能力水平、资信程度等基本概况的可行性、必要性进行论证，完成预期效益测度，决定活动是否按原计划方案执行等内容。

形成性评估又称事中评估或过程评估，指的是在公共科学活动开始后到完成前的任何时间点进行的评估，主要是对各个活动环节的实施、运作等推进情况进行检查和督察，以便及时地为活动计划的更好执行提供方向，进而提高和保证实践过程中公共科学活动的质量。

总结性评估，是在公共科学活动结束之后对公共科学活动效果进行的评估，又称事后评估或效果评估。总体而言，总结性评估是对公共科学活动的社会效益、经济效益的验收性评估或对科普效果的测度性评估，它通过及时有效的信息反馈为今后的公共科学活动积累经验和教训。

在总结性评估阶段，工作人员可以先搜集与公众的经验和收获相关的数据资料，然后对其进行整理与分析，并根据数据处理结果，评估公共科学活动的各项成效，如教育效果、服务效果、社会效果等。以体验博物馆展览活动为例，工作人员可以运用观察、问卷、采访等手段，对以下几个方面进行抽样调查：①观众对于展览活动本身的教育性、科学性、可接受性、趣味性和参与性等方面的认可程度;②观众对展品的可获得性、丰富多样性、安全性的满意程度;③观众对活动现场的环境、工作人员的服务态度等方面的评价;④观众在参加完该展览活动后,是否存在认知、技能等方面的收获和态度与情感价值观的转变,是否认为展览内容对自己的工作、生活、和学习产生了影响等。通过对调查结果进行分析研究,评估人员不仅对该博物馆展览活动的效果有一个客观、全面和准确的评判,而且还能从评估结果中找到活动的优点与缺失,从而为今后新活动的组织与开展积累经验和教训。

教育活动视角下的公共科学活动绩效评估是总结性评估阶段的工作内容,是在公共科学活动结束之后,综合考虑各种与公共科学活动教育效果相关的要素与整体情境,运用多种可行的统计方法或调查方式搜集全面的多元化的详细资料,再从不同的角度对资料加以比较分析与综合分析,并进行整合性的评估,以获得对公共科学活动的优缺得失的充分了解。[①] 公共科学活动绩效评估的目的在于改善公共科学活动组织与实施的不足,提供建设性的意见让各种活动能进行得更好、让资源能得到更有效地利用,使活动达到更好的成效,而非单纯指责活动的缺陷与不足。

二、公共科学活动绩效评估的作用

公共科学活动作为一项重要的社会公共活动,对社会群体的思想会产生巨大的影响,同时对社会群体的行为起不可忽视的指导作用,因此对公共科学活动进行绩效评估具有重要的意义。公共科学活动绩效评估为了解公共科学活动的实施效果,将对公共科学活动体现的科普功能的实际效果进行系统性的总结与分析,并通过不同活动的评价、比较,使组织开展活动的主体了解活动实施过程中存在的问题,不断积累经验教训,以防范今后重犯同类活动决策错误。因此,公共科学活动绩效评估具有评价导向以及指导的功能,不仅是公共科学活动发展、改进和完善的重要依据,而且对提高公共科学活动决策的科学化和有效性,促进公共科学活动直接效果与间接效果的同步改善,推动公共科学活动事业发展,提高全民科学素养都具有重大意义,具体表现在以下几个方面。

---

① 简茂发. 多元化评量之理念与方法 [J]. 现代教育论坛, 2002 (7): 189.

（一）共科学活动的经验教训

公共科学活动是由多个活动环节组成的周期性过程，多数是在一种具有不确定性的变动环境中实施的，并涉及多种工作和多个利益相关主体，所以几乎没有哪个公共科学活动能够按照最初的计划和设想实施，其结果也不可能和预定目标完全一致，这中间会产生许多意想不到的成功或失败。因此需要对公共科学活动进行绩效评估，推动公共科学活动不断完善和发展。公共科学活动绩效评估通过对已结束的公共科学活动的经济效益、社会效果和教育效果进行系统分析和全面评价，积极寻找活动进程中存在的问题和失误，不断积累经验和教训，指导今后同类活动的组织、实施与推广。

（二）共科学活动决策水平

公共科学活动绩效评估是提高活动职能部门宏观科学管理和决策水平的工具。公共科学活动绩效评估工作不仅能帮助公共科学活动组织者发现活动前期决策和实施过程中出现的决策失误和经验教训，为修正活动决策程序和方针、方法提供经验教训，而且还有利于强化公共科学活动设计、实施中的绩效观念，进而促进公共科学活动在纵深维度上的蓬勃发展，为今后不断提高公共科学活动的实践水平、执行效率和社会影响力提供指挥服务。

（三）展公共科学活动理论研究

公共科学活动绩效评估具有公共科学活动理论研究上的应用价值。它在科学理论的指导下决策运用何种方法确定评估体系和评估标准，选用何种手段收集评估资料，采用何种方法对所收集的资料进行系统分析与评判，这本身就是一种科学探索过程，其评估结果对探讨与解决公共科学活动上的种种问题具有重大研究价值，对公共科学活动理论研究具有积极的推动作用。

（四）更加科学的公共科学活动方案

公共科学活动方案的制定离不开绩效评估的指导和影响。当前，公共科学活动是根据社会需求和时代发展进行组织、实施和推广的，而相应的绩效评估对其进行价值分析，不能主导公共科学活动的发展趋势，但是可以构建更加科学的公共科学活动的方案。公共科学活动的主办方会根据以往的绩效评估典型案例分析出目前的价值导向，为了更好的符合绩效评估方针，往往会加入相应的价值内容。在科学的绩效评估体系的影响下，公共科学活动的举办也能更好的体现现有的价值和观念。

（五）公共科学活动绩效评估体系

目前，公共科学活动绩效评估系统处于不断完善和发展中，只有不断地对公共科学活动进行系统、科学、合理的评估，才能确立一套完整且适合的绩效评估体系。公共科学活动形式和内容是在不断发展，不同时期具有不同的特点，绩效评估体系需要根据公共科学活动的特征进行智能化的学习和改变。学习和总结已有的公共科学活动绩效评估案例，从中提取公共科学活动的关键影响因素，整理出重要的评估指标，然后吸收并消化已有的评估体系，提出一套更加适合公共科学活动绩效评估体系，这也是公共科学活动绩效评估不断完善的关键。公共科学活动与绩效评估体系是相辅相成的，一方面，公共科学活动的创新形式会改变评估体系的关键指标，另一方面，科学合理的绩效评估系统能指导和改变公共科学活动的内容，使得公共科学活动更好地起科学普及和服务大众的作用。

> **知识花絮**
>
> ### 公共项目绩效评估理论的发展
>
> 20世纪30年代，世界范围内的经济大萧条使得自由放任经济体系崩溃，一些国家政府开始尝试各种新型经济政策。例如，最早的公共项目绩效评估理论与评估方法出现在加大公共项目投资和兴办基础设施中，它不仅关注公共工程项目的评估，而且也注重成本效益分析。后来，随着政府职能的逐步扩大，公共项目绩效评估的研究触角也开始转向教育、社区服务等社会公共领域。20世纪60年代末期，一些西方发展经济学家开始致力于研究发展中国家的投资项目评估理论和方

法，并在此过程中逐步形成了公共项目评估的系统方法。20世纪70年代末至80年代初，人类社会进入了知识经济时代，整个社会对财富和福利创造的追求越来越倚重于各类以项目形式出现的开发与创新活动，使项目评估在全世界范围内得到了极大地应用和推广。而于20世纪80年代后期和90年代初期席卷发达国家和发展中国家的公共部门管理变革运动使得公共项目绩效评估对结果、责任、公平等给予了重视，并让其理论研究有了进一步发展。公共项目绩效评估的直接目标是提高项目管理水平，推动项目发展。有效的公共项目绩效评估过程有助于促进公共项目运作过程及其实施结果的透明性，提高公共服务质量，为项目的科学决策提供可靠的依据，进而实现公共利益的最大化。目前，我国公共项目绩效评估理论研究已取得了一定的进展，但仍存在着诸多不足，需要进一步的改进和完善。

拓展资源

1. LANDY F J, FARR J L. Performance rating [J]. Psychological Bulletin, 1980, 87（1）: 72.

2. MANASA K V L, REDDY N. Role of training in improving performance [J]. The IUP journal of soft skills, 2009, 3（3）: 72-80.

3. ABU-DOLEH J, WEIR D. Dimensions of performance appraisal systems in Jordanian private and public organizations [J]. The international journal of human resource management, 2007, 18（1）: 75-84.

4. ARMSTRONG M, BARON A. Performance management: The new realities [M]. New York: State Mutual Book & Periodical Service, 1998.

5. 方振邦，罗海元. 战略性绩效管理：第3版 [M]. 北京：中国人民大学出版社，2010.

6. 田德录，方衍.《科学素质纲要》实施的监测评估理论框架研究 [J]. 科普研究，2008（3）: 18-23.

7. 任福君，翟杰全. 科技传播与普及教程 [M]. 北京：中国科学技术出版社，2012.

8. 李朝晖，任福君. 从规模、结构和效果评估中国科普基础设施发展 [J]. 科技导报，2011（4）: 64-68.

9. 张祖忻. 绩效技术概论［M］. 上海：上海外语教育出版社，2005.

10. 邓国胜. 事业单位治理结构与绩效评估［M］. 北京：北京大学出版社，2008：178.

11. 李开彦，韩文强，李子荣. 军队供应商绩效模糊评估研究［J］. 军民两用技术与产品，2005（6）：42-44.

第二节 公共科学活动绩效评估的基本框架

兰迪和法尔提倡将绩效评估看作一个完整的系统。公共科学活动的绩效评估亦是一个内容丰富、层次清晰的开放系统，评估目标、评估角色（评估主体、评估客体）、评估指标、评估标准、评估方法等变量是构成该系统的关键要素（图 8-2-1）。其中，绩效评估目标是绩效评估系统的中心，决定不同绩效评估系统对评估主体、评估指标和评估标准的选择，对评估的结果和反馈的内容有决定性影响。评估指标是绩效评估系统的重点内容，完整、协调、比例合理的评估指标体系有助于充分保证绩效评估结果的信度和效度。评估标准是对评估客体的各项指标进行考核评价的尺度，其设计合理与

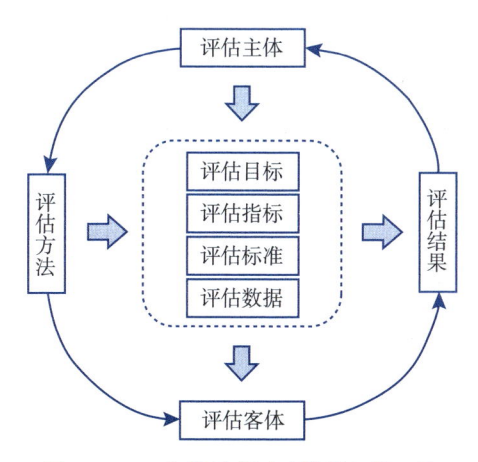

图 8-2-1　公共科学活动绩效评估系统

否是绩效评估系统能否充分发挥引导、控制功能的关键。各要素之间相互联系、相互影响，共同推动公共科学活动绩效评估工作的开展。

一、绩效评估内容

为了确保公共科学活动绩效评估结果的合理性和科学性，必须明确相应的绩效评估内容，对其中不合理以及过时的评估内容进行及时的修改，最终完善公共科学活动绩效评估的内容。由于公共科学活动的特殊性，其绩效评估内容相比一般的公共活动存在其独特性，同时公共活动的大部分绩效评估内容也可以用在公共科学活动上。下面详细介绍公共科学活动绩效评估的具体内容。

（一）公共科学活动前期决策与规划

公共科学活动在举办初期需要进行整体的决策和规划，以便确定公共科学活动发展的方向。评估者需要对公共科学活动的决策和规划内容进行绩效评估，主要的评估内容包括：①公共科学活动内容充实，趣味性强。根据公共科学活动的具体内容进行全面考察，对其进行绩效评估，确定该公共科学活动是否需要举办。②公共科学活动具有正确的价值观，传播的知识具有科学性。考察公共科学活动前期的规划书，审查规划书中关于公共科学活动发展的各个环节，判断公共科学活动的决策和规划是否正确和科学。③公共科学活动的前瞻性。公共科学活动是引领科学知识发展，普及大众科学知识的桥梁，因此需要根据公共科学活动的具体内容进行评估，审核是否具有科学前瞻性。④公共科学活动的决策和规划执行力度。公共科学活动是否能够成功举办，达到预期的效果，很大程度上取决于前期的决策和规划的执行力度，对举办者执行力度进行绩效评估是尤为重要。⑤公共科学活动达到的预期目标。查看公共科学活动所制定的目标，同时考虑实际情况和相关因素，评估举办者是否具备能达到规划书中所列目标的相应能力。

（二）公共科学活动中期开展与实施

公共科学活动经历了前期的绩效评估，其合理和科学性得到了确认，可以在社会群体中全面开展和实施。公共科学活动的开展和实施是否具有科普作用，能否向大众传递相应的科学知识，这都需要进行一系列的绩效评估。考虑到公共科学活动的一般性和特殊性，其绩效评估内容需要从如下几个方向进行考察。

1. 公共科学活动的普及人群

公共科学活动作为社会公共活动的一部分，其主要目的是向大众传递简单、易懂的科学知识，其受益人群应该是社会全体公民，并不是社会中的少数精英。目前，大部分的公共科学活动都是遵循这样的原则开展的。在对公共科学活动进行绩效评估时，首要评估内容即公共科学活动的受众人群。

2. 公共科学活动的内容通俗易懂

由于各个阶层的公民接受的教育水平以及自身的受教育程度不尽相同，公共科学活动的普及人群是社会全体公民，这就需要公共科学活动在开展和实施的过程中将深奥难懂的科学知识转化成通俗易懂、妙趣横生的文字或者图像。在对公共科学活动进行绩效评估时，需要时刻考察公共科学活动的内容是否简单、易懂，并且确实在普及科学知识。

3. 公共科学活动普及的方式多元化

公共科学活动本质上也是服务大众的手段之一，并不是强加给社会全体公民必须执行的义务，如果公共科学活动想达到预期的效果，其科学普及的方式应该多元化。除了传统的报纸、广播和电视之外，公共科学活动可以借助目前互联网的优势开展一系列的线上讲座及活动，将文字、声音和图像完美地结合起来，让广大的社会群众享受别样的科学盛宴。互联网的发展已经逐渐改变传统的公共科学活动的内容和方式，因此在对公共科学活动进行绩效评估时，需要特别考虑是否加入了互联网这样的特殊元素。

（三）公共科学活动后期推广和宣传

公共科学活动经过中期的实施和发展，已经取得巨大的社会效益，对科学知识的普及起到了重要的推动作用。由于科学知识的记忆具有阶段性，如果公共科学活动的成果不进行大力的后期推广和宣传，随着时间的推移，社会群体会逐渐忘记之前普及的科学知识，公共科学活动的效果会大大的减弱。因此对公共科学活动的后期推广和宣传进行绩效评估也是很重要和关键的一个环节。

绩效评估的内容主要包括下面的几个方面。

1. 公共科学活动推广方式多样化

公共科学活动需要多元化的推广，这样才能保证公共科学活动的效果。推广方式包括很多方面，例如，定期举办科学知识讲座会、向群众发放印有科学知识的小礼品以及在互联网上开展科学知识竞赛活动等。

2. 公共科学活动推广和宣传力度

公共科学活动后期大力宣传和推广能够显著扩大和加强科学知识普及的效果。大力的宣传和推广必然会耗费巨大的财力、物力和人力，科学活动的举办方应该提前做好相应的准备，同时可以与政府进行合作。在对公共科学活动进行绩效评估时，举办方能否进行后期的大力推广和宣传成为绩效评估内容最重要的部分。

二、绩效评估方法

公共科学活动的绩效评估常用的方法有费用—效益分析法、费用—效果分析法等定量方法，德尔菲法、360度绩效评估法、逻辑框架法等定性方法，以及层次分析法、对比分析法等定量与定性相结合的综合评估方法。

（一）定量方法

1. 费用—效益分析法

费用—效益分析又称为成本效益分析或代价利得分析，是一种国内外运用较为广泛的技术经济分析方法。它把每一经济行为对社会的全部影响和效果折算为用货币单位表示的费用和效益，通过活动发生的费用和效益的对比，按净效益对活动的经济性做出评价。[1] 费用—效益分析法主要用于公共项目的经济绩效评估，其关键在于根据项目实际发生的社会资源消耗和社会贡献，确定活动的费用和效益。在实际分析过程中，项目的费用和效益由活动投入产出物的数量和资源的影子价格计算。在这一评价过程中，考虑到项目实施和影响的长

---

[1] 邵文武，黄训江. 投资项目不确定性分析的一个新指标——风险敏感度［J］. 统计与决策，2007（15）：27-28.

期性以及对项目占用资源所付代价的衡量，采用体现资金时间价值的经济动态净贡献指标，即常用的"经济净现值 ENPV"作为对项目经济可行性的最终评价依据。这一分析方法用数学式来表示：[①]

$$ENPV = B - C = \sum_{t=1}^{n}(B_t - C_t)(1+i)^{-t} - K_0 \qquad (式8-1)$$

式中 B_t 表示项目投资第 t 年的净收入值（效益值）；C_t 表示投资项目第 t 年的净经营成本值（费用值）；K_0 表示项目的初时投资额；n 表示项目持续的年限；i 表示期望收益率即折现率。

2. 费用—效果分析法

费用—效果分析法中的"费用"是指为实现活动预定目标所付出的财务代价或经济代价，采用货币计量；"效果"则是活动的结果所起的作用、效应或效能，是活动目标的实现程度。按照活动要实现的目标，一个活动可选用一个或几个效果指标。费用效果分析有广义与狭义之分，广义的费用效果分析泛指通过比较所达到的效果与所付出的耗费，用以分析判断所付出的代价是否值得，广义的费用效果分析并不刻意强调采用何种计量方式。狭义的费用效果分析专职耗费采用货币计量，效果采用非货币计量的分析方法。具体要采用哪种定义，需要根据具体评估目标而定。在对公共科学活动的经济绩效进行评估时，一般选用狭义定义。

（二）定性方法

1. 德尔菲法

德尔菲法是一种结构化的决策支持技术，它以书面形式背对背地分轮征求和汇总专家意见，通过中间人或协调员把第一轮预测过程中专家们各自提出的意见集中起来加以归纳后反馈给他们，并让他们重新考虑后再次提出自己的看法，对那些持极端看法的专家，则要求他们详细说明自己的理由。德尔菲法的特点是匿名性，轮间反馈沟通和预测指标结果的统计特性；德尔菲法的步骤可以概括为提出从事咨询的活动综合评估指标，选择咨询专家，经过几轮反馈过程，得出结果的处理和表达；德尔菲法的目的是在信息收集过程中，通过多位

[①] 袁婷. 公共项目的条件价值评估方法及其应用研究 [D]. 天津：天津大学，2008.

专家独立、反复的主观判断，获得相对客观的信息、意见和见解；德尔菲法的要点是，被征询意见的专家采用匿名发表意见，专家之间不互相讨论，不发生横向联系，从而避免专家意见向少数影响大的专家意见趋同。

2. 360 度绩效评估

360 度绩效评估是指由员工自己、上司、下属、同仁同事乃至顾客等全方位的各个角度来评估个人的绩效的方法，其评估内容可能包括沟通技巧、人际关系、领导能力、行政能力等。360 度绩效评估具备评估准确性、可接受性和高参与性，对个人、团队和组织的绩效评估与改进具有重要价值，具体表现在以下几个方面。首先，它打破了传统的由上级考核下属的考核制度，使管理层能够获得更客观、准确的信息。由于受评者获得的反馈信息是来自于与自己工作相关的多层面评估者的评估结果，所以更容易受到受评者的认可。同时，受评者可以通过自评结果与反馈信息的比较认识到差距所在。其次，受评者可以获得来自多层面的人员对自己素质能力、工作风格和工作绩效等方面的评估意见，较全面、客观地了解自己的优缺点，为制定工作绩效改善计划、个人未来职业规划及能力发展提供参考，使自己的能力素质得到全面提升。最后，360 度绩效评估实际上是员工参与管理的方式，对提升员工的自主性、积极性和工作满意度具有重要意义。这种评估方法能够促进成员彼此之间的沟通与互动，拉近团队成员之间的距离和提高工作效率，促进组织的变革与发展。

3. 逻辑框架法

逻辑框架法（简称 LFA）是一种活动设计、计划和评估的方法与工具。[1]它将活动中若干个内容相关且必须同步考虑的动态因素组合起来，通过一张简单的框图来清晰地分析其内涵关系（表 8-2-1），使之更易理解。作为一种集成的系统研究和分析问题的思维框架模式，逻辑框架法有助于对关键因素和问题作出系统、合乎逻辑的分析。

---

[1] 戚安邦. 项目论证与评估 [M]. 北京：机械工业出版社，2004：347.

表 8-2-1　逻辑框架表 [1]

目标层次	验证对比指标			原因分析		可持续性分析
	活动原定指标	实际实现目标	差别或变化	主要内部原因	主要外部原因	
宏观目标（影响）						
活动目的（作用）						
活动产出（实施结果）						
活动投入（建设条件）						

逻辑框架法一般可用于进行活动实际目标实现程度的评估、活动成败原因的评估分析和活动可持续发展的评估。对公共科学活动的绩效评估而言，逻辑框架指标应反映出活动实际完成情况与活动预定目标的差别。这就要求公共科学活动绩效评估主体事先明确活动应该达到的具体目标和应该实现的宏观目标，以及可以用来鉴别活动效果的手段，这样编制出来的逻辑框架才能更好地推进今后同类活动的计划的成功实施。

4. 活动成功度评估法

活动成功度评估法是根据活动各方面的执行情况，对活动实现预期目标的成败程度进行定性分析的一种方法。该方法依靠专家或专家组的经验，综合评价各项指标，对活动的成功程度作出定性的评价结论。在运用活动成功度评估法时，活动评价的成功度一般可分为五个等级，即完全成功、成功、部分成功、不成功和失败，各级评价标准见表 8-2-2。

表 8-2-2　活动成功度等级标准表

等级	内容	分值	标准
Ⅰ	完全成功	5	活动已全面实现或超过各活动标；相对成本而言，活动取得了巨大的效益和影响
Ⅱ	成功	4	活动的大部分目标已经实现；相对成本而言，活动达到了预期的效益和影响
Ⅲ	部分成功	3	活动实现了原定的部分目标；相对成本而言，活动只取得了一定的效益和影响
Ⅳ	不成功	2	活动实现的目标非常有限；相对成本而言，活动几乎没有产生什么正效益和影响
Ⅴ	失败	1	活动的目标是不现实的或无法实现；相对成本而言，活动得不偿失

---

[1] 陈志斌. 项目评估学 [M]. 南京：南京大学出版社，2007：393.

活动成功度评估方法的应用还处于初步发展阶段,其最大优势是简便易行。但由于像社会影响之类的指标的表述没有明确的外延,只有相对的内涵,具有模糊性和非定量化特征,因而只能采用单一的定性术语对其进行评估。同时,受文化水平、知识结构、社会经验以及个人能力水平的影响,评估者对各项影响因素的褒贬程度也会有所不同,以至于很难确定这些因素的具体评判值,在这种条件下对这些模糊信息资料进行量化处理和综合评估,得出的评估结果必将会有较大的片面性。[①]因此,在运用成功度评估法进行公共科学活动绩效评估时,要考虑评估主体的认知特点,克服该评估方法的缺陷与不足,不断完善。

(三)综合评估方法

1. 对比分析法

对比分析法的基本原则之一是在同度量基础之上进行对比分析,故有前后对比法和有无对比法之分。对比分析法通过系统比较分析,找出活动实施的变化和差距以及相应的原因和改进方法。

前后对比法。前后对比法是将活动前评估结果与活动后评估结果进行对比分析,以测定该活动的效益和影响的方法。这里的"活动前评估结果"指的是在活动的可行性研究与前评估阶段,根据调查给定的预测数据所做出的关于活动建设成果、规划目标和投入产出、效益与影响等方面的评价结果。将活动前评估结果与活动实施结束后的实际情况进行对比分析,能够帮助评估主体找出活动存在的问题以及产生这些问题的原因和未来的应对措施。该方法的优点是简单明了,缺点是无法明确某些活动绩效究竟是由活动本身引起的还是由活动以外的其他因素所造成的。

有无对比法。有无对比法是指将通过活动产生的实际的结果和影响,与没有活动而可能发生的情况进行全面的对比,从而度量活动的真实效益、影响和作用。[②] 有无对比法侧重于对活动的实际作用和影响的分析,可以在评估

---

① 刘典文. 公共项目绩效评估的方法运用[D]. 厦门:厦门大学,2008:6.
② 余瑶. 我国公共项目后绩效评估研究[D]. 厦门:厦门大学,2007.

中对不同活动目标或其他活动要素的情况进行比较，较为精确地测量出一个活动的绩效。但这种方法对有无对比分析的数据资料要求比较严格，需要将调查收集的资料进行整理加工，并通过敏感性分析来测定活动对各种因素变化的适应性，最后采用分析模型进行综合分析，所以在实践中有一定的难度和复杂度。[①]

2. 层次分析法

层次分析法（简称 AHP）是 20 世纪 70 年代初由美国运筹学家托马斯·萨提提出的一种决策思维方式，是一种定性与定量分析相结合的、系统化的、层次化的多准则决策方法。层次分析法根据问题性质和目标将复杂问题分解为不同的组成因素，根据诸因素之间的影响关系将其分层聚类组合，形成有序层次结构模型，使问题条理化。然后，通过两两比较的方式确定结构层次中的因素的相对重要性，并运用数学方法对重要性进行定量描述和排序。该方法于 1982 年被引入我国，以其简便、灵活而又实用的优点，迅速得到了我国社会、经济、科学管理等领域的广泛重视和应用。层次分析法特别适用于那些较难完全定量分析的复杂的、较为模糊的问题。在公共科学活动的绩效评估中，层次分析法主要运用于评估指标权重的确定。

除上述列举的几项评估方法外，还有许多其他方法可供评估主体用来对公共科学活动的绩效进行评估，如利益群体分析法、综合评分法、主成分分析法、模糊综合评价法等。显然，简单依靠一类或两类定性的或定量的评估方法并不能满足公共科学活动绩评估工作的需求。因此，评估工作人员需要在实践中灵活掌握并运用这些方法，以保证评估结果的科学性和有效性。

三、绩效评估指标

（一）评估指标

1. 评估指标多元化

评估指标根据不同的目的具有多元化的特点。一般而言，公共科学活动绩效评估的指标体系主要围绕观众信息、参观行为、环境氛围、学习效果、

[①] 刘典文. 公共项目绩效评估的方法运用［D］. 厦门：厦门大学，2008.

体验效果、满意程度等核心指标展开，有时也会涉及活动投入与产出等经济变量。不同的活动评估对评估指标的考虑肯定会有所不同，评估工作人员需要根据具体活动的特点和评估需求、评估目的选取合适的角度对公共科学活动的绩效进行衡量。例如，以人为中心设计指标体系，重点考察公共科学活动对提高公众科学素养的作用大小以及公众的满意度；以投入—产出为中心设计指标体系，重点衡量对活动的经济投入、经济产出、社会影响力等。但必须明确的是，无论选择何种角度，何种指标体系决策方法，公共科学活动绩效评估的指标设定和权重分配都应坚持以提升公众科学素养的终极目标为导向。

2. 评估指标权重

公共科学活动绩效评估的评估内容较为广泛，所涉及的评估指标数量也相应较多。依据特定的评估目的，各项评估指标所反映的评估内容的重要性以及对评估结果的影响程度是不一样的，其本身信息的可信赖程度也不同。为突显绩效评估指标体系中各项指标所处位置的重要性程度，我们引入"指标权重"的概念。所谓指标权重，是指一个指标体系中各项指标所占的比重，是对每个指标在指标体系中的相对重要程度的数值表示。指标权重确定的合理与否，直接关系到评估结果的可信程度，其变化与调整则直接影响评估结果。经过科学设计的指标权重能够准确地反映各项指标对评估结果的贡献程度，具有一定的导向作用。

（二）评估指标体系构建

有管理名言说："凡是无法衡量的，就无法控制"。绩效评估标准是评估主体判断、衡量评估客体的各项指标优劣程度的参照基准，简单而言，就是评估客体在各项评估指标上所达到的水平等级标准。公共科学活动的绩效评估标准包括定量标准和定性标准。定量标准通常是在数据资料及有关统计信息的基础上，综合运用统计学方法，对标准值进行测定；定性标准则是在综合分析判断指标内容的基础上对指标的标准值进行定性描述。因此，在公共科学活动绩效评估实践中，参照何种形式的标准作为评价基准要依据评估指标的具体内容特征而定。

一个合格的绩效评估标准体系是由多项评估标准相互关联而成的，主要具有完整性、比例性和协调性等特征。完整性意味着标准体系中的各种评估标准是相互补充、相互印证的，反映了绩效评估标准体系的配套性特征；协调性是指绩效评估标准体系中各种标准之间在相关的质的规定方面的衔接，相互一致的协调发展，反应了评估标准体系的统一性与和谐性；比例性是指各种绩效评估标准之间存在一定的数量比例关系，反映了评估标准体系的统一性和配比性。要使绩效评估标准体系成为有意义的公共科学活动绩效评估参照基准，每一项评估标准都必须配合公共科学活动绩效评估的总体战略目标而定。

> **知识花絮**
>
> ### 确证性评价（Confirmative Evaluation）
>
> **1. 确证性评价的概念及特点**
>
> 确证性评价是一种建立在形成性评价与总结性评价之上的评价方式，它是为改善活动质量而进行的持续性评价。确证性评价早在20世纪70年代就已出现。1978年，厄尔·R·米桑丘克提出，"确证性评价是一个收集、测试和解释数据和信息的过程，它用于确定学习者的持续学习能力或学习材料的持续有效性。"[1] 确证性评价主要用于评价活动的有效性、效率、影响及其价值，具有周期性较长（一般持续3~12个月）的特点。确证性评价、形成性评价和总结性评价在评价周期、评价目的和评价主体三个方面都表现出不同的特点（表8-2-3）。[2]

---

[1] HELLEBRANDT J, RUSSELL J D. Confirmative evaluation of instructional materials and learners [J]. Performance Instruction, 1993, 32 (6): 22-27.

[2] DESSINGER J C, MOSELEY J L. Confirmative Evaluation: Practical Strategies for Valuing Continuous Improvement [M]. San Francisco: Pfeiffer, 2003.

表 8-2-3　确证性评价与其他评价特征比较

评价类型	评价周期	评价目的	评价主体	
形成性评价	在整个活动设计、开发、测试或试用阶段	促进活动的分析、设计、发展过程，以及提高活动产出	其一：设计队伍（设计人员，开发人员，教学人员，问题专家等）	其二：决策人员，客户
总结性评价	在整个活动实施完成之后	评价产出或活动的结果	其一：决策人员，客户	其二：设计队伍（设计人员，开发人员，教学人员，问题专家等）
确证性评价	在活动完成之后的 3~12 个月的时间	评价活动的有效性、效率、影响，以及活动的价值	其一：评价人员	其二：决策人员，用户

从表 8-2-3 可以看出确证性评价与形成性评价、总结性评价之间既相互区别，又相互联系，其关系如图 8-2-2 所示。[①]

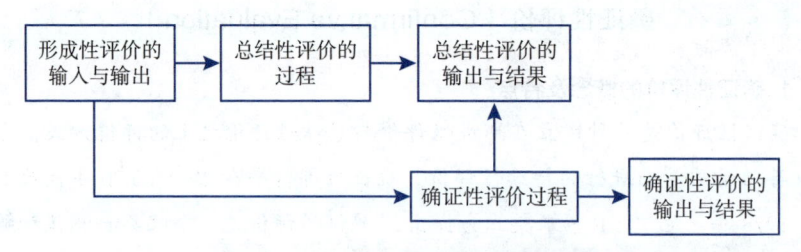

图 8-2-2　确证性评价输出与结果模型

从确证性评价的输出与结果模型可以看出，确证性评价并不是完全独立于形成性评价和总结性评价的。确证性评价结果的输出还需要借助形成性评价技术和总结性评价技术，三者之间是环环相扣的关系，因此，在公共科学活动中任何一个评价环节出现了问题都会影响确证性评价结果的客观性，从而影响评估的有效性。

2. 确证性评价过程

关于确证性评价过程的模型有很多种，而詹姆斯·莫斯利和大卫·所罗门认为确证性评价可分为计划、实施、评价和提高四个阶段，具体描述如图 8-2-3 所

---

① DESSINGER J C, MOSELEY J L. Confirmative Evaluation: Practical Strategies for Valuing Continuous Improvement [M]. New York: John Wiley & Sons, 2003: 27.

示。① 将这一确证性评价模型运用到公共科学活动中,在不同的评价阶段需要具体完成以下不同的任务:

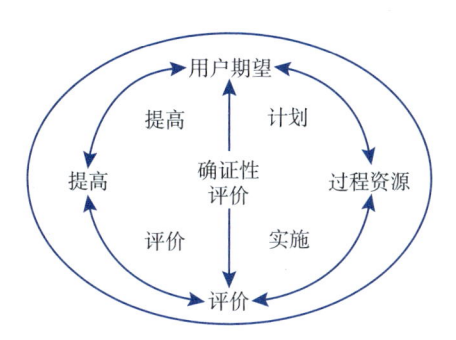

图 8-2-3 确证性评价模型

首先,计划阶段主要是集中考虑在公共科学活动中需要评价些什么以及如何设计活动的评价项目。其次,实施阶段选择收集活动数据的方法和技术,并收集相关的数据(包括公众对活动的评价、对公众进行的随机访谈记录、公众行为表现的观察记录以及公众所录下的视频、音频等数据)。再次,评价阶段分析并总结实施阶段收集的活动数据,在这一阶段中需要思考的是从数据背后暗含的信息。最后,提高阶段分析活动带来的影响、增值效果及有效性,决定是否继续,完善或者停止这些干预。确证性评价的过程如表 8-2-4 所示。

表 8-2-4 确证性评价过程表

阶段	评价内容
计划	设计评价项目
实施	利用问卷、访谈、观察、焦点群组、工作案例分析、绩效分析、情境研究、基于同行评价报告以及成本效益分析等各种信息收集方法进行资料收集
评价	集合所有资料,解释信息
提高	分析活动带来的影响、增值及有效性,决定是否继续,完善或者停止这些干预

---

① MOSELEY J L, SOLOMON D L. Confirmative evaluation: A new paradigm for continuous improvement [J]. Performance Improvement, 1997, 36 (5): 12-16.

> **拓展资源**
>
> 1. FALK J H, DIERKING L D. Museum experience revisited [M]. Walnut Creek, California: Left Coast Press, 2012.
>
> 2. WORTS D. Measuring museum meaning: A critical assessment framework [J]. Journal of Museum Education, 2006, 31 (1): 41-49.
>
> 3. RENNIE L J. Measuring affective outcomes from a visit to a science education centre [J]. Research in Science Education, 1994, 24 (1): 261-269.
>
> 4. LUKE J J, STEIN J, FOUTZ S, et al. Research to practice: Testing a tool for assessing critical thinking in art museum programs [J]. Journal of Museum Education, 2007, 32 (2): 123-135.
>
> 5. HEIN G E. Evaluation of museum programmes and exhibits [M]//HOOPER G. The Edueational Role of the Museum. London: Routledge, 1994: 306-312.
>
> 6. 张义芳. 科普评估理论初探与案例指南 [M]. 北京：科学技术文献出版社, 2004.

第三节 公共科学活动绩效评估的组织实施

按逻辑顺序，公共科学活动的绩效评估过程可划分为三个阶段，首先，前期准备阶段主要包括评估目的的确定、评估主体的选择、评估指标体系的构建和评估标准的制定等子步骤；其次，评估实施阶段主要包括评估方法的选择、评估数据的收集与分析以及评估报告的生成等子步骤；最后，评估结果运用阶段运用绩效评估结果进行绩效反馈和绩效改进。

一、前期准备阶段

（一）构建绩效评估主体结构

评估主体的选择直接影响到绩效评估的准确性、客观性和权威性。公共科学活动的组织实施通常涉及政府部门、教育机构、科技团体、大众传媒、企业和民间基金会等组织以及青少年、农民、城镇劳动人口、领导干部和公务员等群体。所以，片面强调上级对下级的、组织单位内部考核的单一评估主体是不能保证公共科学活动绩效评估的准确性、客观性和权威性的。为避免绩效评估的单项进行以及截止于数据的绩效评估，有必要引入多元化的评估主体。[①]

为减少和避免评估者之间的摩擦与冲突，使评估者相互配合、相互制约，形成结构合理、功能互补、和谐统一的多元化绩效评估主体体系，可以借鉴近年来在企业中普遍运用的"360度绩效评估"方法。[②] 这种方法表明，评估主体结构所涵盖的评估者应具有一定的广泛性和代表性，既要吸收来自公共科学活动组织内部的管理者和工作人员，又要吸收目标受众中各类群体的代表，如青少年、公务员、农民、城镇居民等。同时，还要考虑第三方专业评审机构的介入。这种多元化评估理念与参与式评估的概念也是相契合的。

需要特别指出的是，多元化评估并不等同于全员评估，它只是强调要从不同视角对公共科学活动的经济效益、社会效益和教育效果进行价值判断。这也正是要求评估主体有代表性的原因所在。为了保证评估结果的科学合理性，评估主体结构的构建还必须顾及自身的独立性，即保证评估主体能够站在自己的立场上对评估客体作出有效评价。在确定评估主体后，绩效评估工作人员还要针对同一评估对象，根据各个评估主体承担的指标在整个评估指标体系中的构成和权重分配比率来科学搭配评估主体比例，在保证评估质量的前提下有效控制评估者的数量，降低绩效评估成本。

一般而言，以青少年为主的受众群体应当在公共科学活动的绩效评估主体结构中占有较大的权重比例，因为他们作为活动参与者，对活动效果有最直观的感受。例如，在对一次"水资源节约保护"主题科普活动的教育效果进行评估时，工作人员运用问卷对若干名活动参与者进行了调查，其中女性受访者占56.0%；具有本科及以上学历者占57.30%；18岁以下、19～34岁、35～54和55岁以上受访者分别占总体的12.1%、42.6%、33.1%和12.2%；受访者职

---

① 赵凤霞. 绩效考核与绩效评估：内涵、价值及衔接转化 [J]. 北京行政学院学报，2011（2）：47-51.
② 郭曼曼. 公共活动绩效评估的组织实施 [D]. 厦门：厦门大学，2009：8.

业分布广泛，含学生、教师、医生、公务员、企业员工等，其中学生比例最大，达28.3%，公务员比例最小，仅为2.4%。① 这些不同职业、不同性别、不同年龄的活动参与者是本次绩效评估的评估主体。

（二）确定绩效评估目标

公共科学活动绩效评估的目标是比较明确和具体的，即为活动主体提供有价值的、科学的决策依据，让管理者了解活动实施过程中的优缺得失，并据此提出活动的绩效改进方案，提高和保障公共科学活动的执行实施效果。在为某次具体的公共科学活动确定评估目标时，评估主体要处理好绩效评估目标与组织战略目标的关系，并做好引导与控制工作，使绩效评估目标尽可能地服从和服务于公共科学活动的整体目标。

评估目标描述了绩效评估的主要任务和要求，决定了绩效评估的倾向和重点，在公共科学活动的绩效评估体系中具有方向标的作用。为充分发挥这种指向作用，评估主体所确定的评估目标必须是具体的、可衡量的、可达到的。具体意味着目标是清晰、明确、没有歧义的；可衡量是指目标达成与否有明确的判断标准，不能似是而非；可到达则表明评估目标是评估主体经过一定程度的努力后能够实现的。例如，某项研究对博物馆陈列展览评估的目标是这样描述的，"其一，为博物馆陈列展览争取资金提供依据；其二，作为陈列展览改善、变更、终止的依据；其三，陈列展览评估乃博物馆等级评估中重要环节，为博物馆等级划分提供依据。"② 显然，这样的描述是符合上述标准的。

（三）构建绩效评估指标体系

1. 评估指标体系的建立

确定评估指标集的方法有很多，可以概括为两类：第一类是专家主观评定和比较判定；第二类是数据统计分析。前者以专家群体的知识、智慧、经验、直觉、推理、偏好和价值观为核心要素，其中德尔菲法最为经典；后者则是基

---

① 张志敏，任福君. 科普活动作为一种社会教育资源的价值探讨——基于科普活动效果评估案例的分析［J］. 科技导报，2012，30（28）：98-102.
② 杨平. 博物馆陈列展览评估初探［D］. 吉林：吉林大学文学院，2011：8.

于数据统计分析的主成分分析方法，是简化指标体系的典型方法。[①] 公共科学活动绩效评估的主体是青少年，多是通过收集、分析与他们参加公共科学活动相关的态度、认知、情感等主观性较强、不易被量化的信息对公共科学活动效果进行评估的。所以，相对而言，德尔菲法更适合用来筛选和确定公共科学活动的绩效评估指标。

公共科学活动绩效评估指标体系是由多个具有不同功能和性质的单一指标有机结合而成的，其设计与构建是绩效评估过程中的关键环节。公共科学活动绩效评估指标的筛选与建立需要遵循以下原则。

科学性原则。指标信度是客观准确的问题，效度是合适程度的问题，二者直接关系到绩效评估指标体系的科学有效性。[②] 在设定绩效评估指标时，评估主体应该采用科学方法，有针对性地选择信度和效度较高的指标。在保证指标能够反映评估客体的客观实际情况的前提下，权衡和预测每项指标的测量方法、范围及相应的影响因素。

系统优化原则。评估指标体系中各指标之间既有横向的相互联系、相互制约关系，又有纵向的层次约束关系，体现出较强的系统性。绩效评估指标体系的构建要统筹兼顾评估客体各方面的关系，追求评估指标体系的系统优越性，避免指标体系过于庞杂或选择的因素过于单一。

效用性原则。绩效评估指标越清晰、越简练、越符合实际才越实用。绩效评估指标体系应在保证评价结果的客观性与全面性的前提下，尽可能简化，减少或去掉一些对评价结果影响甚微的指标。例如，人格特征是与公共科学活动工作人员的工作绩效相关的，但由于被评估的是绩效而不是人的性格，因此人格特征不能出现在绩效评估指标体系中。此外，各项评估指标涉及的定性或定量数据信息应易于采集，具备可靠的信息来源渠道，这样即可以通过标准化、规范化的计算和操作使其自身的准确性得到保证，又可以提高绩效评估工作的效率。

可比性与独立性原则。评估主体必须考虑指标之间在横向和纵向两个维度

[①] 陈志斌. 活动评估学 [M]. 南京：南京大学出版社，2007：364.
[②] 卓萍. 公共项目绩效评估指标特性及构建标准 [J]. 行政论坛，2013（3）：70-74.

上的可比性，尽量使指标建立在统一的统计口径之内和相同的可比基准点之上进行比较。然而，公共科学活动的效果是多种因素参与活动过程的综合表现，具有广泛性和渗透性特征，这就为绩效评估指标体系的维度设计增加了负担。所以，如何使评估指标既不出现遗漏，又不产生重复是评估设计工作要解决的难点问题。因此，保证评估指标体系中同层次指标之间的相互独立性是最佳的切入点。

经济性原则。经济性原则强调数据的可获得性。每项具体的公共科学活动项目其经费是有限的，如果获得数据的成本太大，对追求社会效益的公共科学活动而言，就得不偿失了。因此，在拟定绩效评估指标时，应删除权重不大而数据获取经济成本较高的评估指标，以保证评估指标数据能够在活动研究经费或经济条件允许的条件下获得。

2. 评估指标权重的确定

指标权重的分配直接影响绩效评估的结果，如何科学合理地分配绩效评估指标的权重是公共科学活动绩效评估过程中的关键步骤，是公共科学活动绩效评估结果的客观性与公正性的强有力保证。

确定评估指标权重的方法很多，主要有主观经验法、专家调查加权法、德尔菲加权法和层次分析法。主观经验法是评估主体凭借自己以往的经验直接为绩效评估指标加权；专家调查加权法要求评估专家先独立地对绩效评估指标加权，然后对每个绩效评估指标的权数取平均值，作为权重系数；德尔菲加权法，给每位专家发放加权咨询表，然后将所有专家对每个绩效评估指标的权重系数进行统计处理；层次分析法，将绩效评估指标分解成多个层次，通过两两比较下层元素对于上层元素的相对重要性，将人的主观判断用数量形式表达和处理以求得绩效评估指标的权重。[1] 前三种方法虽易于操作，但主观性较强，太过于随意，不能很好地体现各评估指标之间的相对重要性，易导致绩效评估失衡的问题。而层次分析法却很好地实现了定量与定性的有机结合，并通过一致性检验等方式保证权重计算的一致性，故具有更高的精度，是可用以确定公

---

[1] 卿海龙，戴良铁. 基于层次分析法的绩效评估指标权重确定方法 [J]. 商场现代化，2005 (25)：260-261.

共科学活动绩效评估指标权重的较为有效的方法。

在实践过程中，为了真实合理地反应公共科学活动的执行效果，评估人员应根据具体活动的特征，综合运用多种方法，而不必拘泥于某种单一的指标体系建构方法或指标权重分配方法。表 8-3-1[①] 是某公共科学活动绩效评估指标体系的一部分，感兴趣的读者可以根据上述原则和方法将其补充完整。

表 8-3-1　公共科学活动绩效评估指标体系（部分指标）

一级指标	二级指标	指标内容	权重
社会效果 （24分）	受众在科技意识和科学态度方面的变化	受众科技素养提高情况	12
	承担单位在活动中的受益	是否增强了项目承担单位开展科普工作的能力，积累了项目管理经验	6
	其他社会影响	项目对社会生活、生态效果等的影响	6
满意度 （24分）	受众满意度	受众对科普活动方式和效果的评价	10
	社会媒介的评价	社会媒介的关注程度和评价	4
	地方党政部门的意见	地方党政部门对项目的肯定和支持情况	4
	专业评估人员的意见	评估人员的总体感受和判断	6

（四）制定评估标准体系

作为可进行比较或对比分析的参照系，评估标准对公共科学活动的绩效评估的客观准确性和可操作性具有决定性作用。为保证公共科学活动绩效评估工作处于评估主体的可控范围之内，每一项确定的绩效评估标准都应是具体且可以衡量的，以数据形式表示最好。对于不易运用数据加以客观衡量比较的抽象的现象或态度，评估标准的确定就必须保证概念清晰，避免歧义。同时，动态化的绩效评估工作可能会因新评估方法的引进或其他环境要素的改变而发生变动，相应的评估标准体系也因此需要在必要时作出相应的调整，以保证绩效评估工作的持续可行。

一般而言，评估标准的制定是由公共科学活动的组织管理人员、目标受

---

① 张凤帆，李东松. 我国科普评估体系探析［J］. 中国科技论坛，2006（3）：69-73.

众、评估专家等个人或团体共同协商完成的。在构建绩效评估标准体系时，评估主体要综合考虑绩效评估标准的特征与绩效评估标准体系的特征，并满足以下要求。

民主性和透明性，在制定与执行绩效评估标准体系的过程中，评估工作的管理人员应该与组织人员积极互动，认真听取组织人员的意见，并以此为依据，确定或调整评估标准，而不能因个人喜好等主观因素单方面地确定评估标准。明确性与具体性，所确定的评估标准要尽可能地追求简洁、明确，避免抽象、含糊不清的评估标准的出现，以免为绩效评估工作的组织与展开带来不必要的麻烦。一致性和可靠性，评估标准的一致性与可靠性是绩效评估结果的可信度的保证。所以，设定的评估标准应适用于一切同类型评价客体，不得区别对待，更不得随意变动。公正性与客观性，这是对评估标准的制定与执行过程的科学合理性的要求，也是实现绩效评估有效性的重要保证。

（五）公共科学活动实例研究

针对前期准备阶段的相关内容，通过查阅相关的资料和文献，给出如下几个实例。

1. 德国爱因斯坦年

德国爱因斯坦年是德国联邦教育研究部为了庆祝爱因斯坦相对论发表100周年，爱因斯坦逝世50周年，于2005年举办的一项以爱因斯坦为主题，旨在推动公众理解科学、参与科学的大型社会活动。主要目的是让广大公众进一步了解爱因斯坦的生平、工作和历史作用；唤起公众对科学和研究的兴趣；加强公众对科学和社会的责任意识。

爱因斯坦年活动效果评估的第一个层面主要包括活动的受众数量和结构（包括年龄、性别、文化程度、住地离活动场地的距离、职业），据此确立绩效评估的主体结构。第二个层面主要是参观者对活动的满意情况，例如活动的趣味性、快乐元素、易懂性、知识性、互动性、活动的整合及总体设计、活动中的新元素和创新，这是绩效评估的主要目标。第三个层面主要是指目标受众对活动知识内容和科学理念的理解，具体包括爱因斯坦年目标人群通过参加科普活动，对科普活动涉及的相关科学知识、科学主题、科学理念的理解，以及对科学的兴趣，例如是否有了从事科学相关工作的想法，以及对职业选择的影响等，从中可以提取绩效评估的指标，构建相应的评估体系。

2. 中国"水资源节约保护"主题的公共科学活动

该活动重点传播水的自然属性、水资源现状、水资源利用等方面知识。在活动举办期间，抽取 1000 位到场公众进行一对一式的问卷调查，统计该样本的性别、年龄、职业、文化程度等特征因素，最终确立了评估的主体结构。通过建立主题展览、成果展示和互动体验三个板块来体现评估的目标，最终展示当前中国水资源短缺、水灾害频发、水污染严重等种种危机与挑战，呈现水资源的获取、利用、再回收等过程，向公众宣传科学治水、依法治水，发展民生水利，促进水利可持续发展的重要意义。

从参与本次科普活动的公众在知识、态度、行为三个方面所受的影响评估本次科普活动的教育效果，从而构建绩效评估指标。知识方面，对促进公众"知水"的影响。态度方面，对受访者树立"节水护水是个人社会责任，需积极参与"意识的影响。行为方面，对受访者践行"节水护水"行为的潜在影响。

二、绩效评估实施阶段

（一）选择评估方法

公共科学活动绩效评估是一种涉及多活动的多阶段过程，需要依靠特定的评估方法来完成。定性评估与定量评估是活动评估过程中两种典型的价值判断形式。公共科学活动的绩效是质和量紧密联系、相互制约的统一体，只有注重定量分析和定性分析的有机结合，才能把握住公共科学活动的本质。因此，定性评估方法与定量评估方法相结合是公共科学活动绩效评估的基本思路。考虑到公共科学活动的公益性、非营利性以及大众性等特点，在选择评估方法时，评估主体应该全面考虑评估方法的应用成本问题、公众参与因素以及公平、公正、合理等社会因素。一方面，为了准确衡量公共科学活动的绩效水平，保证评估结果的客观性和公正性，公共科学活动绩效评估应采用综合、系统的评估方法，可以依据绩效评估的特定情境和需求将不同的评估方法整合为新型评估方法或评估技术。另一方面，要考虑评估方法的应用成本因素，遵循经济适用原则，在保证评估结果的质量的条件下，尽可能选择成本较低、方便快捷、简单易行的评估方法。

（二）评估数据的收集与分析

公共科学活动绩效评估的原材料是评估主体收集的数据资料，其质量高低直接影响着评估结果的信度和效度，故保证数据质量是保证绩效评估有效性的充分条件。对公共科学活动的绩效评估而言，第一，数据质量的保证意味着对数据来源的真实性和有效性的保证；第二，意味着对分散数据的综合联系。也就是说，数据的收集虽然应坚持"数字"，但又不能唯数字，不搞只强调"数字"的刚性考核，采取相对弹性的态度，重视对评估数据背后信息的分析与研究，区别不同情况，坚持搞多视角的"连线"式做法，对评估客体提出有内涵的弹性式的绩效评估结论，为后续的价值评估打下坚实的基础。[1]

公共科学活动绩效评估需要的数据资料主要包括活动运行状况（如活动资金投入、经济效益等），受众个体特征（如个体需求、兴趣爱好、先验知识、理解能力、期望、学习风格等），以及执行效果（如受众群体对公共科学活动的主观感受、态度和评价等）等。不同类型的数据资料，其收集方法也有所不同。对与经济状况相关的数据资料，一般直接采用跟踪记录方法；对活动受众的个体特征和主观感受，一般通过观察法、访谈法、问卷调查法获得；对活动执行效果，则可以使用观察法考察公共科学活动在群众中的反应及其产生的现场效果。当然，也可以根据评估需要，采用文献法、试验法收集与活动效果相关的数据。总之，评估数据的获取方法是多样的，这种多样性为评估样本的全面性和概括性提供了可能。

1. 问卷调查法

问卷是依据公共科学活动绩效评估的目的和要求，根据评估指标体系设计出来，由一系列问题、调查活动、备选答案以及说明等组成的。根据问题答案开放与否，问卷分为开放式和封闭式两种。开放式问卷是调查者只在问卷中列出问题，而不列出可能的答案。这有助于调查对象根据自身见解，充分地发表意见，但可能因答案过多，为后期归类整理带来困难。封闭式问卷是指调查者

---

[1] 赵凤霞. 绩效考核与绩效评估：内涵、价值及衔接转化［J］. 北京行政学院学报，2011（2）：47–51.

根据调查内容，事先列出标准化的可能的答案，由调查对象根据自身情况选择其中的一个或者多个。这类问卷虽易于填写和归类整理，但也在一定程度上限制了调查对象发表看法的自由。两种问卷各有千秋，需要评估主体根据实践需要加以选择和运用。

问卷的设计也是有原则可循的。首先，问卷应该目标明确，问题的设计有针对性。对公共科学活动的绩效评估而言，问卷的设计应该与绩效评估目标相符合，根据绩效评估指标体系，有针对性地设计问题。如果将所有希望了解的问题毫无逻辑地集中在一份问卷上，观众很容易产生反感情绪和疲惫感，评估人员也容易对搜集到的数据产生疑惑，进而影响到调查结果的可靠性。其次，问卷应简明扼要，措辞准确。问卷的文字版面要简洁明了，易于查看；内容应与目标受众的日常行为紧密结合，能够调动调查对象的积极性；措辞应通俗易懂，符合受众的理解模式，避免过于专业的术语。最后，在完成问卷的初步设计之后，调查者应先在小范围内发放问卷，以便检查问卷合理与否，并对其不足之处及时修正。

2. 访谈法

与问卷调查法相比，访谈法要灵活许多。访谈法是指访谈者通过口头交谈的方式向被访谈者了解公共科学活动的实施情况的一种调查方法。对公共科学活动绩效评估而言，被访谈者既可以是公共科学活动的组织实施者，也可以是活动的参与者，还可以是潜在的目标受众。比较理想的受访群体应由不同身份、不同年龄、不同背景的公共科学活动利益相关者共同构成。

为保证访谈的顺利进行，以访谈者身份出现的评估主体最好事先编写好采访提纲，方便访谈活动的顺利进行；为给不同身份的受访者提供更多的表达机会，评估者可以多提一些开放性的问题，以便他们掌握谈话的主动权，充分表达自己的真实想法。在访谈过程中，访谈者要鼓励受访者积极、全面地表达自己的观点，认真倾听并作出适时、适当地反馈，并详细记录受访者的观点。

3. 观察法

观察法是指观察者根据评估目标，有目的地观察公共科学活动的受众群在参加活动时的反应和言行，以获取相关资料的方法。部分评估主体可以以观察者身份在公共科学活动现场直接观察并同步记录，也可以在活动结束后解读活动实施过程中的录像、图片、新闻报道等实物,以此了解某项公共科学活动产生的现场效果。

根据观察者是否深入被观察对象的社会群体与社会活动中,可将观察法分为参与观察与非参与观察两种类型。参与观察是观察者参与被观察对象的活动,便于资料的广泛收集,但容易使观察者混淆自己的感知体验与被观察者的真实态度。非参与观察是指观察者从外部观察对象并进行研究,能够很好地保证观察的中立性和客观性。此外,根据观察内容在观察前设计的观察项目和要求的结构化程度,可将观察分为无结构式观察、半结构式观察和结构式观察;根据观察者是直接观察被观察者的活动,还是通过观察一些与被观察者有关的事物来反映被观察者的活动情况,可将观察划分为直接观察和间接观察。[①]

数据收集工作是公共科学活动绩效评估的基础,一般由公共科学活动专业人员完成。如何收集大量与评估目标相符的绩效信息数据是保证评估结果可靠性的关键问题。除上述介绍的访谈法、观察法、问卷调查法之外,还有文献法、试验法和小组座谈法等,这些方法都具有很强的可参与性和开放性。在数据收集工作中,采集员应依据评估目标、评估指标体系,在资源可获得性的驱动下选择合适的数据收集模式,收集公共科学活动影响区域现有的社会经济、自然资源、生态环境、社会人文情况等各方面真实丰富、具有说服力的相关资料。

首先,在数据收集结束之后,评估主体要根据以往的评估经验对采集到的评估资料进行审核、交叉验证、去伪存真;其次,对筛选出的有效数据进行归纳、分类和整理,并在此基础上进行绩效分析,提出评估意见,形成正式的评估结论;最后,为使公共科学活动的绩效评估结果真实可靠,数据收集人员有必要在评估报告生成之前对评估结果进行再分析,以免因工作差错导致评估结果的偏差。

(三)撰写绩效评估报告,反馈评估结果

评估报告是评估活动的最终产物,也是对评估工作进行最系统、最清晰、最全面的总结。公共科学活动的绩效评估报告不仅应包括对活动本身的价值判

[①] 郑念,张平淡. 科普项目的管理与评估[M]. 北京:科学普及出版社,2008:245.

断，也应包括对整个绩效评估工作的说明，以及与公共科学活动的实施与推广相关的政策建议。其价值在于能够加强今后公共科学活动的经验交流和资源共享，有助于今后公共科学活动的质量与效率的提高，成本的降低，以及评估制度的完善。

目前，公共科学活动绩效评估报告的撰写还没有可以遵循的标准化大纲。一般而言，一份完整的评估报告包括以下内容：①对活动背景、活动实施状况和绩效评估目标的陈述；②对数据收集和分析方法与评估方法的选择与运用等情况的描述；③对数据资料的分析和解释；④对有决策参考价值的结论的归纳；⑤对评估工作的优点和局限性的总结；⑥针对评估结果，提出简明而有见解深刻的意见和建议。为保证绩效评估报告的可信度，报告撰写者应该持有客观公正的态度，一切意见与建议都应以事实数据为依据，不弄虚作假。报告中所涉及的数据都应有章可循，评估结论也都有充分的证据予以论证。

在绩效评估报告初稿完成以后，以活动管理单位为代表的主要利益主体应该仔细阅读并与评估主体积极沟通，以书面形式对绩效评估报告的撰写与修改提出意见和建议，以保证绩效评估结果的真实、全面与可靠。为加强监督，也为使更多公民了解并支持公共科学活动的实施与推广，公共科学活动管理者可以通过多种媒体通道，如报纸、电视、网络等，向公众反馈绩效评估结果的信息。这也能从侧面促使公共科学活动的绩效评估工作更加合理、有效。

（四）公共科学活动评估案例研究

1. 德国爱因斯坦年

爱因斯坦年中合作者组织的地方活动虽然不是活动的核心，但是这些合作者的活动承担着重要的中间媒介作用，把爱因斯坦年传播到德围的各个地区，扩大了爱因斯坦年的整体形象。

选择的评估方法是：对活动合作方采用的调查方法是自愿参与，匿名网上调查（先以电子邮件的方式邀请参加），调查对象是278名爱因斯坦年官方的合作伙伴、活动的组织者以及负责提供其他活动项目的合作方。采用标准的封闭题为主的调查问卷，同时也有一些开放问题。据爱因斯坦年活动数据库显示，在德国境内爱因斯坦年中共有大约270个活动组织者举办了700多个场次活动。如果对所有的活动都进行评估，从资金和人力以及时间成本上都是不可能的，因此德国爱因斯坦年采取了只选取10个有代表性的重要活动进行评估。在活动选择上按照以下标准执行：①题目的重点：活动不仅要涵盖科学，而且要包括社会、政治以文化、艺术领域；②创新：要整合活动元素，把活动办成科学年全新的系统活动；③目标群体：活动要针对2005爱因斯坦年设定的核心目标人群；④活动的举办地：优先考虑在柏林和波茨坦以外举办的活动。

德国爱因斯坦年是联邦政府与科学、经济和文化部门共同发起的一项大型社会活动。这是在科学年的历史上首次实行由多个科学组织机构负责科学年的主题活动。根据目标人群，主要组织了三种活动，分别是公众活动，针对学校学生的活动，和地方合作者组织的活动。活动的形式有报告会、展览、电影、讲座、文艺演出、娱乐活动、辩论会、名人访谈和参观等。许多科研机构、大学、科学团体和企业积极参与活动。由此可见，德国爱因斯坦年活动内容覆盖面非常广泛，活动形式变化多样。

2. 武汉植物园举办的公共科学活动

武汉植物园作为一个植物资源极为丰富的自然科学博物馆，除了在植物科学理论研究与发现方面对国家科研做出重要贡献外，近年来开展了，大量的植物科学科普相关工作，在植物科普教育方面取得了突出的成绩。

此次调查受众主要针对会员科普课堂展开，针对活动参与者或者家长和科普课堂的科普教育工作人员进行访谈，对课堂气氛的活跃性、受众的表现积极性、是否愿意参与讲解人员的互动环节提问等进行全面细致的了解。根据对工作人员的3份访谈问卷调查，对活动作了基本的定性了解，科普工作者主要认为本科普课堂的活动意义是发散的，与学校教育相比有很大的不同，学生在这里是轻松的，主要是锻炼和培养参与者的思维能力。

每项活动的评估设计应从多个角度多维度评价活动的实施效果，评估主要包括三级指标，包括策划设计、影响效果和影响因素。例如，科普课堂可以包括科普课程的质量等二级指标，植物园每期科普课堂实施的环境、授课专家或指导人员的影响因素等。通过对植物园进行绩效评估，发现科普课堂存在不足之处，课堂内容和形式不是很丰富，教学模式比较拘泥，活动的宣传力度不够等。很多受众表示，参与该科普课堂，能学习到一定的植物学知识和科学常识，但目的主要是为了玩，所学到的知识过一段时间很快就会忘记。

三、绩效评估结果运用阶段

对公共科学活动的长远发展而言，止于得出评估结果的绩效评估的作用是微乎其微的。绩效评估的重点不是评估本身，而是运用评估结果对评估客体作出及时有效地反馈，为公共科学活动管理人员提供科学决策的实证依据，以促进公共科学活动整体绩效水平的提升与发展。而这些都必须通过绩效评估结果的有效运用去实现。绩效评估结果的运用是绩效评估实施的延续，包括绩效反馈和绩效改进两个方面。

（一）绩效反馈

绩效反馈是指绩效评估工作人员将绩效评估结果告知公共科学活动的计划制定者、决策者、管理者和实施者，帮助他们判断自己的工作是否符合公共科学活动的目标要求，促使他们肯定自己的优势，发现不足，及时调整和改进工作的内容与方法，最终达到改善公共科学活动效果的目的。绩效反馈是提高公共科学活动绩效最快捷、最有效的方法。

绩效反馈不是简单的信息传达，而是一项需要绩效信息反馈者发挥个体能动性的绩效管理活动。首先，公共科学活动的绩效反馈应符合公共科学活动事业发展的战略目标，满足活动组织管理人员的需要和期望，否则是不能对公共科学活动的推广产生意义和作用的。其次，绩效反馈信息应是措辞准确，简明易懂的，这有助于绩效反馈对象准确理解活动的真实绩效状态并作出正确反应，将反馈信息转变为有意义的实际行动。再次，绩效反馈必须突出重点，即针对工作本身的具体行为，而不是个人行为或模糊性的结论。最后，绩效反馈应把握好时机。及时的反馈在提升公共科学活动工作人员的绩效方面更有价值。

（二）绩效改进

在获得绩效反馈之后，公共科学活动组织管理人员应认真分析绩效反馈信息，通过对比，了解实际绩效状态与预期目标之间的偏差，找出造成绩效问题的主客观原因，并针对这些原因寻找问题的解决方法，制定绩效改进计划，推动绩效评估工作的动态开展。绩效改进计划主要涉及调整公共科学活动组织管理战略，检查活动各相关部门的效益和责任，改进公共科学活动决策和管理方案，对活动相关工作人员进行组织培训等。绩效改进计划应尽可能地接近实际和具体，能得到公共科学活动各组织管理部门的认同，并在下一次公共科学活动的实践中得以落实，从而推进公共科学活动的可持续发展。

拓展资源

1. ECONOMOU M. The evaluation of museum multimedia applications: lessons from research [J]. Museum Management and Curatorship, 1998, 17（2）: 173-187.

2. PRICE S, HEIN G E. More than a field trip: Science programmes for elementary school groups at museums [J]. International Journal of Science Education, 1991, 13（5）: 505-519.

3. LINN M C. Evaluation in the museum setting: Focus on expectations [J]. Educational Evaluation and Policy Analysis, 1983, 5（1）: 119-127.

4. KELLY L. Evaluation, research and communities of practice: Program evaluation in museums [J]. Archival Science, 2004, 4（1-2）: 45-69.

5. LEVY P E, Williams J R. The social context of performance appraisal: A review and framework for the future [J]. Journal of management, 2004, 30（6）: 881-905.

6. 陈志斌. 活动评估学 [M]. 南京: 南京大学出版社, 2007.

7. 戚安邦. 项目论证与评估 [M]. 北京: 机械工业出版社, 2004.

8 余瑶. 我国公共项目后绩效评估研究 [D]. 厦门: 厦门大学, 2007.

第八章　公共科学活动项目的绩效评估

> 活动建议

公共科学活动绩效评估实践

步骤一　确定评估对象

小组合作，浏览、搜集新闻材料，了解你身边最近发生或即将发生的公共科学活动（如全国科普日活动），选择你比较感兴趣的某项主题活动作为评估对象，并作简要介绍。

活动主题：_____。
活动简介：_____
_____
_____。

步骤二　为绩效评估工作的实施做好前期准备工作

1. 根据你选定的评估对象，确定绩效评估目的。
_____
_____
_____。

2. 完成表 8-3-2，确定评估主体结构。

表 8-3-2　评估主体结构

	评估主体构成	人　　数	所占比例
评估主体	青少年		
	社区居民		
	志愿者		
	科协系统的干部职工		
	……		

3. 根据下列提示，构建评估指标体系，并确定相应的评估标准和指标权重，完成表 8-3-3。

（1）请从下列方法中选择用来获取、筛选、建立评估指标体系的方法。

□德尔菲法　　□数据统计分析法　　□其他：_____

277

（2）请从下列方法中选择用以确定评估指标权重的方法。

□主观经验法　　□专家调查加权法　　□德尔菲加权法　　□层次分析法

（3）运用你所选择的方法，构建绩效评估指标体系，完成表8-3-3。

表 8-3-3　评估指标体系

一级指标概览		二级指标概览		三级指标概览		
一级指标	权　重	二级指标	权　重	三级指标	评估标准	权　重
……	……	……	……	……	……	……

步骤三　组织实施绩效评估

1. 根据绩效评估指标体系的内容，选择合适的绩效评估方法。

☐逻辑框架法　　☐前后对比法　　☐有无对比法　　☐活动成功度评估法

☐费用—效益分析法　　☐费用—效果分析法　　☐综合评估法

2. 选择合适的数据收集方法。

☐问卷调查法　　☐访谈法　　☐观察法　　☐其他：_____

3. 设计与数据收集方法相对应的评估工具。

（1）如果你选用了问卷调查法，请认真设计问卷内容，完成表 8-3-4。

表 8-3-4　评估问卷

序　号	问题表述	备选答案	备　注
1			
2			
3			
4			
5			
6			
7			
8			
……			

（2）如果你选用了访谈法，请根据评估需求，列出访谈提纲，完成表 8-3-5。

表 8-3-5　访谈提纲

序　号	问题表述	备　注
1		
2		
3		
4		
5		
6		
7		
8		
……		

（3）读者也可自行设计表格，灵活运用各种评估方法。

4. 对数据进行分析，撰写评估报告。

步骤四　运用评估结果，实施绩效改进

1. 认真分析评估结果，列出本次公共科学活动绩效评估的优缺点，并总结经验教训。

2. 针对评估结果反映的问题，提出绩效改进方案，完成表8-3-6。

表 8-3-6　绩效改进方案

序　号	问　题	绩效改进方案
1		
2		
3		
……		